衡阳县年鉴

2017

衡阳县人民政府主办
衡阳县年鉴编纂委员会编

方志出版社
Publishing House of Local Records

图书在版编目（CIP）数据

衡阳县年鉴. 2017 / 衡阳县年鉴编纂委员会编.
—北京：方志出版社，2018.12
ISBN 978-7-5144-3668-6

Ⅰ. ①衡… Ⅱ. ①衡… Ⅲ. ①衡阳县—2017—年鉴
Ⅳ. ①Z526.44

中国版本图书馆CIP数据核字（2019）第 034171 号

衡阳县年鉴（2017）

编　　者：衡阳县年鉴编纂委员会
责任编辑：顾　洁

出 版 人：冀祥德
出 版 者：方志出版社
地址　北京市朝阳区潘家园东里9号（国家方志馆4层）
邮编　100021
网址　http://www.fzph.org
发　　行：方志出版社发行中心
电话（010）67110500
经　　销：各地新华书店
印　　刷：深圳市新联美术印刷有限公司

开　　本：889 × 1194　　1/16
印　　张：21.5
字　　数：636千字
版　　次：2018年12月第1版　2018年12月第1次印刷
印　　数：0001 ~ 1400册

ISBN 978-7-5144-3668-6　　定价：288.00元

衡阳县年鉴编纂委员会

名誉主任　曾　秀

主　　任　孙鹏伟

副 主 任　王苏龙　范振华　周丽华　王致伟
　　　　　蒋志勇　唐仕海　蒋立冬　易宏友
　　　　　刘　芳

委　　员　刘诗秋　胡隆友　肖华东　旷　成
　　　　　王庸意　赵伟民　肖四军　龙国华
　　　　　李正韬

衡阳县年鉴编辑部

主　　编　周海波　汤志春

责任编辑　陈楚南　易建勋

编　　辑　全铁志　邹友媛　成素萍　李彩红　彭小凯

摄　　影　刘欣荣　祝胜强

编撰说明

一、《衡阳县年鉴(2017)》是由衡阳县人民政府主办,衡阳县年鉴编纂委员会负责,衡阳县年鉴编辑部(县地方志办)主编的第7部综合性年鉴。

二、《衡阳县年鉴(2017)》全面、系统、真实地记载2017年全县政治、经济、文化、生态、社会事务等工作情况,重点记载衡阳县经济及社会发展所取得的成就。

三、《衡阳县年鉴(2017)》采用分类法编辑。全书分特载、大事记、衡阳县概况、中共党务、人大、政务、政协、纪检·监察·巡察、人民团体、军事、政法、综合经济管理、民政·人力资源和社会保障、城乡建设管理·环保、工业·科技、产业园区、交通旅游·邮政通信、农业农村、财政·税务、金融、商贸、教育、文化、卫生和计划生育、蒸阳集锦、乡镇、美丽乡村建设示范村选介等27个部类。部类下设分目、条目,以条目为主体。部类、分目用不同字号、字体区别,条目标题用黑体字加【】表示。

四、本年鉴《衡阳县年鉴(2017)》收录的负责人名录限在职的副科(含)实职以上领导以及规模工业企业负责人。收录的年度集体荣誉,奖项名称能够明确获奖单位的,不再标注获奖单位;不能明确的,则标注获奖单位,由县委县政府督查室和县文明办提供资料。登载的各项数据,属于全县国民经济和社会发展的数据以统计公报为准,其它数据由职能部门提供。

五、《衡阳县年鉴(2017)》由各部、办、委、局、行、社、总公司和各乡镇撰写初稿,稿件署名撰稿人,并经撰稿单位领导审核,再由县地方志办汇总修改,编校成书。

纪 要

2017年6月6日，省委常委、省委政法委书记、公安厅厅长黄关春（前排左五）深入衡阳县实地调研警务机制改革、基层警务运行成效，看望慰问一线公安民警

2017年5月22日，时任市委书记、市人大常委会主任周农（左二）在井头镇调研工作

2017年7月5日，时任市委副书记、代市长郑建新（前排左二）深入界牌镇将军村调研精准扶贫工作

2017年12月29日，县委书记曾秀接受红网“学习十九大·湖南旅游工作巡礼”系列报道专访

2017年11月10日，县委副书记、县长孙鹏伟专程来到金兰镇青竹村向农村基层党员干部宣讲党的十九大精神

2017年7月31日，县委书记曾秀，县委副书记、县长孙鹏伟，县委副书记蒋达宏，县人大常委会主任刘健，县政协主席杨秋良，县委常委、常务副县长王苏龙“八一”慰问

衡阳县城市基础设施建设项目集中开工仪式

衡阳县残疾人福利基金会成立暨爱心捐赠文艺晚会

“迎老乡 回故乡 建家乡”联谊恳谈会

2017年10月31日，衡阳县召开传达学习中共十九大精神大会

2017年11月7日，岘山镇檀山完小采取绘画的形式，组织学生学习中共十九大会议精神

2017年12月29日，衡阳县第一个PPP项目—界牌陶瓷工业园基础设施建设及园区配套工程整体开发PPP项目开工

① ②

③

①城西市场开业

②怀邵衡铁路衡阳县段主体工程已大部分完成

③2017年衡阳县“春风行动”大型招聘会

『幸福花开·十九大精神润蒸阳』文艺会演

界牌火灯节

全民健身

欢迎回家过年

文明新风蔚然成风

第四届船山文化夏令营开营仪式现场上，一位营员正在阅读国学经典文章

衡阳县石市镇泰祉教学点的同学们食堂展示自己的午饭说：我吃的最多

蒸水河畔

① 油菜花

② 船山故里有才华——衡阳县油菜花节

衡阳县人民检察院

党组书记、检察长阳发云出庭支持起诉

2017年，衡阳县人民检察院在县委和上级院的坚强领导下，县人大及其常委会的有力监督和县政府、县政协及社会各界的关心支持下，以中共十九大精神为指引，紧紧围绕县委工作大局，忠实履行法律监督职能，各项工作取得新成效。该院驻县看守所检察室被最高检评为一级规范化检察室，检察服务大厅建设被省院评为示范院，目标管理考核、社会治安综合治理、党风廉政建设三项工作均被县委、县政府评为优秀单位，党建工作被县委考核评为一类单位，刑事执行检察、民行检察、控告申诉检察、反贪、反渎、政治工作、机要工作、人民监督工作等被市院评为先进。

扶贫走访送温暖

组织党员干警赴刘少奇故居重温入党誓词

送法下乡宣传活动

举行拟不起诉案件公开审查听证会

公益诉讼宣传

衡阳县卫生和计划生育局

2017年，在县委、县政府的坚强领导下，县卫计局紧紧围绕县委“生态立县、产业兴县、文化强县”三大战略，团结拼搏、凝心聚力，较好地完成了卫计各项工作任务。县级公立医院综合改革成效明显，被确定全省四个“试点示范县”之一，正式被国家爱卫会授予“国家卫生县城”殊荣。

一、卫生重点工作取得新进展。扎实推进民生实事项目，产前筛查完成7446人，妇女“两癌”筛查完成10100例，均超额完成任务，8月代表全市接受省检，得到省市领导的好评。全县居民健康档案建档率达98.93%；重大传染病防控有力，全县传染病疫情报告率100%，没有发生重大疫情事件；卫生执法监督不断加强，大力开展惩治非法行医，实行饮用水安全、学校卫生、医疗机构等重点部位常态卫生监督。扎实做好医政管理，严格医疗机构准入，加强医疗机构安全防范能力建设，完善医疗纠纷第三方调解机制。

二、卫生项目建设取得新突破。投资5亿元的县中医医院、县妇幼保健院整体迁建项目全面竣工。县人民医院新院项目已启动了选址工作。县第二人民医院扩建项目已争取上级资金4200万元。井头镇中心卫生院整体迁建工作将于2018年元月动工建设。县第三人民医院新院项目已完成选址，目前征地、设计等工作正在加紧推进之中。大安乡卫生院住院楼建成交付使用，杉桥镇卫生院门诊住院大楼于12月底完成基础正负零建设。

三、人才队伍建设得到加强。2017年公开招聘卫生专业人才313人，已到岗到位。年内，推荐提拔13名正副科级干部，为卫计系统领导班子建设和卫计事业发展注入新的活力。

四、计生管理服务实现新提升。推行“常态化、精准化、真实化”的“三化”管理模式。截至9月30日，全县符合政策生育率91.83%，高于市下达目标0.96个百分点；出生性别比106.76,比上年同期下降0.89。平台数据质量大幅提升。

五、爱国卫生工作实现新发展。全年完成农村改厕389个，5个村成功申报创建省级卫生村，城乡住居环境得到净化、美化、亮化。

衡阳县教育局

县教育局机关离退休支部党建工作受省领导点赞

成功接受省教育工作“两项督导评估考核”，授予“教育强县”荣誉称号

县委书记曾秀现场办公，规划山区标准化学校建设

县委副书记、县长孙鹏伟调度指导“两项督导评估考核”迎检工作

2017年，是衡阳县教育局新班子工作开局之年，是全县教育人在县委、县政府的高度重视和正确领导下，在上级教育行政部门的精心指导下，不忘初心、牢记使命、披荆斩棘、砥砺前行的一年，是全县教育事业浴火重生、实现华丽转身的一年。这一年，蒸阳教育人承载厚重的历史使命与历史责任，涉险滩、攻难关，实现了教育的大发展与新跨越。这一年大刀阔斧进行了教育改革。撤销了25个乡镇中心学校，设立了26个乡镇（园区）学区；改革了城区义务教育阶段学校招生办法，化解了城区“大班额”问题；突破了公办幼儿园身份编制瓶颈，明确了公办幼儿园为全额拨款事业单位身份。这一年成功接受了省教育工作“两项督导评估考核”，授予“教育强县”荣誉称号。这一年营造了风清气正的教育氛围。新一届局班子履职后，局“三重一大”等重要事项一律提交局党委会议集体研究决策；强化财经纪律、人事纪律、安全责任和舆论管控工作，明确了4条纪律底线，凡触及纪律底线的一律严肃查处；规范教师从教行为，规范教辅材料费，实行“阳光排座位”；全面加强基层党建，局党委全面接管乡镇学校教职工党组织关系，垂直管理县属各学校和各乡镇（园区）学区党组织，建立健全民办学校（幼儿园）等非公社会组织的党的基层组织。全县教育系统喊响了“教师向校长看齐，校长向局班子看齐，局班子成员向局长看齐”三句口号，营造了心齐气顺的良好氛围。

衡阳县教育局召开表彰会庆祝建党96周年

衡阳县教育工会第九次代表大会胜利召开

全面提高教育教学质量，表彰教书育人先进教师

高标准建设的衡阳县实验学校

① ②
③

①衡阳县“童心向党”文艺会演献礼党的九十六周年
②衡阳县中小学开展“我们的节日清明”主题活动
③衡阳县“邮政杯”中小学生田径运动会开幕

衡阳县人力资源和社会保障局

局领导班子

中共神皇山支部旧址前重温入党誓词

衡阳县人力资源和社会保障局是2014年9月由原县人事局和原县劳动和社会保障局合并组建成，为县人民政府工作部门。内设股室17个，二级机构16个（湘南船山技工学校、社会劳动保险所、机关事业单位社会养老保险所、医疗保险基金管理中心、城乡居民医疗保险基金管理中心、城乡居民社会养老保险管理服务中心、失业保险基金管理中心、工伤保险基金管理中心、就业服务中心、劳动保障监察大队、劳动人事争议仲裁院、人力资源服务中心、社会保险征收中心、社会保险医疗服务站、人力资源和社会保障信息中心、乡镇人社站管理中心）。

近年来，衡阳县人社工作在县四大家的坚强领导和全体人社工作者的共同努力下，紧紧围绕“民生为本，人才优先”的工作主线，牢牢把握“稳增长、惠民生、保稳定”的工作大局，改革创新，锐意进取，圆满完成省、市、县各项目标任务，为建设和谐幸福新蒸阳提供了坚强的民生保障和人力支撑。

2017年，衡阳县获评全省创新创业带动就业示范县；城乡居民养老保险经办服务、人事档案托管工作评为全省优秀；人社工作目标管理绩效考核位居全市第一；基层党建、党风廉政建设、信访维稳、安全生产等工作定为全县先进。

大型招聘会现场

衡阳县住房和城乡建设局

局党组深入扶贫点宣传党的十九大精神

深入房地产企业宣传党的十九大精神

衡阳县住房和城乡建设局坐落于西渡镇滨江西路8号建设大厦，是主管城乡建设、勘察设计、住房保障、建筑安全质量、公用事业、招投标、国有土地上房屋征收、物业管理、行业执法等工作的政府职能部门。

局机关内设办公室、人事政工股、行政审批服务股、政策法规股、勘察设计管理股、公用事业管理股、建筑工程管理股、产权管理股、物业管理股、财务审计股10个股室，下辖设计院、安质站、自来水公司、开发办、村镇办、执法大队、交易中心、保障中心8副科级单位和公园管理处、燃气办、供排水办、广场管理处、档案馆、污水处理厂、征收办、维修资金办、白蚁防治所、房产测绘队、招投标办11个股级单位。

2017年，在局党组的坚强领导下，全局上下紧紧围绕县委、县政府“生态立业、产业兴县、文化强县”战略决策，努力打造“学习型、创新型、奋斗型、清廉型”新住建，凝神聚力、撸袖加油，各项工作硕果累累。全年棚改、危改工作荣获“省级先进县”之美誉，项目建设在全县年度巡回检查中实现金榜双提名，脱贫攻坚顺利通过市、县检查验收，年度目标考核被县委、县政府评为优秀单位。

局办公大楼

衡阳县国土资源局

局党组中心组学习十九大会议精神

衡阳县2017年度土地矿产卫片执法监督检查工作会议

衡阳县国土资源局成立于1987年，原名为“衡阳县国土管理局”，2002年机构改革时，将矿产管理和地质灾害防治职能划入，重新组建成立“衡阳县国土资源局”。2016年，按照中央推进不动产登记制度改革精神，将土地、房屋、林权、土地承包经营权等分散在各部门的登记职能整合至国土资源局。2018年6月，为贯彻落实中央、省、市的改革要求，根据中共衡阳县委办公室文件（蒸办发〔2018〕8号），整合不动产登记交易及测绘服务职能，全县房地产交易及测绘业务划转到国土资源局。目前，县国土资源局内设15个股室、3个群团组织、15个二级机构及25个国土资源所。现有在编在岗干部职工606人，局领导15人，其中党组成员7人。

该局紧紧围绕中心、服务大局，以“保护耕地、保障发展”为己任，奋勇前行，各项工作取得了显著成绩，先后多次被评为“全国基本农田保护工作先进单位”“国土资源行政执法处罚案件质量评查优胜单位”“土地管理和耕地保护先进单位”“湖南省国土资源系统依法行政先进单位”“县级国土资源政务信息网上公开示范单位”“全省国土资源节约集约模范县”“全省国土资源综合调研信息工作先进单位”等国家级表彰。2016年，又被国土资源部评为“全国国土资源节约集约模范县”“地质灾害防治高标准‘十有县’”。2017年，目标管理考核中排名第一，在县委年度目标管理考核中均被评为优秀单位。在建设“生态立县、产业兴县、文化强县”的新征程中，衡阳县国土资源局将弘扬“大地情怀、泥土精神”，再创国土资源新辉煌。

②｜①
③｜

① 入党誓词
② “缅怀先烈 敬仰伟大”主题党日活动
③ 综合执法

衡阳县交通运输和旅游局

衡阳县交通运输和旅游局揭牌

衡阳县交通运输和旅游局原衡阳县交通局，成立于1980年。2009年，国家实施成品油税费改革，县委、县政府根据改革精神，将“衡阳县交通局”更名为“衡阳县交通运输局”。2015年12月，县委、县政府实施新一轮的政府机构改革，将原县交通运输局和县旅游局职能合并，组建成立“衡阳县交通运输和旅游局”。内设办公室、人事股、法规股、行政审批服务股、计划统计基建股、安全监督股、财务股、战备办等8个股（办）室；下设县公路管理局（暂保留正科）、县道路运输管理所、县交通工程质量与安全监督管理所、县地方海事处、县交通运输和旅游综合执法大队、县旅游服务中心6个事业单位。局党政班子成员6人（含原纪检组长）,局系统在职干部职工259人，退休61人。

近几年来，在县委、县政府的正确领导和上级主管部门的大力支持下，该局抢抓国家机遇，创新工作理念，全力推进交通基础建设和旅游开发工作发展，取得了显著成效。

该局曾先后被交通部评为“农村公路养护管理先进集体”，被省政府、省交通运输厅评为“湖南省为民办实事先进集体”“‘交通杯’劳动竞赛先进集体”“行政执法工作先进单位”，共荣获部省市各级荣誉称号50余项。

行业监管

第六届油菜花节

西界公路建设

交通工程质量监管

交通执法

衡阳县民政局

省民政厅巡视员、社会组织党委副书记李劲夫调研衡阳县社会组织孵化基地

局长陈福生春节期间走访慰问敬老院孤寡老人

衡阳县民政局成立于1949年10月，坐落于西渡镇春风中路31号，局领导班子5人，现有干部职工197人。内设办公室、人事股、计财股、优抚股、退伍安置办、基政股、地名办、社救股、社会事务股9个职能股室，下辖城乡社会救助服务中心、慈善总会办公室、老年人服务中心、老区办、殡葬事业管理处、民间组织服务中心、福利院、光荣院、婚登中心、军干所、募办、救助站12个下属单位。

2017年，衡阳县民政局紧紧围绕“民政为民、民政爱民”的工作理念，圆满完成各项工作任务。社会保障更有力，2017年保障城市低保对象1564户、2403人，农村低保对象10031户、20409人，全年共发放城市低保资金914万元，发放农村低保资金4404 万元，发放减免电费资金64万元。特困人员保障有力，分散供养标准提高到4056元/人/年，集中供养标准提高到6552元/人/年，全年发放特困供养资金3177万元。医疗救助平稳推进，农村低保对象在县内定点医疗机构住院实行先诊疗后付费，就医费用报销比例提高10%，大病保险起付线降低50%，大病保险报销比例提高5%。全年救助38093人，发放医疗救助资金1480万元。临时救助及时有效，全年累计救助16399人次，发放临时救助资金1936万元。灾害救助成效显著，2017年，全县下拨乡镇应急救灾资金200万元，洪涝灾害基本生活救助资金380万元，救助5000余户；安排377万元用于因灾倒房恢复重建，帮助全县153户倒房户重建住房，52户损房户修复住房。优抚双拥更有为，全年发放抚恤补助资金4800余万元，救助退役军人医疗1085人次，151万元；发放优抚对象门诊补助、参保参合资金180余万元；真情关爱退役士兵，春节、“八一”期间共走访慰问退役军人1000余人次，送出慰问金177万元。社会治理更有序，全县443个村、48个社区全部按时完成村（居）委会换届选举，村委会依法自治达标率达到99.3%，城镇社区依法自治达标率达到100%。深化社会组织管理体制改革，完善直接登记制度，赋予社会组织统一社会信用代码，完成第二批11家行业协会商会与行政机关脱钩工作。社会福利更有爱，基本养老服务补贴全覆盖，发放229余万元，惠及特殊困难老年人6000多人。全年发放百岁老人长寿金9万元，90—99周岁以上高龄补助220万元。全年共计发放孤儿基本生活费310万元。残疾“两补”全部落实，共发放重度残疾人护理补贴10295人、590万元，发放困难残疾人生活补贴10778人、615万元。全年共接收各类善款310多万，救助各类困难群众、受灾群众6000人次，公共服务更有效，惠民殡葬政策扩大到城乡低保对象、城镇三无人员、重点优抚对象和农村五保供养对象，实行基本丧葬费全免，积极开展流浪乞讨人员救助，全年共救助各类流浪乞讨人员3452人次。福彩销量稳步发展，全年福彩总销量达到3474万元。

2017年6月29日，樟木乡樟木寺社区发生一起严重山体滑坡，市民政局副局长金珊珊、县民政局局长陈福生亲临现场指导开展救援工作

衡阳县农业局

2017年，农业局认真贯彻落实上级关于“三农”工作的决策部署，突出抓好农业供给侧结构性改革，开拓创新，奋发作为，全县农业和农村经济社会发展保持良好势头。再次被评为“全国油料生产大县”“全省粮食生产标兵县”。成功申报“省级现代农业产业集聚区”。一是农业产业结构日益优化。完成粮食播种面积161.5万亩、总产65.34万吨。夏收油菜74.9万亩、总产8.2万吨。完成棉花种植7.8万亩。建成高档优质稻生产基地50万亩、蔬果种植基地20万亩、湘莲种植基地1万亩，农业特色产业初具规模。二是农业产业化水平明显提高。三产融合发展有了新突破。新增年产值2000万元以上的农产品加工企业7家，新增投资500万元以上的规模农业企业19家。省、市级农业产业化龙头企业分别达6家、42家。注册农副产品商标197件，获证“三品”农产品39个，“三品”农产品年产量达33.2万吨。三是美丽乡村建设扎实推进。金兰镇、洪市镇获评“湖南省美丽乡镇”。曲兰镇湘西村被评为“全国生态文化村”。金溪镇上峰村顺利通过省委省政府美丽乡村建设考核验收授牌，全县省级示范村已达7个，是全省最多的县市区之一。

局长黄明成在田间查看水稻生长情况

院士官春云在西渡镇赤水村油菜示范基地接受湖南卫视采访

2017年全省油菜全程机械化现场会

新型职业农民优质稻产业培训会

优质稻绿色生产示范区

西甜瓜温室栽培

衡阳县水利局

河道巡查

工程检查

西渡河坝工程检查

衡阳县水利局坐落于衡阳县西渡镇向阳北路5号。主要承担研究拟定全县水利事业发展计划，制定相关办法监督落实；统一管理全县水资源，搞好水资源费征收；惩治和处理水事违法事件，调解水事纠纷；协调、指导、监督、实施全县水利建设，防汛抗旱，水土保持工作等多项职能。

2017年，按照水利部、省、市“十三五”时期水利发展和全面建成小康社会的总体思路，落实“三四五六”方针，即：贯彻落实县委“生态立县、产业兴县、文化强县”三大战略，以“保护水资源、防治水污染、改善水环境、修复水生态”为四大主要任务，牢固树立“创新、协调、绿色、开放、共享”五大发展理念，坚持“以人为本、节水优先、尊重自然、统筹兼顾、深化改革、依法治水”六大原则，完善水利基础设施，落实兴水惠民决策，全面推进县乡村三级“河长制”，深化水利改革创新，推进抗旱减灾和水资源合理配置，加快推进水治理体系和治理能力现代化，构建与全面建设小康社会相适应的水安全保障体系。衡阳县共争取国家项目资金1.4亿元，水利总投资突破1.5亿元，完成各类水利工程1.5万处。

局机关党员活动

世界水周活动

志愿者活动

防汛演练

衡阳县烟草专卖局(分公司)

局长　尹湘宾

局班子成员

衡阳县烟草专卖局（分公司）成立于1984年11月，担负着衡阳县烟草专卖行政管理、卷烟营销和烟叶生产经营的职能。下设办公室、专卖监督管理股、市场服务分部、烟叶生产经营分部（烟基办、烟站）、财务室、综合室、内管派驻组7个股室（分部）。坚持以科学发展观为统领，围绕“卷烟上水平”战略任务，认真践行“国家利益至上，消费者利益至上”的行业共同价值观，通过强化专卖管理，深化营销服务，推行科技兴烟，加强作风建设，有力地促进了各项工作健康协调发展。连续15年被省、市人民政府评为重合同、守信用单位，先后18次被县委、县政府评为目标管理工作先进单位。2012—2013年度被湖南省国税局、地税局联合授予A级纳税信用单位称号；被中共衡阳市委授予“理论教育先进单位”“衡阳市重点纳税大户”等荣誉称号；2008年以来，先后获得“先进基层党组织”“社会主义新农村建设工作先进后盾单位”“依法行政先进单位”“人口与计划生育先进单位”“安全保卫工作先进单位”“优秀烟草专卖局”“省级文明交通示范先进单位”“统计法制宣传教育先进单位”“衡阳市保护消费者合法权益先进单位”“卷烟打假工作先进集体”“十佳明星企业”等三十多项荣誉。

衡阳县残疾人联合会

团结务实的领导班子

衡阳县共有各类残疾人7.5万，占全县总人口的5.77%。县残联成立于1990年8月，属正科级单位。具有“代表、服务、管理”职能，代表残疾人共同利益，维护残疾人合法权益；开展各项业务和活动，直接为残疾人服务；承担政府委托的行政职能，发展和管理残疾人事业。县残联在职干部职工共30人，其中班子成员3人(理事长1名，副理事长2名)，主任、副主任科员5人，其他工作人员22人。县残联机关内设办公室、康复股、教就股、维权股、基金会、服务社。

第27次全国残助日，县委书记曾秀等领导到县残联办证大厅看望办证工作人员，向办证残疾人了解相关情况

首届“十佳助残模范”和“十佳自强模范”

① 衡阳县残疾人联合会第三次代表大会在夏明翰文化宫召开
② 市残联理事长刘红丹到我县走访慰问残疾贫困家庭
③ 县残联理事长邱曙光走访慰问残疾贫困家庭
④ 湖南省残疾人福利基金会衡阳县代表处成立暨爱心捐赠文艺晚会在县夏明翰文化宫举行
⑤ 残疾人SYB培训班在新华培训学校举办
⑥ 县残联机关党支部开展”学雷锋志愿服务“主题党日活动
⑦ 组织残疾服务对象进行社会实践活动

衡阳县畜牧水产局

党组书记、局长　王辉宇

衡阳县畜牧水产局认真贯彻落实全省养殖业工作会议和县委经济工作会议、农业农村工作会议精神，突出绿色发展这一主题，围绕畜禽水产品质量安全和规模养殖场粪污治理两大重点，打造寺门前猪、长永甲鱼两大品牌，抓标准化生产，促养殖业品牌发展。抓粪污治理，促养殖业绿色发展。抓人工放流，促渔业可持续发展。抓牲畜定点屠宰，促行业管理规范。抓防疫督查考核，促养殖业生产健康发展，抓监管监控，促养殖业安全发展。2017年，各项工作保持了省市先进地位，我县被评为全省绿色发展示范县、全省养殖业工作先进县、全省动物防疫工作先进县，被县委、县政府评为目标管理考核先进单位、党风廉政建设先进单位、综治民调工作先进单位。

①｜②
③

①品牌创建

②衡阳县2018年兽医培训班

③全县养殖污染防治攻坚战推进大会

衡阳县移民开发局

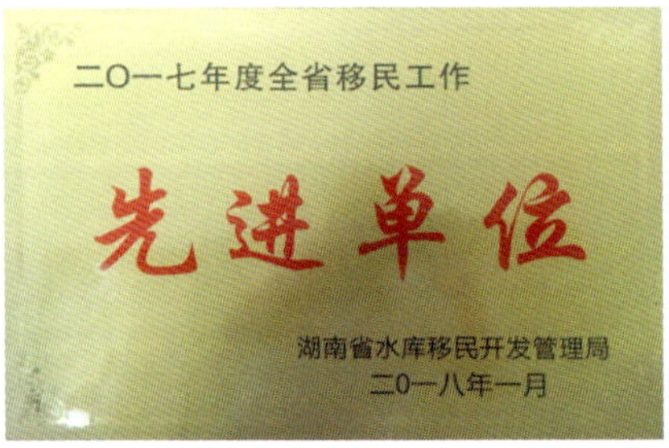

团结务实的领导班子

衡阳县移民开发局成立于2001年，是县人民政府主管全县移民安置和生产开发的正科级事业单位,位于衡阳县西渡镇春风西路1号,在职干部职工共17人，内设有办公室、工程安置股、政策法规股、培训股、工会办公室、财务股共6个股室。

2017年，衡阳县移民开发局再创佳绩,基础设施建设和产业开发捷报频传，年内完成渠道建设21条22公里，堤坝8条8公里，硬化水塘165座，改善灌溉面积40570亩，受益移民10895人；完成农村交通项目202个，受益移民19129人；完成安全饮水项目7个，受益移民700人；扶持油茶开发项目3个，垦复油茶3000亩；扶持茶叶种植项目1个，面积300亩；完成水果种植项目4个，面积1000亩；扶持畜牧渔业项目11个等各项工作均全部完成任务。移民后扶、避险解困两项中心工作均进入全省先进行列，政法综治和计划生育两项工作被评为全县的先进单位，年度考核被评为全省移民系统先进单位和全县绩效考核优秀单位。局党组书记、局长刘俊辉被评为“全省移民系统先进个人”。

①②
③④

①县委书记曾秀等领导到县移民局指导工作

②局党组扩大会议

③到界牌工业园区看移民避险解困集中安置点

④井头镇东山村整村推进会议

衡阳县城市管理行政执法局

县委书记曾秀及各级领导慰问一线环卫工人

省级园林县城授牌

局党委召开支部书记述党建和春节城市管理工作会

2015年9月，根据中央、省、市关于机构改革有关文件精神，成立了衡阳县城市管理行政执法局，设立内设机构6个，下设城管大队、环卫处、城建执法局、园林所、市政处5个二级机构。全系统共有干部职工400余人，主要承担县城的市容市貌、环境卫生、园林绿化、市政设施的监督管理以及开展城市管理相对集中行政处罚权等职责。

近年来，县城市管理行政执法局在县委、县政府的坚强领导下，全局干部职工牢固树立创新、协调、绿色、开放、共享的发展理念，以实现城市让生活更美好为宗旨，始终把人民对美好生活的向往作为奋斗目标，求真务实、攻坚克难、努力拼搏、负重奋进，为广大市民营造清新清爽、精美精致的人居环境，并牵头创建“省级园林县城”和在“全国文明县城”“国家卫生县城”创建工作中发挥主力军作用。县城市管理行政执法局自成立以来，先后完成了县城3个片区、5条主次干道的提质改造，新建了1座广场、2座垃圾中转站、3座小游园，安装路灯774杆；拆除了各类广告3.5万余平方米，切除了依附人行道斜坡214个，督促安装油烟净化器215家，拆除违章建筑145起，拆除房屋面积92883平方米，并常态化做好了县城各项城市管理工作。目前，县城建成区绿地面积664.56公顷，绿化覆盖率42%，亮灯率99.5%，县城生活垃圾已实现无害化处理。

城管大队在蒸阳大道整治户外广告

县城建执法局对违章建筑拆除

县园林所对绿地进行修剪

衡阳县公安交通警察大队

经过党建、“两学一做”主题教育的洗礼，4个部门、60人受到省、市、县和大队表彰，连续5年省、市绩效评估优秀单位，大队、事故中队先后被评为全省执法规范示范单位，衡阳市“二星级”文明单位。

始终坚守对全县人民平安出行的庄严承诺

连续5年获省、市绩效评估优秀单位

开展“讲道路礼仪，树道路新风”巡回宣传活动

指挥交通

开展严查酒驾

举办校园交通安全文化节

衡阳县公安消防大队

县委书记曾秀率队开展消防安全检查

县“四大家”领导慰问衡阳县公安消防大队

领导班子成员

锦旗致谢

衡阳县公安消防大队（应急救援大队），主要负责辖区内机关、团体、企事业单位的防火监督、建筑工程消防审核验收、开业前消防安全检查、消防安全教育培训、火灾事故调查、消防产品监督管理和技术指导以及对所属中队的管理等业务；衡阳县消防中队主要担负着辖区内的灭火、抢险救援、社会救助等任务。2017年，衡阳县大队在总队、支队党委、县委和县政府的正确领导下，坚持以党的十九大和习近平总书记系列重要讲话精神为指引，以实现“两个稳定”为目标，以落实责任为基础，以面向实战为导向，夯实消防工作基础，不断提升公共消防安全水平，实现了全县消防安全形势的总体稳定。全年接警出动211次，出动消防车辆380辆，出动警力2493人次，抢救被困人员79人，疏散被困人员1215人,抢救财产价值 1169.9万元。全年检查单位2614家（次），发现并整改火灾隐患5642处，督促整改5608处，罚款67.1万元，责令“三停”单位24家，查封单位68家，拘留6人。全年大队1人荣立三等功，5人次被支队嘉奖。大队在全市消防部队队列会操比赛中获得三等奖、支队比武两车三枪操获第二名。

消防站开放日

抗洪抢险誓师仪式

华宇酒店应急演练

衡阳县广播电视台

台领导班子民主生活会,黄承慧、文柏春、汪建华、陈志臣、李建华、周小平、曾宏斌、王宏星等台领导参会

衡阳县广播电视台位于衡阳县西渡镇保安小区添吉路3号。2012年5月，成立衡阳县广播电视台，为县委、县政府正科级事业单位，担负着全县新闻宣传、网络传输的重要任务。设办公室、人事股、计财股、内审股、总编室等7个内设机构，设新闻中心、节目制作中心、广告文艺中心、农网管理中心等10个二级机构。湖南有线衡阳县网络公司属二级独立核算机构。电视台现有干部职工374人，有高级技术职称的专业人才3人、中级技术职称的专业人才19人，离退休人员121人。

2017年，荣膺县直机关目标管理考核先进单位和全省“村村响”工作先进单位。县有线电视网络公司被湖南省有线电视集团评为先进企业。

①
② | ③

① 台部分党员干部和记者到扶贫点和西渡镇梅花村组织村干部和群众在一起宣讲中共十九大精神，台长黄承慧做了主题活动辅导报告

② 台领导参加2017年衡阳县“利德有”家居建材春季博览会的开幕式

③ 台领导参加2017年衡阳县首届汽车文化节的开幕式

衡阳县西渡镇

县委书记曾秀，县委常委、县委办主任宋任飞到黄林村指导扶贫工作

西渡镇是衡阳县政治、经济、文化中心所在地，是衡阳县第一大镇，享有“衡州第一镇”的美称，同时也是衡阳“西南云大”都市区副中心。境内有S315线、衡西快线、衡邵高速公路连接衡阳市区，正在修建的衡邵怀铁路在境内梅竹村设立客货两站，交通便利。蒸水河流经境内6公里，两岸物产丰富、生态优美。全镇总面积152.6平方公里，总人口25万，辖22个行政村和13个社区居委会。近年来，全镇上下坚持“以党建为引领，以经济建设为中心，以发展为要务，以民生为保障，以稳定为责任”的目标，扎实推进全镇各项事业又好又快的发展。在2017年全县目标管理绩效考核中被评为“优秀乡镇”。

金槐基地

改造一新的新桥市场

西渡火车站

新桥古街恢复效果图

功能齐全的梅花村办公大楼

衡阳清花湾田园综合体鸟瞰图

改造后的盘龙村村部和文化广场

衡阳县金兰镇

禁止未成年人上网

金兰镇隶属衡阳县。距县城35公里，乃衡阳西北重镇。东邻大安乡、库宗桥镇，南毗井头镇，西与邵东县水东江镇交界，北接曲兰镇、双峰县花门镇。金兰镇处衡阳、邵东、双峰三县交界处，是古时衡州西去宝庆的必经之地。传说仙人牵牛过桂花桥，桥边兰草丛生，后人在此筑寺，冠名“金兰寺”。清同治县志记载此地“水漾金沙，山产兰草”，因而得名。

新中国成立后，金兰镇几经变迁。1950年属第六区，1952年属第八区，1956年属金兰乡，1961年改金兰公社，1984年改乡，同年改镇。1995年撤区并乡，原金兰区的山水乡、石坳乡、檀桥乡、贺市乡、金兰寺镇合并，称金兰镇。

全镇面积辽阔，人口众多，总面积154.8平方公里，其中水田39254亩，旱土5694亩，林地111438亩，森林覆盖率36%。下辖28个行政村、2个社区、727个村民小组。镇内辖20383户，总人口76515人，是衡阳县第二大乡镇。2014年，入选“全国重点镇名录”。2017年，被中华诗词学会授予“中华诗词之乡”；2017年，荣获“湖南省美丽乡镇示范镇”称号。

刘兆玄故居

诗词碑林

现代民居

七一文艺汇演

城镇鸟瞰图

衡阳县库宗桥镇

库宗桥镇位于衡阳县城之西21公里处，是衡阳市最具名气的家具生产基地，生态旅游特色小镇。全镇辖20个行政村、1个社区、456个村民组，3个居民小组、13656户，2017全镇人口51079人（其中农业人口48230人），耕地面积2.89万亩。2017年全镇工农业总产值11.2亿元；财政收入117.27万元，实现固定资产投资近3.5亿元，招商引资新签项目3个，新项目固定资产投资2.5亿元。村民人均年收入14785元。

近年来库宗桥镇先后荣获“全国文明村镇”“湖南省文明乡镇”“全省先进基层党组织”等称号。

镇农贸市场

① 油菜花节太极图
② 牌楼冬枣
③ 栾木黑山羊

家具城展馆

衡阳县金溪镇

法治文化长廊

欧阳应诚纪念馆

金溪镇地处衡阳县西北部，北邻双峰县石牛镇、荷叶镇和东接溪江乡、南毗三湖镇、渣江镇、西连洪市镇，区域面积114.2 平方公里，耕地面积17686 亩，山地面积11.2 万亩，其中楠竹基地面积6.32 万亩。辖17个行政村，2个居委会，341个村民小组，农业人口3. 98万人。

金溪镇原名“金鸡庙”或“金溪庙”。柿水源头，境内以山地为主。相传河产金沙，故曰“金溪”。另有传说，境内有金鸡，因有人伤害小鸡而夜啼，嗣后飞去。当地人立庙纪念，故曰“金鸡庙”。1995年由原金溪庙镇、上峰乡、横江乡和隆兴乡撤区并乡设镇，改名为金溪镇。

金溪多山，属九峰一脉，山势陡峭，形状奇异，有网形山、龟形山、鱼形山、瓜子岭等多处名山，山上盛产楠竹，面积达6.32万亩，竹海一望无际，景象极为壮观。

金溪人杰地灵，明朝抗倭名将欧阳应诚，经历大小战争数十余次，屡战屡胜，清化乡柿江桥一战，在粮尽兵寡的形势下殉职。皇帝朱棣钦赐抗倭将军鎏金像一尊、侍卫二尊、白马一座、“孤忠鏖战、殉职分同”锦旗一面。欧阳应诚纪念馆位于隆兴村新余组，以其独特的历史文化演绎着现代精神文明，散发着强烈的爱国精神。

① | ②

① 柿竹水库

② 柿竹水库大坝

目　　录

特　　载

大 事 记

衡阳县概况

中共党务

人　大

政　务

政　协

纪检·监察·巡察

社会团体

法 治

军　　事

综合经济管理

民政·人力资源和社会保障

城乡建设管理·环保

工业·科技

产业园区

交通旅游·邮政通信

农业·农村

财政·税务

金 融

商 贸

教　育

文　化

卫生和计划生育

蒸阳集锦

乡　镇

美丽乡村建设示范村选介

彩　页

A 组

B 组

特　　载

突出发展主题　实施三大战略　夺取全面建成小康社会新胜利

——在县委经济工作会议上的讲话

中共县委书记　曾　秀

(2017 年 2 月 18 日)

一、回顾发展历程,我们奋勇争先,已站在全面建成小康社会的新起点

2016 年是我县发展史上极具挑战的一年,也是奋勇前进的一年。我们认真落实中央、省、市重大决策部署,经济社会发展呈现总体平稳、稳中有进、稳中向好的良好态势,实现了“十三五”良好开局。

一年来,我们围绕“全面小康”,综合实力迈上崭新台阶。主要经济指标稳步增长,迈入全市第一方阵。地区生产总值增长 7.8%,固定资产投资增长 19.7%;一般公共预算收入增长 9%,税占比为 70.1%;社会消费品零售总额增长 12.1%;城乡居民人均可支配收入分别增长 8.7%、9.9%;全面小康总体实现程度为 85.3%,提升 4.5 个百分点。经济结构质量持续优化,三次产业结构调整为 21.8∶36.4∶41.8,园区规模工业增加值占规模工业增加值比重为 70.3%;高新技术产业增加值占 GDP 比重为 11.1%。

一年来,我们致力“提质提效”,转型升级迈出坚实步伐。全年发布项目 261 个,完成投资 192.3 亿元,省市重点工程开工复工率和投资额全市排名第一。农业机械化、产业化、规模化、集约化、品牌化水平不断提升,粮食产量持续增长,有望再次被评为“全国粮食生产先进县”。西渡高新区核心片区基础设施进一步完善,落户企业不断增加,新签约企业 10 个,新开工企业 17 个。智能装备制造、电子信息、生物医药等新兴工业不断发展壮大,制衣、制鞋、陶瓷、石材等传统工业不断转型升级。角山米业二期、阿里巴巴村淘等一批产业项目竣工投产;盛世威得、智华科技等一批产业项目完成主体工程建设;唯品会电子信息产业园、维泰智能交通产业园总部、衡阳光伏电站及光伏产业园一期等一批产业项目开工建设。界牌陶瓷工业园获得省发改委正式批复,进入国家发改委园区目录,园区建设前期工作全面完成,新签约企业 3 个;井头(关市)石材工业园前期工作快速推进,园区发展承载能力进一步提升。旅游业来势喜人,实现旅游总收入 21.04 亿元,增长 21.97%。

一年来,我们突出“宜居宜业”,人居环境实现明显提质。生态保护与环境治理开展有力,成效显著。美丽乡村建设全面推进,省级示范村已达 6 个,是全省验收授牌村最多的县市区。实施绿化增量提质工程，全面实行封山育林，荒山造林9.01万亩，创建“绿色村庄”54个，新增通道绿化775公里。切实加大水、大气、土壤污染整治力度，生态环境持续改善。顺利通过全国文明县城年度测评，成功创建全国卫生城市和省级园林县城，扎实推进省级交通平安畅通县城创建工作。

一年来，我们努力“攻坚克难”，改革创新持续迸发活力。强力推进“放管服”改革，承接省级行政审批事项47项，下放便民服务事项60项、行政权力30项。大力推进“两集中两到位”改革，基本做到公共服务事项进驻政务服务中心，审批环节大幅精简，审批效率提高60%。着力推进园区管理体制改革，园区管理职能逐步规范和强化。积极推进财税体制改革，“营改增”为企业和社会减负成效明显；深入推进乡镇国库集中收付制度改革；财政资金管理更加规范有序。持续推进商事制度改革，充分激发市场活力。稳步推进企业改制工作。切实推进社保制度改革，完成了城乡居民医保整合。全面深化不动产登记制度、项目审批等改革，完成了土规调整完善、矿产资源修编、永久基本农田划定工作。不断推进医疗卫生、教育等其他各项改革。大力推进企业与大专院校合作，专利申请量、省市科技项目大幅增加，科技成果成交额突破亿元。

一年来，我们注重“共建共享”，民生改善紧贴群众需求。狠抓城镇新增就业、失业人员再就业和新增农村劳动力转移就业，实现了零就业家庭就业援助动态清零。统筹发展职业教育、成人教育、民办教育，新增1所公办九年义务制学校，城区“大班额”难题得到缓解。大力推进乡镇公租房建设，基层干部住房条件明显改善；完成农村危房改造1539户，困难群众住房保障水平明显提升。县公共法律服务中心和社区矫正中心投入使用。背街小巷及小游园建设、自来水厂扩容提质、农贸市场、污水管网二期、县中医院整体搬迁一期、县妇幼保健院整体搬迁一期等一批民生项目主体工程完成建设；船山西路、娄衡高速衡阳县段、S315线二期提质改造等一批交通项目竣工通车。小城镇建设步伐加快，一批乡镇被列为全国、省、市重点镇。产业扶贫和易地扶贫搬迁加快推进，实现脱贫1.45万人，界牌镇将军村获得全省“脱贫攻坚示范村”殊荣。农村自来水建设项目扎实推进，普及率大幅提升。文化事业蓬勃发展，文化设施进一步完善，群众性文化活动进一步丰富，公共文化服务水平进一步提升。

回顾过去一年的工作，我们深深体会到：只有坚持把抓好党建作为最大政绩，一心一意谋发展，聚精会神抓党建，才能不断开创各项事业新局面。只有不断解放思想、转变观念，抓住机遇，强化担当，才能在新常态下实现新作为。只有坚持问题导向，深化改革、勇于创新，理顺体制机制，形成工作合力，才能凝聚转型发展新动力。只有坚持效益为先，招大引强选优，狠抓项目管理，才能推动经济发展迈上新水平。只有尊重发展规律，注重规划引领，高水平建设，精细化管理，才能推动城乡面貌跃上新台阶。只有把人民群众利益放在首位，多办利民惠民的实事好事，才能不断满足人民群众新期盼。

在看到成绩的同时，我们也要清醒地认识到工作中还存在一些不足，主要表现为：经济结构不优，财政收支压力大；经济增长动能不足，产业的集聚效应和辐射能力不强；城乡发展不均衡，农村基础设施相对滞后，富民增收难度加大；制约发展的体制机制障碍依然存在，各级干部改革创新意识和解决复杂问题的能力还有待提高等。这些问题需要我们高度重视，并切实加以解决。

二、展望新年愿景，我们要理清思路，迈向建设“实力、文化、生态、和谐之县”新征程

新的一年，我们既面临复杂严峻的形势，也蕴含着更多的发展机遇和积极因素。一方面，世界经济仍将处在缓慢复苏和深度调整期，发展的复杂性、不稳定性、不确定性进一步凸显。另一方面，新技术革命正在有力推动着全球经济结构调整，国家继续实施积极有效的财政政策和稳健中性的货币政策，大力深化供给侧结构性改革和关键领域改革，加大实体经济、基础建设和创新创业等方面支持。衡阳县近年来持续不懈推进资源整合、园区建设、产业培育和项目投入，经济社会进入了深度融合与良性发展阶段，县域的承载能力、创新要素的吸纳能力明显增强。同时，通过县乡领导班子换届，选出了忠诚干净担当的好干部，配出了结构优功能强的好班子，换出了心齐气顺劲足的好面貌，为当前和今后发展提供了有力支撑。

今年全县经济工作的总体要求是：认真贯彻落实党的十八大和十八届三中、四中、五中、六中全会和中央、省委、市委经济工作会议精神，紧紧围绕“五位一体”（经济建设、政治建设、文化建设、社会建设、生态文明建设）。总体布局和“四个全面”（全面建成小康社会、全面深化改革、全面依法治国、全面从严治党）。战略布局，坚持稳中求进工作总基调，牢固树立和贯彻落实新发展理念，适应把握引领经济发展新常态，坚持以提高发展质量和效益为中心，以推进供给侧结构性改革为主线，大力实施“生态立县、产业兴县、文化强县”三大战略，突出转型发展、城乡统筹、社会治理、党的建设四个重点，切实打造发展动力强劲的实力之县、县域特色突出的文化之县、山水灵气充盈的生态之县、幸福氛围浓厚的和谐之县，夺取全面建成小康社会新胜利，以优异成绩迎接党的十九大胜利召开。力争全县实现地区生产总值增长8.5%左右，一般公共预算收入增长7%以上，规模工业增加值增长7.5%左右，全社会固定资产投资增长15%左右，社会消费品零售总额增长12%左右，城乡居民人均可支配收入分别增长8.5%、9.2%左右，人口自然增长率控制在8.8‰以内，全面小康总体实现程度达90%以上，全面完成省市下达的节能减排、安全生产等约束性指标。

实现上述愿景和目标，我们要做到“四个必须”：

——必须把握“稳中求进”这个总基调。稳定是发展的基石，行稳才能致远。实践证明，稳中求进工作总基调是我们治国理政的重要原则，也是做好经济工作的方法论。稳中求进，根本在“稳”，着眼在“求”，目的在“进”。一方面，把握稳中求进工作总基调关键在于稳定大局。切实深化“稳”的认识、强化“稳”的措施、提高“稳”的能力，确保社会大局、经济运行、全面深化改革稳定发展、稳步前行。另一方面，把握稳中求进工作总基调目的在于力求突破。稳中求进不是一味地求稳，裹足不前，而是要在稳定的前提下有所进取，重点在结构调整、方式转变、质量效益、人民生活、扶贫攻坚上全力求“进”，取得突破。

——必须激发“改革创新”这个核心动力。惟改革者进，惟创新者强。只有坚持不懈推进改革创新，才能不断释放市场活力、激发发展动力，推动经济社会持续健康发展。要建设“实力、文化、生态、和谐之县”，必须坚定不移地推进全面深化改革，推进创新驱动，推进开放带动。

——必须抓住“植优补短”这个重中之重。植优补短是统筹推动经济社会发展的主要抓手。一方面，要厚植基础优势，强基固本。充分发挥我县资源丰富、交通便利、环境优越的优势，积极抢抓发展机遇，不断扩大开放，努力融入“长江经济带”和“泛珠三角经济区”，打造投资洼地。另一方面，要补齐发展短板，协调推进。坚持以转型升级为主攻方向，以项目建设为抓手，以园区平台为载体，以优化服务为保障，着力补齐“工业、旅游业、金融服务业”三块短板，注重产业可持续发展，全力转方式调结构，加速培育优势产业，做大做强支柱产业。

——必须坚持“共治共享”这个目标取向。天地之大，黎元为先。要营造更加宽松的制度环境，畅通渠道，搭建平台，创造条件让老百姓参与共治。要践行社会主义的本质要求，体现社会主义制度优越性，让老百姓共享发展成果。

三、投身新的发展实践，我们要紧扣重点，全力以赴推动经济社会稳步健康持续发展

今年是党的十九大召开之年，是全面落实省市党代会分别提出的“五个强省”和“五个新衡阳”目标以及我县实施三大战略的开局之年，也是加快发展的振兴之年、补齐短板的攻坚之年。做好今年的经济工作，必须结合衡阳县实际，统筹兼顾、突出重点，切实抓好六个方面的工作。

（一）坚定不移推动经济稳步增长。稳增长是头等大事。面对经济发展大转型、产业发展大提质、区域发展大竞争的新格局，要坚持投资拉动、项目驱动、消费带动，稳定经济增长势头，稳步推进县域经济发展。

一要注重投资拉动，增强发展动力。我县基础设施建设的任务还很重，地区差异还很大；从经济增长“三驾马车”来看，我县出口总量很小，对当前经济增长的支撑作用非常有限，关键还是要靠持续扩大有效投资，以投资弥补短板，达到稳增长的目的。一方面，要转变投资观念。要切实解放思想，紧紧围绕国家战略、产业布局、重点领域和市场导向，着力改善投资结构、优化投资主体、改进投资方式、提高投资效益，主动谋划，精准对接，强力招商选资、争项争资。另一方面，要明确投资方向。基础设施投资要注重加快构建现代化基础设施网络，特别是交通和城市基础设施建设。产业投资要注重打造“一区二园”产业承载平台，重点抓好陶瓷精深加工、生物医药、智能装备制造、总部经济等相关产业或项目的发展；要突出农业供给侧结构性改革，重点抓好特色农业发展。社会民生投资要注重抓好“两房两棚”（公租房建设、农村危房和城市棚户区、工矿棚户区改造）、“两供两治”（城市供水和供气；城市污水和垃圾治理）、医疗教育、健康养老等项目。生态环保投资要注重“一河两湖”（蒸水河和万源湖、织女湖）治理等项目。

二要注重项目驱动，提升发展活力。项目建设是经济工作的核心和支撑，没有项目建设就不可能有绩效产出，就不可能有增长后劲。要大力引进项目。切实加大招商力度，积极开展“迎老乡、回故乡、建家乡”等招商活动，吸引衡阳县籍企业家和农民工返乡投资创业；加强与国内外知名企业对接，争取更多企业来我县发展。切实突出招商重点，围绕我县产业规划，大力开展补链招商、平台招商，招引一批带动能力强、社会效益好的大企业，拉长产业链条。切实加快成果转化，对已签约的招商项目，要加快报批等前期工作，力争早日落地；对目前在谈、有意向的项目，要全力跟进、尽快签约。要提速推进项目。严格落实项目建设工作制度，牵头领导、责任领导要深入一线抓协调、抓服务、抓推进，以自身的表率作用带动全县上下齐心协力抓项目。大力实施项目建设“139”工程（实施100个重点工程项目，总投资300亿元，年度投资90亿元），严格按照重点项目表中时序任务的要求，保持应有的推进力度、建设速度和投资强度。当前最重要的是各业主单位要敦促施工单位抓紧组织劳力、机械设备进场，利用施工黄金期掀起一轮项目建设热潮。要严格管理项目。把好项目识别关、项目招投标关、成本控制关、建设监控关和竣工验收关。切实抓好政府投资已竣工项目的审计、结算工作，建立健全工程审计、结算和分期付款制度。加大项目整合力度，建立公开、公平、公正的分配制度，确保项目管理规范高效。要全力服务项目。一方面，要大力帮扶企业。继续推进“服务企业年”活动，深化“双联”帮扶工作，进一步巩固完善服务企业的长效机制，帮助企业解决实际困难和问题。另一方面，要切实破解项目要素瓶颈。严格规范管理土地市场，全面清理项目合同，扩大土地储备；加大融资力度，盘活国有资产、存量资金、土地资源，做大做强融资平台；积极包装推介项目，加强银企对接、政企联谊，大力推广运用PPP模式，引导社会资本投向公共服务领域。

三要注重消费带动，激发内需潜力。着力改造提升餐饮、住宿、商贸等生活性服务业，大力发展养老、社区、家政等家庭服务业，稳妥培育房地产业，探索发展养老地产、旅游地产。积极开展消费促进活动，鼓励探索新兴商业模式，形成线上线下共促消费局面。大力弘扬诚实守信、童叟无欺、货真价实的商业文化，积极倡导健康理性、环保生态的科学消费理念。积极引导、鼓励城乡居民逐步转变消费方式，充分激发信息、健康养老、休闲旅游、文化体育、医疗保健、教育、绿色循环消费等新型消费内在潜力。

（二）坚定不移全面深化各项改革。当前，全面深化改革进入深水区、攻坚期，面临的压力和挑战非常大。但是，我们要认识到改革是推动发展的强大动力，越是在艰难时期，越要坚定信心，越要持续推进，把改革这个法宝用好。

一要抓好“三去一降一补”任务的落实。必须把“三去一降一补”当作一项重要的政治任务抓好落实。我县同样存在产能过剩、库存过多、成本过高、短板过短等问题，我们必须立足自身优势，以改革为动力，全面落实“三去一降一补”任务。要注重方法去产能。注重运用市场和法治的办法推动去产能，完善市场退出机制，创造条件，加快推进企业技改或重组，对长期亏损、债台高筑、无药可救的“僵尸企业”实行“市场出清”（指在市场调节供给和需求的过程中，由市场机制自动消除超额供给或超额需求市场，在短期趋于供给等于需求的均衡状态），盘活资产。要突出重点去库存。坚持分类调控，综合施策，重点推动房地产去库存，严格落实好降息、公积金政策调整、商业贷款首付比例等政策。深化户籍制度改革，推进购租并举的住房制度改革，结合棚户区改造、保障房建设，加大实行货币化和现房安置力度。建立并规范住房租赁市场，积极引导农业人口进城购房，转化为城市人口，有效化解房地产库存。要紧盯债务去杠杆。建立绿色、黄色、橙色和红色债务预警机制，着力规范政府举债行为，适度控制债务规模，加快置换政府存量债务，规范融资平台运行，强化债务监管，把政府性债务控制在合理区间。要聚焦税费降成本。严格落实减税、降费、降低要素成本等综合性政策，进一步优化审批服务，降低制度性交易成本，切实减轻实体经济负担。要紧扣问题补短板。盯住发展中的突出问题和短板，既要补硬短板也要补软短板，既要补发展短板也要补制度短板。要在着力补齐工业、旅游业、金融服务业短板的同时，在科技创新能力、脱贫攻坚、生态保护与环境治理、基础设施、公共服务等方面上加大工作力度。

二要抓好激发市场活力的改革。要深化“放管服”改革。坚持深化简政放权，进一步下放审批权限，加快推进新行政服务大楼建设，深化政务中心“三集中、三到位”（部门行政审批职能向一个股室集中（行政审批股）、股室向政府中心集中、审批事项向电子政务平台集中；审批事项进驻到位、窗口授权到位、电子监察到位）。改革，不断提升服务质量和效率。进一步深化商事制度改革，全面推进企业“五证合一”、“一照一码”、“两证合一”工商登记制度和网上登记服务。稳步推进消费税、资源税等税制改革，清理规范财税优惠政策。要全面完成国有（集体）企业改革。坚持以国家政策为导向，按照市场化的方式，妥善做好人员安置工作，年内全面完成国有（集体）企业改革。

三要抓好严格规范管理的改革。要进一步调整完善扩权强镇改革。全力做好乡镇站所改革后续工作。要进一步深化财税体制改革。规范非税收入管理，提高财政收入质量。大力推进财政预算改革，全面从严管理财政，科学编制好年度预算，严格预算程序，做到预算就是决算。要加快推进园区体制改革，加快推进西渡高新区和界牌陶瓷工业园体制改革，切实强化园区管理职能，简化办事流程，优化政务服务和发展环境，做到“办事不出园”，不断提高管理水平和运行效率。要大力推进投融资体制改革，加快投融资平台去行政化、去事业化步伐，实行市场化、企业化管理经营，制定出台相关配套政策，支持融资平台做大做优做强。要稳步推进国有林场改革，积极稳妥推行岣嵝峰林场进行“场乡合一”（林场的管理权交给乡镇，由乡镇进行统一管理）改革。

四要抓好贴近群众利益的改革。要紧紧抓住医改试点县的机遇，扎实开展县级公立医院综合改革和基层卫生体制改革，全面构建现代医院管理制度，积极落实分级诊疗制度，加强医疗机构服务能力建设，致力办人民满意医院。要积极推进户籍制度改革，合理制定县城落户条件，逐步开放建制镇落户限制。要稳步推进农村集体产权制度改革，落实农村土地集体所有权、农户承包权、土地经营权“三权分置”办法。加快推进农村承包地确权登记颁证，全面加快“房地一体”的农村宅基地和集体建设用地确权登记颁证工作。同时，要深入推进撤乡镇设街道、监察体制、司法体制、社保、国有资产管理等各项改革。

（三）坚定不移发展壮大实体经济。实体经济是国民经济的根基。要补齐工业、旅游业、金融服务业短板，巩固农业基础地位，不断促进实体经济发展壮大。

一要着力发展新型工业。加快新兴产业发展，优先培育先进装备制造、电子信息、生物医药、新能源、新材料等产业。加快传统工业转型升级，支持瓷泥开采与加工、机械制造、轻工制衣制鞋等产业进行技术改造和创新，促进传统制造业向数字化、智能化生产转型。加快“一区二园”建设，切实完善西渡高新区、界牌陶瓷工业园基础设施，加快推进井头（关市）石材产业园的规划和组建，实现开采、加工、旅游“三规合一”，提升园区工业发展承载能力，打造风景矿区。

二要着力发展旅游业。着眼全域旅游，高起点编制旅游规划，促进旅游与文化、工业、农业等产业融合发展，构建“大旅游”格局。积极打造精品旅游区，重点抓好“一寺二湖三山四名人（一寺即伊山寺；二湖即织女湖、万源湖；三山即岣嵝峰、黄门寨、九峰山；四名人即夏明翰、彭玉麟、王船山、大禹）”旅游景区建设。加快完善旅游基础配套设施，突出抓好旅游公路建设。大力延伸旅游产业链条，在做好“吃、住、行、游、购、娱”这六篇文章的同时，推动旅游产品多样化，提高旅游购物、娱乐休闲、住宿餐饮等在旅游消费中的比重。

三要着力发展金融服务业。完善金融服务体系，积极引进金融机构在我县设立分支机构和开办业务，培育发展融资担保公司和小额贷款公司等新型金融组织，激活金融市场，撬动更多社会资本。健全金融信用体系，推进信用户、信用村、信用乡镇创建，打造县域金融安全区，不断优化金融服务环境。增强金融服务能力，加大金融服务“三农”力度，探索建立农产品收入保险制度，积极推进“五权”（农村土地承包经营权，山塘水库承包经营权，林权，农民住房财产权，农业机械设备所有权）。抵押贷款试点，推动金融扶贫工作。同时，要突出以唯品会、农村淘宝、京东电子商务为龙头，大力发展电子商务、物流业等其他服务业，丰富经济业态。

四要着力发展现代农业。要围绕农业增效、农民增收、农村增绿，以一产、二产、三产深度融合的发展理念深入推进农业供给侧结构性改革，加快培育农业农村发展新动能，开创农业现代化建设新局面。要做大做强优势特色产业。充分挖掘农业资源，打造“一村一品”升级版，重点抓好优质稻、烟叶、湘莲、蔬菜、金槐、油茶、寺门前土猪等产业发展。突出农业品牌建设，全力打造2至3个国家地理标志性产品。努力把煸粑、芝麻糖、红薯粉、三红柚等特产和小品种做成带动农民增收的大产业。大力支持角山米业、金鲲米业、天天见梳篦等一批加工企业做大做强，构建种养加一体、农林牧结合的现代农业产业体系。要积极发展适度规模经营。大力培育新型农业经营主体和服务主体，鼓励引导土地经营权规范有序流转，发展多种形式适度规模经营，着力构建以农户家庭经营为基础、合作与联合为纽带、社会化服务为支撑的新型农业经营体系。要建设现代农业产业园。依托农业龙头企业带动，聚集现代生产要素，建设“生产＋加工＋科技”的现代农业产业园，发挥技术集成、产业融合、创业平台、核心辐射等功能作用，促进农业提质增效，全链条增值。要大力完善农业基础设施。全面实施农业节水工程，加快农村水利项目建设，重点加大中小型水库除险加固、山平塘清淤、灌溉水系畅通以及标准化农田改造力度，推进农村路网提质改造，分批次实施农村电网改造，不断提升农业生产能力和水平。

（四）坚定不移推进城乡一体化发展。坚持规划引领、生态优先、产城融合、以人为本，突出文化特色，彰显城市内涵，统筹推进城乡一体化发展，加快建设现代宜居宜业宜游城市。

一要加快拓城秀城融城步伐。积极对接衡阳市城区“融合发展”趋势，按照“一带一路三区（“一带”指蒸水河风光带，“一路”指船山西路，“三区”指英南新区、高新区、高铁新区）。”的思路，大力实施“东扩北拓南延西提”工程，着力拓城秀城融城，切实增强县城辐射带动能力。要着力拓城，加快城市扩容。坚持以蒸水河风光带、船山西路为两轴，以西渡高铁新区和英南新区为两片，加快拓城步伐，努力扩大县城规模。东扩即沿船山西路加快沿线开发，沿蒸水河打造接市区段风光带，着力建设樟板片区，往市区扩展；北拓即抓好高铁新区整体打造，完善基础设施建设；南延就是大力推进英南新区建设，拓展城市发展空间，拉开城市框架。要精心秀城，加快城市提质。要完善城市整体功能。加快推进向阳北路提质改造、向阳桥危桥改造、清江大桥、蒸南大道、西渡高铁站连接线、西界公路、停车场等建设，提高城市畅通水平。提升城市品位品质。深入推进“两供两治”、“管网入地”、“立面改造”等工程，打造城区道路两厢、高层建筑景观，着力美化亮化城市。切实抓好火车站文化广场、洪山桥头文化广场、县一中门前广场、虎形山公园、西渡古街等建设，提升城市文化内涵。继续实施“百园行动”、背街小巷改造等计划,加快推进两里塘、英睦塘、清水垅三个水体的生态开发,建设一批县城居民休闲娱乐的“绿肺”,提高城市综合品位。强化城市综合管理。高起点编制规划,突出文化元素,严格规划管理,着力规范城市发展。扎实开展“四城同创”工作,积极推进公共资源公众共享,全力促进创建工作再上新台阶。加大城市综合执法力度,加强交通秩序管理,继续大力禁止县城燃放烟花爆竹,着力提升各行各业卫生水平和城区畅安水平。持续推进拆违控建,重拳整治“两违”建筑,切实提升城市精细化管理水平。要积极融城,推进融合发展。坚持交通融城。借力船山西路通车,开通西渡至市区公交线路,进一步凸显区位融城优势。坚持产业融城。对接市区产业发展趋势,积极发展都市休闲、生态旅游、仓储物流等辅助型产业,形成错位互动的融城发展格局。

二要突出特色小镇建设。坚持因地制宜、科学定位,注重挖掘和彰显特色,差异化推进小城镇建设,做好产、城、人、文融合文章,着力打造一批产业发展“特而精”、功能集成“聚而合”、建设形态“小而美”、运作机制“活而新”的特色小镇。注重完善小城镇整体功能,加大垃圾场、污水处理厂等基础设施建设力度。注重加强乡镇集镇管理,大力整治乡镇集镇脏乱差现象,切实巩固取缔乡镇马路市场成果,规范乡镇新建综合市场的经营、卫生等秩序。注重发挥产业导向,加速形成产业集聚区,打造特色产业小镇。注重挖掘文化内涵。坚持“一核多点”的文化旅游发展思路,充分挖掘文化底蕴,依托独特的山水资源、深厚的人文优势,打造特色文化旅游小镇。

三要着力打造美丽乡村。坚持文化传承,保留乡土气息,着力打造美丽乡村。强化规划引领,加大编制乡村规划力度,合理布局村级综合服务平台和村民居住点,积极引导村民适度集中居住。加快完善农村基础设施,整体推进基础设施和公共服务配套建设,着力打造一批农业、文化、旅游“三位一体”的新型村庄,重点打造“三片三村”(西渡梅花陡岭片、樟木塔兴樟木寺迎水片、曲兰湘西清水片和洪市太山村、库宗桥库宗村、金溪上峰村)。加大推进农村空心房拆除、小游园、小广场建设力度。加强乡村风貌保护、民族与地域特色文化保护、历史建筑保护。创新村级社会治理,大力推行农村“135 治理模式”(“一核心三组织五制度”,即以村党组织为核心,发挥村民委员会、村务监督委员会、村经济合作组织作用,落实承诺制、村干部值班和周例会制、为民服务全程代理制、党员管理积分制、“四议两公开”制)和社区“两化两体系”(即社区场所标准化和社区服务规范化,完善社区组织管理体系和服务体系)建设,提高农村治理水平。

四要全力推进生态建设。深入推进生态保护与环境治理,让老百姓望得见青山,看得见绿水,记得住乡愁。一是突出资源保护。严守耕地、林地、湿地、水体等生态保护红线,加强重点生态功能区保护与管理,着力构筑生态安全屏障;大力推进环境监察监测能力建设,提高环境监测预警能力;建立环境资源审计制度,落实最严格的资源保护责任。二是强化环境治理。深入开展水体、空气、土壤污染防控与治理,不断完善环境治理齐抓共管体制机制。加强治污设施建设,提高污染治理水平;大力推行“河长制”和“库长制”(指由各级党政主要负责人担任“河长”“库长”,负责辖区内河流或水库的污染治理),重点实施“一河两湖”治理;深入推进垃圾分类和倡导低碳生活,提升公民文明素质;大力发展生态经济,积极推广清洁能源和技术,深入推进企业节能减排,促进工业废弃物的减量化、资源化。三是加快生态修复。加大绿化增量提质力度,积极开展林区生态修复和通道绿化,大力实施“裸露山地”绿化歼灭战,提高我县森林覆盖率和城市绿化率;坚决打击非法采挖和超深越界开采矿产资源的行为,积极开展矿山复绿行动。

(五)坚定不移全面推进文化建设。文化是民族凝聚力和创造力的重要源泉,是跨越发展和县域竞争的重要因素。要坚持共建共享,把文化强县摆在更加突出的位置,促进我县文化事业大发展大繁荣。

一要大力弘扬先进文化。突出践行社会主义核心价值观,大力弘扬中华优秀传统文化,在全社会形成一种向上向善向好崇德的良好风气。广泛开展文明创建活动，积极推进文明宣传“六进”（进单位、进企业、进校园、进村组、进社区、进广场）活动，进一步深化德育建设，夯实公民道德建设基础。全面推进“‘小手拉大手’共建文明城”活动，推动学校、家庭、社会与精神文明建设的有机统一。全面推进移风易俗，破除封建迷信，摒弃陈规陋习，逐步实现移风易俗经常化、婚丧事宜节俭化、民间习俗文明化，形成全社会崇尚文明、朴素、科学的良好风尚，促进社会风气根本好转。做好文化与学校教育的结合文章，积极开展“文化课堂”，推动国学进校园，提高学生的人文素养。做好文化与廉洁教育的结合文章，大力弘扬廉洁文化，形成一种崇廉尚廉的社会风气，打造良好政治生态。做好文化与法治文化建设的结合文章，扎实开展“七五”普法工作，推行法律顾问制度。要积极拓展各类道德实践活动，评选一批“道德模范”，切实提升全民道德素质。

二要突出壮大县域文化。大力弘扬以明翰精神、玉麟风骨、船山思想、大禹文化为核心的县域优秀传统文化，积极筹备王船山诞辰400周年、夏明翰诞辰120周年纪念活动，擦亮文化名片。深度挖掘传统家风、家祠、家训、家规等文化遗存，大力弘扬家庭美德，树立良好家风。全力抓好非物质文化遗产和重点文保单位的保护与开发，积极做好稻草龙、湖之酒、界牌釉下五彩瓷等独特文化的衍生拓展，切实抓好石市竹木雕、渣江春社申报国家级、省级非遗项目保护名录工作；大力修缮历史文化街道、古建筑、古村落和革命遗址，重点做好夏明翰故居申报国家级重点文保单位工作。要着力加快发展文化产业，积极编制文化产业规划，统筹推进文化创意研发、生产制作、文化旅游、教育培训、展示展览等工作。

三要积极丰富群众文化。统筹考虑文化设施建设，启动文体活动中心、综合档案馆等“多馆合一”建设，着力实施图书馆和文化馆的提质改造，有计划、有步骤地在乡镇设立文化馆分馆、图书馆分馆；继续加强对乡镇综合文化站、村级农家书屋的建设与管理；深入推进戏剧下乡、公益电影放映、广播电视村村响、户户通、有线电视入户和文体设施进村（社区）等惠民工程；全面启动建设电子阅读点，打造“文化蒸阳”全民阅读品牌；不断加强群众文体供需平台建设，构建文体服务资源库，提升文化体育“菜单式”、“订单式”服务效能。

（六）坚定不移改善增进民生福祉。要把改善增进民生福祉作为一切工作的根本出发点和落脚点。越是经济下行压力较大，越是财政收支矛盾突出，越是要坚持以人民为中心的发展理念，尽心竭力保障改善民生，兜住底线、守住红线、保住根本。

一要坚决打赢脱贫攻坚战役。脱贫攻坚是第一民生工程，必须高度重视、全力以赴。要聚焦年度脱贫目标，切实落实“五个一批”扶贫措施，继续推行驻村联点包农户的帮扶工作机制。要加大金融扶贫力度，不断扩大扶贫小额贷款规模，激发脱贫致富的内生动力。要整合各类扶贫资源，大力帮助贫困户就业创业。要强化扶贫资金与项目监管，坚决防止数字脱贫、假脱贫、被脱贫。对在脱贫攻坚中工作不力、完不成任务的要严格问责，对敷衍应付、弄虚作假、欺上瞒下的更要严惩不贷、绝不姑息，确保脱贫攻坚落到实处、取得实效。

二要建立健全社会保障体系。要扎实做好就业托底工作，坚持就业创业并举，以创业带动就业。认真落实新一轮积极就业创业政策，加大对创新创业主体贷款贴息的支持力度。进一步规范五保、低保，实现缩面提标，提高供养水平。进一步完善医疗救助政策，实现医疗救助与基本医疗保险、大病保险、补充医疗保险、慈善救助的有效衔接，提高医疗救助水平。进一步实施农村危房改造，提高困难群众住房水平。加大对被征地农民养老保险缴存力度，妥善解决好拆迁群众后顾之忧。积极发展残疾人事业，努力在全社会形成关心、爱护和帮助残疾人的良好风尚，使广大残疾人切实感受到人文关怀。

三要统筹推进各项社会事业。坚持教育优先发展理念，积极倡导全社会筹资办学，重点推进农村学校“五小”设施建设，改善办学条件，力促教育均衡发展。坚持以促进“健康衡阳”建设为主题，以推进县级公立医院综合改革为主线，加快改善医疗卫生设施。加大医疗卫生、教育等专业人才队伍建设。坚持抓好计划生育工作，落实基本国策、党政领导负总责、一票否决三个不动摇，切实提升计划生育管理服务水平。

四要切实防范各类风险。发展是硬道理，稳定是硬任务。要切实加大风险防范力度，坚持问题导向、强化底线思维、增强风险意识，确保社会大局和谐稳定。要切实防范金融风险。严厉打击诈骗、高利贷、非法集资等行为，重点加强对民间借贷资本的清理和监管。加强金融法规宣传，引导群众树立法律意识和保护意识，严防系统性、区域性金融风险发生。要切实防范社会稳定风险。不断强化安全生产、食品药品监管，扎实推进重点地区、重点领域和重点行业专项整治。要创新社会治理，切实抓好“创新社会治理年”活动，着力推行网格化管理，扎实推进“雪亮工程”（公共安全视频监控系统）建设、综治中心建设和平安创建工作，不断完善治安防控体系，依法严厉打击违法犯罪。要规范信访秩序，加大信访积案和法院执行积案化解力度，畅通信访渠道，维护群众合法权益。完善矛盾纠纷调处机制，加大调解力度。要加强应急处置，妥善处理突发性、群体性事件，切实维护社会和谐稳定。

四、肩负全新的发展使命，我们要从严治党，切实加强党对经济工作的领导

今年是县乡班子换届之后的第一年，要以党的建设为抓手，突出党要管党、从严治党，不断加强和改进党对经济工作的领导，强化保障措施，狠抓工作落实，促进县域经济社会持续、健康发展。

（一）要增强领导能力。县乡两级班子换届之后，一大批新的同志走上了领导岗位，尤其要加强学习培训，提升能力素质。要进一步加强学习，提高理论素养，更新知识结构，不断提高对经济工作的领导能力和水平。加强宏观经济政策的研究分析，深刻领会政策实质，提高政策水平。加强对经济运行的监测、研判和调度，适应、把握、引领经济发展新常态，及时掌握新情况，积极解决新问题，促进经济平稳健康运行，争取更大的发展成果。要结合贯彻落实中央、省、市、县委经济工作会议精神，将县第十二次党代会确定的目标任务和战略举措深化、细化、具体化。要大力开展“基层组织建设年”活动，紧紧围绕“以优异的业绩迎接十九大”的主题，着力解决党组织建设中的突出问题，切实增强党组织的创造力、凝聚力、战斗力，充分发挥党组织推动发展、服务群众、凝聚人心、促进和谐的作用。

（二）要优化发展环境。良好的经济发展环境是一个地方的重要软实力，是经济开放和市场成熟的重要标志。要继续解放思想，切实转变观念，强化开放包容、合作共赢意识，牢固树立服务理念，营造重商、亲商、安商、富商的文化环境。要把法治环境作为优化发展环境的制高点，深入推进依法执政、依法行政、公正司法，坚持按法律制度办事，按程序按规矩办事，不断提高经济社会各个领域的法治化水平。省委办公厅、省政府办公厅下发了《关于严防严查利用或冒用领导干部名义谋取不正当利益行为的通知》，全县各级领导干部一律不得插手工程项目，同时要严格教育管理好亲属亲友和身边工作人员，防止他们利用特殊身份谋取私利。要加快转变政府职能，强化优质服务，提高办事效率，努力为各类经济主体营造机会均等、公平竞争的市场环境和社会环境。要加大专项治理力度，严厉打击破坏经济发展环境的人和事，严肃查处索拿卡要、“雁过拔毛”等干部违纪违法等突出问题，依法维护投资者和人民群众的合法权益。

（三）要改进干部作风。干部作风建设，关乎衡阳县的可持续发展。要求真务实，真抓实干，对作出的决策、定下的工作要一件一件抓落实，一项一项抓到位，谨防“四风”反弹。要大力弘扬艰苦奋斗精神，目前，财政压力很大，需要投入的建设非常多，要学会过紧日子，把有限资源、财力用在发展经济、改善民生上。今年是村级换届选举之年，各级领导干部要高度重视，加强领导，严格按程序在 6 月底前完成村（社区）两委换届选举工作，确保换届风清气正、圆满顺利。要深入开展党风廉政建设和反腐败斗争，严格执行党风廉政建设责任制，全面推动反腐倡廉建设，始终保持惩治腐败的高压态势，以党风廉政建设的实际成效保障经济社会发展。

（四）要狠抓工作落实。要完善机制抓落实。

要强化工作推进机制。坚持和完善领导联系项目制度，实行“一项工作、一名领导、一套班子、一个方案、一抓到底”的运行机制。要强化常态考核机制。考核要更加注重公平公正、方式创新、内容科学。特别是要强化考核结果的综合运用、奖优罚劣，与干部选任、评优评先等紧密挂钩，使考核真正成为工作的指挥棒。要建立正向激励机制。建立适度的奖励机制，允许各级各部门在政策范围内按照“方案在先、备案在前、阳光操作、考核兑现”的原则，出台适度的奖励机制，切实激发干部干事创业的活力与动力。同时，要切实抓好已出台制度的落实，确保以制度促进工作取得实效。要督查督办推落实。要加强对工作推进情况的督促检查，对各项工作任务要一环一环督促、一项一项检查、一件一件落实。加大动态跟踪和通报催办力度，突出督查工作的针对性和实效性，坚持督人与督事相结合，做到查事与考绩相统一。要以监督来推进落实，充分发挥人大、政协的监督作用。切实发挥新闻媒体监督作用，宣传好的典型，对未按时完成任务的及时曝光并追踪跟进，形成责任包干、压力倒逼、担责尽职的良好氛围。要严格问责促落实。县委已经出台了《衡阳县领导干部和国家公职人员问责办法》，我们要坚决执行。下一步还要不断健全完善其他领域的问责办法，具体细化到每一个岗位、每一个环节，真正做到“谁影响了工作的正常进展，就严格追究谁的责任”，决不能让那些占着位置，不想事、不干事、不成事的干部延误发展时机、影响发展速度、耽搁发展大计。

政府工作报告

——在衡阳县第十七届人民代表大会第二次会议上

衡阳县人民政府县长　孙鹏伟

（2017年3月16日）

过去四年工作回顾

过去四年，在我县发展史上极不平凡。四年来，在县委的坚强领导下，县政府团结和依靠全县人民，积极应对复杂多变的宏观经济形势，主动适应发展新常态，抢抓机遇，负重奋进，实现了经济社会平稳较快发展，为加速发展、提质发展奠定了坚实基础。

——综合经济实力持续增强。2016年，全县实现地区生产总值317亿元，年均增长（与2012年比，下同）9.2%。固定资产投资259.4亿元，年均增长25.2%。一般公共预算收入13.9亿元，年均增长12.5%。社会消费品零售总额93.73亿元，年均增长12.5%。城镇居民人均可支配收入28320元，农村居民人均可支配收入14785元，年均分别增长9.8%和11.3%。三次产业结构比调整为21.8∶36.4∶41.8。全面小康总体实现程度预计为85.3%。现代农业稳中有进。2016年，完成农林牧渔总产值121.3亿元，年均增长3.6%。粮食播种面积稳定在150万亩以上，总产稳定在60万吨以上，连续四年荣获"全国粮食生产先进县"称号。四年来，新增市级以上农业产业化龙头企业54家、规模以上农产品加工企业45家。完成农村土地流转56万亩。获得"三品一标"认证农产品37个。完成各类水利工程7.83万处，全县112座上型号水库除险加固任务全部完成。新型工业稳中提质。规模工业总产值年均增长6.4%，规模工业增加值年均增长10.5%。淘汰退出高污染、低效益工业企业28家，新增规模工业企业48家，全县现有规模工业企业120家。西渡高新区现有投产企业62家，其中规模以上企业36家，高新技术企业9家，四年累计实现技工贸总收入573亿元，年均增长10.8%。界牌陶瓷工业园进入国家发改委园区目录，新引进落户企业3家。现代服务业加快发展。唯品会中南地区运营总部、中国银行落户衡阳县。电商产业园、阿里巴巴村淘服务中心及42个村级服务站、京东17个乡村合作点投入运行。新增国家AAA级旅游景区1家、省级五星级乡村旅游区2家、红色旅游景点1家。累计游客接待量800多万人次，旅游总收入近30亿元，年均分别增长21%、25%。2016年金融机构各项存款余额316亿元，各项贷款余额101.7亿元。

——重点项目建设扎实推进。四年累计实施重点项目348个，其中省、市重点项目137个，完成固定资产投资820多亿元。推进了一批交通项目。怀邵衡铁路（衡阳县段）推进顺利，2018年将全面竣工。潭衡西高速、南岳高速、娄衡高速已建成通车，全县高速公路通车里程达107公里，处于全省领先水平。西界公路征地拆迁基本完成。完成通村公路570公里。建成了一批城建项目。船山西路、蒸西大道、洪山北路、联胜路等城市道路建成通车。S315英陂至西渡大桥段城市化改造已经完成。蒸水河防洪堤、县城污水处理厂、截污管网、自来水第二水厂等市政工程竣工投运。西渡高新区核心片基础设施项目整体推进，完成投资35亿元。县城老汽车站完成搬迁，衡阳县汽车站、蒸阳汽车站全面启用。建设了一批产业项目。衡泰数控一期、角山米业、利德有陶瓷等产业项目建成投产。贝恩叮当猫、维泰市政、盛世威德、穗源鞋业等项目推进顺利。实施了一批民生项目。县实验学校、弘扬中学二期建成投付使用。县中医院、县妇幼保健院新院主体工程竣工。城西市场、英陂市场改造全面完成。

——*改革开放取得较大突破*。重点领域改革不断深入。政府机构改革和合乡并村工作全面完成。“放管服”改革强力推进,承接省级行政审批事项47项,下放便民服务事项60项、行政权力30项。“两集中两到位”改革成效明显,行政审批和服务事项进驻政务服务中心。金融体制改革不断深化,衡州农村商业银行正式挂牌营业。新型农村合作医疗保险和城镇居民医疗保险实现“二保合一”。农村土地承包经营权确权登记颁证工作全面启动。集体土地所有权确权登记、集体林权制度改革和国有林场改革已经完成。县级公立医院综合改革被列入全省四个改革示范县之一。国有(集体)企业改制加快推进。公务员职级并行、公车改革、不动产登记制度、工商登记制度、高中招生制度等改革进展顺利。开放带动效应不断放大。累计审批外资项目52个,实际到位外资3.7亿美元;引进内资项目195个,实际到位资金103.8亿元;进出口总额超过3亿美元,增幅和总额居全市第一。自主创新能力不断增强。新培育认定国家级高新技术企业7家,高新技术产品企业43家。专利申请1546件。获省级科技成果16项,新增省级企业技术中心1家。拥有中国驰名商标3件、国家地理标志产品2个、省著名商标19件、省市名牌产品21个。

——*城乡人居环境明显改善*。城乡布局更加合理。完成了城乡一体化规划等3个县域规划的编制和县城总体规划修编,科学编制了25个乡镇总体规划、80个美丽村庄规划、新农村建设示范片规划及多个专项规划,完成土地利用总体规划调整和永久基本农田划定,多规融合、功能互补的规划体系基本形成。城镇功能更加完善。县城建成区面积扩展到19.5平方公里,城市化率提高到43.5%。县城自来水普及率、污水处理率和天然气普及率分别达到90%、96%、90%。大力实施“四城同创”,推进“百园行动计划”、“拆围透绿行动”、背街小巷提质改造等一系列工程,新建半山公园、清风公园和16个街心小游园,县城绿化覆盖率提高到40.5%。大力开展“禁燃禁爆”、“拆违控建”、“治癣治渣”等专项整治行动,通过了全国文明县城年度测评验收、省级园林县城和全国卫生县城验收,城市品位进一步提升。小城镇建设步伐加快,创建了洪市镇、金兰镇、关市镇、界牌镇、渣江镇等一批国家、省、市级重点镇和特色镇。城乡环境更加优美。集中力量打造美丽乡村示范点和示范片,一批“新农村建设示范村”通过全省验收授牌。持续开展农村环境综合整治,农村生产生活环境明显改善。全面实行封山育林,实施通道绿化、造林抚育等林业工程。森林防火体系进一步健全,森林覆盖率提高到47.7%。全面推进省政府“一号重点工程”,大力开展蒸水保护与治理,重金属污染企业全部关闭,湘江沿岸500米和蒸水流域饮用水源保护区内规模养猪场全部关闭搬迁,一千人以上集中式饮用水源得到有效保护,全县地表水、饮用水源地水质达标率100%。全面实施“大气污染防治行动计划”,县城燃煤锅炉基本取缔或改造,全县空气质量优良率达95%以上。建立矿山生态修复机制,加强了界牌、关市、井头等矿区地质环境恢复治理。

——*人民生活水平稳步提升*。全县四年累计民生支出达117.9亿元,占财政总支出的74.8%,年均增长12.3%。保障体系日益健全。新增城镇就业3.5万人,新增农村劳动力转移就业3.7万人。社会保险体系城乡全覆盖,各类社会保险参保199.2万人次,征缴基金32.4亿元,支付待遇47.3亿元。五保供养水平稳步提高。社会救助、社会福利体系不断完善。新建和改造敬老院2所,新增集中供养床位200个。完成公共租赁住房7039套、城市棚户区改造2958套、农村危旧房改造6066户。社会事业协调发展。完成省市部署的重点民生实事67项96件。建成义务教育合格学校214所,完成“全面改薄”项目520个。实施中央预算内投资卫生项目141个,完成乡镇卫生院改扩建17家。兴办民营医院2家。基本药物制度进一步巩固,基本公共卫生服务项目全面实施。坚持计划生育基本国策,适度低生育水平保持稳定。王船山故居及墓庐列入全国重点文物保护单位,夏明翰故居纳入全国爱国主义教育基地。参与拍摄的电视剧《铁血男儿夏明翰》在中央电视台播出，引起较大反响。文化和体育基础设施建设进一步加强。社会治理不断加强。社会治安综合治理不断强化。“天网”工程逐步覆盖城乡，对各类违法犯罪活动的打击力度持续加大。安全生产形势持续稳定。“打非治违”专项行动深入开展，煤矿、烟花爆竹生产企业全部关闭退出，重点行业领域安全监管得到加强。民意诉求渠道不断畅通，社会矛盾和信访积案有效化解。食品药品监管、应急管理、超限超载治理全面加强。脱贫攻坚成效明显。农村低保兜底脱贫对象认定工作全面完成。实施易地扶贫搬迁556户1982人，实现1.2万名贫困人口稳定脱贫。

——*政府自身建设不断加强*。依法行政全面推进。自觉接受人大及其常委会工作监督和法律监督，主动接受政协民主监督。四年办理人大代表议案4件，建议、批评和意见510件，办理政协委员提案704件。深入推进政务公开和政府信息公开，公布政府部门权力清单、责任清单。建立了规范的土地变性和规划工作制度，严格实行公共资源交易“招拍挂”、工程项目公开招投标制度和项目资金定期审计制度。全面完成“六五”普法工作任务。行政效能全面提高。政务服务更加规范高效，审批环节大幅精简，审批效率提高60%。实现“以票管审”、“以费(税)控证”和建设项目税费征管一体化的运作模式。政务服务体系不断完善，25个乡镇便民服务中心全部建成，村级便民代办点逐步完善。作风建设全面加强。扎实开展党的群众路线教育实践活动、“三严三实”专题教育和“两学一做”学习教育。深入开展行政执法监察、效能监察、纠风治乱和“雁过拔毛”式腐败专项整治工作。建立“凡进必考”的用人制度，公开招考公务员145人、事业单位工作人员1034人。人事管理领域专项整治卓有成效，规范和纠正在编不在岗人员1068人、清理“吃空饷”42人、清退编外临时人员2475人。加大审计监督力度，在全市率先对县四大家机关和常委部门财务实行全面审计。公务接待全面规范，“三公”经费持续下降，减少公务用车207辆。

各位代表，四年来，我们既经历了改革攻坚、转型升级的艰辛，也收获了城乡巨变、民生提质的喜悦；既承受了经济下行、增速放缓的压力，也坚定了加快科学发展、建成全面小康的信心。四年的奋斗成果来之不易。这些成绩的取得，是市委、市政府及县委正确领导的结果，是县人大、县政协监督支持的结果，是历届政府班子持续努力的结果，更是全县人民共同奋斗的结果。在此，我代表县人民政府，向全县广大干部群众，向各位人大代表、政协委员，向离退休老同志和关心支持衡阳县发展的各界朋友，表示崇高的敬意和衷心的感谢！

四年的艰苦奋斗，为加快发展奠定了坚实基础；四年的丰富实践，为继续前行积累了宝贵经验。回顾四年的历程，我们深切体会到：无论形势怎样变化，紧紧扭住经济建设不放松，坚持发展第一要务，始终是政府工作的主旋律；无论环境多么复杂，坚定不移推进项目建设、扩大有效投资，始终是加快发展的主抓手；无论遇到多大困难，坚持解放思想，用改革激发活力，用创新推动发展，始终是破解瓶颈的重要法宝；无论财力如何薄弱，坚持把人民利益放在首位，抓好惠及百姓的民生大事，解决群众反映强烈的突出问题，始终是政府工作的出发点和落脚点。

总结成绩和经验的同时，我们也清醒地认识到，经济社会发展中还存在不少困难和问题：一是经济总量仍然较小，新的经济增长点尚未形成规模，经济增长基础不够牢固。二是产业结构有待优化，工业小、三产弱的结构性问题没有根本解决，工业经济、旅游经济依然是发展的主要短板。三是发展要素保障不足，用地、资金、人力、环境等要素保障乏力。四是民生事业欠账较多，教育卫生、食品药品监管等还存在许多薄弱环节，脱贫攻坚的任务还比较艰巨。五是城乡发展不均衡，农村基础设施建设相对滞后，农民增收的难度依然很大。六是作风建设仍需加强，个别干部作风不实、担当不够、能力不足、用权不公、为政不廉的现象仍然存在，经济发展环境有待进一步优化。我们一定要直面问题，努力解决，全力做好政府工作，不辱历史使命，不负人民重托。

今后五年政府工作的总体要求和奋斗目标

今后五年，是深化改革开放、加快转型升级的关键时期，是全面建成小康社会的决胜阶段。世界经济在深度调整中曲折复苏，我国经济将在加速转型中平稳增长，在平稳增长中提质升级，我县的经济社会发展态势总体向好，多年积累的聚集效应逐渐显现，新的增长动力正在孕育形成。只要全县上下进一步解放思想，认清形势，坚定信心，保持定力，积极应对风险和挑战，就一定能夺取新一轮发展主动权。按照县第十二次党代会的战略部署，今后五年政府工作的总体要求是：高举中国特色社会主义伟大旗帜，全面贯彻党的十八大和十八届三中、四中、五中、六中全会精神，以邓小平理论、“三个代表”重要思想、科学发展观为指导，深入贯彻习近平总书记系列重要讲话精神，紧紧围绕“五位一体”总体布局和“四个全面”战略布局，坚持稳中求进工作总基调，牢固树立创新、协调、绿色、开放、共享发展理念，以提前全面建成小康社会为总目标，大力实施“生态立县、产业兴县、文化强县”三大战略，奋力实现经济发展大跨越、城乡品质大升级、文化旅游大繁荣、社会民生大改善、综合实力大提升。

主要奋斗目标是，通过全县人民的共同努力，利用五年时间，将衡阳县建设成为：

——*发展动力强劲的实力之县*。到2021年，全县地区生产总值突破490亿元；工业增加值突破170亿元；财政总收入达到24亿元以上；全社会固定资产投资突破500亿元；社会消费品零售总额达到160亿元；城乡居民人均可支配收入分别突破4万元、2.1万元；进出口总额突破2亿美元。园区规模工业增加值占规模工业增加值比重达到70%以上。

——*县域特色突出的文化之县*。社会主义核心价值观深入人心，县域文化精神得到继承与发扬，文化遗产受到有效保护。公共文化服务体系覆盖全社会，文体基础设施建设和管理水平显著提升。具有衡阳县特色、群众喜闻乐见的精品力作不断涌现，群众文化活动更加丰富多彩。特色鲜明的文化产业体系初具规模。群众整体素质和城乡文明程度显著提升，文化软实力显著增强。

——*山水灵气充盈的生态之县*。实现经济发展与生态环境协调并进，人与自然和谐发展。6条主干河流和112座中小型水库水质稳定在地表水Ⅲ类以上，力争达到Ⅱ类标准；水、气环境质量达标率和优良率逐年上升；全县湿地保有量10万亩以上，林地保有量200万亩以上，森林覆盖率50%以上，森林蓄积量280万立方米以上；城镇建成区绿化覆盖率38%以上。生态涵养能力和生态文明水平明显提升。

——*幸福氛围浓厚的和谐之县*。民主法制建设全面加强，基本建成行为规范、运转协调的行政管理体系，经济社会管理走上法制化轨道，社会大局和谐稳定，精神文明建设不断加强。基本养老服务补贴覆盖率达到95%。九年义务教育巩固率达到98%，高中阶段毛入学率达到95%。城镇登记失业率控制在4.0%以内。社会安全指数100%。人民群众安居乐业，社会文明程度显著提高。

2017年重点工作任务

今年全县经济社会发展主要预期目标为：地区生产总值增长8.5%左右，一般公共预算收入增长7%以上，规模工业增加值增长7.5%左右，全社会固定资产投资增长15%左右，社会消费品零售总额增长12%左右，城乡居民人均可支配收入分别增长8.5%、9.2%左右，人口自然增长率控制在8.8‰以内，全面完成省市下达的节能减排、安全生产等约束性指标，全面小康社会实现程度达90%以上。

围绕以上目标，重点要抓好以下十个方面工作：

一、着力抓好项目建设。抓项目就是抓发展。必须把项目建设作为稳增长的“主引擎”，大力实施“项目推进年”活动，为经济社会发展提供强劲动力。

积极争项争资。把争项争资作为项目建设的重中之重，深入研究、主动跟进国家产业政策和投资方向，策划包装一批大项目、好项目，全方位做深、做细、做实项目的前期调研、规划编制、咨询论证、申报争取等前期工作，加强与上级部门的衔接和联系，力争更多项目进入国、省重点支持范围。全年要完成投资5000万元以上重大项目策划包装70个，深度开发35个，争取上级资金（含融资）

110 亿元以上。

加快项目建设。加强与战略投资者合作，抓紧衔接协调，在符合程序、保证质量和安全的前提下，加快项目建设进度，确保全县第一批发布 108 个项目如期开工或竣工，完成年度计划投资 90 亿元。认真落实项目法人制、工程监理制、合同管理制、招标投标制等各项制度，加强项目资金监管，确保资金及时到位、项目如期开工、合同履行到位、工程质量合格。

强化保障措施。积极对接国家政策，认真研究、稳步推进“PPP 模式”，不断创新融资方式和建设模式。做实城乡投、经开投、交通投等融资平台，支持投融资公司通过多种渠道融资。鼓励和引导金融机构加大对项目建设的信贷投入。努力争取用地指标，加大“净地”储备力度。督促落户企业认真履行合同，对长期圈占土地不开工的企业进行全面清理，为优质企业落地腾出空间。继续开展项目建设环境整治，严厉打击强买强卖、强揽强供、强装强卸、敲诈勒索、阻工闹事等不法行为，切实优化项目建设环境。

二、着力抓好园区建设。园区是承接产业转移、引导产业集聚、壮大实体经济的重要平台，要继续抢抓机遇，做大做强“一区二园”。

全力推进西渡高新区建设。按照打造“现代产业新城、生态宜居新城”的定位，进一步修订完善规划，提高园区建设水平。年内完成争资融资 30 亿元以上，重点抓好核心片基础设施、标准厂房、公租房、污水处理厂和 3 个生态水体等项目建设，完善园区水、电、路、气、讯等基础配套设施。加快改革和理顺园区管理体制机制，解决园区内部职权不明、外部职责不清、运行机制不畅的矛盾。

加快推进界牌陶瓷工业园建设。加强与战略投资者合作，引进上市公司中油金鸿整体推进界牌陶瓷工业园基础设施建设，加快创业大道、110 千伏变电站、自来水厂和安置小区建设进度。依托高质量的陶瓷资源，结合特色小镇建设，努力将界牌陶瓷工业园打造成“高端陶瓷产业、循环经济园区、生态宜居小镇”。

统筹推进井头（关市）石材工业园建设。按照“谁开采谁治理”、“边开采边治理”、“边开采边造景”的要求，推进开采、加工、旅游融合发展，引导石材开采和加工企业入园集聚。我们既要加快园区开发建设，又要保护好生态环境，实现园区发展和生态保护相得益彰。

三、着力推进产业升级。以推进供给侧结构性改革为主线，加速经济结构调整和增长方式转型，统筹推进三次产业加快发展。

大力推进新型工业化。深入实施创新驱动发展战略，推动矿产品开采等传统产业向高端化、精深化发展。重点培育智能装备制造、生物医药、电子信息等新兴产业，形成新的优势产业集群。深入开展“服务企业年”活动，做好企业的办事员、服务员、保安员，构建“亲”“清”政商关系。支持恒生制药、雅典娜石英石等骨干企业加快上市，督促木工数控机械产业园、万盈化妆品、凯诚环保装备等项目加快建设，推动贝恩叮当猫、维泰市政、盛世威德、智华科技等项目建成投产。大力开展小微企业“助保贷”业务，政府首期注资 1000 万元，撬动金融资本 1 亿元以上，帮助小微企业解决融资难的问题。

积极推进农业结构调整。“三农”工作是经济社会发展的“基本盘”和“压舱石”，是政府工作的重中之重，任何时候都不能放松。要继续稳定发展粮食生产，深入开展粮食绿色高产高效创建，推进畜牧水产养殖业规模化，确保粮、油、猪、烟叶等传统产业优势地位不动摇。积极推进多种形式适度规模经营，发展新型农业经营主体 100 家，新增规模以上农业龙头企业 15 家以上。大力培植发展金槐、湘莲、蔬菜等特色产业，推进万亩金槐基地、万亩湘莲基地、鑫粤万亩蔬菜基地建设。在西渡高新区规划建设农产品交易中心，在台源镇规划建设湘莲产业加工园，扶持角山米业、天天见梳篦等农产品加工企业加快发展，补齐农产品加工业短板。大力支持台源乌莲、洪市芝麻糖等绿色有机食品开展“三品一标”认证，打造农产品知名品牌。进一步完善农业基础设施，整合各项涉农资金，加强西渡水闸、中小型水库、山平塘、骨干渠、高标准农田等农业基础设施建设。

培植发展现代服务业。加快推进唯品会中南

地区运营总部建设，充分发挥阿里巴巴、京东、唯品会、美团等电商企业的引领作用，推动电子商务进农村，新建阿里巴巴农村服务站100个，京东乡村服务点50个，电商创业创新项目10个，构建以“互联网+”为核心内容的农村商品流通体系。促进教育文化、体育健身、休闲养老等现代服务业发展。积极化解库存房产，促进房地产市场平稳健康发展。

四、着力补齐旅游业短板。旅游业是经济产业中最具活力的“朝阳产业”，也是我县经济发展的主要短板之一，要大力发展旅游业，增强消费拉动经济增长的基础作用。

打造一个核心景区。围绕“一寺二湖三山四名人”，科学编制旅游发展规划。以清朝两江总督、兵部尚书彭玉麟故居为依托，重点打造“千年渣江、雪帅故里”，沿线开发石市丹霞山、宇石禅寺、万源湖，综合形成“古镇禅寺、丹山碧水”文化山水核心旅游景区，力争做出品牌，做出影响。

建设一批精品景点。重点抓好王船山故居、夏明翰故居、岣嵝峰景区的提质改造，着力打造樟木古镇、九峰山森林公园等一批精品景点，今年要建成九峰山上山公路。启动伊山寺修复开发、织女湖旅游开发前期工作。积极开展3A、4A级旅游景区创建活动，构建“一核多点”的旅游发展格局。

加强旅游策划包装。积极筹备王船山诞辰400周年、夏明翰诞辰120周年纪念活动。引进专业机构对全县旅游资源进行整合，深入挖掘景区的文化内涵，制定系统的策划营销方案，统一形象定位和品牌宣传，多渠道、全方位宣传推介县域旅游产品，塑造全县旅游整体形象。不断完善旅游交通路网和游客接待体系，提高承载能力和接待水平。

五、着力加强城乡建管。坚持科学规划，突出城乡统筹，拓展发展空间，强化综合管理，让县城更舒适，让农村更美丽。

完善城乡规划体系。在县城和乡镇总体规划的基础上，扎实做好专项规划和控制性详细规划编制工作，进一步完善“多规合一”的城乡规划体系，为城乡建设发展绘就蓝图。

推进县城扩容提质。按照“一带一路三区”城市发展思路，坚持新区建设和旧城改造两手抓，大力融城拓城秀城。重点抓好珠江合创、碧桂园等大型城市综合体的引进和建设；着力打造西渡老街至虎形山公园片区风情古街；加快建设高铁站站前广场及连接线、英南新区基础设施、蒸水南北两岸风光带、政务中心等项目；完成马厂、银穗、青风片区综合整治及新正街、中洲公园、向阳桥、向阳北路、保安小区提质改造；抓好蒸西大道两侧绿化、向阳南路绿化亮化及县一中广场建设；启动清江大桥、蒸南大道、娄衡高速县城连接线、县城公交车停车场和公交车首末站建设；开通船山西路通市区公交线路。通过融城拓城秀城，着力打造新西渡、新县城，让我们的城市更加宜居宜业，更加充满活力。

加快小城镇建设。抢抓国家大力培育特色小镇的机遇，按照“差异化发展，特色化建设”的思路，努力打造库宗桥、金兰乡村旅游示范小镇，渣江文化古镇，樟木休闲旅游小镇等一批特色小镇。加快西界公路建设，年内完成路基工程。抓好中心镇村供气工程建设，力争年内让渣江、台源、洪市、界牌、樟树、集兵6个乡镇用上环保安全清洁的能源。

建设美丽乡村。整合项目和资金，以“三片三村”为重点，集中力量打造一批美丽乡村示范点。积极推进“生态乡镇”、“生态村”建设，创建52个“绿色村庄”示范点。全面启动农网改造“三年行动计划”，年内力争完成280个村的农网改造升级任务。争取国家政策性银行贷款，全面实施公路提质改造和危桥改造等工程，力争到“十三五”末实现所有乡镇通二级公路的目标。加大建新拆旧和废弃空心房拆改力度，规划建设农村集中居住点，引导农村人口集中居住。继续整县推进农村环境卫生综合整治，建设既有现代文明，又有田园风光的美丽乡村。

提高城乡管理水平。美丽、干净、舒适是一座城市的核心竞争力。我们要创新城市管理理念、管理手段、管理机制，推进城市精细化管理。继续实施“四城同创”，抓好县城市容市貌、市政设施、生态绿化、交通秩序、集贸市场、住宅小区的管理，进一步加大城区“禁燃禁爆”、“治癣治渣”和规划区域内户外广告整治力度。实行“属地管理、分级负责”的管理体制和“两级政府、三级管理”的运行机制，规范城镇开发建设和农民建房，完善拆违控建网络，加大违法建筑拆除力度，坚决杜绝新增违法建筑。加强乡镇集镇管理，坚决防止马路市场反弹。

六、着力保护生态环境。生态文明建设关系人民生活。生态环保贵在行动，成在坚持，必须紧抓不松劲，让青山常驻、绿水长流。

全面加强水污染治理。深入推进“一号重点工程”，实施湘江流域（蒸水）保护和治理第二个“三年行动计划”。全面推行“河长制”和“库长制”，对县内6条主干河流、6座中型水库、25个乡镇集中式饮用水源地保护区和106座小型水库进行全面监测排查整治，年内建成金兰、渣江、台源、井头、集兵、库宗桥、界牌7个乡镇污水处理厂，建成病死畜禽无害化处理中心和渣江、洪市、井头3个乡镇垃圾中转站。完成县城饮用水源地湿地公园建设，下最大决心保护好饮用水源，让全县人民喝上干净的水。

强化大气、土壤污染治理。继续推进大气污染联防联控，加强机动车尾气检测、治理，全面淘汰黄标车，淘汰取缔高污染禁燃区燃煤锅炉，禁止无证排污和超标超总量排放烟尘和粉尘，严禁露天焚烧垃圾和秸秆。加强重金属污染和非挥发性有机物污染土地治理，禁止未经无害化处理的污染场地进行土地流转和二次开发。加大挖砂、洗砂等行业的规范和整治力度，开展依法取缔和规范洗砂场、砖厂专项行动。规范瓷泥、石材、铁矿等原矿开采行为，严厉打击破坏山体和非法开采资源的行为。

推进绿化增量提质。完成1200公里通道绿化提质改造，继续实施封山育林，大力开展荒山造林、中幼林抚育、油茶和楠竹垦复等林业工程，完成荒山造林9万亩、中幼林抚育5万亩、油茶和楠竹垦复5万亩。进一步加强森林防火体系建设，大力推行祭祀品集中燃放，严禁违规审批和采伐林木，严厉打击破坏森林资源违法犯罪行为。实施矿山复绿行动，对林区火烧迹地进行补植补造。打好“裸露山地”歼灭战，确保全县森林覆盖率达到48.4%，切实保护好大自然赐予我们的绿色财富。

七、着力深化改革开放。坚持以改革开放统揽发展全局，敢于先行先试，敢于开放进取，实现改革与开放互促互进，不断谋求发展的新突破。

深化重点领域改革。深入推进供给侧结构性改革，落实“三去一降一补”重点任务。按照简政放权、放管结合、优化服务的要求，深化行政审批制度改革，大力推行网上审批。扩大政府购买公共服务范围，构建多层次的公共服务供给体系。认真做好企业“五证合一”和个体工商户“两证整合”工作。深入推进财税金融改革，稳步推进营改增、消费税、资源税等税制改革。完善部门综合预算，改进预算管理制度，推行财政预决算公开。深化城镇建设投融资体制改革，稳步推动城乡投、经开投、交通投去行政化。全面完成剩余33家国有（集体）企业改制。统筹推进撤乡镇设街道、监察体制、司法体制、事业单位、社保、不动产登记制度、农村集体产权制度和岣嵝峰“场乡合一”等各项改革。

努力扩大对外开放。进一步理顺招商引资工作机制，修订完善招商引资奖励政策。依托我县区位、交通、基础优势，围绕生物医药、智能装备制造、电子信息等主导产业，积极引进大项目、好项目。把“迎老乡、回故乡、建家乡”化为实实在在的具体行动，吸引在外创业的本土企业家返乡创业。积极引进吉利汽车文化城、启迪古汉制药、五星级宾馆等项目。大力发展对外贸易，积极培育外贸市场主体，扩大外贸进出口规模。

激发创新创业活力。推进大众创业、万众创新，落实创业扶持政策，让更多资源要素投向实体经济。支持有条件的企业组建研发机构，为企业申报省、市级技术中心提供扶助，鼓励引导企业加强与高等院校的技术合作。积极培育高新技术企业和名牌产品，争取新增高新技术企业1家，高新技术产品企业5家。实施品牌战略，新增注册商标200件以上，争创省市名牌产品2个、著名知名商标2件以上。

八、着力发展文化事业。文化是民族的精神命脉和创造源泉，是跨越发展和县域竞争的重要因素,要认真贯彻县委的决策部署,大力实施“文化强县”战略。

深入开展精神文明建设。以社会主义核心价值观为引领,以文明创建活动为契机,加强思想道德建设。开展“小手拉大手,共建文明城”活动,构建社会、学校、家庭密切协作的教育网络,抓好青少年道德教育。深度挖掘传统家风、家祠、家训、家规等文化遗存,全面推进移风易俗,破除封建迷信,摒除陈规陋习,以家训带家风,以家风树村风,以村风扬民风,促进社会风气根本好转,提升全民道德素质和社会文明程度。

加强公共文化设施建设。规划建设文体活动中心、青少年文化宫、工人文化宫、档案馆等重点公共文化设施,加强县级图书馆、文化馆和乡镇综合文化站、村级农家书屋的管理,鼓励有条件的乡镇和村修建镇村文化广场,逐步形成以文体活动中心为核心,以青少年文化宫、工人文化宫、文化馆、图书馆为重点,以乡镇综合文化站、镇村文化广场和村农家书屋为支撑的县、乡、村三级公共文化设施网络。

大力发展文化产业。依托船山思想、明翰精神、玉麟风骨、大禹文化为核心的县域优秀传统文化,以名人诞辰周年纪念活动和名人生态旅游节等节会活动为契机,挖掘整合界牌火灯、渣江春社、衡阳花鼓戏、石市竹雕、界牌釉下五彩瓷、九市稻草龙等文化资源,保护修缮具有历史底蕴的古建筑、古村落和具有红色文化元素的革命遗址,打造一批文化旅游小镇,推动文化和旅游产业深度融合。培育发展影视传媒、演艺娱乐、体育健身、文化休闲和生态民俗等文化企业。

丰富群众精神文化生活。举办“文明衡阳·幸福小康”文艺创作大赛,围绕弘扬时代精神和县域本土文化,创作一批具有浓郁地方特色、反映改革发展实践和成就的文艺作品。支持诗词楹联协会、音乐协会、书画协会、摄影协会及乡镇诗画社等文化团体开展活动。继续推进“村村响”、“户户通”、“有线电视入户”工程,搭建公益性文化活动平台。举办“欢乐潇湘暨‘喜迎十九大、共建新衡阳’”群众文艺团体大赛,积极开展“船山文化夏令营”、“全民读书月”、“周末百姓剧场”、“乡村音乐会”等群众文化活动,为全县人民提供丰富多彩、怡养情怀的精神食粮。

九、着力增进民生福祉。坚持共享发展理念,以保障和改善民生为着力点,全力办好民生实事,提高社会保障水平,让全县人民更多、更好、更公平地分享改革发展成果。

坚决打赢脱贫攻坚战。继续推行驻村联点帮扶,因人因地施策。认真落实“五个一批”举措,改善基础设施和公共服务,推动特色产业发展、劳务协作、教育和健康扶贫。全面实施贫困村基础设施提升工程,完成贫困村农网改造任务,增强贫困地区和贫困群众自我发展能力。今年要减少农村贫困人口1.27万人,完成易地扶贫搬迁5650人,省定贫困村要实现全部脱贫。

健全社会保障体系。完成省市交办的重点民生实事项目。继续实施积极的就业政策,实现城镇零就业家庭动态清零。抓好社会保险扩面征缴,努力解决好特殊群体参保问题。进一步完善低保、五保、特困医疗救助等制度。鼓励支持社会公益和慈善事业发展。加大养老服务设施建设力度,不断完善社会养老服务体系。健全残疾人社会保障和服务体系,落实残疾人“两项补贴”制度。做好棚户区和农村危房改造工作,加大保障性住房建设力度,让困难群众住有所居。

办好人民满意教育。完成合格学校建设,启动标准化学校建设,完成“全面改薄”项目年度规划任务,持续改善薄弱学校办学条件,不断缩小城乡、区域、校际办学差距。进一步完善高中招生制度改革方案,推动中职学校专业结构调整,加快发展现代职业教育。积极推进教师队伍管理体制改革,加大专业技术人才引进力度,切实加强师德师风建设,提升教师队伍整体素质。我们要努力为下一代提供优质、公平的教育,让每个人都有机会通过教育改变自身命运。

提升全民健康水平。积极推进县级公立医院综合改革,落实分级诊疗制度。继续加强卫生基础设施建设,抓好县人民医院新院、第二人民医院、第三人民医院等7个新建项目。强化卫技人才队伍建设,加大人才引进和培训力度。进一步加强疾病防控工作,提高应急综合处置服务能力。

加强医德医风建设，构建和谐医患关系，保护和调动医务人员积极性。扎实做好人口和计划生育工作，加强计生服务管理，促进人口长期均衡发展。

加强社会治理创新。积极开展"创新社会治理年"活动，推进城乡网格化治理，加强社区"两化两体系"建设，继续强化社区矫正工作，不断提升社会管理科学化水平。严厉打击非法金融活动，防止系统性、区域性金融风险。强化重大事项社会稳定风险评估，畅通信访渠道，规范信访秩序，妥善化解社会建设和管理领域的矛盾。加强人民调解和特殊困难群体法律援助工作，妥善解决群众合理诉求。完善社会治安防控体系，强化社会治安综合治理，严厉打击各类违法犯罪活动。深入开展"落实企业安全生产主体责任年"活动，严格落实安全生产责任制，不断强化安全监管执法，坚决遏制重特大事故发生。加强应急管理，提高应急处突水平。继续开展超限超载治理专项行动。认真抓好食品药品安全监管，严守饮食用药安全的每一道防线。

继续加强国防教育、国防动员、双拥共建工作，落实军转安置工作，巩固军政军民团结。启动国防动员潜力核查统计工作。充分发挥工会、共青团、妇联等群团组织的作用，继续做好统计、人防、地方志、档案、宗教、气象、邮政、通信、外事侨务等工作。

十、着力加强政府自身建设。把全面建成小康社会使命扛在肩上，把万家忧乐放在心头，努力建设法治型政府、创新型政府、服务型政府、廉洁型政府。

坚持依法履职。把政府活动全面纳入法治轨道，扎实做好"七五"普法工作，严格遵守宪法和法律，自觉运用法治思维和法治方式推动工作。落实政府法制工作规定，积极推行政府法律顾问制度，实行重大决策合法性审查和规范性文件报告备案。严格执行人大及其常委会的决议决定，坚持重大决策向人大报告，自觉接受人大及其常委会法律和工作监督，主动接受政协民主监督，积极开展民主协商，提高人大代表议案、建议、批评、意见和政协提案办理质量。通过各种渠道接受社会和舆论监督，让权力在阳光下运行。

坚持勤勉履职。始终把干事创业作为最大的政治追求，坚持人民利益至上的价值标准，恪尽职守、夙夜在公，主动作为、善谋勇为。增强政治意识、大局意识、核心意识、看齐意识，加强作风和能力建设，打造一支高素质专业化的政府干部队伍。进一步健全督查问责机制，加强重要决策、重点项目、重大事项落实情况的督查督办，严格行政问责，坚决整肃"为官不为"现象，决不允许占着位子不干事。健全激励机制和容错纠错机制，给改革创新者撑腰鼓劲，让广大干部想干事、敢干事、能干成事。

坚持廉洁履职。巩固拓展党的群众路线教育实践活动、"三严三实"专题教育和"两学一做"学习教育的成果，严格落实中央八项规定，坚持不懈整治"四风"。全面落实党风廉政建设主体责任和监督责任，推动党风廉政建设和反腐败工作纵深发展。进一步创新村级财务公开方式，推进村级财务规范化管理。加强对财政预算执行、行政审批、项目招投标、土地出让、政府采购、政府投资等重点领域、关键环节的行政监察和审计监督。要坚持过紧日子，加强对"三公"经费的监督管理，把政府的每一笔钱都花在明处，用在实处。

大 事 记

1月

3 日，衡阳县最大的农贸市场城西综合市场，经过一年时间的升级改造，正式开业。

4 日，衡阳县全面推行“集中祭祀点”建设，计划用 5 年时间（2016—2020），彻底消除因上坟祭祖引发的森林火灾。

6 日，由共青团湖南省委主办的 2016 年第三届“向上向善湖南好青年”颁奖典礼在长沙举行。船山助学志愿者协会会长王继斌出席典礼接受表彰，为衡阳地区唯一获此殊荣的个人。

6 日，怀邵衡铁路正学堂段架设第八孔 T 梁右梁时发生工伤事故。由于 9 号墩顶临时支撑梁体的千斤顶突然失效，梁体失衡，一端脱落，造成 2 名作业人员受伤，其中一人左下肢和左右手腕骨折。

8—10 日，举行 2016 年度全县主要工作讲评暨重点项目和乡镇主要成果巡回检查考评会。

12 日，召开怀邵衡铁路衡阳县段建设推进会。

同日，在《今日头条》、中国互联网发展基金会主办的“端·政—当政务新媒体遇到 AI”大会上，《衡阳县公安》荣获“最具影响力平安头条号”“最具影响力公安头条号”殊荣。此系全国县（市）区级公安唯一获奖者。

13 日，召开乡镇及县直相关单位党组织书记履行基层党建工作责任述职评议会。会议由县委副书记、县长孙鹏伟主持。市委基层党建办副主任曹青松，县委副书记蒋达宏出席会议。

同日，衡阳市文化科技卫生 2017 年“三下乡”暨“党的十八届六中全会精神进农家”活动在衡阳县金兰镇启动。市委常委、宣传部部长刘丽华，市政协副主席张亮，县委书记曾秀，县长孙鹏伟等参加活动。

15 日，县环保局被省环保厅评为 2016 年度环保重点工作目标责任绩效考核先进单位。

17 日，召开全县人感染 H7N9 禽流感防控工作会议。

19 日，市、县 2015 年重点工程建设项目——衡阳县自来水公司日产 6 万吨的第二自来水厂一期工程竣工并试运行。

19 日，衡阳县举行 2017 年招商引资项目集中签约会。中油金鸿能源、京东集团、浙江恒易生物科技、重庆珍丰实业、湖南颐和寿康养老产业等 16 个项目签约。副市长廖健，县委书记曾秀，县长孙鹏伟，县委副书记蒋达宏，县政协主席杨秋良等出席。

20 日，举行老同志迎新春座谈会。县委书记曾秀、县长孙鹏伟出席。

23 日，衡阳县人民政府与湖南建工集团签订战略合作协议。双方将在火车站站前广场、西渡老城改造、渣江玉麟古镇等领域开展合作。

26 日，孙鹏伟、杨秋良、王苏龙、肖正才、方云耕、蒋立冬等慰问一线工作人员。

2月

6 日，县委副书记、县长孙鹏伟率队调研城市建设。

7 日，县委老干部局被省人社厅、省委组织部、省委老干部局授予 2016 年度“湖南省老干部工作先进集体”称号。

8 日，县教育局召开 2017 年春季开学工作会议。

16 日，衡阳县开展县城饮用水源保护“暴风行动”。共清除菜地 176 亩，拆除瓜架 30 余个，查封取缔手工作坊 1 家，修复被破坏设施 5 处，打捞水面漂浮物近 1 吨。

17 日，衡阳县人民政府与中国建设银行衡阳市分行“助保贷”签约仪式在县政府二楼会议室举行。县委副书记、县长孙鹏伟，县委常委、常务副县长王苏龙，中国建设银行衡阳市分行副行长赖俊等出席签约仪式。

18 日，中央电视《新闻联播》在《“两学一做”重在实效》的系列报道中，以《衡阳县刑侦大队忠诚担当保平安》为题，对衡阳县公安局刑侦大队“两学一做”先进事迹给予报道。

21 日，召开全县公安工作会议。

24 日，召开全县大气污染防治联防联控工作会议。各乡镇和相关责任部门负责人向县政府递交 2017 年环境保护责任状。

26 日，衡阳县第六届油菜花节暨“湖湘名人生态文化旅游节”在库宗桥镇华山村开幕。县委书记曾秀致词。

27 日，全省深化供销合作社综合改革推进会在长沙召开。周丽华副县长代表县委、县政府就支持供销合作社解决历史遗留问题等作典型发言。

28 日，衡阳县荣获 2016 年度全省福利彩票销售工作先进县。为衡阳地区唯一获此殊荣的单位。

3 月

2 日，衡阳市共评选出 49 名首届享受政府特殊津贴专家，衡阳县一中副校长肖永良等入选。

同日，中央电视台新闻频道特别节目《春天的中国》采编组到杉桥镇白石园村采风。

3 日，衡阳县举行纪念三八国际妇女节 107 周年暨“传承美德·移风易俗”巾帼争当排头兵主题活动启动仪式。

6 日，衡阳市人大常委会党组副书记、副主任段志刚在市人大常委会副主任晏华衡及市国资委、市工业企业改制办、市国土局、市财政局等单位负责人的陪同下，到衡阳县界牌陶瓷工业园视察、指导工作。县长孙鹏伟、县人大常委会主任刘健陪同。

7 日，市人大常委会副主任李艳丽带队到县参观新农村建设。

8—9 日，全市无人植保机飞防技术推广与培训会在衡阳县举行。

13 日，召开衡阳县党务工作会议。县委书记曾秀出席会议并作讲话。

同日，县政协组织新一届全体政协委员开展集中视察活动。

同日，省人大常委会副秘书长罗述勇一行 4 人来县调研人大代表工作。

17 日，省交通运输厅网站发布《湖南省旅游通景公路“十三五”发展规划》。按照规划，衡阳市将实施旅游通景公路建设项目 16 个。衡阳县岣嵝峰国家森林公园、牛形山水库水利风景区、斜陂堰水库水利风景区列入其中，通景公路里程共 14.32 公里。

15—18 日，衡阳县第十七届人民代表大会第二次会议在县城西渡召开。

20 日，县政协开展“非公企业发展法治环境”专题调研。

21 日，省人社厅城乡居民医保处一行对衡阳县城乡居民大病保险政策落实、特困人员住院、补偿和意外伤害工作等进行调研。

22 日，市委常委、统战部部长罗东海来县调研统战工作。

27 日，县委副书记、县长孙鹏伟调度城市建设工作。

29 日，首届全国“情满万家——派出所好民警”评选活动颁奖典礼在北京举行。金溪派出所所长张志华从全国 103 名候选民警中当选。

30 日，南岳区人大常委会主任胡显西一行 5 人到县就“监督直通车”和“选举任命人员履职报告制”等进行学习交流。

4 月

3 日，衡阳县委、县政府召开恳谈会。邀请衡阳籍在外发展的知名人士齐聚一堂，同叙乡情乡音，共谋发展蓝图。县委书记曾秀介绍衡阳县近年的发展变化及所取得的成绩，并诚挚邀请衡阳籍老乡常回家看看，为建设更美好的家乡而共同努力。

同日，中国工程科学院院士聂建国一行在市政府政务中心主任戴新贤的陪同下前往界牌陶瓷工业园视察。

同日，衡阳县被国土资源部评为2016年度地质灾害防治高标准“十有县”。

5日，召开全县国土资源工作会议。

12日，市委常委、政法委书记邓柯到县调研政法综治工作。

同日，全省政府购买社区矫正社会服务现场推进会在衡阳县召开，省司法厅傅莉娟副厅长等领导及省内有关负责人200余人参加会议。会上，县委书记曾秀介绍衡阳县政府购买社区矫正社会服务经验。

13日，市政协党组副书记李平、政协人口资源环境委主任徐云会率领部分市政协委员，调研衡阳县不动产登记中心的运行情况和土地开发项目。

同日，衡阳县白内障公益复明大型巡回义诊活动在石市镇启动。此项“复明工程”由衡阳县红十字会、衡阳湘中医院共同发起，计划用两年时间，帮助2000名白内障患者重见光明。

17日，副市长、市公安局党委书记胡志文，来县调研公安工作。

18日，在夏明翰文化宫会议中心召开衡阳县禁毒工作会议。

同日，副市长杨龙金到石市镇太平桥村督导村民委员会换届选举。

同日，召开2017年政企银对接暨项目签约会，共签约40个项目，签约资金186亿元。市委常委、副市长章彰，县委书记曾秀，县委副书记、县长孙鹏伟，县人大常委会主任刘健，县政协主席杨秋良出席。

19日，市委常委、政法委书记邓柯率市直机关驻村扶贫工作队，到台源镇磐江村召开脱贫攻坚工作办公会。

20日，省政协副主席袁新华率省政协办公厅、省政协社会和法制委一行共16人，来县调研非公经济发展法治环境。

同日，衡阳县侨联“曙光行动”被授予省级“同心项目”。

22日，衡阳县脱贫攻坚工作再动员大会在夏明翰文化宫会议中心举行。

同日，衡阳县公务用车制度改革首批取消车辆拍卖会在神龙多功能会议厅举行。拍卖公车73台，185名竞买人参与竞拍。起拍总底价173.8万元，总成交价290.9万元，超出底价117.1万元，溢价率67.38%。

23日，湖南省双季稻区早熟品种和机械化生产技术研究示范现场会在衡阳县台源镇台九村召开。中国工程院院士官春云及湖南农大、省农委粮油处、省农科院作物所等领导出席。

25日，市委常委、组织部部长陈竞率后盾单位主要负责人及市直部门领导，到溪江乡九峰山村就脱贫攻坚工作现场办公。

同日，市人大常委会副主任侯明星带队来县，对农业重点项目进行调研。

27日，衡阳县召开县委首轮巡察工作动员会。县委书记、县委巡察工作领导小组组长曾秀出席会议并讲话。

5月

4日，市政协副主席许云生到县调研学前教育保障能力建设。

同日，由共青团中央主办的2017年“全国向上向善好青年”评选活动揭榜。衡阳县船山助学志愿者协会会长王继斌当选。

5日，衡阳县红十字会在夏明翰广场开展“5·8”世界红十字日宣传活动，让广大市民知晓红十字会宗旨和相关知识，并积极参与到红十字会开展的各项活动中来，弘扬“人道、博爱、奉献”精神。

7日，市委常委、常务副市长何录春就中央环保督察到井头石材矿区进行调研。县长孙鹏伟、常务副县长王苏龙陪同。

7—9 日，衡阳市第三届测绘地理信息行业职业技能竞赛在衡阳师范学院举行。县城乡规划测量队取得团体二等奖，两名队员被授予"衡阳市技术能手"称号。

9 日，国务院办公厅印发《开展基层政务公开标准化规范化试点工作方案》，在全国 15 个省份的 100 个县（市、区）开展基层政务公开标准化规范化试点工作。湖南 7 个市县被列为试点，衡阳县是衡阳地区唯一被列为试点的县。

同日，安化县政协副主席王运明一行考察衡阳县耕地占补平衡工作。

10 日，团中央常委、组织部长万速成一行到县就基层团建工作进行调研。

10—11 日，召开 2017 年全县农村适龄妇女"两癌"免费检查启动会议暨业务培训班。

11 日，召开 2017 年全县民政工作会议。

同日，中央第六环保督察组一行到关市镇尚卿、新雁铁矿就中央环保督察信访交办件办理情况进行督察。

同日，市政协党组副书记李平、政协人口资源环境委主任徐云会率市政协人口资源环境委组成成员来县走访非公企业。

12 日，有关部门集中开展"5·12"防灾减灾日主题宣传活动。

14 日，衡阳市党校（行政学院）系统 2017 年教学比赛暨精品课评选在市委党校举行。衡阳县委党校获教学比赛第二名。

同日，第二届"中华之星"国学大赛复赛成绩揭晓。县第三中学 3 人分获全国组一、二、三名，另有 9 人获得湖南赛区一、二名。

17 日，市人大常委会副主任、民建市委主委李鹏飞带领部分市政协委员、专家学者到县调研"着力打造精细农业为特色的优质农副产品供应基地"。

同日，衡阳县 2016 年中职招生工作总结暨 2017 年中职招生工作动员会在县职业中专召开。

同日，民建市委副主委、衡南县政协副主席谢炜，民建市委副主委刘冰一行考察调研衡阳县优质农副产品供应基地建设。

18 日，衡阳市国土资源局局长廖义智一行前到衡阳县调研地质灾害防治工作。

19 日，团中央办公厅刘恺一行到衡阳县第一中学调研基层团建工作。

20 日，"2017 中国—衡阳第六届油菜花节"之"金融摄影家走进石市"启动仪式在石市镇举行。省金融摄影家协会代表走进石市镇共赏"古镇禅寺、丹山碧水"。仪式上，县委常委、宣传部部长贺畅，副县长范振华为第六届油菜花节"船山故里有才华"文艺创作大赛和手游大赛获奖者颁奖。

22 日，市委书记、市人大常委会主任周农在县委书记曾秀，县委副书记、县长孙鹏伟的陪同下前往井头镇调研脱贫攻坚工作。

24 日，衡阳县第二次全国地名普查工作通过市级验收。

25 日，衡阳市关工委、市委老干部局领导谢宏治、康强、蒋云新、刘文娟、屈维炳一行五人，前来衡阳县调研关心下一代工作。

26 日，国务院办公厅印发《开展基层政务公开标准化规范化试点工作方案》，确定在北京、湖南等 15 个省市的 100 个县市区，围绕城乡规划、重大建设项目等 25 个方面开展基层政务公开标准化规范化试点工作。湖南省有衡阳县等 7 个县市区入围。

31 日，在县城夏明翰广场开展第 30 个"世界无烟日"宣传活动。

6 月

4 日，衡阳县召开 2017 年全县学校建设工作动员会议。学校建设项目全面启动，总投资 2.1 亿元。

同日，副市长龚学余到县检查高考准备工作。

5 日，由省农村信用社联合社主办、省农村信用社联合社衡阳办事处协办、衡州农商银行承办的"最美农信人" 湖南省农村信用社（农商银行）服务礼仪大赛在衡阳县举办。省直属机关工作委员会委员兼省委离退休工委副书记周松柏，省农村信用社联合社党委书记、理事长张志军，党委副书记、主任李勤，副书记邓德林，副主任徐达华及市县领导廖健、章彰、曾秀、孙鹏伟、刘健、杨秋良、王苏龙等出席活动。

5日，市政协主席廖炎秋前往井头镇指导脱贫攻坚工作。县政协主席杨秋良，副主席廖双九陪同。

6日，中共湖南省委常委、省委政法委书记、省公安厅长黄关春在衡阳市委常委、市政法委书记邓柯，副市长胡志文，衡阳县委书记曾秀，衡阳县委常委、政法委书记肖正才的陪同下，视察衡阳县司法局，调研公共法律服务和社区矫正工作。

同日，福建厦门市泉水慈善基金会到金溪镇中心小学、界牌中学、富田中学等偏远山区学校查看由基金会捐赠的LED全护眼教室照明灯具的使用情况，听取师生们的意见。

7日，省商务厅流通业发展处一行来县调研商贸流通工作。走访得阳鞋业、宝泉鞋业、天天见梳篦、富森百货等重点商贸流通企业；要求衡阳县制订商业网点10年规划；大力发展电子商务，做好名优特农副产业的注册申报、质量认证、网络促销等。

同日，省文化厅公布湖南省"经典文化村镇"名单。衡阳市有4个村镇入选，曲兰镇为其中之一。

同日，以电力工作为主题的县人大常委会专项工作评议在神龙蒸阳多功能会议室举行启动仪式。

同日，县人大常委会召开人大代表为民履职脱贫攻坚"五个一"行动暨"6·25"为民服务日活动动员会。动员全县人大代表和人大工作者积极参与脱贫攻坚行动。

7—8日，2017年高考，全县单招提前录取1040人，参考考生7520人。一本上线612人，二本及以上上线2241人。二本及以上上线人数居全市各县(市、区)首位。

8日，衡阳县8个"人大代表扶贫工作基地"揭牌成立。

12—13日，市人大常委会副主任李艳丽率领立法调研组一行来县，就即将提请市人大常委会审议通过的《衡阳市城市市容和环境卫生管理条例(草案)》开展立法调研。

12日，中共衡阳县委、衡阳县人民政府主办，衡阳县公安局承办的衡阳县"喜迎十九大·忠诚保平安"誓师大会暨"卫士之光"百日竞赛总结表彰和"最美警察"颁奖典礼在夏明翰文化宫会议中心举行。

13日，怀邵衡铁路衡阳县段进入铺轨阶段。

14日，市人大常委会副主任晏华衡带队到县开展关于财政决算及工业经济的调研。

14—15日，绥宁县人大常委会副主任张晓霞一行13人到县考察学习屠宰场管理及肉品质量安全。

14日，市委书记、市人大常委会主任周农一行到县视察防汛工作，召开全市防汛抗旱调度会。

15日，在夏明翰文化宫举行"中华诗词之乡"授牌仪式。衡阳县和金兰镇、曲兰镇被中华诗词学会授予"中华诗词之乡"称号。

同日，由市委宣传部主办的"好声音讲坛——讲话精神进基层"百姓微宣讲比赛决赛举行。设"现场宣讲"和"互动答题"两个赛程。衡阳县宣讲代表柏灿璨获得第一名。

16日，2017年衡阳县安全生产月宣传活动在夏明翰广场举行。

19日，县人民检察院被省文明办授予"2016届湖南省文明单位"荣誉称号。

20日，衡阳县2017年"邮政杯"小学生田径运动会在县实验学校开幕。

23日，由县禁毒委员会主办，县委宣传部、县禁毒办、县公安局、县教育局等禁毒委成员单位共同协办的"湖南禁毒之声第一季——唱享健康"之衡阳县青少年"禁毒有我·阳光前行"禁毒文艺汇演在夏明翰文化宫举行。

同日，全国爱卫会《关于命名2014—2016周期国家卫生县城(乡镇)的决定》发布。衡阳县城被命名为国家卫生县城，成为衡阳市唯一获此殊荣的县城。

同日，县人大常委会组织县城的省市县人大代表及志愿者300余人在夏明翰广场举行"6·25"人大代表为民服务日活动。

24日，由县文广新局主办、县文化馆承办的"欢乐潇湘·幸福蒸阳·童心向党"文艺晚会在夏明翰文化宫举行。

30日,衡阳县庆祝中国共产党成立96周年表彰大会在夏明翰会议中心举行。县委书记曾秀以《夯实党建基础、提升执政能力、努力开创我县基层党建工作新局面》为题,为全体与会党员上了一堂党课。县委副书记、县长孙鹏伟主持会议。

同日,市人大常委会组织机关全体在职党员参观夏明翰故居。

7月

2日,市委副书记、代市长郑建新前往衡阳县城坪冲水库、演陂镇将军头村地质灾害点、西渡镇蒸水防洪堤咸水段及中州公园等地视察,调度防汛抗灾。

3日,县长孙鹏伟和王苏龙、邹永焱、唐仕海、王鹏、梁祚华、廖双九等县领导参与防汛会商并值守抗洪一线。

5日,市委副书记、代市长郑建新前往界牌镇将军村调研精准扶贫工作。副市长杨龙金,县委书记曾秀,县委副书记、县长孙鹏伟等参加调研。

同日,武冈市政协副主席宋志刚率队一行6人到县专程考察垃圾焚烧发电项目。

7日,衡阳县人民检察院荣获全省检察机关“检察服务大厅建设示范院”称号。

9日,湖南省林业厅外资办李书明、中南林业调查规划设计院教授级高工周光辉、中南科技大学教授李志辉一行到岣嵝峰国有林场调研国家储备林基地景观林建设。

11日,县人大常委会副主任张云芳带队参加全市人大系统开展的“学党章党规,争当遵规守纪表率”知识竞赛活动,荣获二等奖。

13日,衡阳县委学习中心组(扩大)集中学习会在神龙多功能会议厅召开。会议邀请省卫计委基层指导处处长罗辉做《生育政策和当前计划生育工作》的专题讲座。县委书记曾秀主持会议。

同日,市人大常委会副主任伍清明带队来县开展《湖南省实施〈城乡规划法〉办法》执法检查。

14日,副县长唐仕海代表县人民政府在全省国家卫生城市创建工作会议上接受“国家卫生县城”授牌。

16日,衡阳县2017年公开招聘教师专业知识考试在县三中举行。来自县内外通过“湖南人事招考网”报名的近年师范院校毕业生和县内中小学顶岗代编的具有教师资格的代课教师共1910人,参加300个教师岗位的竞聘。

20日,衡阳县综治工作在全市上半年综治民调考核中,排名第2位。

23日,衡阳县西渡、岘山、井头等地遭遇暴雨暴雷和龙卷风,多处房屋、农田和部分电力设施受损,受灾群众11000余人。

24日,县委常委集中收看大型政论专题片《将改革进行到底》。

同日,市政协主席廖炎秋前往井头镇大云村调研指导脱贫攻坚工作,听取大云村党支部书记和工作队长情况汇报。市政协副主席张亮、县政协主席扬秋良等参加调研。

27日,召开全县防范和处置非法集资工作会议。

同日,由菲律宾、老挝、马来西亚共19人组成的东盟电商贸易考察团到县考察农村电商。

28日,衡阳县高中招生,百余名代表现场监督全部录取工作。

31日,县委书记曾秀,县委副书记、县长孙鹏伟,县委副书记蒋达宏,县人大常委会主任刘健,县政协主席杨秋良,县委常委、常务副县长王苏龙,县委常委、人武部部长邹永焱,副县长王致伟等分别到县人武部、县光荣院、县武警中队、县公安消防大队,看望慰问部队官兵和退伍老兵。

8月

2日,省妇联慰问组专程到樟木乡,走访慰问今年遭受洪涝灾害的困难群众,勉励他们恢复生产,早日度过难关。

8日,撤销25个乡镇中心学校,设立乡镇和界牌陶瓷工业园26个学区(教育督导责任区)。学区为县教育局二级独立法人事业单位。

同日,蒸水灵瑞寺(清江)大桥动工建设。大桥全长436米,跨径208米,主桥和引桥均为双向4车道,一孔跨河,技术先进,造型美观。工程建安总投资6710万元,计划总工期18个月。

同日,西界公路提质改造举行开工仪式。县委书记曾秀宣布开工,县委副书记、县长孙鹏伟发表讲话。

9日,衡阳市第十一次党代会代表、县人大常委会主任刘健带领市党代表第49小组全体成员赴西渡镇蒸阳社区开展“三联一帮”活动。

11日,在衡阳市举办的创建全国文明城市知识总决赛上,衡阳县国税局代表队荣获二等奖。

同日,中共衡阳县委政协工作会议在县政协会议室召开。

13日,县委副书记、县长孙鹏伟到渣江镇、金兰镇、库宗桥镇调研县乡公路建设。

14—15日,全市脱贫攻坚工作现场推进会在衡阳县召开。会议由市委副书记邓群策主持,市委书记、市人大常委会主任周农出席会议,市委副书记、市长郑建新作主题报告。市政协主席廖炎秋,市人大常委会党组副书记、副主任段志刚,市人大常委会副主任侯明星,副市长杨龙金,市政协副主席汪维出席会议。县委副书记、县长孙鹏伟,县委副书记蒋达宏,副县长王致伟及各县市区党政主要负责人、分管扶贫工作的负责人、扶贫办主任,45个市直相关单位主要负责人,36个贫困人口相对集中的乡镇(街道)主要负责人,衡阳县各乡镇党委书记参加会议。

14日,中共衡阳县委办公室、衡阳县人民政府办公室印发《衡阳县2017年秋季城区义务教育阶段学校招生实施办法》,充分保障县城居民子女和进城务工经商的农民工子女的“就近入学”权益,有效化解城区中小学“大班额”。

15日,省委离退休干部工委委员、省国资委副主任杨晓喻,带领省、市老干部局一行到县,调研老干部工作以及全省离退休党支部示范支部建设情况。

同日,召开全县脱贫攻坚工作推进会。县委书记曾秀发表讲话,县委副书记、县长孙鹏伟传达并组织学习全市脱贫攻坚工作推进会会议精神,县委副书记蒋达宏主持会议,全体在家县级领导参加会议。

18日,衡阳市自然保护区环保突出问题整改工作调度会在界牌镇召开。市委常委、常务副市长廖健、副市长彭玉明等出席会议,衡阳县、衡山县、常宁市、南岳区县(市、区)长、常务副县(市、区)长及市、县两级国土、水利、环保、林业、安监局局长参加会议。

同日,由国家体育总局拳击跆拳道运动管理中心、中国跆拳道协会、深圳市南山区人民政府主办的“2016—2017年全国大众跆拳道系列赛总决赛”在深圳南山文体中心落幕。衡阳县力奥跆拳道16名运动员获得七金、二银、三铜,在湖南省所有道馆中金牌数第一、奖牌数第一。

同日,召开县政府党组(扩大)集中学习会。会议观看学习中国人民解放军少将、国防大学战略教研部教授金一南的《从百年沧桑到大国崛起》讲座视频。

22日,省台办副主任蒲祖泉一行到衡阳县调研劳动密集型台资企业用工状况、面临的困难及对策。

23日,召开2017年国有(集体)企业改制推进会。县委书记曾秀出席会议并发表讲话,县委副书记、县长孙鹏伟作大会报告,县委常委、常务副县长王苏龙主持会议。

24日,在团省委举办的第四届“创青春”湖南省青年创新创业大赛上,衡阳县井头镇创业青年陈修武的志宏生态农庄项目旅游策划获评衡阳赛区“优秀创业类项目”。

同日,市人大常委会副主任、市总工会主席谭敦龙一行调研衡阳县工会换届和工会工作。

25日,西渡火车站站前广场等配套设施项目举行开工仪式。县委书记曾秀宣布项目开工,县委副书记、县长孙鹏伟致辞,县政协主席杨秋良主持开工仪式。

26日,衡阳县第一期村(社区)党组织书记暨党建脱贫攻坚集中轮训班正式开班。樟木、集兵、岣嵝、西渡、岘山、关市6个乡镇的村(社区)党组织书记、第一书记、大学生村干部,以及乡镇组织委员、组织干事,共170人参加学习。县委常委、组织部长阳旭辉出席开班仪式并讲话。

29日,衡阳县城镇企业离退休人员养老金又一次普调,人均养老金水平达到1927元/月。自

2005 年以来,城镇企业离退休人员养老金第 13 次调整。

29—30 日,市委常委,市纪委书记包昌林前往栏垅、岘山调研基层党风廉政建设和扶贫工作。

30 日,衡阳县病死畜禽无害化处理中心项目正式开工。县委书记曾秀宣布项目开工,县委副书记、县长孙鹏伟致辞。

31 日,市政协主席廖炎秋考察中油金鸿界牌镇陶瓷研究所。

同日,衡阳县十七届人大常委会召开第七次会议。会议表决有关人事任命,听取和审议县人民政府关于 2016 年财政决算情况的报告、2016 年度财政预算执行及其他财政收支情况的审计报告、2015 年度县本级财政预算执行和其他财政收支审计有关问题整改情况的报告,2017 年上半年财政预算执行情况的报告、2017 年上半年国民经济和社会发展计划执行情况的报告,《衡阳县人大常委会关于开展〈中华人民共和国土地管理法〉执法检查实施方案(草案)》。

9 月

1 日,界牌陶瓷工业园管委会今起托管渣江镇唐福、众拱村,石市镇太清、南阳村,界牌镇白象、象山、国庆新村共 7 个行政村、16150 人、37.64 平方公里。

5 日,市人大常委会副主任、民建衡阳市委主委李鹏飞率市人大教科文卫委干部、民建衡阳市委机关部分人大代表和政协委员,赴衡阳县关市镇众星村调研指导脱贫攻坚工作。

6 日,市委常委、组织部部长陈竞率队赴衡阳县溪江乡调研脱贫攻坚工作。

同日,衡阳市 2017 年"全国科普日"暨中国流动科技馆第二轮全国巡展湖南启动仪式在衡阳县实验学校举办。省科学技术协会党组副书记、副主席王玉立,市委副书记邓群策,市政协副主席张亮,县委副书记、县长孙鹏伟等领导共同按动启动球,宣布活动启动。

8 日,在夏明翰文化宫四楼会议室召开衡阳县政务公开标准化规范化全国试点工作动员会议。

同日,县纪委在全市率先完成县级派驻机构改革工作。全县共设置 13 个派驻纪检组,涵盖 59 个县一级党和国家机关,落实派驻机构人员编制 58 名。

同日,县国税局荣获全省国税系统全面推开营改增试点工作先进区县单位。

12 日,衡阳县城镇职工医保病人在广州市南方医科大学中西医结合医院就医,第一例跨省网上结算。

同日,省就业服务管理局、省就业局失业保险处一行到县就优化失业保险经办业务流程进行专题调研。

同日,衡阳市委副秘书长王湘淮,市委统战部副部长、市侨联党组书记张永英率队一行到县开展贯彻落实统一战线重大决策部署整改工作"回头看"暨基层统战工作调研。

13 日,团省委副书记谢君毅一行到县调研青年创业就业、基层团建等。

14 日,省畜牧水产局一行到县,督查畜禽水产品质量安全和渔业生产。

同日,云南省富民县人大常委会副主任何万强带队到县学习考察"两院"执法档案、人大建设等。

同日,省政协委员、市政协副主席、农工党衡阳市委主委许云生调研衡阳县乡镇卫生院人才队伍建设。

15 日,市人大常委会副主任谭敦龙带队到县调研《中华人民共和国反家暴法》贯彻实施情况。

19 日,市政协副主席许云生率市政协特邀一组委员,到县调研"基层教育"工作,

21 日,市委常委、政法委书记邓柯到石市镇水口、金屏村,就精准扶贫开展调研。

同日,衡阳县首个省级"留守儿童心理健康辅导中心"(即"知心屋")在渣江镇中心小学建成。

同日,在夏明翰文化宫举行保险公众宣传"四进"活动。

22 日,召开全县建设领域安全生产推进会。

27 日,在衡阳县西渡高新技术产业园区举行"衡州经济发展论坛"衡阳县重点项目集中开工仪

式。

28日，召开2018年城乡居民基本医疗保险筹资工作暨养老保险、就业工作推进会议。

同日，召开中央环保督察反馈问题整改暨环境治理“夏季攻势”推进会。

29日，市政协文史学习和港澳台侨外事委主任万春生到县就“知青”史料征集工作进行座谈。

10 月

1日，由县委、县政府主办，县政协、县委宣传部、县总工会承办的衡阳县“喜迎十九大·欢乐度佳节”系列活动在县城夏明翰广场举行。

5日，第五届乡村音乐会在溪江乡溪江中学举行。

10日，衡阳县工会改革创新工作被《衡阳日报》以“‘五个工会’开创崭新格局，‘三大战略’尽显职工风采”为题进行报道。

11日，湖南省委党校常务副校长严华、市委党校常务副校长尹同君到衡阳县督查全国、省、市党校会议精神落实情况。

同日，曲兰镇离退休干部党支部被省离退休干部工作委员会授予“全省示范离退休干部党支部”称号，成为全市唯一一个获此殊荣的乡镇离退休干部党支部。

同日，衡阳县工会第十六次代表大会，在夏明翰文化宫会议中心闭幕。大会历时3天，完成各项议程。

同日，衡阳县招商引资重大项目签约仪式举行。衡阳吉利国际汽车城项目、湖南新五丰生猪养殖产业扶贫项目签约，总投资额约20亿元。县委书记曾秀参加签约仪式并讲话，县人大常委会主任刘健、县政协主席杨秋良出席签约仪式。

12日，市委副书记、市长郑建新到衡阳县电商产业园、角山米业、壕塘社区等地，督导十九大信访维稳工作，调研经济社会发展情况。

同日，市政协教育界别委员来县，就基础教育质量监测工作进行调研。

同日，县委副书记、县长孙鹏伟前往石市镇、三湖镇、渣江镇，调研曾熙故居、琼瑶旧居和玉麟文化园3个文旅项目。

13日，衡阳县召开干部作风建设讲评暨警示教育大会。

同日，2017年湖南省青少年科技活动示范学校建设经验交流会在株洲举行。衡阳县关市镇盘石完全小学和西渡镇蒸阳中学被授予“湖南省青少年科技活动示范学校”称号。

17日，市人大常委会党组副书记、副主任段志刚率队来县督察调研县乡人大工作。

同日，市政协党组副书记、副主席李平率调研组来县调研农产品加工园区建设。

19日，召开县人大代表扶贫基地工作现场推进会。

20—23日，衡阳县接受省第三轮县级教育工作“两项督导评估考核”。全国中小学教育督导评估专家、省教育督导与评价协会会长罗春晖率省督导评估考核组13人，在衡阳市教育督导委员会主任督学肖智亮的陪同下，分成综合组、教育经费组、学前教育组、义务教育组、高中教育组、民办教育组等组别，进行检查、评估考核。

23日，衡阳市首个党性教育基地在夏明翰故居揭牌。县委书记曾秀主持揭牌仪式，市委常委、组织部长陈竞出席仪式并讲话。

同日，湖南省人大常委会秘书长、机关党委书记彭宪法一行13人来夏明翰故居开展省纪委驻省人大机关纪检组、省人大常委会机关党委联合支部主题党日活动。

同日，衡阳市人大常委会副秘书长李光伟一行来县督办有关信访事项。

同日，县委副书记、县长孙鹏伟在樟木乡、西渡镇调度蔬菜、油茶、金槐等农业重点项目建设。

24日，市政协主席廖炎秋率国、省、市三级政协委员视察衡阳县人民法院工作。

26日，召开庆祝2017年老年节座谈会。

同日，“文明蒸阳·星光璀璨”2017年衡阳市“中华经典诵读”主题活动在衡阳县夏明翰文化宫会议中心举行。

27日，市政协组织老干部前往衡阳县，视察城镇建设。市政协副主席汪维，市政协原副主席肖长河、李安平、谢军，县政协主席杨秋良参加视察并出席汇报会,县委书记曾秀汇报近年来衡阳县城镇建设情况。

31日,县人大常委会主任刘健、副主任彭家果率驻衡阳县省人大代表赴衡山县考察学习金城旅游和农村综合服务平台建设。

同日,召开衡阳县残疾人福利基金会成立暨捐赠工作会议。

11月

1日,衡阳县首个个人信用报告自助查询服务代理点在衡阳县衡州农商银行揭牌。衡阳县人民政府副县长易宏友出席仪式并讲话。

2日,《湖南省衡阳黄门寨省级地质公园规划(2010—2030年)》审议会在县政府二楼会议室举行,审议黄门寨公园规划编制。

3日,衡阳市举行全市"十佳改革创新人物""十佳改革创新项目"评选颁奖会。衡阳县界牌陶瓷工业园体制机制改革项目获得衡阳市"十佳改革创新项目"称号,界牌陶瓷工业园管委会主任邹连春作为代表出席会议和领奖。

同日,县政协召开"知青"文史资料征集编辑委员会会议。

6日,衡阳县荣获由省农业委员会评选的2017年度湖南省家庭农场示范县。

同日,国家林业局自然保护区研究中心副处长杜华率"绿盾2017"国家级自然保护区监督检查专项行动第五巡查组到县,巡查南岳衡山国家级自然保护区环保问题整改情况。

7日,县委副书记、县长孙鹏伟调度西渡高新区、老城区和饮用水源保护区的绿化建设工作。

8日,县政协第十届委员会举行第十一次主席会议。专题协商《关于开发外环旅游圈,大力发展乡村经济的建议》《关于统筹交通资源分布,解决县境西北片区交通滞后问题的建议》《关于规划建设县城综合文化中心的建议》3个提案。

10日,副市长杨龙金、市政府副秘书长颜东程率领市水利局、市环保局等市直部门负责人在县长孙鹏伟陪同下巡查蒸水河流。

14日,召开衡阳县第三次归侨侨眷代表大会。县委书记曾秀、市委统战部常务副部长陈群洲出席会议并讲话。

同日,市人大常委会副主任、民建衡阳市主委李鹏飞前往关市镇众星村开展结对帮扶"六个一"活动。

同日,省人大常委会副主任陈君文带领各地、州、市人大常委会联系农口工作的副主任和农工委主任视察角山米业。

15日,长沙市望城区人大常委会考察团一行到县考察美丽乡村建设和农业产业化工作。

同日,洪勇、王致伟、蒋志勇、易宏友、廖双九等带队前往长沙参观学习湖南鑫广安公司路口原种猪场、佳和农牧公司干杉养猪基地的生态猪场建设与养殖粪污资源化利用经验。

19日,由县委、县政府主办,县残疾人联合会承办的湖南省残疾人福利基金会衡阳县代表处成立暨爱心捐赠文艺晚会在夏明翰文化宫上演。晚会以"尚善蒸阳,助残扶弱"为主题。市委常委、宣传部部长刘丽华出席并宣布湖南省残疾人福利基金会衡阳县代表处成立。省残疾人福利基金会理事长于洪礼宣读《关于同意设立湖南省残疾人福利基金会衡阳县代表处的函》并为爱心大使、助残明星单位、助残明星代表颁奖,县委书记曾秀在晚会前致辞并参加颁奖。

20日,市科教文卫委主任委员贺熙欢来县走访联系张雪飞、陈小云、陈秀丰、欧兰花、欧阳铭富、易建6位市人大代表。

21日,广东衡阳商会会长陈国强一行应衡阳县委、县政府邀请到县进行投资考察。

同日,副市长刘正兴率队赴樟木乡樟木寺社区调研美丽乡村建设。

22日,市委书记、市人大常委会主任周农赴关市、金溪、石市、岣嵝4个乡镇督查脱贫攻坚工作。

23日,市人大常委会党组副书记、副主任段志刚率领由部分驻衡的全国人大代表和省、市人大代表组成的视察组一行到县,就农业重点项目和人大代表扶贫基地建设情况开展集中视察。

24日,召开衡阳县省定贫困农村危房改造工作推进会。

同日,副市长杨龙金率队督导衡阳县治超工

作。

同日,省司法厅和民政厅联合下文对全省第八批"全省民主法治示范村(社区)"进行命名和表彰。岘山镇永绿村和金溪镇石榴村获得"全省民主法治示范村"称号。

同日,县委副书记、县长孙鹏伟赴石市镇水口村调研水口戏台修缮保护工作。

29 日,湘南船山技校公共实训基地举行开工仪式。衡阳市首个国家级地方特色型公共实训基地落户衡阳县。该项目具有技能训练、创业孵化、师资培训、课程研发等功能。

12 月

1 日,值第 30 个"世界艾滋病日"之际,在夏明翰广场开展"共担防艾责任,共享健康权力,共建健康中国"主体宣传互动。

2 日,在夏明翰广场开展"122 全国交通安全日"主体宣传活动。

5 日,市人大常委会副主任侯明星到县对农业项目进行重点督查。

6 日,衡阳市为"十三五残疾人阳光扶贫示范基地"举行授牌仪式。全市共有 4 家公司获得授牌,衡阳县聚龙湾生态旅游开发有限公司为其中之一。

7 日,县委副书记、县长孙鹏伟到金兰镇城坪村宣讲中共十九大精神。

同日,衡阳县委党校选送的论文《从"熟人社会"现象看法治精神的弘扬问题》获 2017 年度湖南省党校系统理论研讨会一等奖。

10—11 日,衡阳县人大常委会组织在县的省、市人大代表和部分县人大代表开展集中视察活动。

12 日,衡阳县金融创安工作第一批"信用户、信用村(社区)"颁证授牌仪式暨调度会在台源镇镇政府举行。

13 日,省政协湘声报社社长郭俊杰、发行中心主任高定一、衡阳记者站站长李煜等一行到县调研湘声报宣传发行工作。

同日,省委组织部副部长、老干部局长、离退休党工委书记崔永平,市委常委、组织部部长陈竞一行到县调研考察老干、离退休党建工作。

同日,全市首家村级慈善工作站——井头镇孟山村慈善工作站成立。副县长王致伟出席授牌仪式。

17 日,由中国生态文化协会组织专家评选的"2017 年度全国生态文化村"结果公布,全国共 116 个村落入选,湖南省有 6 个,曲兰镇湘西村列入其中。

18 日,省农委决定在全省范围内开展评选"湖南十大农业区域公用品牌"和" 湖南十大农业企业品牌"活动。衡阳县角山米业进入 2017 年湖南十大农业区域公用品牌候选名单。

同日,中国共产党衡阳县第十二届委员会第二次全体(扩大)会议召开。县委书记曾秀主持会议并代表县委常委会作工作报告。县委副书记、县长孙鹏伟作《关于认真学习宣传贯彻党的十九大精神的决定(讨论稿)》《关于全面实施"文化强县"战略的决定(讨论稿)》和《衡阳县撤并西渡镇、樟树乡、板市乡设立三个街道行政区划调整方案(讨论稿)》和起草情况说明。

19 日,省政协常委、衡阳市佛教协会会长释大岳一行到县考察杉桥镇伊山寺改扩建工作。

20 日,西渡梅花农机合作社被评为全国示范农机合作社。

22 日,在夏明翰广场开展"幸福花开 · 十九大精神润蒸阳"宣传十九大服务进社区活动。

24 日,衡阳县诗词楹联学会召开第四届会员大会。副县长唐仕海出席大会并讲话。

25 日,在库宗桥镇华山村举办"金华山杯"篮球友谊赛。

28 日,全国义务教育发展基本均衡县督导检查组来衡阳县督导检查评估义务教育阶段均衡发展情况。督导检查组组长、国家督学、华南师范大学副校长胡钦太就此次评估检查工作作指导,县委副书记、县长孙鹏伟作汇报。

同日,衡阳县水文水资源局正式揭牌成立。省水文局党组成员、副局长汤灿飞,县委副书记蒋达宏共同为"水文水资源局"成立揭牌。

同日,来自社会各界的千余名选手参加"高新杯”2018 年迎元旦长跑赛。在活动仪式上，县委副书记蒋达宏致辞，县委书记曾秀宣布活动开始。孙鹏伟、刘健、杨秋良、王苏龙、李世钧、邹永焱、彭家果、蒋立冬、刘芳等出席活动。

同日，衡阳县第一个 PPP 项目——界牌陶瓷工业园基础设施建设及园区配套工程整体开发 PPP 项目开工。市委书记、市人大常委会主任周农，市委副书记、市人民政府市长郑建新，中国水利水电第八工程局有限公司党委书记姜清华，省重点办副主任胡建生，建行湖南省分行副行长邹致师，县委书记曾秀，县委副书记、县长孙鹏伟等出席开工仪式。

31 日，县看守、拘留、戒毒“三所合一”项目启动。

同日，县农村经营服务中心荣获 2017 年度全省农村经营管理工作先进单位。

（刘　虎　颜　宁　刘　尊　何林达　刘文政）

衡阳县概况

自然地理

【位置与面积】 位于湖南中部偏南、衡阳市西北部。2001年行政区划调整后，县境地跨北纬26°52′~27°23′，东经110°52′~112°45′，东西相距74公里，南北相距55公里，总面积2558平方公里。县城（西渡）东北至衡山县界53公里，东南至衡阳市蒸湘区界10公里，南至衡南县界24公里，西至邵东县界40公里，西南至祁东县界44公里，西北至双峰县界54公里。

【地形地貌】 地处“衡阳盆地”北沿，东、北、西三面峰峦环绕，中部丘陵起伏，小块平原（俗称町）遍布，西南部有一块封闭性盆地。整个地势由西北向东南倾斜，呈一敞口马蹄形。地貌大体可分为山地、丘陵、岗地、平町、盆地等类型。

山地面积796.04平方公里，占总面积31.2%，主要分布在东北和西南部边缘。海拔300米以上峰岭有546座。主要有：雷钵岭，又名石廪峰，主峰海拔1189.3米，是境内第一高峰；白石峰，主峰海拔1101米，坡陡峰峻，谷涧深陷，遍布白石；碧云峰，又名采药峰，主峰海拔1050米；大云山，又名七星山，古称耶姜山，主峰海拔990.4米；岣嵝峰，古为南岳衡山主峰，内有禹碑、嫘祖墓等古迹，主峰海拔951.5米；九峰山，有九座峰，最高为第五峰，海拔750.4米；紫云峰，主峰海拔728米；三阳山，主峰海拔689米；风波岭，主峰海拔683.5米；大海岭，主峰海拔552米；黄龙大山，主峰海拔485米；聚湖峰，主峰海拔441米。

丘陵面积1071.3平方公里，占总面积41.8%。

平原面积516.97平方公里，占总面积20.2%。可分为溪谷平原和山间小平原两种类型。其中地形开阔、耕作层厚、土质肥沃、光、热、水利条件好的小平町41处，共有水田面积7.6万余亩，占全县总水田面积的9.8%。主要有：泰栗町，长约3公里，宽约2公里，水田面积3800亩；土桥町，长约3公里，宽约1公里，水田面积2500亩；三湖町，长约5公里，宽2.5公里，水田面积1.35万亩，是衡阳县境内面积最大的平町；凌家町，长1.5公里，宽3公里，水田面积5000亩；赤石东湖町，长3公里，宽1公里，水田面积2250亩；台源东湖町，长3.5公里，宽1.5公里，水田面积3500亩；百亩町，长1.5公里，宽2.5公里，水田面积1600亩；东庄町，长1.5公里，宽3公里，水田面积2850亩；草塘町，长3公里，宽1公里，水田面积2200亩；英陂町，长3.5公里，宽2.5公里，水田面积4600亩；豆陂町，长3.5公里，宽1公里，水田面积2509亩。

盆地，即长乐盆地，面积236平方公里（其面积分别计入山地、丘陵、平原面积中），呈椭圆形，平町沃野，茂林修竹，古有“天府之国”之称。

【气候】 为大陆性中亚热带季风湿润气候，四季分明。春季气温一般在10℃以上，时间为3月12日至5月19日，共69天。期间，冷暖气流交替频繁，骤冷暴热，气温多变，多阴雨。日平均气温稳定通过10℃、15℃、20℃的日期，分别从3月21日、4月19日、5月14日开始。夏季气温通常在22℃以上，时间为5月20日至9月29日，共135天。夏季多东南风。历年小暑前后雨季结束，常出现高温低湿“火南风”天气。高温期长，年平均气温≥30℃的高温日36天。秋季气温一般在10℃以上,时间为9月30日至11月30日,共62天。10月中旬后阴雨天气增多,气温呈波状形下降。冬季气温通常在10℃以下,时间为12月1日至次年3月11日,共101天。冬季盛行偏北风,多阴雨,间有雪、冰、冻,降水日数约50天。严寒期短。1991年最低气温是-7.4℃,是历史上气温最低的纪录。

热量充足,年平均气温17.8℃。最冷年17.1℃(1984年),最暖年19.0℃(1963年)。月平均气温:一月最冷,日均气温为5.6℃;七月最热,日均气温为29.8℃。年平均光照时间为1361.7小时,太阳辐射每平方厘米107.64千卡。年平均无霜期289天。年平均地表温度20.7℃。7月最高,平均为36.4℃;1月最低,平均为6.4℃。雨季、旱季明显,年均降水量1329.4毫米。春夏降水量多于秋冬。雨季(4—6月)降水量占全年的45%;旱季(7—9月)降水量只占全年的10%。多年平均相对湿度为79%。3—4月湿度最大,平均为84%;7月最小,平均为73%。

盛夏初秋(7—9月),受副热带高气压的控制,降雨量很少,只占全年的10%,而蒸发量却占全年的43.8%,所以易发干旱。春末夏初(4—6月)降雨量占全年的45%,且多暴雨,所以常造成洪涝。除旱灾、水灾外,也发生过风灾和冰冻灾害,但不常见。2008年年初的冰冻是衡阳县近50年以来未曾遇到的。

【自然资源】 *土地资源* 土地总面积383.64万亩。农用地323.41万亩,占土地总面积84.3%,其中灌溉水田59.16万亩、天水田27.95万亩、旱地10.78万亩、果园3.81万亩、有林地151.91万亩、塘坑水面17.64万亩。

各类建设用地28.17万亩,占土地总面积7.4%,其中建制镇用地8527亩、农村居民点用地21.53万亩、公路用地1.13万亩、水库水面占地3.23万亩。

未利用土地32.05万亩,占总面积8.3%。其中荒草地8.88万亩、沼泽地28亩、沙地1189亩、裸土地13.87万亩、裸岩石砾地1.41万亩、河流水面5.11万亩、苇地185亩、滩涂2.54万亩、其他1021亩。

矿产资源 境内已发现的资源有39种。其中已探明储量的7种,主要矿种有高岭土、钠长石、钾长石、煤、铁、钒、铅、金、绿柱石(铍)、重晶石、花岗石、石灰岩等。其中高岭土、钠长石、钾长石、铁、钒、花岗石、石灰岩、矿泉水是境内优势矿产资源。高岭土矿藏分布在界牌和江柏堰一带,界牌矿区储量65.5万吨,江柏堰矿区储量26.2万吨。境内高岭土矿藏矿床浅,易于露天开采或浅井开采。所产高岭土畅销全国17个省(市)、100多家瓷厂,醴陵、景德镇、唐山、佛山等地名牌瓷厂均争购界牌高岭土为配方原料。铁矿藏主要分布在演陂黄龙桥、杉桥白石坳、关市大竹岭,总储量1720.5万吨。钒矿藏主要分布在洪市礼梓山,储量40.95万吨,其中五氧化二钒平均品位1.02%。饰面花岗石主要分布在井头镇大云村、井头村和关市乡沅江村,储量3000万立方米。石灰岩主要分布在金兰镇狮山村、库宗桥镇凤凰村、演陂镇德胜村和西岭村。21世纪初,境内的界牌陶瓷工业园、井头石材基地、关市铁矿基地、演陂建材基地都是立足于当地的资源优势建立起来的。

植物资源 1984年统计,境内林木品种有78科、312种,其中古老珍稀树种有水杉、银杏、毛黑壳楠、七叶树(俗称桫椤树)、青钱柳(俗称摇钱树)、黄山栾木、楠木、花桐木、三尖杉、异叶榕、琴叶榕、罗汉松、金钱松等。据2002年春普查,境内现存活100年以上古树546株,其中500年以上的23株。这些古树分属25科、42个树种,以枫香、樟树、柞栎、马尾松最多,每种均在40株以上。岣嵝乡腊树村的樟树、界牌镇七星潭村的马尾松,岣嵝峰禹王殿前的青钱柳和银杏、石市镇株源村的两株银杏,树龄均在数百年以上,甚至上千年。岣嵝峰国家森林公园是南方植物的天然展览馆,林木品种在300种以上,保存的珍稀古木也最多。除林木外,中草药资源也比较丰富。1987年普查,全县有中草药381种,其中植物类371种、动物类10种。属于珍稀的药物有紫芝、金钱松、青钱柳、山茱萸、枸杞、浙贝、天师栗、七叶一枝花、穿山甲、竹黄、银杏、杜仲等12种。中草药总蕴藏量在6019吨以上(其中动物类约4吨)。蕴藏量在30

吨以上的有野葛、贯从、乌药、仙鹤草、香附等15种。

动物资源 其中属于国家二级保护动物的有穿山甲、水獭、灵猫、猴面鹰、果子狸、啄木鸟、猫头鹰、竹鸡、斑鸠、白鹭等十余种。人工饲养大宗的兽类有猪、牛、山羊、兔、狗等,禽类有鸡、鸭等;少量的兽类有貂、梅花鹿、荷兰鼠等,禽类有鹅、鸽、鹌鹑等。境内共有鱼类7目、17科、62属、84种。主要有青、草、鲢、鳙、鲤、鲫、鳊等。先后从外地引进的有江西兴国鲤和荷包鲤、东北散鳞镜鲤、建鲤、湘云鲤、罗非鱼、湘云鲫、日本大坂白鲫、草胡子鲶、大鳞鲢、银鱼、鳜鱼、南方大口鲶、鲈鱼、美国斑点叉尾鮰、罗氏沼虾、对虾等。由于人工狩猎、滥砍乱伐以及农业生产大量使用农药等原因,境内动物有所减少,鱼类、鸟类数量大减,虎、豹等凶猛动物绝迹。进入21世纪后,由于居民使用的燃料大多改用煤、汽、电,对柴草的需求量减少,野外树林茂密,适宜动物繁衍生息,野兔、野猪、狐狸等动物又逐渐多了起来。

水资源 (一)地表水。水域面积173.94平方公里,占总面积的6.8%。境内多年平均地表水总量为19.6536亿立方米(不含湘江)。地表水主要来自河川。全县长度5公里以上、集雨面积10平方公里以上的河流81条,总长度1227公里。主要河流有湘江、蒸水、武水、演水、岳沙河、石狮港、柿竹水、横港水、白鹭港等。蒸水古名烝水,习称草河,为境内主要河流,发源于大云山西麓的邵东县毛荷殿乡郑家冲雁鹅川,由金兰镇金树村入境,呈"乙"字形由西向东流经金兰、大安、洪市、三湖、渣江、台源、西渡、英陂、呆鹰岭,至衡阳市石鼓嘴入湘江。境内流程133公里,集雨面积2336平方公里,多年平均径流总量为16亿立方米。蒸水以及其他河流均属山溪型,夏汛冬涸,易涨易落,沿岸低岸农田常因山洪爆发而受淹,部分高岸田也常因河流干涸无水灌溉而失收。

(二)地下水。红岩地区的地下水附存于泥岩、泥质粉砂岩、沙页岩(紫色页岩)中,面积728.85平方公里,占全县总面积27.55%,分布地区在醒狮、甲满、渣江、台源、西渡一带。岩浆岩地区包括关帝庙、将军庙、白石峰诸岩体,面积约388.7平方公里,占全县总面积14.7%。变质岩裂隙承压力水常以泉井型涌出,全县具有一定抗旱能力的泉井共272处,年涌水总量为634立方米。主要泉井有龙泉井、金乌井、方工温泉、浪井。衡阳县位于衡邵干旱走廊腹部,水资源严重不足,人均水资源为1273立方米,低于全国全省全市水平。所以加强水利建设,确保农业丰收,始终是全县人民不可忽视的重大任务。

旅游资源 2006年普查,境内共登记旅游资源22002个,其中主要群体资源10个、重要群体资源89个、单体资源1528个、地方特产25个。主要自然景观有岣嵝峰国家森林公园、宇石寨、金牛湖、聚湖峰、珍珠崖、中洲岛等;主要人文景观有王船山故居湘西草堂、伊山寺、夏明翰故居、彭玉麟故居及墓庐、常大惇故居瑞芝堂、曾熙故居慈德堂、陈墨西墓、李皇妃界牌遗迹以及众多的宗教文化建筑等。

人　口

【总户数、总人口】 2017年年末,全县总户数37.36万户、户籍人口124.42万人。2017年年末与2016年年末比较,总户数减少0.19万户,总人口减少1.26万人。按常住人口统计,2017年年末全县常住人口107.18万人。

【人口结构】 *城乡结构* 2017年年末,按常住人口统计,全县城镇人口与农村人口分别为46.64万人和60.54万人,城镇化率43.52%。2017年年末与2016年年末比较,城镇化水平提高1.42个百分点。

出生人口性别结构 2017年,全县出生人口男女性别比107∶82。出生人口中,性别比例失衡程度有所波动。

人口密度 按户籍人口统计,2017年全县人口密度486.40人/平方公里。

衡阳县2017年户籍总户数、户籍总人口及出生、死亡变动情况一览表

表1　　　　单位:人

乡镇别	年末总户数（户）	年末总人口			年末总人数中:非农业人口	当年出生人口			当年死亡人口
		合计	男	女		合　计	男	女	
合　计	373695	1244203	657462	586741	249635	13208	7199	6009	19367
西渡镇	74993	177274	90600	86674	122737	2214	1211	1003	2108
集兵镇	10855	40955	21603	19352	10350	480	267	213	726
杉桥镇	7093	23765	12791	10974	2088	258	158	100	648
井头镇	19402	68811	36502	32309	9022	704	413	291	824
演陂镇	12482	43503	22893	20610	4317	466	244	222	679
金兰镇	22688	77832	41147	36685	5153	830	464	366	1151
洪市镇	16219	60161	32013	28148	10178	629	346	283	1333
曲兰镇	13187	52763	27976	24787	3624	524	284	240	874
金溪镇	10649	39571	21315	18256	4143	363	202	161	790
界牌镇	10827	34427	18273	16154	10328	338	179	159	572
渣江镇	19390	71806	38581	33225	6797	735	402	333	1364
三湖镇	14668	55010	29601	25409	4591	497	278	219	745
台源镇	17825	60360	32097	28263	3897	626	332	294	860
关市镇	15264	52998	28133	24865	4195	561	283	278	803
库宗桥镇	13635	49665	26211	23454	6455	530	282	248	835
岘山镇	20149	68713	36393	32320	10449	692	385	307	1354
石市镇	14807	58197	31056	27141	10800	551	274	277	492
樟木乡	8315	29049	15107	13942	6216	390	199	191	531
峋嵝乡	6820	24156	12922	11234	2816	259	139	120	221
栏垅乡	6549	23798	12616	11182	2236	227	127	100	509
大安乡	12212	44119	23510	20609	3323	393	226	167	752
溪江乡	10582	38365	20461	17904	1535	354	193	161	666
长安乡	5672	18695	10016	8679	376	212	116	96	307
板市乡	4544	15536	8149	7387	6	199	101	98	76
樟树乡	4868	14674	7496	7178	4003	176	94	82	147

（衡阳县统计局）

衡阳县2017年常住总户数、常住总人口及城镇、乡村人口情况一览表

表2　　　　单位:人

乡镇别	年末总户数(户)	年末总人口			年末总人口中	
		合　计	男	女	城镇人口	乡村人口
合　计	295800	1071800	560100	511700	466400	605400
西渡镇		254673	131762	122911		
集兵镇		31890	16827	15063		
杉桥镇		17568	9424	8144		
井头镇		55973	28899	27074		
演陂镇		34459	17848	16611		
金兰镇		63158	32606	30552		
洪市镇		51771	26923	24848		
曲兰镇		44269	22937	21332		
金溪镇		27650	14986	12664		
界牌镇		30182	15685	14497		
渣江镇		56774	29290	27484		
三湖镇		41851	21679	20172		
台源镇		46129	23753	22376		
关市镇		39897	21120	18777		
库宗桥镇		41318	21361	19957		
岘山镇		50910	26495	24415		
石市镇		43491	22396	21095		
樟木乡		22154	11559	10595		
岣嵝乡		13158	7312	5846		
栏垅乡		17302	9576	7726		
大安乡		33568	18080	15488		
溪江乡		22548	12267	10281		
长安乡		10065	5770	4295		
板市乡		9056	5311	3745		
樟树乡		11986	6194	5792		

(衡阳县统计局　刘小鲲)

经济社会

【经济发展】 2017年，全年实现地区生产总值354.93亿元，同比(下同)增长8.5%，其中一、二、三产业分别增长3.5%、7.4%、12.2%。完成固定资产投资(不含农户)298.58亿元，增长15.1%。完成财政总收入14.17亿元，增长1.7%。城镇居民人均可支配收入30674元，农村居民人均可支配收入14785元，分别增长8.3%和9.5%。

2017年衡阳县主要指标完成情况一览表

表3

	计量单位	2017年	比上年增长%
年末户籍总人口	万人	124.42	-1.0
年末常住总人口	万人	107.18	-2.0
#城镇人口	万人	46.64	1.3
城镇化水平	%	43.5	比上年提高1.4个百分点
生产总值	万元	3549322	8.5
一产业增加值	万元	710783	3.5
二产业增加值	万元	1265617	7.4
#工业	万元	1170122	7.6
三产业增加值	万元	1572922	12.2
*人均生产总值	元		
社会消费品零售总额	万元	1035300	10.5
全社会固定资产投资额	万元	3985845	15.1
财政总收入	万元	141734	1.7
#地方财政收入	万元	92863	-1.19
*人均财政收入	元		
金融机构年末存款余额	万元	3574943	13.1
金融机构年末贷款余额	万元	1132956	11.5
城镇居民人均可支配收入	元	30674	8.3
农村居民人均可支配收入	元	14785	9.5

注：人均生产总值、人均财政收入按常住人口计算。 (衡阳县统计局)

农业　全年粮食播种面积107.19千公顷，减少0.08千公顷，下降0.1%。其中，稻谷播种面积95.56千公顷，减少0.10千公顷，下降0.1%。油料播种面积51.05千公顷，增加0.35千公顷，增长0.7%。棉花播种面积5.66千公顷，与上年持平。

全年粮食总产量62.67万吨，减少0.25万吨，下降0.39%。其中，稻谷产量57.82万吨，下降0.1%。全年棉花产量0.79万吨，增长0.3%。水果总产量21.09万吨，增加0.72万吨，增长3.5%。

全年出栏肉猪179.57万头，增加6.17万头，增长3.6%；年末生猪存栏100.89万头，增长4.9%。出笼家禽2245万羽，增长3.2%。全年肉类总产量17.48万吨，增长4.3%。禽蛋产量4.46万吨，增长3.6%。

全年水产品产量6.82万吨，增长3.6%。

2017年年末，农田有效灌溉面积75.54万亩，实施节水灌溉面积0.3万亩，农业机械总动力77.61万千瓦。

衡阳县2017年(湘A302bj)农作物生产情况汇总比较表

表4

指标名称	计量单位	代码	2017	2016	差额	增长
甲	乙	丙	1	2	3	4
农作物总播种面积	千公顷	001	185.70	185.05	0.65	0.35
一、粮食作物播种面积	千公顷	002	107.19	107.27	-0.08	-0.07
单产	公斤	003	389.73	390.97	-1.24	-0.32
总产量	吨	004	626628.48	629094.30	-2465.82	-0.39
(一)谷物播种面积	千公顷	005	99.89	100.63	-0.74	-0.74
单产	公斤	006	401.56	401.45	0.11	0.03
总产量	吨	007	601678.41	605971.40	-4292.99	-0.71
1.稻谷播种面积	千公顷	008	95.56	95.66	-0.10	-0.10
单产	公斤	009	403.37	403.35	0.02	
总产量	吨	010	578191.10	578774.00	-582.90	-0.10
(1)早稻播种面积	千公顷	011	44.90	45.03	-0.13	-0.29
单产	公斤	012	378.97	386.67	-7.70	-1.99
总产量	吨	013	255236.30	261177.00	-5940.70	-2.27
其中:杂交稻面积	千公顷	014	44.90	45.03	-0.13	-0.29
单产	公斤	015	378.97	386.67	-7.70	-1.99
总产量	吨	016	255236.30	261177.00	-5940.70	-2.27
优质稻面积	千公顷	017	33.53	33.63	-0.10	-0.30
单产	公斤	018	396.00	395.00	1.00	0.25
总产量	吨	019	199168.20	199258.00	-89.80	-0.05
(2)中稻与一季晚稻播种面积	千公顷	020	3.66	3.63	0.03	0.83
单产	公斤	021	502.00	504.32	-2.32	-0.46
总产量	吨	022	27559.80	27460.00	99.80	0.36
其中:杂交稻面积	千公顷	023	3.66	3.63	0.03	0.83
单产	公斤	024	502.00	504.32	-2.32	-0.46
总产量	吨	025	27559.80	27460.00	99.80	0.36
优质稻面积	千公顷	026	2.53	2.51	0.02	0.80
单产	公斤	027	549.99	549.99		
总产量	吨	028	20872.00	20707.00	165.00	0.80
一季晚稻播种面积	千公顷	029	2.92	2.92		
单产	公斤	030	550.00	550.00		

(衡阳县统计局)

续表 4

指标名称	计量单位	代码	2017	2016	差额	增长
甲	乙	丙	1	2	3	4
总产量	吨	031	24090.00	24090.00		
(3)双季晚稻播种面积	千公顷	032	47.00	47.00		
单产	公斤	033	419.00	411.54	7.46	1.81
总产量	吨	034	295395.00	290137.00	5258.00	1.81
其中:杂交稻面积	千公顷	035	47.00	47.00		
单产	公斤	036	419.00	411.54	7.46	1.81
总产量	吨	037	295395.00	290137.00	5258.00	1.81
优质稻面积	千公顷	038	18.90	18.90		
单产	公斤	039	439.50	439.00	0.50	0.11
总产量	吨	040	124598.25	124456.50	141.75	0.11
2. 小麦播种面积	千公顷	041	0.11	0.11		
单产	公斤	042	117.50	117.00	0.50	0.43
总产量	吨	043	193.88	193.05	0.83	0.43
3. 玉米播种面积	千公顷	044	4.00	4.66	-0.66	-14.16
单产	公斤	045	376.50	377.47	-0.97	-0.26
总产量	吨	046	22590.00	26385.00	-3795.00	-14.38
4. 高粱播种面积	千公顷	047	0.10	0.10		
单产	公斤	048	206.20	206.00	0.20	0.10
总产量	吨	049	309.30	309.00	0.30	0.10
5. 其他谷物播种面积	千公顷	050	0.12	0.10	0.02	20.00
单产	公斤	051	218.96	206.91	12.05	5.82
总产量	吨	052	394.13	310.36	83.77	26.99
(1)其他春夏收谷物播种面积	千公顷	053	0.05	0.04	0.01	25.00
单产	公斤	054	205.60	205.60		
总产量	吨	055	154.20	123.36	30.84	25.00
(2)其他秋收谷物播种面积	千公顷	062	0.07	0.06	0.01	16.67
单产	公斤	063	228.50	207.78	20.72	9.97
总产量	吨	064	239.93	187.00	52.93	28.30
(二)豆类播种面积	千公顷	071	4.19	3.53	0.66	18.70
单产	公斤	072	165.20	166.12	-0.92	-0.55
总产量	吨	073	10383.09	8796.25	1586.84	18.04
1. 大豆播种面积	千公顷	074	3.06	2.40	0.66	27.50
单产	公斤	075	159.20	158.99	0.21	0.13
总产量	吨	076	7307.28	5723.60	1583.68	27.67
2. 绿豆播种面积	千公顷	077	0.46	0.46		

续表4

指标名称	计量单位	代码	2017	2016	差额	增长
甲	乙	丙	1	2	3	4
单产	公斤	078	230.84	230.87	-0.03	-0.01
总产量	吨	079	1592.80	1593.00	-0.20	-0.01
3.蚕豌豆播种面积	千公顷	080	0.61	0.61		
单产	公斤	081	151.37	151.00	0.37	0.25
总产量	吨	082	1385.04	1381.65	3.39	0.25
4.其他杂豆播种面积	千公顷	086	0.06	0.06		
单产	公斤	087	108.86	108.89	-0.03	-0.03
总产量	吨	088	97.97	98.00	-0.03	-0.03
(三)薯类播种面积	千公顷	089	3.11	3.11		
单产	公斤	090	312.26	307.11	5.15	1.68
总产量	吨	091	14566.98	14326.70	240.28	1.68
1.甘薯播种面积	千公顷	092	1.32	1.32		
单产	公斤	093	349.50	349.00	0.50	0.14
总产量	吨	094	6920.10	6910.20	9.90	0.14
2.马铃薯播种面积	千公顷	095	1.79	1.79		
单产	公斤	096	284.80	276.22	8.58	3.11
总产量	吨	097	7646.88	7416.50	230.38	3.11
二、油料播种面积	千公顷	101	51.05	50.70	0.35	0.69
单产	公斤	102	108.69	106.54	2.15	2.02
总产量	吨	103	83226.25	81022.10	2204.15	2.72
1.花生果播种面积	千公顷	104	0.75	0.75		
单产	公斤	105	195.60	195.64	-0.04	-0.02
总产量	吨	106	2200.50	2201.00	-0.50	-0.02
2.油菜籽播种面积	千公顷	107	50.30	49.95	0.35	0.70
单产	公斤	108	107.39	105.20	2.19	2.08
总产量	吨	109	81025.75	78821.10	2204.65	2.80
三、棉花播种面积	千公顷	119	5.66	5.66		
单产	公斤	120	94.20	93.91	0.29	0.31
总产量	吨	121	7997.58	7973.00	24.58	0.31
四、生麻播种面积	千公顷	122	0.04	0.04		
单产	公斤	123	92.00	91.67	0.33	0.36
总产量	吨	124	55.20	55.00	0.20	0.36
1.生黄红麻播种面积	千公顷	125	0.02	0.02		
单产	公斤	126	110.33	110.00	0.33	0.30
总产量	吨	127	33.10	33.00	0.10	0.30

续表4

指标名称	计量单位	代码	2017	2016	差额	增长
甲	乙	丙	1	2	3	4
2. 生苎麻播种面积	千公顷	128	0.02	0.02		
单产	公斤	129	73.67	73.33	0.34	0.46
总产量	吨	130	22.10	22.00	0.10	0.45
五、甘蔗播种面积	千公顷	137	0.13	0.13		
单产	公斤	138	3272.00	3271.79	0.21	0.01
总产量	吨	139	6380.40	6380.00	0.40	0.01
六、烟叶播种面积	千公顷	140	1.10	1.12	-0.02	-1.79
单产	公斤	141	133.83	133.15	0.68	0.51
总产量	吨	142	2208.18	2237.00	-28.82	-1.29
1. 烤烟播种面积	千公顷	143	1.07	1.07		
单产	公斤	144	134.89	134.89		
总产量	吨	145	2164.98	2165.00	-0.02	
2. 晒(土)烟播种面积	千公顷	146	0.03	0.05	-0.02	-40.00
单产	公斤	147	96.00	96.00		
总产量	吨	148	43.20	72.00	-28.80	-40.00
七、中草药材播种面积	千公顷	149	0.32	0.32		
单产	公斤	150	167.08	166.04	1.04	0.63
总产量	吨	151	802.00	797.00	5.00	0.63
八、蔬菜播种面积(含菜用瓜)	千公顷	152	10.38	10.14	0.24	2.37
单产	公斤	153	2163.32	2126.38	36.94	1.74
总产量	吨	154	336828.80	323422.80	13406.00	4.15
九、瓜果类播种面积	千公顷	155	5.81	5.67	0.14	2.47
单产	公斤	156	2317.02	2245.00	72.02	3.21
总产量	吨	157	201928.20	190937.00	10991.20	5.76
(1)西瓜播种面积	千公顷	158	4.22	4.10	0.12	2.93
单产	公斤	159	2273.95	2234.00	39.95	1.79
总产量	吨	160	143941.00	137391.00	6550.00	4.77
(2)香瓜(甜瓜)播种面积	千公顷	161	1.41	1.40	0.01	0.71
单产	公斤	162	2545.58	2383.33	162.25	6.81
总产量	吨	163	53839.00	50050.00	3789.00	7.57
(3)草莓播种面积	千公顷	164	0.17	0.17		
单产	公斤	165	1372.47	1370.98	1.49	0.11
总产量	吨	166	3499.80	3496.00	3.80	0.11
十、其他农作物播种面积	千公顷	167	4.02	4.00	0.02	0.50
1. 青饲料播种面积	千公顷	170	0.45	0.45		

续表4

指标名称	计量单位	代码	2017	2016	差额	增长
甲	乙	丙	1	2	3	4
2. 绿肥播种面积	千公顷	172	1.36	1.35	0.01	0.74
3. 其他农作物播种面积	千公顷	173	2.21	2.20	0.01	0.45
其他农作物产量	吨	174	11063.00	10815.00	248.00	2.29
莲子(肉莲)	吨	176	1058.00	1034.00	24.00	2.32
菱角	吨	177	29.70	29.00	0.70	2.41
荸荠	吨	178	2967.00	2900.00	67.00	2.31

2017 年(湘 A306bj)茶叶、水果及食用坚果生产情况汇总比较表

表5

指标名称	计量单位	代码	2017	2016	差额	增长
甲	乙	丙	1	2	3	4
一、茶叶产量	吨	01	37.00	38.00	-1.00	-2.63
绿茶	吨	02	30.00	31.00	-1.00	-3.23
红茶	吨	04	5.00	5.00		
其它茶叶	吨	08	2.00	2.00		
二、水果产量	吨	09	210991.20	203827.00	7164.20	3.51
(一)园林水果	吨	10	9063.00	9040.00	23.00	0.25
1. 柑橘类水果	吨	11	4795.00	4784.00	11.00	0.23
柑	吨	12	135.00	135.00		
橘	吨	13	4362.00	4352.00	10.00	0.23
橙	吨	14	16.00	16.00		
柚	吨	15	282.00	281.00	1.00	0.36
2. 梨	吨	16	523.00	522.00	1.00	0.19
其中:雪花梨	吨	17	46.00	46.00		
鸭梨	吨	18	476.00	476.00		
3. 其他水果	吨	19	3745.00	3734.00	11.00	0.29
桃	吨	20	770.00	768.00	2.00	0.26
李子	吨	22	1016.00	1014.00	2.00	0.20
葡萄	吨	23	1204.00	1201.00	3.00	0.25
枣(干枣应折成鲜枣)	吨	24	577.00	576.00	1.00	0.17
鲜柿子(柿饼应折成鲜柿)	吨	25	27.00	27.00		
枇杷	吨	26	108.00	108.00		
其他园林水果	吨	27	43.00	40.00	3.00	7.50
(二)瓜果类水果(西瓜、甜瓜、草莓)	吨	28	201928.20	194787.00	7141.20	3.67

续表5

指标名称	计量单位	代码	2017	2016	差额	增长
甲	乙	丙	1	2	3	4
三、食用坚果产量	吨	29	31.60	31.00	0.60	1.94
其中:板栗	吨	31	15.30	15.20	0.10	0.66
四、年末茶园面积	千公顷	33	0.07	0.07		
其中:本年采摘	千公顷	34	0.06	0.07	-0.01	-14.29
五、年末果园面积	千公顷	35	1.46	1.46		
其中:梨园	千公顷	36	0.05	0.05		
柑橘园	千公顷	37	1.02	1.02		
桃园	千公顷	38	0.22	0.22		
葡萄园	千公顷	40	0.17	0.17		

(衡阳县统计局)

2017年(湘A310hz)渔业生产情况汇总比较表

表6

指标	计量单位	代码	2017	2016	差额	增长
甲	乙	丙	1	2	3	4
一、水产品总产量	吨	1	68295.00	65906.00	2389.00	3.62
(一)淡水捕捞	吨	2	2442.00	2367.00	75.00	3.17
1.鱼类(含鳝鱼、泥鳅)	吨	3	2116.00	2050.00	66.00	3.22
2.虾蟹类	吨	4	156.00	151.00	5.00	3.31
3.贝类	吨	5	138.00	135.00	3.00	2.22
4.其他类	吨	6	32.00	31.00	1.00	3.23
(1)鳖	公斤	8	2112.00	2050.00	62.00	3.02
(2)其他	吨	9	29.00	29.00		
(二)淡水养殖	吨	10	65853.00	63539.00	2314.00	3.64
1.鱼类(含鳝鱼、泥鳅)	吨	11	64355.00	62093.00	2262.00	3.64
2.虾蟹类	吨	12	815.00	787.00	28.00	3.56
3.贝类	吨	13	371.00	360.00	11.00	3.06
4.其他类	吨	14	312.00	299.00	13.00	4.35
(1)鳖	公斤	17	142256.00	141234.00	1022.00	0.72
(2)牛蛙	吨	18	142.00	140.00	2.00	1.43
(3)其它	吨	19	18.00	18.00		
二、水产品养殖面积	千公顷	20	5.92	5.92		
(一)池塘养殖	千公顷	21	4.44	4.44		
其中:精养池塘	千公顷	22	3.71	3.71		
(二)水库养殖	千公顷	26	1.46	1.46		

续表6

指标	计量单位	代码	2017	2016	差额	增长
甲	乙	丙	1	2	3	4
其中:粗养	千公顷	27	0.30	0.30		
(三)其他养殖	千公顷	28	0.02	0.02		
附:1.稻田养鱼面积	千公顷	29	1.86	1.86		
2.稻田养殖成鱼面积	千公顷	30	0.73	0.73		
成鱼产量	吨	31	573.00	573.00		
3.养殖水面中鱼种池面积	千公顷	32	0.80	0.80		

(衡阳县统计局)

2017年(湘A309bj)畜牧业生产情况汇总比较表

表7

指标名称	代码	计量单位	2017	2016	差额	增长
甲	乙	丙	1	2	3	4
一、出栏肉猪头数	01	万头	179.57	173.40	6.17	3.56
1.出栏肉猪	02	万头	176.20	170.10	6.10	3.59
2.出口中仔猪	03	万头	3.37	3.30	0.07	2.12
二、当年出售和自宰的肉用牛	04	万头	2.43	2.44	-0.01	-0.41
三、当年出售和自宰的肉用羊	05	万只	7.35	7.20	0.15	2.08
四、当年出售和自宰的家禽(鸡鸭鹅)	09	万羽	2245.00	2176.00	69.00	3.17
其中:活鸡	10	万羽	1640.00	1591.00	49.00	3.08
八、当年出售和自宰的肉用兔	11	万只	0.71	0.71		
九、当年出售和自宰的鹌鹑	12	羽	39122	38999	123	0.3
十、当年出售和自宰的肉鸽	13	羽	64125	64098	27	
十一、当年出售和自宰的狗	14	只	19725	19713	12	0.1
十二、当年肉类总产量	15	吨	174799.00	167568.00	7231.00	4.32
1.猪肉产量	16	吨	135500.00	129410.00	6090.00	4.71
(1)肉猪肉产量	17	吨	134631.00	128554.00	6077.00	4.73
(2)出口中仔猪肉产量	18	吨	869.00	856.00	13.00	1.52
2.牛肉产量	19	吨	3159.00	3139.00	20.00	0.64
3.羊肉产量	20	吨	1245.00	1189.00	56.00	4.71
4.禽肉产量	24	吨	34765.00	33700.00	1065.00	3.16
其中:鸡肉产量	25	吨	28402.00	27580.00	822.00	2.98
5.兔肉产量	26	吨	5.00	5.00		
6.其他肉产量	27	吨	125.00	125.00		
十三、当年生牛奶产量	28	吨	208.00	-208.00	-100.00	
十四、当年蜂蜜产量	32	吨	1535.00	1530.00	5.00	0.33

续表7

指标名称	代码	计量单位	2017	2016	差额	增长
甲	乙	丙	1	2	3	4
十五、当年蜂蜡产量	33	公斤	10805.00	10793.00	12.00	0.11
十六、当年禽蛋产量	34	吨	44550.00	42900.00	1650.00	3.85
1.鸡鸭鹅禽蛋产量	35	吨	44451.00	42801.00	1650.00	3.86
其中:鸡蛋产量	36	吨	35640.00	34320.00	1320.00	3.85
2.其他禽蛋产量	37	吨	99.00	99.00		
十七、大牲畜存栏总头数	40	头	69942	71778	-1836	-2.6
(一)牛存栏	41	头	69942	71778	-1836	-2.6
1.肉牛	42	头	55732	56033	-301	-0.5
其中:能繁母牛	43	头	30511	30640	-129	-0.4
当年生仔牛	44	头	18841	18944	-103	-0.5
2.役用牛	45	头	14210	15545	-1335	-8.6
其中:能繁母牛	46	头	8515	9391	-876	-9.3
当年生仔牛	47	头	4687	5241	-554	-10.6
3.奶牛	48	头	200	-200	-100.0	
其中:能繁母牛	49	头	30	-30	-100.0	
当年生仔牛	50	头	10	-10	-100.0	
十八、生猪存栏	61	万头	100.89	96.20	4.69	4.88
其中:能繁母猪	62	万头	9.11	8.80	0.31	3.52
十九、山羊存栏	63	万只	6.00	5.72	0.28	4.90
其中:能繁母羊	64	万只	5.02	4.84	0.18	3.72
二十、养蜂箱数	65	箱	59845	59762	83	0.1
二十一、家兔存笼	66	万只	0.47	0.46	0.01	2.17
二十二、活家禽存笼(鸡鸭鹅)	68	万羽	1275.00	1268.00	7.00	0.55
其中:活鸡	69	万羽	993.00	987.00	6.00	0.61
其中:肉鸡	70	万羽	691.00	686.00	5.00	0.73
蛋鸡	71	万羽	302.00	301.00	1.00	0.33

(衡阳县统计局)

工业、建筑业 全年实现工业增加值117.01亿元,增长7.6%。在规模以上工业总产值中,按经济类型分:股份合作企业增长18.0%,股份制企业增长8.2%,外商及港澳台商投资企业增长12.7%,其他经济类型企业下降2.6%。按轻重工业分:轻工业增长17.4%,重工业增长22.7%。工业用电量4.38亿千瓦时,下降3.9%。

全年规模以上工业企业实现利润总额24.88亿元,增长31.9%。其中,主营业务活动利润24.88亿元,增长31.9%。规模以上工业企业主营业务收入中的成本178.2亿元,主营业务收入利润率14.0%。

全年实现全社会建筑业增加值9.55亿元,增长4.8%;实现全社会建筑业总产值37.28亿元,增长15.4%。

衡阳县 2017 年全部工业总产值及增加值一览表

表 8　　单位:个、万元、%

	2017 年(按当年价格计算)	2017 年比 2016 年增长(按可比价格计算)	
一、全部工业单位数	7034	0.3	
二、全社会工业总产值	3984248	9.5	
三、全社会工业增加值	1170122	7.6	

(衡阳县统计局)

衡阳县 2017 年规模以上工业企业主要产品产量一览表

表 9

产品名称	单　位	2017 年
铁矿石原矿	吨	110010
高岭土(瓷土)	吨	4684879
大米	吨	747332
饲料	吨	58568
精制食用植物油	吨	38423
饮料酒	千升	6370
白酒	千升	6370
服装	万件	316
鞋	万双	689
家具	件	12681
木质家具	件	12681
机制纸及纸板	吨	72669
多色印刷品	对开色令	6674
农用氮磷钾化学肥料总计(折纯)	吨	6155
磷肥(折含五氧化二磷 100%)	吨	6155
涂料	吨	14025
塑料制品	吨	1933
水泥	吨	952519
强度等级 42.5 水泥	吨	129871
强度等级 52.5 水泥	吨	728458
商品混泥土	立方米	1190997
水泥混泥土排水管	千米	430
瓷质砖	平方米	14876863
工业锅炉	蒸发量吨	3948
混泥土机械	台	1286
中型拖拉机	台	10139
电子元件	万只	383131
水力发电量	万千瓦时	27744

(衡阳县统计局)

国内贸易　全年完成社会消费品零售总额103.53亿元，增长10.5%，占全市社会消费品零售总额比重8.3%。按行业分，批发业完成零售总额16.33亿元，增长11.6%；零售业完成零售总额74.94亿元，增长10.2%；住宿业完成零售额2.18亿元，增长9.2%；餐饮业完成零售额10.08亿元，增长10.8%。

限额以上批发和零售业商品完成零售额9.16亿元，增长15.2%。分类别看，食品类零售额增长17.6%；汽车类零售额增长12%；服装、鞋帽、针纺织品类零售额增长15.4%；家用电器和音像器材类零售额增长14.6%。

对外经济　全年进出口贸易总额9964.32万美元。其中，出口7667.98万美元，增长1.8%；进口2296.34万美元，增长4.3%；贸易顺差5371.64万美元。全年审批外资项目20个，增加10个；实现利用外资13000万美元，增长18.2%。全年引进内资项目21个，减少38个；实现利用内资29.0亿元。

交通、邮电、旅游　全年实现交通运输、仓储和邮政业增加值5.56亿元，增长4.7%。全社会货物周转量40.64亿吨公里。其中公路货物周转量40.61亿吨公里。全社会旅客周转量5.60亿人公里，下降2.8%。其中公路旅客周转量5.51亿人公里，下降2.8%。行政村客运班线通达率100%。

全年邮电业务总量4.39亿元，增长1.0%。其中，邮政业务总量0.84亿元，增长2.0%；电信业务总量3.55亿元，增长1.0%。全年发行报刊179.5万份、杂志15.93万份，邮寄包件461.2万件、函件145.8万件。年末固定电话用户4.83万户，普及率4.5户/百人；移动电话用户64.35万户，普及率60户/百人；互联网宽带用户数38.18万户，普及率35.6户/百人。

全年接待游客443.22万人次，增长28.3%；实现旅游总收入29.33亿元，增长39.4%。

固定资产投资和房地产　全年固定资产投资（不含农户）298.58亿元，增长15.1%。其中，第一产业投资36.78亿元，下降9.1%；第二产业投资91.6亿元，增长22.0%；第三产业投资170.2亿元，增长18.3%。在第二产业投资中，工业投资84.09亿元，增长23.8%。产业投资53.82亿元，占总投资比重18.0%。

全年房地产开发投资7.0亿元，增长55.4%，其中住宅投资增长64.85%。房屋新开工面积34.09万平方米，增长71.2%，其中住宅新开工面积28.37万平方米，增长102.4%。全县商品房销售面积36.64万平方米，下降6.5%，其中住宅销售面积34.18万平方米，下降3.3%。全县商品房销售额11.62亿元，增长3.2%，其中住宅销售额11.29亿元，增长8.6%。房地产开发企业土地购置面积8.36万平方米，增长179.3%。

金融保险　全县金融机构年末各项人民币存款余额357.49亿元，比年初增长13.1%。其中，住户存款余额277.89亿元，比年初增长9.5%。年末各项贷款余额113.30亿元，比年初增长11.5%。贷存比31.65%。

年末拥有各类保险机构20家，全年实现保费收入5.85亿元，增长27.2%。其中，寿险收入3.95亿元，增长25.2%；财产险收入1.90亿元，增长17.4%；健康险收入8657万元，增长68.0%；意外险收入1249万元，增长28.1%；农业保险收入6251万元，增长28.2%。各项保险业务支出2.80亿元，增长29.7%。

资源、环境和安全生产　年末县城污水处理率86.7%，农村垃圾集中处理率100%。空气质量达标率89.3%，地表水质达标率100%。森林资源蓄积量增长率4.3%，提高0.1个百分点。城镇建成区绿化覆盖率39.5%，提高1.4个百分点。单位GDP能耗（2010年不变价）0.39吨标准煤/万元，下降3.0%。

全年生产安全事故死亡人数9人，交通事故死亡人数13人。亿元GDP生产安全事故死亡率0.0259，群体性食品安全事故年报告发生数为零。刑事犯罪人数417人，检察机关立案的贪污贿赂、渎职案件人数6人。（刘小鲲）

【城乡建设】 2017年，县城西渡获评“全国卫生县城”“省级园林县城”，通过“全国文明县城”测评验收。蒸水风光带、清江大桥等重大城市建设项目加快推进。清风公园、半山公园、中心北路提质改造，蒸西大道、向阳南路绿化提质，财富游园、一中广场、清江北路(园区段)、岭园西路等项目全部完成。向阳北路路基、学前路路基修筑完成。启动曲兰船山文化小镇、库宗桥乡村旅游示范小镇等特色小镇的规划和建设。完成农村公路提质改造157公里、危桥改造23座，大安乡高速连接线大部分工程完成，金石公路、演方公路、渣盐公路和战备公路等项目全面启动，行政村实现村村通水泥路。打造金溪镇上峰村、库宗桥镇华山村等美丽乡村。（李仕喜）

【改革开放】 2017年，“互联网+政务服务”和全国基层政务公开标准化规范化试点工作全面推进。商事登记制度改革持续深化，企业“五证合一”升级为“多证合一”。城镇居民医保与农村合作医疗合并顺利完成。撤乡镇设街道改革全面启动，设立西渡、蒸阳、樟树3个街道办事处。完成乡镇教育管理体制改革，撤销乡镇中心学校，设立26个乡镇(园区)学区和教育督导责任区。界牌陶瓷工业园规划红线范围内7个行政村成建制移交并实行委托管理。行政执法“三项制度”试点工作和“12345”政府服务热线平台建设全面启动。巡察工作机制、监察体制改革和法院、检察院、司法体制改革顺利推进。农村土地承包经营权确权登记办证试点任务全部完成。全年共洽谈重大招商引资项目50余个，签约落地项目20个，合同引资突破100亿元。实际到位外资1.23亿美元，增长7.6%；实际到位内资26.6亿元，增长11.2%。（胡　祎）

【民生事业】 2017年，全县民生支出35.9亿元，占财政总支出的75.3%。省、市部署的11项14件重点民生实事项目全部完成。新增城镇就业7950人，失业人员再就业3317人，新增农村劳动力转移就业7300人。各项社会保险累计参保196万人次，征缴基金13.32亿元，支付待遇16.9亿元。发放城市低保资金900.23万元、农村低保资金4238.69万元、医疗救助资金1561.2万元。筹备成立残疾人福利基金会，募捐善款1200多万元。完成棚户区改造1111套、农村危旧房改造978户。顺利通过国家“义务教育发展基本均衡县”督导检查和省“教育两项督导评估验收”。推进城区义务教育阶段学校招生改革，城区“大班额”问题得到有效化解。2017年全县高考一本上线612人，二本上线2241人。城乡居民医保参保96.9万人，参合率95%，县中医医院、县妇幼保健院新院主体工程竣工。194个行政村完成农村宽带网络升级改造。渣江、石市等乡镇获评“乡音乡韵特色小镇”，曲兰镇被省文化厅评为省级“经典文化小镇”。（刘紫星）

县直机关单位副科实职以上干部、规模工业企业法人代表名录

中共衡阳县委员会

书　　记　曾　秀
副 书 记　孙鹏伟　蒋达宏
常　　委　曾　秀　孙鹏伟　蒋达宏　王苏龙
　　　　　阳旭辉　李世钧　肖正才　方云耕
　　　　　贺　畅　邹永焱　宋任飞
正县级干部　凌　英(—2017.8)
副 县 级　王　鹏　李绪国(—2017.6)

衡阳县人大常委会

主　　任　刘　健
副 主 任　彭家果　黄威虎　廖瑞荣　洪　勇
　　　　　张云芳
党组成员、原副主任　周良光　易成利
正县级干部　赵国运(—2017.6)

衡阳县人民政府

县　　长　孙鹏伟
常务副县长　王苏龙
副 县 长　范振华　周丽华
　　　　　罗小伟　王致伟
　　　　　蒋志勇(挂职)　唐仕海
　　　　　蒋立冬　易宏友(挂职)
　　　　　刘　芳(挂职)
原正县级干部　刘诗秋
县长助理　胡隆友
原副县级干部　李忠定　肖华东　旷　成
　　　　　王庸意　肖四军
副 县 级　赵伟民

政协衡阳县委员会

主　　席　杨秋良
副 主 席　凌奉云　凌晓林(兼)
　　　　　陈吉红　宁春生(兼)
　　　　　廖双九
正县级干部　梁祚华(—2017.8)
副 县 级　陈　罡
享受副处非领导职务“三项待遇”干部
　　　　　王仕朝(—2017.5)
　　　　　黄黎明(—2017.9)
　　　　　谭大鸣(—2017.11)
　　　　　刘善源(—2017.11)
　　　　　王小平(—2017.12)
　　　　　王运初　王振华　罗仕友　冯小华
　　　　　方云廷　罗友叶　汤寒梅　阳嫦娥

衡阳县人民武装部

部　　长　邹永焱
政　　委　邓志刚
副 部 长　蔡佳君
政工科长　彭　超
保障科长　王继阳

县纪委、监察局

纪委书记　李世钧
纪委副书记、监察局局长　朱　斌(—2017.12)
纪委副书记　阳武元　陶毅初
纪委常委　李　政　杨光辉　曾佑龙　王红梅
　　　　　徐明生

县纪委、监察委

纪委书记、监察委主任　李世钧(2017.12—)
纪委副书记、监察委副主任
　　　　　朱　斌(2017.12—)
　　　　　阳武元(2017.12—)
　　　　　陶毅初(2017.12—)
纪委常委、监察委委员　李　政(2017.12—)
　　　　　杨光辉(2017.12—)

王红梅(2017.12—)
纪 委 常 委　曾佑龙(2017.12—)
徐明生(2017.12—)
监察委委员　胡　滨(2017.12—)
吕　斌(2017.12—)
纪检监察干部监督室主任　刘亦闻
办公室主任　刘成初(2017.4—)
组织部部长　朱清霞(2017.9—)
宣传部负责人　唐旭波(2017.9—)
党风政风监督室主任　阳　磊(2017.4—)
信访室负责人　李　军(2017.9—)
案管室主任　王　平
案件审理室负责人　常丽华
第一纪检监察室主任　王　峰(2017.4—)
第二纪检监察室主任　肖建国(2017.9—)
第三纪检监察室主任　李知生(2017.4—)
第四纪检监察室主任　贺艳平
廉政建设教育中心主任　王　清(2017.4—)
财务监察所主任　李　琪(2017.4—)
驻县委办纪检监察组组长　蔡　良(2017.9—)
驻县委组织部纪检监察组组长
肖玄武(2017.9—)
驻县委宣传部纪检监察组组长
刘小兵(2017.9—)
驻县委统战部纪检监察组组长
张良君(2017.9—)
驻县委政法委纪检监察组组长
聂志龙(2017.9—)
驻县人大机关纪检监察组组长
陈积谷(2017.9—)
驻县政府办纪检监察组组长
唐谷生(2017.9—)
驻县政协机关纪检监察组组长
周治桂(2017.9—)
驻县公安局纪检监察组组长
王才清(2017.9—)
驻县农业局纪检监察组组长
吴亚平(2017.9—)
驻县卫计局纪检监察组组长
姜永国(2017.9—)
驻县教育局纪检监察组组长
冉效伟(2017.9—)
驻县国土资源局纪检监察组组长
詹　鑫(2017.9—)
协助驻县公安局纪检监察组组长工作
宁中华(2017.9—)
协助驻农业局纪检监察组组长工作
肖　杰(2017.9—)
协助驻卫计局纪检监察组组长工作
范伟亮(2017.9—)
协助驻县教育局纪检监察组组长工作
刘郁郁(2017.9—)

县委巡察办

主　　任　欧阳精华(2017.4—)
副 主 任　邱和平(2017.4—)

县委办公室

主　　任　宋任飞
常务副主任　李朝晖
副 主 任　黄明初　陈耀云(2017.4—)
徐拥军(—2017.4)
汪云葵(2017.4—)
纪 检 组 长　汪云葵(—2017.9)
正科实职干部　杨海云
副科实职干部　邓　玲(—2017.9)
祝　芳(2017.9—)
县委督办员　彭春晖
县委县政府督查室主任　陈耀云(—2017.4)
陈小平(2017.4—)
县委县政府督查室副主任　陈小平(—2017.4)
刘海涛(—2017.4)
陈鹏辉(2017.9—)
刘　裕(2017.9—)
县委深改办常务副主任　刘海涛(2017.4—)
县委深改办副主任　蒋　霁
县委政研室主任　朱晖日
县委政研室副主任　曹传银(2017.9—)
县委保密局局长　冯　华(—2017.9)
县委保密局副局长　邓　玲(2017.9—)

县委保密局副局长 阳丽华
县委秘书科科长 王 琼(2017.9—)
县委总值班室主任 黄昌华(2017.9—)
县委大院后勤服务中心主任 彭兴华

县委党史研究室

主　　任 汤志春(2017.9—)
副 主 任 谭明楚(—2017.9)
刘呈登(2017.9—)
罗 敏(2017.9—)

县接待处

主　　任 李海鹏
副 主 任 曾小小(2017.9—)

县档案局

党组书记、局长 蒋益忠
党组成员、纪检组长 刘郁郁(—2017.9)
党组成员、副局长 何 钦(2017.9—)

中共衡阳县委组织部

部　　长 阳旭辉
常务副部长 蒋小阳
副 部 长 彭先吐
屈晓棠("两新"工委书记)
刘炳辉(兼) 廖少华(兼)
县直工委书记 王振华
县直纪工委书记 蒋 亮
基层办主任 谭 潇(2017.9—)
基层办副主任 邹立志(2017.9—)
"两新"工委副书记 钟朝霞
党代表联络办主任 肖蓉蓉(2017.9—)
县直工委副书记 谢水林
县直工委副书记 易 毅
党员教育中心主任 刘景和

县编制委员会办公室

主　　任 李 林
副 主 任 张绍俊(—2017.9)
姚 伟 李先军(2017.9—)
黄正瑛(2017.9—)
纪检组长 李先军(—2017.9)
登记局局长 肖玉梅
信息中心主任 汤 琳

县委老干部局

局　　长 廖少华
副 局 长 廖兴跃(—2017.7)
陈溪雄(—2017.7)
刘庆平 陈建国(2017.9—)
龙朴建(2017.9—)
工会主席 吕阶秋(—2017.7)
关工委秘书长 龙朴建(—2017.7)
老干部活动中心主任 龙金生(—2017.9)
胡书冬(2017.9—)

县委党校

副 校 长 彭湘衡(正科实职、排第一)(2017.1—)
陈晓玲 成 钧(2017.9—)
纪检组长 刘继成(—2017.9)
教研科科长 李恒昌(—2017.9)

县总工会

主　　席 彭家果(2017.1—)
党组书记 罗义清(2017.1—)
党组成员、副主席 许持之(—2017.9)
党组成员、副主席 邹国政
副 主 席 李桂芝(2017.9—)
纪检组长 陈晓明(—2017.9)
经审委主任 阳松林(2017.9—)

共青团衡阳县委员会

副 书 记 胡列文(主持工作)
彭琳媛

县妇女联合会

党组书记、主席 欧阳红丽
党组成员、副主席 唐 欣(2017.9—)

毛　燕(2017.9—)

县科学技术协会

党组书记、主席　杨晓梅(—2017.1)
党组书记、主席　肖高峰(2017.1—)
党组成员、副主席　朱向文(—2017.9)
肖极至(2017.9—)
陈慈英(2017.9—)
秘书长　肖极至(—2017.9)

中共衡阳县委宣传部

部长　贺　畅
常务副部长　王小华
副部长　欧阳精华(—2017.4)
王溢珅(—2017.4)
唐春晖(2017.1—)
屈汉荣(兼,2017.9—)
纪检组长　刘小兵(2017.9—)
文明办主任　屈汉荣
文明办副主任　李　良
新闻办主任　欧阳精华(—2017.4)
刘魁春(2017.4—)
网管办主任　李　军(—2017.9)
申　羚(2017.9—)

县文联

党组书记、主席　王雁鸣
党组副书记、副主席　刘大章
党组成员、副主席　刘望春(2017.9—)

县文体广新局

局长　罗士夫(2017.1—)
党组书记　刘喻鸿(2017.1—)
党组副书记、副局长　黄　飞
副局长　王保国
党组成员、副局长　王其新
纪检组长　刘小兵(—2017.9)
党组成员、总工程师　刘　梦
文物管理局局长　李桂芝(—2017.9)
文化市场执法大队大队长　熊　群
全民健身服务中心主任　刘家文
文化馆馆长　王南山

县广播电视台

党组书记、台长　黄承慧
党组副书记、副台长　文柏春
党组成员、副台长　陈志臣(2017.9—)
党组成员、总编辑　李建华(2017.9—)
党组成员、副台长　周小平(2017.9—)
党组成员、纪检组长　曾宏斌(2017.9—)
党组成员、总工程师　王宏星(2017.9—)
党组成员　王意生(—2017.9)
网络公司总经理　王意生

县新华书店

经理　赵建华
副经理　方福顺(工会主席)
刘武陵　盛青松

中共衡阳县委统战部

部长　方云耕
常务副部长　屈荣新
副部长　廖志鹏(非公综合党委书记)(2017.1—)
李康政(2017.1—)
钱春帆
党外知识分子工作办主任　彭兴丹(2017.9—)

县台湾工作办公室

主任　凌　源
副主任　蒋爱民(2017.9—)

县工商业联合会

主席　宁春生
党组书记　方玉华(—2017.1)
廖志鹏(2017.1—)
党组成员、副主席　彭　娓
刘盛林(—2017.9)
副主席　聂艺芳(2017.9—)
非公综合党委副书记　聂红媛(2017.4—)

县归侨侨眷联合会

党组书记、主席　龙湘梅(2017.4—)
党组成员、副主席　贺剑勇(2017.9—)

县委政法委员会

书　　记　肖正才
常务副书记　庾仲春
副 书 记　彭兴胆(—2017.1)
副书记、综治办主任　杨朝辉(2017.4—)
副 书 记　黄　盛(2017.9—)
县委稳定办主任　唐明辉(2017.4—)
县委610办主任　廖红梅
县委610办副主任　刘周沐
国安办主任　蒋年辉(2017.9—)

县人民法院

党组书记、院长　谢云业
党组副书记、副院长　陈　波
　　　　　　　　　周　龙(2017.1—)
党组成员、副院长　李建平
专 职 审 委　彭先进　肖启生
政治部主任　谭　灿(2017.9—)
政治部教导员　朱彩军(2017.9—)
执行局局长　刘常林
执行局政委　陈小青(2017.9—)
法警大队大队长　凌晓林
法警大队政委　王　燕(2017.9—)
集兵法庭庭长　廖金华
长乐法庭庭长　胡青松
金溪法庭庭长　邹学响(2017.9—)
界牌法庭庭长　汪向东 (2017.9—)
渣江法庭庭长　李海防(2017.9—)
金兰法庭庭长　宁北军
洪市法庭庭长　彭平能

县人民检察院

党组书记、检察长　阳发云
党组副书记、副检察长　罗友顺
党组成员、副检察长　刘　青(2017.1—)
　　　　　　　　　段　盛　刘　军
　　　　　　　　　邓燕华(挂职,2017.1—)
原党组成员、纪检组长　凌　文(—2017.9)
正科级检察员　李建国(2017.1—)
　　　　　　　黄水晶(2017.1—)
　　　　　　　凌　文(2017.9—)
检委会专职委员　李建国　周健林
正科级检察员、政工科科长　刘光会(2017.1—)
反贪污贿赂局局长　胡　滨
反贪污贿赂局教导员　蒋福荣
反渎职侵权局局长　吕　斌
反渎职侵权局教导员　陈　健
职务犯罪预防局教导员　邓振波

县公安局

党委书记、局长　罗小伟
政委、党委副书记　李　忠
党委副书记、常务副局长　全小兵(2017.9—)
党委委员、副局长　阳荣华　谭勇军
　　　　　　　　　黄　均 (2017.9—)
指挥中心(办公室)主任　彭观新(2017.9—)
指挥中心(办公室)教导员　王朝晖
政工室主任　罗爱君(2017.9—)
政工室教导员　周志刚(2017.9—)
妇委会主任　周华丽
团 委 书 记　刘志明
法制大队主任　朱　乐(2017.9—)
法制大队教导员　胡亦清
国安大队大队长　唐　勇
国安大队教导员　蒋卫斌
督察大队大队长　蒋玉娟
禁毒大队大队长　肖　明
禁毒大队教导员　彭武克
情报信息中心主任　李海舰(2017.9—)
情报信息中心教导员　唐维伟
经侦大队大队长　阳常伟(2017.9—)
经侦大队教导员　王燎勇
警务保障室主任　邹高旺
警务保障室教导员　刘忠民
人口管理大队大队长　李　征
人口管理大队教导员　邓中华

刑侦大队大队长　曾正华(2017.9—)
刑侦大队教导员　张树生(2017.9—)
治安大队大队长　廖　政(2017.9—)
治安大队教导员　肖启昌
巡特警大队大队长　李晓军
巡特警大队教导员　唐春衡
网安大队大队长　李海飚(2017.9—)
网安大队教导员　洪丹丹
交警大队大队长　杨　猛(2017.9—)
交警大队教导员　刘春阳(2017.9—)
交警大队副大队长　黄　韬(2017.6—)
魏亚平(2017.6—)
刘雅生　易启佑
看守所所长　刘长春
看守所教导员　粟定荣
拘留所所长　段辉理
拘留所教导员　万春文
城东派出所所长　范　文(2017.9—)
城东派出所教导员　冯经山
城东派出所副所长　谭泽辉　宁远和　罗齐新
高新园区派出所所长　李　毅(2017.9—)
高新园区派出所教导员　杨新宇
高新园区派出所副所长　邓炎林　欧　辉
彭朝晖
城西派出所所长　罗　伟
城西派出所教导员　王世华
樟木派出所所长　蔡勇国
樟木派出所教导员　李俊荣
集兵派出所所长　刘长青
集兵派出所教导员　李建国
岣嵝派出所所长　刘联合
岣嵝派出所教导员　谭玉德
杉桥派出所所长　肖启才
杉桥派出所教导员　刘胜辉
樟树派出所所长　欧迪军
樟树派出所教导员　王国伟
岘山派出所所长　祝　健(2017.9—)
岘山派出所教导员　肖振宇
井头派出所所长　贺　俭(2017.9—)
井头派出所教导员　刘　晰(2017.9—)
关市派出所所长　申广生
关市派出所教导员　王　富
演陂派出所所长　刘向东(2017.9—)
演陂派出所教导员　刘兴发(2017.9—)
栏垅派出所所长　汪招成(2017.9—)
栏垅派出所教导员　仇金明(2017.9—)
库宗桥派出所所长　刘大建(2017.9—)
库宗桥派出所教导员　刘海军
金兰派出所所长　王　健(2017.9—)
金兰派出所教导员　陈　琼(2017.9—)
大安派出所所长　李　勇(2017.9—)
洪市派出所所长　廖海波(2017.9—)
洪市派出所教导员　苏衡军(2017.9—)
曲兰派出所所长　李晨旎(2017.9—)
金溪派出所所长　贺德军(2017.9—)
溪江派出所所长　曾志高
溪江派出所教导员　李小卫
界牌派出所所长　戴鸿文
界牌派出所教导员　金黎明
石市派出所所长　万　力
石市派出所教导员　彭　勇
渣江派出所所长　王　平(2017.9—)
渣江派出所教导员　邹　烨
三湖派出所所长　张志华(2017.9—)
三湖派出所教导员　何荣辉
台源派出所所长　陈　健
台源派出所教导员　刘海东
长安派出所教导员　凌锦琼(2017.9—)
泰清派出所教导员　旷　彪(2017.9—)

县司法局

党组书记、局长　李培运
党组成员、副局长　陈航一
邓冬梅(2017.9—)
副　局　长　杨小辉(2017.9—)
工 会 主 席　邓冬梅(—2017.9)
政工室主任　龙志强(2017.9—)
矫正局局长　胡春生(2017.9—)
公证处主任　万春华

县消防大队

大　队　长　曾高山

教　导　员　刘能斌

县人大机关

人大常委会党组成员、办公室主任　阳蔚文

财经委主任委员　吴永定

预算工委主任、财经委副主任委员　刘仲初

财经委副主任委员　曾平生

法制委主任委员　高　峰

法工委主任、法制委副主任委员　陈灿辉

法制委副主任委员　蒋晓秋

办公室副主任　刘建新(2017.9—)

内司工委主任　李　俊

内司工委副主任　冯　华(2017.9—)

教科文卫工委主任　陈　涛

教科文卫工委副主任　包　媛

农业与农村工委主任　周维龙

农业与农村工委副主任　王　韧

城环资工委主任　刘伍平

城环资工委副主任　刘集军

选举任免联络工委主任　冯拓远

选举任免联络工委副主任　谭素琴

研究室主任　魏书卯(2017.9—)

研究室副主任　龙佚波(2017.9—)

规范性文件备案审查室主任　左　玮

县人民政府办公室

县政府党组成员、政府办党组书记、主任

　　龙国华(2017.1—)

党组成员副主任　李正韬　肖桂军

　　邹铁合(2017.1—)

　　吕荫湘(2017.1—)

　　廖卯生(2017.1—)

　　唐冬至(2017.9—)

工 会 主 席　胡政华(—2017.7)

党 组 成 员　廖建新(—2017.7)

外侨办主任　屈　艳

政府督查室主任　刘晓林(—2017.3)

　　何　丹(2017.9—)

政府总值班室主任　彭仁生

政府应急办主任　凌均灵(—2017.9)

　　曾庆外(2017.9—)

民族宗教局局长　蒋仕均(—2017.9)

　　陈　军(2017.9—)

政府法制办主任　洪镇西

政府法制办副主任　汪本雨

优化办主任　凌均灵(2017.9—)

优化办副主任　杨艳辉(2017.9—)

　　仇　琼(2017.9—)

县地方志办

主　　　任　周海波

副　主　任　全铁志(—2017.9)

　　成素萍(2017.9—)

　　李彩红(2017.9—)

县人民防空办公室

主　　　任　贺小姣(2017.1—)

党 组 书 记　唐冬至(—2017.9)

　　陈毅峰(2017.9—)

党组成员、副主任　周少毅(2017.9—)

　　王　军

县金融办

党组书记、主任　刘晓林(2017.4—)

党组成员、副主任　肖敬峰　曾文仲

党组成员、纪检组长　蒋海波(2017.9—)

县矿管办

党组书记、主任　傅仁锋

党组成员、副主任　王自力　王阳春

党组成员、纪检组长　凌扩军

县信访局

党组书记、局长　吕荫湘(2017.1—)

党组副书记、副局长　李　磊

副　局　长　陈雪峰(2017.9—)

县电政办

党组书记、主任　王　欣
副　主　任　欧和平(2017.9—)
曾宏策(2017.9—)

县政务管理办

党组书记、主任　唐桂生(2017.1—)
党组成员、副主任　王　璠　刘卫源　席传细
党组成员、纪检组长　彭红旗(—2017.5)

县移民开发局

党组书记、局长　刘俊辉(2017.1—)
党组成员、副局长　廖　祎曾　杰(2017.9—)
刘健康(2017.7—)

县安监局

党组书记、局长　龙建斌
党组成员、副局长　王　贤　王益忠　罗建华
纪 检 组 长　李和生(—2017.9)
党组成员、总工程师　李和生(2017.9—)
行政执法大队大队长　唐联伍

县国土资源局

党组书记、局长　庾江荣
党组副书记、副局长　綦恒军(2017.11—)
党组成员、副局长　伍　明　曾汪洋(2017.11—)
党组成员、总工程师　王继红(2017.11—)
党组成员、执法大队大队长　王承运(2017.11—)
不动产登记中心主任　陈长江
不动产登记中心党支部书记　廖红胜
执法监察大队教导员　段保生(2017.11—)
西渡开发区分局局长　王　忠(2017.11—)
西渡开发区分局党支部书记
刘智勇(2017.11—)
土地储备中心主任　廖　力
土地储备中心党支部书记　罗雄辉(2017.11—)
土地矿产交易中心主任　王成福
土地矿产交易中心党支部书记　唐　萍
土地开发整理中心主任　刘　涛(2017.11—)
土地开发整理中心党支部书记　何亚军
界牌陶瓷工业园国土分局局长
刘双恒(2017.11—)
黄门寨地质公园管理处主任
杨小林(2017.11—)
黄门寨地质公园管理处党支部书记
李如春(2017.11—)

县审计局

党组书记、局长　段卫国(2017.1—)
党组副书记、副局长　谢理国
党组成员、副局长　廖秋生(—2017.9)
蒋政华　王东林(2017.9—)
党组成员、纪检组长　周克俭(—2017.9)
党组成员、工会主席　刘俊华(—2017.9)
党组成员、总审计师　周克俭(2017.9—)
经济责任审计中心主任　王东林(—2017.9)
龙　翔(2017.9—)
政府投资审计中心主任　彭　骅
经责办专职副主任　王　云(2017.9—)
县乡村审计中心主任　林才良(2017.9—)

县民政局

党组书记、局长　陈福生(2017.1—)
党组成员、副局长　彭宏明　周孝娥
熊知贵(2017.7—)
聂福军(2017.9—)
城乡会救助服务中心主任　胡小军
老年人服务中心主任　邬高平(2017.9—)
慈善总会办公室主任　贺江华
民间组织服务中心主任　凌生辉(2017.9—)
社会组织党工委副书记　蒋建华(2017.4—)
殡葬事业管理处主任　刘志斌(2017.9—)

县城乡投

党组书记、董事长　汪荣汉(2017.9—)
党组成员、总经理　凌受勤(2017.9—)
党组成员、副总经理　徐英华(2017.9—)
张　恒(—2017.9)
陈定初(2017.9—)

党组成员、纪检组长、副总经理
刘三元（2017.9—）

县残疾人联合会

党组书记、理事长　邱曙光(2017.1—)
党组副书记、副理事长　王成生
党组成员、副理事长　李新平

县扶贫开发办

主　　任　刘鸿雁(2017.6—)
副 主 任　龙志彪(2017.6—)
毛奇峰(2017.9—)

县红十字会

党组书记、会长　汤明亮
党组成员、副会长　龙章玲(2017.9—)

县政协机关

县政协党组成员、秘书长、办公室主任
周忠良(2017.1—)
提案委主任　易运初
财政经济委主任　刘中秋
人口资源环境和法制委主任　邓存良
教科文卫体委主任　陈利平
文史学习委主任　贺仕吉(2017.1—)
研究室副主任(主持工作)　旷　懿
办公室副主任　王小华
提案委副主任　续代辉
财政经济委副主任　曾　艳
人口资源环境和法制委副主任　刘　显
教科文卫体委副主任　周格芝

西渡高新技术产业园区

工委书记、主任　刘运文
工委副书记、副主任　陈新能(2017.9—)
工委委员、副主任　鄢明德　刘熙阳
刘清平(2017.9—)
刘小平(2017.9—)
工委委员、工会主席　王龙辉(2017.9—)
经技开发服务中心主任　谢湘俊(2017.9—)
企业党委副书记　龙香萍(2017.1—)
统计局局长　聂卫峰(2017.9—)
纪检监察室主任　阳常胜(2017.9—)
环境安全管理局局长　蒋仕均(2017.9—)
规划建设局局长　何　明(2017.9—)
财政分局局长　黄福春(2017.9—)
党政办公室主任　魏阿西(2017.9—)
招商经贸局局长　阳　陶(2017.9—)
经开投总经理　张　恒(2017.9—)
经开投监理会主席　冯淑玲(2017.9—)
经开投副总经理　易向群(2017.9—)
曾小红(2017.9—)
廖春龙(2017.9—)
李厚强(2017.9—)

界牌陶瓷工业园

工委副书记、管委会主任　邹连春
工 委 书 记　陈永旺(2017.1—)
工委副书记、副主任　彭有余(2017.9—)
工委委员、副主任　邓海群
冯文京(2017.9—)
工委委员、纪工委书记　李　波(2017.9—)

县财政局

党组书记、局长　王　强
党组副书记、副局长　刘卫国
党组成员、总会计师　胡平安(2017.9—)
党组成员、副局长　胡平安(—2017.9)
罗四清
蒋志龙(2017.9—)
党组成员、纪检组长　蒋志龙(—2017.9)
国库集中支付核算局局长　黄启胜
政府采购管理办公室主任　张华暾
非税资金服务中心主任　邹立星
乡财管理局局长　王成梁

县农业综合开发办公室

党组书记、主任　宁新忠(—2017.1)
欧阳友至(2017.1—)

党组副书记、副主任　张柏林
党组成员、副主任　江玉平
党组成员、纪检组长　麻小华
党组成员、副主任　李　凯(2017.9—)
总工程师　黄书炳(2017.9—)

县国家税务局

党组书记、局长　王一名
党组成员、副局长　易志平　贺　懿
　　　　　　　　　李朝晖　周小华
党组成员、纪检组长　范中华

县地方税务局

党组书记、局长　王　琼
党组副书记、副局长　戴名德
党组成员、副局长　朱为民　刘少衡
党组成员、纪检组长　蒋云航
工会主席　屈　曲

中国人民银行衡阳县支行

行　　长　陈晓伟
副 行 长　刘国生
纪检组长　廖建华

中国银行蒸泰支行

行　　长　吴岳新
副 行 长　吴　伟　王筑屏

中国工商银行县支行

行　　长　王文渊
副 行 长　周志强　刘平安

中国农业银行县支行

党委书记、行长　李孝古
党委委员、副行长　邓海平　张志珂
党委委员、纪委书记　凌晓贤

中国农业发展银行县支行

行　　长　李　桦

中国建设银行县支行

行　　长　蒋一波
副 行 长　邹展芳　邹永军
会计主管　陈岳平

衡州农商银行

党委书记、董事长　梁新斌
党委副书记、行长　陶利华
纪委书记、监事长　朱东锋
党委委员、副行长　刘洁华　朱军辉
行长助理　龙　辉

邮储银行县支行

行　　长　周　军
副 行 长　李　栋　肖朝晖

沪农商村镇银行

董 事 长　戴斌期
行　　长　谭　晶
副 行 长　蒋先军　夏小兰
首席风险官　周忠尚

中国人保财险衡阳支公司

经　　理　龙　杰
副 经 理　刘文忠　王茹生　刘　蔓
经理助理　李小军

中国人寿保险衡阳支公司

经　　理　阳　飞
副 经 理　欧阳晓洪(—2017.12)
　　　　　唐小飞（2017.12—）
　　　　　施波英（—2017.9）
　　　　　刘懿炎（2017.9—）

中华联合财险衡阳县支公司

经　　理　刘利飞
副 经 理　刘会意　刘桂香

县经济科技和信息化局

党组书记、局长　刘光长
党组副书记、总经济师　宋　珂(2017.9—)
党组成员、副局长　陈水良(2017.9—)
毛慕华(2017.9—)
肖　平(2017.9—)
电力执法大队大队长　刘晓明
地震局局长　彭衡燕(2017.9—)
工会主席　许　伟

县交通运输和旅游局

党组书记、局长　汪衡木(—2017.9)
祝中华(2017.9—)
党组副书记、副局长　刘向阳
党组成员、副局长　肖国阳
党组成员、纪检组长　聂中秋(—2017.9)
党组成员、工会主席　王荣华
党组成员、总工程师　曹龙成
道路运输管理所所长　蔡晓东
道路运输管理所副书记、副所长　贺华勇
交通工程质量与安全监督所所长　赵文剑
旅游服务中心主任　洪思薇
交通运输和旅游执法大队大队长　谢飞鸽
地方海事处主任　冯国平

县公路局

党组书记、局长　周在喜(2017.1—)
党组副书记、副局长　黄祥辉
党组成员、纪检组长　邓恩百
党组成员、副局长　祝艳丽(2017.9—)
肖中平(2017.9—)
公路养护大队大队长　陈　林

县邮政分公司

党委书记、总经理　肖永红
党委委员、副总经理　肖爱群　周　浩
副总经理　邹铁峰
党委委员　伍佑林　高　斌　蒋　菲

县电信公司

党委书记、总经理　周泽军(—2017.9)
李佳芹(2017.9—)
副总经理、纪委书记　刘建华(—2017.9)
朱泽峰(2017.9—)
副总经理、工会主席　颜恒志(—2017.3)
凌继君(2017.4—)

县移动公司

经　理　滕　卫
副经理　廖良才
经理助理　谢荣辉　龙　炜

县联通公司

总经理　许　勇

国网县供电公司

经　理　刘　锋
党委书记　罗卫华
副经理　雷湘军　曾斌峰　申　延
党委副书记　吴诗良

县农业局

党组书记、局长　黄明成
党组副书记、副局长　聂朝龙
党组成员、副局长　魏　彪
贺利民(—2017.9)
王佑堂(2017.9—)
党组成员、纪检组长　吴亚平(—2017.9)
党组成员、总农艺师　刘康星
党组成员、农办副主任　王双喜(2017.9—)
县域经济办主任　唐仕嫦
农业执法大队队长　粟　亮
种子服务中心主任　刘章生
农技推广中心主任　肖剑锋
农产品质检站站长　徐立群
农场服务中心主任　屈春志
农技服务中心主任　刘　葵
植保植检中心主任　罗宏东

耕地质量管理局局长　江　煜
农民教育办主任　龙金生

县林业局

党组书记、局长　刘载宋
党组成员、副局长　唐德保
刘华春(—2017.7)
刘水平(—2017.7)
周新永(2017.12—)
傅同生(2017.7—)
党组成员、纪检组长　宁中华(—2017.9)
党组成员、工会主席　傅同生(—2017.12)
党组成员　贺端寿(—2017.7)
党组成员、总工程师　刘向阳(2017.7—)
森林公安分局局长　郝江球(升格,2017.9—)
森林公安分局政委　聂卫平(—2017.9)
曾文斌(2017.9—)
森林公安分局副局长　唐儒明(2017.12—)
邹志坚(2017.9—)
林业产权管理中心主任　刘向阳(—2017.7)
贺治华(2017.9—)
林业执法大队大队长　王诗良
林业执法大队教导员　丁源生(—2017.9)
界牌陶瓷工业园林业分局局长
谢祥红(2017.9—)
岣嵝峰林场场长　佘安端
岣嵝峰林场支部书记　黄科华(2017.9—)
岣嵝峰林场副场长　何春林(—2017.9)
刘　骞(2017.9—)
罗冬良(2017.9—)
岣嵝峰林场纪检组长　邱国振(2017.9—)
岣嵝峰林场总工程师　屈时银(2017.9—)
城坪林场场长　段　芬
县苗圃主任　黄科华(—2017.9)
李万钧(2017.9—)

县水利局

党组书记、局长　李荣和
党组成员、副局长　李祖国(—2017.9)
肖启军
王振国(2017.9—)
胡义生(2017.9—)
总工程师　肖　杰
防汛抗旱指挥办主任　凌　界
水土保持站站长　魏文君
斜陂堰水库管理所所长　王大华
牛形山水库管理所所长
胡义生(2017.1—2017.8)
柿竹水库管理所所长　曾朝晖
城坪冲水库管理所所长　周文华
山峙门水库管理所所长　朱国军(2017.9—)
石狮堰水库管理所所长　彭秋华(2017.9—)
界牌电站站长　康伟华
台源水闸管理所所长　杨庆初
西渡水闸管理所所长　李清平
英陂水闸管理所所长　钟伟华
水政监察大队队长　汪新衡(2017.9—)
白石园水库管理所所长　刘义和
县水文局局长　廖政松

县畜牧水产局

党组书记、局长　王辉宇
党组副书记、副局长　陈吉斌(2017.1—)
党组成员、副局长　刘国军
党组成员、总畜牧师　刘吉荣(2017.9—)
党组成员、纪检组长　肖志坚
党组成员、副局长　王西成(2017.9—)
牲畜定点屠宰办主任　胡志华
动物疫病预防控制中心主任　贺东晖
种畜场场长　钟　磊

县农机局

党组书记、局长　邓玉增
党组成员、副局长　阳成忠(—2017.9)
刘琼林　王建新
党组成员、纪检组长　谭云霞
监理大队队长　黄春庚

县农村经营服务中心

党组书记、主任　许亚平

党组成员、副主任　徐甫生
邹建华(—2017.9)
汤显球(2017.9—)
党组成员、纪检组长　刘淑媛

县气象局

局　　长　王　巍
副 局 长　阳文亮
副局长兼纪检员　甘武阳

县能源办

党组书记、主任　李　智(2017.1—)
党组成员、纪检组长　李先觉
党组成员、副主任　黄德生　阳　华　王益冬

县烟办

党组书记、主任　刘小平(2017.1—)
党组副书记、副主任　蒋达告
党组成员、副主任　刘晓利
党组成员、纪检组长　刘明初

县商粮局

党组书记、局长　罗永忠(2017.1—)
党组副书记、副局长　王春生
党组成员、副局长　王诗德(—2017.9)
邹纯阳(—2017.9)
贺利民(2017.9—)
魏书健
胡振华(2017.9—)
吴黎明
陈水良(—2017.9)
刘景喜(—2017.9)
党组成员、工会主席　刘莅新
投资促进中心主任　刘玲玲
粮食储备中心主任　肖　航
商务和粮食执法大队队长　谭友平
食品工业办主任　李志军

县企业改制服务中心

党组书记、主任　龙平武
党组副书记、副主任　刘春林(2017.9—)
党组成员、副主任　王建华　刘向荣
刘建军　周建生
党组成员、纪检组长　陈丽云

县烟草专卖局(分公司)

党组书记、局长　尹湘宾
党组成员、副局长　刘月乃　刘国林　汪恒光

县供销合作社联合社

党委书记、理事会主任　刘　红
党委副书记、监事会主任　朱和顺
党委委员、监事会副主任　肖　军
党委委员、理事会副主任　杨荣政(2017.9—)
屈建辉(2017.9—)
唐　任(—2017.9)
党委委员、监事会副主任　彭冠军(—2017.9)

县市场服务中心

党组书记、主任　王孝平(2017.4—)
党组副书记、副主任　颜立峰
党组成员、副主任　傅夷平(2017.9—)
党组成员、纪检组长　陶见亮(2017.9—)
党组成员、副主任　刘　苗(2017.9—)

中国石化县石油公司

经　　理　李冬平
副 经 理　谢　振
经理助理　王晓东

县发展和改革局

党组书记、局长　廖明亮(2017.1—)
党组副书记、副局长　叶建华(—2017.9)
党组成员、副局长　刘　云　徐　斌
欧志华　蒋振兴
党组成员、纪检组长　刘景存(—2017.9)
党组成员、工会主席　阳文爱(—2017.9)
重点办主任　王佑龙

县人力资源和社会保障局

党组书记、局长　刘炳辉(2017.1—)
党组副书记、副局长　易承铁
党组成员、副局长　麻晓林
杨志恒(2017.9—)
杨卫国(—2017.9)
陈媛芝(—2017.9)
刘吉国(—2017.9)
党组成员、纪检组长　贺仕员(—2017.9)
党组成员、工会主席　李景峰(—2017.9)
党组成员、总经济师　刘春荣
工会主席　刘克勤
公务员管理办主任　谢　亮(2017.9—)
社会劳动保险所所长　张　健(2017.9—)
机关事业社保所所长　刘文武(2017.9—)
医保基金管理中心主任　罗　平(2017.9—)
失保中心主任　马剑武(2017.9—)
就业服务中心主任　刘桔林(2017.9—)
劳动保障监察大队大队长　凌　艳(2017.9—)
劳动保障监察大队支部书记
周佳平(2017.9—)
工伤保险基金管理中心主任
周小波(2017.9—)
城乡居民养老保险管理服务中心主任
贺炳友(2017.9—)
人力资源服务中心主任　艾　琳(2017.9—)
劳动人事争议仲裁院院长　蔡　利(2017.9—)
城乡居民医疗保险服务中心主任
邹运庚(2017.9—)
社会保险征收中心主任　邹艳舞(2017.9—)
社会保险征收中心支部书记
龙游洋(2017.9—)
湖南船山技校校长　周小华(2017.1—)
湖南船山技校副校长　阳美元
仇召清(2017.9—)
邹　标(2017.9—)
湖南船山技校纪检组长　凌晓晖(2017.9—)

县食品药品工商质量监督管理局

党组书记、局长　李小龙
党组副书记、副局长　颜其彪(—2017.9)
郭新生
党组成员、副局长　朱朝晖　刘湘华　唐　勇
石幼月　刘建华　旷正业
王永春　欧国华
副局长　李　瑶(2017.9—)

县统计局

党组书记、局长　解卫国
党组成员、副局长　成　钧(—2017.9)
胡振华(—2017.9)
邹纯阳(2017.9—)
党组成员、总统计师　罗芳芬(2017.9—)
副局长　刘灵芝(2017.9—)
经济社会调查队队长　刘庆良(2017.9—)
数据管理中心主任　汤红英(2017.9—)

县教育局

党委书记、局长　肖高登
党委副书记、副局长　蒋自强
党委委员、副局长　黄　前
副局长　蒋和平
党委委员、主任督学　李孝良
副主任督学　刘志强(2017.9—)
工会主席　肖启梁
招考办主任　刘懿群(2017.9—)
县一中校长　吴同春(2017.1—)
县一中总支书记　李新本(2017.1—)
县一中副校长　戴明安　肖永良
刘晓林(2017.9—)
赵力生(2017.9—)
县一中纪检组长　任贤鸽(2017.9—)
县二中总支书记、校长　李雄伟(2017.9—)
县二中总支副书记、副校长　涂宏平
县三中校长　周振华(2017.1—)
县三中总支书记　宋元东
县三中副校长　易志敏　王辉成　朱　燕
县三中纪检组长　徐招灵
县四中校长　陈英明(2017.1—)
县四中总支副书记、副校长　谢志刚

县五中校长　王　禹(2017.1—)
县五中总支副书记、副校长　朱顺利
县六中校长　易善忠(2017.1—)
县六中总支书记　谭兰桂(2017.4—)
县六中副校长　蒋青山　冯小亚
龙之洞(2017.9—)
县六中纪检组长　杜伍阳(2017.9—)
县职业中专校长　易积修(2017.1—)
县职业中专总支副书记、副校长
李秩生(2017.9—)
县职业中专副校长　邹顺意
罗礼德(2017.9—)
县职业中专纪检组长　周益东(2017.9—)
县教师进修学校校长　王利民
县教师进修学校总支副书记、副校长
戴明安(2017.9—)
县教师进修学校副校长　汪　磊(2017.9—)
县教师进修学校纪检组长　王文政(2017.9—)

县卫计局

党委书记、局长　谭爱平
党委副书记、副局长　刘展生
党委委员、副局长　陈连龙　李兴旺
常晓春(—2017.9)
彭太平(—2017.9)
冯国生(—2017.9)
凌　彬(—2017.9)
副　局　长　刘晓军
纪 检 组 长　姜永国(—2017.9)
工 会 主 席　祝巧英(—2017.9)
计生协会常务副会长　李兴旺(2017.9—)
计生协会专职副会长　杨　勍(2017.9—)
计生协会副会长　刘小青(2017.9—)
卫生计生综合执法局局长　杜勋喜
卫生计生综合执法局党支部书记
罗春耕(2017.9—)
流管站站长　邬新桥(2017.9—)
核算中心主任　肖　磊(2017.9—)
基层卫生财务集中核算中心党支部书记
祝平洋(2017.9—)
卫生计生培训中心主任　洪志军(2017.9—)
卫生计生培训中心党支部书记
杨　平(2017.9—)
爱国卫生技术服务中心主任
罗祎鑫(2017.9—)
卫生计生应急指挥中心主任
蒋柏森(2017.9—)
卫生计生应急指挥中心党支部书记
邹建团(2017.9—)
县人民医院院长　龙美咸
县人民医院副院长　王冬柏　刘　华　万石林
县人民医院总支副书记、工会主席　左震全
县人民医院总支副书记　刘俊峰
县中医医院院长　彭超群
县中医医院总支书记　祝　勇
县疾控中心主任、支部副书记　王树生
县疾控中心支部书记　何明亮(2017.9—)
县妇幼保健院院长　贺瑜玲
县妇幼保健院党支部书记　李小良(2017.9—)

县住房和城乡建设局

党组书记、局长　曾凡根(2017.1—)
党组副书记、副局长　谭和平　邹学初
党员成员、副局长　廖桂球　胡爱国
胡隆友　王　伟
刘小平(—2017.9)
党组成员、纪检组长　蔡　良(—2017.8)
党组成员、总工程师　肖绍能(—2017.4)
建筑设计院院长　方战初
建设安全质量管理站站长　朱清赞
自来水公司经理　胡振宇
城镇综合开发管理办主任　綦正元
房产市场交易中心主任　邓成生
住房保障中心主任　凌国庆
村镇建设办公室主任　易攀登
住房和城乡建设执法大队队长　易承令
住房和城乡建设执法大队教导员　王小杉

县城乡规划局

党组书记、局长　刘国平
党组成员、副局长　王建忠　欧阳孝能

党组成员、总工程师　周春梅
规划执法大队大队长　周灿辉
规划执法大队教导员　周衡新

县城市管理行政执法局

党委书记、局长　罗仕友
党委委员、副局长　肖启仕　欧鲁生
　　　　　　　　　谭　烨(2017.9—)
城建执法监察局局长　贺饶生
城管大队大队长　龙小军
园林处主任　胡建国(2017.9—)
环境卫生管理处主任　欧鲁生(兼)

市住房公积金管理中心衡阳县管理部

主　　任　龙立新
副 主 任　邓文广

县环境保护局

党组书记、局长　凌晓城
党组成员、副局长　黄才亮　唐正斌　谭卫楚
党组成员、总工程师　王高良(2017.7—)
环境监察大队大队长　马孔安
环境检测站站长　曾哲伟

县国资管理中心

党组书记、主任　欧阳忠球
党组成员、副主任　周衡辉　段昊良

中共党务

县委重要会议及重大活动

【县委经济工作会议】 2017年2月18日，中共衡阳县委经济工作会议召开。会议深入贯彻中央、省委、市委经济工作会议精神，总结2016年经济工作，分析当前经济形势，部署2017年经济工作，动员全县上下进一步解放思想，明确目标，加压奋进，推动县域经济跨越发展。县委书记曾秀出席会议并讲话。县委副书记、县长孙鹏伟作经济工作报告。县委副书记蒋达宏主持会议。县人大常委会主任刘健，县政协主席杨秋良出席。

县委常委、县委办主任宋任飞宣读县委、县政府2016年度对县直单位、乡镇及村(社区)的考核结果通报。县领导凌英、王苏龙、阳旭辉、李世钧、肖正才、方云耕、贺畅、邹永焱出席并在主席台就座。全体在职县级领导，享受副处级非领导职务"三项待遇"的干部参加会议。

曾秀指出，2016年是衡阳县发展史上极具挑战的一年，也是奋勇前进的一年。一年来，围绕"全面小康"，综合实力迈上崭新台阶；一年来，致力"提质提效"，转型升级迈出坚实步伐；一年来，突出"宜居宜业"，人居环境实现明显提质；一年来，努力"攻坚克难"，改革创新持续迸发活力；一年来，注重"共建共享"，民生改善紧贴群众需求。

曾秀指出，2017年，全县既面临复杂严峻的形势，也蕴含着更多的发展机遇和积极因素。全县经济工作的总体要求是：认真贯彻落实党的十八大和十八届三中、四中、五中、六中全会和省、市、县党代会精神以及中央、省委、市委经济工作会议精神，紧紧围绕"五位一体"总体布局和"四个全面"战略布局，坚持稳中求进工作总基调，牢固树立和贯彻落实新发展理念，适应把握引领经济发展新常态，坚持以提高发展质量和效益为中心，以推进供给侧结构性改革为主线，大力实施"生态立县、产业兴县、文化强县"三大战略，突出转型发展、城乡统筹、社会治理、党的建设四个重点，切实打造发展动力强劲的实力之县、县域特色突出的文化之县、山水灵气充盈的生态之县、幸福氛围浓厚的和谐之县，夺取全面建成小康社会新胜利，以优异成绩迎接党的十九大胜利召开。

曾秀在讲话中还提出了全年全县经济社会发展的主要预期目标：地区生产总值增长8.5%左右，一般公共预算收入增长7%以上，规模工业增加值增长7.5%左右，全社会固定资产投资增长15%左右，社会消费品零售总额增长12%左右，城乡居民人均可支配收入分别增长8.5%、9.2%左右，人口自然增长率控制在8.8‰以内，全面小康总体实现程度达90%以上，全面完成省市下达的节能减排、安全生产等约束性指标。

曾秀强调，要统筹兼顾，突出重点，切实抓好2017年六个方面的工作：一是坚定不移推动经济稳步增长；二是坚定不移全面深化改革；三是坚定不移发展壮大实体经济；四是坚定不移推进城乡一体化发展；五是坚定不移全面推进文化建设；六是坚定不移改善增进民生福祉。

孙鹏伟指出，做好今年经济工作，必须集中精力，抓住关键，把突出问题解决好，把重点工作落实好。具体而言，要全力以赴打好七大"攻坚战"。要积极争取项目，大力引进项目，加快建设项目，打好项目建设攻坚战；要重点抓好园区建设，打好园区建设攻坚战;要以推进供给侧结构性改革为主线,加速经济结构调整和增长方式转型,打好转型升级攻坚战;要加快县城扩容提质,打造特色小镇,建设美丽乡村,打好城乡建设攻坚战;要打造核心景区,建设精品景点,加强策划包装,打好文化旅游攻坚战;要治水、治山、治气,打好环境治理攻坚战;要打赢脱贫攻坚战役,兜住基本民生底线,推进社会民生项目,防范各类社会风险,打好民生改善攻坚战。

会议对获奖的村(社区)党组织书记进行了现场表彰。县四大家离退休老同志支部负责人,各乡镇党委书记、乡镇长、村(社区)支部书记,县直正科级单位主要负责人,县委督办员,县委办、县政府办班子成员参加会议。县派精准扶贫工作队队长,纳税 100 万元以上规模企业负责人列席会议。 (王 琼)

【县委第十二届委员会第二次全体(扩大)会议】 12 月 18 日上午,中国共产党衡阳县第十二届委员会第二次全体(扩大)会议召开。县委书记曾秀主持会议并代表县委常委会作工作报告。县委副书记、县长孙鹏伟作《关于认真学习宣传贯彻党的十九大精神的决定(讨论稿)》《关于全面实施“文化强县”战略的决定(讨论稿)》和《衡阳县撤并西渡镇、樟树乡、板市乡设立三个街道行政区划调整方案(讨论稿)》的起草情况说明。县委副书记蒋达宏,县人大常委会主任刘健,县政协主席杨秋良出席。

县委常委、县委组织部部长阳旭辉,县委常委、县纪委书记李世钧,县委常委、县委政法委书记肖正才,县委常委、县委宣传部部长贺畅,县委常委、县人武部部长邹永焱,县委常委、县委办主任宋任飞出席会议并在主席台就座。

该次全会应到县委委员 41 人,实到 38 人;应到县委候补委员 9 人,实到 8 人,符合法律规定人数。

曾秀代表衡阳县委常委会向全会作工作报告。曾秀指出,一年来,衡阳县委团结带领全县上下,认真贯彻落实中央、省委、市委的一系列决策部署,紧紧围绕全面建成小康社会总目标,大力实施“生态立县、产业兴县、文化强县”三大战略,经济社会发展呈现稳中有进、稳中向好、稳中趋优的良好态势。接着,曾秀还从突出迎接学习宣传贯彻十九大,发展氛围日益浓厚;突出稳中求进,综合实力不断增强;突出创新转型,发展动力加快转换;突出宜居宜业,城镇形象明显提升;突出生态建设,环境质量不断优化;突出改善民生,人民生活显著改善;突出激发活力,各项改革深入推进;突出文化建设,人文魅力更加彰显;突出综合治理,群众安全感稳步提升;突出从严治党,党的建设全面加强等十个方面,详细介绍了全县经济社会发展情况。

曾秀指出,明年全县工作的指导思想是:全面贯彻党的十九大精神,以习近平新时代中国特色社会主义思想为指导,认真落实中央和省委、市委决策部署,紧紧围绕“五位一体”总体布局和“四个全面”战略布局,坚持稳中求进工作总基调,牢固树立和贯彻落实新发展理念,适应把握引领经济发展新常态,坚持以提高发展质量和效益为中心,以推进供给侧结构性改革为主线,以提前全面建成小康社会为总目标,以改革创新和开放带动为驱动,大力实施“生态立县、产业兴县、文化强县”战略,突出转型发展、城乡统筹、社会治理、党的建设重点,切实打造发展动力强劲的实力之县、社会公平正义的法治之县、县域特色突出的文化之县、幸福氛围浓厚的和谐之县、山水灵气充盈的生态之县,奋力书写新时代的新篇章。2018 年的奋斗目标是:力争实现全县地区生产总值增长 8% 以上,一般公共预算收入增长 5% 左右,规模工业增加值增长 7.5% 以上,社会固定投资增长 14% 以上,社会消费品零售总额增长 10% 以上,城乡居民可支配收入分别增长 8.2%、8.5% 左右,人口自然增长率控制在 8‰以内,全面小康总体实现程度达 90% 以上。

曾秀强调,要实现上述目标,建设好实力、法治、文化、和谐、生态“五个衡阳县”,必须抓住关键环节,着力做好八个方面的工作。

——推进转型升级,着力构建现代产业体系。要推进传统实体经济转型,发展壮大新兴产业,注重帮扶培育企业,大力发展实体经济。要发展特色农业,完善农业基础设施,大力发展现代农业。要大力发展传统服务业,大力提速发展旅游业,大力培育金融服务业,大力发展服务业。要全力主攻重大项目,加大招商选资力度,加快推进园区建设,大力推动项目建设。

——全面深化改革,着力增强经济社会发展动能。要推进供给侧结构性改革,突出抓好去产能、去库存、去杠杆、降成本、补短板五大重点任务。要破除体制机制藩篱,深化"放管服"改革,推进监察体制改革等各项改革。要抓好贴近群众利益的改革,扎实推进县级公立医院综合改革和基层卫生体制改革,加快推进不动产统一登记制度改革。

——推进城乡统筹发展,着力提升新型城镇化水平。要推进旧城改造与提质,推进新城开发与建设,强化城市规范与管理,加快县城建设步伐。要提升集镇品位,优化村庄布局,完善农村公共服务设施,大力推进镇村建设。

——推进依法治县,着力加快民主法治建设进程。要夯实法治基础,坚持依法行政,切实加强人大工作,健全完善协商民主,巩固和发展最广泛的爱国统一战线,强化国防和后备力量建设。

——推进文化建设,着力繁荣社会主义文化。要加强对意识形态工作的领导,培育和践行社会主义核心价值观,提高人民思想道德水平,传承弘扬县域优秀传统文化,推动文化事业和文化产业发展。

——推进共建共享,着力提高人民群众幸福指数。要坚决打赢脱贫攻坚战,健全社会保障体系,办好人民满意教育,推进社会治理创新。

——推进绿色发展,着力建设生态美丽家园。要推动低碳绿色发展,加强生态保护和修复,突出环境问题整治。

——全面从严治党,着力提高党的建设水平。要加强党的政治建设,提升党员干部的政治站位。要加强干部队伍建设,打造干事创业的中坚团队。要加强基层组织建设,夯实坚强有力的执政基础。要加强反腐倡廉建设,营造风清气正的政治生态。

会议还组织与会人员进行了分组讨论。

不是县委委员、县委候补委员的在职县级领导,享受副处级非领导职务"三项待遇"的干部参加会议。县纪委委员,县委巡察办主任,县委巡察组组长,县委督办员,县委办、县委组织部、县委宣传部、县委统战部、县委政法委主要负责人,县委办、县政府办副主任,县委政研室主任,乡镇党委书记,县直有关单位党员主要负责同志,党组织关系在县的驻县单位主要负责人,部分党代表,部分党员代表,部分人大代表,部分政协委员,部分新社会阶层人士代表,相关工作人员列席会议。

(王 琼)

【县委常委会议】 1月9日,县委召开常委会议,县委书记曾秀主持会议。会议听取2017年重点工程项目建设计划汇报;听取2017年春节前"送温暖"走访慰问工作汇报;听取成立县委巡察机构相关工作汇报;传达省信访维稳安全工作会议精神;研究2016年度县委书记履行基层党建责任述职评议问题整改台账。

1月19日,县委召开常委会议,县委书记曾秀主持会议。县纪委汇报关于郑高生违纪行为处理意见;研究. 调整问题。

1月24日,县委召开常委会议,县委书记曾秀主持会议。传达省人大政协两会会议精神;传达中央、省市纪委全会会议精神,听取纪检工作汇报;传达中央宣传部"移风易俗·树立文明乡风"电视电话会议精神,听取我县开展工作汇报;听取县委经济工作会议筹备工作汇报。

2月13日,县委召开常委会议,县委书记曾秀主持会议。研究县委经济工作会议报告;听取考核工作汇报;听取县人大县政协工作汇报;听取有关干部人事工作汇报。

2月15日,县委召开常委会议,县委书记曾秀主持会议。听取2017年财政预算(草案)工作汇报;听取改制相关工作汇报;听取2017年固定资产投资计划和争项争资工作汇报;听取湘莲产业相关工作汇报;听取乡镇污水处理厂建设工作汇报。

3月1日,县委召开常委会议,县委书记曾秀主持会议。传达省市委组织部长工作会议精神,听取组织工作汇报;传达省市村(社区)"两委"换届选举工作会议精神，听取村（社区）“两委”换届选举工作汇报；传达省市委政法工作会议精神，听取政法工作汇报；听取信访稳定工作汇报。

3月8日，县委召开常委会议，县委书记曾秀主持会议。听取县人大县政协“两会”有关工作汇报；传达上级宣传思想工作会议精神，听取宣传思想工作汇报；传达上级统战工作会议精神，听取统战工作汇报；听取有关干部人事工作汇报。

4月6日，县委召开常委会议，县委书记曾秀主持会议。听取全县实施生态立县战略工作汇报；传达市委农村工作和电网改造会议精神，听取全县农业农村工作汇报；传达全市全面推行河长制工作会议精神，听取我县推行河长制相关工作汇报；听取关于办公室工作汇报；听取公车补贴发放工作汇报；传达省纪委领导在市县区纪委书记培训上的讲话，研究人事领域突出问题专项整治回头看工作方案；听取县政府关于交通基础设施融资工作汇报；传达全市禁毒工作会议精神，听取禁毒工作汇报。

4月10日，县委召开常委会议，县委书记曾秀主持会议。传达学习中办、国办关于领导干部个人有关事项两个文件精神；通报市纪委关于给予赵国运党内严重警告处分的决定；听取干部人事工作汇报。

4月21日，县委召开常委会议，县委书记曾秀主持会议。传达学习上级有关会议文件精神；听取脱贫攻坚工作有关情况汇报；听取环保工作有关情况汇报。

5月4日，县委召开常委会议，县委书记曾秀主持会议。信访维稳工作专题会议。

5月23日，县委召开常委会议，县委书记曾秀主持会议。听取脱贫攻坚集中整改工作汇报；听取县委深化改革工作汇报；听取县精神文明建设、“四城同创”工作汇报。

5月27日，县委召开常委会议，县委书记曾秀主持会议。听取防汛、安全生产工作汇报，传达市委市政府脱贫工作通报；听取卫生和计划生育工作汇报；听取农商行清欠工作汇报；听取财政工作情况汇报；听取纪检工作汇报。

6月18日，县委召开常委会议，县委书记曾秀主持会议。传达学习上级文件精神；听取干部人事工作汇报 。

6月29日，县委召开常委会议，县委书记曾秀主持会议。传达学习上级文件精神；听取信访工作汇报；听取“七一”庆祝表彰大会筹备工作情况汇报。

7月14日，县委召开常委会议，县委书记曾秀主持会议。听取政法工作情况汇报；听取民政工作相关情况汇报；听取小康工作汇报；听取纪检工作汇报；传达上级文件精神。

7月24日，县委召开常委会议，县委书记曾秀主持会议。组织观看专题片“将改革进行到底”并开展讨论；传达学习全省脱贫攻坚巡察整改工作会议精神；听取人事工作汇报。

8月4日，县委召开常委会议，县委书记曾秀主持会议。传达学习上级文件精神；听取乡镇教育管理体制改革工作汇报；听取关于县级融资平台公司管理工作情况汇报；听取“互联网+监督”平台建设工作汇报；听取衡阳县金融安全区创建工作汇报；听取审议《中共衡阳县人大常委会党组关于建立和完善审计查出问题整改情况向县人大常委会报告机制的意见（征求意见稿）》；听取2016年市对县目标管理绩效考核情况汇报。

8月23日，县委召开常委会议，县委书记曾秀主持会议。传达市委组织部会议精神；干部调整工作简要汇报；纪检体制改革工作简要汇报。

8月25日，县委召开常委会议，县委书记曾秀主持会议。关于县纪委派驻机构改革有关情况的汇报；干部调整工作有关情况汇报。

9月2日，县委召开常委会议，县委书记曾秀主持会议。学习传达上级文件精神；传达学习全市县处级领导班子思想政治建设工作座谈会精神；听取人事工作汇报。

9月7日，县委召开常委会议，县委书记曾秀主持会议。反馈县处级领导班子思想政治建设情况；传达学习上级文件精神；研究落实市委办《关于从严监督管理党员干部的十项措施》和《关于进一步规范和落实党内报告工作制度的意见》的实施意见；听取并审议《园区目标管理绩效考核实施方案》和《年度重要工作考核奖励办法》；听取上半年意识形态工作情况汇报；听取人事工作有关情况汇报。

9月11日,县委召开常委会议,县委书记曾秀主持会议。研究部署党的十九大期间安保维稳工作。

9月26日,县委召开常委会议,县委书记曾秀主持会议。传达学习王岐山赵乐际在湘调研和在巡察工作座谈会上的重要讲话精神和中央办公厅两个文件精神;传达学习习近平总书记在深度贫困地区脱贫攻坚座谈会上的讲话精神。

9月26日,县委召开常委会议,县委书记曾秀主持会议。传达学习"全市典型案例通报暨警示教育大会"会议精神;听取县总工会换届工作情况汇报。

9月29日,县委召开常委会议,县委书记曾秀主持会议。听取人事工作有关情况汇报;听取行政执法三项制度试点工作汇报;听取老干部工作情况汇报;听取全县农村综合公共服务中心建设情况汇报;听取信访维稳工作汇报;听取扶贫工作汇报;听取人事工作有关情况汇报。

10月11日,县委召开常委会议,县委书记曾秀主持会议。传达学习上级文件精神;传达学习全省巡视巡察工作电视电话会议精神;听取全县干部作风讲评大会筹备工作情况汇报;听取安全生产工作汇报。

10月28日,县委召开常委会议,县委书记曾秀主持会议。传达学习党的十九大精神;传达学习《衡阳市2017年度落实党风廉政建设党委主体责任检查考核方案》;听取2018年度党报党刊发行工作汇报;听取审议《党费使用安排方案》。

11月10日,县委召开常委会议,县委书记曾秀主持会议。研究审议《关于学习贯彻党的十九大精神宣传方案》;听取党史工作情况汇报;听取侨联换届工作情况汇报;研究审议《培养选拔党外领导干部工作规划(草案)》《关于进一步做好特约人员工作的实施意见》;听取党建工作情况汇报。

11月17日,县委召开常委会议,县委书记曾秀主持会议。研究监察体制改革试点工作。

11月28日,县委召开常委会议,县委书记曾秀主持会议。县委议军会议;传达学习全市经济形势分析暨重点项目建设调度会精神;传达贯彻全市群团改革工作座谈会精神;听取党的十九大精神宣讲及有关辅导读物工作汇报;听取人事工作情况汇报。

12月1日,县委召开常委会议,县委书记曾秀主持会议。研究监察体制改革试点工作;听取纪检工作有关情况汇报。

12月12日,县委召开常委会议,县委书记曾秀主持会议。传达学习市委全会会议精神和中办发电〔2017〕109号文件精神;研究审议十二届县委二次全会筹备方案、大会报告等;听取县人大十七届三次会议、县政协十届三次会议筹备工作汇报;听取撤乡镇设街道工作情况汇报;听取纪检工作情况汇报。

12月18日,县委召开常委会议,县委书记曾秀主持会议。听取干部人事工作汇报。

12月28日,县委召开常委会议,县委书记曾秀主持会议。传达学习中央、省委、市委经济工作会议精神;听取县委经济工作会议筹备工作汇报;研究审议人大政协两会工作报告;听取油茶产业发展工作汇报;听取人事工作情况汇报。

【学习宣传贯彻党的十九大精神】 县委把迎接党的十九大胜利召开摆在突出位置,牢牢把握正确的政治方向,高举旗帜、坚定信念,弘扬主旋律、传播正能量,为迎接党的十九大胜利召开营造浓厚的舆论氛围。扎实做好党的十九大主题宣传报道、十九大安保维稳等各项工作,深入组织开展系列迎十九大重大主题宣传活动,全面展示党的十八大以来全县在各条战线、各项事业中所取得的辉煌成就,不断壮大主流思想舆论。十九大胜利闭幕后,迅速组织召开全县领导干部会议,下发学习《通知》,对学习宣传贯彻工作作出全面部署,通过宣传宣讲、干部培训、开辟专题专栏等多种方式,扎实推动党的十九大精神进企业、进农村、进机关、进校园、进社区、进单位,在全县掀起学习宣传贯彻热潮,实现了党的十九大精神全覆盖。

10月31日,县委召开传达学习党的十九大精神大会。县委书记曾秀在会上传达了党的十九大精神。县委副书记、县长孙鹏伟主持大会。县政协主席杨秋良出席大会。县委常委、常务副县长王苏龙,县委常委、纪委书记李世钧,县委常委、政法委书记肖正才,县委常委、统战部长方云耕,县委常委、县委办主任宋任飞出席大会并在主席台就座。

曾秀从大会盛况、我省代表团参会情况、大会主要精神三个方面传达了党的十九大精神。他指出,党的十九大是在全面建成小康社会决胜阶段、中国特色社会主义进入新时代的关键时期召开的一次十分重要的大会,是一次不忘初心、牢记使命、高举旗帜、团结奋进的大会。习近平总书记所作的报告,为我们描绘了决胜全面建成小康社会、夺取新时代中国特色社会主义伟大胜利的宏伟蓝图,开启了全面建设社会主义现代化国家的新征程,振奋人心、令人鼓舞。

曾秀强调,认真学习宣传贯彻党的十九大精神,是我们当前和今后一个时期的首要政治任务。全县各级各部门要把学习宣传贯彻党的十九大精神摆在突出位置,精心组织、周密部署,以高度的思想自觉、政治自觉和行动自觉把大会精神学习好、宣传好、贯彻好。就如何学习宣传贯彻党的十九大精神,曾秀要求:要切实用党的十九大精神武装头脑,迅速掀起学习贯彻十九大精神热潮,自觉用十九大精神指导实践、推动工作。

曾秀要求,要把学习贯彻十九大精神与当前正在做的事情结合起来,快速推进脱贫攻坚工作任务全面完成。要切实维护社会安全稳定,持续抓好信访稳定、社会治安、安全生产、食品药品安全、舆论引导等工作,做到保稳定、护安全、促和谐。要全面部署"四冬"生产工作,确保完成全年农业农村多项工作目标任务。要科学谋划明年发展思路,围绕发展目标,细化任务分解,明确责任分工,层层贯彻落实,层层传导压力。要深入推进全面从严治党,部署开展"不忘初心、牢记使命"主题教育,深入开展巡察工作,着力推进干部作风转变,努力营造风清气正的政治生态。曾秀最后号召,各级各部门要更加紧密团结在以习近平同志为核心的党中央周围,不忘初心,牢记使命,撸起袖子加油干,担当作为谱新篇,奋力开创各项事业新局面!

孙鹏伟要求,全县各级各部门要精心组织,周密部署,迅速掀起学习宣传党的十九大精神的热潮,用大会的精神统一思想,凝聚共识,推动工作。要大力弘扬理论联系实际的学风,把党的十九大确定的新目标、新任务、新要求与我县实际结合起来,与各项具体工作结合起来,扎实推进当前各项工作,推动全县经济社会持续健康发展,以实际行动贯彻落实党的十九大精神。

全体在职的县级领导,享受副处级非领导职务"三项待遇"的干部,曾担任过正县级以上的老领导出席大会。各乡镇党委书记、乡镇长、人大主席、政协联工委主任、党委副书记和组织委员,县委督办员,县直单位、省市驻县有关单位副科实职以上领导干部参加会议。 (易先赞)

【实施"生态立县"战略动员大会】 2017年5月5日上午,全县实施"生态立县"战略动员大会在神龙多功能会议厅召开,县委书记曾秀、县委副书记蒋达宏出席会议并作了讲话。会议由县委常委、常务副县长王苏龙主持。会议的主要目的是深入贯彻中央、省、市关于生态文明建设有关精神,动员全县上下大力实施生态立县战略,切实加强生态保护与环境治理工作,加快推进我县生态文明建设。

县委副书记蒋达宏在会上强调,要以务求必胜的决心、求真务实的举措、强力有效的机制实施生态立县。实施生态立县是大势所趋,"生态立县、产业兴县、文化强县"是我县的三大战略,"生态立县"是三大战略之首。良好的生态环境是最普惠的民生福祉,还百姓一方碧水蓝天,留子孙一片青山沃土,是人民群众的热切期盼。

县委书记曾秀在会上指出,要充分认识到加快推进生态立县的重要性和紧迫性,切实增强责任感和使命感,要把生态立县当作一项政治任务来抓、当作一项发展任务来抓、当作一项民生工程来抓。要加强环境资源保护,大力推进环境综合整治,不断加快绿色发展步伐。要求各乡镇、各部门要进一步加强领导,强化责任,狠抓落实。把生态保护与环境治理工作列入全县主要工作考核和绩效考核的重要内容。对工作成绩突出的,将予以通报表杨。 (陈鹏飞)

县委及办公室2017年重要文件目录

表1

文件名称	文 号	发布机关
关于2017年度对乡镇实行目标管理绩效考核的意见	蒸发〔2017〕1号	县委、县政府
关于2017年度对县直和省市驻县单位实行目标管理绩效考核的意见	蒸发〔2017〕2号	县委、县政府
关于培养选拔党外领导干部的工作规划	蒸发〔2017〕3号	县委
关于进一步做好特约人员工作的实施意见	蒸发〔2017〕4号	县委
关于印发《衡阳县贯彻落实〈"健康中国2030"规划纲要〉实施意见》的通知	蒸发〔2017〕5号	县委、县政府
关于批准《中共衡阳县委关于召开常委班子民主生活会的方案》的请示	蒸委〔2017〕1号	县委
关于举办"2017中国·衡阳第六届油菜花节"暨"湖湘名人生态文化旅游节"活动的请示	蒸委〔2017〕2号	县委
关于建立意识形态工作联席会议制度的通知	蒸委〔2017〕3号	县委
关于成立县委巡察工作领导小组的通知	蒸委〔2017〕4号	县委
关于奖励优秀基层党组织、优秀共产党员、优秀党务工作者、优秀村党支部第一书记的决定	蒸委〔2017〕5号	县委
关于建议停止执行周海兵同志中共衡阳市第十一次代表大会代表职务的报告	蒸委〔2017〕6号	县委
关于成立中国共产党衡阳县离退休干部工作委员会的批复	蒸委〔2017〕7号	县委
关于停止执行汪衡木同志的中共衡阳县第十二次代表大会代表职务的决定	蒸委〔2017〕8号	县委
关于终止肖告生同志的中共衡阳县第十二次代表大会代表资格的决定	蒸委〔2017〕9号	县委
关于表彰2017年度全县老干部工作优秀党组织和优秀工作者的决定	蒸委〔2017〕10号	县委
关于成立中国共产党衡阳县离退休干部工作委员会的批复	蒸委〔2017〕11号	县委
关于认真学习宣传贯彻党的十九大精神的决定	蒸委〔2017〕12号	县委
中共衡阳县委十二届二次全体(扩大)会议关于衡阳县撤乡镇设街道区划调整的决议	蒸委〔2017〕13号	县委
曾秀同志在全县"两学一做"常态化制度化暨党建工作推进会上的讲话	县委通报〔2017〕第1期	县委
曾秀同志在全县传达学习党的十九大精神大会上的讲话	县委通报〔2017〕第2期	县委
曾秀同志在县委十二届二次全体(扩大)会议上的讲话	县委通报〔2017〕第3期	县委
县委议军会议纪要	常委会议纪要〔2017〕1号	县委
十二届县委第二十六次常委会关于老干部工作的会议纪要	常委会议纪要〔2017〕2号	县委
关于衡阳县关市镇万亩蔬菜基地项目建设相关工作	蒸委纪要〔2017〕1号	县委办
关于衡阳县金槐产业发展相关工作	蒸委纪要〔2017〕2号	县委办
关于明翰社区改造项目相关工作	蒸委纪要〔2017〕3号	县委办
关于船山西路衡阳县段后期管理相关工作	蒸委纪要〔2017〕4号	县委办
关于党校工作的会议纪要	蒸委纪要〔2017〕5号	县委办
关于船山西路衡阳县段绿化优化设计相关工作	蒸委纪要〔2017〕6号	县委办
脱贫攻坚工作书记办公会会议纪要	蒸委纪要〔2017〕7号	县委办
关于明翰社区棚户区改造项目房屋征收等相关工作	蒸委纪要〔2017〕8号	县委办

续表 1

文件名称	文　号	发布机关
关于陈习近信访问题处置专题会议纪要	蒸委纪要〔2017〕9 号	县委办
县委政协工作办公会议纪要	蒸委纪要〔2017〕10 号	县委办
印发《衡阳县纪检监察干部提名考察和任免实施意见（试行）》的通知	蒸办发〔2017〕1 号	县委办
关于印发《衡阳县村（社区）党组织和村（居）民委员会换届选举工作实施方案》的通知（秘密）	蒸办发〔2017〕2 号	县委办、县政府办
关于进一步加强全县网络舆情管理工作的通知（秘密）	蒸办发〔2017〕3 号	县委办、县政府办
关于印发《衡阳县美丽乡村建设实施方案》的通知	蒸办发〔2017〕4 号	县委办、县政府办
关于进一步加强会议统筹和改进会风的意见	蒸办发〔2017〕5 号	县委办、县政府办
印发《衡阳县“推动移风易俗 · 树立文明乡风”工作方案》的通知	蒸办发〔2017〕6 号	县委办、县政府办
印发《衡阳县生态立县战略总体实施方案》的通知	蒸办发〔2017〕7 号	县委办、县政府办
印发《衡阳县 2017 年重点民生实事项目实施意见》的通知	蒸办发〔2017〕8 号	县委办、县政府办
印发《衡阳县抓党建促脱贫攻坚工作实施方案》的通知	蒸办发〔2017〕9 号	县委办
关于印发《中共衡阳县委全面深化改革领导小组 2017 年工作要点》的通知（机密）	蒸办发〔2017〕10 号	县委办
关于印发《衡阳县脱贫攻坚问责办法（试行）》的通知	蒸办发〔2017〕11 号	县委办、县政府办
印发《衡阳县深化乡镇教育管理体制机制改革实施意见（试行）》的通知	蒸办发〔2017〕12 号	县委办、县政府办
印发《关于加强县纪委派驻机构建设的意见》的通知（机密）	蒸办发〔2017〕13 号	县委办
关于 2016 年度全县 32 项主要工作、重点项目建设和乡镇主要成果展示评分结果的通报	蒸办〔2017〕1 号	县委办、县政府办
转发《中共衡阳县委宣传部关于全县各单位党委（党组）中心组 2017 年理论学习专题安排意见》的通知	蒸办〔2017〕2 号	县委办
关于 2016 年度全县目标管理绩效考核和计划生育、社会治安综合治理、安全生产工作考核结果的通报	蒸办〔2017〕3 号	县委办、县政府办
关于做好 2017 年度全县主要工作的通知	蒸办〔2017〕4 号	县委办、县政府办
关于安排 2017 年度重点项目建设任务的通知	蒸办〔2017〕5 号	县委办、县政府办
关于 2016 年度党风廉政建设优秀单位及优秀纪检监察干部的通报	蒸办〔2017〕6 号	县委办
关于印发《衡阳县湘莲产业 2017 年开发实施方案》的通知	蒸办〔2017〕7 号	县委办、县政府办
关于印发《2017 年县级领导联系重点工业企业及工业企业问题交办工作考核方案》的通知	蒸办〔2017〕8 号	县委办、县政府办
关于通报 2016 年度推进新型工业化优秀企业的决定	蒸办〔2017〕9 号	县委办、县政府办
关于成立衡阳县脱贫攻坚指挥部的通知	蒸办〔2017〕10 号	县委办、县政府办
关于印发《2017 年企业改制的实施方案》的通知	蒸办〔2017〕11 号	县委办、县政府办
关于印发《衡阳县森林防火集中祭祀点建设工作方案》的通知	蒸办〔2017〕12 号	县委办、县政府办
关于 2016 年度全县社会治安综合治理工作考核情况的通报	蒸办〔2017〕13 号	县委办、县政府办
关于印发《2017 年衡阳县乡镇和县直及省、市驻县单位综治工作（平安建设）考评办法》的通知	蒸办〔2017〕14 号	县委办、县政府办
关于 2016 年度全县农业农村工作考核结果的通报	蒸办〔2017〕15 号	县委办、县政府办
印发《关于全面推行河长制的工作方案》的通知	蒸办〔2017〕16 号	县委办、县政府办
关于印发《衡阳县迎接中央环保督察工作的实施方案》的通知	蒸办〔2017〕17 号	县委办、县政府办
印发《关于在全县办公室系统开展“深入基层、调研献策”主题活动的实施方案》的通知	蒸办〔2017〕18 号	县委办、县政府办

续表1

文件名称	文　号	发布机关
关于印发《衡阳县2017年办公室工作考核方案》的通知	蒸办〔2017〕19号	县委办、县政府办
关于成立衡阳县大中型水库特困移民解困避险搬迁工作领导小组的通知	蒸办〔2017〕20号	县委办、县政府办
关于印发《衡阳县清收衡州农商行(原农村信用社)不良贷款工作方案》的通知	蒸办〔2017〕21号	县委办、县政府办
印发《衡阳县界牌陶瓷工业园规划红线内"行政村托管移交"工作方案》的通知	蒸办〔2017〕22号	县委办、县政府办
关于中共衡阳县委人口和计划生育领导小组更名为衡阳县卫生和计划生育领导小组的通知	蒸办〔2017〕23号	县委办、县政府办
关于调整衡阳县2017年度部分重点项目建设任务的通知	蒸办〔2017〕24号	县委办、县政府办
关于印发《衡阳县加快推进"互联网+监督"工作实施方案》的通知	蒸办〔2017〕25号	县委办、县政府办
关于印发《衡阳县创建金融安全区工作方案》的通知	蒸办〔2017〕26号	县委办、县政府办
转发《县人大常委会党组关于建立和完善审计查出问题整改情况向县人大常委会报告机制的意见》的通知	蒸办〔2017〕27号	县委办
关于成立衡阳县突出环境问题整改工作领导小组的通知	蒸办〔2017〕28号	县委办、县政府办
印发《衡阳县年度重要工作考核奖励办法》的通知	蒸办〔2017〕29号	县委办、县政府办
关于贯彻落实中共衡阳市委办公室《关于从严监督管理党员干部的十项措施》的实施办法(秘密)	蒸办〔2017〕30号	县委办
关于进一步规范和落实党内报告工作制度的实施意见(秘密)	蒸办〔2017〕31号	县委办
印发《衡阳县党的十九大安保维稳工作实施方案》的通知(机密)	蒸办〔2017〕32号	县委办、县政府办
关于印发《2017年度法治政府建设工作要点》的通知	蒸办〔2017〕33号	县委办、县政府办
关于调整衡阳县民族宗教工作领导小组的通知	蒸办〔2017〕34号	县委办、县政府办
印发《2017年度衡阳县园区目标管理绩效考核实施方案》的通知	蒸办〔2017〕35号	县委办、县政府办
关于印发《衡阳县2017年秋冬农业生产考核办法》的通知	蒸办〔2017〕36号	县委办、县政府办
关于调整衡阳县机关效能建设和优化经济发展环境领导小组成员的通知	蒸办〔2017〕37号	县委办、县政府办
印发《党的十九大精神学习宣传方案》的通知	蒸办〔2017〕38号	县委办
关于成立衡阳县深化监察体制改革试点工作小组的通知	蒸办〔2017〕39号	县委办
关于成立中共衡阳县委党史工作联络指导组的通知	蒸办〔2017〕40号	县委办
关于印发《衡阳县撤乡镇设街道区划调整工作方案》的通知	蒸办〔2017〕41号	县委办、县政府办

党务综合协调

【文字综合】 先后起草县委十二届二次全会、2017年县委经济工作会议、全市脱贫攻坚现场会等重大会议、重大活动材料180篇。起草领导署名文章7篇,其中被省市报刊杂志采用6篇。

【调查研究】 深入贯彻落实《关于在全市党委办公室系统继续开展"深入基层、调研献策"活动的通知》文件精神,围绕中心工作,突出重点、聚焦热点、对准焦点,在全县办公室系统广泛开展"深入基层、调研献策"活动,取得了一定成效。据统计,共收到调研报告70篇,内容涉及全面从严治党、全面深化改革、脱贫攻坚、旅游产业、城镇建设、生态环保等多个领域,其中全面从严治党方面9篇,经济社会发展方面46篇,重点工作方面15篇。

坚持以"深入基层、调研献策"活动为抓手,瞄准改革发展的难点、群众关注的热点、社会治理的盲点,积极开展调查研究,形成《关于加快衡阳县旅游产业发展的调研报告》《加强水资源管理,确保饮用水安全》《衡阳县老金溪商会扶贫调研报告》《衡阳县乡村农民建房的调研报告》等一批高质量、高价值、高水平的调研成果。

紧贴县情实际，抓好参政设谋，提出了城市建设“东扩、西提、南延、北拓”等高价值参考意见。

（易先赞）

【信息收集报送】 县委办信息科围绕中心、服务大局，切实做好信息收集报送工作，为领导掌握情况，科学决策提供了及时、全面、准确的信息。全年共编发《蒸阳信息》252 期、320 条、《要情汇报》46 期、51 条；上报省办、市办信息 371 条，其中被省委办公厅采用 32 条，被市委办公室采用 82 条，获省委、市委领导批示信息 2 次，进入各级党委决策圈 10 个。特别是学习贯彻十九大精神经验文稿得到省、市领导的高度肯定。在经验信息方面：采编的《衡阳县办活“三大课堂”深入学习宣传十九大精神》《衡阳县引导台胞台眷台商回乡践行十九大精神》等 5 篇关于学习贯彻十九大精神的经验信息被省委《湖南信息》《要情汇报》等刊物采用，并由省委办公厅推介上报到了中办秘书局。在问题建议类信息方面：撰写的《衡阳县乡村医生队伍建设情况的调查与思考》《当前教育扶贫存在三大问题》《农村留守儿童呈现“五化”新趋势》《政务 APP 和微信公众号泛滥》等信息及时向各级领导传递社情民意，进一步提升参政设谋水平。在紧急信息方面：坚持准确、及时的原则，做到了全县紧急信息随时发生随时收集，为领导科学决策提供有力依据，党委信息的“耳目”作用得到充分发挥。

（黄　振）

【督查督办】 立足“创新督查、较真督查、干净督查”，全面提升督查队伍“三服务”水平，确保全县政令畅通，力促各项工作落到实处。一是围绕中心，决策督查实现新跨越。全年开展大型决策督查 19 次，编写《督查通报》16 期。内容涉及县委经济工作会议贯彻落实、脱贫攻坚、村（社区）两委换届选举、信访维稳、森林防火集中祭祀点建设、绿化增量提质、湘莲产业、作风建设、教育收费、重点项目、行业扶贫、驻村帮扶等诸多方面。在督查中践行一线工作法，做到“四不两直”，通过真查实督，推进决策落实，凸显督查效果，树立督查权威，有力推动县委重大决策和重要工作的落实，打造督查队伍新形象。二是注重方法，专项查办取得新成效。办理各级领导批示件 214 件（其中市级领导同志批示件 10 件），编写《督查专报》12 期，批示件总体办结率为 99.4%。接待来访群众 190 余人次。根据专项查办件的轻重缓急明确办结时限，对重大要件由县委县政府督查室直接介入并下发《督办函》，下发《督办函》38 件。同时加大直接查办和回访复核的力度，做到“有批必办、有办必复、有违必究”，确保事事有着落、件件有回音。

（陈小平）

【绩效评估和目标管理考核】 按照“突出考核重点、明确考核主体、彰显考核公正、规范考核程序、注重考核结果”的总体要求，围绕全县中心工作，认真制订《2017 年目标管理绩效考核实施意见》《2017 年目标管理绩效考核评分标准》《衡阳县园区目标管理绩效考核实施方案》3 个主要考核文件，建立健全奖罚分明的激励机制。同时，建立健全常态考核方案，牵头起草《衡阳县年度重要工作考核奖励办法》，清收衡州农商银行不良贷款实行季度考核，小康建设、县级领导联系重点工业企业及工业企业问题交办、实施生态立县战略、“四城同创”、计划生育、安全生产、综治稳定、实行半年考核，年底召开全县 29 项主要工作、项目建设和乡镇主要工作成果展示巡回现场会，充分发挥考核的激励、导向、评估作用。（陈小平）

【值勤值班】 按照县委和办公室党组的要求，县委总值班室认真履行职能，发挥“窗口”作用，做好本职工作。全年接到乡镇、公安局 110 和安监局等各类信息 80 余条，与信息科紧密配合，正确无误处理。做好日常政务值班。一年 365 天，一天 24 个小时，全天候无间隙值班，上传下达各类通知 750 余个，办理明传电报 70 余个，基本上保证无差错。尽职尽责做好信访接待工作，接访来人来访 700 余次，其中集访 30 余次。（黄昌华）

【保密工作】 扎实推进“三合一”平台建设。根据市国家保密局衡政保〔2015〕1号文件精神，为加强对全市涉密计算机24小时监控管理，要求全县相关涉密单位涉密计算机按时入网与省局监控中心平台对接，实现省、市、县涉密计算机三级联控（简称“三合一”）。相关单位高度重视，密切配合，在全市率先完成涉密单位的“三合一”配备工作，确保相关涉密单位涉密计算机的防护设备落实到位，得到了市保密局领导的肯定。

中高考试卷保密工作圆满完成。2017年高考前夕，县保密局与教育局相关领导一起参与全县高考保密措施和突发事件预案的制定，对试卷保密室工作开展细致检查，对试卷交接手续、监控设备运行、值班人员安排、相关设备保障、安全隐患排查等保密项逐一严格把控，确保全县中高考试试卷保密工作不出纰漏，得到上级领导的充分肯定。

严格把关信息安全保密工作。根据保密部门的职能，县保密局对全县的信息安全保密实行严格监管，对衡阳县电子政务办和国税、财政的联网以及与政法委“两法”衔接系统等保密事项，坚决做到“两审、两隔离”，即审批涉密网络建设方案、审定涉密网使用的技术产品；对网络线路实现物理隔离、在终端上安装物理隔离卡，有效防止全县网上泄密事件的发生。（阳丽华）

【全面深化改革】 紧紧围绕中央、省委、市委的总体部署，坚持问题导向、目标导向、需求导向，以创新的思路、有力的举措、务实的作风，扎实推进各项改革工作在全县落地见效。一是规定改革不折不扣。出台《中共衡阳县委2017年全面深化改革工作要点》，确定33类、109项改革年度任务，推进三去一降一补、国企国资改革、“放管服”改革、投融资体制改革、农业与农村综合改革等改革事项不折不扣落实。二是试点改革创新创优。农村土地承包经营权确权登记颁证工作走在全省前列，其经验多次在省、市推介和作典型发言。在全省率先开展县级公立医院综合改革试点，初步建立医联体、专科联盟、远程医疗协作为载体的分级诊疗制度。积极推进基层政务公开标准化规范化试点改革，被确定为全国基层政务公开标准化规范化100个试点县之一，出台《衡阳县开展政务公开标准化规范化试点工作实施方案》，完成社会救助、社会保险、医疗卫生、涉农补贴、养老服务等五个方面政务公开事项梳理审核工作。三是自主改革有声有色。开展乡镇教育管理体制机制改革，印发《衡阳县深化乡镇教育管理体制机制改革实施意见（试行）》，构建责、权、利对等的管理模式，全面理顺了乡镇教育管理体制机制。积极推进农村警务制度改革，建立“4+X”警务机制，破解农村警务资源分散、紧缺的难题，提高农村地区治安防范和侦破水平。6月6日，省委常委、政法委书记、原公安厅长黄关春到县调研时，对该项改革给予了充分肯定，要求在全省推广。8月21日，《湖南日报》市州新闻版头条专题推介衡阳县的做法。积极推进园区管理体制改革，审议通过《关于改革园区管理体制加快园区转型升级创新发展的实施意见》，明确园区发展定位、大力推进体制机制创新、开放型经济发展和产业转型升级。市委、市政府主要领导在衡阳县园区调研时，对全县园区管理机制改革工作给予充分肯定。是年，县园区体制机制改革被评为全市十佳改革创新项目。（蒋　霁）

【生态文明建设】 县委、县政府高度重视生态文明建设，大力实施生态立县战略，努力打造农村环境综合整治升级版，在全市考评中夺冠。一是强化组织领导。出台《衡阳县生态立县战略总体实施方案》，成立由县委书记、县长总揽，县委专职副书记任组长的全县实施生态立县战略领导小组，加强对生态立县战略工作的组织领导和统筹协调，领导小组下设办公室，具体负责督查考核、综合协调等日常工作。各乡镇和县直责任部门也成立相应的工作机构，实行专班专抓。年内召开县委常委会和政府常务会进行专题研究。5月5日，召开全县性的动员大会专门安排部署，层层传导压力，在组织领导上做到高位推进、落实到位。二是强化工作责任。建立部门责任清单，坚持生态立县战略工作上下联动机制和领导干部任期生态文明建设责任制，实行党政同责、一岗双责、离任查责、终身追责，进一步压实工作责任。各责任单位对照各自的任务表，均制订了详细的工作方案，工作中坚持各司其职和协作配合，形成工作合力。各乡镇积极发挥主体作用，推动具体工作落到实处、见到实效。三是强化督查考核。把实施生态立县战略工作列入全县重要工作考核和绩效考核的重要内容。对涉及所有乡镇实施生态立县战略常态工作实行“一月一暗访、一季一考核通报、半年一讲评奖惩、年度总考评”机制；对涉及部分乡镇以及季节性强的工作实行单项考核排名，采取“一季一督查、半年一考核、年度总考评”的督查考核办法。通过严格督查、严格考核，推进了全县生态立县战略有效实施。

是年，随着“生态立县”战略持续实施，工作措施不断加强，工作力度不断加大，县域生态环境得到较大改善。一是环境治理更为有力。开展蒸水流域专项整治，打造安全饮水工程。投资 180 万元，购置打捞船 3 艘、巡查艇 1 艘，打捞水葫芦等水面漂浮物 5 万余吨；对“一区两园”加强工业企业污染治理，投入资金 5350 万元，建设水污染防治设备 100 余台（套）；建设年处理 4 万吨的县城污水处理厂，并配套建设纳污管网 97.8 千米；投资 400 余万元对全县 17 个 1000 人以上集中式饮用水源保护区设立标识标牌，对县城饮用水源保护区建立防护栏 8800 米及监控设备；投资1.29亿元，建设安全饮水工程 42 处；投资 76 万元建设 4 个农村生活污水处理示范工程，投资 1060 万元建设 27 个分散式污水处理系统和 19 个集中式污水处理系统。关闭湘江沿岸 500 米内养殖场 39 家，关闭蒸水、武水等流域禁养区内养殖场 18 家，建设规模养殖场污染防治设施 68 套，25 个乡镇建设医疗废水处理设施 15 套。大力推行“河长制”和“库长制”。中型水库和大部分的小型水库已禁止肥水养鱼，全县中小型水库已基本废除承包养殖合同，没有废除的均签订了水库生态养殖补充合同和水质保护责任状。对河流断面及中小型水库水质进行季度监测，作为乡镇考核依据之一。全面实施“大气污染防治行动计划”，县城燃煤锅炉基本取缔或改造。在今年的中央环保督察中，各职能部门积极行动，按行业逐一排查整治，拆除非法养殖场 41 家，拆除非法沙场 10 余家，捣毁其主要生产设备 20 余套，拆除非法砖瓦场 10 余家，责令 30 余家砖瓦厂停产整治，要求 37 家石材开采加工企业停产整治，拆除非法混凝土生产企业 8 家，责令停产整治 15 家。中央环保督察组交办的信访件 52 件，已全部办结。二是环保设施更趋完善。在提升监管能力方面投入 2000 余万元，建设县城空气自动监测站 1 座，采购空气监测及备用设备 2 套，建设联江自动监测站，投资 220 万元采购机动车尾气遥感检测车 1 台。每年专项列支 70 万元，用于购买环境合同服务，对全县环境质量进行全指标监测和评估。投资近 100 万元，添置环保监管装备，采购环保执法记录仪 24 台、对讲机 12 台。三是城乡环境更加优美。从 2016 年 1 月 1 日开始，对全县除竹林地和经济林地外的其他 175.6 万亩林地实行封山育林 10 年，并将封山育林区域除国家级和省级生态公益林外的其他林地纳入县级生态公益林管理。按照市委、市政府的统一部署，举全县之力扎实推进绿化增量提质工作。全县完成荒山造林 9 万亩，其中，裸露山地造林 1.2 万亩，油茶造林 0.4 万亩，金槐造林 0.6 万亩。在前三年完成全县所有通道绿化 3402 公里的基础上，实施通道绿化提质改造 1207 公里。完成村庄绿化 52 个。在台源镇扎实开展退耕还林还湿试点 336 亩。建立矿山修复机制，加强了界牌、关市、井头等矿区地质环境恢复治理，南岳自然保护区内衡阳县 4 个矿山复绿成效明显。森林防火体系进一步加强，通过“乡镇建设、政府奖补”的方式，已建成集中祭祀点 1000 处，以后逐年推进，最终实现全县坟山区域集中祭祀点建设全覆盖。整合一些项目和资金，开展乡村通道绿化、小城镇美化亮化等活动，集中打造一批美丽乡村示范点和示范片，一批“新农村建设示范村”通过全省验收授牌。全县主要交通干道沿线、集镇、主要河流水域基本上消除暴露垃圾，马路市场规范有序搬迁。

（陈鹏飞）

【办公室自身建设】　坚持以“两学一做”学习教育常态化制度化为抓手，先后组织县委办机关支部党员到界牌镇将军村工农革命军第七师革命遗址开展“不忘初心”主题党日活动和“不忘工作初心”主题党日活动座谈会，着力锻造一支“五个过硬”的干部队伍。

坚持德才兼备、以德为先选人用人标准，采取民主、公开、竞争、择优的方式从基层一线选拔4名优秀人员充实办公室队伍。

严格执行指纹打卡制度，弘扬“五加二”、“白加黑”忘我工作的优良传统，全室人员全年平均每人加班均在300小时以上，真正做到“召之即来、来之能战”，展现了“能吃苦、能战斗”的良好形象。

积极开展集中学习，先后组织党小组学习12次，系统地学习党的十九大报告、新《党章》、习近平总书记“7·26”重要讲话精神、习近平总书记“1·5”重要讲话精神等，提高了理论素养。

积极开展“讲党课”活动，县委常委、县委办主任带头示范，先后讲《铁帚扫弊，明镜正冠，重塑政治清明的生态环境》《常怀三心，方得始终》《争做四铁干部，锻造优秀团队》《党员干部要在脱贫攻坚中担当责任》等党课，进一步帮助党员干部树立正确的人生观、价值观、权力观。

积极组织干部职工开展志愿服务活动、工会活动和“宣传十九大、讴歌新时代、欢乐度新年”活动，丰富业余生活，加强队伍团结，增强战斗力。

（易先赞）

【接待工作】 以劳务派遣形式招聘优秀接待员，有效解决接待人员短缺的问题，要求所有一线接待人员统一着工作服，提升接待处整体形象；购买学习视频资料和书籍，组织全体同志钻研公务接待的理论知识和工作方法，全面掌握全县政治、经济、文化、人文、地理等方面的情况，注意掌握公务交往礼仪规范等方面的要求，不断提高综合素质和实际工作本领。

及时修改县情介绍内容，更新接待手册、席位卡等接待用品，把“蒸阳新貌”、全县旅游交通图等富有鲜明地方特色的图片印制在接待手册上；要求公务接待宾馆在菜肴方面经常推陈出新，并尽可能融入地方元素，积极挖掘地方特色菜品，如渣江土头碗、桔皮肉、霉豆渣等“土菜”，将台源蜜柚、莲蓬、洪市芝麻糖、荸荠、关市红薯干等带有地方特色的餐前“小碟”替代接待基地的味碟，让来宾真正感受到蒸阳风味；重新装潢中巴车，更换地板，添置药品、雨伞等随车用品，服务更加精细化。

县接待处出色完成国家、省、市来县检查调研，兄弟县市到县交流学习，招商引资到县考察等193批次1158人次公务接待工作。12月11日，市长郑建新到县征求市政府工作报告意见，对县接待处的接待工作给予了高度评价。（曾小小）

组织工作

【加强干部队伍建设】 扎实做好党的十九大及十八届六中全会精神集中轮训，举办科级干部集中轮训班和专题培训班6期。干部在线学习参学率、合格率均达到100%。为全面掌握县管领导班子运行情况，组成7个调研组对全县25个乡镇领导班子进行考察调研，给每个班子、每名领导干部精准“画像”。全县共调整配备县管领导干部5批659人次，各方反映良好。认真做好了国、省人大代表与政协委员人选推荐提名工作。同时，规范有序开展公务员、选调生招录，充分发挥科技特派员作用。从严加强干部日常监督管理，如期完成超职数配备的232名领导职数消化任务，对39个单位主要负责人开展经济责任审计，严格执行股级干部任免备案管理，规范科级领导干部出国（境）管理，推行领导干部家访、干部谈心谈话等工作制度，抓好巡察反馈问题的督促整改落实。开展全县干部人事档案审核集中整改工作，对全县科级干部、公务员、参公人员“三龄两历一身份”存疑信息进行了确认。

【履行基层党建责任】 村（社区）“两委”换届工作圆满成功，成为衡阳县历史上最规范、最彻底、最平稳的一次村（社区）“两委”换届。克服困难完成2016年46个村级服务平台建设的扫尾工作和2017年51个省定贫困村村级服务平台的新扩建任务。采取力争省市党费支持、县本级配套等方式筹措资金409万元解决部分党组织和党员困难。村级运转保障经费达到村均18万元，实现村干部基本报酬翻番，为全县村（社区）干部购买重大疾病及人身意外保险。在农村党员中推行无职党员设岗定责积分管理和流动党员管理群制度。在县直机关单位党员中开展到社区报到和社区先锋家园创建活动，构建“四位一体”网络责任区架构。推进“两新”组织“两个覆盖”，覆盖率双双超过80%，建成高标准的西渡高新园区党群活动服务中心。党组织生活专项检查、民主评议党员、双述双评、组织生活会、“五个日子”、党性教育“三员”等各项制度落实落地，各级基层党组织的组织生活得到进一步规范。加强远教站点设备更新和管理维护，积极推进“一网一云”工作，县选送的节目《中国梦》在全市首届优秀农民大学生评选汇报会上得到省市高度肯定。创新开展基层党建半年、全年督查讲评，扎实开展党组织书记党建述职考核评议。机关党建工作整体推进，全面理顺教育、卫计、农电系统的党组织隶属关系，在省市党建工作检查中取得较好成绩，荣获全市庆建党96周年、迎“七一”“真诚颂党恩”比赛活动第一名。

【紧贴中心主动作为】 按照“围绕扶贫抓党建、抓好党建促脱贫”的工作理念，充分发挥组织部门职能作用，有效推动了基层党建与脱贫攻坚深度融合、同步推进。全面开展党代表联系贫困户、组织省市党代表进社区开展“三联一帮”活动。创新性成立党建扶贫党支部，充分发挥党组织在驻村工作队的主心骨作用，出台《衡阳县加强驻村工作队员管理暂行办法》，成立县级层面的驻村队员管理办公室加强队员考核管理。大力发展村级集体经济，推行“支部＋合作社＋基地＋农户”模式，因地制宜发展特色种植养殖产业。整顿转化软弱涣散贫困村党组织46个，激励74名贫困村党员“乡贤”回乡创业。积极实施“领头雁”工程，对扶贫工作队员、第一书记、贫困村党组织书记和部分党员群众分期分批进行集中培训。对有一定致富能力的党员设岗定责，明确帮扶对象，签订帮扶协议和书面承诺。组织县直相关部门开展“送学下乡”活动，做到每户贫困户至少有1人掌握1门以上实用技术。人才工作对全县经济社会发展大局作用凸显，招聘事业单位工作人员667人，招聘规模属全市之最，整个过程平稳有序，社会各方反响良好，其中县属高中引进高学历高职称专业人才12人。

【做好老干部工作】 成立离退休干部工委，老干部工作富有成效，得到省委组织部、省委老干部局高度肯定，西渡镇明翰社区离退休干部拓展型党支部建设在全国老干部工作会议上作典型推介，曲兰镇离退休干部党支部被评为省示范离退休干部党支部。

【加强自身建设】 在村（社区）“两委”换届、脱贫攻坚等艰难繁重的中心工作中，全县绝大多数的组工干部展示出良好的政治素质、严谨的工作作风、出色的业务能力、强烈的争先意识，圆满完成各项工作任务。认真落实省委组织部出台的《加强全省各级组织部门部务会自身建设的意见》《加强全省组工干部队伍建设的意见》，开展“干部成长感恩谁”讨论活动，努力在加强机关党的建设、抓好自身干部选任、建设合格组工队伍等方面走在前列、作出表率，树立“四个过硬”良好形象。

（蒋 亮）

宣传工作

【理论学习】 制定出台《中共衡阳县委意识形态工作责任制联席会议制度》。与各乡镇党委书记、县直各单位主要负责人在全县党务工作会议上签订意识形态责任书。每季度由县委宣传部牵头召开一次意识形态领域分析研判会，及时掌握和分析全县意识形态领域基本动态、总体趋势以及存在的倾向性苗头性问题，确保全县意识形态领域安全。

紧密联系全县实际，出台《关于全县各单位党委（党组）中心组2017年理论学习专题安排意见》，为各乡镇、各单位党委（党组）中心组学习提供理论学习参考；全年组织县委中心组（扩大）集中学习9场次。2月23日，邀请中央党校党建部副教授王懂棋作学习贯彻党的十八届六中全会精神，全面推进从严治党的专题辅导报告。4月18

日，邀请中国人民银行衡阳市中心支行党委书记、行长杜文为县委中心组成员作题为《对补齐衡阳县金融短板的思考》的专题讲座。5月4日，深入学习传达4月24日召开的中央第六环境保护督察组督察湖南工作动员会上的讲话精神。6月6日，邀请中南大学教授、博士生导师颜爱民以《中华文化的根基与自信》为主题的国学辅导课，为参学人员提供了一顿丰盛的国学文化大餐。6月30日，县委书记曾秀为全体与会党员上了一堂以《夯实党建基础、提升执政能力、努力开创我县基层党建工作新局面》为题的专题党课。7月13日，邀请省卫生计生委基层指导处长罗辉就人口计生政策理论展开专题学习。10月13日，分别听取学习了脱贫攻坚与"砥砺奋进的五年"形势报告两个讲座。12月6日，市委宣讲团成员、县委书记曾秀为全县领导干部宣讲十九大精神。编辑发放每月48期《学习快读》，做好向全县党员干部推荐学习书目工作，为全县领导干部学习提供参考资料。

【理论宣讲】 制定出台《关于在全县组织开展党的十九大精神集中宣讲工作的通知》，组建宣讲团，深入全县各乡镇、各单位宣讲十九大精神，开展专题报告会200余场，创新开展基层党委（党组）中心组学习巡听活动，全年开展巡听活动100余场，收到良好的学习效果。

参加全市2017年度"好声音讲坛讲话精神进基层"百姓微宣讲大赛，县推荐的选手柏灿璨以95.2分的成绩夺得桂冠。市委常委、宣传部长刘丽华出席活动并为冠军颁奖。

【新闻宣传】 全年在省级以上上稿600多条（篇），其中中央级媒体上稿达182条（篇），新华社每日电讯头版1个、图片2个，经济日报1个，光明日报头版图片1个，湖南日报头版头条1个，市州版头版8个，新闻外宣工作居全市各县市区之首。

在市级以上党报党刊党网开设的"党的十九大"专栏专题上，推出报道、评论和学习心得256篇。在《湘声报》《衡阳日报》《衡阳晚报》推出3个通版，图文并茂宣传衡阳县十八大以来的光辉成就，引起强大反响。县电视台、县新闻网、县手机报、县官方微信精心制作"砥砺奋进的五年"宣传片头，开辟专栏，大力宣传中共十八大以来县域经济社会发展所取得的成就，为全县实现经济社会跨跃式发展营造浓厚舆论氛围。

在《衡阳日报》《衡阳晚报》推出多个专版，详细介绍衡阳县油菜花节的精彩细节。邀请中央电视台、《湖南日报》《湖南卫视》《湖南经视》《衡阳日报》、衡阳电视台等主流媒体现场进行报道。中央电视台为全国两会开幕式直播前2分钟，播发了衡阳县利用油菜花开发旅游情况。

组织脱贫攻坚主题宣传，在《经济日报》推出头版1个、专版1个，其他稿件1个，中国经济网稿件9个。同时在《湖南日报》、湖南卫视、湖南经视先后推出水口村扶贫、扶贫书记范忠德、关市萝卜大户等扶贫稿件8篇，很好地宣传了衡阳县的脱贫攻坚。《衡阳日报》推出溪江乡九峰山村、岣嵝乡环洞村两个脱贫攻坚专版，以典型的角度宣传衡阳县的脱贫攻坚工作。

开展迎环保督查主题宣传。先后在《湖南日报》、湖南卫视、湖南经视推出《衡阳县开展环保"利剑行动"》《多部门联合整改环保问题猪场》《50米暗管偷排废水，养殖场负责人被拘留》等稿件，从政策的角度、法律的层面报道环保督查，对环境污染者起到了很好的震慑作用，为"生态立县"营造很好的舆论氛围。

开展"产业兴县"主题宣传。为加强产业兴县宣传，组织媒体对经济建设工作中的新典型、新经验进行重点报道和关注。4月19日，对全县20个重点项目开工，在《湖南日报》、新湖南、红网、《衡阳日报》、衡阳电视台报道。

衡阳县手机报共编发手机报246期，增刊两期，组织、采编稿件2080篇，刊发专栏、公示通告等其它信息200余篇，在衡阳市推送外宣稿件30余篇。启动《红网衡阳县手机报》扩面工作。扩面范围为：全县在职公职人员、农村共产党员、离退休干部职工、村组干部、"两代表一委员"。扩面方式为：订阅及赠阅两种形式。订阅对象主要是各乡镇，县直各机关单位全体在职公职人员，为单位公费订阅。赠阅对象主要是，农村共产党员、村组干部,机关事业单位离退休干部职工等,费用为县财政集中采购。

在县新闻网发布各类信息2387条。向全国各大型新闻网站推稿227条,采用近128条,其中中央级媒体50多条。全年制作宣传衡阳县的微电影或视频13个,如贫困村的笑声;第六届油菜花节2月26日开幕;衡阳赶二八:乡村流传下来的"农博会";百年"火灯节"等。据全国统计权威网站CNZZ.COM第三方统计,2017年1月1日到12月26日全站系统共被访问833066次,比上年增加11.8%,独立访问为343367次、比上年增加28%。

衡阳县2017年在中央、省市新闻媒体刊用的部分新闻条目一览表

表2

刊用新闻媒体	新　闻　标　题
《光明网》	元旦衡阳"80"萌妈开奔驰车忙送鸡蛋
《中国网》	衡阳县开展全县药械化 不良反应监测专题培训
《光明网》	湖南衡阳"三下乡"启动,核心价值观日历"抢手"
《新华每日电讯》	为官要学彭玉麟
《中国网》	船山故里的教育"窗口"
《光明网》	湖南衡阳县政府机关春节免费为市民停车获赞声一片
《中国网》	衡阳县库宗桥镇村干部春节放弃休假坚守岗位
《光明网》	湖南衡阳:"立春"节气 油菜花悄然绽放迎新春
《光明网》	湖南衡阳:万亩蔬菜基地春节生产忙
《光明日报》	免费午餐温暖山里娃
《新华社》	多彩民俗庆元宵
《人民日报》	衡阳上演油菜花田旗袍秀
《新华社》	航拍:花海春意浓 油菜花开游客来
《中国网》	"以花为媒以节会友以旅惠农"衡阳县第六届油菜花节开幕
《新华社客户端》	火龙火灯闹界牌
《中国网》	湖南衡阳县多地发生山体滑坡灾害,1.2万人受灾
《光明网》	湖南衡阳:农民忙春播
《中国网》	湖南衡阳县尘封十年的抢劫杀人案正式宣布告破
《光明网》	湖南衡阳:种植大户迷上植保无人机
《经济日报》	三月芳菲始,踏青赏花时
《中国网》	记衡阳县岘山镇檀山完小邓朝晖老师
《光明网》	湖南衡阳:清明不能忘却的祭奠 向英雄献花
《新华每日电讯》	"机器种田":田野上演机器总动员
《新华社客户端》	清明小长假湖南省衡阳县诚邀企业家"返乡创业"
《新华社客户端》	湖南省衡阳县镇村干部党员带头捋袖义务献血

续表2

刊用新闻媒体	新闻标题
《中国网》	芳华尽染铸师魂
《中国网》	湖南:衡阳县委巡察办正式成立
《光明网》	湖南衡阳县诵读经典迎接“世界读书日”
《光明网》	湖南衡阳开展“五四”主题活动 传承“五四”精神
《中国网》	湖南省衡阳县:精准扶贫助力山区教学点均衡发展
《新华社》	立夏到、农事忙、衡阳县田间地头一派繁忙
《新华社客户端》	湖南衡阳早稻生产忙
《中国经济网》	依托大南岳景区,助推将军村发展旅游产业
《经济日报》	不通变三通 富民产业兴
《新华社》	大地之“心”
《经济日报》	将军村修通致富路
《中国网》	湖南衡阳县库宗桥镇:一户一策扶贫发力
《中国广播网》	湖南衡阳农发行:真金白银助力脱贫攻坚
《光明网》	湖南衡阳:家门口打工忙
《中国经济网》	衡阳“愚公”开山路
《新华社客户端》	衡阳县一医生扎根乡村35年做村民最信赖的人
《光明网》	湖南衡阳:万亩荷花开 引得游客来
《光明网》	湖南衡阳:夏至公园秀瑜伽
《中国经济网》	郑建新深入衡阳县将军村调研精准扶贫工作
《中国网》	湖南:衡阳县武术协会暨新文武道馆揭牌
《东方网》	衡阳县“欢乐潇湘·蒸阳文化讲坛”公益文化活动举行
《光明网》	湖南衡阳:盛夏山村田园美如画
《新华社》	“黄手环”为老人回家搭起爱的桥梁
《光明网》	湖南衡阳:6旬老人传承传统酿酒工艺40年
《中国网》	湖南省衡阳县地方税务局扶贫工作纪实
《新华社》	船山文化夏令营让孩子感受传统文化魅力
《新华社》	衡阳县学习宣传贯彻落实党的十九大精神
《新华社》	重阳节志愿者为老人免费发放智能防走失定位贴
《光明网》	湖南衡阳两个好媳妇13年如一日照顾瘫痪公公
《光明网》	“太阳”照亮了湖南衡阳山村里的脱贫路
《新华社》	冬种油菜,春收美景

续表 2

刊用新闻媒体	新 闻 标 题
《新华社》	稻草变废为宝 农民增收
《光明网》	山村红叶美如画
《人民网》	飞阅深秋 山村红叶美如画
《新华社》	坚守乡村 29 年 因为热爱依然坚守
《中国渔业报》	“甲鱼王子”带起一个甲鱼养殖村
《光明网》	传承华夏文明 中华经典诵读
《人民网》	衡阳县西渡镇梅花村千亩稻浪飘香
《新华社》	一个产粮大县的农业机械化变革见闻
《央视网》	3300 亩白萝卜喜获丰收 开采场面似“阅兵”
《中国蔬菜网》	衡阳县蔬菜基地获丰收 贫困户来“拔穷根”
《中国农业机械网》	湖南衡阳组织召开无人植保机飞防经验交流会
《红网》	衡阳县最大的农贸市场揭牌开业
《湖南日报》	“有家的感觉真好”
《红网》	衡阳县 4292 万元精准资助贫困生 5.6 万人次
《湖南日报》	王船山:“六经责我开生面”
《湖南日报》	衡阳县:实施“生态立县”建设秀美家园
《红网》	衡阳县政府机关春节期间免费为市民停车
《湖南日报》	蒸水扬帆正当时——衡阳县经济社会发展回眸与展望
《湖南卫视》	院落免费泊车获老乡点赞
《湖南日报》	盼望早日搬新房
《红网》	衡阳县“春风行动”大型招聘会举行提供 1200 个就业岗位
《湖南经视》	衡阳:67 岁老人深山失联衡邵两地联合搜救
《湖南日报》	免费午餐温暖山里娃
《湖南日报》	衡阳县公安“卫士之光”百日竞赛战果丰硕
《湖南日报》	“界牌陶瓷”重返“舞台”
《湖南日报》	衡阳县刑侦大队忠诚担当保平安
《湖南日报》	衡阳县重点整治“毒驾”
《湖南日报》	一口茶水缸 乡邻情悠悠
《当代商报》	湖南最令人心动的花花世界
《湖南卫视》	湖南好人 · 邹玉祥:祖孙三代为乡邻挑水已百年
《湖南卫视》	春暖花开踏青赏春

续表2

刊用新闻媒体	新　闻　标　题
《湖南日报》	怀邵衡铁路建设如火如荼
《湖南卫视》	衡阳:百年传承火灯节 万人空巷祈福安
《湖南日报》	火龙火灯闹界牌
《湖南日报》	衡阳县高标准兴修“小农水”
《湖南日报》	衡阳县破获一起命案积案
《湖南卫视》	衡阳县:新建1000个集中祭祀点
《红网》	衡阳县:社会各界公祭王船山缅怀和传承船山精神
《湖南日报》	衡阳县千个集中祭祀点保“清明”
《湖南日报》	衡阳县:各界公祭王船山
《湖南日报》	衡阳有个“钢铁侠”
《湖南卫视》	刘准:从广东回家当体面农民
《红网》	衡阳县举行彭玉麟廉政文化皮影、渔鼓展演
《湖南日报》	要当一个体面农民
《红网》	衡阳县公益复明项目助2000名贫困白内障患者见光明
《湖南卫视》	衡阳县水口村:贫困户争相入“社”产业助力脱贫
《新湖南》	无土栽培新技术,为衡阳县农业增效、农民增收
《红网》	衡阳县:山村推动移风易俗受网友热赞
《红网》	衡阳县启动向阳路景观改造工程
《红网》	衡阳县政银企对接40个项目
《红网》	衡阳县委巡察办正式成立
《湖南日报》	衡阳县20个重点项目集中开工
《红网》	衡阳县首批3个乡镇将通天然管道气
《湖南日报》	衡阳县开展环保“利剑行动”
《湖南日报》	用社会技艺“雕”出现代创意
《红网》	衡阳县读书日诵读经典迎接“世界读书日”
《湖南日报》	湖南双季稻区油菜早熟品种选育取得重大突破
《三湘都市报》	智障女流浪十年,新媒体助其找到家人
《湖南日报》	誓将荒山变宝山
《红网》	五一小长假衡阳县160名“佳丽”旗袍秀抢眼
《湖南卫视》	衡阳县:多部门联合整改环保问题猪场
《红网》	微公益志愿者为山区小孩募捐“精神口粮”

续表 2

刊用新闻媒体	新　闻　标　题
《新湖南》	衡阳县某农民出 20 余万元让村民喝上放心水
《红网》	孤寡老人不孤单衡阳县志愿者进村送温暖
《红网》	衡阳县坚决打赢生态环境保护攻坚战
《红网》	衡阳县早稻春插全面完成
《红网》	衡阳县 844 户危房对象户今年有望迁新居
《红网》	衡阳县连续 16 年实现耕地总量动态平衡和占补平衡
《红网》	衡阳县:依托青山绿水发展生态旅游业
《红网》	曾秀库宗桥镇调研脱贫攻坚工作
《红网》	衡阳县首场公车拍卖会落锤 73 辆公车拍出 290 多万元
《湖南日报》	衡阳县将军村修通脱贫路
《湖南日报》	衡阳县第四届船山文化夏令营开营
《红网》	衡阳县集中签约 6 大项目投资额达 13 亿元

【文明创建】 2017 年 3 月,县文明委下发《2017 衡阳县精神文明工作要点》,并对县精神文明委成员单位特色活动做了周密安排,全县精神文明建设工作齐头并进,实现了年度精神文明建设的良好开局。

4 月下旬和 5 月中旬,县文明办牵头组织西渡镇、曲兰镇、县财政局等相关单位,分别奔赴长沙市、浏阳市和福建省晋江市等,就移风易俗、志愿服务和乡村精神文明建设等内容进行考察学习。

6 月,2017 第一季志愿服务组织孵化扶持奖评选表彰活动成功举办,县内一大批优秀志愿服务队伍不断涌现。如船山助学志愿者协会、积善志愿者协会、衡阳县微公益志愿者协会、衡阳县心连心志愿服务队、县一中潇湘细雨志愿服务队、县文艺志愿者服务队等,其中船山助学志愿者协会、积善志愿者协会等志愿服务组织被推评参加湖南省百强社团评选。同时,对县内有重大影响的志愿服务活动及时通过衡阳县文明网发布并向上级文明网报送,如《衡阳县数百志愿者助力第四届油菜花节》《蒸水志愿者驿站成志愿者努力建设的"家"》等工作信息被湖南省文明网采用并刊载。

县文明办与县教育局联合开展的"小手拉大手、文明齐步走"主题活动,把学校、社会、家长对孩子的教育形成合力,通过系列活动,培养孩子们从小养成良好道德情操。围绕"我们的节日"主题,开展多项活动。如"元宵节"组织县文体广新局等举办元宵猜灯谜活动;六一儿童节组织县教育局安排各中小学开展一系列丰富多彩的庆"六一"活动;组织县总工会、县文体广新局等单位,围绕"我们的节日——端午节"开展节日民俗、志愿服务、经典诵读系列庆祝活动。根据中央文明办下发的《关于深入开展我的"中国梦"主题教育实践活动的通知》,按照市文明办统一要求,我们组织县教育局在全县中小学开展"童心向党"歌咏活动暨优秀童谣征集传唱活动,大力发挥学校的宣传阵地作用,进一步营造社会主义核心价值观的浓厚氛围。2017 年 6 月起,县文明办联合新媒体中心利用"衡阳县宣传"微信平台,开辟"蒸水好人"宣传专栏,每周定期向社会推介身边好人典型。栏目开辟以来,先后推介 22 位身边好人典型事迹,其中"最美 80 后"胡阳生、一心为民好支书刘云华、精心照顾重瘫公公 13 年的杨秀英、万美兰等孝老爱亲、敬业奉献的典型事迹推介后,被《衡阳日报》《湖南红网》《湖南日报》等省市媒体重点报道，引起社会强烈反响。同时，根据上级“身边好人”线索推荐报送要求，文明办与文明村镇、文明单位紧密联系，全年向市文明办报送好人线索3000余条。

根据中央“推动移风易俗·树立文明乡风”电视电话会议精神以及省市文明委会议精神，2017年5月，县文明办召开移风易俗工作专题会，下发《衡阳县推动移风易俗、树立文明乡风工作方案》，同时结合实际，向乡镇提供红白理事会章程、村（社区）红事白事简办制度等参考样板。截至11月，全县各乡镇行动迅速，涌现一大批移风易俗工作典型：如岘山镇岘山村在村部集中简办红白事、石市镇梅树村干部胡阳生简办伯父丧事等事迹引起群众广泛评议，群众观念日益转变。井头镇、关市镇、演陂等乡镇各村基本成立红白理事会并发挥作用，以往白事大操大办、铺张浪费之风得到有效遏制。

【网络舆情管理】 上报网络舆情客户端舆情信息9510条，其中属地舆情信息3340条、任务指令类信息6190条。对于市委网信办书面、网络交办的舆情信息，做到按要求及时回应并上报。因舆情报送信息及时、准确、全面，被市网信办评为信息报送先进单位和先进个人。

在市网信办的统一组织下，与有关职能部门联合行动，将净化网上舆论环境专项整治作为日常工作的重要内容，实行工作常态化。坚持工作台账制，以周为单位定期填写工作台账，形成《净化环境有害信息台账》《净化网上舆论环境专项整治管控数据统计表》，并于每周二将一周以来的工作开展情况进行汇总并对下周的工作进行计划，做到工作有计划有总结。清理掌上西渡微信公众号违规转载1篇，虚假谣言信息1篇，县公安局微信公众号违规发布1篇、中华船山网违规发布新闻稿件以及县公安局巡特警、曲兰镇工作人员违规推送稿件等进行及时处置，并4次约谈相关人员，下达督办函1次。针对在网络尤其是微信和QQ中传播较快的重大舆情事件，通过各新媒体平台及时发声，促使网络舆情逐渐平息，消除不良影响。

【部门自身建设】 2月26日，举办衡阳县第六届油菜花节，极大地提高衡阳县的知名度和美誉度；3月13日，与组织部、统战部召开衡阳县党务工作会；认真执行集中学习制度和轮流讲学制度，不断提高政治理论素质和业务素质，充分展示宣传系统的良好作风和精神风貌；荣获衡阳市“2017年宣传思想政治工作优秀组织奖”；为迎接中共十九大胜利召开，8月4日，举办衡阳县“欢乐潇湘·幸福蒸阳”暨“喜迎十九大·建设新衡阳”大型群众文艺汇演；弘扬本土文化，8月18日，举办衡阳县第四届船山夏令营，10月26日，举办“中华经典诵读”主题活动；迎接全国文明城市测评，邀请省委宣传部专调处处长赵菲莅临我县指导文明创建工作。

狠抓党建、党风廉政建设和业务学习。开展党建工作，强化宗旨意识。确定每周二下午为部机关固定学习时间，以干部讲课、讨论、观看电教片和学习文件等形式广泛深入地开展党建工作、廉政教育和业务学习，提高党员干部的廉洁自律意识和业务水平。以“两学一做”专题教育为抓手，认真学习习近平总书记近年来系列讲话精神、《关于新形势下党内政治生活的若干准则》、《中国共产党党内监督条例》、党的十九大报告修改后的《党章》及相关文件等内容，不断改进工作作风，提升工作效能，树立“忠诚、担当、务实”的宣传队伍形象。

稳步推进脱贫攻坚工作。扎实完善扶贫台账，帮助驻点村石市点精准扶贫对象，新增4户、21人，清退14户、49人，现已完成15户、16人预脱贫对象评议会，年初脱贫工作目标基本实现。大力实施“文化强县”战略，牵头做好各项工作。渣江、石市等乡镇被评为“乡音乡韵特色小镇”，曲兰镇被省文化厅评为省级“经典文化小镇”，金兰、曲兰两镇授予“中华诗词之乡”称号。认真做好船山先生诞辰400周年纪念活动筹备工作，完成王船山故居消防工程建设。夏明翰故居本体已全面维修，故居的明翰广场、游步道、游客接待中心基本竣工。

统 战 工 作

【统战宣传】 “蒸水统战”微信平台刊发稿件41期，在“三湘统战网”“衡阳市统一战线网”《衡阳日报》“衡阳县新闻网”刊发稿件56篇。

【统战信息】 组织统战成员及党外干部、人大代表、政协委员中的党外人士、工商联会员通过开展暑期谈心等活动，了解其思想动态，围绕热点、难点问题，积极建言献策，收到信息53条，被信息专网采用2条。

【统战理论调研】 组织统一战线各单位开展统战理论调研，完成调研报告14篇。其中《关于衡阳县非公经济发展法治环境的调研报告》《新形势下与党外代表人士联谊交友实效性问题研究》分别荣获2017年全市统战理论调研优秀成果二等奖和优胜奖。

【党外干部培养和人事安排】 协助县委制定《中共衡阳县委培养选拔党外领导干部工作规划》，推荐2名党外干部担任政府部门正职，17名党外干部得到提拔交流。

【非公企业党建】 按照上级党组织要求和安排，县非公综合党委多次召开班子专题会议研究部署非公党建重点工作，深入推进“两学一做”学习教育常态化、制度化，落实“三会一课”制度，开展集中学习讨论、上党课、主题党日活动，召开组织生活会，进行民主评议党员工作；组织党组织书记参加全县“两新”党组织书记培训班，召开党组织书记学习贯彻党的十九大精神会议和履行党建责任“双述双评”会议；加强党员教育管理，发展新党员10名，培养入党积极分子12名，对各支部党员档案完整性和党费收缴使用情况进行了督查，继续推行“党员示范岗”“党员责任区”挂牌活动，发挥党员表率作用；积极开展“五化”创建达标行动，选派党建指导员10名，配发文件专用柜8个，拨付党建经费4016元，党支部活动室全部按“六有”要求配备到位，达标率为100%；落实党代表结对帮扶贫困户，积极引导非公企业党组织和党员助力精准扶贫，扎实开展整顿软弱涣散基层党组织、县党代表职务异动及违纪违法等情况排查、党组织和党员基本信息入库湖南省党员管理信息系统、党员红星云订阅及学习等工作。

【服务经济建设】 “万企帮万村”年度考核排名全市第一。组织发动非公企业积极实施产业转型升级，积极参与“迎老乡、回故乡、建家乡”活动，推动异地商会建设，参与“企业服务年”活动，优化非公企业营商环境。年内组建异地商会3家，引进企业6家，引导非公企业捐助公益事业800余万元。

【统一战线各界人士迎新春茶话会】 是年1月20日，衡阳县2017年统一战线迎新春茶话会召开。会议由县委常委、统战部部长方云耕主持，县委副书记、县长孙鹏伟通报2016年全县经济社会发展情况及2017年经济社会发展思路，统一战线各界代表人士围绕“生态立县、产业兴县、文化强县”主题发言，县委书记曾秀致辞。县委副书记蒋达宏，县人大常委会主任刘健，县政协主席杨秋良，县委常委、县政府常务副县长王苏龙，县委常委、组织部长阳旭辉，县委常委、统战部部长方云耕，县委常委、县委办主任宋任飞，县人大常委会副主任黄威虎，县政协副主席(兼)、县人民法院副院长凌晓林，县政协副主席陈吉红，副县级干部、县工商联主席宁春生等领导出席。统一战线各界代表人士90余人参加会议。

【机关自身建设】 按照县委的要求，深入开展“两学一做”学习教育活动，严格执行财务、考勤、学习等工作制度。积极开展精准扶贫活动，帮助三湖镇甘泉村脱贫44户，引入扶贫资金180余万元，硬化村道5.1公里，石砌渠道400米。在村内新建移动通信塔一座。是年10月，根据县委安排，驻点帮扶村转为石市镇梅树村，通过工作队员积极工作，为9.9公里的黄梅公路加宽工程募集民

间捐款24万元,完成路基扩宽工程。（王 珊）

对台工作

【衡台交流交往】 县台办在传统节日到来之时,给在台衡阳县籍乡亲寄发节日贺卡30余份,发出信函、电子邮件100余封。建立全县陆配人员台账,积极加强与重点台胞台属的各项联络工作。多次被市台办特邀,参加由国台办组织的“台湾中华微小企业经营领袖协会”一行推介会及“欢喜回娘家、衡台一家亲座谈会”等活动,会议上成功地宣传全县的经济发展,招商引资政策等情况。10月县台办和台企得阳鞋业在樟树乡敬老院开展了一次“得阳情·重阳节”敬老爱老活动”,11月13日又在扶贫点溪江乡排前村组织“台胞台属学习十九大扶真贫”等多项增进互信的活动。全年接待到县考察,返乡台胞10批次,约50人次。

【服务台胞台属】 做好回乡台胞、台属的服务工作是对台工作的应有之义。日常工作中,台办机关干部对到县考察、探亲、旅游的台胞台属始终保持高度的热情、细致周到的服务态度,一切以服务台胞台属为中心,服务大局。春节大年三十,县台办主任放弃和家人团聚的时间,专程赶往医院为我县重点台属因经济纠纷导致被刀捅伤一事进行多方面协调,春节后又组织机关干部到医院进行慰问,并协调各个部门妥善处理后续事宜。6月,台办又组织对界牌镇台胞其父墓园迁移一事进行调查,与界牌镇政府一道做好本人思想工作,并及时将情况与上级部门保持联络。

【抓好党建和扶贫工作】 夯实党建基础,将“两学一做”学习教育常态性工作常抓不懈。根据省、市、县“两学一做”常态化、制度化要求,制定“两学一做”常态化制度化实施方案,进一步完善“三会一课”“五个日子”“主题党日”等组织生活制度,强化党建战斗堡垒作用。坚持以党建促扶贫的原则,把扶贫工作作为党建工作的一个重要环节来抓,在职党员不定期下乡与百姓同吃、同住、同劳动,走访到位,精准施策,扶贫到位。台办对7户帮扶对象,各项资料整理完毕,详细制定帮扶措施,并严格考核制度,将扶贫工作纳入到对单位每个党员干部的年底评议中。（邹 奂）

老干部工作

【概况】 2017年,中共衡阳县委老干部局(以下简称县委老干部局)被省委组织部、省人社厅、省委老干部局联合授予“先进集体”称号,省关心下一代工作委员会授予衡阳县关心下一代“先进集体”称号,省委老干部局授予衡阳县老干部宣教工作“红旗单位”称号,省老年教育领导小组授予衡阳县老年大学“省级示范性老年大学”称号,省老年体育协会授予衡阳县老年体育协会“先进单位”称号。

【老干部政治待遇全面落实】 2017年9月29日晚,召开十二届县委第二十六次常委会专题研究部署老干部工作,会议决定:一是成立中国共产党衡阳县委离退休干部党工委(简称县委离退休干部党工委),为县委派出机构。在县委组织部指导下开展工作,日常管理由县委老干部局负责,办公室设县委老干部局,其职责主要负责指导协调全县离退休干部党建工作。县委离退休干部党工委设书记1名,由县委组织部副部长、县老干部局局长廖少华同志兼任;专职副书记1名,兼职副书记和委员人选根据有关规定从县委老干部局、县直属机关工委、县民政局、县发改局、县教育局、县财政局、县人社局、县卫计局、县农业局、县住建局、县商粮局等相关单位产生。二是同意将县人才大厦整体置换作县老干部活动中心(老年大学),具体事项由县国资中心按程序办理。三是关于加强离退休干部党组织经费保障的问题。县委同意按照湘办发〔2017〕32号文件要求确保离退休干部党组织经费保障,从2018年起将离退休干部党组织工作经费纳入县财政预算,由县委老干部局统一管理与分配使用,县离退休干部党工委办公经费由县财政局据实予以解决。四是关于落实离退休干部党建责任考核的问题。同意按办文程序出台《关于加强离退休干部经常性学习教育工作的实施意见》，明确离退休干部党建工作与在职党建工作一样，为各级党委（党组）的主体责任，将离退休干部党建工作与在职人员党组织建设工作同部署、同规划、同考核、同表彰，把离退休干部党组织和离退休党员作为县委每年“七一”表彰的一个专门序列。五是关于推进基层离退休党组织“两学一做”学习教育常态化制度化的问题。同意由县委组织部、县委老干部局、县财政局、县人社局联合转发湘老干〔2017〕33 号文件，扎实推进基层离退休党组织“两学一做”学习教育常态化制度化。

【老干部经济待遇全面到位】 县委、县政府坚决贯彻落实党中央所提出的“老干部待遇略为从优的原则”，建立了离退休干部离退休费保障机制、医疗费保障机制、财政支持机制、特困离休干部帮扶机制等四项帮扶机制。2017 年 7 月 14 日，县委组织部、县委老干部局、县财政局、县人社局以蒸老干〔2017〕3 号文件转发省委组织部、省委老干部局、省财政厅、省人社厅《关于贯彻落实湘办〔2017〕32 号文件有关事项的通知》，进一步强化各单位要在重要纪念日、重大庆典、老年节、元旦春节对离退休干部进行慰问。走访慰问离退休干部生日、住院看望慰问标准由各单位按照有关规定，根据实际自行确定。从制度上保障离退休干部经济待遇的落实。

老干部基本离退休费按时发放。老干部医药费按标准实报实销。2017 年，为老干部核报医药费 110.951 万元，保障离退休干部老有所医。及时准确发放老干部的政策性补贴。2017 年，发放老干部的护理费 24.12 万元，发放老干部配偶无工作生活补助 8.95 万元，发放离休干部遗孀生活补助 55.56 万元。组织老干部健康检查。2017 年 6 月 5 日—7 日组织离退休干部统一在县人民医院参加健康检查，建立健康台账和绿色通道。坚持老干部正生贺寿制度。做好老干部逝世善后工作。

【离退休干部党建工作创先争优实现全覆盖】 出台《关于加强离退休干部经常性学习教育工作的实施意见》。明确离退休干部党建工作为各级党委（党组）的主体责任，将离退休干部党建工作纳入党建工作考核范畴。3 月 23 日，全县组织工作会议将离退休干部党建工作纳入会议重要内容进行安排部署，并于上半年和年末党建工作考核中将离退休干部党建工作纳入同考核、同评比。

在全县离退休干部党支部深化“两学一做”学习教育中开展争创全省示范离退休干部党支部活动，在全县离退休干部党员中开展“两学一做”学习教育常态化制度化工作，在全县离退休干部党支部开展主题党日活动，组织推进“五化”建设。9 月 25 日—28 日，对全县离退休干部党建工作进行一次专项调研督查。

3 月 16 日，省委老干部局副局长梅元喜，市委组织部副部长、市委老干部局局长蒋云新，市委老干部局副局长王绍良一行到县调研督查中办发〔2016〕3 号、湘办发〔2016〕21 号文件精神落实情况，充分肯定衡阳县老干部工作，特别是离退休干部党建工作的成绩和经验。

4 月 25 日，市委召开“双先”表彰大会，县委老干部局获“湖南省老干部工作先进单位”“衡阳市老干部工作红旗单位”称号，县委组织部副部长、老干部局局长廖少华作大会典型发言。

5 月 10 日，省委老干部局副局长孔寅湘一行到县委老干部局召开“发挥离退休干部党支部在党员教育管理中的主体作用调研”座谈会。

6 月 19 日—22 日，在全省离退休干部工委专职副书记培训班上，县委老干部局副局长廖新跃代表衡阳县作离退休干部党建工作经验介绍。

8 月 15 日，省委离退休干部工委委员、省国资委副主任杨晓喻一行调研考察衡阳县曲兰镇离退休干部党支部创建省示范党支部的党建工作，对其工作予以高度评价。

9 月 7 日，省老干所党委副书记肖玉冰一行对曲兰镇创建省示范离退休干部党支部进行考核验收。

9 月 23 日，在全省离退休干部党建工作推进暨创省示范离退休干部党支部授牌大会，曲兰镇离退休干部党支部获“全省示范性离退休干部党支部”殊荣。县委组织部副部长、老干部局长廖少华代表衡阳县在大会作离退休干部党建工作经验介绍。

10月24日，全县老干部工作会议在县城神龙大酒店隆重召开。会议对“双先”(老干部优秀党组织和老干部优秀党务工作者)进行表彰。县委副书记蒋达宏，县委常委、县政府常务副县长王苏龙，县委常委、组织部部长阳旭辉出席会议并讲话。

12月13日，省委组织部副部长、老干部局局长、离退休党工委书记崔永平一行到衡阳县调研离退休干部工作，考察县教育局、西渡镇明翰社区离退休干部党建工作。市委常委、组织部长陈竞，县委书记曾秀，县委副书记、县长孙鹏伟，县委副书记蒋达宏，县委常委、组织部部长阳旭辉陪同调研并参加座谈，在座谈会上，曾秀代表县委作全县离退休干部工作汇报。崔永平高度赞誉衡阳县老干部工作有特色、有创新、有实效，落实了规定动作，又结合了当前实际，打造了许多特色平台，值得在全省推广学习。

【老干部精神文化生活充实丰富】 县老年大学成功创建省示范性老年大学。衡阳县老年大学坚持“老有所学、老有所教、老有所乐、老有所为”的办学宗旨，严格按照“政治稳定、立场坚定、思想常新、理想永存”的办学方针，现有12个班级，26名兼职教师，4名工作人员，室内学员916人，室外学员2163人。开设了12门课程：党建、时政、法规、门球、书法、音乐、民俗舞蹈、柔力球、太极拳、太极剑、中老年医疗保健、诗词楹联，将老年大学打造成老干部、老同志的学习乐园、精神家园。

衡阳县老年体协工作被评为衡阳市“先进集体”。县老年体协全年举办了迎元旦、“三八”“五一”、端午、“七一”“八一”、国庆、重阳等门球、象棋、乒乓球、钓鱼比赛和健身成果展示会。

4月赴衡东县、5月赴耒阳市、6月赴衡铁、8月赴常宁市、10月赴祁东县、12月赴衡山县进行门球技术交流。2017年6月15日—17日，县老年体协副主席、县老年大学校长率县老年大学学员、老年体协会员赴省政府参加全省老年门球比赛并获全省二等奖。

4月18日—19日，县老年钓鱼代表队在常德市参加全省老年钓鱼比赛获团体第七名；5月11日—12日，参加全市首届“玉兔杯”柔力球比赛，衡阳县代表队斩获金奖、银奖；11月22日—23日，参加全市首届“长乐杯”老年门球比赛，获全市第一名。

【发挥老干部作用，激发正能量】 精准扶贫。在全县老干部中开展“金秋助贫·正能量系列践行活动”“我看湖南新变化·正能量系列讲谈活动”“互助关爱·传递温暖·正能量系列帮扶活动”，通过三大正能量系列活动，助力县委、县政府脱贫攻坚，共筹集善款276万元，解决2669名贫困中、小学生学费和生活费。11月2日，县委老干部局组织老干部、老党员代表30人赴三湖镇塘坳村开展精准扶贫工作调研，并慰问14户建档立卡贫困户。

教育传帮。全县各级关心下一代工作委员会，组织老党员、老战士、老教师、老劳模、老科技工作者组成爱国主义教育宣讲团，举办宣讲活动867场，接受教育的中小学生16.72万人，让全县广大青少年进一步认识、践行社会主义核心价值观。

志愿服务。全县离退休干部成立35个志愿服务组织，有13292人次参与“四城同创”、科技服务、法律咨询、政策宣传、治安帮教、美丽蒸阳环境卫生整治、村(社区)红白理事会、民事纠纷调处、关心留守儿童、捐资助学等服务。

支持社会公益事业。全县有136名离退休老干部回乡牵头成立了156个农村专业合作组织。老干部们为县委提出的“生态立县、产业兴县、文化强县”的发展战略目标，助推乡村文明、美丽、富饶而发挥余热作用。库宗桥镇党委、政府为办好全县“油菜花节”新修旅游公路资金短缺，退休老干部左秋生捐赠40万元，黄冬春捐赠20万元支持“文化强县”项目落地生根。

【老干部文娱生活绚丽纷繁】 9月20日晚，“喜迎十九大·蒸阳老干情”大型合唱晚会在县会议中心举行。“喜迎十九大·蒸阳老干情”大型合唱晚会选送衡阳市参赛喜获三等奖和组织奖。

10月27日晚,“喜庆十九大·欢度老年节”2017年衡阳县老年节文艺晚会在衡阳县夏明翰文化宫上演。（刘庆平）

机关党建工作

【机关党组织建设】 建强一支党组织书记队伍。2017年92个机关基层党组织成立、换届或补选。

整体推进机关党建工作。是年对县直机关370个(其中党委8个、党总支20个、党支部352个)基层党组织进行2轮全面党建督查,评出等次,发出通报,激励先进,鞭策后进。

调整乡镇学校、卫生院、农电系统党组织管理体制。将原属25个乡镇党委属地管理的乡镇学校、卫生院、农电系统党组织调整为县直机关工委管理。

推进机关“一网一云”学用工作。所有县直机关在职党员手机红星云注册率达100%,每月促进学习交流,开展学习积分考核;指导开展红星网集中学习,并及时发布信息动态。

加强机关基层党组织交流和学习。新建立县直机关党建微信群和QQ群,创建两个交流平台,进行工作提示,信息发布,经验交流。

【党员发展和管理】 举办一期积训班,建立党员发展后备队伍。是年7月5日—7日,举办县直机关非党积极分子培训班,共132名同志参加集中培训。

讨论发展新党员和预备党员转正。是年12月28日,召开县直工委委员会议,新发展35名党员,按期转正44名预备党员。

建立党员管理信息系统。按照中央组织部的安排,从2017年10月起,将县直机关所有党员纳入全国党员管理信息系统,采集信息入库,规范党员管理。目前,系统内入库党员10037人,完成系统内组织关系转移367人次。

【活跃党员干部生活】 组织党员参加比赛。县直机关工委在市直机关工委组织的“真情颂党恩”庆“七一”活动中获得一等奖;党的十九大召开后,发动县直机关各单位党组织的党员踊跃参加市委组织部举办的“学报告、学党章”知识竞赛活动。

指导县直机关各单位党组织广泛开展主题党日活动。一年来,县直机关各单位党组织,按照县直工委的工作安排,广泛开展“三会一课”、教育培训、学习调研、知识抢答、党建演讲等各类主题党日活动,既丰富党员干部生活,又提高党组织的凝聚力和向心力。（易　毅　贺文君）

机构编制

【减编控编】 按照“严控总量、盘活存量、增减平衡、统一调配”的思路,在“控、调、严、管”四字上下功夫,切实管住、管好机构编制。一是严控总量,在“控”字上下功夫。严控增量。除刚性要求外,原则上不审批新设立行政事业单位,不再增加编制。严清超量,大力开展人事领域专项治理,集中解决超编和编制管理混乱的问题,强力清退机关事业单位临雇人员2107名,辞退在编不在岗人员308名。推行“双线”控制,在给事业单位定编的同时,核定新进人员控制数,明确规定超编单位不得从外单位调入人员,超新进人员控制数单位一律不能招考工作人员,确保事业单位人员只减不增。截至2017年12月,全县行政编制余编122名,事业编制余编1413名。二是做优存量,在“调”字上下功夫。实行增减平衡,强化编制周转,把编制用到“刀刃”上,用在关键处。除政策性安置任务外,在全县范围内冻结非涉民生单位增加机构编制,人员只出不进,机构撤一建一,新设单位所需编制原则上从内部调剂,不增加编制总量,盘活全县编制资源。三是完善程序,在“严”字上下功夫。严格编制使用管理审批程序,确立编委集体研究、编委主任“一支笔”审批、实行实名制管理的原则。除县委任命副科级以上干部外,干部调配、工资调整、工资发放和经费预算均由编办先行审核,再报相关部门办理具体手续。规范领导职数审批程序。严格按照市编办批复衡阳县各单位的领导职数和编办制订的机构编制方案,规范设置单位领导职数及内设机构领导职数,对需要增减的领导职数按相关管理程序逐级报送审核,做到增减有序、规范运作。积极与市机构编制部门联系沟通,争取他们的重视和支持,对全县20余个正科级机构明确领导职数,为干部调配打下了基础。同时加强监督执纪,将各单位各部门执行机构编制情况列入纪检监察内容,对个别单位违反编制管理规定行为进行查处。四是建章立制,在"管"字上下功夫。县委常委会专题研究和部署了减编控编工作,出台《衡阳县减编控编实施意见》,组织、人社、财政、编办等部门按照职能分工,协同加强对机关事业单位编制管理,强化监督检查,扎实开展控编减编专项督查,有效控制财政供养人员增长。

【机构编制管理工作】 一是创新机构编制管理。加大机构编制管理创新力度,向深化改革要编制,向加强管理要编制,不断提高机构编制资源效用。按照严控总量、盘活存量、优化结构、增减平衡的要求,坚持"要增编、必清理、先减法、后加法"的原则,对职能未作大的调整、工作任务没有大幅度增加、内部还有空编、编制未分配完、没有提出编制使用情况评估意见和内部挖潜具体措施的部门,机构编制部门不受理和研究其增编事项;对职责相近、设置重复分散、规模过小的事业单位,予以撤并整合;对职能减少、工作任务不饱和的单位,相应划转、核减、收回人员编制;加强事关中心工作、全局工作和重大民生保障方面的人员力量。积极探索在总量内调剂使用编制,结合简政放权、重心下移,推动编制资源向基层和一线倾斜,防止挤占、挪用乡镇基层和一线人员编制。全面推行和不断完善机构编制实名制管理,进一步完善机构编制与组织、财政、人力资源和社会保障等部门协调配合机制。加大政府购买服务力度,对可由市场提供、社会承担的公共服务,逐步通过政府购买服务或由政府设立公益岗位的方式完成。二是严肃机构编制纪律。任何组织、单位和个人都必须严格遵守机构编制各项法律法规和政策。继续深入开展干部人事和机构编制领域突出问题专项治理工作。严禁行政编制和事业编制混用。上级部门不得以会议、文件、领导讲话、项目经费和评比达标等形式,干预下级的机构编制事项。将机构编制政策规定执行情况纳入党委和政府督查工作范围,纳入审计、绩效评估和领导班子及成员考核内容,健全机构编制监督检查协调机制,加大对机构编制违纪违法行为的查处力度,对相关责任人员,按照有关党纪政纪规定严肃处理,维护机构编制管理的严肃性和权威性。

【纪检体制改革】 一是纪检组机构设置到位,全县分系统设13个纪检组;二是纪检组职责职能明确到位;三是人员编制划转到位,在全县行政机关划转58名行政编制到13个纪检组,每组核定4—5名行政编制;四是纪检人员调配到位,13个纪检组组长已配齐配强,纪检干部通过调配、招考逐步落实到位。纪检体制改革于9月已经顺利完成。

【行政审批制度改革】 坚持"接、放、改"并重,在认真承接上级下放事项、大力度放权的同时,不断深化各项改革,强化政府服务职能,理顺政府、市场和社会之间的关系,激发市场活力和社会创造力。一是善于"接"。坚持"主动对接、完整对接、快速对接"的原则,对照省、市权力下放目录,逐条梳理和对接,确保每一项下放权力事项点对点对接到位。全县共承接省级下放行政审批事项47项(取消4项),全部集中到县政务服务中心窗口办理,让办事群众"进一家门,办所有事"。二是敢于"放"。出台《衡阳县简政放权、扩权强镇实施办法(试行)》和《关于委托乡镇政府行使县政府工作部门部分行政处罚权的实施意见》。人权方面,赋予乡镇党委对乡镇股级干部(不含乡镇纪委副书记)的任免权、对县直部门派出机构和直管机构(不含省市直管部门的延伸机构)干部任用的协商权和知情权;财权方面,建立乡镇一级财政,让乡镇在土地和矿权出让价款中参与分成;事权方面,分两批下放便民服务事项60项、行政权力30项;行政执法方面,从2016年7月1日起,委托乡镇政府行使县政府工作部门部分行政处罚权。通过取消和下放，全县最终保留的行政审批事项和公共服务事项分别为215项、184项。三是勇于“改”。开展商事登记制度改革。全面推进以“先照后证”“三证合一、一照一码”为重点的工商登记制度改革，推行网上登记服务，缩减办证时间，提高服务效率。推进园区管理体制改革。出台《关于改革园区管理体制加快园区转型升级创新发展的实施意见》，重点改革园区行政管理体制、办事运行机制、财政结算机制、投资融资机制和考核评价机制，扩大园区管理范围，强化园区管理职能。全面深化不动产登记制度、投资建设项目审批等改革，充分激发市场活力。

【事业单位登记管理】 一是全面推进行政、事业单位统一社会信用代码置换工作。组织本单位干部深入学习业务知识，研究部署代码置换工作，指定专人负责、把握时间节点、明确实施步骤，通过电子政务平台、信息网站，多种形式进行政策宣传解读，为全县行政事业单位赋码工作奠定良好的基础。对全县499家事业单位，71家行政机关、8家群团进行新版统一社会信用代码换证。二是健全诚信体系建设，实行事业单位年度报告公示制。2017年已有280家事业单位年度报告公示在衡阳事业单位登记管理网站上，面向社会，接受社会监督，强化事业单位自我约束意识，更好促进事业单位规范有序进行。三是加强中文域名注册和网站挂标力度。按照中央网信办、中编办、公安部、工信部要求，县编办通过多种渠道宣传政策，多种方式争取注册经费，已完成中文域名注册单位644个，实现中文域名全覆盖。其中公益域名注册数567个，政务域名注册数77个，注册率达到100%，60余家单位已进行网站标识加挂，加挂标识率为100%。 （雷 晴 肖玉梅）

党史工作

【党史研究】 分别完成市党史研究室布置的《湖南党委工作纪事》和《衡阳市委工作纪事》衡阳县部分组稿任务。

开展对两位开国少将和老红军资料的征集。多次赴京、赴沪与开国少将王云霖、王永浚和老红军邹凯的后代进行衔接，上门采访，将两位开国少将和老红军的资料全面征集到位，整理成册，同时为下一步县党史馆布展征集到珍贵的历史文物。

提供《衡阳市国有工业企业印记》文稿6篇；完成《衡阳城市建设回忆录》文稿2篇。

县党史研究室编写《中央军委特科湖南情报组》专题稿件1篇，主动向《湘潮》杂志投稿，受到杂志社好评。

【编辑《中共衡阳县委工作纪事》】 经县委同意，对《中共衡阳县委执政纪事（2017年篇）》全面改版，与省市编纂框架全面对接，初稿基本就绪，即将出版发行。

【党史宣传】 县委党史研究室大力开展丰富多彩的党史宣传教育活动，有效地扩大了党史部门和党史工作的社会影响。

一、围绕建军90周年，开展纪念活动。是年6月，党史研究室组织县党史学会对工农革命军第七师历史作了深入研究，总结工农革命军第七师的历史功绩和历史经验，推新研究成果。6月3日，在西渡镇赤水村隆重召开纪念座谈会。市委党史研究室、县委办、县政协、市水利局、县民政局、县人武部、团县委、县旅游服务中心、县扶贫办相关领导及各乡镇党政办主任，西渡镇、界牌镇相关领导，县党史学会同志、西渡镇赤水村“两委”班子及部分知情人参会，附近村民自发进入会场旁听，社会反映良好。

二、着力“三红”工作，开展红色主题演讲活动。全市三红工作会后，县委决定在全县广泛开展“讲红色故事、传红色精神”主题演讲活动。年底，由县委办牵头主办，县委党史研究室、县党史学会和界牌陶瓷工业园共同承办，在县广电中心举行“讲红色故事、传红色精神”为主题演讲比赛活动。来自全县各条战线上的18名复赛选手，讲述了我县革命先烈发人深省的感人故事。

三、启动县党史陈列馆建设。县委、县政府计划投入4个亿，在县城英南新区新建“市民之家”，该项目占地120亩，系全县2018年99个重点项目之一。其中县党史陈列馆在七个综合项目中位列第一，设5楼，投资3100万元，建筑面积1720平方米。至2017年年底，县党史陈列馆已经完成立项报建、规划设计、国土审批、征地拆迁、工程竞标等程序。

四、启动清潭红色遗址修缮建设项目。经县委党史研究室积极争取，县委全会决定将神皇山农协会（支部）、中共牌楼地下党支部、中共清潭地下党支部红色遗址修缮列入十三五规划。9月，县委政府决定投入500万元，修缮中共清潭地下党支部红色遗址，并将该项目列入2018年全县99个重点项目之一。县委党史研究室承担展馆陈列脚本的编审和全面布展工程。

【党史联络】 根据2017年11月10日第二十九次县委常委会决定，恢复中共衡阳县委党史工作联络指导组，并下发《关于明确县委党史工作联络指导组人员的通知》。（罗　敏）

党校工作

【干部培训】 办学规模名列榜首。县委党校干部培训工作基本满负荷运转，全年共举办各类培训班次27期，培训人数突破5000人次，培训期数、人数均居全市各县（市）党校榜首，干部培训规模创历史新高。

学员管理特色鲜明。一方面通过全封闭准军事化管理、严格请假程序、指纹打卡考勤、签订遵规守纪《承诺书》等方式，对到课听课、课堂纪律、就餐就寝等进行严格监督检查和考核。另一方面通过建立班支两委、配强小组长等方式积极推行学员自我管理，主体班开展了到省党史展览馆、望城雷锋纪念馆、红旗渠等地进行党性教育和革命传统教育，到看守所进行警示教育，到贫困村走访慰问等活动。全年学员培训期间住宿率、就餐率、到课率均在95%以上。

理论宣讲有声有色。紧紧围绕党的十九大精神、习近平新时代中国特色社会主义思想和县委重大战略部署，组织开展理论宣讲“五进”（进乡镇、进社区、进机关、进企业、进学校）活动并使之常态化。接受老干局邀请，安排教师每周为老干部上一堂党课。一年来，党校教师在25个单位进行了68场次宣讲，受众达9000人次。

【教学科研】 教学质量进一步提升。在教学内容安排上，坚持紧贴党的最新路线方针政策、紧贴全县经济社会发展实际、紧贴干部思想工作需要开展培训，突出党的理论教育和党性教育主课地位；在教学方式安排上，积极创新，采用专题讲座、案例分析、情景模拟、课题调研、现场教学、异地培训等多种方式增强培训的吸引力和感染力；在授课教师安排上，一方面通过集体备课、新课试讲、教学比武、教师进修培训等方式不断提高专职教师教学水平，在全市党校系统教学比武中获得第二名；另一方面邀请具有丰富实践经验的领导干部和理论功底深厚的专家学者到校授课。县委书记曾秀、县长孙鹏伟、县委副书记蒋达宏、县委常委组织部部长阳旭辉、县委常委纪委书记李世钧、县委常委县委办主任宋任飞等领导多次来校上课，让学员受益匪浅。从学员评教情况看，全年教师上课满意率达到95%以上。

科研水平进一步增强。共撰写理论文章和调研报告30余篇，在《湖湘论坛》等刊物公开发表2篇，获省一等奖1篇、市特等奖1篇、市二等奖4篇、市三等奖6篇，陈晓玲申报的课题《村级社会管理创新研究》获省委党校课题立项。选送的《从“熟人社会”现象看法治精神的弘扬问题》荣获湖南省党校系统理论研讨会一等奖，是衡阳市党校系统近十年来获此殊荣的唯一县级党校。

智库作用进一步彰显。主动围绕县委县政府中心工作、重大决策部署和社会热点难点问题开展调研，创办《视野》刊物为县委政府提供决策参考，目前已出版2期，得到了有关领导的肯定和各部门的好评，取得良好的政治效果和社会效果。如《让“船山”变“金山”——船山品牌的综合开发与利用》的一些观点被县委县政府采纳吸收。

【机关党建】 政治学习注重与教学对接。政治上的坚定源于理论上的清醒。机关支部十分注重理论学习，把每周一定为固定的理论学习时间，机关支部以文件通报、精神解读、讲座报告、知识竞赛等形式，先后组织开展了72次政治学习。为了确保学习不走过场、不流于形式，将政治学习与党校教学活动对接，要求教师党员有针对性地准备教学内容，综合运用多媒体、学术交流、现场互动、讲故事等形式讲党课、讲理论。比如为了让党员特别是教师掌握党的创新理论，5月，组织知识竞赛，为获奖同志颁发荣誉证书，极大地提高了党员学习理论的积极性。十九大召开后，要求教师就十九大精神选取一个专题精心备课，11月，开始每周政治学习轮流主讲，既为全校普通党员及时传达了十九大精神，又为全县十九大精神宣讲打下了基础。

党日活动注重与培训对接。主题党日活动是"两学一做"学习教育活动的基本载体。组织开展了赴岣嵝神皇山支部重温革命历史、到夏明翰故居接受红色洗礼、十九大精神学习交流等主题党日活动，还注重将党日活动与干部培训对接，与学员一起开展党日活动，使党日活动更精彩、更有意义。如秋季科干班期间，支部与学员共同收看十九大重要会议直播，党员分组参加学员十九大精神研讨，与学员共同参加党日活动，使党日活动主题更突显、内容更丰富、效果更明显。

理论宣讲注重与基层对接。以理论宣讲为突破口，强化党的理论进基层活动。如机关支部书记陈晓玲到台源镇宣讲习近平"7·26"讲话；教师党员李恒昌到武警中队解读十九大精神等。十九大胜利召开后，县党校根据县委部署，安排8位老师分赴全县各乡镇、机关等宣讲十九大精神，社会反响良好。

（欧阳正良）

档案工作

【概况】 衡阳县档案局自觉把档案工作放到全县经济社会发展大局中去思考和谋划，不断提高档案工作发展质量和效益，获得"全省档案宣传工作先进单位""全市档案系统先进单位"称号，为全面建成小康社会做出了贡献。

【档案法制工作】 一是加强档案法制宣传。利用"6·9"国际档案日，集中开展各种形式的宣传活动：发表电视讲话、排练文艺节目、粘贴宣传标语等等。

二是加大档案执法力度。是年12月，由县四大家领导带队，集中时间，对全县各乡镇、县直机关和事业单位进行年度档案执法大检查，并纳入各单位年度绩效考核，通过检查，有效提高了社会档案意识，规范各单位档案工作。规范执法制度，制订档案行政执法处罚流程图及完整的执法文本。

【档案业务工作】 一是机关档案工作。认真贯彻执行《机关材料归档范围和文书档案保管期限的规定》，督促、指导县直机关完成保管期限表的修订工作。加强机关档案的信息化建设工作，促进机关档案管理工作的电子化、数据化、现代化，完成电子文件的归档管理工作。加强民生档案工作，重点对社会保险和社区档案建设工作加大监督管理力度，协调制定相应的管理办法，使其更好地为百姓服务。

二是精准扶贫档案工作。依照《精准扶贫档案管理办法》的具体要求，结合全县实际，以省级贫困村——大云村精准扶贫档案室建设为示范，推进全县精准扶贫档案管理工作。

三是农村土地确权档案工作。县档案局同县农经服务中心及五家技术公司紧密配合，加强交流，制定出具体的实施办法和操作规程，开展业务培训，出台各种工作制度和安全防范措施，以确保土地确权档案的完整与安全。

四是重点建设项目档案工作。积极参与建设项目档案的竣工验收工作，并对验收结果拟写出真实的验收意见和验收报告，根据《中华人民共和国档案法》，对重点建设项目档案工作进行执法检查，并对违法违规现象下发档案行政执法检查通知书，责其限期整改。

【档案利用】 开展馆藏档案到期开放鉴定和利用。档案馆对馆藏到期应开放的档案进行鉴定和统计，并建立开放档案案卷目录，向社会开放100多个全宗的档案。

是年，县档案馆接待查阅人数250余人次，查阅档案900余卷册，复印1000余页，档案的利用对社会经济的发展产生了不可替代的作用。

【档案馆建设】 一是开展国家重点档案保护与开发工作，编制完成衡阳县《湖南省重点档案抢救保护与开发项目申报书》《湖南省重点档案抢救保护与开发项目资金汇总表》等。

二是继续推进档案馆新馆建设工作，积极争取立项，取得中央财政支持，把档案馆的“两基地三中心”（档案安全保管基地、爱国主义教育基地，档案利用服务中心、政府公开信息查阅中心、电子文件中心）建立起来。

三是加强馆藏资源建设工作。增强依法接收力度。对档案已到依法移交期限的机关、企事业单位，档案馆工作人员主动进行联系，督促其及时移交，是年接收《曲兰镇政府》《衡阳县审计局》《衡阳县城乡规划局》《衡阳县农机局》《衡阳县物价局》《衡阳县发改局》《衡阳县国土资源局》《板市乡》《台源肉食公司》等单位移交档案的鉴定工作，共接收633卷盒的文书、科技档案进馆。加强国家重点档案征集工作，县档案馆征集到珍贵资料——《彭玉麟奏稿》一套三册进馆。

四是开展档案资料编研工作，县档案馆续编《湖南日报》《衡阳日报》上刊登的衡阳县文章目录索引。

五是加强档案安全保管工作。制订《衡阳县国家综合档案馆应急预案》、健全馆藏档案实体安全制度、档案信息安全制度，并加强对全县各建档单位档案安全保护的检查指导，确保安全防范制度到位，工作思想到位，职责到位，措施到位，全县全年未发生一例档案安全事故。 （刘剑萍）

人　大

综　述

【概况】 一年来，县人大常委会举行人民代表大会1次，常委会议10次，主任会议22次，听取和审议"一府两院"专项工作报告51个，发出审议意见书15件，作出决议决定20个，开展执法检查1次，开展专项工作评议1次，依法任免国家工作人员62人次，为促进全县经济建设、政治建设、文化建设、社会建设和生态文明建设发挥了积极的作用。

【脱贫攻坚工作】 脱贫攻坚是全县上下的一项重要工作。一是听取审议全县脱贫攻坚工作情况报告，督促县人民政府及相关部门加大光伏扶贫项目建设力度，严格执行易地扶贫搬迁政策，稳定基层扶贫工作队伍，为全面建成小康社会奠定基础。二是扎实开展"人大代表为民履职脱贫攻坚'五个一'行动"，全县2036名人大代表全部参与脱贫攻坚战。通过办点示范，召开现场推进会，全县先后建立"人大代表扶贫工作基地"37个，帮扶贫困户2034户、8916人，安排贫困对象就业344人、152户贫困户参与贷款入股分红，9个基地为贫困户无偿提供种苗种子和技术服务，19个基地为贫困群众资助钱物，千方百计增加贫困户收入，真心实意帮助贫困群众解决实际困难，以实际行动在脱贫攻坚路上贡献"人大力量"。全县有5名代表被市人大评为扶贫工作基地先进个人，县人大常委会被评为全市先进单位。三是驻村扶贫有力推进。县人大常委会驻渣江镇官埠塘村扶贫工作队认真贯彻县委扶贫工作的安排部署，进一步理清工作思路，强化工作责任，创新帮扶机制，切实在精准识贫、精准扶贫、精准脱贫上狠下功夫，通过发展产业、转移就业、小额信贷、教育助学、医疗救助、易地搬迁、危房改造、社会保障等措施增加贫困户的收入，改善生活环境。扎实开展"六个一"活动，通过一对一结对上门走访，与贫困户面对面交谈、心贴心交流，认真听取他们反映的困难和问题，帮助解决实际困难，增强立足自身、脱贫致富的信心。全年共完成脱贫42户、163人，圆满完成脱贫任务。

【人大系统"三学三争"主题实践活动】 常委会扎实开展"三学三争"主题实践活动，组织省、市和部分县人大代表开展"6·25"为民服务日活动，举行"心系群众、为民履职"文艺会演，宣传代表履职先进事迹，展示代表为民服务风采；积极开展义诊、咨询，赠送图书、发放科技资料和法律宣传小册子，得到市人大常委会和人民群众的好评。组织部分县人大代表参加全国人大培训中心举办的能力提升学习培训，组织全体市人大代表赴市委党校参加履职培训，提高履职能力。

【机关自身建设】 常委会把加强自身建设摆在重要位置，强化理论武装，改进工作作风，加强内部管理，不断提高履职能力。

加强思想建设。坚持把思想政治建设贯穿始终，严守党的政治纪律和政治规矩，筑牢依法履职的思想基础。扎实推进"两学一做"学习教育常态化、制度化，切实在思想上、政治上、行动上同以习近平为核心的党中央保持高度一致。坚持每月开展支部主题党日活动，定期上党课，组织机关全体干部职工深入学习中共十九大精神和习近平新时代中国特色社会主义思想，组织参观红色教育基地、重温入党誓词，开展理想信念教育，机关党员干部的政治定力和行动自觉进一步增强，依法履职能力进一步提升。

加强作风建设。全面落实党风廉政建设主体责任，坚持把党风廉政建设与日常工作同部署、同落实、同检查；扎实开展家访、谈心谈话活动，做到早发现、早提醒、早处理；认真贯彻落实中央八项规定，教育和引导机关干部自觉反“四风”、刹歪风、树新风。制定《衡阳县人大常委会主任会议议事规则》，修订完善相关规章制度，促进常委会各项工作依法、规范、有序开展。积极做好精准扶贫、“四城同创”等工作，深入基层一线，协调解决问题，督促落实进度，推动各项工作顺利实施。

加强联系指导。认真落实中央、省委、市委关于加强县乡人大工作和建设的文件及会议精神。按照主任会议成员分片联系乡镇人大工作原则，督促乡镇依法按期召开人大会议，加强对会议筹备、议程安排等方面的指导。组织全县乡镇人大主席现场观摩西渡镇人大会议，在全市率先落实乡镇人大每年召开两次会议的规定，得到市人大常委会主要领导的高度赞扬和肯定。指导乡镇人大主席团开展代表活动、督办代表议案建议等工作，推进人大工作不断向前发展。

县人民代表大会会议

【县十七届人大二次会议】 3月15日，衡阳县第十七届人民代表大会第二次会议在县城西渡召开。15日，预备会议通过了会议议程，选举产生大会主席团和秘书长。主席团由70人组成（以姓氏笔画为序）：万瑾、万石林、王韧、王燕（女）、王星星、王雄峰、王碧波、邓光辉、邓恩百、左玮、包媛（女）、宁桂梅（女）、吕少平、刘聂、刘健、刘盛、刘元春、刘正多、刘伍平、刘仲初、刘向阳、刘名寿、刘运寿、刘志刚、阳旭辉、阳武元、阳精华、孙鹏伟、李文具、李世钧、李朝晖、杨秋良（女）、肖晓辉、吴永定、汪轲、汪玲玲（女）、张云芳（女）、张雨晴（女）、陈涛（女）、陈灿辉、欧阳红丽（女）、罗友运、罗宏东、周肃、周移和、周维龙、郑文阳、屈斌、屈荣新、胡兴良、段佳升、洪勇、聂燕青、高峰、凌艳（女）、凌四清、黄承慧、黄威虎、庾仲春、彭爱国、彭家果、蒋达宏、蒋晓秋、曾秀、曾凡云、曾平生、谢亚军、廖瑞荣、熊义、戴志伟。秘书长：彭家果（兼）。会议听取和审议衡阳县人民政府县长孙鹏伟所作的政府工作报告，听取和审议衡阳县人大常委会主任刘健所作的人大常委会工作报告，听取和审议衡阳县人民法院院长谢云业所作的法院工作报告，听取和审议衡阳县人民检察院检察长阳发云所作的检察院工作报告，会议审议县发改局关于衡阳县2016年国民经济和社会发展计划执行情况与2017年计划草案的报告，县财政局关于衡阳县2016年财政预算执行情况与2017年财政预算草案的报告。经过全体代表表决，通过上述6个报告的决议。会议补选冯拓远、刘正多、刘志刚、刘建新、阳蔚文、蒋晓阳、魏书卯为衡阳县第十七届人民代表大会常务委员会委员。

本次会议共收到代表10人以上联名提出的议案99件。根据大会议案处理办法规定，由李朝晖领衔、23位代表联名提出的《关于推进生态立县战略，全面整治县域生态环境的议案》予以立案，交县人民政府办理。本次会议期间，还收到代表建议、批评和意见46件，加上98件议案转作重要建议、批评和意见，总计列为建议、批评和意见办理的144件，由县人大常委会交“一府两院”及有关部门办理，并负责答复代表。

县人大常委会会议

【县十七届人大常委会第二次会议】 2017年2月23日，衡阳县第十七届人大常委会第二次会议由主任刘健主持，决定任命易宏友为衡阳县人民政府副县长；决定接受唐仕海、蒋立冬、罗永忠、吕湘荫、贺小娇等5名同志辞去县人大代表职务，并报县十七届人民代表大会第二次会议备案，决定接受蒋志诚、戴湘衡辞去县十七届人民代表大会常务委员会委员职务；审议决定召开县十七届人民代表大会第二次会议的时间、地点；审议通过衡阳县人大常委会2017年工作要点（草案）；审议通过衡阳县人大常委会开展“三学三争”主题实践活动方案（草案）；审议县人民政府关于农村综合公共服务中心建设项目融资情况的报告。

【县十七届人大常委会第三次会议】 2017年3月10日，衡阳县第十七届人大常委会第三次会议由主任刘健主持，免去凌晓林的衡阳县人民法院副院长职务，刘青的衡阳县人民法院审判员、审判委员会委员、副院长职务，屈维友的衡阳县人民法院副院长职务，陈波的县人民检察院检察员、检察委员会委员、副检察长职务，黄水晶的县人民检察院副检察长职务。决定任命李俊为县人大常委会内务司法工作委员会主任，冯拓远为县人大常委会选举任免联络工作委员会主任，刘建新为县人大常委会办公室副主任，魏书卯为县人大常委会研究室副主任，龙国华为县政府办主任，刘光长为县经济科技和信息化局局长，肖高登为县教育局局长，罗小伟为县公安局局长，朱斌为县监察局局长，陈福生为县民政局局长，刘炳辉为县人力资源和社会保障局局长，李培运为县司法局局长，王强为县财政局局长，庾江荣为县国土资源局局长，曾繁根为县住房和城乡建设局局长，汪衡木为县交通运输和旅游局局长，李荣和为县水利局局长，黄明成为县农业局局长，刘载宋为县林业局局长，罗永忠为县商务和粮食局局长，罗士夫为县文体广电新闻出版局局长，谭爱平为县卫生和计划生育局局长，段卫国为县审计局局长，凌晓城为县环境保护局局长，解卫国为县统计局局长，龙建斌为县安全生产监督管理局局长，李小龙为县市场和质量监督管理局局长，刘国平为县城乡规划局局长，贺小娇为县人民防空办公室主任。任命陈波为衡阳县人民法院审判员、审判委员会委员、副院长，李建平为衡阳县人民法院副院长，周龙为衡阳县人民法院审判员、审判委员会委员、副院长，刘青为衡阳县人民检察院检察员、检察委员会委员、副检察长，李建平为县人民法院副院长，段盛为县人民检察院副检察长。听取和审议西渡高新区相关融资情况的报告；听取和审议县城乡投相关融资情况的报告；通过县十七届人大二次会议相关人员名单；听取和审议县人大常委会、县人民政府、县人民法院、县人民检察院等6个工作报告；听取和审议关于补选县十七届人大代表的代表资格审查报告。

【县十七届人大常委会第四次会议】 2017年4月27日，衡阳县第十七届人大常委会第四次会议由主任刘健主持，听取和审议县政府班子成员落实《政府工作报告》责任分工情况的报告；听取和审议县人民政府关于怀邵衡铁路西渡站站前广场规划设计建设及连接线建设有关方面情况的报告；听取和审议县人民政府关于贯彻实施《湖南省乡镇财政管理条例》情况的报告；听取和审议关于开展电力专项工作评议的实施方案；听取县人民政府关于县人民医院新院项目建设情况的报告；听取和审议“一府两院”关于落实2016年县人大常委会审议意见情况的报告；审议决定2017年“一府两院”班子成员会议报告履职情况人员名单；听取和审议县人民政府关于衡阳县2016年城乡规划实施和2017年规划情况的报告；听取和审议县人民政府关于将全县易地扶贫搬迁项目政府购买服务列入财政预算等情况的报告；听取和审议县人民政府关于将交通基础设施工程项目政府购买服务资金列入财政预算等情况的报告。

【县十七届人大常委会第五次会议】 2017年6月26日，衡阳县第十七届人大常委会第五次会议由主任刘健主持，听取和审议县人民政府关于农机管理工作情况的报告；听取和审议县人民政府关于2016年环境状况和环境保护目标完成情况以及2017年环境保护目标计划安排的报告；听取和审议县人民政府关于人民防空工作情况的报告；听取县人民政府关于衡阳县食品药品工商质量监督管理局机构名称变更的报告；听取和审议关于食品药品监管工作专题询问工作方案。

【县十七届人大常委会第六次会议】 2017年7月8日，衡阳县第十七届人大常委会第六次会议由主任刘健主持，依法补选衡阳市第十五届人民代表大会代表;决定任命刘芳为衡阳县人民政府副县长,冯拓远为衡阳县第十七届人民代表大会常务委员会代表资格审查委员会副主任委员,蒋小阳、魏书卯为衡阳县第十七届人民代表大会常务委员会代表资格审查委员会委员。

【县十七届人大常委会第七次会议】 2017 年 8 月 31 日,衡阳县第十七届人大常委会第七次会议由主任刘健主持,任命邓燕华为衡阳县人民检察院检察员、检察委员会委员、副检察长;听取和审议县人民政府关于 2016 年财政决算情况的报告,审查批准衡阳县 2016 年财政决算;听取和审议县人民政府关于 2016 年度财政预算执行及其他财政收支情况的审计报告;听取和审议县人民政府关于 2015 年度县本级预算执行和其他财政收支审计有关问题整改情况的报告,并对整改情况开展满意度测评;听取和审议县人民政府关于 2017 年上半年财政预算执行情况的报告;听取和审议县人民政府关于 2017 年上半年国民经济和社会发展计划执行情况的报告;听取和审议《中华人民共和国土地管理法》贯彻实施情况检查的实施方案;会议还开展了电力专项工作评议。

【县十七届人大常委会第八次会议】 2017 年 10 月 25 日,衡阳县第十七届人大常委会第八次会议由主任刘健主持,听取和审议县人民政府关于 2017 年度财政预算调整方案的报告,听取和审议县人民政府关于界牌陶瓷工业园 PPP 项目情况汇报,听取和审议县人民法院关于行政审判工作情况的报告。

【县十七届人大常委会第九次会议】 2017 年 11 月 20 日至 21 日,衡阳县第十七届人大常委会第九次会议由主任刘健主持,听取和审议县人民政府关于贯彻实施《中华人民共和国土地管理法》情况的汇报,审议并通过县人民政府关于全县“六五”普法工作和“七五”普法决议(草案)情况的报告,听取和审议县人民政府关于全县城乡低保工作情况的汇报和关于全县脱贫攻坚工作情况的汇报,听取和审议关于县十七届人大二次会议代表提出的议案及建议办理情况的汇报。

【县十七届人大常委会第十次会议】 2017 年 12 月 15 日,衡阳县第十七届人大常委会第十次会议由主任刘健主持,审议通过关于召开县十七届人大三次会议的决定(草案),决定任命祝忠华为衡阳县交通运输和旅游局局长,魏书卯为衡阳县人大常委会研究室主任,冯华为衡阳县人大常委会内务司法工作委员会副主任,龙佚波为衡阳县人大常委会研究室副主任。任命肖启生为衡阳县人民法院审判委员会委员,邹学响为衡阳县人民法院审判委员会委员、金溪人民法庭庭长,汪向东为衡阳县人民法院审判委员会委员、界牌人民法庭庭长,廖金华为衡阳县人民法院审判委员会委员、集兵人民法庭庭长,彭国超为衡阳县人民法院审判委员会委员,颜红姣为衡阳县人民法院审判委员会委员、行政审判庭庭长,蒋咸英为衡阳县人民法院审判委员会委员、家事审判庭庭长,何劲松为衡阳县人民法院审判委员会委员,刘祝绍为衡阳县人民法院审判委员会委员,李海防为衡阳县人民法院渣江人民法庭庭长,曾新华为衡阳县人民法院审判监督庭庭长,冯志玲为衡阳县人民法院民事审判第二庭副庭长,李燕为衡阳县人民法院民事审判第二庭副庭长,王娟为衡阳县人民法院民事审判第三庭副庭长,谭建宝为衡阳县人民法院家事审判庭副庭长,曾建良为衡阳县人民法院民事审判第一庭副庭长,邓骥为衡阳县人民法院民事审判第三庭副庭长。决定免去汪衡木的衡阳县交通运输和旅游局局长职务。免去凌晓林的衡阳县人民法院审判委员会委员、审判员职务,刘义浩的衡阳县人民法院审判委员会委员职务,王建华的衡阳县人民法院审判委员会委员职务,吕阶平的衡阳县人民法院审判委员会委员、立案庭庭长职务,周小平的衡阳县人民法院审判委员会委员职务,曾新华的衡阳县人民法院审判委员会委员、行政审判庭庭长职务,戴金哲的衡阳县人民法院审判委员会委员、审判员职务,陈小青的衡阳县人民法院渣江人民法庭庭长职务,何劲松的衡阳县人民法院集兵人民法庭庭长职务,刘志波的衡阳县人民法院界牌人民法庭庭长职务,刘祝绍的衡阳县人民法院金溪人民法庭庭长职务，邹学响的衡阳县人民法院刑事审判庭庭长职务，廖金华的衡阳县人民法院民事审判第一庭庭长职务，汪向东的衡阳县人民法院民事审判第二庭庭长职务，颜红姣的衡阳县人民法院立案二庭庭长职务，蒋咸英的衡阳县人民法院审判监督庭庭长职务，陈格生的衡阳县人民法院执行工作局执行工作庭庭长职务，冯志玲的衡阳县人民法院刑事审判庭副庭长职务，王娟的衡阳县人民法院未成年人综合审判庭副庭长职务，谭建宝的衡阳县人民法院民事审判第三庭副庭长职务，邓骥的衡阳县人民法院民事审判第一庭副庭长职务，李优柏的衡阳县人民法院民事审判第二庭副庭长职务，陈海岚的衡阳县人民法院民事审判第二庭副庭长职务，陈建华的衡阳县人民法院民事审判第三庭副庭长职务，洪灏的衡阳县人民法院行政审判庭副庭长职务，王传民的衡阳县人民法院立案庭副庭长职务，刘柏丹的衡阳县人民法院审判员职务，刘丽锦的衡阳县人民法院审判员职务。听取和审议县人民政府关于西渡高新区污水处理厂 PPP 项目建设等情况的报告，听取和审议县人民政府关于撤乡镇设街道区划调整情况的报告。

【县十七届人大常委会第十一次会议】 2017 年 12 月 29 日，衡阳县第十七届人大常委会第十一次会议由主任刘健主持，会议审议县人大常委会工作报告（草案），听取和审议关于县十七届人大三次会议相关人员名单（草案）、县十七届人大三次会议选举办法（草案）、县人民政府关于 2017 年国民经济和社会发展计划调整方案（草案）的报告、县人民政府关于 2017 年财政收入调整方案（草案）的报告、县人民政府关于 2017 年落实县人大常委会审议意见情况的报告、县人民政府关于农村学校“五小”建设情况的报告。

履行职责

【监督工作】 听取和审议“一府两院”的专项工作报告。常委会始终从全县发展的大局谋划和推进人大工作，准确定位、主动融入、认真履职，推动县委重大决策部署贯彻落实。

2017 年常委会审议县人民政府关于农村综合公共服务中心建设项目融资情况的报告；听取和审议县人民政府关于西渡高新区相关融资情况的报告，县城乡投相关融资情况的报告，县人民政府关于怀邵衡铁路西渡站站前广场规划设计建设及连接线建设有关方面情况的报告，县人民政府关于贯彻实施《湖南省乡镇财政管理条例》情况的报告；听取县人民政府关于县人民医院新院项目建设情况的报告；听取和审议县人民政府关于衡阳县 2016 年城乡规划实施和 2017 年规划情况的报告，县人民政府关于将全县易地扶贫搬迁项目政府购买服务列入财政预算等情况的报告，县人民政府关于将交通基础设施工程项目政府购买服务资金列入财政预算等情况的报告，县人民政府关于农机管理工作情况的报告，县人民政府关于 2016 年环境状况和环境保护目标完成情况以及 2017 年环境保护目标计划安排的报告，县人民政府关于人民防空工作情况的报告；听取县人民政府关于衡阳县食品药品工商质量监督管理局机构名称变更的报告；听取和审议县人民政府关于界牌陶瓷工业园 PPP 项目情况汇报，县人民法院关于行政审判工作情况的报告，县人民政府关于贯彻实施《中华人民共和国土地管理法》情况的汇报，审议并通过县人民政府关于全县“六五”普法工作和“七五”普法决议（草案）情况的报告，县人民政府关于全县城乡低保工作情况的汇报和关于全县脱贫攻坚工作情况的汇报，县人民政府关于西渡高新区污水处理厂 PPP 项目建设等情况的报告，县人民政府关于撤乡镇设街道区划调整情况的报告，县人民政府关于农村学校“五小”建设情况的报告。

审查和批准决算，听取和审议国民经济和社会发展计划、预算的执行情况报告，听取和审议审计工作报告，批准国民经济社会发展计划调整方案。常委会围绕全县经济发展大局，把计划和财政预决算监督摆在重要位置。注重国民经济和社会发展齐头并进，计划目标设定的科学性、合理性，强调抓实项目建设和民生事业，审查 2017 年上半年计划执行情况,审查批准2017年计划调整方案,初步审查2017年计划执行和2018年计划草案的报告。更加注重预算的公开公平,要求优先保工资、保运转,注重发挥审计监督作用,听取和审议2017年上半年财政预算执行、财政同级审计和审计查出问题整改情况的工作报告,审查批准2016年财政决算和2017年财政预算调整方案,初步审查2017年财政预算执行与2018年财政预算草案的报告。

法律法规实施情况的检查。常委会抓住人民群众普遍关心的土地问题,开展《中华人民共和国土地管理法》贯彻实施情况检查。在动员会上,举行土地管理法知识专题培训,让参加检查的人员对该法有更深的认识,确保检查实效;在执法检查中,突出自查自纠,要求17个相关单位、国土资源局13个职能股室和25个乡镇所全面开展自查,做到边查边改;在检查结束后,5个执法检查小组与国土局班子成员面对面反馈问题35条,提出审议意见6条,交办具体事项3个,限期整改到位。听取县人民政府关于《湖南省乡镇财政管理条例》贯彻实施情况的报告,对《互联网上网服务营业场所管理条例》执法检查等审议意见落实情况进行跟踪监督,通过再调研、再审议、再表决,促进审议意见落实,推进相关法律法规全面贯彻实施。

专题询问工作。常委会从关注人民群众身体健康和生命安全出发,选择食品药品监管工作开展专题询问。7月21日,召开县人大常委会食品药品监督管理工作专题询问动员会。县人大常委会主任刘健主持动员会,并就专题询问工作作出部署。会后由主任会议成员带队,深入乡镇、生产经营企业及相关职能部门,广泛调研,找准问题,掌握实情。及时召开专题会议,审议食品药品监管工作情况报告,就梳理归纳的12个方面问题进行询问,县人民政府分管副县长带领相关单位主要负责人到会应询,认真作答。常委会跟踪督促被询问单位兑现承诺,一抓到底。政府及相关单位加大食品药品监管检查力度,查处违法案件192件,取缔小作坊5家,收缴销毁价值18万余元的问题食品,确保人民群众饮食用药安全。

规范性文件备案审查。常委会强化规范性文件备案审查,及时纠正违宪违法行为。一年来,主动审查县人民政府报送规范性文件18件,纠正“问题文件”1件,确保规范性文件的合法有效,切实维护法制统一。

信访工作。常委会积极做好人大信访工作,坚持“主任接待日”制度,落实诉访分离机制,规范信访接待、批转、督办和回复等程序,热情接待上访群众,维护群众合法权益。一年来,共受理群众信访108件次,同比下降38.3%。

【重大事项决定】 坚持把审议决定重大事项与全县经济社会发展紧密结合起来,围绕撤乡镇设街道、易地扶贫搬迁、农村综合服务平台建设、高新区核心片棚户区改造等重大事项,深入调查研究,广泛集中民智,依法作出决议决定20个,并持之以恒地把决议决定的落实作为监督重点,对实施情况进行跟踪监督,有力推动了怀邵衡铁路西渡站站前广场及连接线、城区基础设施建设、渣江玉麟文化古镇等一批重点项目顺利实施,促进了全县经济社会的发展。

【人事任免工作】 坚持党管干部和人大依法行使任免权相统一,认真做好新一届政府工作部门的“随届任命”,严格实行任前了解、任前考法、任前发言、任前询问、颁发任命书和宪法宣誓等制度;坚持对法检两院拟提请任命法律职务人员任前公示,接受社会监督。全年共任命国家机关工作人员62人次,接受县人大代表辞去代表职务8人。注重抓好任后监督,首次采取票决方式,确定县人民政府2名副县长,政府工作部门6名主要负责人,县人民法院、县人民检察院各1名副职,向常委会会议报告年度履职情况,并开展履职评议和满意度测评,切实增强被任命人员依法履职意识。

【代表工作】 常委会始终尊重代表主体地位,主动做好联系代表、服务代表各项工作,激发代表履职热情,代表作用更加彰显。

督办代表建议。县第十七届人大二次会议期间,收到代表提出议案1件,建议、批评和意见129件。常委会及时归纳整理,将其中20件代表反映强烈、事关民生发展的建议列为重点，一并交“一府两院”办理。坚持主任会议成员牵头、联工委统筹、相关委室配合、代表参与的督办机制，注重对代表议案和重点建议的跟踪督办。县人民政府及各承办单位高度重视，认真研究，落实办理责任，严格办理程序，办理质量和效果明显提高。代表普遍关注的“县域生态环境、农村合作医疗政策、县城停车难、法制文化广场建设”等一批热点问题得到较好的解决。代表所提建议全部办理完毕，办结率达 100%，满意和基本满意率达 92%。

夯实履职基础。继续推进人大代表联系群众工作站制度化、规范化、标准化建设，进一步夯实人大代表履职阵地。开展执法检查、专项工作评议、专题询问等活动坚持邀请市、县代表参加，分 4 批次邀请 49 名县人大代表列席常委会会议，拓宽代表知情知政渠道。组织省、市和部分县人大代表对人民群众关注的热点难点问题、重点项目建设等进行集中视察，提出建议意见，推动“一府两院”改进工作。先后组织驻县省人大代表和 4 个市人大代表活动小组开展专题调研活动，为代表依法履职创造良好条件。组织 15 名市人大代表向县人大常委会述职，强化代表履职意识，促进代表作用发挥。

【专项工作评议】　2017 年 6 月 7 日，常委会召开了全县电力专项工作评议动员大会，安排部署全县电力专项评议工作。会后组织 5 个评议调查小组，深入各乡镇及部分县直单位。10 月 26 日，常委会对电力工作进行会议评议，听取和审议县人民政府关于全县电力工作情况的报告，对国家电网衡阳县分公司主要负责人进行询问，通过满意度测评，国家电网衡阳县分公司的满意票和基本满意票超过了半数。针对电力供需矛盾突出、农网改造欠账较多、电力配套设施滞后等情况，要求供电部门盯住改造升级目标，明确年度改造计划，加快配套设施建设，切实缓解人民群众生产生活用电困难问题。

政　务

重要会议

【县政府全体(扩大)会议】 县政府全体(扩大)会议由政府党组成员、有关领导和县政府工作部门的主要负责人组成,由县长或者县长委托常务工作的副县长召集或主持。县政府办公室副主任,各乡镇人民政府、县政府序列的有关部门主要负责人列席会议。2017年召开县政府全体(扩大)会议2次。

县政府第一次全体(扩大)会议　4月7日上午召开。县长孙鹏伟作报告,会议就贯彻落实县委经济工作会议、人大会议确定的工作任务,进行细化分解,并对深入推进政府系统廉政建设,作出了部署和强调,动员全县上下明确责任,提升质量,认真做好人大代表和政协委员建议提案办理工作。

县政府第二次全体(扩大)会议　10月30日上午召开。县长孙鹏伟作报告,会议组织学习了党的十九大报告,并对政府系统学习、宣传、贯彻党的十九大精神提出具体要求。

【县政府常务会议】 县政府常务会议由政府党组成员,有关领导组成,县政府办公室副主任、县政府法制办及议题单位负责人列席会议。2017年召开政府常务会议16次。

第十七届第四次会议　1月23日召开,研究开展衡阳县小微企业助保金贷款业务、船山西路(衡阳县段)沿线管理工作。会议决定由县政府与中国建设银行股份有限公司衡阳市分行合作推出衡阳县中小微企业助保金贷款业务(以下简称助保贷),成立衡阳县助保金管理中心,由县委常委、常务副县长王苏龙任主任。同意《衡阳县中小微企业助保金贷款管理办法(试行)》《衡阳县中小微企业"助保贷"业务风险补偿办法(试行)》和《助保贷业务合作协议》。同意县城乡规划局提交的《关于加强船山西路(衡阳县段)沿线建设管理的意见。

第十七届第五次会议　2月14日召开,研究2017年财政预算、国有(集体)企业改制、2017年固定资产投资和争资争项、湘莲生产和湘莲产业扶贫开发及乡镇污水处理厂建设相关工作。会议原则同意县财政局提交的《2017年衡阳县财政预算(草案)》,县改制办提交的《关于进一步加快企业改制的实施意见》《关于调整县国有(集体)企业产权制度改制领导小组的通知》,县发改局提交的《关于下达衡阳县2017年"项目推进年"活动各项考核指标任务的通知》,县农业局提交的《衡阳县湘莲产业开发实施方案》。同意成立乡镇污水处理厂建设工作协调领导小组,力争渣江、金兰等7个乡镇污水处理厂建设项目进入国家PPP项目库。

第十七届第六次会议　2月17日召开,研究县城乡投项目建设及融资工作。会议决定,实行以政府购买服务方式实施渣江玉麟文化古镇、西渡古街基础设施、2017年城区基础设施和蒸南大道建设项目,项目购买服务资金列入县财政预算管理,并提请县人大常委会审议。

第十七届第七次会议　3月7日召开,研究全面推行河长制和怀邵衡铁路衡阳县站配套设施项目融资工作。会议原则通过《衡阳县关于全面推行“河长制”的工作方案》，建立县、乡、村三级河长制体系，成立衡阳县河长制工作委员会。县财政据实对该项工作予以经费保障。

第十七届第八次会议　3月22日召开，研究全县安全生产，公安和道路交通安全管理，县级公立医院综合改革，党员干部、国家工作人员、社会公众人物违法生育专项治理工作。会议原则通过了《衡阳县“落实企业安全生产主体责任年”2017年实施方案》，同意召开全县安全生产工作会议。会议要求迅速规划建设县城公交车停车场和公共停车场，缓解县城“停车难”问题。原则通过《关于调整衡阳县深化医药卫生体制改革领导小组的通知》《衡阳县2017年党员干部、国家工作人员和社会公众人物违法生育专项治理行动实施方案》。明确在全县事业编制总额范围内，逐年将全县卫生系统人员编制保障到位。

第十七届第九次会议　3月30日召开，研究全县交通基础设施融资和全县易地扶贫搬迁项目政府购买服务工作。原则同意采取“市统贷、县分还”的融资模式向国开行和农发行申请交通基础设施建设项目贷款，将衡阳县“十三五”期间易地扶贫搬迁项目列入政府购买服务。

第十七届第十次会议　4月21日召开，学习省委办公厅湘办〔2017〕10号文件精神，研究全面推进政务公开工作和高新区债券发行及污水处理项目建设工作及全县食品安全工作。会议明确，出台《衡阳县全面推进政务公开工作的实施意见》《衡阳县政务公开政务服务工作考核实施办法》和《关于调整衡阳县政务公开政务服务领导小组成员的通知》三个文件。要求全县各级各部门加强食品安全工作，组织开展好全国食品安全宣传周衡阳县启动仪式并签订食品安全责任状。

第十七届第十一次会议　5月9日召开，研究全县财政、衡州农商行不良贷款清收和全县新能源公交车票价调整相关工作。会议同意县财政局关于争取财力性转移支付和新增政府债券、收回政府债券、处置政府资源和资产、调整结算方式、加强非税收入管理集中财力等五个方面的建议。要求各级各部门要做好相关工作，争取在三年内将14亿的不良贷款清收完成。同时，将衡州农商行不良贷款清收工作纳入年度绩效考核。会议明确调整县城公交车票价，将县城内1元/人次公交票价调整为2元/人次。

第十七届第十二次会议　5月27日召开，研究县移民避险解困试点和县城乡投公司第二批项目融资、安全生产工作。同意成立移民避险解困试点工作领导小组，同意把移民避险解困试点工作列入全县为民办实事重点工作，并纳入各部门及乡镇年度考核。会议要求强化监测预测和应急管理，确保全县安全生产形势持续平稳。

第十七届第十三次会议　7月21日召开，研究政府融资平台公司改革、全县交通公路项目、乡镇污水处理厂建设、金融安全区创建、政务公开政务服务、征兵和脱贫攻坚等工作。会议同意对县经开投（含高新投）、县城乡投（含交通投）进行改革，改革后俩公司为政府国有企业，县经开投（含高新投）直属湖南衡阳西渡高新技术产业园区管理委员会管理，县城乡投（含交通投）直属衡阳县人民政府管理；取消两家公司工资财政统发，按照工作绩效发放薪酬。会议同意县交通运输和旅游局、县公路局提出的全县交通公路项目建设计划，要求8月底前做好衡邵高速西渡互通至娄衡高速檀山咀互通新建公路、S222线九峰至渣江段、S219线国庆至李坳段三条国省干线公路和渣盐线以及农村公路项目的各项前期工作。加快推进西界公路、娄衡高速大安连接线、战备公路（金兰至石坳、太平至岩石）、120.4公里农村公路窄路加宽工程、14.3公里旅游道路、23公里县乡边界路（断头路）硬化、208公里安全生命防护工程、农村公路危桥改造项目工程建设。会议决定成立乡镇污水处理厂建设工作专班，8月中旬以前，金兰镇、库宗桥镇、井头镇、渣江镇、台源镇、界牌镇、集兵镇7个乡镇污水处理厂要全面动工。同意县金融办和县人民银行代拟的《衡阳县金融安全区创建工作方案》等7个文件，同意成立衡阳县创建金融安全区和农村信用体系建设工作领导小组。同意提交讨论的《衡阳县加快推进“互联网+监督”工作实施方案》和《关于成立衡阳县“互联网+监督”工作协调领导小组的通知》。决定成立衡阳县政务公开标准化规范化试点工作领导小组，由县长孙鹏伟任组长,常务副县长王苏龙(常务)、副县长刘芳任副组长,相关试点单位主要负责人为成员,领导小组办公室设县政务公开政务服务管理办公室,由县政府办公室主任龙国华兼任办公室主任,县政务公开政务服务管理办公室主任唐桂生(常务)、副主任席传细兼任办公室副主任。会议要求,要严肃征兵工作纪律,力争实现征兵体检和政治考核"零责任退兵",确保圆满完成2017年征兵工作任务。要求按照"五个一批"的要求,严格把握贫困户脱贫标准和退出程序,坚决打赢脱贫攻坚战。

第十七届第十四次会议　8月3日召开,研究农村承包地确权登记颁证、深化乡镇教育管理体制机制改革、界牌陶瓷工业园规划红线范围内"行政村委托管理"和消防安全生产工作,审议《衡阳县人民政府工作规则(审议稿)》。会议要求做好农村承包地确权登记颁证工作,同意召开确权登记颁证工作转段动员会。通过《衡阳县深化乡镇教育管理体制机制改革实施意见(试行)》和《衡阳县人民政府工作规则(审议稿)》。会议明确县编办要迅速重新编制界牌陶瓷工业园管委会的主要职责、内设机构和人员编制规定,提交大编委会研究确定。要求相关部门要加强消防基础设施和乡镇专职消防队伍建设。

第十七届第十五次会议　9月13日召开,研究环保、西渡水闸除险加固和湘江堤防建设、界牌陶瓷工业园PPP项目实施方案、行政执法"三项制度"试点、公安、信访和安全生产等工作。会议决定成立衡阳县突出环境问题整改工作领导小组、湘江堤防(樟木段)工程建设协调领导小组、衡阳县行政执法"三项制度"试点工作协调小组。同意提交讨论的《衡阳县推行行政执法公示制度执法全过程记录制度重大执法决定法制审核制度试点工作实施方案》《衡阳县深化"四合一"农村警务改革实施意见》。明确实行县级联点领导负总责,按照"属地原则"做好"十九大"期间稳控工作。要求各级各部门要继续深入开展"落实企业安全生产主体责任年"活动,扎实开展安全生产"大检查、大排查、大整治"工作。

第十七届第十六次会议　10月19日召开,研究全县金槐产业、教育、"12345"政府服务热线平台建设和"河(库)长制"工作。会议同意《关于进一步推进金槐产业发展的实施意见》,到2020年,全县完成金槐种植面积达10万亩。主要布局在发展基础和自然条件较好的"两线两区"(即西界线和S210线、西渡镇样板区和石市镇示范区),其中西渡镇样板区要以赤水村为依托,打造2000亩以上的集中示范片,石市镇示范区要努力打造万亩"金槐之乡"。对连片种植区100亩以上的金槐种植大户,继续实行政府整合财政资金补助政策,补助标准由400元/亩提高到500元/亩;对购买安装槐米烘干设备的规模种植业主,由县财政按购机费用15%的标准进行补助;对金槐加工业主按县政府既定的招商引资优惠政策落实到位。会议决定采取历史债务整体剥离、财政承担债务利息的方式,迅速制定出台全县普通高中债务化解实施办法,妥善化解全县普通高中投资性债务。要求建立健全常态化的教师招聘机制,进一步加大教师引进力度。扎实做好"教育两项督导评估考核"迎评工作,确保顺利通过省复评验收。会议决定成立衡阳县"12345"政府服务热线平台建设工作领导小组,原则同意《衡阳县信息调度指挥中心("12345"政府服务热线)管理工作方案》和《衡阳县"12345"政府服务热线工作考核评分细则》。会议明确,成立衡阳县河道联合执法队伍,从县水利、公安、环保、农业、林业、畜牧水产、住建、国土资源、交通运输和旅游等部门抽调行政执法人员组成,由县"河(库)长制"委员会办公室统一调度指挥,具体负责水污染防治、水域岸线、采砂船舶和水工程设施管理,确保河道违法行为得到及时处理,水污染防治管理达标。

第十七届第十七次会议　11月27日召开,传达学习第八届湘商大会暨第五届湘南投洽会精神,研究建立建设领域农民工劳动报酬保障制度、县城乡投公司企业债券发行和西渡高新区有关工作。会议要求,要优化政务环境、简化审批程序、提高工作效率,切实方便企业和群众办事,吸引更多企业入驻,促进项目落地建设。同意提交讨论的《衡阳县建设领域农民工劳动报酬支付管理规定》和《衡阳县建设领域农民工劳动报酬保证金管理实施办法》。

第十七届第十八次会议 12月5日召开，研究全县油茶产业发展、服务企业和文联相关工作。会议明确全县油茶产业规划布局为“一带两线三区”，决定成立全县油茶产业发展工作领导小组，原则同意提交讨论的《关于进一步加快油茶产业发展的实施意见》。会议要求县自来水公司、国网县供电公司和天然气公司等单位要加大对工业企业用水、用电、用气的优惠力度，支持工业企业快速发展。会议同意2017年12月召开衡阳县文联第二次代表大会，设立“衡阳县船山文学艺术奖”，通过《关于繁荣文学艺术创作的实施意见》。

第十七届第十九次会议 12月14日召开，研究撤乡镇设街道工作。会议明确撤并西渡、樟树和板市三个乡镇，设立三个街道。会议原则同意提交讨论的《衡阳县撤乡镇设街道区划调整方案（草案）》，由县民政局按程序提交人大、政协讨论，县委全会审议。

【县长办公会议】 县长办公会议由县长召集和主持。县政府有关领导出席会议，县政府办公室副主任、县政府有关部门（单位）及乡镇人民政府主要负责人根据议题需要列席会议。2017年，召开县长办公会议4次。

2月6日召开，研究城市建设相关工作。会议决定，切实抓好县城老城区绿化和亮化工作，完成新正街、向阳南路提质改造工程，新正街提质改造以人行道综合提质改造为主，向阳南路提质改造以绿化、亮化提质为主；完成马厂、银穗和青风（含中心北路）片区综合整治，按照棚户区改造政策要求做好片区立面改造和相关配套基础设施建设。

3月27日召开，研究调度2017年城市建设项目工作。会议原则同意将我县因项目用地、规划技术指标等方面的限制，确定不能实施的788套棚户区改造项目调整到县城马厂、青风、银穗片区。将无法实施的1051套工矿棚户区项目其中的200套调整到界牌陶瓷工业园，851套调整到县城马厂、青风、银穗片区，调整项目报省市批准后实施。明确县城城市建设项目由副县长蒋立冬总揽，对具体项目牵头县级领导及责任单位予以了明确。要求各级各部门要组建工作专班，强化措施，确保2017年度所有城建项目在5月初全部动工建设。

8月23日召开，研究县妇幼保健院新院周边配套设施建设及卫计系统项目融资工作。会议决定，由副县长蒋立冬牵头组织相关职能部门，在11月底前完成县城城西片区污水管网及道路建设的规划设计，并铺设好至妇幼保健院新院的自来水管网、污水管网临时排水泵站、双回路供电线路，完成天然气、有线电视、电信设施扫尾工作。按照土地利用总体规划，在县妇幼保健院新院东侧征地30亩，用于儿童医院和月子中心建设，如因用地指标或资金短缺等问题暂不具备开工建设条件，则将此地块作为儿童医院和月子中心建设预留地。

10月25日召开，研究西渡镇江山社区罗塘组安置工作。会议决定，罗塘组的安置用地明确在洪山北路以东、人和路以南、文塘组组留地以北地块，罗塘组的组留地位置确定在文塘组组留地以东、联胜路以北地块，具体以规划红线图为准。原则同意将人和路以南地块调整为商住用地；罗塘组安置用地及组留地与文塘组组留地、万文武安置地一并整体规划，容积率不大于4.17。对罗塘组安置面积以内的报建规费给予减免（行政事业性收费全免，服务性收费按最低标准的30%收取）；超出安置面积部分的报建规费，由罗塘组按商品房开发的政策缴纳行政事业性收费和服务性收费。如该宗地进入市场条件成熟，可依法依规组织出让，安置在该宗地的罗塘组村民要按动工时当年度的土地市场评估价，依法依规缴纳土地出让金和相关税费，其组留地依法依规办理相关手续后方可动工建设。

综合服务

【起草重要文稿及公文处理】 县政府办在公文处理上，坚持从严、从精、及时、实效的原则，严格按照《国家行政机关公文处理办法》的规定，严把政策关、时效关、公文体例格式关、文字关和校核关，力求政策清楚、主题突出、观点准确、格式规范、逻辑严谨、准确及时。同时,规范发文行为,精减文件数量,努力做到少行文、行短文。全年共办理各类文件446件,出台各类会议纪要98个。突出以文辅政,共起草各类综合性的会议材料、领导讲话、情况介绍、典型材料及汇报总结等200余篇,形成调查报告14个,提出各类合理化建议40余条,报送各类政务信息300余条。

【政务督查】 县人民政府督查室是县人民政府专门负责政务督查的机构。主要工作:对政府中心工作和政府领导交办的督查事项、上级重大决策、重要文件、重要工作部署贯彻落实情况的督促检查等,确保政府部署重要工作任务的落实,切实提高政府执行力。按照"一单四制"工作流程即形成交办清单,落实交办制、台账制、销号制、通报制规范开展工作。2017年,对《政府工作报告》和县委经济工作会议确定的各项目标任务进行了细化分解,共分解任务117项,明确责任部门,落实了责任人和责任领导,切实抓好各项工作的督促落实。落实市政府批示、交办、督办、通知件72件,落实书记批示件98件,落实县长批示件35件;落实县长交办事项10件;落实常务副县长交办事项27件;开展决策落实督查12次;开展重点事项督查10次;开展明查暗访2次;开展会风会纪督查27次;下发督办函14个;下发交办件23件。全年编发《督查通报》15期。

【调查研究】 县政府经研室紧紧围绕县政府中心工作,切实做到以文辅政,充分发挥参政设谋的智囊作用。全年对工业园区发展、项目建设、扶贫攻坚、环境保护等热点难点问题进行了深入细致的调研,形成调查报告14个,提出各类合理化建议40余条,调研形式多样,内容丰富,数据真实,为领导科学决策提供了有效参考。

【应急管理】 应急管理工作坚持"预防为主、积极应对"的原则,不断强化预警预测、隐患排查和监管督办,各类突发公共事件得到妥善处理,降低了事件造成的影响,保障了人民生命财产安全。一是加强组织领导。及时调整县应急管理工作领导小组和县突发公共事件应急委员会组成人员,建立主要领导亲自抓,分管领导具体抓,各单位全面落实的应急管理协调推动工作体制。二是完善应急预案。进一步梳理、汇总各专项应急预案,重新修订各类应急预案37件,全县的应急预案体系更为完整健全。三是强化责任落实。将应急管理工作纳入目标管理考核内容,进一步明确了各乡镇、部门的责任和义务,使工作落实到单位,落实到人,落实到岗。四是抓突发公共事件应急处理。建立和完善矛盾纠纷排查制度和信息报送制度,全年共报送突发事件信息80余条,其中书面报告22期;通过手机短信、村村响等方式发布各类自然预报预警信息30000余条。对有可能引发突发公共事件的事项、局域分类管理,加强监控,在突发公共事件有可能发生重要敏感时期重点加强防范。预警信息发布中心建设全面完成,获评全省首个县级预警信息发布中心示范单位;突发事件处置得当,有效处置了樟木乡山体滑坡事件和曲兰镇生猪定点屠宰事件等突发事件。五是提升应急队伍综合素质。7月,组织乡镇、县直相关单位开展基层应急管理规范化建设培训,提高了干部应急综合素质。六是广泛宣传教育。5月12日防灾减灾日,通过标语、展板、宣传册等形式进行防灾减灾科普宣传活动,发放宣传资料2万余份,公众的忧患意识、法制意识进一步增强。

【人大代表建议、政协委员提案办理】 县人民政府系统共承办人大代表议案、建议、意见(以下简称建议)124件,其中含议案1件;政协委员提案179件。4月7日,县政府通过2017年第一次政府全体扩大会议将办理工作任务细化分解,要求各承办单位把工作重点放到解决实际问题上,促使办理工作由回复型向落实型转变。各承办单位在总结以往办理工作经验的基础上,大胆创新办理机制,推出现场办理、面商办理、曲线办理等多种办理方式,加强与代表委员的沟通和联系。县政府办将办理工作作为政务督查的重要内容,强化对办理工作的督查督办。2017年,县政府系统承办的建议提案答复率、见面率、满意率及问题解决率均达到100%。通过做好办理工作,进一步加强政府与人大、政协的联系,增进人大代表和政协委员对政府工作的理解;进一步提高政府依法行政、民主行政、科学行政的水平,促进政府行政效能不断提高。

【值班工作】 县政府总值班室担负的工作职责主要是:负责下发各类会议通知;负责县政府及政府办印章管理;负责来信来访的接待、登记、报告和疏导工作;受理电话咨询、情况反映的登记、处理及报告;负责县政府机要通信电视电话的管理工作;负责县政府及政府办公室的文件材料档案收集、整理、归档工作;实行24小时值班,严格执行交接班制度,做好值班值守工作,确保上情下达、下情上传,及时准确高效提供优质的服务,维护政府及政府办的窗口形象。全年共下发各类会议通知4600余个,加盖政府公章490批次,政府办公章460批次,无一出错。严格执行国家和省市机要保密制度,没有出现失密泄密事件。协调处置各类矛盾和问题180余次,处理各类值守应急电话1330人次。对群众来信来访接待,热情周到、登记记录清楚、报告及时、文件送阅准确及时,会议室的组织安排有条不紊。接收省市电视电话会议80个;收到省、市传真电文、函件730余件,按程序进行甄别分类处理。坚持24小时值班和实行领导带班制度,组织专门学习业务培训6次,本年度评为全县信访工作、档案管理工作先进单位。

【重点民生实事】 县委、县政府高度重视重点民生实事,明确提出了要在市绩效考核中争先创优的目标。各责任单位牢固树立民生政府的理念,坚持以人民为中心,强化责任担当,各单位"一把手"亲自部署,靠前指挥,全力调度,确保了全县重点民生实事项目按时全面完成,并按要求在相关媒体上进行了公示,以实际行动取信于民。全县11项14件重点民生实事项目已全面完成年度目标任务,共投入资金72252.96亿元。其中3件完成目标任务100%,11件超额完成年度目标任务。

2017年衡阳县为民办实事考核指标进度完成情况表

表1

序号	考核指标		主要责任单位	目标任务完成进度		目标任务投资额进度(万元)	
				全县累计完成	完成率%	全县累计完成	完成率%
1	精准扶贫	农村危房改造	县住建局	850户	100	2793.50	100
		农村饮水安全巩固提升	县水利局	12329人	100	749.27	100
		特困移民解困避险搬迁安置	县移民局	798人	100	3044.00	100
2	农村公路建设	提质改造	县交通运输和旅游局、县公路局	157.06公里	100	7488.81	100
		安保设施建设	县交通运输和旅游局、县公路局	142.474公里	100	2140.00	100
3	新增城镇就业		县人社局	7950人	100	1423.00	100
4	棚户区改造	城市棚户区改造	县住建局	1111套	100	48841.00	100
		国有工矿棚户区改造	—	—	—	—	—
5	农村适龄妇女"两癌"免费检查		县卫计局、县妇联	10100人	100	178.00	100
6	新增养老床位		县民政局	128张	100	774.00	100
7	新增社会治安视频监控摄像头		县公安局	200个	100	1307.00	100

续表1

序号	考核指标	主要责任单位	目标任务完成进度		目标任务投资额进度(万元)	
			全县累计完成	完成率%	全县累计完成	完成率%
8	农村宽带网络升级改造	县移动公司	173个	100	1300.00	100
		县联通公司	63个	100	1500.00	100
9	行政村配电网改造	县电力局	8个	100	612.00	100
10	孕产妇产前免费筛查	县卫计局	7558人	100	102.38	100
11	法律援助	县司法局	315人	100	38.00	100

（衡阳县政府办公室）

【政府办机关自身建设】 严格执行干部管理和机关管理的各项规章制度，切实增强干部职工的规矩意识和纪律意识。以党员干部为重点，加强干部职工思想教育，深化机关作风建设，进一步巩固“两学一做”学习教育成果，防止不良作风问题回潮反弹，以优良的作风保障政务工作高效开展。采取多种形式，加大干部职工学习培训力度，全面提升干部队伍能力素质。强化行政执法监督，规范行政执法行为，提高法治政府建设水平。

县人民政府及办公室重要文件目录

表2

发文日期	文件标题	发文字号
1月6日	关于进一步做好防范和处置非法集资工作的实施意见	蒸政发〔2017〕1号
1月23日	关于印发《向阳北路提质改造建设项目征地拆迁安置补偿实施方案》的通知	蒸政发〔2017〕2号
1月25日	关于加强船山西路(衡阳县段)沿线规划建设管理的意见	蒸政发〔2017〕3号
1月25日	关于刘展生等同志职务任免的通知	蒸政发〔2017〕4号
1月25日	关于谭和平等同志职务任免的通知	蒸政发〔2017〕5号
3月31日	关于成立衡阳县高新技术产业园投资开发有限公司的决定	蒸政发〔2017〕6号
4月6日	关于印发《2017年〈政府工作报告〉重点工作目标任务分解表》的通知	蒸政发〔2017〕7号
4月12日	关于对向阳北路提质改造项目国有土地上房屋的征收决定	蒸政发〔2017〕8号
4月27日	关于印发《衡阳县妇女发展规划(2016－2020年)》和《衡阳县儿童发展规划(2016－2020年)》的通知	蒸政发〔2017〕9号
4月27日	关于印发《衡阳市第二生产垃圾填埋场卫生防护区房屋拆迁补偿安置实施方案》的通知	蒸政发〔2017〕10号
5月9日	关于印发《衡阳县界牌陶瓷工业园基础设施及项目建设征地拆迁安置补偿实施方案》的通知	蒸政发〔2017〕11号
5月27日	关于印发《衡阳县建设项目证件办理与税费征收一体化管理规定》的通知	蒸政发〔2017〕12号
6月6日	关于印发《衡阳县大中型水库特困移民解困避险搬迁项目实施办法》的通知	蒸政发〔2017〕13号
6月26日	关于印发《衡阳县交通运输和旅游建设项目管理办法》的通知	蒸政发〔2017〕14号
6月26日	关于印发《衡阳县交通工程建设质量与安全监督实施细则》的通知	蒸政发〔2017〕15号
7月17日	关于印发《湖南衡阳灵瑞寺国家粮食储备库新一轮经营承包工作实施方案》的通知	蒸政发〔2017〕16号
7月20日	关于印发《船山西路(衡阳县段)土地储备项目征地拆迁补偿安置工作实施方案》的通知	蒸政发〔2017〕17号

（蒸政发）

续表 2

发文日期	文 件 标 题	发文字号
8 月 31 日	关于全面推进标准化工作的实施意见	蒸政发〔2017〕18 号
9 月 27 日	关于印发《衡阳县渣江玉麟文化古镇旅游开发项目征地拆迁补偿安置工作实施方案》的通知	蒸政发〔2017〕19 号
11 月 23 日	关于进一步推进金槐产业发展的实施意见	蒸政发〔2017〕20 号
12 月 25 日	关于熊知贵等同志职务任免的通知	蒸政发〔2017〕21 号
12 月 25 日	关于杨光辉等同志职务任免的通知	蒸政发〔2017〕22 号

（蒸政发）

表 3

发文日期	文 件 标 题	发文字号
1 月 11 日	关于请求提供信托融资支持的函	蒸政函〔2017〕1 号
1 月 16 日	关于将娄衡高速衡阳县县城连接线列入湖南省“十三五”干线公路建设规划的函	蒸政函〔2017〕2 号
1 月 18 日	关于支持湘南船山技校申报衡阳县公共实训基地建设项目的承诺函	蒸政函〔2017〕3 号
1 月 18 日	关于对县地税局 2017 年绩效考核奖励方案的批复	蒸政函〔2017〕4 号
1 月 19 日	关于请求将衡阳县渣江镇玉麟村（原和睦村）列入湖南省第五批省级历史文化名村的函	蒸政函〔2017〕5 号
1 月 19 日	关于征求设置衡阳县集兵生猪定点屠宰点意见并予以备案的函	蒸政函〔2017〕6 号
1 月 23 日	关于解决衡阳县栏垅乡西白公路维修资金的函	蒸政函〔2017〕7 号
2 月 9 日	承诺函（经开发向中信银行贷款）	蒸政函〔2017〕8 号
2 月 14 日	关于 2017 年义务教育标准化教学点和农村公办幼儿园建设的报告	蒸政函〔2017〕9 号
2 月 16 日	关于将衡阳县第三人民医院建设项目列入十三五医疗卫生领域建设项目储备库的函	蒸政函〔2017〕10 号
2 月 18 日	关于提请审议将衡阳县农村综合公共服务中心建设项目政府购买服务资金纳入财政预算的议案	蒸政函〔2017〕11 号
2 月 20 日	关于对 S228、S339 衡阳县界牌至西渡公路工程施工招标方案予以核查的函	蒸政函〔2017〕12 号
2 月 22 日	关于认定全县农村创业创新园区（基地）的通知	蒸政函〔2017〕13 号
2 月 23 日	关于提请易宏友同志职务任免的议案	蒸政函〔2017〕14 号
2 月 23 日	关于调整（补进）省级生态公益林的函	蒸政函〔2017〕15 号
2 月 23 日	承诺函（107 国道）	蒸政函〔2017〕16 号
2 月 23 日	关于衡阳县城市和农村建设投资有限公司增加股东等事宜的通知	蒸政函〔2017〕17 号
3 月 7 日	关于对《湖南衡泰机械科技有限公司“12·8”起重伤害事故调查报告》的批复	蒸政函〔2017〕18 号
3 月 6 日	关于对《湖南衡阳灵瑞寺国家粮食储备库“12·16”坍塌事故调查报告》的批复	蒸政函〔2017〕20 号
3 月 6 日	关于提请审议将衡阳县蒸南大道建设项目政府购买服务资金列入县财政预算管理的议案	蒸政函〔2017〕21 号
3 月 6 日	关于提请审议将衡阳县 2017 年城区基础设施建设项目政府购买服务资金列入县财政预算管理的议案	蒸政函〔2017〕22 号
3 月 6 日	关于提请审议将衡阳县渣江玉麟文化古镇建设项目政府购买服务资金列入县财政预算管理的议案	蒸政函〔2017〕23 号
3 月 7 日	关于申报全省美丽乡村建设整域推进试点县的函	蒸政函〔2017〕24 号
3 月 7 日	关于提请审议将怀邵衡铁路西渡站站前广场及洪山北路连接线项目实行政府购买服务的议案	蒸政函〔2017〕25 号

（蒸政函）

续表3

发文日期	文件标题	发文字号
3月7日	关于提请决定任命职务的议案	蒸政函〔2017〕26号
3月9日	关于对湖南省政协十一届五次会议第0306号提案的回复	蒸政函〔2017〕27号
3月10日	关于对原衡阳县百货公司等三家改制企业已处置资产的土地出让金用于企业改制的批复	蒸政函〔2017〕28号
3月10日	关于申请使用旱改水承诺方式进行用地报批的函	蒸政函〔2017〕29号
3月14日	关于请求移交三线民工档案名册的函	蒸政函〔2017〕30号
3月17日	关于申请衡阳县蒸南大道等四个建设项目贷款的函	蒸政函〔2017〕31号
3月17日	关于将衡阳县蒸南大道建设项目等四个项目政府购买服务资金列入县财政预算管理的通知	蒸政函〔2017〕32号
3月20日	关于设立集兵生猪定点屠宰点的批复	蒸政函〔2017〕33号
3月20日	关于衡阳西渡经济开发区投资开发有限公司增加股东等事宜的通知	蒸政函〔2017〕34号
3月22日	关于2016年度安全生产工作考核结果的通报	蒸政函〔2017〕35号
3月22日	关于全县春节及“两会”期间安全工作督查考核情况的通报	蒸政函〔2017〕36号
3月24日	关于尽快启动衡阳市第二垃圾场G107线吉星村路段排水设施建设的函	蒸政函〔2017〕37号
3月28日	关于对2016年度城乡居民基本养老保险工作考核优秀单位的通报	蒸政函〔2017〕38号
3月31日	关于对《衡阳县2017年安全生产行政执法工作计划》的批复	蒸政函〔2017〕40号
3月31日	关于衡阳县界牌瓷都投资开发有限公司增加股东等事宜的通知	蒸政函〔2017〕41号
4月1日	关于授权湖南衡阳西渡高新技术产业园界牌陶瓷工业园管委会实施采购项目的通知	蒸政函〔2017〕42号
4月1日	关于请求督促衡阳县西厢米业肖广芹涉嫌违法出库粮食款项及时归还的函(衡阳直属库)	蒸政函〔2017〕43号
3月27日	关于对群众反映衡阳县政府垄断建筑用砂、违规买卖山砂等问题的情况说明	蒸政函〔2017〕44号
4月5日	关于衡阳县开元投资有限公司增加股东等事宜的通知	蒸政函〔2017〕45号
4月6日	关于印发《衡阳县2014年第二批中央划转粮处置监管工作方案》的通知	蒸政函〔2017〕46号
4月7日	关于请求协助处置衡阳亿升烟花爆竹制造有限公司余药的函	蒸政函〔2017〕47号
4月7日	关于提请审议将衡阳县交通基础设施工程项目政府购买服务资金列入财政预算的议案	蒸政函〔2017〕48号
4月7日	关于提请审议将衡阳县“十三五”易地扶贫搬迁项目资金列入财政预算的议案	蒸政函〔2017〕49号
4月7日	关于同意衡阳县城市和农村建设投资有限公司提前退回2000万元中国农发重点建设基金的通知	蒸政函〔2017〕50号
4月10日	关于请求将衡阳县渣江镇列为“湖湘风情旅游小镇”的函	蒸政函〔2017〕51号
4月10日	关于请求将衡阳县曲兰镇列为“湖湘风情旅游小镇”的函	蒸政函〔2017〕52号
4月10日	关于对《衡阳县向阳北路提质改造项目国有土地上房屋征收补偿社会稳定风险评估报告》的批复	蒸政函〔2017〕53号
4月12日	关于对《衡阳市环境保护局关于建议采取有效措施关停辖区内的南岳衡山国家级自然保护区内开矿企业的函》的复函	蒸政函〔2017〕54号
4月18日	关于加快推进《王船山诞辰400周年》纪念邮票发行工作的函	蒸政函〔2017〕55号
4月17日	关于成立西渡高新区湖南角山米业有限责任公司储粮仓库项目部“4·9”一般高处坠落事故调查组的通知	蒸政函〔2017〕56号
4月17日	关于申请在S61岳临、S80衡邵、S71娄衡高速公路衡阳县段安装及更新旅游景区交通标识指示牌的函	蒸政函〔2017〕57号
4月17日	关于撤销衡阳新泰阳电器有限公司西渡分公司重大火灾隐患的批复	蒸政函〔2017〕58号

（蒸政函）

续表 3

发文日期	文件标题	发文字号
4 月 17 日	关于整治黄门寨地质公园内违规活动情况回复的函	蒸政函〔2017〕59 号
4 月 21 日	关于申请对衡阳县 2015 年烟田土地整理项目予以验收的函	蒸政函〔2017〕60 号
4 月 21 日	关于请求对我县呆鹰岭肉食公司办理国有土地使用证、变更土地性质的函	蒸政函〔2017〕61 号
4 月 27 日	关于收回衡阳县长乐肉食公司等 5 家公司 8 宗国有土地资产的批复	蒸政函〔2017〕62 号
4 月 27 日	关于衡阳县长乐肉食公司等 7 家公司 10 宗土地变更土地性质的批复	蒸政函〔2017〕63 号
5 月 3 日	关于实施危桥改造的承诺函	蒸政函〔2017〕64 号
5 月 11 日	关于对全县环境保护工作落实不力的 10 个单位约谈情况的通报	蒸政函〔2017〕65 号
5 月 12 日	关于印发《2017 年衡阳县畜禽水产品质量安全示范县建设实施方案》的通知	蒸政函〔2017〕66 号
5 月 12 日	关于授权县财政局作为政府购买易地扶贫搬迁服务购买主体的批复	蒸政函〔2017〕67 号
5 月 22 日	关于建议部分调整怀邵衡铁路衡阳县西渡站预留发展用地的函	蒸政函〔2017〕69 号
5 月 22 日	关于同意衡阳西渡经济开发区投资开发有限公司提前退回 16000 万元中国农发重点建设基金的函	蒸政函〔2017〕70 号
5 月 23 日	关于衡阳县西渡高新区棚户区改造项目(城中村)申请农发行贷款有关事项的函	蒸政函〔2017〕71 号
5 月 27 日	关于对衡州农商银行违规开展票据业务有关问题从轻处理的函	蒸政函〔2017〕72 号
5 月 27 日	关于怀邵衡铁路配套设施项目洪山北路(船山西路—站前大通)、清江北路(船山西路—怀邵衡铁路西渡货运站)下穿衡邵高速采用“半幅施工、半幅通行”方案的函	蒸政函〔2017〕73 号
6 月 6 日	关于划定衡阳县生态保护红线应规避我县矿业权设置(2016—2020 年)范围的函	蒸政函〔2017〕74 号
6 月 9 日	关于请求增加衡阳县光伏扶贫年度指标的函	蒸政函〔2017〕75 号
6 月 13 日	关于因城市规划建设需要征收国网湖南省电力公司衡阳县分公司原英陂供电所老办公楼的函	蒸政函〔2017〕76 号
6 月 11 日	关于对西渡镇明翰社区棚户区改造项目国有土地上房屋实施征收的决定	蒸政函〔2017〕77 号
6 月 11 日	关于对西渡镇壕塘社区马厂片棚户区改造项目国有土地上房屋实施征收的决定	蒸政函〔2017〕78 号
6 月 11 日	关于对西渡镇春风、银穗片棚户区改造项目国有土地上房屋实施征收的决定	蒸政函〔2017〕79 号
6 月 15 日	关于对《西渡高新区湖南角山米业有限责任公司储粮仓库项目工地“4・9”一般高处坠落事故调查报告》的批复	蒸政函〔2017〕80 号
6 月 21 日	关于基本完成农村土地承包经营权确权登记颁证工作的报告	蒸政函〔2017〕81 号
6 月 21 日	关于对原衡阳县饮食服务公司、国有食品公司两家改制企业已处置资产的土地出让金用于企业改制的批复	蒸政函〔2017〕82 号
6 月 21 日	关于同意衡阳县行政事业资产经营有限公司股东及法人登记变更的批复	蒸政函〔2017〕83 号
6 月 21 日	关于解决衡阳县黄龙农业开发有限公司发展资金的函	蒸政函〔2017〕84 号
6 月 21 日	关于解决衡阳县树德堂种养殖专业合作社发展资金的函	蒸政函〔2017〕85 号
6 月 26 日	关于衡阳县食品药品工商质量监督管理局更名的报告	蒸政函〔2017〕86 号
6 月 21 日	关于对政协衡阳市第十二届委员会一次会议第 404 号提案的回复	蒸政函〔2017〕87 号
6 月 23 日	关于对政协衡阳市第十二届委员会第一次会议第 200 号提案的回复	蒸政函〔2017〕88 号
6 月 29 日	关于请求解决衡阳县花滩中学建设资金的函	蒸政函〔2017〕89 号
6 月 28 日	关于对确立衡阳县优质稻产业协会为“岣嵝峰大米农产品地理标志”登记申请人的批复	蒸政函〔2017〕90 号

（蒸政函）

续表3

发文日期	文　件　标　题	发文字号
6月28日	关于对衡阳县2016年保障性安居工程跟踪审计有关问题的督促整改函的回复	蒸政函〔2017〕91号
7月6日	关于同意建立衡阳县公平竞争审查工作联席会议制度的批复	蒸政函〔2017〕92号
7月6日	关于提请刘芳同志职务任命的议案	蒸政函〔2017〕93号
7月6日	关于衡阳西渡经济开发区投资开发有限公司变更公司类型的批复	蒸政函〔2017〕94号
7月7日	关于实施救灾应急贷款项目的决定	蒸政函〔2017〕95号
7月10日	关于对成立湖南省残疾人福利基金会衡阳县代表处的批复	蒸政函〔2017〕96号
7月13日	关于请求解决怀邵衡铁路衡阳县西渡站站址变更所增加费用的函	蒸政函〔2017〕97号
7月10日	关于调整衡阳县樟木乡混凝土企业进入衡阳市区经营区域范围的函	蒸政函〔2017〕98号
7月14日	关于请求批复衡阳县第三轮矿产资源总体规划(2016－2020年)的函	蒸政函〔2017〕99号
7月14日	关于同意收回国有土地使用权的批复	蒸政函〔2017〕100号
7月13日	关于解决衡阳县新槐植物油种植专业合作社扶持资金的函	蒸政函〔2017〕101号
7月17日	关于对《关于实施救灾应急贷款项目的决定》的补充通知	蒸政函〔2017〕102号
6月17日	关于无偿收回划拨土地使用权的决定	蒸政函〔2017〕103号
7月22日	关于贫困对象识别不准问题整改数据上报的函	蒸政函〔2017〕104号
7月24日	关于在娄衡高速衡阳县库宗桥镇石口村段解决施工便道的函	蒸政函〔2017〕105号
7月31日	关于请求对衡阳县台源仓库最低收购价粮食移库的函	蒸政函〔2017〕106号
7月31日	关于衡阳县年产350万吨陶瓷原料加工项目用地补充耕地旱地改造水田的承诺函	蒸政函〔2017〕107号
7月31日	关于衡阳县界牌陶瓷工业园园区幼儿园项目用地补充耕地旱地改造水田的承诺函	蒸政函〔2017〕108号
7月31日	关于衡阳县界牌独立工矿区衡阳县界牌瓷都投资开发有限公司居民避险安置及配套设施建设用地补充耕地旱地改造水田的承诺函	蒸政函〔2017〕109号
8月3日	关于对衡阳县金兰镇等七个乡镇污水处理厂项目进行立项的函	蒸政函〔2017〕120号
8月4日	关于衡发改教督办〔2017〕19号的回复函	蒸政函〔2017〕121号
8月4日	关于对衡阳县妇幼保健计划生育服务中心(衡阳县妇幼保健院)重大火灾隐患延期整改的批复	蒸政函〔2017〕122号
8月7日	关于对征求粮食生产功能区和重要农产品生产保护区划定工作试点意见的复函	蒸政函〔2017〕123号
8月9日	关于请求对我县呆鹰岭肉食公司办理不动产证的函	蒸政函〔2017〕124号
8月14日	关于请求支持解决衡阳县栏垅乡地质灾害隐患整治资金的函	蒸政函〔2017〕125号
8月11日	关于请求支持解决衡阳县渣江镇双兴村堰道建设资金的函	蒸政函〔2017〕126号
8月18日	关于申请对衡阳县矾矿历史遗留重金属废渣治理工程进行验收的函	蒸政函〔2017〕127号
8月21日	关于推荐国有控股企业湖南角山米业有限责任公司为2017年度国家托市粮委托收储备粮的函	蒸政函〔2017〕128号
8月21日	关于成立衡阳县西渡高新区碧玉公馆项目工地"8·10"一般高处坠落事故调查组的通知	蒸政函〔2017〕129号
8月21日	关于同意成立衡阳县明响烟花爆竹有限公司的批复	蒸政函〔2017〕130号
8月22日	关于请求退回融资项目相关资料的函	蒸政函〔2017〕131号
8月22日	关于请求退回融资项目相关资料的函	蒸政函〔2017〕132号
8月23日	关于征求异地新建衡阳县界牌生猪定点屠宰意见开审的备案函	蒸政函〔2017〕133号

(蒸政函)

续表3

发文日期	文　件　标　题	发文字号
8月23日	关于将我县纳入2018年度全国畜禽粪污资源化利用整县推进项目的函	蒸政函〔2017〕134号
8月23日	关于银行贷款资金债务置换结余资金使用的函	蒸政函〔2017〕135号
8月23日	关于银行贷款资金债务置换结余资金使用的函	蒸政函〔2017〕136号
8月23日	关于对衡阳县2016年保障性安居工程跟踪审计有关问题的督促整改函的回复	蒸政函〔2017〕137号
8月23日	关于对衡阳县2016年保障性安居工程跟踪审计报告意见的回复	蒸政函〔2017〕138号
8月23日	关于界牌陶瓷工业园规划红线范围内涉及的行政村成建制委托管理的批复	蒸政函〔2017〕139号
8月24日	关于我县借用占补平衡耕地指标的函	蒸政函〔2017〕140号
8月25日	承诺函	蒸政函〔2017〕141号
8月28日	关于请求对衡阳县2016年度国土资源节约集约模范县省级达标复核工作验收的函(省国土厅)	蒸政函〔2017〕142号
8月28日	关于请求对衡阳县2016年度国土资源节约集约模范县省级达标复核工作验收的函(市国土局)	蒸政函〔2017〕143号
8月30日	关于2016年中央预算执行和其他财政收支审计查出问题整改情况的报告	蒸政函〔2017〕144号
8月31日	关于请求对衡阳县光伏扶贫实施方案批复的函	蒸政函〔2017〕145号
8月31日	关于请求批准衡阳县利用异地扶贫搬迁后续产业扶贫资金建设光伏扶贫电站的函	蒸政函〔2017〕146号
9月1日	关于衡阳县救灾应急贷款的情况说明	蒸政函〔2017〕147号
9月1日	关于同意顺延井头风电项目进度时间的函	蒸政函〔2017〕148号
9月7日	关于指定衡阳县安全生产关键环节公共监控平台建设项目实施单位的通知	蒸政函〔2017〕149号
9月7日	关于指定衡阳尚卿矿业有限公司尾矿脱水干排系统工程建设项目实施单位的通知	蒸政函〔2017〕150号
9月7日	关于指定衡阳县新雁矿业有限公司尾砂库“头顶库”治理项目实施单位的通知	蒸政函〔2017〕151号
9月8日	关于申报2017年中央财政支持家庭农场示范县的函	蒸政函〔2017〕152号
9月8日	关于申请衡阳市旅游节会奖励资金的函	蒸政函〔2017〕153号
9月8日	关于我县2017年四水治理项目配套资金的承诺函(市发改委)	蒸政函〔2017〕154号
9月8日	关于我县2017年四水治理项目配套资金的承诺函(市水利局)	蒸政函〔2017〕155号
9月13日	关于借用占补平衡耕地指标的函	蒸政函〔2017〕156号
9月13日	关于请求将S315线至怀邵衡铁路西渡货运站及客运站连接线公路列入湖南省“十三五”干线公路建设规划中期调整方案的函	蒸政函〔2017〕157号
9月14日	关于借用占补平衡耕地指标的函	蒸政函〔2017〕158号
9月18日	关于请求恢复衡阳县宏鑫超硬材料有限公司主体资格的函	蒸政函〔2017〕159号
9月18日	关于同意《衡阳县界牌陶瓷工业园基础设施建设及园区配套工程整体开发PPP项目实施方案》的批复	蒸政函〔2017〕160号
9月18日	关于将衡阳县界牌陶瓷工业园基础设施建设及园区配套工程整体开发PPP项目政府付费资金列入财政预算的议案	蒸政函〔2017〕161号
9月18日	关于同意衡阳县界牌瓷都投资开发有限公司提前退回6100万元中国农发重点建设基金的函	蒸政函〔2017〕162号
9月18日	关于申报全省、全市粮食生产先进县的函	蒸政函〔2017〕163号
9月13日	关于对2017年大中型水库移民避险解困试点对象予以确认的批复	蒸政函〔2017〕164号
9月27日	关于支持解决衡阳县渣江镇文德村联村公路建设资金的函	蒸政函〔2017〕165号
9月27日	关于同意岘山镇水口村、金华村、杨林村、金阳村更名的批复	蒸政函〔2017〕166号
9月27日	关于同意三湖镇大兴村更名为大波村的批复	蒸政函〔2017〕167号

(蒸政函)

续表3

发文日期	文件标题	发文字号
9月27日	关于同意石市镇太平村更名为太平桥村的批复	蒸政函〔2017〕168号
10月9日	关于请求将衡阳县2017年度土地整治项目纳入省级土地整治项目库的函	蒸政函〔2017〕170号
10月10日	关于撤并西渡镇、樟树乡、板市乡三个建制乡镇设立三个街道的函	蒸政函〔2017〕171号
9月30日	关于对《湖南省衡阳县农村饮水安全巩固提升工程"十三五"实施方案》的批复	蒸政函〔2017〕172号
10月16日	关于请求解决衡阳县企业养老保险补助资金的函	蒸政函〔2017〕174号
10月16日	关于请求将衡阳县国有企业养老保险挂账奖励资金逐年抵减同级财政补贴的函	蒸政函〔2017〕175号
10月20日	关于调整2017年公共财政收支预算的议案	蒸政函〔2017〕176号
10月20日	关于请求解决衡阳县新建大型综合图书城资金的函	蒸政函〔2017〕177号
10月20日	关于请求对衡阳县溪江乡集镇地质灾害勘查项目予以立项的函(国土厅)	蒸政函〔2017〕178号
10月20日	关于请求对衡阳县溪江乡集镇地质灾害勘查项目予以立项的函(财政厅)	蒸政函〔2017〕179号
10月20日	关于同意对衡阳县城东农贸市场重大火灾隐患挂牌督办的批复	蒸政函〔2017〕180号
10月23日	关于请求对衡阳县2017年烟叶收购复秤的函	蒸政函〔2017〕181号
10月20日	关于请求对《衡阳县大中型水库移民避险解困试点实施方案》进行评审的函	蒸政函〔2017〕182号
10月24日	关于衡阳县看守所、拘留所"二所合一"项目开工建设的承诺函	蒸政函〔2017〕183号
10月24日	转发省财政厅等5个部门转发《财政部等五部委抓紧做好清理偿还政府欠款专项工作的通知》的通知	蒸政函〔2017〕184号
10月26日	关于省道S210线(DK272+663)处道路改移变更设计的函	蒸政函〔2017〕185号
10月26日	关于建议对怀邵衡铁路西渡站预留发展用地进行局部变更设计的函	蒸政函〔2017〕186号
10月25日	关于出具衡阳县西渡镇、板市乡、樟树乡人口数据的函	蒸政函〔2017〕187号
10月25日	关于出具衡阳县地形类别说明和地形地势图的函	蒸政函〔2017〕188号
10月27日	关于请求对衡阳县地质灾害搬迁避让项目予以立项的函(国土厅)	蒸政函〔2017〕189号
10月27日	关于请求对衡阳县地质灾害搬迁避让项目予以立项的函(财政厅)	蒸政函〔2017〕190号
10月27日	关于请求对衡阳县大安中学不稳定斜坡重大地质灾害治理项目予以立项的函(国土厅)	蒸政函〔2017〕191号
10月27日	关于请求对衡阳县大安中学不稳定斜坡重大地质灾害治理项目予以立项的函(财政厅)	蒸政函〔2017〕192号
10月20日	关于请求收回我县呆鹰岭肉食公司国有土地使用权、变更土地性质和向市规划局出具规划条件意见书的函	蒸政函〔2017〕193号
10月31日	关于将衡阳市高铁站至衡阳县王船山故居的轻轨交通建设纳入衡阳市轨道交通建设计划书的函	蒸政函〔2017〕194号
11月6日	关于对《衡阳县西渡高新区棚户区改造项目(城中村)货币化安置资金方案》的批复	蒸政函〔2017〕195号
11月6日	关于同意衡阳县界牌瓷都投资开发有限公司提前退回2100万元中国农发重点建设基金的函	蒸政函〔2017〕196号
11月6日	关于将衡阳县洪市镇明翰村列为2018年一事一议财政奖补美丽乡村建设项目村的函	蒸政函〔2017〕197号
11月6日	美丽乡村建设项目财政奖补资金管理承诺函	蒸政函〔2017〕198号
11月17日	关于提请审议《在全县开展第七个五年法治宣传教育的决议》的议案	蒸政函〔2017〕199号
11月20日	关于对《衡阳县西渡高新区碧玉公馆项目工地"8·10"一般高处坠落事故调查报告》的批复	蒸政函〔2017〕200号
11月23日	关于衡阳县井头、曲兰、金溪等三个镇易地扶贫搬迁集中安置点延迟竣工的函	蒸政函〔2017〕201号

(蒸政函)

续表3

发文日期	文 件 标 题	发文字号
11月21日	关于衡阳县县城蒸水北岸防洪工程(灵瑞寺渡口－英陂桥)继续通过委托代建购买服务融资模式给予资金支持的批复	蒸政函〔2017〕202号
11月28日	关于同意《衡阳县城污水处理设施及污水管网工程PPP项目实施方案》的批复	蒸政函〔2017〕203号
11月28日	关于提请审议将"西渡高新区污水垃圾处理设施项目"专项补贴列入同期年度财政支出预案管理的议案	蒸政函〔2017〕204号
11月28日	关于提请审议将"怀邵衡铁路西渡站综合交通枢纽建设项目"专项补贴列入同期年度财政支出预算管理的议案	蒸政函〔2017〕205号
11月28日	关于将湖南衡阳西渡高新技术产业园核心片基础设施建设项目投资款列入政府财政预算管理的议案	蒸政函〔2017〕206号
11月28日	关于提请审议将高新区核心片棚户区(城中村)项目实行政府购买服务的议案	蒸政函〔2017〕207号
11月28日	关于提请审议将衡阳县城污水垃圾处理设施及污水管网工程PPP项目政府可行性缺口补助列入财政预算管理的议案	蒸政函〔2017〕208号
11月29日	关于征求异地新建衡阳县溪江生猪定点屠宰点意见并予以备案的函	蒸政函〔2017〕209号
11月29日	关于对2018年第一批棚户区改造项目计划的批复	蒸政函〔2017〕210号
11月23日	关于对县城城区部分道路、桥梁、公园命名更名的通知	蒸政函〔2017〕211号
12月5日	房屋征收补偿决定书	蒸政函〔2017〕212号
12月5日	房屋征收补偿决定书	蒸政函〔2017〕213号
12月5日	房屋征收补偿决定书	蒸政函〔2017〕214号
12月5日	房屋征收补偿决定书	蒸政函〔2017〕215号
12月12日	关于对2017年度贫困人口脱贫退出的批复	蒸政函〔2017〕216号
12月12日	关于对衡阳县2017年度城乡建设用地增减挂钩项目予以立项的函	蒸政函〔2017〕217号
12月12日	关于同意《湖南衡阳黄门寨省级地质公园规划(2017－2030年)》的意见	蒸政函〔2017〕218号
12月14日	关于免去汪衡木同志职务的议案	蒸政函〔2017〕219号
12月14日	关于提请祝忠华同志职务任命的议案	蒸政函〔2017〕220号
12月14日	关于批准衡阳县申报2018年度国家农业综合开发现代农业示范园项目的函	蒸政函〔2017〕221号
12月14日	关于提请审议撤并西渡镇、樟树乡、板市乡设立西渡、蒸阳、樟树三个街道的议案	蒸政函〔2017〕222号
12月14日	关于提请协商撤并西渡镇、樟树乡、板市乡设立三个街道的函	蒸政函〔2017〕223号
12月15日	关于《衡阳县蒸水饮用水水源地安全保障达标建设方案》的批复	蒸政函〔2017〕224号
12月21日	关于核减易地扶贫搬迁人数的函	蒸政函〔2017〕225号
12月21日	关于核减易地扶贫搬迁人数的函	蒸政函〔2017〕226号
12月25日	关于请求解决衡阳县余田桥河太平桥段河道治理资金的函	蒸政函〔2017〕227号
12月25日	关于对S228、S339衡阳县界牌至西渡公路工程继续通过政府购买服务融资模式给予资金支持的批复	蒸政函〔2017〕229号
12月25日	关于请求解决衡阳县岘山镇弹弦村通村公路建设资金的函(省交通厅)	蒸政函〔2017〕230号
12月25日	关于请求解决衡阳县岘山镇弹弦村通村公路建设资金的函(省人社厅)	蒸政函〔2017〕231号
12月28日	关于批准28个省定贫困村2017年度退出贫困村序列的批复	蒸政函〔2017〕232号
12月29日	关于调整2017年一般公共预算收入的议案	蒸政函〔2017〕233号
12月29日	关于提请审议《衡阳县2017年国民经济和社会发展计划调整方案(草案)》的议案	蒸政函〔2017〕234号

(蒸政函)

表4

发文日期	文 件 标 题	发文字号
3月20日	关于调整县人民政府领导成员分工的通知	蒸政办发〔2017〕1号
3月22日	关于印发《衡阳县“落实企业安全生产主体责任年”2017年实施方案》的通知	蒸政办发〔2017〕2号
4月6日	关于印发《衡阳县残疾人精准康复服务行动实施方案》的通知	蒸政办发〔2017〕3号
4月12日	关于印发《衡阳县地价委员会议事规则》的通知	蒸政办发〔2017〕4号
4月21日	关于印发《衡阳县存量土地清理工作方案》的通知	蒸政办发〔2017〕5号
4月21日	关于印发《衡阳县无偿献血工作实施方案》的通知	蒸政办发〔2017〕6号
4月21日	关于做好2017年无偿献血和人造干细胞采集工作的通知	蒸政办发〔2017〕7号
4月21日	关于开展应急救护培训工作的实施意见	蒸政办发〔2017〕8号
4月17日	关于印发《衡阳县2017年度地质灾害防治方案》的通知	蒸政办发〔2017〕9号
5月12日	关于印发《衡阳县2017年农业保险工作实施方案》的通知	蒸政办发〔2017〕10号
5月16日	关于印发《衡阳县推进被征地农民养老贷工作实施方案》的通知	蒸政办发〔2017〕11号
5月23日	关于印发《衡阳县基层应急管理规范化建设标准（试行）》的通知	蒸政办发〔2017〕12号
5月24日	关于印发《关于全面推行政务公开工作的实施意见》的通知	蒸政办发〔2017〕13号
5月23日	关于加快推进集约建设政府部门网站的通知	蒸政办发〔2017〕14号
5月25日	关于加强政府网站信息内容建设的通知	蒸政办发〔2017〕15号
5月27日	关于印发《全县河库采砂专项整治工作方案》的通知	蒸政办发〔2017〕16号
6月2日	关于印发《2017年衡阳县打击非法行医专项行动实施方案》的通知	蒸政办发〔2017〕17号
6月8日	关于印发《衡阳县危险化学品安全综合治理实施方案》的通知	蒸政办发〔2017〕18号
6月8日	关于印发《衡阳县2017年烟花爆竹经营规划整治工作方案》的通知	蒸政办发〔2017〕19号
6月13日	关于印发《衡阳县农村留守儿童“合力监护、相伴成长”关爱保护专项行动实施方案》的通知	蒸政办发〔2017〕20号
6月13日	关于印发《衡阳县农村低保和社会保障兜底脱贫对象认定清理整顿工作实施方案》的通知	蒸政办发〔2017〕21号
6月21日	关于印发《衡阳县非税收入征管考核暂行办法》的通知	蒸政办发〔2017〕22号
7月11日	关于印发《2017年衡阳县旅游工作要点》的通知	蒸政办发〔2017〕23号
7月11日	关于调整县人民政府领导成员分工的通知	蒸政办发〔2017〕24号
8月4日	转发衡阳市人民政府办公室《关于印发关于在市场体系建设中建立公平竞争审查制度的实施方案》的通知	蒸政办发〔2017〕25号
8月13日	关于印发《衡阳县救灾应急贷款资金管理办法》的通知	蒸政办发〔2017〕26号
8月17日	关于印发《衡阳县人民政府工作规划（试行）》的通知	蒸政办发〔2017〕27号
9月13日	关于印发《衡阳县推行行政执法公示制度执法全过程记录制度重大执法决定法制审核制度试点工作实施方案》的通知	蒸政办发〔2017〕28号
9月11日	关于印发《衡阳县互联网金融风险专项整治工作实施方案》的通知	蒸政办发〔2017〕29号
9月11日	关于印发《衡阳县农村金融服务基础设施建设实施方案》的通知	蒸政办发〔2017〕30号
9月18日	关于推进林业特色产业园发展的意见	蒸政办发〔2017〕31号
9月27日	关于印发《衡阳县新一轮电网改革和改造升级工程奖励问责办法》的通知	蒸政办发〔2017〕32号
10月20日	关于印发《衡阳县协助湖南省疾病预防控制中心开展四价重组人乳头瘤病毒疫苗二期临床试验工作实施方案》的通知	蒸政办发〔2017〕33号
10月26日	关于印发《衡阳县农村“双改”四年行动计划》的通知	蒸政办发〔2017〕34号

（蒸政办发）

续表 4

发文日期	文 件 标 题	发文字号
11 月 21 日	关于印发《衡阳县金融产业扶贫工作实施细则》的通知	蒸政办发〔2017〕35 号
11 月 21 日	关于印发《衡阳县信息调度指挥中心(12345 政府服务热线)管理工作方案》的通知	蒸政办发〔2017〕36 号
12 月 21 日	关于印发《衡阳县建筑领域农民工劳动报酬支付管理规定》《衡阳县建设领域农民工劳动报酬保证金管理实施办法》的通知	蒸政办发〔2017〕37 号
12 月 23 日	关于印发《衡阳县银行业金融机构支持县域经济发展考核办法(试行)的通知》	蒸政办发〔2017〕38 号

（蒸政办发）

政务公开政务服务

【全国政务公开标准化规范化试点县建设】 以全国试点县为契机,加大工作力度,积极探索基层政务公开新路径新方法,深入推进基层政务公开标准化规范化,努力打造基层政务公开“衡阳县标准”。一是实行“一门式管理、全领域覆盖”,政务公开更加标准。坚持以改革创新为动力,瞄准政务公开“内容不亲民、方式不便民、监督不用民、参与不取民”四大痛点,探索建立公开标准体系。围绕群众满意目标,重点突出“社会救助、社会保险、医疗卫生、涉农补贴、养老服务”五大领域,依据权责清单和公共服务事项清单,按条目式编制了“一目录、两清单、两指南”,确保公开事项分类科学、名称规范、指向明确。至 12 月底,已完成 21 个试点单位、368 个事项的梳理工作,其中社会救助 15 项、社会保险 53 项、医疗卫生 229 项、涉农补贴 67 项、养老服务 4 项。围绕“公开什么、如何公开、在哪公开、公开效果”四个维度和“公开内容标准、流程再造标准、监督评价标准、公开方式标准”四大标准,制定出台“通用基础标准分体系”“公开管理与运行标准分体系”“公开渠道管理标准分体系”“事项标准分体系”四大分体系,打造我县政务公开标准化体系的基础与依据,解决“四个维度”问题,规范公开渠道建设与管理,保障服务质量及服务效率的标准化。按照“公开为常态、不公开为例外”原则,对照决策、执行、管理、服务、结果“五公开”要求,编制政务公开流程图,对政务公开事项目录进行逐级把关、层层优化,做到依法、主动、及时、准确公开政务信息。同时,建立政务公开考核评价机制,实行定人、定责、定时、定性、定量考核,确保政务公开常态化。二是实行“一站式发布、全链条联动”,公开方式更加多元。坚持立足基层实际,创新政务公开载体,完善政务服务网络,努力提升人民群众的获得感和幸福感。一方面,创新公开载体。初步建成了“一网一线两终端、一卡一册两专栏”的公开平台体系,全方位向社会公众提供政务公开、在线服务、公众参与、资源整合等功能,让群众通过“网上查、掌中看、热线听、栏上观”更好地了解政务公开,最大程度满足人民群众对政务公开的个性化需求。另一方面,完善公开网络。全方位推动乡镇政务公开和便民服务中心标准化建设,大力推进村级便民服务站建设,着力构建县、乡、村三级联动的政务公开和政务服务体系,让老百姓在家门口就能办成事、办好事。全县已建成 25 个标准化乡镇便民服务中心和 6 个村级便民服务代办站示范点。三是实行“一体式运行、全方位融合”,政务环境更加优化。坚持以“五公开”为抓手,围绕权力运行全流程、政务服务全过程、政务公开全方位,充分发挥政务公开对决策实施、权力运行、政务服务的监督作用,推动政务公开与政策落实、政务服务、廉洁行政相融合,努力实现以公开促落实、促服务、促廉洁,不断提升群众满意度。通过加强政策解读、政务公开、回应关切、公众参与、权威发布,让群众看得到、听得懂、易获取、能监督、好参与,引导预期、凝聚共识。通过公开政务服务事项,并逐项编制发布办事指南,明确受理条件、办结时限、申请材料、办理流程、收费标准等,让群众和企业办事有章可循、心里有底。大力助推“最多跑一次”改革,构建政务信息资源共享交换平台,最大限度减少办事环节、缩短办理时限、提高办事效率。通过全方位“晒太阳”，切实保障人民群众知情权、参与权、表达权、监督权，让办事更加透明。坚决整治不作为、慢作为和乱作为，防止“用权任性”“有责不担”，让人民群众有更多的获得感和幸福感。

【加强政务服务平台建设】　2017年，各进驻单位共办理各类事项达90万件以上，办结率达97%，社会反响良好。一是推动乡镇便民服务平台建设。全县25个乡镇现已全部实现便民服务中心标准化建设。西渡镇斗岭村、梅花村、盘龙村，金兰镇城坪村，渣江镇群星村，台源镇台源社区等村级便民服务代办站成为全县政务公开政务服务示范点，通过打造标准化公示栏和编撰办事服务指南，全方位公布重点民生办事信息，让办事更加透明，通过推进“互联网+政务服务”让老百姓在家门口就能办成事、办好事，从而真正构建了县、乡、村三级联动的政务公开政务服务体系。二是推进网上审批平台建设。按照上级要求，积极探索“互联网+政务服务”“互联网+监督”“制度+技术”管理模式，出台《衡阳县建设项目证件办理与税费征收一体化管理规定》规范性文件，进一步加大对“一体化”征管平台监管力度，收费项目、依据、标准全方位公示，严把收费标准关，做到应收尽收；同时投入80万元对征管系统进行全面升级改造，计划实现乡镇居民自建自用房项目统一到乡镇便民服务中心办理报建缴费和不动产证手续，实行县级中心平台监管，乡镇中心平台直接收费、办证运行模式。通过对现有网上政务服务和电子监察系统进行改造升级和创办衡阳县“政务通”微信公众平台，进一步创新服务方式，畅通与办事群众沟通渠道，让广大办事群众切实感受指尖上的便利。真正实现让信息“多跑路”、群众“少跑腿”。

【重大项目审批代理服务工作】　按照县政府出台《关于推行重大建设项目联合踏勘综合验收及重大投资项目审批代理服务的意见》要求，县政务中心切实履职尽责，积极发挥中枢协调作用，组织实施重大投资项目审批代理服务工作。在推行代理服务过程中，认真执行《中华人民共和国行政许可法》和县委、政府的各项决策，一律实行免费代理服务，强力推行首席代表、全程代办、并联审批等制度，以服务招商引资、服务“项目兴县”战略为已任，在办理各项行政审批项目中落实优惠政策，坚持重大企业、重点项目绿色通道制度。组织召开联席会议对重大投资项目所有审批手续的办理实行全过程、全方位的代理服务，为重大项目审批事项的办理和项目建设开辟“绿色通道”。一年来，为28个招商引资项目提供了“保姆式”全程代办服务，得到了投资者的一致好评。（唐　平）

优化经济发展环境

【机构设立】　2017年6月，经上级批准，衡阳县正式成立县优化经济发展环境办公室，明确为县政府办所属正科级全额拨款事业单位；9月，县优化办班子到位，迅速开展工作。

【建章立制】　调整充实县机关效能建设和优化经济发展环境领导小组。进一步明确涉企检查执法备案制度，起草《关于明确2018年度涉企检查备案工作有关事项的通知》。制订推进行政效能和优化环境的一系列方案，起草《衡阳县对接“北上广”优化大环境行动细则》《关于严明“八条禁令”纪律要求进一步优化营商环境的通知》《关于印发〈衡阳县执纪监督治怠政九条措施〉的通知》《关于印发〈衡阳县优化经济发展环境十不准〉的通知》。建立健全政风行风测评体系，起草《衡阳县2018年度“百名股长”岗位行政效能监察测评工作方案》《衡阳县2018年优化经济发展环境政风行风测评工作方案》。通过建章立制，规范部门涉企行为。

【查处“四乱”行为】　县优化办受理投诉举报17起，其中帮助解决问题14起，移送县纪委、县监委案例3起，其中涉及乱收费行为2起。

【服务企业发展】　开展赴企业走访活动，走访企业12次共计73家。梳理了问题清单，累计共性问题13个，个案7起，要求各级各相关部门按照有则改之无则加勉的原则进行自查自纠。对企业提出的个别问题,县优化办向相关部门进行交办、督办。推动行风监督员派驻工作。选择30名市县人大代表、政协委员作为行风监督员,分成10个行风监督小组,派驻到县国土资源局、县住建局、县城乡规划局等11单位。行风监督员通过参与受派单位重要会议、重大活动,开展民主评议等方式,全程跟踪执法活动,监督干部作风,提高受派单位行政效能,督促受派单位依法行政。

(仇　琼)

民族宗教

【宗教工作】 全县共有各类宗教活动场所44处(其中佛教20处,基督教15处,道教8处,天主教1处),民间信仰34处,有道教、佛教、天主教、基督教4个教派,有宗教教职人员22人,信教群众约40500人。

衡阳县宗教场所登记表

表5

场所名称	负责人	场所地址	宗教类别
聚湖庵	聂爱军	衡阳县金兰镇新田村	道教
金华庵	刘茂生	衡阳县库宗桥镇金华村	道教
长安观	屈孝芳	衡阳县长安乡长安村	道教
天狮观	杨正心	衡阳县洪市镇礼梓村	道教
木淋庵	释耀行	衡阳县渣江镇木淋村	道教
迴凤庵	欧阳勤	衡阳县金溪镇横江村	道教
通天观	朱章华	衡阳县集兵镇通天村	道教
大圆庵	贺昌华	衡阳县洪市镇盘古村	道教
伊山寺	释惟善	衡阳县杉桥镇伊山村	佛教
惠福寺	释密多	衡阳县西渡镇老街	佛教
庙山寺	释惟善	衡阳县长安乡庙山村	佛教
宇石禅寺	释演明	衡阳县石市镇宇石寨村	佛教
祥瑞寺	释明德	衡阳县三湖镇龟石村	佛教
国清寺	释仁靖	衡阳县界牌镇将军村	佛教
白神庙	罗友义	衡阳县渣江镇盐田村	佛教
圣寿寺	释道颁	衡阳县界牌镇桐梓村	佛教
忠恕寺	邹迪丰	衡阳县金兰镇金兰村唐家组	佛教
铁盖寺	释惟海	衡阳县界牌镇界牌村	佛教
石荷岭寺	刘香莲	衡阳县金兰镇龙王村	佛教
珍珠岩	释钦智	衡阳县石市镇珍珠村	佛教
普渡寺	释宽发	衡阳县三湖镇龟石湾居委会	佛教
宝莲庵	释承信	衡阳县石市镇石冲村宝莲组	佛教
禹王殿	释登济	衡阳县岣嵝峰农场	佛教
白鹤寺	周世社	衡阳县库宗桥镇白确村	佛教

续表5

场所名称	负责人	场所地址	宗教类别
岳云寺	释妙吉	衡阳县洪市镇天柱村	佛教
上峰寺	释玉兰	衡阳县金溪镇蟠湖村盘村组	佛教
庆云寺	邹喜生	衡阳县曲兰镇形塘村欧家组	佛教
紫云庵	刘梅娥	衡阳县金兰镇金兰村付家组	佛教
基督中心教堂	王延林	衡阳县西渡镇英陂村	基督教
主堂聚会点	邓凤辉	衡阳县曲兰镇主堂荛树组	基督教
金兰聚会点	伍楚贵	衡阳县金兰镇商业街	基督教
石云聚会点	邓明生	衡阳县大安乡石云村	基督教
富田聚会点	魏俊德	衡阳县金溪镇上峰回隆	基督教
渣江聚会点	彭玉良	衡阳县渣江镇大湖村	基督教
群英聚会点	王银芝	衡阳县台源镇群英村	基督教
太平聚会点	肖立云	衡阳县洪市镇太平村	基督教
财元聚会点	易恒初	衡阳县洪市镇财元村	基督教
渡头聚会点	吕楚合	衡阳县大安乡渡头村	基督教
大安聚会点	谢志君	衡阳县大安乡大安村	基督教
溪江聚会点	魏俊德	衡阳县溪江乡街道	基督教
金盆聚会点	易昌顺	衡阳县洪市镇金盆村	基督教
同乐聚会点	刘助久	衡阳县溪江乡街道	基督教
松桂聚会点	伍红秀	衡阳县集兵镇松桂村新屋组	基督教
衡阳县潮江天主教堂	郭先多	衡阳县集兵镇潮江村	天主教

衡阳县民间信仰场所登记表

表6

场所名称	场所地址
大道庙	集兵镇大道村
白鹤寺	库宗桥镇白鹤村
大圆庵	洪市镇盘古村
白神庙	渣江镇盐田村唐门组
寿佛殿	岣嵝乡凤山村凤山坳组
白衣庵	板市乡板市村
灵官庙	西渡镇梅木村牛角组
西天寺	大安乡桥安村新田组
龙王殿	大安乡延寿村西冲组
竹林庵	洪市镇金盆村檀山组
李仙众神殿	曲兰镇界西村

续表6

场所名称	场所地址
群圣殿	曲兰镇桐梓村
地母庵	溪江乡东振村
关帝庙	界牌镇桂花台社区
化成王庙	三湖镇鼓峰村梁祠组
雷祖庙	三湖镇新田村
真人殿	三湖镇南北村
白仙庙	台源镇东兴村
大王庙	台源镇金狮村
雨华庵	台源镇两江村
张公殿	台源镇花滩村
磨石观佛殿	樟树乡衡平村
观音庵	西渡镇清平村上进组
卫国寺	演陂镇西岭村西狗岭组
雨华庵	库宗桥镇牌楼村
石洞口大庙	溪江乡洞源村石洞组
将军庙	界牌镇将军庙村
金狮庵	台源镇金狮村落子塘组
云峰庙	台源镇云峰村
腾庵寺	三湖镇大波李家组
海螺岩观音庵	石市镇高湾村
观音殿	大安乡木山村
圣玉庵	渣江镇小对河居委会
樟公圣殿	杉桥镇石元村门前组

扎实开展“宗教政策法规学习月”活动。在“学习月”活动中，通过“送法上门”走出去，深入重点乡镇，宗教活动场所开展有针对性的宣讲，做到有的放矢，增强宣传实效，促进宗教界人人参与，使得宗教政策法规深入人心，推动在宗教界形成自觉学法、守法、用法的良好氛围。

依法抓好宗教活动场所管理。依法对全县宗教活动场所进行登记，定期进行执法检查，发现问题及时解决。同时，还多次对宗教活动场所的负责人、会计、出纳等管理人员，进行管理方面的专题培训，帮助建立内部管理制度。

加强宗教活动场所的安全工作。城建、安监、消防等相关部门，对各个宗教活动场所进行一次安全隐患排查工作，发现问题及时处理。

加强宗教教职人员学习培训。积极组织宗教教职人员到市三自爱国运动会参加培训，同时，举办宗教教职人员及信徒骨干培训班，对他们进行国家政策、法律法规、宗教知识等内容的培训。

深入开展打“邪”治“非”和抵制宗教渗透活动。民宗局与统战、公安等相关部门紧密配合，协同作战，在全县范围内开展打邪治非、抵制渗透的专项行动。加强对全县民宗领域意识形态监管，确保行业稳定，在社会上形成强大的震慑力，净化了社会环境。

对宗教教职人员实行“三定”（定人、定片、定点）管理。通过“三定”管理，在教职人员中实行优胜劣汰,促进传教人员水平的提高,有效地抵制外来的非法传教活动,保证各个活动点信教群众的相对稳定和正常宗教活动的开展。

依法整治“两滥”专项行动。民宗局会同统战、公安等相关部门对全县滥建庙宇开展专项整治活动,维护宗教界合法权益。

【民族工作】 全县少数民族人口为1483人,少数民族种类28个,分布于全县25个乡镇,主要源于婚嫁及其子女少数民族成分。经营清真食品,城区经营清真拉面馆的5家(均为流动少数民族经营),无大规模的清真饭店和酒店。烤羊肉串、卖葡萄干和核桃摊点7处(均为流动少数民族经营)。

做好少数民族服务工作。严格按照有关政策为少数民族同胞办理子女入学,考学,转学等优待事项和民族成份变更,少数民族考生审核等相关工作。

做好少数民族流动人口管理服务工作。建立信息数据库。开展辖区内少数民族流动人员现状调查走访,摸清民族成份、原居住地、文化教育、经济收入、经营项目等情况,分区域分类别建档,细化少数民族流动人员信息数据库。进行动态管理。各社区专人负责少数民族流动人员变化统计工作,定期上报少数民族流动人员变化情况,实现动态管理。加强遵纪守法教育。专干人员主动上门宣传国家的民族政策,赠送法律法规宣传册,介绍城市管理基本规定,引导其自觉遵纪守法,按章办事,争当守法经营好市民。落实民族政策。组织开展技能培训,就业引导,法律援助,医疗保健及子女入学等全方位服务。建立应急预案。在少数民族流动人员密集区域,设立情报专员,建立信息监测上报机制,确保不利于民族团结、社会稳定的各类因素消除在萌芽状态。

外事侨务

【加强外事归口管理工作】 加强因公出国(境)管理,科学制订出访计划,认真做好“走出去”服务工作。在办理因公出国(境)团组审核、报批过程中,严格按照上级有关文件要求逐一审核,严格把关。加强民营企业人员因公赴港澳的审批办理工作。充分利用衡阳县作为全省外事侨务港澳工作服务县域经济发展试点县的身份,大力发挥外事工作优势,有针对性地做好接待工作,利用接待资源为“引进来”和“走出去”服务,为经济社会发展服务。

【夯实侨务基础工作】 县外侨办根据省、市主管部门的安排部署,将夯实侨务基础工作作为工作重心,对全县25个乡镇的侨务对象进行调查摸底,进一步健全完善侨情资料库。据统计,其中属于20世纪90年代以后的新侨民及华人华侨新生代、专业人士及留学生约200人。深入拓展海外联谊工作,进一步加强与海外社团、重点侨领和知名人士的联系联谊,着力做好海外华裔新生代和新华侨华人的工作,提高他们对祖国的认同度,增强侨务工作可持续发展活力。

【大力发展侨爱工程】 县外侨办大力实施国侨办提出的“侨爱工程”,积极创新思路,主动加强与国侨办、省外侨办的沟通与联系,把着力点放在为县域经济服务上,将工作重点放在做好华侨捐建项目上,充分利用内外侨务资源,努力将资源优势转化为资金优势,为地方经济发展服务,为全县公益事业发展贡献力量。是年,着力做好香港轩辕基金会捐资援建的界牌工业园区唐福完小的建设、验收工作。继续做好前期华侨捐建项目的管理工作。及时申报奖学奖教助学计划,主动向捐方反映学校(或卫生院)的近况,保持与捐方的联系。

(屈　艳)

信访工作

全县信访工作紧紧围绕中共十九大胜利召开这一重大政治任务,坚决贯彻落实习近平总书记关于信访工作重要指示精神和中央、省、市关于信访工作的决策部署,按照“六个坚决、两个确保”和

“四个不发生、五个严防”的目标要求，维护好全县社会大局和谐稳定，圆满完成十九大特护期信访维稳任务，全县信访形势稳中向好。全年到县人民来访接待中心上访476批、993人次，到市上访102批、240人次，赴省上访76批、114人次，进京非访3人次，较2016年大幅下降；十九大特护期间，全县进京零非访、零登记，赴省访同比下降近50%，得到了中央、省、市的充分肯定，被评为十九大特护期安保维稳先进单位，全年信访工作位列全市第一名。

【坚持党建统领信访工作】 一是推行“党建+信访”。坚持抓党建促信访维稳，紧密结合“两学一做”学习教育常态化制度化，探索建立“党建+信访”模式，加大“三无”乡镇(县直单位)、“三无”村(社区)创建力度，对排查梳理的重点上访群众实行“一名包案领导、一套工作专班、一名‘两代表一委员’、一名法律工作者、一个帮扶小组(由村干部和无职党员组成)”的新“五包一”模式，特别是发挥无职党员在基层信访维稳工作中的作用，实现党建对信访的深度融合。该项工作在曲兰、金兰等乡镇试点推进，取得了良好成效。二是加强值班接访。县委县政府主要负责同志率先垂范、以身作则，坚持定期接待上访群众，县级领导按照排班表按时到县人民来访接待中心值班接访，赢得了群众点赞。县委书记曾秀、县长孙鹏伟在县人民来访接待中心分别接待上访群众153批次、89批次，多次利用中午休息时间在办公室接待上访群众。在县人民来访接待中心安装了视频接访系统，县级领导值班接访随时接受省市检验督查。三是加强走访约访。全县各级各部门深入基层一线实地走访，主动解决群众生产生活中的实际困难。县委书记曾秀多次走访约访包案对象颜昌德、傅谋生；县长孙鹏伟于9月21日深入金兰镇上门走访信访群众，并多次约访重点包案对象。四是加强信访救助。立足民生实际，加大对生活困难群众在低保优抚、医疗救助、教育助学等各方面保障力度。对难以划分责任、信访人生活确有困难的特殊疑难案件，实行信访救助。全年共救助30余起，发放救助资金120余万元，其中向省市申请救助资金30余万元。五是坚持依法引导。严格诉访分离，进一步加大法治信访宣传力度，在部分单位和乡镇试点推行依法分类处理信访诉求工作，积极引导群众通过信访复查复核、行政复议、司法诉讼等程序维护合法权益。全年共有18起19人提出复查申请，县信访复查复核委员会受理6起，引导进入其他程序12起。

【提升信访队伍素质】 一是扎实迎检。全县接受中央十九大安保维稳工作第九督导组、省委信访工作第三督导组以及市委市政府信访督导组的督查，并迎接书记郑建新(时任市长)的调研，以扎实的工作做好迎检各项准备，推动全县信访维稳工作整体上水平、上台阶，得到了广泛好评。二是强化培训。着力加强信访干部队伍建设，加大信访业务知识的培训和交流力度。7月15日，邀请市信访局领导到县培训指导；9月13日、11月18日、12月28日，召开信访业务培训和工作讲评会，从有限的信访工作经费中挤出6300元分两批次表彰了17个乡镇和8个县直单位。全年信访业务工作在全市名列前茅，第三、四季度的网信、办信工作连续获得全市优胜奖。三是强化宣传。积极在信访微信公众号、今日头条等媒介宣传信访维稳工作动态，并向省市媒体投稿，传播信访工作正能量。全年在省级媒体发布各类稿件3篇，在市级媒体发布新闻稿件3篇，向市局报送调研材料2篇。

【圆满完成十九大安保维稳任务】 一是组织领导到位。县委县政府始终将信访维稳工作摆在首要位置，主要领导坚持定期研究部署，推动工作落实落地。全县全年召开6次县委常委会、1次县政府常务会、7次全县信访维稳工作大会、数次信访联席专题会议，传达贯彻习近平总书记、省委书记杜家毫、市委书记周农的指示精神和中央、省、市有关会议精神，研究、部署、安排全县信访工作。特护期间，成立了由县委书记、县长总挂帅，县委副书记任总指挥长，6名县级领导为副总指挥长的十九大安保维稳工作总指挥部。县公安、信访、维稳等单位发扬“5+2”“白加黑”的过硬作风，坚持节假日值班值守,以严明的纪律确保了特护期安全稳定。12 月 28 日,召开全县十九大期间信访维稳安保工作表彰会,对 25 个乡镇和 75 名先进个人进行表彰。

二是排查化解到位。矛盾排查见底到边。建立和完善信访矛盾纠纷定期排查和分析预警机制,县级每月进行“拉网式”排查,各乡镇、县直单位实行周排查,村(社区)每天进行排查。结合各阶段形势需要,分别开展洪涝灾害、军退群体、残疾人群体、“善心汇”群体、幼师群体等专项矛盾纠纷隐患排查。特护期间排查出重点人员 305 名、重点领域 10 个,矛盾纠纷、各类事故隐患 2000 余起,累计发现各类安全隐患 1500 余起,下达各类整改通知书 1300 余份。领导包案措施有力。明确县级领导是联点乡镇和分管领域内所有信访人员和矛盾纠纷隐患的包案责任人,对排查出来的每一名信访人员落实一名县级包案领导和一套由责任单位党政班子牵头的稳控化解专班。联点包案县级领导强化“包掌握情况、包教育疏导、包化解稳控、包息访息诉”的“四包”措施,定期听取情况汇报,加强工作调度,深入对象家中走访慰问、解决难题,特护期间,县级领导实地走访近 300 人次、调度工作达 200 余次。积案化解卓有成效。坚持开展“信访积案清零百日攻坚”行动,将中央、省、市交办及县本级排查梳理积案 109 件,全部予以交办。各乡镇及县直有关单位成立以党政主要负责人为组长的积案清零工作领导小组,组建强有力的工作专班逐一析案定策。县联席办强化人力、财力、业务支持,对签订停访息诉承诺书的案例,按照程序积极向省市争取救助资金,帮助问题落实。其中 46 件不需通过信访程序化解,另有 58 件已化解且签订停访息诉承诺书,为历年化解数量之最,中央和省级交办件提前在 7 月 100% 办结。

三是专项整治到位。严打犯罪行为,紧紧围绕影响群众安全感的突出治安问题,开展“打击侵财性犯罪”“打黑除恶和禁毒”“治安集中整治”等专项行动。全县刑事破案数、破案率同比大幅度上升,发案数大幅度下降,刑事治安万人发案率始终保持在全市最低水平,街面抢劫和抢夺现象基本绝迹。强化风险防控,严格防范政府债务风险,加大清理和监管力度,确保政府债务规模控制在合理区间。严格防范金融风险,严厉惩治非法金融活动和行为,强化民间借贷资本的监管,严防系统性、区域性金融风险。严格防范安全生产风险,不断加大安全生产工作力度,扎实推进重点地区、重点领域和重点行业专项整治。全面治安巡查,对具有涉访涉稳、涉暴涉恐和公共安全风险高的重点群体、重点人群、重点部位、重点场所以及重点行业与单位,组织开展密集性、地毯式大排查。成立了排查专业队,对涉及到公共安全的水、电、油、汽等行业和学校、车站、商场、企业等人流密集地方,实行“一日一巡制”。同时,积极组织各部门、社会团体及志愿者广泛开展“喜迎十九大”红袖章巡查、规劝与疏导活动,发放红袖章 5000 个,发动治安志愿者 3600 人,营造了全县人民群众积极参与十九大安保维稳行动的浓厚氛围。

四是督查问责到位。全县各级各部门形成党政主要负责人负总责、信访分管领导负主要责任、其他分管领导“一岗双责”的责任体制,县乡村三级层层签订责任状。成立高规格的战时督查组,深入各乡镇各单位开展 3 轮专项督导,下达督查通报及意见书 10 余份。明确工作目标,划定信访问责红线,编发“两办法一细则”读本 5000 余份,召开 5 次讲评会,发出 8 起通报,约谈两个乡镇,处分 1 名党员干部。

依法行政

【规范性文件审核备案】 为提高规范性文件管理工作水平,县法制办严格执行《湖南省规范性文件管理办法》,始终坚持“三统一”制度(统一登记、统一编号、统一公布),确保了规范性文件的合法性。是年,县法制办共审查规范性文件 22 件,向市人民政府及县人大常委会上报备案规范性文件 22 件。

【行政执法监督】 执法评议考核。各行政执法单位制定和完善了行政裁量权基准,县法制办汇编以完善行政执法评议考核工作。7月，县法制办组织一次行政执法案卷评查。在行政执法案卷评查或抽查中没有发现严重违法的情况。

【办理政府涉法事务】 政府合同一律经过合法性审查，共审查31件。处理土地、林地权属纠纷案件2件。

【行政执法三项制度试点工作】 为贯彻落实国办发〔2017〕149号文件精神，按照省、市推行行政执法三项制度试点改革的要求，全县分别召开县委常委会、县政府常委会议，专题研究行政执法三项制度试点工作。明确县公安局、国土资源局、食品药品工商质量监督局、环保局、城市行政执法局等5个县直属部门为重点试点单位。9月21日，组织相关行政执法机关进行专项培训会议。10月底，县政府门户网站行政执法公示栏已上线运行。各项试点行政执法部门的行政执法事项清单、执法流程图、投诉举报公示、法律救济途径等信息全面公开。重大执法决策立法制审核机制基本形成。全县行政执法三项制度改革工作有序推进。

（王金星）

电子政务

【推进网站集约化】 按照国省市的工作部署和时间节点要求，启动衡阳县政府网站集约化建设。以“基础栏目+特色栏目”建设模式，通过改版整合、数据迁移，融入政府网站群管理理念，在“统一平台、统一域名、统一运维、标准规范、分级保障”基础上，实现衡阳县党政门户网站与各部门网站信息资源的交换共享与综合利用。截至7月30日，完成7家部门网站整合上移。同时，做好县党政门户网向市党政门户网平移的集约化建设工作，集约化建设方案通过市办专家组评审，正积极开展招标相关事宜，启动完成平台上移工作。

【深化政府信息公开】 严格按照政府信息主动公开工作要求，进一步加快网站信息发布的更新，增强信息内容发布的数量与质量，切实做好县党政门户网站内容保障工作。

衡阳县党政门户网站作为全县政务公开第一发布平台，主动公开政府信息18889条，其中县本级发布动态信息7300条，县本级信息公开专栏发布信息226条，政务公开专栏发布信息83条；各部门向衡阳县党政门户网站平台报送信息11280条。公开衡阳县委常委会议15次、衡阳县政府常务会议18次，各级各部门专题会议26次，图解市级以上重要会议精神和工作要点2个。

【政府网站普查】 县电政办按照国、省、市网站普查工作要求继续对门户网站和部门网站开展普查，防止“四不”问题反弹。对县党政门户网站存在的问题栏目及时进行更新完善，修改校正网站错别字，及时处理错误链接，县党政门户网站运行良好。加大对9个部门网站的检查力度，逐一列出部门网站问题清单，以现场指导、电话等形式督促部门限时整改网站问题，防止“四不”问题反弹，确保部门网站合格达标。

制定政府网站管理制度，包括衡阳县党政门户网内容保障值班制度、党政门户网信息上传审核制度、县电子政务办信息保密制度、2017年度政府信息公开目标管理绩效考核细则、政府信息公开督查制度、党政门户网站安全保障制度、“中国衡阳”党政门户网站安全应急预案、衡阳县信息调度指挥中心（“12345”政府服务热线）管理工作方案、“中国衡阳”党政门户网站书记县长信箱来信办理工作等制度。

开展网站管理专业培训。召开3次业务培训会议。3月9日，举办网站普查业务专题培训，县国土资源局、县经科信局、县林业局等单位的分管领导和网站管理员参加培训；8月24日，县纪委、县电政办联合举办“互联网+监督”数据录入业务专题培训班，全县25个乡镇和41个县直单位的分管领导和数据录入员分两个批次参加培训；9月8日，全县政务公开标准化规范试点工作大会后，县电政办组织相关单位分管领导和信息员参加了政务公开业务培训。

【网上在线服务】 县党政门户网站始终坚持以满足服务对象需求为目标,按照不同用户对象的应用主题设计公共服务的架构,在审批服务大厅整合各种在线办事资源。一是设置了面向个人、面向企业、面向部门等3个服务主题、共218项在线服务,并提供网上办事指南、办事流程、法律依据、申办材料、办理地点、办理时间、联系电话和表格下载等,积极开展业务办理,办理结果同步在网上进行公示。二是开设居住证办理、随迁子女入学服务、高校毕业生创业服务等重点办事项,使整个办事流程和程序更加人性化,办事效率全面提升。三是开设公共服务专栏,对各服务类事项办事流程和相关政策进行了全面的公布,方便老百姓查询。截至12月25日,网上受理办件数为3549件,已办结数为3549件。

县党政门户网站还通过开设书记县长信箱、意见征集、网上调查、"12345"热线、网上评议、部分部门领导电子邮箱等公众参与渠道,提高公众参与度,政府亲民为民形象得到极大提升,有力维护社会稳定。年内县党政门户网共收到书记、县长信件289封,办结289封,办复率100%;市委书记、市长信箱转发的信件71封,办结71封,办复率100%。两项满意率均达到了100%。

【完善网络系统】 为贯彻落实湖南省电子政务"十三五"规划(2016—2020年)》文件精神,尽快实现电子政务网的省、市、县、乡四级联通,8月,县电政办基于县电子政务外网只联通到乡镇党政办尚未连通有关业务站所的实际,适时实施电子政务外网延伸工程。一是对各乡镇电子政务专网终端重新登记备案;二是对各乡镇建设需求进行全面调查摸底;三是组织实施全县25个乡镇483个站点的网络集成和光纤架设工程。电子政务外网的纵向延伸,为全县顺利对接湖南省"互联网+监督"平台,及时录入惠民项目资金信息打造安全畅通的网络环境。

【电子政务项目建设】 规划建设政务信息数据共享交换库。根据国务院办公厅印发的《政务信息系统整合共享实施方案》相关要求,结合本县实际需求,规划建设一个政务信息数据共享交换库。目前已经初步编制了项目技术方案,正在进一步修改完善中。

积极筹建"12345"政府服务热线指挥平台。县政府召开常务会,专题部署研究"12345"政府服务热线指挥平台与县公安局110指挥中心平台共享共用共建,县电政办提前安排专业技术人员对场地布局进行规划设计,将平台建设相关要求提供给施工方,有效避免重复建设和资金浪费。与此同时,积极做好人员招聘的前期工作,为平台的建成运行打下坚实的软硬件基础。 (全蓉芝)

国有资产管理

【国有资产清理与监管】 衡阳县国资中心依照《中华人民共和国企业国有资产法》《中华人民共和国公司法》等法律和行政法规,代表县人民政府履行出资人职责,监管县属国有企业资产、国有股权。代表县人民政府监管全县行政事业单位国有资产。

6月,在全市首开先河,进行国有资产租赁定价机制改革,改议价为市场定价,促进集中管理的经营性资产向规范化管理转变。对合同到期的191处门面资产进行租价评估,同时评估门面资产价值。

12月,推进国有企业衡阳县行政事业资产经营公司改革,逐步实行政企分开,全面清查公司名下资产,着手对名下69处房屋、已办证的47宗土地进行资产评估。

12月,着手推进国有企业湖南衡阳灵瑞寺国家粮食储备库混合改革,引进民间资本入股。政府资产作为优先股,最大限度地保障国有资产保值增值,真正实现政企分开。

利用国有资产支持融资平台,全年配合及支持县城建投资公司融资授信22亿元,实际到位20亿元;县经开投融资贷款授信16.16亿元,实际到位13.2亿元,有力地支持了全县公共事业、重点项目建设,促进县域经济发展。

【行政事业资产经营】 对2017年6月30日到期的191户门面，通过评估公司评估租价，7月初，完成合同续签工作，退租门面已全部通过公开竞租方式出租，全年增收租金100万余元。全年，县行政事业资产经营公司共征收房屋门面、宾馆、摊位等租金收入680万元，超额完成任务。

【公车改革与管理】 严格按政策要求保留公务用车，涉改单位保留公务用车101台，其中乡镇25台、实物保障用车2台、委托管理15台、公车平台运行车辆59台；保留执勤执法用车98台。

2月，组建衡阳县公务车辆和公务用车管理服务中心，隶属县国有资产管理中心，监管全县公务车辆，集中管理公车平台运行车辆，保障县直涉改单位的公务用车。全年，公车平台保障用车3835次，特别在急难险重任务面前，需要大量车辆保障时，公车平台作用发挥明显，保障得力。

6月，全县涉改102个单位车补发放到位，率先在全市各县市区落实车补发放工作。耒阳、常宁等县市政府、国资中心到衡阳县交流学习公车改革经验。

【公车拍卖】 公车改革取消车辆159台，分2批进行公开拍卖，第一批73台于4月22日拍卖，成交290.9万元，超底价117.1万元，溢价67%；第二批40台于9月18日拍卖，车况较差，拍卖非常成功，成交价34.87万元，为底价3倍多，溢价率达到235%。报废车辆46台，12月处理完毕，全县行政及参公单位公务用车制度改革宣告胜利结束。

（王　琦）

政府金融管理

【概况】 金融保持平稳运行，有力支撑全县经济社会发展，各项工作成效明显。“金融补短板”工作在全县29项主要工作考核中位居第一，评为全县信访先进单位，扶贫小额信贷工作全市第一，防范和处置非法集资工作全市第二，金融业综合考核全市第三，市级金融安全区创建工作稳步推进。

全县现有银行业金融机构9家、保险业金融机构20家、证券营业部1家、小额贷款公司1家、典当行3家、投资公司22家（其中政府投融资平台8家、私营企业14家），金融体系逐步完善。12月末，全县各项存款余额357.49亿元，比年初增加41.49亿元，增长13.13%；各项贷款余额113.30亿元，比年初增加11.64亿元，增长11.46%。政府投融资平台全年共争取授信86.22亿元（其中经开投22.54亿元、城乡投33.56亿元、界牌投30.12亿元），实际到位资金48.56亿元（其中经开投15.58亿元、城乡投30.98亿元、界牌投2亿元）。完成保费收入5.85亿元，增长22.53%；全年理赔2.8亿元，增长29.7%；保险机构共实现税收1902.41万元，增长29.15%。

【金融服务】 按照县委、县政府的要求，分解下达各银行业金融机构新增贷款目标任务，通过政银企对接会、银行行长联席会议等会议，及时调度、督促各银行优化信贷结构，加大信贷投放，有效保障项目建设、涉农和中小微企业资金需求。12月末，涉农贷款余额69.07亿元，比年初增加12.20亿元，增长21.46 %；小型企业贷款余额3.11亿元，比年初增加0.17亿元，增长5.76%；微型企业贷款余额1.94亿元，比年初增加0.16亿元，增长9.04%。召开政银企对接暨项目签约会，37个项目和多家企业成功签约，4.75亿元资金“输血”实体经济。界牌陶瓷工业园基础设施建设及园区配套工程整体开发的PPP项目，已申报进入了省财政厅和财政部PPP项目库，项目估算总投资约23.22亿元。衡阳县城市和农村建设投资有限公司发放企业债券12亿元，衡阳西渡经济开发区投资开发有限公司争取信托资金5.1亿元，衡阳县城市和农村建设投资有限公司争取信托资金4亿元，政府投融资公司积极拓宽直接融资渠道，有效充实全县重点项目建设资金。

【金融创安】 县政府召开金融创安工作会，成立金融创安工作领导小组，出台《衡阳县创建金融安全区工作方案》等系列文件，与各乡镇等金融创安工作领导小组成员单位签订《责任状》，全面开展金融创安宣传活动，大力开展不良贷款清收工作，稳步推进信用村（社区）建设。12 月 12 日，举行衡阳县金融创安工作第一批“信用户、信用村（社区）”颁证授牌仪式暨调度会，台源镇花江村等 10 个村（社区）被评为信用村（社区），11068 户被授予信用户称号。组建常年专班，实施“三级联动”，采取法律、行政与舆论相配合的手段，开展衡阳县清收衡州农商银行（原农村信用社）不良贷款工作。12 月末，县人民法院发布失信人员名单 623 人，共清收不良贷款 2.23 亿元，社会诚信得到进一步维护。开展宣传教育、风险排查、信访维稳等处非工作和互联网金融风险专项整治工作，约谈辖区内“麦点商城”和“云联惠”等平台负责人，及时化解非法集资风险隐患。是年全县没有发生非法集资案件，守住了不发生区域性金融风险底线；金融创安工作取得了阶段性成果，金融生态环境得到极大改善。

【金融扶贫】 51 个金融扶贫服务站全面完成全县建档立卡贫困户的信用评级授信工作，积极提供扶贫贷等金融产品，有效满足贫困户金融需求。12 月末，办理业务 7825 笔、累计金额 647.35 万元。中国人寿衡阳支公司、人保财险衡阳支公司两家保险公司积极开展“扶贫特惠保”业务，参保户免费参保，贫困人口覆盖率达 100%，实现全县 16185 户（52346 人）建档立卡贫困户家庭综合保障保险全覆盖。12 月末，全县银行业金融机构累计发放扶贫小额贷款 1.51 亿元（其中衡州农商行 1.28 亿元、农业银行 580 万元、农发行 1700 万元），比年初增加 1.04 亿元，增长 225.18%。3374 户贫困户得到实惠，11800 余贫困人口受益。

（屈　斌）

矿产品税费征收管理

【概况】 衡阳县矿产品税费征收管理办公室成立于 2005 年 5 月，2016 年 5 月，县委、县政府批准为正式全额拨款公益类正科级事业单位，内设办公室、征收稽查股、财务票证股、人事教育股、公安执勤室 5 个股室，下设关市、檀山、国庆、界牌、岣嵝 5 个验票站，核定编制 38 人。2017 年 6 月成立机关党支部。

在全县矿业形势比较严峻，效益滑坡的情况下，县征管办想尽千方百计，攻坚克难，开拓创新，全年共征收矿产资源税费 5203 万元，较 2016 年增加 173 万元，增长 3.4%，超额完成财政目标任务 203 万元。

【征收管理】 一是深入界牌、关市、井头等地的矿山企业，积极开展调查研究，与当地政府和矿山企业负责人座谈，分析经济形势，及时把握企业生产经营动向。

二是严格执行征收管理方面的政策和文件，勤征细管，做到颗粒归仓，严格征收标准，做到应收尽收。坚持规范操作，堵住税费流失漏洞。严把验票“三步曲”，在验好量的同时，更注重验好质，做到票、质、量相符，严防企业以好充次，鱼目混珠，坚决堵住税费流失漏洞。对企业的边、残、尾矿以及加工企业加工后留下的废泥、废碴，采取税费优惠的办法，鼓励企业废物利用，增加税费收入。

三是加强队伍建设，不断增强全体征管人员的税费征收法律意识和服务意识，内强素质，外树形象，努力打造一支思想过硬、业务熟练、服从管理的廉政、勤政、学习、服务型的征管队伍。

（刘明辉）

地方志工作

【《衡阳县年鉴（2015—2016）》编辑出版工作】 2016 年 12 月，启动《衡阳县年鉴（2015—2016）》编修工作。至 2017 年 4 月，全县各乡镇和县直各单位完成年鉴撰写任务，征集资料 100 万字。是年 10 月，完成编辑工作。12 月，经审定后由团结出版社公开出版发行。全书 23 个部类、185 个分类、近 1000 个条目，共 85 万字。

【《衡阳县乡镇简志》公开出版】 《衡阳县乡镇简

志》自2015年6月启动编纂，历经三年、数易其稿，经历资料采集、初稿撰写、修改打磨、评审验收四个阶段。《衡阳县乡镇简志》是衡阳县首部乡镇志，该志377页，55.3万字，彩图300余张。该志上限追溯至建置之始，下限至2014年年底，简要记述了26个乡镇的区域概况、经济发展、基础设施、社会事业、特色地情等方面的情况。同时该志增加了1956年至2015年年底各乡镇历任党政主要负责人名录、1995年撤区前历任区级党政主要负责人名录、县级几个重要区划调整时的政区地图、分乡镇政区图、2015年村级行政区划调整对比表。《衡阳县乡镇简志》的出版，为外界认识、了解衡阳县打开了一扇窗，将为各界人士精准了解衡阳县城乡历史面貌提供借鉴和服务平台。该书由方志出版社公开出版。

【启动《衡阳县年鉴(2017)》编辑工作】 为了实现"一年一鉴"的工作目标，经县政府同意，全县从2017年开始实行"一年一鉴"。2017年12月，启动《衡阳县年鉴(2017)》编辑工作，成立《衡阳县年鉴》编辑委员会，县人民政府办公室印发《关于〈衡阳县年鉴〉(2017)编纂方案的通知》。是年12月10日，县人民政府召开县直机关、企事业单位和乡镇办公室负责人参加的编纂工作会议。会议印发《衡阳县年鉴(2017)》卷篇目设置及撰稿说明、地方志年鉴行文规范、国务院办公厅省政府办公厅出台的有关方志工作文件。该年鉴设置为27个部类，189个分类，近1000个条目，约90万字。

政　协

重要会议

【县政协十届二次全体会议】　2017年3月14日—17日，县政协十届二次全体会议在夏明翰文化宫举行，出席会议的县政协委员320人；全体在职县级领导，曾任正县级实职以上的离退休老同志，近五年离退休的曾担任副县级以上实职的老同志，享受副处级非领导职务“三项”待遇干部，县纪委常委，县委政法委副书记，县人民法院副院长、副书记，县人民检察院副检察长，西渡高新技术产业园管委会副主任，界牌陶瓷工业园管委会党政主要负责人，县巡察办主任、巡察组长，县委督办员，县直部门单位正科级党政主要负责人，非政协委员的乡镇党委书记、乡镇长、宣传统战委员，驻县省、市政协委员，省市驻县单位担任正科级实职以上的领导和县政协机关全体干部等300名列席人员列席会议。3月15日上午，举行大会开幕式。县政协党组副书记、副主席凌奉云主持会议，宣布大会开幕。县委书记曾秀讲话。县政协党组书记、主席杨秋良作常务委员会工作报告。县政协党组成员、副主席廖双九作常务委员会提案工作报告。黄柱凯、刘晓军、周少毅3名县政协委员分别就提升县城环境质量、加强乡村医生队伍建设、服务企业发展等议题在大会上作专题提案发言。会议期间，全体县政协委员还列席了县十七届人大第二次会议，听取和协商一府两院工作报告。会议通过县政协常委会关于免去部分组成人员的建议名单，选举周忠良为政协衡阳县第十届委员会秘书长，周忠良、贺仕吉、廖卯生、屈汉荣、朱向文、唐桂生为政协衡阳县第十届委员会常务委员。大会对9个政协工作目标管理优胜单位、3个优秀民主监督小组、10件优秀提案、10个提案办理先进单位进行表彰。会议通过政治决议、关于常务委员会工作报告的决议和常务委员会提案工作报告的决议，县政协主席杨秋良致闭幕词。该次会议收到委员提案232件。

【县政协十届一次常委(扩大)会议】　2017年3月10日，县政协召开十届一次常委会议，协商《衡阳县2016年国民经济和社会发展执行情况及2017年发展规划(草案)》《衡阳县2016年财政预算执行情况和2017年预算计划(草案)》；讨论通过《政协十届二次会议筹备工作报告》《常委会工作报告》和《常委会提案工作报告》，表决增补县政协委员12名。

【县政协十届二次常委(扩大)会议】　2017年7月18日，县政协召开十届二次常委(扩大)会议。与会人员先后视察西渡镇正大村紫色页岩改造项目、演陂镇石油村轻度石漠化治理项目、洪市镇太和村钒矿治理项目及渣江镇玉麟村千亩荷花种植基地，副县长王致伟参加视察。会议听取县国土资源局、林业局、环保局等三个部门工作情况的汇报，协商讨论生态环境治理和相关人事任免工作，县委常委、常务副县长王苏龙应邀出席会议。

【县政协十届三次常委(扩大)会议】　2017年9月8日，县政协召开十届三次常委(扩大)会议。与会人员先后视察贝恩·叮当猫、盛世威德钟表、界牌陶瓷研究所、振华建材、阳光陶瓷、中信陶瓷以及盛泰陶瓷等项目,县人民政府副县长范振华参加视察。会议听取县发改局关于衡阳县2017年上半年国民经济和社会发展计划执行及重点项目建设情况的报告,县财政局关于衡阳县2016年财政决算草案和2017年上半年财政预算执行情况的报告,县界牌陶瓷工业园管委会关于衡阳县界牌陶瓷工业园PPP项目情况汇报并进行协商。县委常委、常务副县长王苏龙应邀出席会议。

【县政协十届四次常委(扩大)会议】 2017年12月29日,县政协召开十届四次常委(扩大)会议,会议听取县教育局、卫计局、环保局、经科信局、民政局五个部门的工作情况汇报,就中小学安全教育、公立医院改革、"城市环境综合整治"提案办理、"乡村医生队伍建设"提案办理、"服务企业发展"调研报告建议落实以及撤镇设街道等工作进行协商讨论。会议讨论通过《县政协常委会工作报告》《县政协常委会提案工作报告》《县政协十届三次全会筹备工作报告》和县政协十届三次全会其他有关事项;表决增补县政协委员6名。

参政议政

【创新机制多层协商】 从三个层面创新协商机制,一是精心组织全会协商,谋发展大计。围绕衡阳县"一府两院"等工作报告,就事关全局的重大事项、经济社会发展的突出问题、人民群众关注的热点难点积极建言议政。二次全会开幕式上,三名委员就"县城环境整治""乡村医生队伍建设"和"服务企业发展"分别作了发言,得到了县委、县政府领导的高度重视。二是扎实抓好专题协商,献务实良策。一年来,召开主席会议11次、常委会议4次,分别就财政预决算,国民经济和社会发展执行情况、界牌园区建设、乡镇教育体制改革、农村中小学安全教育、公立医院改革等重大事项以及《加快推进高新区两里塘、英睦塘、清水塘三个水体生态开发》等5个重点提案办理情况进行专题协商。三是深入开展对口协商,建睿智诤言。各专委会采取灵活多样的方式,就群众关注的热点难点问题,广泛开展各层面对口协商活动。全年召开各类协商会议20多次,近200名委员参与协商并发言。推进协商主体多元化,先后有10多名专业技术人员和50余名基层群众代表参加了各类专题协商座谈会。50多名市、县政协委员参与了农村教育发展、创新社会治理、专业人才队伍建设课题的调研和协商,课题内容引起了社会各界的广泛关注。

【紧扣主题调查研究】 一年来,委员们在主席会成员和常委会的带领下,主动参与年初既定的"专业人才队伍建设""社会治理创新"及"衡阳县教育现状及对策"三个大课题,大兴调研之风,形成3篇高质量的调研报告提交党政作为决策参考。机关各委室结合联系工作,积极开展带案调研,重点开展非公经济法治环境、养老保险体制改革、义务教育质量监测、教育扶贫、金融扶贫、边远山区特岗教师管理等10多个专题调研活动,为各部门更好履职奠定基础、指明方向。同时,县政协还积极参加并配合省市政协开展10多项主题调研活动,得到省市政协的高度评价。

【聚焦民生专项视察】 县政协坚持把履职为民作为政协工作的出发点和落脚点,高度关注民生问题。年内组织开展6次大型专题视察活动,先后视察洪市砚矿治理、西渡和演陂石漠化治理、国家投资新建的交通项目、实验学校、安居房工程、国家储备粮基地、县界牌陶瓷工业园PPP项目、县城三个水体生态开发、乡村旅游项目等。年底,组织省、市、县三级140余名委员,分组视察政府工作。委员们通过视察座谈,既开阔眼界,增长见识,了解政情民情,夯实履职基础,又为县委、县政府提供一些来自基层的真实情况,有效地助推惠民政策落实、民生工程落地。

【围绕中心服务大局】 围绕全县中心工作,县政协领导率先垂范,深入一线,靠前协调,充分发挥政协的优势和作用,与党政领导同挑发展重担,积极协调解决各种矛盾和问题,全力推动项目建设,较好地展示"有为政协"的形象。主席会成员、党组成员牵头实施怀邵衡铁路建设、西渡火车站配套项目建设、琼瑶文化创意园建设、彭玉麟故居修复项目、井头卫生院建设、县委公租房项目、横江湿地公园建设、新建路改造项目等重大项目8个，联系重点企业14家。负责高新片区“四城同创”工作，累计筹资186万元，协调环卫、城管、园林、市政等多家单位，为县城的绿化、美化、净化、亮化做大量卓有成效的工作。

【民主监督有力有威】 充分发挥社情民意的直通车作用，县政协机关共收集报送社情民意信息50多条，其中12条通过省、市政协报送省、市领导，考核积分位列全市各县市区政协前茅。向县委、县政府及县直相关部门反馈社情民意11条，直接转送县委、县政府主要领导，并引起各级各部门的高度重视。修订《委派民主监督小组工作实施方案》及《民主监督小组、民主监督员工作考核办法》，对新一批10个民主监督小组组长及组员进行了专题培训。各民主监督小组全年共开展活动78次，提出意见建议100余条，形成《民主监督意见书》21件，均得到部门回应和落实，达到监督的目的，也推动受派单位的各项工作。省政协云平台建设是实现“互联网＋政协”的重要手段，衡阳县以排名全省各县市区第一的成绩，率先完成“政协云”的安装、使用、推广工作，被省政协评为政协云工作先进单位并作典型发言，3名县政协委员被评为全省政协云工作先进个人。自2016年6月云平台运行以来，累计发布各类信息200余条，接收委员“微建议”46条。通过云平台进行远程协商，开展即时监督，有效地实现了“政协云”与政协履职的深度融合。

提案工作

2017年，县政协委员提出提案232件，经审查立案194件。提案分送县委、县政府交由58个单位办理，全部办复完毕。政协委员的参政热情、履职水平和提案质量明显提高，承办单位的责任意识和办理实效明显增强。

【优化工作格局】 一是县委政府高度重视。县委政府将提案办理工作纳入全县党政部门目标管理考核。县委曾秀书记先后就提升县城环境质量、优化企业服务环境、加强乡村医生队伍建设3件提案作出批示。县政府建立政府领导分线包案、政府办统筹协调、政府部门一把手领案承办的提案承办责任机制。县长孙鹏伟和各位副县长就县政协年度重点提案和分管的重要提案，多次召开专题会议进行研究，推动一大批事关经济社会发展和重大民生问题的有效解决。政协全会闭会后，县委办、县政府办组织力量，对政协提案认真梳理，逐一拟定任务分解方案，持续加大督查督办力度。二是县政协全力推进。县政协把提案工作列入政协党组会议、常委会议、主席会议的重要议事日程，研究部署提案征集、督办、表彰等事项，提出督促落实、创新工作的要求，认真听取提案工作情况汇报，经常调度提案办理工作，充分发挥提案在政协履职中的重要作用。三是承办单位认真对待。多数承办单位建立和完善主要领导亲自抓、分管领导具体抓、专人专班承办的提案办理工作机制，把政协提案与本单位工作实际相结合，在完善决策、改进工作中充分吸纳提案的意见和建议；密切加强同委员们的面商沟通，基本做到办前沟通、办中互动、办后反馈，使一大批提案得到较好的落实。

【提升提案质量】 一是为委员撰写高质量提案创造条件。加强对委员政协理论和提案知识培训，为委员履职打好基础；适时组织委员开展视察调研、专题协商等活动，让委员知情明政；及时召开提案征集工作会议，印发提案参考目录和提案参考样本，加强选题引导，做到早安排、早部署。二是注重调查研究，推动提案质量全面提升。组织和发动各专委会、政协各委组围绕县委政府中心工作及群众密切关注的民生问题，广泛调查研究，开展集体会商，认真撰写提案；及时将调研视察报告、民主监督建议、社情民意信息等转化为提案，发挥组织优势，体现集体智慧，打造提案精品，推动提案质量全面提升。三是加强提案审查，严格立案把关。严格立案审查标准和程序，建立对口专委会会审、提案委员会议审查、主席会议审定的立案审查机制；对征集的提案，严格按照提案工作条例的要求，逐案审查，逐件表决，慎重立案，有效保证提案的质量。

【加强提案督办】　一是高位推进办理协商。建立政协常委会议、主席会议、专委会议协商提案办理的常态化机制，抓好重点提案的督办协商。政协常委会议听取“提升环境质量、打造宜居县城”等3件书记批示提案的办理情况汇报，并进行专题协商。主席会议先后就“加强食品监管工作、保障人民舌尖安全”等6件年度重点提案，组织专项视察活动，召开专题协商会议。专委会议先后就“加强无偿献血工作”等6件重要提案，组织开展协商活动。二是多层开展督查督办。坚持政协党组领导和主席会成员分线督办、政协办委对口督办的常态化工作机制，加强对承办单位的联系指导，及时掌握办理进程，有序组织面商会议，认真开展日常督办，有力地推动提案的办理落实。会同县党政两办定期开展专项督查活动，全面了解提案办理情况，督促提案承办单位按时办结、高质量办结。发挥10个民主监督小组的职能作用，开展对提案办理工作的有效监督。三是深化提案追踪问效。继续加强同县电视台合作，坚持办好《提案追踪》电视专栏，一年来遴选17件提案对承办单位的办理措施和效果进行跟踪报道，增强提案办理工作的公开度和透明度，有效发挥这一创新品牌的双重监督作用。

【优化服务水平】　一是规范办理程序。印发《提案办理工作程序》，对提案办理过程中各环节工作予以规范，规定办理时限，制定办结标准，推进提案办理工作制度化、程序化、规范化发展。二是加强联系沟通。发挥提案工作机构和政协委组的桥梁纽带作用，加强同委员的联系，抓好委员对承办单位办理提案的满意度信息和意见建议的反馈工作。加强同县党政两办和承办单位的联系和沟通，争取重视支持，形成工作合力。三是注重媒体宣传。利用政协云平台，加强同新闻媒体协作，广泛宣传提案工作的重要活动、典型事例和工作成果，努力扩大提案工作的社会影响。将提案工作纳入政务公开内容，实现提案办理答复件网上公开，接受社会监督。四是开展评先活动。坚持做好优秀提案和提案办理先进单位评选工作，充分发挥先进示范作用，进一步调动委员撰写提案和承办单位办理提案的积极性。

文史征编

积极发挥文史资料“存史、资政、团结、育人”的独特功能，在认真完成市政协交办的“知青”资料征集任务的基础上，启动《蒸阳知青》一书的征集编辑工作，成立衡阳县知青文史资料征集编辑委员会，组建专业编辑队伍。全面完成全县25个乡镇和县直机关单位的知青史料摸底，登记知青11000余人，收集感言材料近百篇，照片300多张。所有的资料征集工作全部结束。

自身建设

【切实发挥政协机关引领作用】　深入推进机关党的建设和思想作风建设，全面落实党风廉政建设主体责任，大力弘扬刻苦学习、忠诚廉洁、开拓创新、甘于奉献、勇于负责、团结合作“六种精神”，努力打造干净、担当的干部队伍，增强机关凝聚力战斗力。争取党政对政协机关工作的重视，县委书记曾秀带领县委、县政府领导亲临政协机关召开县委政协工作会议，为政协排忧解难，加油鼓劲。强化机关内部活力，积极开展文体活动，举办机关干部健步登山活动，组织机关干部参加全县工会羽毛球比赛，丰富干部职工的精神文化生活，增强机关整体活力。

【积极发挥政协委组纽带作用】　2017年，政协各委组按照《政协委组年度考核方案》要求，积极探索方式方法，建立健全符合实际的活动机制。县政协大力推进全局工作谋划经委组协商，各种例会建言由委组协助，重大活动组织让委组承办的工作方式,进一步丰富委组活动。年内,36 个委组组织各类活动 100 余次。各委组在丰富多彩的活动引领下,工作活力充分显现,委员履职热情不断高涨,政协工作在基层得到有效延伸。

【充分发挥政协委员主体作用】 依托《委员管理办法》,严格考核管理,规范委员履职行为。年内对 1 名长期不履职的委员作出撤销委员资格处理。鼓励委员发挥界别优势,积极投身各类社会活动,受到社会各界群众的充分肯定。委员们立足本职,积极奉献,架起一座座联接党群的桥梁,延伸服务群众的“触角”。借助委员工作室的创建,组织委员参与各类便民助民活动,参与委员的角色意识、主体作用不断加强。委员工作室成为各界群众的联系点、社情民意的交流站、法律政策的咨询室、矛盾纠纷的调解处。 （刘文政）

纪检·监察·巡察

纪委监察

【县第十三届纪委第二次全会暨反腐败工作会议】 2017年2月18日，衡阳县第十二届纪委第二次全会暨反腐工作会议召开。全体在职的县级领导，享受副处级非领导职务“三项待遇”的干部；县纪委委员，县监察局副局长；各乡（镇）党委书记、乡（镇）长、纪委书记、监察室主任；县直单位副科实职以上领导干部、监察室主任；县纪委党风监督员，县监察局特邀监察员参加会议。县委副书记、县长孙鹏伟主持会议，县委常委、县纪委书记李世钧作《增强政治定力，强化责任担当，坚定不移推动全面从严治党向纵深发展》的工作报告，县委副书记蒋达宏宣读《关于2016年度党风廉政建设优秀单位及优秀纪检监察干部的通报》，各乡镇党委书记向县委书记递交《衡阳县2017年度党风廉政建设和反腐败工作任务责任书》，县委书记曾秀讲话。全体参会人员观看了廉政教育电教片《永远在路上之六——拍蝇惩贪》。

【领导干部廉洁自律】 县委、人大、政府、政协领导班子成员率先垂范，带头深入联系单位讲廉政党课，带头与联系单位党政负责人开展例行约谈，层层传导压力。年内全县33名县处级领导干部开展提醒谈话494人次，其中咬耳扯袖392人次，红脸出汗102人次。认真把好领导干部“廉洁审查关”，对拟提拔重用对象以及党代表、人大代表候选人等进行廉洁审查。坚持失责必问、问责从严，推动压力传导到“神经末梢”。年内查处“两个责任”落实不力问题23起，纪律处分23人，组织处理18人。创新廉政文化教育载体，开展廉洁征文活动，拍摄《飞车惊魂》微电影，精心打造衡阳县廉政文化园，对清风公园总体规划设计，注入廉政文化元素，努力营造崇廉拒腐的良好风气。是年，衡阳县“主体责任”和“监督责任”目标考核均排名全市第一，县委书记曾秀同志代表衡阳县委在市纪委全会上作典型发言

【执纪审查工作】 全县纪检监察机关严守执纪审查安全底线，严格依法依规、安全文明开展执纪审查工作。年内共查办案件260件，其中给予党纪处分149人次、政纪处分131人次（含乡科级干部50人），移送司法机关处理4人。县检察院立案侦查职务犯罪案件14件，涉及17人；县人民法院审结职务犯罪案件2件，追究刑事责任3人。扎实推进乡镇纪委谈话室规范化建设，全县25个乡镇按照“统一要求、统一标准、规范管理”的要求，全面完成标准化谈话室建设，25个乡镇纪委共执纪审查112件，同比增长23.2%。县纪委查办的县城乡社会救助服务中心原主任洪某某严重违纪案，被市纪委评为“精品案件”，贺艳平、王峰被市纪委评为“办案能手”。

【解决“四风”突出问题】 把违反作风规定列入纪律审查重点，在全县开展“干部作风大整顿”行动，县委主要负责人先后4次带队突击暗访全县各机关单位和乡镇工作纪律、夜宿值班等情况，并将暗访情况在全县通报。创新工作方法，以购买社会服务方式对全县干部作风进行暗访，组织全县副科实职以上干部800余人观看暗访实录，并

要求相关单位和个人自查自纠、认真整改，按照干部管理权限严肃处理。年内共查处违反工作纪律案件13起，给予党政纪处分13人，下发作风督查通报4期，通报批评43家单位、82人次。深化“纠四风、治陋习”和“雁过拔毛”式腐败问题专项整治，启动农村信访举报“清零”行动，有序推进“互联网+监督”平台建设，查处“雁过拔毛”式腐败问题案件32件，给予党政纪处分32人，移送司法2人；查处“四风陋习”案件93件，给予党政纪处分93人，组织处理27人。严明村级组织换届纪律，对换届选举纪律情况进行全程监督，查办7起违反换届纪律案件，处理处分34人，其中纪律处分16人，组织处理18人。加强扶贫领域监督执纪问责，先后4次对全县85个贫困村和部分非贫困村脱贫攻坚工作进行“地毯式”督查，发出通报4期，组织处理43人，党政纪处分2人。扎实开展涉砂涉矿、教辅材料、重点项目建设指挥部、人事管理领域突出问题专项整治“回头看”等突出问题专项整治。

【纪检监察机关自身建设】 紧跟中央、省、市派驻机构改革步伐，在全市第一个完成派驻机构改革工作。全县设置13个派驻纪检组，涵盖59个县一级党和国家机关，落实派驻机构人员编制58个，实现了“统一管理”和“全面覆盖”。有力有序推进监察体制改革，县委切实担负主体责任，县委书记当好“施工队长”，县纪委认真履行专责，县人大、县委组织部、检察院等部门全力配合，衡阳县监察委员会挂牌成立并启动运行，纪法衔接、监司衔接等相关配套制度初步形成。深入推进“两学一做”学习教育常态化制度化，锻造对党绝对忠诚的执纪“铁军”。县委高度重视纪检干部队伍建设，年内提拔重用9名纪检干部，交流使用8名纪检干部。组织全县公开选调考试，招录纪检干部32名、巡察干部6名，进一步充实全县纪检监察队伍力量。抓实纪检干部教育培训，举办3期纪检监察系统业务和执纪审查安全工作培训班，全县410余名纪检干部参加培训。严格落实《关于从严监督管理党员干部的十项措施》的要求，在全县纪检监察系统开展家访活动，切实加强纪检干部八小时以外的管理。持刀刃向内，对3名纪检监察干部违纪问题进行严肃处理。 （黄 靓）

巡 察

【机构设立及主要职责】

领导机构：是年，成立中共衡阳县委巡察工作领导小组，县委书记曾秀任组长，县委常委、纪委书记李世钧任常务副组长，县委常委、组织部长阳旭辉任副组长，县纪委副书记、监察局长朱斌、县委组织部常务副部长蒋小阳、县委巡察办主任阳精华任成员。

巡察办组建：衡阳县委巡察工作领导小组办公室（简称县委巡察办），为县委巡察工作领导小组日常办事机构，列入县委工作机构序列，机构规格为正科级，核定行政编制6名，办公地点为老司法局办公楼。主要承担县本级巡察工作综合协调、组织指导、监察管理、服务保障等工作。2017年4月20日县委巡察办正式挂牌成立。

巡察组组建：2017年9月21日，市编办根据市委常委会决定，同意衡阳县设立县委巡察组，机构规格为正科级，核定组长、副组长职数各1名，设立4个巡察组，负责对县委管理的乡镇党委和县直机关企事业单位开展巡察工作。

【巡察工作开展情况】

首轮巡察工作。县委首轮巡察从4月27日启动，6月底结束。分别巡察县市场服务中心、县人社局、大安乡三个单位党组（党委）。发现问题线索132条，移交县纪委41条；移交县委组织部9条；移交被巡察单位党组80条；移交有关单位2条。目前已立案5起，处分5人，组织处理16人。

第二轮巡察工作。县委第二轮巡察工作从9月14日开始，12月中旬结束。分别巡察县农业局、县国土资源局、曲兰镇、县卫计局四个单位党组（党委）。发现问题线索209条，移交县纪委34条；移交县委组织部8条；移交被巡察单位党组158条；移交有关单位9条。

第三轮巡察工作。第三轮巡察工作是衡阳市

首轮交叉巡察,由市委巡察办统筹主导,县巡察办组织实施。巡察衡阳县的是衡阳市县(市)区交叉巡察第23组(雁峰区委巡察第一组)、第24组(雁峰区委巡察第二组)两个组,分别巡察县林业局、县发改局两个单位党组。衡阳县也组建了两个交叉巡察组,巡察南岳区。该轮巡察从10月底开始,12月底结束。

【其他相关工作】

一是撰写《衡阳县巡察工作流程》;二是举行巡察入职宣誓;三是开展党日活动;四是成立县委巡察办学雷锋志愿者服务队。

社会团体

工商业联合会(总商会)

【参政议政】 一是做好省人大、县政协换届中全县非公经济人士担任人大代表、政协委员的提名推荐综合评价工作。县工商联执委湖南角山米业有限公司总经理任贤龙被推选担任省政协委员。二是紧紧围绕县委、县政府"生态立县、产业兴县、文化强县"的战略思想积极发现社会热点难点问题,建言献策。在年初召开的政协全会上,组织工商联界别的非公人士撰写提案36件,其中联名提案25件。三是组织会员开展"优化非公经济发展法治环境""全县非公经济发展现状"等6个重大课题调研。

【县工商联十三届二次执委会】 12月25日,县工商联(总商会)第十三届二次执委会在县金帝大酒店召开。县委常委、统战部部长方云耕出席会议并讲话,县政协副主席、工商联主席、总商会会长宁春生向大会作工作报告,回顾总结过去一年的工作成绩,对2018年工作做了安排部署。会议还审议通过《衡阳县工商联(总商会)会员发展及管理暂行办法》《衡阳县工商联(总商会)会员会费缴纳及管理办法》。会后,组织全体与会人员参观了湖南角山米业有限公司、衡阳县红飞农业发展有限公司、衡阳县电商园产业项目和喜传天下家居项目。

【宣传教育】 一是突出"两个健康"主题,继续开展"两学一做"学习教育和深化"四信"理想信念教育实践活动,通过深入调研、专题辅导、典型示范等形式不断提升活动质量。组织会员学习贯彻习近平总书记系列重要讲话精神,以及中共十八届五、六中全会精神,在工商联机关、会员企业认真开展学习中共十九大报告,邀请衡阳县委十九大宣讲团成员魏启用为全体执委宣讲党的十九大报告。打造一支政治自信、发展自强、守法自觉,始终与中共同心同德、同心同向、同心同行的非公有制经济人士队伍。二是加强非公经济人士培训学习。组织3名非公人士参加由市委组织部、市工商联联合举办的衡阳市非公企业浙江大学高级管理人员培训班,2名非公人士参加人民大学"百年明德企业管理大型公益讲座"。

【组织建设】 一是继续抓好组织建设,扩大工商联的会员覆盖面,继续开展会员集中活动,组建行业商协会。是年,新成立商协会2家,发展会员135名。二是贯彻落实省工商联《关于进一步加强新形势下湖南异地商会工作的意见》的文件精神,进一步密切县工商联与异地商会的联系,促进异地商会健康发展,相互交流经验,共享优势资源。实地考察调研了广州衡阳县商会、县工商联老金溪商会,指导佛山衡阳县商会、长沙市衡阳县商会、上海衡阳县商会、广东湖南衡阳县商会的筹建。三是抓好商协会党建工作,要求所有商协会成立中共党组织,做到党的工作全覆盖。

【光彩事业】 一是引导会员积极参与社会公益事业。引导会员继续投身光彩事业,组织会员捐赠500余万元用于修桥、修路、扶助贫困学生等。9月,在"大爱暖衡州"活动中,会员刘飞等5人现场捐款 7.6 万元，支助 12 名大中小学生。在当年的抗洪抢险救灾中，广东省湘籍企业家商会陈黎明先生等爱心人士共捐款 207768 元用于灾后重建；会员企业恒生制药有限公司捐赠价值 215 万元药品用于救灾；会员企业衡阳县阳光陶瓷有限公司暂停一条生产线，组织员工到宁乡市进行援灾重建；10 月 5 日，县工商联牵头，老金溪商会在溪江中学开展爱心助学活动，现场筹款 146.8 万元，发放 53.5 万元，还组织会员为隆兴学校捐赠 30 万元用于添置教学设备等。在 11 月助残活动中，陈新文、任志龙、阳纯文、何依仲等会员捐款 5000 元至 3 万元不等。二是根据中央统战部、全国工商联的文件精神，按照县委、政府的部署安排，县工商联成立精准扶贫工作领导小组，制定工作实施方案，积极引导会员企业及部分非公经济人士积极参与到全县的精准扶贫工作中来。1 月，组织会员企业县宏鑫投融资有限公司、腾飞电器有限公司等 15 家会员企业捐资（4.5 万元）捐物（食用油 60 桶、大米 60 袋）对集兵镇白马村、三湖镇桥石村的 60 户贫困户进行春节精准扶贫走访慰问。与 51 个省级贫困村实施帮扶结对，采取“一对一”“几对一”的模式，着力于金融扶贫、就业扶贫、项目扶贫、教育扶贫等不同形式帮助当地百姓脱贫致富。如角山米业实施金融扶贫，让全县 2096 余户贫困户受益 800 多万元；中南富森工贸有限公司给予洪市镇市田村资金扶助 16 万元，实施产业扶贫为贫困户增收 170 万元。通过会员企业的共同努力，顺利通过省扶贫办的 2017 年度考核验收。

【服务会员】 一是搭建银企对接平台，为会员企业解决融资难问题。县总商会与县沪农商村镇银行、县衡州农村商业银行对接，帮助会员企业融资上亿元。二是维护会员合法权益，为会员排忧解难。对会员企业县欣荣建设有限公司债权纠纷案积极协调相关职能部门，执行款项全部到位。妥善协调处理会员企业相邻纠纷案 5 起。

【非公党建】 成立非公经济综合党委，主要负责工商联直属会员企业以及县城内非公企业党建工作。在非公企业党组织继续深入开展“两学一做”学习教育活动，狠抓非公党建工作规范化和标准化建设。新建立非公企业党组织 3 家。

【招商引资】 一是发挥工商联联系面广的优势，搭建招商平台。深化“引老乡、回故乡、建家乡恳谈会”活动，“走出去、引进来”，广泛推介县投资环境和产业项目。组织异地商会会员代表参加 4 月 3 日县委、政府召开的“引老乡、回故乡、建家乡”主题恳谈会；在 9 月 28 日衡阳市委主办的“衡州论坛”会上协助衡阳县委、县政府召开衡阳县籍企业家座谈会，成功签约多个项目。参加晋江市湖南商会、珠海市衡阳商会的换届大会，积极推介衡阳县，在晋江市湖南商会的换届大会中，衡阳县政府与晋江市湖南商会会员企业誉城盛有限公司成功签约，合同引资额 8 亿元。二是发挥异地商会作用，招商引资有成效。通过加强与异地商会的联系，参加相关异地商会的相关活动，指导异地商会的筹建，成功引进上海衡阳县商会（筹）会员企业上海华铮机械设备有限公司联合 15—20 家木工机械专业生产企业共同计划投资 5 亿元，在西渡高新区征地约 100 亩建设湖南衡阳数控木工机械工业园。项目全部完成投产可实现年产值 2 亿元以上，年实现税收 500 万元以上，安排劳动力就业 500 人以上。

（彭　娓）

工　会

【重大活动】 2 月 7 日，县人大常委会党组副书记、副主任、县总工会主席彭家果主持召开衡阳县总工会机关务虚会议，分析研究工会工作发展，谋划未来五年总体构想，提出“坚持党的领导，打造忠诚工会；坚持从严治会，打造廉洁工会；助推发展战略，打造有为工会；强化维权服务，打造温馨工会；深化改革创新，打造活力工会”的“五个工会”新思路。

“五一”期间，衡阳县总工会和衡阳县摄影家协会联合举办“劳动者之歌”摄影展，从全县各行各业收到参赛作品 1500 余幅，分四期展出，反映了各行各业劳模、一线工人、工会工作者等在经济社会建设中所呈现的工匠精神，收到良好的社会效果。

8月11日，由县总工会主办的衡阳县“夏送清凉、关爱相伴”活动启动仪式在夏明翰广场隆重举行，县“四大家”分管领导、县直机关和乡镇联合工会负责人，以及来自交警、建筑、环卫、城管、园林、市政、城市执法等行业的200余名从事高温作业的职工代表参加。随后，各位领导分别给参加现场活动启动仪式的职工代表和坚守在工作一线的执勤交警、高温作业工人送去“清凉”和诚挚的关怀。

8月18日，县首届职工文化进乡村活动在船山故里曲兰镇湘西村举行，来自全县各行各业的56名职工文化志愿者为当地父老乡亲和参加船山文化夏令营的县内外亲子家庭献演一台丰富而又接地气的文艺节目，将衡阳县第四届船山文化夏令营活动推向高潮，被中国工会网予以报道推介。

10月9日至11日，衡阳县工会第十六次代表大会胜利召开，来自全县各条战线的339名工会代表身着正装、意气风发集聚衡阳县会议中心，参加五年一届的盛会并投上自己手中神圣的一票，选举彭家果为衡阳县总工会主席，产生衡阳县工会新一届委员会、经费审查委员会和女职工委员会。10月10日，衡阳县工会改革创新工作被《衡阳日报》以“‘五个工会’开创崭新格局，‘三大战略’尽显职工风采”为题进行整版报道，其成功经验被予以推介。

2017年11月10日，衡阳县总工会向各级工会发出通知，成立工会干部“六进”宣讲团。县总工会主席彭家果率先垂范深入台源镇联兴村与村组干部群众面对面，以“拉家常”的方式宣讲中共十九大精神。各级工会组织迅速行动，在全县掀起了“进企业、进学校、进医院、进乡村、进屋场、进农村经济组织”与群众面对面宣讲中共十九大精神活动，在全省成为标杆，被《湖南新闻联播》等各级媒体争相报道。县总工会主席彭家果撰写的《新时代，基层工会要有新气象新作为》理论文章被《湖南工人报》刊载后，全国多家刊物相继征稿登载。

12月22日，县人大常委会党组副书记、副主任、县总工会主席彭家果宣布：衡阳县“幸福花开、十九大精神润蒸阳”主题宣传活动正式启动，通过文艺演出和互动答题的方式拉开由县委、县政府主办，县委宣传部、县总工会承办的党的十九大精神进机关、进社区、进企业、进农村活动序幕。

12月27日，衡阳县会议中心座无虚席，由衡阳县总工会、衡阳县女职工委员会主办的首届女职工魅力旗袍迎春晚会浓情举行，来自全县的700多位女同胞们汇聚一堂，在蒸阳舞台上尽情展示巾帼风采，在蒸水大地上优雅绽放魅力之花。

【“双联帮扶”】 是年，全县90个县直后盾单位的108名干部职工同18家国有(集体)困难企业和18家规模企业结对“双联”帮扶，并以项目化帮扶措施因企施策，筹措资金200万元帮扶企业和职工解困脱困。

全年县职工维权帮扶中心对全县666名困难职工进行帮扶，发放帮扶资金1171085元，其中实施医疗救助455人，发放医疗救助金885200元，实施助学救助51人，发放助学金126000元，实施生活救助160人，发放生活救助金159885元；申请中央财政帮扶197人，发放帮扶资金30万元。

【职工医疗互助】 全县143个单位的19710名职工参加了全市第四期医疗互助，其中参加特殊疾病保障达到19705人，年度申请补助的职工1523人次，补助金额1574563元；2人申请特殊疾病补助金，分别补助10000元。

【基层工会建设】 一是基层工会组建和农民工入会。坚持党建带工建，大力推进非公企业建会行动和规范化建设，特别是小微型企业建会和农民工、劳务派遣工入会工作，最大限度地把广大职工组织到工会中来。是年新建工会组织110家，其中非公企业工会85家，占总数77%，发展会员5238人(农民工会员4757人，占总数的90.8%)，“小三级”工会组织网络基本形成。根据全国、省、市总工会的指示精神和要求，以规范化建设推动“农民工入会行动”，对于尚未成立工会组织的企业，实行和农民工入会工作结合，做到建会、规范和农民工入会同步进行；对于已成立工会组织企业，借工会组织规范化和示范点建设的契机，推动企业新入职农民工的集中入会工作。至年底，工业园区和各乡镇企业农民工入会率动态保持在90%以上。

二是基层工会规范化建设。首先，依法建会和选举产生好工会“三委”班子，工会班子按规定配备，已到期的及时换届，选举结果报县总工会批复。其次，按照工会“八有”（有组织机构、有办公场地、有工会牌子和公章、有工作制度、有档案资料、有活动宣传阵地、有工作记录、有工会经费）要求，对照《基层工会规范化建设标准》，统一工会标识，统一规范内容，统一工作要求，逐单位布置安排好工会办公室和职工活动场地，并配备必要的设备设施，做到有上墙制度和内部管理制度、有工会门牌标识、有工会宣传阵地、职工文体活动场馆（室）、职工之家、职工书屋、职工培训学校、职工（劳模）创新工作室、职工维权帮扶站、母婴室等。第三，建立完善工会制度和工作台账，搞好工会文件资料的分类整理、建档归卷。

三是做好职工之家、小家建设。牢牢把握《中华人民共和国工会法》为依法治会工作准则，立足本县实际，推进非公有制企业普遍建家和深化建家，依照《湖南省模范职工之家管理办法》，制订印发《衡阳县模范职工之家建设实施办法》，要求各基层工会在建家标准上达到“八有”，即“有工会牌子、有领导班子、有活动阵地、有规章制度、有工会经费、有宣传阵地、有会员档案资料、有工会活动记录”，作为合格职工之家和申报各级模范职工之家、小家的必备要素。开展模范职工之家建设情况自查，进行全面摸底调查，建立动态管理台账。广泛开展工会会员评议职工之家活动，坚持以会员职工为主体，依靠广大职工建家、评家、管家，会员评家活动开展率达85%以上。

【工资集体协商】 继续在全县企业普遍推进工资集体协商，覆盖范围进一步扩大，机制进一步完善，收到了明显的效果。全县工资集体协商建制数达到528家，其中签订单个工资集体协商专项合同的企业51家，覆盖职工会员9637人，签订区域性、行业性工资集体协商合同23份，涵盖企业477家，覆盖职工会员16943人。建立和完善以职工代表大会为基本形式的民主管理制度，凡50人以上规模企业建立职工代表大会制度，在中小企业集中的乡镇推行区域（行业）职代会制度建设，明确组织规则、职权内容和运作程序，规定一年至少开一次职工代表大会。大力推行厂务公开，重点抓好规模以上企业厂务公开民主管理工作的规范化建设，不断创新形式、丰富内容。是年，县职代会建制数达326家，区域（行业）职代会建制数23个，涵盖企业477家，厂务公开建制数519家。

【劳模推荐和管理】 加强对各级劳动模范、先进工作者的推荐评选和管理工作。贯彻落实习总书记重要讲话精神，根据湖南省《关于劳动模范评选管理工作暂行办法》，县总工会协助县委、县政府，开展各级劳动模范和先进工作者的推荐评选工作。五一劳动节前夕，召开全县劳模座谈会，在5月的劳模宣传月活动中，集中宣传劳模先进事迹，大力营造尊重劳模、学习劳模、争当劳模的良好氛围。

共　青　团

【共青团衡阳县第十五届六次全委（扩大）会议】 3月27日上午，共青团衡阳县第十五届六次全委（扩大）会议在县神龙多功能会议厅召开。会上，县委副书记蒋达宏作重要讲话。县人大常委会副主任彭家果宣读2016年度衡阳县共青团工作先进单位及个人的表彰决定。会议审议通过《共青团衡阳县十五届六次全会关于团县委委员卸职确认案（草案）》。团县委副书记（主持工作）胡列文代表团县委常委会作工作报告，报告总结2016年工作，部署2017年重点工作。下沉到衡阳县工作的团中央办公厅主任科员刘恺向大会传达团中央关于共青团改革、从严治团等重要精神。

县政府副县长王致伟，县政协副主席廖双九出席会议。共青团衡阳县第十五届委员会委员，不是团县委委员的乡镇团委负责人，城青战线、学少战线团组织负责人，少先队辅导员，县青年社会组织、农青协会代表以及团县委机关全体干部160余人参加会议。

【青少年思想道德建设】 团县委以“服务青年健康成长”为主线，不断加强青少年的思想道德教育。一是紧扣“3·5”“5·4”“12·5”等主题团队日，广泛组织开展“学习总书记讲话·做合格共青团员”、“3·5”学雷锋、“小手拉大手”、“青春喜迎十九大·不忘初心跟党走”、清明祭英烈、清明话家风等主题活动50余场次，累计覆盖团员青年达20000余人。二是中共十九大精神宣传贯彻实现全覆盖。在全县青年团干、青年志愿者中选出一批十九大精神学习“先行者”，通过“讲、议、帮、督”等方式，选好思想宣讲“领航员”、答疑解惑“辅导员”、督促检查“监督员”，按照分“三步走”的思路，加强对全县53万青少年的思想引领。11月17日，团县委组织乡镇、县直机关团干集中传达学习中共十九大会议精神，推动十九大精神在全县团员青年中落地生根、开花结果。三是发出青年好声音。充分利用微博、微信、微邦等团属网络宣传平台，带领团员青年参与全团重大网络舆论引导和舆论斗争3次；转发上级团委官方微博、微信60余条，积极评论点赞，发出青年好声音；组织团干和青年骨干在青年之家活跃发声，成立专家团为青年答疑解惑，弘扬网上主旋律，传递青春正能量。涌现出一大批优秀青年，如船山助学志愿者协会王继斌获评共青团中央“全国向上向善好青年”荣誉称号。

【希望工程】 团县委积极整合和挖掘资源，多方筹募和争取资金。积极对接省青基会，帮助小寨希望小学落实第二期建设资金18万元。努力争取“芙蓉学子”“华融湘江银行”等公益助学项目，为9名应届高考大学生争取助学金6万余元。组织全县中小学开展希望工程“一元捐”活动，筹得爱心善款2万余元。指导社会自组织良性发展助推希望工程。县船山助学协会为133名贫困学子发放31.2万元爱心助学款，发放爱心物资价值达16.8万元；县积善志愿者协会为211名贫困学子发放29.28万元爱心助学款；县仁爱爱心志愿者协会为57名贫困学子发放10.18万元爱心助学款。2017年，累计资助400余名大中小学生，资助金额达87.46万元，改善了全县部分贫困学子的就学和生活环境。

【青年志愿者行动】 深化志愿服务品牌活动。“学雷锋”志愿服务活动全面铺开。3月3日，在夏明翰广场开展“传承雷锋精神·共筑幸福蒸阳”学雷锋集中志愿服务活动，县人民医院、中医院、国税局、地税局、卫计局、民政局、供电公司、县农行、农商银行、环保局、红十字会、县职专、湘南技工学校、中南富森等20余家单位和积善志愿者协会、船山助学志愿者协会、仁爱爱心志愿者协会等社会组织120余青年志愿者开展群众义诊、健康咨询、无偿献血、爱心助学、家电义修、讲解金融知识、便民利民新政策、法律法规及环保宣传等活动。活动现场发放各类宣传资料2000余份，服务群众800余人次，登记50余名贫困学生信息，为25名贫困学生发放爱心助学金15000余元，20余名热心市民积极响应参加无偿献血，传递“血液爱心”。3月，全县各基层团组织、青年志愿者组织开展爱心助学、关爱孤寡老人、环境卫生清理等各类学雷锋志愿服务活动30余起，辐射人数达5000余人。持续开展第六届“爱心送考”志愿服务活动，召集33台爱心车辆在高考期间为200余名学生免费送考。开展防汛救灾志愿活动。7月5日—6日，团县委携手中南富森、角山米业等爱心企业深入金溪镇、樟木乡等受灾严重的乡镇，送去大米1.5吨，方便面、饮用水各150箱，总价值达30000余元。组织开展“12·5”国际志愿者日志愿服务活动。12月5日，团衡阳县委组织开展以“青春建功新时代·团员青年争先锋”为主题的青年志愿服务系列活动。此次活动由文明劝导、关爱特殊儿童、保护母亲河、传统文化进校园、社会爱心扶贫等五个部分组成，100余名志愿者共同参与。是年，组织开展各类志愿服务活动100余场，参与青年志愿者累计达600人次，涌现出一大批优秀青年志愿者典型，26名志愿者被评为衡阳县星级志愿者,其中屈琼被评为衡阳县唯一一名四星级志愿者。

【"青年文明号"创建活动】 为引领和激励广大青年职工弘扬"敬业、协作、创优、奉献"的职业精神,自觉践行社会主义核心价值观,立足本职岗位,提高专业技能,增强创新能力,更好地服务衡阳经济社会的发展,团县委大力开展青年文明号创建工作,衡阳县巡特警大队获评"衡阳市青年文明号"。

【促进青年就业创业】 开展创业就业培训。组织农村青年开展电商、劳动技能等各类培训10余场次,培训人数达420余人,帮助68人实现再就业。千方百计为创业青年提供政策、信息、资金等方面扶持。积极推报项目参加衡阳市青年创新创业大赛,其中井头镇陈修武的志宏生态农业项目荣获衡阳市创新创业大赛一等奖,获得2万元创业资金扶持。7月,推荐创业青年陈修武、吴少龙到浙江省参加团中央举办的全国电商培训班。9月,推报台源镇廖列平的生态农餐厅项目和夏立的建筑装修项目申请大学生创业资助,分别获得2万元创业扶持。

【基层团组织建设】 全面开展村(社区)团组织换届选举工作,至9月底,全县各乡镇基本完成村级团组织换届工作。扎实推进非公团建,年内新建非公团组织3家。延伸团的服务手臂,抓牢衡阳县驻外团工委工作。强化党建带团建力度,正式将团建工作纳入党建工作考核。进一步加强基层团干部队伍建设,在县委党校举办衡阳县基层团干部培训班。团县委全体成员以及全县乡镇、县直机关团组织负责人,县属各高中、各乡镇中心学校、各社办中学团组织负责人共100余人参加。加强团干部的在线学习,组织团干部在中共十九大精神指引下,学习共青团改革、日常管理、具体业务操作等方面的知识,为做好共青团工作提供理论支撑和业务指导。

【第四届船山文化夏令营】 8月15日—20日,第四届船山文化夏令营在曲兰镇湘西村开展。来自全国各地的25对亲子家庭、25名当地的留守儿童与25名乡村教师结对共同参加,以"正心诚意·修身齐家"为主题,在知名国学志愿者老师的指导下,学习了《孝经》《诗经》等6部国学经典及礼、乐、棋、书、画、术等国学技艺,传承船山思想和中华传统文化。第四届船山文化夏令营在前三届的基础上不断创新,并积极尝试将乡村教师与留守儿童结对,让留守儿童也能感受关心关爱、领略国学魅力;探索开设国学传习成人班及儿童班,让更多人走入国学经典,弘扬传统文化。

妇　　联

【推进基层妇联组织建设】 加强组织建设。坚持党建带妇建,进一步完善妇女代表大会制度,至6月底,全县443个村、48个社区均已按照县妇联统一制定的村妇代会改建村妇联工作流程完成了村妇联换届工作,召开了妇女代表大会,选举出村(社区)妇联主席1名,副主席2名,执委15名。

加强人才培养。一是加强女干部教育培训。选派28名机关干部及乡镇妇联主席参加省、市妇联举办的业务培训和党校理论学习班,让她们拓宽视野,提高业务能力和综合素质。二是关注女干部成长使用。在调整干部时县妇联主动与相关部门衔接,积极推荐优秀女干部,当好女干部的"娘家人"。

【推进优良风尚建设】 表彰先进树典型。一是组织开展"传承美德·移风易俗"巾帼争当排头兵主题活动。充分发挥妇女在家庭文明和社会文明建设中的独特作用,号召广大妇女争做"传承美德,移风易谷"的倡导者、践行者、传播者。举行千人宣誓仪式,拍摄"孝老爱亲""移风易俗""婚事简办"等典型事迹专题片,发出《传承美德·移风易俗》倡议书和宣传海报3000多份。积极倡导科学、文明、健康的生活方式,加强民风家风社风建设,推动形成崇尚文明、勤俭节约的良好风尚。二是召开全县妇女先进典型表彰大会。会上通报了

2016年度妇联系统绩效考核红旗集体、先进集体和优秀个人。表彰了2016年度衡阳县“指尖上的最美”——衡阳县寻找“最美家庭”“最美创业”“最美女性”摄影获奖作品10幅，其中有5幅作品获得市级表彰。三是开展“寻找最美”系列行动。将移风易俗工作与“好家风好家训”、寻找“最美家庭”“好媳妇”“好婆婆”等评选活动相结合，联合县委宣传部、县文明办开展“文明家庭、好婆婆、好媳妇”表彰活动和“好家风好家训好家规”征集评选活动，引领广大家庭共创文明、争做“最美”，表彰“文明家庭”60户、“好婆婆”20名、“好媳妇”20人。

开展活动送温暖。一是节日走访送关心。在春节、中秋等节日期间组织妇联干部和巾帼志愿者走访慰问贫困妇女，孤寡老人，留守儿童，发放慰问金及物资8000元。二是知识宣讲送关爱。组织开展“关爱雏鹰·呵护健康”预防青少年意外伤害知识公益讲座10场，听课学生、家长、老师达3000余人，对加强广大中小学生及家长对意外伤害的认识，提高防范意识和自救他救能力，更好地保护少年儿童的身心健康起到了积极作用。

【推进合法权益维护】 一方面，抓宣传。一是制定两个规划并宣讲。县妇联结合实际，及时制定出台新一轮妇女儿童发展规划，以县政府名义下发了《关于印发〈衡阳县妇女发展规划（2016—2020）〉和〈衡阳县儿童发展规划（2016—2020）〉的通知》。10月，县妇儿工委就两个规划进行宣讲，除组织召开专题宣讲会外，还在县电视台等新媒体进行规划宣传。二是开展“建设法治蒸阳巾帼在行动”主题活动。以社区为单位，对普通妇女群众进行《中华人民共和国反家暴法》等法律法规的宣传，让遭遇家庭暴力可以报警、可以到法院申请人身安全保护的理念深入人心。

另一方面，抓阵地。一是成立婚调委。为妥善化解婚姻家庭矛盾纠纷，维护社会稳定，是年3月，由县妇联牵头，联合县综治办、县人民法院、县公安局、县司法局、县民政局建立衡阳县婚姻家庭纠纷人民调解委员会（简称婚调委），在县民政局婚姻登记处挂牌并设立调解室，向社会公开招聘专职调解员2名，兼职调解员10名，并召开成立大会，举办业务培训。要求各乡镇相应建立婚调委，设立调解室。截至2017年年底，共受理离婚纠纷364起，其中调解和好208起，占57.1%。二是建立“避难所”。联合县民政局在民政局救助站建立“反家暴庇护站”，让受家庭暴力侵害的妇女儿童群体有“避难所”。

【推进民生项目落实】 一是关爱妇女儿童，抓实民生项目。关注女性健康。联合县卫计局开展“关注女性健康，为爱扬帆起航”预防“两癌”公益活动，组织巾帼志愿者向广大妇女群众传播健康知识，发放宣传资料1000余份。3月，组织全县女干部职工开展为期一个月的妇女病普查活动。认真做好农村适龄妇女“两癌”免费筛查。进一步加大财政投入力度，争取财政解决38万元工作经费用于保障乡镇组织妇女参检。重点检查建档立卡的农村贫困妇女，对不符合检查条件的贫困妇女做到不拒检，全年共检查农村适龄妇女10100人，超龄贫困妇女249人。

救助贫困母亲。积极为两癌贫困母亲争取“贫困母亲两癌救助”中央专项彩票公益救助金9万元，发放到9名贫困“两癌”妇女手中，让她们得到及时救助。发放母亲邮包33个（价值9900余元），帮扶受灾贫困妇女；争取关爱女性项目资金2万元用于帮助省级贫困村妇女改善生产生活条件，解决实际问题。

开展“春蕾计划”助学活动。广泛募集春蕾资金17.6万元，并将6月定为“精准扶贫，春蕾计划”爱心助学走访月，组织爱心志愿队赴全县各乡镇走访慰问贫困儿童，为175名春蕾女童每人发放1000元助学金及学习用品。

关爱留守儿童心理健康。在渣江镇中心学校建立省级“留守儿童心理健康辅导中心”，即“知心屋”，配备心理咨询室、亲情聊天室、心灵书屋等儿童心理健康辅导功能室等，切实解决农村留守儿童心理健康问题。

二是搭建服务平台，开展就业帮扶。联合县人社局等单位开展两场“春风行动”专场招聘会，60多家企业积极参加活动，提供招聘岗位2400

个,涉及20多个领域,提供免费服务4000人,发放春风卡、劳动用工合同等宣传资料15000份,帮助女性劳动者实现就业1300人。组织25名妇女参加免费职业技能培训,为6名女性提供了维权服务和法律援助。较好地满足了特殊时节企业用工需要和女性求职人员就业需求。

三是加大培训力度,促进干事创业。与县农业局合作,联合县优质稻协会开展优质稻新型农民培训班。其中参加培训的种粮大户和科技示范户的女性有25人。为推动妇女就业,助力精准扶贫,10月举办一期巾帼家政服务培训班,免费培训农村贫困妇女和富余女劳动力50余名,并为她们推荐就业。

侨　联

【县第三次归侨侨眷代表大会】 11月13日至14日召开县第三次归侨侨眷代表大会,选举产生新一届侨联领导班子,通过二届委员会工作报告,谋划未来五年侨联工作,聘请荣誉主席和顾问,圆满完成大会的各项任务。

【侨心工程】 县侨联发挥联系面广的优势,积极引导海外侨胞和归侨侨眷为全县社会经济发展和社会公益事业作贡献,重点实施以"曙光工程"为主要内容的"侨心工程"。县侨联利用现代网络技术,开展网上助学,共募集善款达11余万元,帮助贫困学生32名。

【重点侨情调查】 县侨联于2017年5月至9月期间,在全县范围内开展了侨务资源调查工作。通过调查,先后与海外中国教育基金会、旅英工程师协会、西班牙食品协会等10多个华侨华人组织、华商社团建立联系。与分布在美国、英国、德国、加拿大等20多个国家和地区的242名海外侨胞建立联系,为2万余名华侨、华人、侨胞、侨眷建立侨情档案。

【参政议政】 5月,召开二届七次全委会,通过以会代训的形式对委员进行参政议政培训,引导委员们围绕经济社会发展热点和难点问题,积极调研,提交意见建议。组织侨界人大代表、政协委员在"两会"上,递交议案、提案和意见35件,其中龙湘梅领衔提出的《关于加强县城交通秩序的建议》得到有关部门的高度重视,推动路标规范设置和交通秩序整治,促进县城交通秩序明显改观。

【自身建设】 加大干部交流力度。在县委的关心下,协会提拔2名,其中1名交流到演陂镇任副镇长,从县委党校交流1名到县会任专职副主席。

文　联

【概况】 衡阳县文学艺术界联合会(以下简称县文联)2009年9月挂牌成立。2011年5月,召开全县文学艺术界第一次代表大会。县文联为参照公务员管理正科级事业单位,县文联机关现有编制5个,副科实职以上领导干部2人。全县有11个文艺家协会,7个文艺团体,会员近2000人。县文联在全市成立时间虽然较晚,但下属协会团体专业类别较全、会员人数较多,开展活动影响力较强。2010年年底,创办《新衡阳》文艺期刊、文艺资讯和文艺网站。近年连续被省、市文联授予"全省优秀县市区文联""全市文联工作先进单位"称号。

【文艺创建】 大力支持县诗词楹联学会争创"中华诗词之乡",在全县机关和乡镇掀起继承和发展中华传统文化的热潮。6月15日,中华诗词学会授予衡阳县和金兰、曲兰两镇"中华诗词之乡"称号。

【文艺创作】 是年3月,县委宣传部开展第六届油菜花节主题活动,县文联负责"船山故里有才华"文艺风采创作大赛活动的组织实施。通过精心筹备,200多位作者、500多篇作品参赛,其中30篇(幅)作品获奖。县文联蒋石林就革命题材进行长篇报告文学创作。

【文艺服务】 文联认真贯彻习总书记“文艺以人民为中心、为人民服务”的讲话精神，带领协会团体的文艺志愿者继续开展送文艺进乡村进社区进学校进机关进企业“五进”巡回展演活动。5月26日，县票协送文艺进杉桥镇。6月24日，梦姿群友会送文艺进界江村。10月，在县政协的指导下，文联策划组织“喜迎十九大·欢乐度佳节”系列活动。分别在明翰广场、中州公园、船山广场组织乐鼓表演、舞龙表演、书画笔会、《弟子规》书法教育与实践和曲艺展演活动，文联组织十九大文艺宣讲团，深入石市镇庆余村、西渡镇春风社区、江口社区等地方通过曲艺的形式宣讲中共十九大精神。文联王雁鸣主席还向村民、社区居民现场宣讲了习近平总书记关于“乡村振兴”战略的有关讲话精神。春节前夕，文联组织有关协会和团体，送戏、送春联、送书刊进杉桥镇白石园村和衡阳县汽车站，受到当地百姓的热烈欢迎和好评。

【文艺交流】 3月5日至6月5日，县文联与衡阳市珠晖区茶山坳镇联合开展为期三个月的书画艺术交流活动，共有70多幅作品参展，30多名画家赴金甲岭参观交流。活动得到珠晖区各级党委政府的高度重视和高度评价。

【队伍建设】 一是完成音协、摄协、舞协、作协的换届工作；二是新成立曲协、金声演艺团；三是调整票协的班子；四是完成各协会团体的规范化、制度化的建设，实现三证合一。

【文艺团体简介】 衡阳县作家协会 该会成立于2012年5月。协会首届主席凌奉云。初始会员115人，其中省作协会员10人，市作协会员18人。2013年出版会刊《蒸阳文学》。先后邀请唐浩明、王跃文、水运宪等名家到衡阳县举办文学讲座。

衡阳县音乐家协会 该会成立于2010年12月5日。协会首届主席彭家果。初始会员135名，其中省音协会员4名，市音协会员13名。2013—2014年，举办两届“乡村音乐会”，在全县产生良好影响。

衡阳县京剧票友协会 该会成立于2011年5月19日。初始会员68人。首届主席陈友良，继任主席冯云初。2012年8月，票协在文联指导下，成功主持台湾原行政院院长刘兆玄回乡祭祖活动。

衡阳县美术家协会 该会于2010年12月29日成立。首届主席王志伟。初始会员58名，其中省美协会员9名、市美协会员18名。

衡阳县戏曲协会 该会成立于2011年元月15日。首届主席刘凤华，初始会员63人。

衡阳县摄影家协会 该会于2010年12月成立。首届主席黄云满。初始会员78人，其中省影协会员3人，市影协会员16人。

衡阳县书法家协会 该会成立于2010年11月19日。首届主席刘志清。初始会员128人，其中省书协会员12人，市书协会员32人。创办会刊《蒸阳书艺》，出版《衡阳县书画作品选》《衡阳县老年书画集》《衡阳县优秀书画作品集》。

衡阳县诗词楹联学会 该会成立于2005年初。初始会员100余人。首届会长刘万城，继任会长刘秋柏。学会秉着“繁荣创作，培养新人”的宗旨，组织广大会员积极开展诗词楹联创作，举办采风、研讨、联谊、展览等活动，加强半点学校的诗教、诗训工作，为弘扬中华传统文化，传承诗词楹联艺术而不懈努力。创办会刊《蒸水诗词》。

衡阳县舞蹈家协会 该会成立于2010年12月。首届主席冯秀梅。初始会员122人，其中市舞协会员14人。

衡阳县老年书画协会 该会于2004年成立。2012年，由县老干局转归县文联管辖。

金秋文艺俱乐部 该部成立于2006年2月，首届队长杨如伟，继任队长杨善珍。初始演职人员44人，其中具有专业技术职称或相当专业水平的6人。固定资产6万余元。编排具有保留价值的经典剧目20余个。每年组团专场演出10余场次。

红叶乐团 该团于2012年6月15日正式成立。首任团长刘运斌。初始团员57名，其中大部分成员为原怡情乐队转过来的人员。乐团下设三个队：炫彩轻音乐队、舞蹈队、管乐队，在红叶乐团的统一领导下，实行分组管理，相互配合。

春风女子鼓乐队 该队于2007年成立。首任队长汪德娇。演职人员30名。项目有铜管乐、军鼓、盘鼓、腰鼓等。

衡阳县女子鼓舞队 该队成立于2014年6月29日。首任队长周华爱。有队员33人。2014年参加衡阳县房交会义演。

梦姿文艺群友会 该会于2016年6月份成立,有会员70余人,首任会长谢耀华,先后多次参与了衡阳县文联组织的文艺志愿者送文艺下乡活动,编排的渔鼓《宏图颂》参加了2016年两会晚会演出。（蒋石林）

残 联

【成立湖南省残疾人福利基金会衡阳县代表处("尚善蒸阳·助残扶弱"大型公益晚会)】 经省残疾人福利基金会批准,湖南省残疾人福利基金会衡阳县代表处于2017年10月10日正式成立。11月19日,以"尚善蒸阳·助残扶弱"为主题的湖南省残疾人福利基金会衡阳县代表处成立暨爱心捐赠文艺晚会在县夏明翰文化宫举行,晚会共分《爱满蒸阳》《逐梦蒸阳》《尚善蒸阳》三个篇章,县委、县政府聘请知名艺人李光羲、阚丽君、阳光、李凯稠、爱佳担任县代表处"助残爱心大使",省残疾人福利基金会理事长于洪礼,衡阳市委常委、宣传部部长刘丽华,市残联理事长刘红丹,省残疾人福利基金会秘书长周蓉等和在家的县级领导出席了晚会。会上以县人民政府名义表彰了湘扬实业发展有限公司、湖南省恒生制药股份有限公司、衡阳县合创房地产开发有限公司等10个"助残明星单位"和聂泉等20名"爱心助残明星",并授予奖牌和奖杯。至年末已募捐到位资金879.12万元。

【衡阳县第三次残疾人代表大会】 衡阳县残疾人联合会第三次代表大会于2017年9月26—27日在县夏明翰文化宫胜利召开,出席本次会议的正式代表138人,应邀出席的领导、嘉宾以及工作人员共96人。市残联党组书记、理事长刘红丹和县委书记曾秀及四大家主要领导等出席会议并作重要讲话。县残联党组书记邱曙光作题为《立足新起点,实现新发展,全面开创残疾人工作新局面》的工作报告,报告总结县第二次残疾人代表大会以来残疾人事业所取得的成绩,谋划和安排今后五年残疾人事业的发展目标和主要任务;大会选举产生县残联第三届主席团、县残联执行理事会以及残疾人五个专门协会等新一届领导机构和出席市残疾人联合会第六次代表大会的11名代表。其中副县长蒋志勇担任主席团主席,残联党组书记邱曙光担任县残联执行理事会理事长,会上还聘请县委副书记蒋达宏为主席团名誉主席,县委常委、常务副县长王苏龙为名誉副主席;大会表彰了邹建团等全县首届十佳"残疾人自强模范"和彭东初等十佳"助残模范"。

【残疾人就业与培训】 一是开展4期残疾人职业技能培训,培训残疾人110人(其中:电子商务25人,计算机培训30人,创业培训30人,盲人培训25人),对参加培训的部分创业困难的残疾人给予创业项目扶持;二是开展15期农村实用技术培训,培训残疾人263人,并给予生产资料扶持和后续专家跟踪服务;三是推荐残疾人参加市级培训12人。通过培训,全县新增城乡残疾人就业115人。

【残疾人康复项目实施】 为61名脑瘫儿童、60名智力障碍及孤独症儿童、7名听力障碍儿童实施康复救助;为20名贫困精神病患者实施住院医疗救助;为102名贫困精神病患者实施药物救助;为残疾人发放辅助器具1200余件;为24名贫困残疾人安装假肢;为89名白内障患者实施免费手术。全年圆满完成省、市两级下达全县的残疾人康复工作任务。

【困难残疾人生活补贴及重度残疾人护理补贴发放】 审核困难残疾人生活补贴和重度残疾人护理补贴申报对象10778人次,发放"两项补贴"资金1200余万元。

【残疾人扶贫解困】 一是确定县级扶贫村2个、

残疾人“连千村帮万户”扶贫村1个、残疾人就业扶贫示范基地3个,共帮扶残疾人105人,解决残疾人就业65人,资金40万元。二是开展困难残疾人走访慰问1125名,发放慰问金51万元。三是实行劳动年龄范围内重残养老保险代缴全覆盖,全年为5734名重度残疾人养老保险实行代缴,代缴资金57.34万元。四是扶持困难残疾人创业20人,扶持资金26万元。五是推行志愿助残服务500余人次,走访慰问贫困残疾人80余户,发放慰问金、慰问品折款共计5余万元。六是为贫困残疾人家庭无障碍设施项目改造40户,资金40万元。七是为860名残疾人机动轮椅车对象发放残疾人燃油补贴,共计经费22.36万元。

【残疾人日间照料中心运行】 县残联以民办公助的形式筹建了县首家残疾人日间照料机构即仁润残疾人日间照料服务中心。服务中心于10月正式投入营运,为50名智力、精神、重度肢体残疾人提供基本照料、康复训练、生活技能培训、文体活动、有偿劳动、辅助性就业等方面服务。(聂 艳)

科技协会

【概况】 衡阳县科学技术协会是衡阳县委组织部辖下的群团组织,是衡阳县科技界的民间组织,自然科学领域的学会、协会、研究会、基层科协和企业科协的联合组织。机关共有工作人员10人,内设办公室、学会部、普及部三个部室。协会下辖19个县直学会、25个乡镇科协和6个企业科协。

2017年,在县委、县政府的正确领导下,在省、市科协的指导下,以中共十九大精神和习近平新时代中国特色社会主义思想为指南,紧紧围绕县委、县政府的中心工作,积极开展科普宣传、科技咨询、科技讲座、科普惠农及青少年科技创新等活动,为巩固全国科普示范县工作成果,进一步落实《全民科学素质纲要》,促进县域经济和社会发展取得成效。

【全民科学素质建设】 为贯彻落实《全民科学素质行动计划纲要》,县科协积极探索科普工作新思路,谋求新举措,积极联合相关单位,多形式、多层次的开展活动。

一是在全县25个乡镇开展调查摸底活动。为认真贯彻落实中央一号文件精神,县科协对全县25个乡镇的农村专业技术协会、示范基地、示范户调查摸底,将规模大小、技术含量高低、辐射带动作用强弱和经营管理模式进行分类,建立电子信息库。

二是联合相关单位开展科技下乡活动。县科协与相关单位共组织300余名科技工作者先后开展了5次科技下乡活动。1月13日,县科协与县委宣传部、县科技局等18个部门配合市委宣传部、市科协在金兰镇爱民社区举行的文化科技卫生“三下乡”活动,展出展板60块,发放各类宣传资料5万份,义诊200人次,免费发放各类苗木1000株,同时组织科普志愿者进行科普文艺演出,受到了当地老百胜的欢迎。5月24日,县科协会同县科技局组织10个县级学会联合在大安乡举办“科技活动周”活动。围绕“科技强国、创新圆梦”,活动现场共展出科普宣传板报60块,发放各类科普宣传资料和图书20000份;免费体检义诊300人次,免费发放药品5000元;专家咨询300人次。

三是县科协在船山广场建立60块科普画廊(橱窗),坚持2个月更换一次科普宣传橱窗内容,丰富了市民的生活,提高了广大群众的科学素质。

【全国科普日活动】 9月6日,衡阳市2017年全国科普日暨中国流动科技馆第二轮全国巡展湖南省启动仪式在衡阳县实验学校隆重举行。县委副书记、县长孙鹏伟致辞,省科技馆馆长周尚文发表讲话,省科协党组副书记王玉立、衡阳市委副书记邓群策、市政协副主席张亮、县长孙鹏伟等领导共同按动启动球。活动当天,衡阳市级15个学会、企业科协,衡阳县级8个学会,300名科普志愿者摆放21张科普宣传台,开展科普宣传、咨询和发放科普宣传资料。当天发放科普宣传资料2万份、展出科普图片80幅、开展科普咨询200人次;3000名青少年学生参加流动科技馆的启动式,观看精彩的科普文艺节目，并在现场亲手操作流动科技馆的展出设备，深深体验到科学的魅力。

【全国科普示范县创建工作】 根据中国科协、省科协《关于开展2016—2020年度全国科普示范县创建工作的通知》，为做好衡阳县全国科普示范县创建工作，县委、政府高度重视，成立由县委分管领导为组长的领导小组，领导小组下设办公室，由县科协主席任办公室主任，负责创建工作开展。

【社区科普工作】 2017年，在西渡镇春风社区进行科普示范社区创建工作。在县科协的指导下，社区按照省科协的标准落实各项工作。社区科普工作的开展受到了社区居民的称赞。经县、市推荐，省科协审核，西渡镇春风社区获全省先进科普社区。

【科普惠农兴村】 县科协认真做好年度的“科普惠农兴村计划”项目申报工作。2017年，樟木乡“红雁食用菌种殖基地”“湖南长健农业发展有限公司”，分别被市科协授予“全市农村先进科普示范基地”称号。

【青少年科普工作】 县科协和县教育局联合组织，参加全市“青少年科技创新大赛”“科技论文比赛”，通过一系列活动，培养青少年的思维能力、动手能力，激发他们爱科学、学科学、用科学的兴趣，启迪他们勇于探索、敢为人先的创新意识。是年，县科协和县教育局联合组织，开展“中国流动科技馆湖南巡展衡阳县站主题科普创作有奖征文”活动，收到作品174件，其中小学组101件，初中组73件。分别设小学组、初中组一等奖4名，二等奖8名，三等奖15名，特别优秀的稿件向省推荐。

【学会工作】 一是加强学会的组织管理，督促学会定期召开理事会和会员大会，及时做好学会的年审、换届选举及变更工作。3月28日，衡阳县三湖老科协分会成立；5月25日，老科协政府办系统养生培训活动，科协都给予了大力支持，活动取得了很好的效果。

二是积极组织各学会参加各类科普活动。据各学会12月上报的科普活动数据统计，2017年，农、林、医卫等19个学会在全县各乡镇先后开展科普下乡活动18次，各学会共展出各类科普展板1900块，发放科普资料90000份。

三是9月6日，县科协组织农学会、林学会、气象学会、医学会、中医学会、畜牧学会、人口学会、经科信局等8个学会在衡阳县实验学校参加衡阳市2017年全国科普日暨中国流动科技馆第二轮全国巡展湖南省启动仪式活动。这次活动各学会共派出36名专家，现场发放60000份科普资料。

（肖极至）

红十字会工作

【机构设置】 县红十字会于2015年10月从县卫生局单列升格成正科级参公单位，具体职能是：开展救援救灾工作，在公共卫生突发事件中组织红十字救援志愿者为伤病人员和其他受害人员提供救援和人道救助；开展应急救护培训，普及应急救护、防灾减灾避险和卫生健康知识；组织参与无偿献血、人造干细胞捐献和遗体器官捐献宣传工作．现有在编人员5人，下设红十字志愿者服务队，内设办公室、三献工作股、三救工作股。

【主要工作】 积级开展红十字各项工作，完成无偿献血4749例，献血1662150毫升，干细胞采集28人，干细胞捐献1例，人体器官捐献4例，接受社会捐赠24万元，接受社会物资捐赠26万元，人道救助29人，发放人道救助金14.5万元；解决特困对象557户，发放现金6.5万，发放物资557余件，大米1万余斤，油70桶。免费治疗白内障患者138例，免费对13800人开展“三高”和白内障义诊；博爱家园项目建设投入20万。2017年在全市红十字工作考核中评为 先进单位，无偿献血工作被评为全市先进工作单位，并在全省博爱家园项目建设工作会议上作了先进经验介绍。

（汤明亮）

衡阳县三湖镇

三湖镇位于衡阳县西北部，东邻渣江镇，南毗长安乡，西连洪市镇，北接金溪镇，距县城36公里，总面积116平方公里，耕地面积38980亩，山林面积92800亩，辖24个行政村、1个居委会、451个村民小组、15117户、54909人，镇政府坐落在龟石渡新街组。

三湖町是衡阳县最大的盆地，地势广平，土地肥沃，物产丰富，是名副其实的“鱼米之乡”，农产品以稻谷为主，农副产品主要有棉花、油菜、柑橘、板栗、花生、茶油、生猪、鲜鱼；矿产资源主要有石灰石、煤、五氧化二钒等，水资源主要有柿竹水库、王家岭水库、七步湾水库、兴隆水库，蒸水河自西向东横贯全镇，为农业生产提高充足的水源，为衡阳县第一大产粮区，有“衡阳县粮仓”之称，已连续8年创建农业部万亩双季稻高产示范片。

① 绿化亮化工程
② 三湖水厂
③ 马滩渡改桥
④ 联洋水果基地

三湖镇物华天宝，人杰地灵。镇内有西汉钟武县城遗址，明末吴三桂曾欲在此建都，至今仍有古城墙为证；还是现居台湾世界著名言情小说家琼瑶的故乡。

近年来，三湖镇坚持稳中求进总基调，主动适用经济发展新常态，坚持以“全面建成小康社会”为总目标，强化党建统领，按照“五位一体”的总体布局和“四个全面”战略布局的总体要求，牢固树立创新、协调、绿色、开放、共享的发展理念，围绕“生态立镇、项目兴镇、依法治镇”三大发展战略，努力打造责任政府、效能政府、人民满意政府，对市政街道进行提质改造，建设健身小广场二处，三湖街道实现了净化、美化、亮化，努力把三湖镇打造为“建设宜居宜业宜游的农业特色镇”。

衡阳县樟树乡

樟树乡位于衡阳县东部，素有衡阳县“东大门”之称。下辖1个社区、5个行政村、104个村民小组、9个居民小组。共14712人，总面积28.34平方公里，耕地面积13097亩。

一是交通便利、区位优势明显。樟树乡东与衡阳市蒸湘区呆鹰岭镇接界，南以衡南县三塘镇为邻，西连西渡镇，北接板市乡。岳临高速、省道S315线、船山西路穿境而过，规划中的市外环线、改道后的107国道均贯通樟树。市104路和县3路公交车在樟树实行无缝对接。

二是工业项目云集。通过招商引资，先后有湘衡机械厂、荣尔电器、利德有陶瓷、衡利丰陶瓷、俊虹光伏产业园、长鑫建材、云尔输变电、安邦科技、雄风钢化玻璃厂、王牌广告、昌和蛋白等一批规模工业企业在境内建成投产。形成装备制造、建筑材料、光伏能源三大产业集群。借助船山西路交通区位优势，加快融城战略，优化经济发展环境，大力引进项目。珠江合创城市综合体、吉利国际汽车文化城重点项目落户樟树，为樟树新区经济发展注入强大动力，城镇化发展将带来质的飞跃。

三是发展高效农业、特色鲜明。巩固传统农业，确保粮食产量；发展高效农业、特色种养业。主要经济作物为蔬菜、香瓜、西瓜、草莓、油菜、棉花。绿色蔬菜种植基地迅速扩大，成为衡阳市有名的“菜篮子”。畜牧业以猪、牛、羊、家禽为主，特色养殖业有龟鳖养殖基地、美国绿头泥娃。

四是美丽乡村建设成效显著。大力实施农网改造、自来水工程建设正在进行、率先在全县开通天然气、村组道路提质绿化、太阳能路灯照亮两旁。罗洪村莲花毛公塘别墅群布局错落有致，风格鲜明。樟树乡小游园集休闲、运动、文化于一身，提升城镇品味，丰富群众的文化生活。

衡阳水稻全产业链综合服务园

雄风钢化玻璃厂

② ① ③

① 休闲广场
② 大棚草莓种植
③ 新民居

衡阳县板市乡

板市乡位于县境东部。东临石鼓区角山乡，南抵樟树乡、蒸湘区呆鹰岭镇，西接西渡镇，北毗杉桥镇、集兵镇。素有“衡阳县东大门”之称，距衡阳市城区8公里，距县城17公里，是一个典型的衡阳市卫星乡镇。乡政府驻地板桥村上市组。

1928年设板市乡，50年代设板桥区，1995年撤区并乡归属呆鹰岭镇，2001年行政区划调整改名为板市乡。

辖板桥、民康、和友、松林、化成、同兴6个行政村、117个村民小组、4548户，总人口15357人，常住人口11296人。全乡总面积27.49平方公里，其中耕地面积993.57公顷，水稻873.14公顷，旱土120.43公顷，林地面积543.08公顷。

衡阳市鸿康纸塑容器包装有限公司一角

建设中的板市公园

青蛙养殖基地

板市野藕种植一角

衡阳县溪江乡

市委常委、组织部长陈竞督查扶贫工作

溪江乡党委、政府紧扣县委、县政府工作部署，结合溪江实际，带领全乡干群，狠抓民生项目建设，取得了一定的成绩，得到了上级的肯定。

一、举办重大活动

10月5日，在溪江乡中学举行《爱汇我家乡·圆梦老金溪——老金溪商会爱心助学活动暨老金溪商会会员大会》大型活动，2000余名在外打拼的衡阳县老金溪乡友齐聚家乡，以“同乡共济、团结互助、共谋发展”为宗旨，在溪江中学现场募捐爱心善款140余万元，为家乡助学育人、扶贫济困等公益事业送温暖、献爱心。老金溪商会评选出了20户金溪镇、溪江乡模范家庭、最美乡村教师、优秀学子，向11名贫困学生发放了助学金，为金溪、溪江两地中心学校分别捐助了20万元的教育经费，为溪江敬老院捐款30万元，当晚还举办乡村音乐会。县委副书记、县长孙鹏伟出席活动并讲话。慈利县委书记邱初开、县政协主席杨秋良、县人大副主任、总工会主席彭家果等领导参加活动。

二、完成7项重大民生项目

（一）8月完成华峰村石牛山石质生态公园新景点的开发，乡党委副书记、乡长彭玉才亲自多次现场督办，华峰村党总支、村委投入4万多元，新开通石牛山石质生态公园环型公路，宽5米，长1公里，连接九峰山森林公园和刀面山、白玉堂景点，竖立旅游指示牌2个，由华峰休闲中心接待，年游客增加到2000人次。（二）安全饮水：投资54万元，新建九峰山村2处安全饮水塔。开通了九峰山、排前、岳沙社区3处易地扶贫安置点的自来水。11月完成投入90多万元的九峰山岳沙河上游1200米河道改造。（三）电力：完成42万元新建九峰山村60千伏光伏发电站1个，农网升级改造了华峰、九峰山、友谊等村。（四）公路：9月，路基8米，路面6米，路程5.4公里，投入1000万元的九峰山景区公路提质改造工程正式启动，现房屋拆迁、坟地搬迁工作已全面完成，路基工程完成70%左右。10月，完成投资140万元的白（白马）九（九峰街）公路3公里硬化。（五）环境治理：在衡阳县畜牧水产局、环保局和溪江乡政府的共同努力下，仅仅在不到一个月的时间里，溪江德军养猪场5月8日就顺利搬迁了，解决了十多年来一直没有得到解决的老大难问题，而养殖场造成的环境污染也得到了很大的改善。至此，联合办理单位衡阳县畜牧水产局、环保局和溪江乡政府给政协委员们提出的161号提案交上了一份满意的答卷。（六）邮政电信：2017年新建6座。分别是白马五组塔、九峰林场塔、洪山高冲塔、友谊老屋塔、连防村马厂塔、朝日塔。（七）九峰山省定贫困村摘帽退出：在市委常委、组织部长陈竞包乡指导下，通过县乡领导及九峰山村两委的工作努力，带领贫困群众脱贫致富，11月，经省市扶贫验收，顺利按时贫困村摘帽退出。

敬老院

华峰村休闲中心

投资90多万元改造九峰山岳沙河上游

九峰山省级贫困村60千伏安光伏发站并网发电

白九公路硬化通车

衡阳县城市和农村建设投资有限公司

公司实行“三块牌子，一个机构，交叉任职”的运作模式。县城乡投（原名衡阳县城建投资有限公司）成立于2005年，注册资本3亿元；县交通投成立于2014年，注册资金2亿元；县城市建设投资管理中心于2015年经市编办批准成立，为全额拨款事业单位，定编60个。县城乡投公司内设10个部室，下设三个子公司：县开元投资有限公司（2013年成立，注册资本1.8亿元，聘用23人），县扶贫开发投资有限公司（2016年成立，注册资本3000万元，人员从县直单位抽调组成），县金阳房地产开发有限公司（2016年成立，注册资本8000万元，聘用5人）。现有干部职工62人，其中在编34人，聘用人员28人，平均年龄32岁。班子成员6人，平均年龄40岁。中级以上职称5人，其中会计师3人，工程师1人，一级造价师1人。县城乡投、县交通投、中心实行“三块牌子、一个机构、交叉任职”，3个子公司由公司聘用人员任职，接受母公司管理。主要工作任务是：承担城市基础设施、重大交通设施投融资及项目业主工作；承担土地收储、片区开发工作；承担城市资产经营、交通资产经营、易地扶贫搬迁工作。

① 改造完工的中洲公园
② 改造完工的向阳南路
③ 焕然一新的新正街人行道
④ 蒸水北岸风光带

衡阳县城镇建设综合开发管理办公室

衡阳县城镇建设综合开发管理办公室成立于2006年，坐落于县城西渡镇聚庆路，为副科级事业单位，现有干部职工9人。内设综合股、市场监察股、资质管理股、城市建设咨询服务中心4个股室。主要职责是贯彻执行国务院及省、市有关城市建设综合开发管理的方针和政策，规范房地产开发经营行为，加强对全县城镇房地产开发经营活动的监督管理；综合协调管理全县城市建设综合开发建设工作；配合物价部门管理房地产价格；负责全县房地产开发企业经营中的开发项目转让、商品房质量保证书和住宅使用说明书的管理工作；负责全县房地产开发企业资质管理工作；负责全县房地产开发项目手册的核发；组织实施房地产开发项目的综合验收；负责全县房地产开发市场秩序和经营行为的监督管理；负责房地产开发项目资本金、商品房预售许可及商品房预售资金的监督管理工作。

为实现全县“融城、秀城、拓城”的战略发展目标，该办先后获得“市房地产开发管理先进单位”“县优质服务先进单位”“县信访稳定先进单位”“县建设工作目标管理先进单位”“县先进基层党组织”等称号。

领导班子及中层骨干

部分荣誉

① 天鹅丽都
② 中央公园内景
③ 坤鑫中央广场
④ 水映熙城
⑤ 东方一品城
⑥ 维泰智慧城

湖南衡阳西渡高新技术产业园区

市、县人大领导到园区视察

县委书记曾秀深入园区企业调研

钟表文化博览会开幕暨盛世威得工业旅游项目

2017年，衡阳西渡高新区紧紧围绕“生态立县、产业兴县、文化强县”发展战略，认真贯彻落实中央、湖南省委、衡阳市委、衡阳县委经济工作会议精神，认真学习贯彻党的十九大精神，衡阳西渡高新技术产业园区开发建设各项工作呈现稳中向好，逆势上扬的良好局面。

1. 招商选资情况。2017年共签约引进项目8个，合同引资额达10亿元。

2. 项目推进情况。西渡高新技术产业园区当前共有在建项目23个，其中重点项目17个。

3. 西渡高新区核心片建设情况。一是道路工程基本完成；二是标准厂房、公租房全面建成；三是集中安置小区建设快速推进。

4. 经济指标完成情况。2017年西渡高新技术产业园区共完成技工贸总收入180.66亿元，其中规模工业产值170.54亿元，规模工业增加值47.76亿元，高新技术产值116.62亿元，实现税收2亿元，完成固定资产投资64亿元；同比分别增长20.12%、20%、20.2%、12%、18.6%。

5. 征地拆迁情况。一是加强用地报批；二是加强土地征用；三是加强土地供给；四是围绕唯品会、阳古片、元顶预留地等项目建设完成房屋拆迁及祖坟搬迁。

6. 融资平台情况。衡阳西渡经济开发区投资开发有限公司成立于2005年，2014年正式经重新增加注册资本金后正式运作。一是公司资产得到壮大；二是融资能力得到提升；三是内部管理得到加强。

7. 党建工作情况。一是“两学一做”深入推进，“三会一课”“五个日子”扎实开展；二是成立西渡高新区企业党委，扎实推进“两个覆盖”；三是持续发力脱贫攻坚。

园区一批工业项目集中开工仪式

衡阳县供电公司

领导班子

衡阳县供电公司现有正式职工117人，在职党员51人，离退休党员21人，2017年3月，经衡阳市委组织部批准，公司本部党员组织关系归口湖南省电力公司衡阳供电公司，下设三个党支部；公司下设设运检部、营销部、综合办、发建部、农电公司、安质部、调控中心、财务资产部、党建工作部、雁能衡阳县分公司共10个部门。运检部下设3个班组（检修试验班、变电运维班、输配电运检班）、营销部下设3个班组（营业班、市场班、计量班）、调控中心下设1个班组（调控班）。衡阳县农电服务有限责任公司现有农电职工512人，党员214人。2017年3月，经衡阳县直属工委批准，成立衡阳县农电服务有限责任公司党总支，下有农电公司机关支部及10个供电所党支部，组织关系归口县直工委；设有10个乡镇供电营业所（西渡、演陂桥、渣江、长乐、金溪、界牌、集兵、金兰、台源、洪市）。

公司一线员工夜间变压器测温

（衡阳县红雁）共产党员服务队

衡阳县自来水公司

衡阳县自来水公司始建于1981年，坐落于西渡镇向阳北路48号，总占地面积132亩，公司总资产达3.2亿元，属全民所有制企业，是一支专业性强的供水队伍，主要负责县城区和县经济开发区的居民和企业之生活、生产用自来水的供应，以及岘山镇、樟树乡的自来水供应，其业务范围涵盖自来水生产、销售、管道安装，以及各种给水工程设计和施工。

经理、书记 胡振宇

公司现有职工360人，其中退休人员69人，有各类专业技术人员30人，中共党员75人。公司内设机构有15个科室。公司现有三座水厂，即县城一水厂、二水厂及岘山水厂。县城一水厂经多次扩建、改造，现日供水量为4.2万吨；县城二水厂（深度处理）建于西渡镇青木村西仓组老雅皂，总投资1.3亿元，设计规模为日供水量12万吨，第一期6万吨的水厂已于2017年2月竣工运行。第二期建设用地已办好国土使用手续。该水厂采用先进的深度处理工艺，出厂水水质均符合国家《生活饮用水卫生标准》（GB5749－2006）106项检测指标。水质综合合格率为100%。岘山水厂位于岘山镇牛形山水库大坝处，于2014年底经县政府批准从县水利局无偿移交给我司，其日供水量为1万吨，现已发展用户2000余户，主供水管网框架已基本完备。

公司现有五个对外营业收费窗口，即公司办公楼一楼营业大厅、建设大厦滨江营业厅、清风路营业厅、政务中心自来水窗口、岘山营业厅。并开通了微信、支付宝收缴水费平台。

公司的主供水管网东至樟树县界（衡西公路与S315线均已铺设主管网），西至船山技校，北至怀邵衡铁路西渡站（二次加压泵站与配套管网正在建设之中），南至武水河、英南小区。DN100mm以上的主供水管网长达265公里，供水用户5.3万余户，县城区供水覆盖率达90%，2017年供水总量为1500万吨。

公司秉着“安全供水，用户至上”的服务宗旨，供水热线（0734－6789110）24小时为用户排忧解难，先后获得“全国县镇供水行业先进单位”“湖南省城市供水先进单位”“省集中式供水卫生信誉度A级单位”“衡阳市消费者信得过单位”“市文明单位”等多项荣誉。

铺设主水管网

日产6万吨深度处理第二水厂

湖南省新华书店有限责任公司衡阳县分公司

传播国学关爱儿童活动

服务三农“三下乡”活动

敬老院社会公益活动

湖南省新华书店有限责任公司衡阳县分公司始建于1956年4月1日，其前身分别为：新华书店西渡支店、衡阳县新华书店、湖南新华书店（集团）衡阳县公司，是宣传党和国家的方针政策、传播科学文化知识、丰富人民群众精神文化生活的国有控股文化企业。公司主要经营教材教辅、一般图书、音像制品、文化办公用品和数码电子产品等。

公司始终坚持“质量第一，服务第一，读者至上”的宗旨，诚信服务，求实进取，使企业在激烈的市场竞争中稳步发展。多次被省、市有关部门评为先进单位、重合同守信用单位、文明单位等。

公司始终坚持社会效益第一、社会价值优先的经营理念，在注重企业发展的同时，热衷公益事业，致力爱心捐赠。积极参加精准扶贫、扶残助残、文化科技卫生“三下乡”、春蕾爱心助学等活动，向贫困学生捐赠图书及学习用品等，展现了文化企业的高度社会责任感。

多年来，公司致力于推动全民阅读活动深入开展，激发市民学习热情，营造尊重知识、崇尚文化、追求文明的浓厚氛围。为全县人民提供新鲜、主流的图书资讯，为爱书一族和学生朋友提供周到、热情的购书服务，为广大读者提供更加丰富的精神文化食粮。

①｜②
　｜③

① 新建图书城效果图
② 衡阳县实验学校校园书店
③ 优雅舒适的购书环境

衡阳县环境卫生管理处

县委书记曾秀在县委办公室主任宋任飞、副县长蒋立冬的陪同下慰问一线环卫工人

县长孙鹏伟、县政协主席杨秋良春节慰问一线环卫工人

衡阳县环境卫生管理处成立于1982年，1996年升格为副科级财政全额拨款事业单位，隶属于衡阳县城市管理行政执法局。现有职工580人，其中在岗正式职工89人，退休人员61人，临聘人员430人。单位内设办公室、财务室、督查考核办、清洗清擦队、清运队、第一市容管理股、第二市容管理股、第三市容管理股、渣土办、水上环卫队、设备股、征收股、利达垃圾场管理办公室、垃圾中转站管理办公室等14个股室队。

县环卫处主要担负县城规划区内近330万平方米的车行道、人行道、花坛清扫保洁；县城18万人口日产200吨生活垃圾的收集、运输和处理；县城内主次干道的洒水、行人道清洗及环卫设备设施、公厕、护栏的清擦管理；县城内环卫设施的规划布局和建设管理；县城内建筑垃圾的管理；蒸水河、武水河城区段河面及河堤生活垃圾打捞和保洁等任务。

近年来，县委、县政府高度重视环卫工作，广大环卫工人充分发扬“宁愿一人脏、换来万人洁”的无私奉献精神，奋发努力、拼搏争先，确保了县城环境卫生水平的提升。一是环卫车辆实现了更新换代，新设备、新技术运用到环卫一线，环卫机械化作业率不断提升；二是利达垃圾场2013年投入运行，日处理垃圾能力300吨/天，县城生活垃圾实现了无害化处理目标；三是先后创建了省级卫生县城、国家卫生县城、全国文明县城，并在全市的环境卫生评比中一直名列前茅。良好的市容卫生为市民创造了舒适、宜居的生活工作环境。乘着人民对美好生活的向往强劲东风，县环卫处全体干部职工正以崭新的精神风貌和谦虚谨慎的工作作风，百尺竿头更进一步，积极推动县城环境卫生工作和我县环境卫生事业不断向更高水平更大目标迈进！

领导班子成员

开展党员进社区活动

衡阳县园林所

创园工作：园林所认真贯彻县委生态立县战略，截止2017年为止,县城绿地总面积达664.56公顷，绿化覆盖率达42%，人均公共绿地面积9.03平方米。县直各小区院落均采取破硬建绿、见缝插绿、花台植绿等形式增加绿量，打造清新清爽、精致精美的宜居县城环境。

县城民生工程建设项目：1. 完成县蒸西大道三岔小游园工程，绿化面积1492平方米，工程总造价15万元；2. 完成县一中前广场小游园工程，绿化面积2676平方米，工程总造价37万元；3. 完成财富小游园工程，绿化面积9943平方米，工程总造价 318.1万元；4. 完成蒸西大道两侧提质改造绿化面积约16570平米，工程总造价282.6万元；5. 完成向阳南路人行道提质改造绿化面积800余平方米，工程总造价87.9万元；6. 完成新正街人行道改造总长2869米，工程总造价1698万元；7. 中洲公园绿化改造绿化面积6995平方米，工程总造价97.4万元；8. 水源保护地苗圃工程建设绿化面积29980平方米，工程总造价352.8万元。

工矿企业厂区周边绿化：1. 叮当猫厂前绿化面积8313.3平方米，工程总造价500万元；2. 海英大道高速出口临街改造绿化面积1127 平方米，工程总造价60万元。

美丽乡村绿化建设：1. 金溪镇上峰村美丽乡村建设绿化面积3226平方米，工程总造价28万元；2. 库宗桥镇华山村美丽乡村建设绿化面积40000 平方米，工程总造价30余万元；3. 板市乡小游园美丽乡村建设绿化面积8298.87平方米；4. 清潭地下支部美丽乡村建设绿化面积17000平方米，工程总造价9余万元；5. 曾熙故居美丽乡村建设绿化面积13305平方米，工程总造价176.3万元；6. 船山技校改造绿化面积6647.3平方米，工程总造价37.4万元。

街道补植补种：一季度投入60余万元对县城苗木及地被小苗进行补植补种,其中:交通岛换种宿根花卉及月季6万余株；在街道的绿化带内补种了因人为践踏的2000余平方的灌木小苗；补种了行道树500余株；联胜路得阳鞋厂段的裸露地铺种了4000多平方的草皮。

中国邮政集团公司湖南省衡阳县分公司

中国邮政集团公司湖南省衡阳县分公司（以下简称公司）是一家集资金、信息、实物三流合一的国有企业，主要承担全县8个乡、17个镇、453个村委会、46个居民社区全县共计123.5万人的邮政通信服务及金融服务。公司除了传统的信函、邮政汇兑、包裹、报刊发行、特快专递、集邮、邮政储蓄等业务外，又衍生出许多新的服务门类。如新增了现代电子商务线上线下为一体的综合便民服务平台；新开办了电子汇兑、商业信函等业务；新增了代办业务，主要包括代理保险、国债、代发工资、养老金、代收电信资费、公用事业费（煤气、水、电）等数十种业务。公司现有正式员工164人，劳务用工97人，退休工人80人，共计341人。机构设置一室两部五个专业中心，下辖22个综合营业网点含金融邮政通信和3个邮政营业网点。

机关党支部主题党日活动

秉承“人民邮政为人民”的服务宗旨，公司外树形象，内抓管理，服务能力和服务质量不断提升。现正在改建2200平方现代化电商物流仓库一个，银行自助设备CRS/ATM机74台，计算机及终端设备153台，各金融网点全部安装了监控、110联网报警系统、防弹玻璃、联动尾随门、人脸识别仪等安全配套设施。拥有综合及邮运车辆8台，全县城乡投递邮路总计193条，投递总里程达6376公里。干线汽车邮路2条，总长 388 公里。在全县各乡镇村建有综合便民服务站499个，三农服务“绿色走廊”5 条。

截至2017年年末，公司邮储余额总规模达到了52.83亿元。年报刊流转额突破千万元，年投递邮件总量达到415万件；年配送农资产品达到500万元。被中国邮政集团公司评为“全国农资配送示范县”；被衡阳市精神文明建设指导委员会评为三星级文明单位。

湖南省衡阳岣嵝峰

白石峰

山水湖

湖南省衡阳岣嵝峰国家森林公园是1995年11月经原国家林业部以林场批字〔1995〕132号文件批准在岣嵝峰国有林场的基础之上建立的，总面积2067公顷，是衡阳县唯一的国家级森林公园。2012年评为国家AAA级旅游景区、湖南省生态文明教育基地；2014年评为“湖南省五星级乡村旅游区”；2015评为湖南省生态旅游示范区；2016年评为衡阳市优秀旅游景区。

一、地理位置

公园位于湖南省中南部，湘江中游，衡阳县的东北部。距衡阳市城区25公里，距南岳30公里，其地理座标为北纬27° 6′ —27° 13′，东经112 ° 30′ — 112 ° 39′ 。东、南与衡阳县岣嵝乡、集兵镇相连，西与衡阳县渣江镇、盐田乡相邻，北与南岳区接壤。

二、交通区位

森林公园外部交通便利，京广铁路、武广高速隔江相望：公园距京广铁路衡阳站约25公里，半小时车程；距武广高铁衡阳东站约30公里，40分钟车程。衡岳高速、107国道傍境而过：公园距衡岳高速23公里，约30分钟车程；从公园经岣嵝乡再沿X043至G107国道，约15公里。衡界公路、潭衡高速依山而行。

三、地形地貌

公园处于衡阳盆地与罗霄山余脉过渡地带，由岣嵝峰、嫘祖峰、白石峰、酒海岭、大海岭、小海岭、笔架山等大小七座山体组成，其中岣嵝峰、嫘祖峰、白石峰、酒海岭等属南岳七十二峰之列。公园地处衡阳盆地北沿，地质结构复杂。境内山体雄伟壮观，沟深谷幽。最高海拔1189米，最低海拔135米，相对高差1054米。

四、气候水文

公园地处中亚热带季风湿润气候区，气候温和，雨量充沛，热量充足，山高雾日多，无霜期长达171 天，年平均气温16.3 ℃，7月平均气温22.8℃，年降雨量在1100—1300毫米之间且多集中在春夏两季，适宜林木生长和旅游观光。区域内主要河流理纱河、两湾河，溪流纵横交错，清水终年长流不断，形成了岣嵝峰特有的负离子丰富、空气清新、气候温和的独特小气候，具有开展森林生态旅游的优越条件。

五、土壤母岩

公园土壤以板页岩发育形成，在海拔500米以下为红壤，500—800米为黄壤，800米以上为黄棕壤，土壤湿润肥沃呈酸性，宜多种林木生长和培育大中径材及观赏林木。

国家森林公园

游客服务中心

禹王宾馆

禹王殿

禹碑

野生弥猴桃

野生大丽花

岣嵝雾凇

妙溪飞瀑

岣嵝日出

衡阳县沪农商村镇银行

衡阳村行美丽匠心绽放出最美笑容

衡阳县沪农商村镇银行股份有限公司(中文简称：衡阳县沪农商村镇银行)是经中国银行业监督管理委员会批准，由上海农村商业银行股份有限公司发起设立的地方性农村金融机构。该行于2012年7月27日正式开业，经过五年多的发展，目前全行设有综合管理部、财务会计部、风险管理部、市场部4个部门，总行营业部、蒸阳支行、洪市支行、渣江支行4个营业网点，共有员工52名。

五年来，该行在县委、县政府和有关部门的大力支持下，各项业务快速稳健发展。截至2017年年底，各项存款余额为17.76亿元，各项贷款余额为4.03亿元，总资产规模为19.00亿元；五年来，累计实现净利润6315.88万元，上缴各类税费2683.98万元,拥有3.5万余户存款客户，累放贷款近23亿元，支持了近千户小微企业和个人的融资需求。2016年来，该行荣获由省政府金融办、省银监局等单位联合评选的“百佳优秀单位”，以及上海农商银行湖南村镇银行管理部颁发的“伯乐奖”“优秀单位奖”。自2013年以来，该行行在湖南省12家沪农商村镇银行的综合排名中也一直处于前茅，连续三年被评为“先进村行”称号。

作为一家新型的农村金融机构，该行秉承“以客户为中心，以市场为导向”的经营理念，立足“服务本土、服务三农、服务中小微企业”的市场定位，竭诚提供多元化、综合性的金融服务；着力支持新农村建设，加大信贷投入，开发本土化特色产品，有效解决农民和中小微企业贷款难的问题，做衡阳县人民的贴心银行。近年来，该行陆续开发“设备抵押贷款”“惠众贷”“随薪贷”“家庭贷”等贷款新品种，致力于解决“三农”押品不足、融资难等现实问题。同时，该行坚持践行阳光信贷、限时办结、费用减免等信贷服务承诺，逐步树立较好的市场口碑。

金融知识宣传 送戏下乡活动

中国人民财产保险股份有限公司衡阳支公司

出单大厅

人保支农惠民活动现场

中国人民财产保险股份有限公司衡阳支公司是中国人民财产保险股份有限公司在衡阳县设立的县一级经营机构，是衡阳县保险市场上成立时间最早、服务实力最强、机构网络最全的国有保险企业。下设渣江、洪市、金兰三个三农服务部，正在筹建集兵、井头两个三农服务部，服务网络覆盖我县全部的县区、乡镇、村部三级。我司现有正式员工34人，营业办公面积1400多平方米，查勘专业查勘车5台，查勘电瓶车11台，还配备了无人航拍飞机、GPS查勘专用器。2017年我司为提高紧急救援的效率，配备了直升飞机用于紧急救援，彰显“人民保险、服务人民”的历史使命。无论从组织机构和人员配备及硬件设备上强有力地保障保险工作的需要。

2017年，衡阳支公司完成保费收入 9419万元，其中车险保费收入3687万元，同比增长 8.97%；非车险实现保费收入1874万元，同比增长16.47%；农险保费收入3858万元，同比增长32.94%；

2017年，人保财险衡阳支公司深入贯彻省分公司“品质卓越、引领市场、跨越200亿”的战略目标，深入市场、调整政策，力争更大的突破。2017年，公司多方面实现了跑赢市场，其中校园方责任险实现了全县大面积统保，完成保费收入124.8万，同比增长19.84%。2017年，公司不断开拓创新，在新领域、新险种上取得了较大突破，新增了扶贫特惠保、居民管道燃气责任险、大灾保险等等。其中扶贫特惠保实现保费收入150 万，大灾保险保费收入628.88万元。

作为世界500强企业、亚洲第一财险公司、国内财产保险市场的领跑者，在发展业务的同时，公司积极配合县委、县政府及各职能部门的工作， 紧紧围绕县委、县政府的决策和部署，认真落实各级绩效考核目标要求，切实改进作风，创新工作机制，有目的、有计划、有步骤地开展各项工作。

全员活动准备现场

衡阳县人民医院

召开党总支（扩大）会议，传达学习贯彻中共十九大精神

衡阳县人民医院是衡阳县唯一一所集医疗、预防、保健、教学及科研于一体的二级甲等综合医院，是全县的医疗技术指导中心和医疗急救中心，中南大学湘雅二医院定点指导医院，中南大学湘雅医院、湖南省人民医院远程教学医院，城镇职工医保、工伤保险、城镇居民医保、新型农村合作医疗定点医院。有在职职工733人，卫技人员600余人，其中高级职称87人，中级职称200余人，编制病床990张，年门诊量20余万人次，年收治住院2万余人次，手术5500余台次，健康体检5万人次。

院内设有心血管内科、消化内科、神经内科、中医肿瘤康复科、内分泌和呼吸内科、感染科、小儿科、普外科、骨外科、泌尿外科、神经外科、妇科、产科、五官科、急诊科、麻醉科等临床科室，建立了社区医疗、微创、体检、高压氧治疗、血液净化、儿科重症监护、120急救等科室，拥有救护车6台，分院前急救和院内急救，急救设备齐全，24小时快速接诊。心血管内科、普腹外科、妇科、产科是医院重点科室。医院投资数百万元，开设重症监护（ICU）病房，开放床位14张，加强了急、危重病的抢救与治疗。

医院拥有先进的GE64排CT机、1.5T磁共振，进口四维彩色B超、小C臂床旁X光机、进口数字式X线诊断设备（DR）、东芝全自动生化分析仪、钬激光碎石系统、原装进口输尿管软镜、污水处理系统等大中型设备100余台件。拥有标准净化手术室间11个，新住院综合楼安装了中央空调、有线电视，免费电话，床单元设施齐全，病房布局合理、清洁、整齐、舒适，是理想的治疗、休养场所。

医院不断引进人才，开展新技术、新项目，能开展心肺复苏，危重症抢救，胸腔镜下肺叶切除，颅内肿瘤摘除，盆腔清扫，断指（趾）再植，腹腔镜下胆道手术、肝叶切除、胃穿孔修补、疝修补及阑尾手术，经输尿管镜钬激光碎石，震波碎石、经皮肾穿刺取石（PCN）、前列腺电汽化切除等难度较大的手术。近年来开展了骨质疏松性压缩性骨折微创PVP术和膝关节镜术。

院内绿树成荫，鸟语花香，清洁、整齐、美观，充分体现以人为本的服务宗旨，床单元设施齐全，新建的住院大楼病房卫生间、洗漱间、饮水机、空调、液晶电视、中心吸痰、中心供氧、传呼对讲、物品柜、电梯一应俱全，让病人享受星级服务，科室安装了免费电话，方便病人联系。近年来，医院努力创建和谐医院，十分注重文化建设，坚持以人为本，实施人性化服务，开展了婴儿抚触护理、导诊服务、全程陪产、温馨服务、礼仪式、感动式服务。

医院始终坚持“强化管理，完善功能，狠抓质量，提高效益”的工作思路，坚持“以病人为中心，以质量为核心”，“以优质文明服务”为原则的办院宗旨。先后荣获省卫生厅“四满意服务医院”、全国“爱婴医院”、团省委“青年文明号”、省“文明卫生单位”、市“三星级文明单位”、市“优质文明服务医院”、“药品质量优胜单位”、“物价质量胜得过单位”、全国“五、四红旗团委”、院务公开全国示范单位等称号。

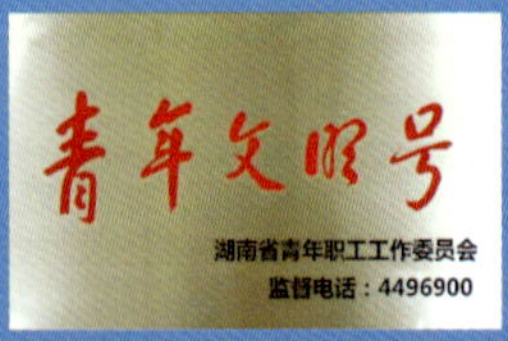

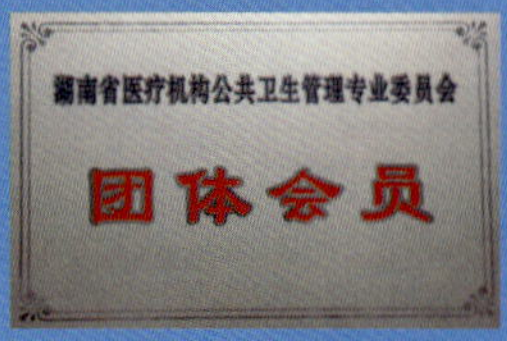

通讯员队伍成立

二甲复评动员大会

医院门诊楼

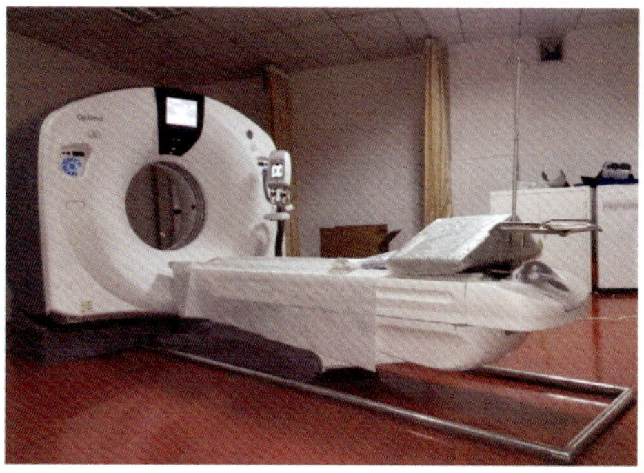

美国GE64排CT

德国西门子磁共振

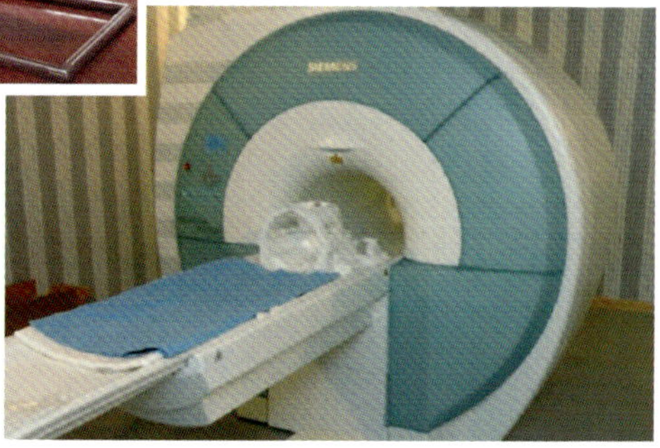

综合住院楼透视图

衡阳县中医医院

院长　彭超群

职工公寓

衡阳县中医医院是一所集医疗预防、康复保健、科研教学于一体的现代化二级甲等综合性中医医院。湘雅系、南华系、中医药大学系等上级医疗单位定点技术指导与协作医院；职工医保、城乡居民医保、工伤医保、生育保险等定点医院。

新院坐落于英南新区，交通便捷，环境优雅，病房舒适。占地140余亩，业务用房达12万余平米，编制床位600张，可开放床位1000张。现有职工600余人，其中高级职称62人，中级职称178人，名老中医6人，研究生12人，特聘省市专家8人。开设了神经内科、心血管内科、内分泌内科、消化内科、呼吸内科、肾内科、肿瘤内科、疼痛科、骨伤科、普外科、肛肠科、妇产科、小儿科、急诊科共十四个临床科室，其中骨伤科、肛肠科、糖尿病科、针灸康复理疗中心被列为“十三五”省级中医特色专科。精心打造了一流的针灸康复理疗、血液透析、健康管理、法医鉴定四大中心。

医院拥有欧科达直线加速器（用于放疗）、飞利普1.5T核磁共振、GE16排螺旋CT、国际一线品牌的彩超、DR若干、GE骨密度检测仪、全自动生化仪等全套检验设备、腹腔镜、钬激光、高压氧舱等齐全尖端的医疗设备，为临床业务开展提供了有力的支撑和保障。

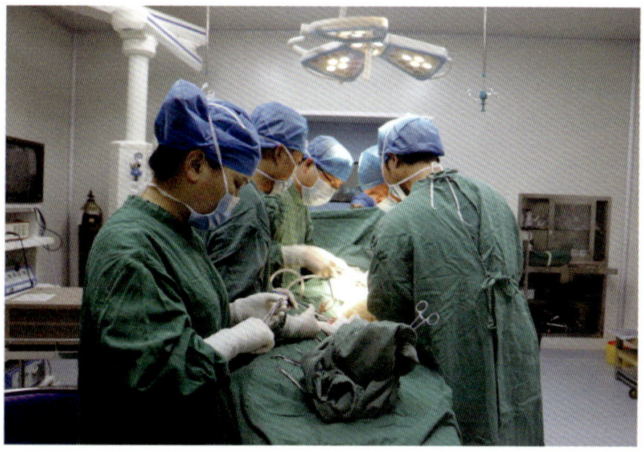

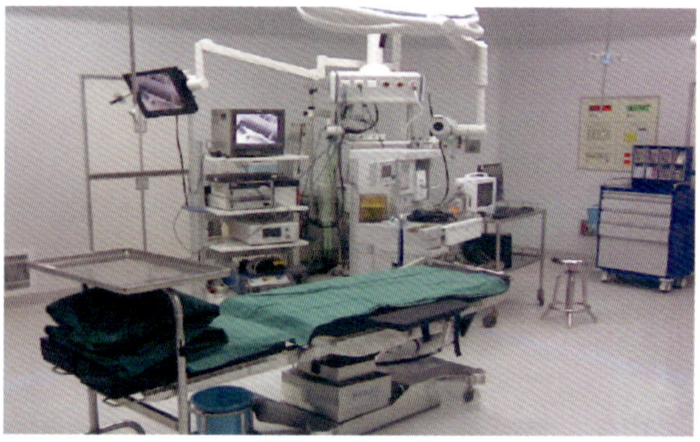

① ②
③

① 宽敞明亮的门诊大厅
② 正在给病人做手术
③ 百级层流手术室

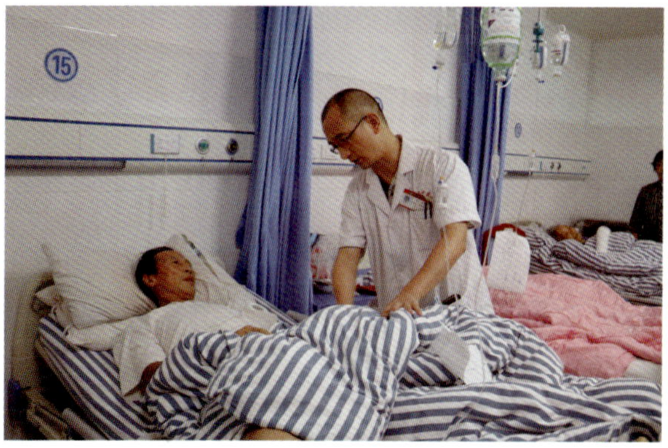

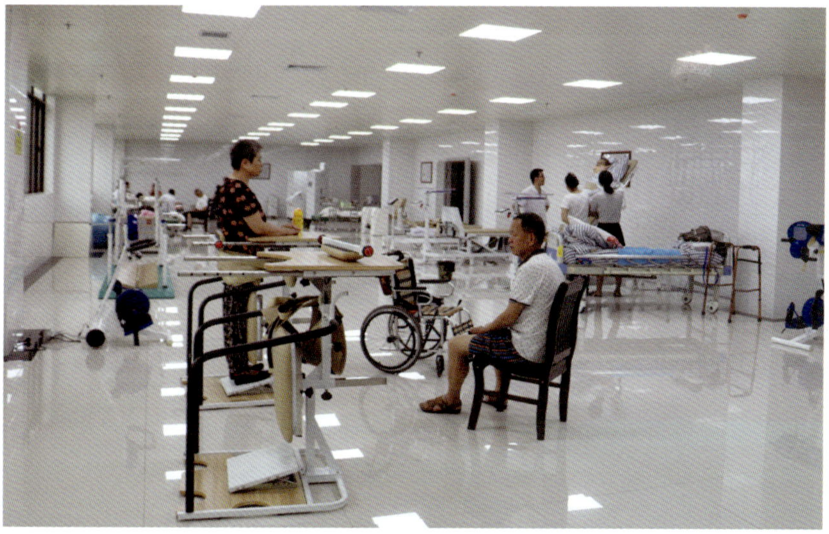

① ②

① 医生询问病情
② 康复理疗中心

新生儿洗浴中心

药 房

国 医 堂

衡阳县妇幼保健院

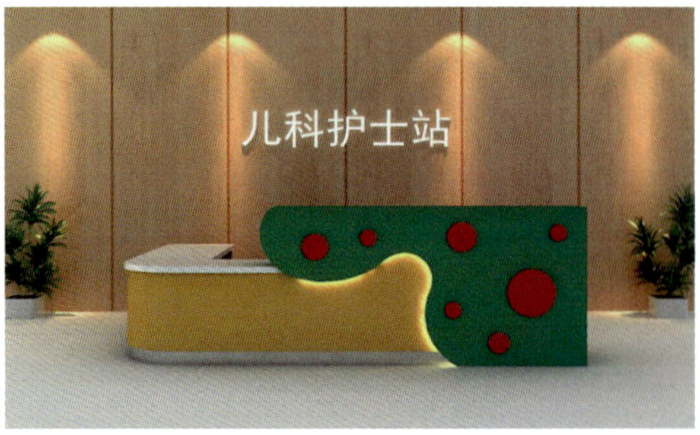

该院成立于1956年，1992年5月由站改所，1995年9月由所改院，2009年确认为县级产科急救中心，2012年11月评审为二级妇幼保健院，2016年原县计生服务站并入我院，成立衡阳县妇幼保健计划生育服务中心，2017年核编人数260名，为县卫计局所属副科级全额拨款公益Ⅰ类事业单位。担负全县妇女儿童保健、医疗、预防、康康复、科研、基层妇幼卫生等指导工作,实施国家妇幼基本公共卫生项目(儿童保健、孕产妇保健、居民健康建档、健康教育)和妇幼重大公共卫生项目(婚检、叶酸发放、宫颈癌普查、艾滋病梅毒乙肝母婴阻断、农村妇女住院分娩补助)医院现编制床位380张。实际开放床位150张，床位平均使用率85%，2017年业务收入3700多万，较去年同比增长18.5%，而药占比反而下降33.1%；全院门诊人次99687例，上升6.2%，门诊业务收入增长15.7%；住院人数768例,较去年同比上升5%，住院业务收入增长22.4%。

现设保健、内、儿、妇、外；儿保、妇保、新生儿、婚检孕检、医务、护理、财务、办公，业务拓展、人事政工、总务、保卫等36个临床和职能科室；现有职工296人，其中副主任医师18人,其他副高以上卫生专业技术人员12人，中级专业技术职称106人；本科学历、学士学位35人，大、中专学历229人；近几年来共投资1000多万元，购购置了救护车、心电监护仪、电子阴道镜、利普刀、黄疸检测仪、全自动生化分析仪、盆底康复仪、数字化钼钯乳透摄影机、化学发光仪、四维彩超等设备，新开设了专家门诊，开展了气囊助产、钼靶乳透、产后康复等新的业务项目。

衡阳县妇幼保健院新院坐落于西渡镇中学北路，位于县一中斜对面、蒸西大道东南面。城区1路、6路公交直达，地理环境优越，城乡交通便捷。新院总占地面积36311平方米，总建筑面积6.2万平方米，计划总投资额约3亿元，建设主要内容为15层住院保健大楼，新设病床400多张，设孕产、妇女、儿童保健和计生服务四大部，产科将开设普通病房、VIP单间、VVIP套间病房，将为各种层次家庭提供优美、舒适、方便的分娩条件。

新院建成后，将全面提升我县妇幼保健和计生服务水平，提高人口素质，进一步健全孕产妇和婴幼儿急救绿色通道，将为全县80余万妇女儿童的生命安全提供可靠保障。

该院连续10多年荣获衡阳市妇幼系统目标综合管理优胜单位；1995年荣获“省级文明单位”“爱婴医院”称号；2013年荣获衡阳市“剖宫产控制奖”和“农村妇女两癌检查项目综合管理奖”。近几年来，通过“三好一满意”活动，结合患者满意度问卷调查，还被评为县“政风行风示范单位”“消费者信得过单位”和“妇女儿童放心医院”！

衡阳县关市镇卫生院

班子成员

关市镇卫生院位于衡阳县西部，衡、邵、祁三县交界处，距县城39公里，是一所集医疗、预防保健、中医理疗、康复、公共卫生为一体的非营利性综合性一级甲等卫生院，是农村合作医疗，城镇居民职工医保、孕产妇住院分娩定点医疗机构，是衡阳市第一人民医院、南华附一、附二医院技术协作单位。

该院现有在职职工58人，主治医师3人，医师18人，护士14人，大专学历22人。院内开设门诊部、住院部二大综合临床科室，门诊部分设内科、外科、妇产科、中医科、儿科等科室，住院部分设内儿科住院部、妇外中医住院部，住院床位80张。内科能对常见病、多发病进行准确诊断和规范治疗，特别对心脑血管疾病、糖尿病、肝脏病、慢性病、各类中毒有独特的治疗效果。外科能开展外伤清创、骨折复位、体表肿瘤切除、阑尾切除、疝气修补，妇产科能开展新法接生、上环、流引产、结扎妇科病及不育不孕的诊治；中医理疗科能开展针灸、推拿、按摩、光疗、牵引等，对椎骨增生、慢性疼痛、面神经炎、脑中风患者有良好的治疗效果；儿科能开展小儿肺炎、小儿腹泻、营养不良的规范诊治，公共卫生科免费为居民建立健康档案、常年开展I、II类疫苗免费接种、免费为0—6岁儿童、孕产妇进行健康规范管理、为老年人、高血压、II型糖尿病、重性精神病患者、建档立卡贫困户进行规范管理，免费开展住院分娩和宫颈癌、乳腺癌、卵巢癌等妇科病普查。

该院拥有全自动生化分析仪、血液分析仪、电解质分析仪、DR摄影系统、彩色B超、心电图机、心电监护仪、胎心监护仪、婴儿辐射台、全自动洗胃机、全自动中药煎药包装机等高档设备，能开展三大常规、血生化、肝肾功能、血糖、血脂、电解质检测和超声检查，为临床诊断提供可靠依据和重要参考。

医院门诊住院综合大楼2014年9月正式投入使用，为百姓提供舒适的就医环境，有宽敞的门诊输液大厅、病房内设卫生间，配有电视、空调，有中心给氧、中心传呼，全天24小时应诊，药品零利润销售，合作医疗住院起付线全县最低，报销比例最高保内费用100%报销，是百姓治病、保健、疗养最理想场所。

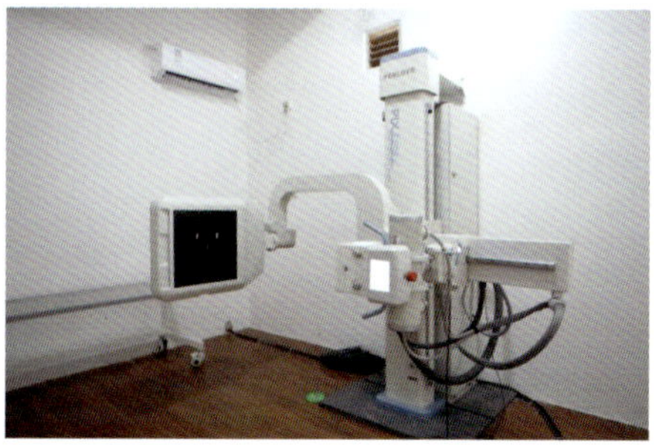

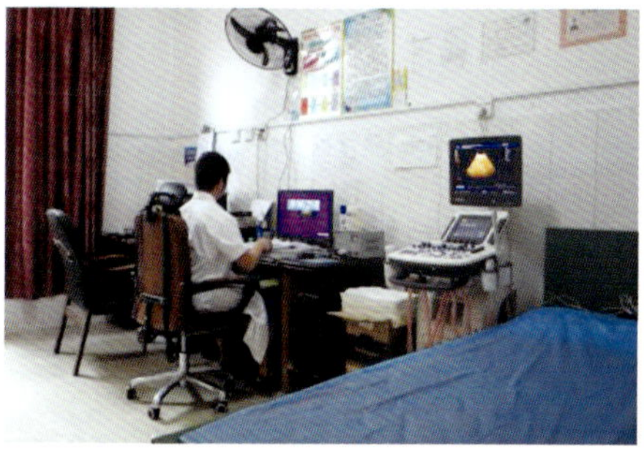

衡阳县金兰镇卫生院

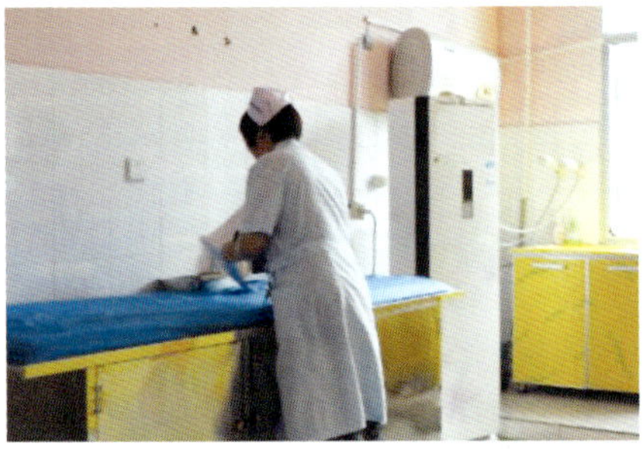

金兰镇中心卫生院创建于1965年，是一所集医疗、预防、妇幼保健为一体的综合性一级甲等医院，三星级文明单位，也是医保和新农合定点医疗机构。

至2017年，内设有急诊科、医技科、内儿科、中医科、外科、妇产科、公卫办、五官科、药剂科、农合医保办、医务科、财务科、办公室13个科室，编制床位99张，实际开放病床99张。卫生院位于金兰镇向阳路，占地面积5300平方米，综合大楼共5层，业务面积3000平方米；院办公室、公共卫生楼共3层，业务面积1500平方米。

该院宗旨是为人民身体健康提供医疗与预防保健服务，开展好人口与计划生育技术服务工作。承担辖区内常见病多发病诊治、院前急救、巡回医疗、常见病多发病护理、恢复期病人康复治疗与护理、预防保健卫生防疫、妇幼保健、健康教育、计划免疫、计划生育技术服务、卫生和计划生育技术人员培训。

办公大楼

综合楼

中药房

衡阳县三湖镇卫生院

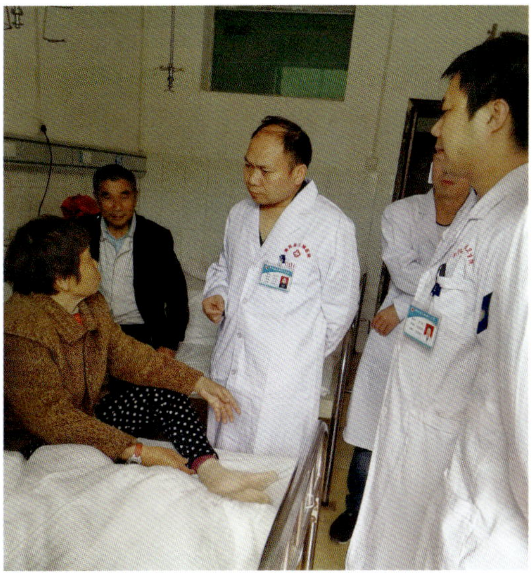

院长胡良志带领医务人员病房查房

三湖镇卫生院地处衡阳县的西北角，离县城30多公里，是一所集临床医疗、预防保健、卫生监督、村级公共卫生管理等为一体的综合性卫生院。占地面积6000平方米，建筑面积4500平方米，辖区服务人口5.4万人。25个行政村和1个居委会。在岗人员45人，中级职称5人；大专学历15人，中专学历21人，其中执业医师12人.执业护士5人、内设内科、外科、妇产科、中医骨伤科、中医理疗科、特检科、放射科、检验科等临床及医技科室，开设住院床位60张；拥有200MA双管双床X光机，彩超，心电图机，全自动生化分析仪、全自动血球计数仪、全自动电解质分析仪、自动尿液分析仪，床旁呼叫系统、污水处理系统等医疗设备，能开展心脑血管、呼吸、消化等系统的常见病和多发病诊断和治疗，拥有中医馆等国家项目，能开展理疗、按摩、针炙，运用牵引、电疗、艾疗等。运用牵引、手法复位结合中医中药治疗各种骨伤疾病。坚持以“解决群众看病难、看病贵问题”为目标，不断深化医药卫生体制机制改革，大力加强公共卫生管理、医疗服务管理、新农合管理各项工作，努力为人民群众提供优质、安全、便捷、价廉的医疗卫生服务，促进了全镇卫生事业健康科学有序发展。卫生院的各项工作稳步推进，干部职工的精神面貌和业务水平不断提高，赢得了上级领导和县卫计局及社会各界的一致好评。基本满足全镇人民“小病不出乡”的健康需求。2012年被评为三星级文明单位。2014年完成国债项目公租房建设，解决了职工住房困难，改善了职工生活、工作环境。2018年医院与衡阳市中心医院签订双向转诊协作医院。为老百姓危重病抢救与后期康复创造良好的就医途径。为医院医疗质量的提升和服务能力建设创造更宽松的条件，为人民健康需求做出应有的更大的贡献。

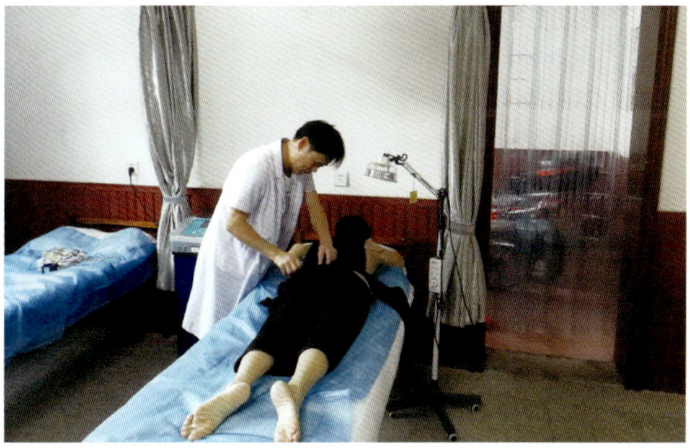

理疗室

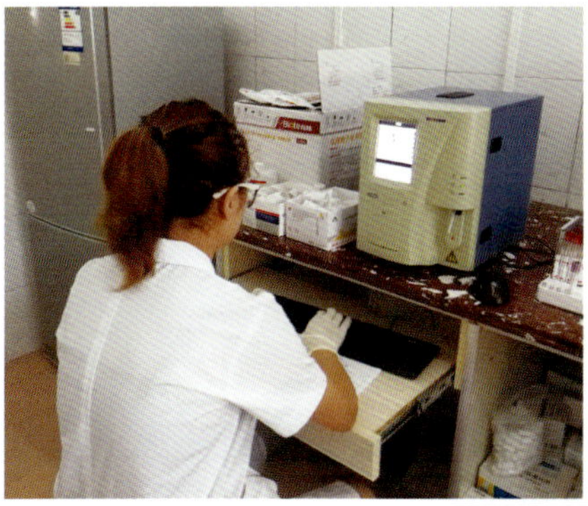

化验室

中医馆

衡阳县曲兰镇卫生院

市人大常委会副主任邹致和，县人大常委会主任刘健，县人大常委会副主任、总工会主席彭家果一行，在该院看望慰问基层市人大代表

院领导班子

曲兰镇卫生院地处衡阳县西北端，位于衡阳、双峰、邵东三县交界之地，东临洪市镇，南临大安乡，西南与金兰镇相邻，距衡阳县城西渡40公里。是一所集医疗、公共卫生、计划生育、康复等于一体的综合性医疗服务机构。是新农合及居民医保定点单位。下设桐梓、高汉两个分院，辖区内22个行政村及1个居委会，人口5.3万。医院的医疗区、预防保健区、中医康复、行政办公区相对分设，功能分区合理，流程科学。现有占地面积6300平方米，建筑面积约3000平方米，绿化面积3000平方米，院内环境优美。

医院拥有一支业务精干，素质优良的医疗卫生队伍。现有职工51人，核定编制45人，专业技术人员46人，占总人数的90%，其中副高职称1人，中级职称6人，初级职称29人，配备有经过培训的全科医师3名，配备护理人员8人。

医院设有内、妇、儿科，中医科、理疗科，中医正骨科，急诊室，护理站、妇幼保健科、预防保健科、健康教育室、计划生育指导室等临床科室。尤其是我院的中医科、中医正骨科手法复位是两张特色名片，享誉度之高，跨地域之广。医技科室设有中西药房、化验室、放射科、B超室、心电图室、信息统计室等。卫生院科室齐全，布局合理，配有全自动生化分析仪、三分类血球分析仪，彩超、数字码DR摄影、多导心电图、尿液分析仪、心电监护仪、中药熏蒸治疗床、理疗牵引床等先进医疗设备。各科室全部实现了计算机信息化管理系统，病区实行电子病历、医疗卫生信息系统健全，各科室互联互通。

医院曾获得“乡镇卫生院管理年活动优秀单位”，多次被评为“先进单位”“优秀党支部”等各项荣誉。在今后的发展过程中，我们将始终以新时代“健康中国”的大思想，以提升民众的整体健康水平和生命质量为己任，努力构建和谐医患关系，全力塑造先进医疗、人民满意的卫生单位，为人民健康事业做出更大的贡献。

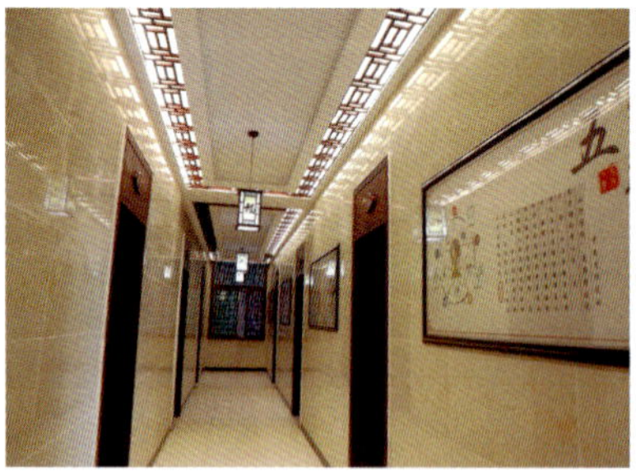

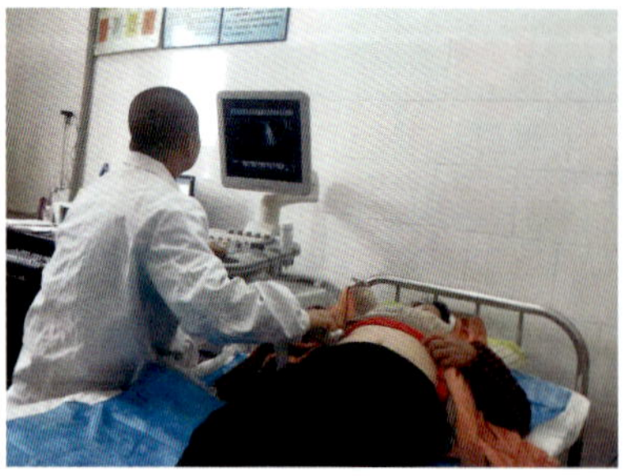

① ② ③ ④ ⑤

① 正在给病人诊断病情
② 中医馆
③ 彩色多普勒超声诊断仪
④ DR（数字化X射线）
⑤ 全自动生化仪

衡阳县岘山镇卫生院

诊断病情

岘山镇位于衡阳县县城西南部，距县城9公理，西碧公路穿镇而过，武水河流经境内，总面积155平方公里，所辖2个社区，28个行政自然村，总人口6.7万余人。卫生院始建于1995年12月，占地面积7300余平方米，是辖区内唯一一所集基本医疗和基本公共卫生服务为一体的全民公益性事业单位，是城乡居民医保定点医疗机构。下设檀山、碧崖2个分院。现有在职职工75人，退休职工26人；在职职工中有本科学历6人，大专学历10人，副主任医师1人，名老中医1人，主治医师8人，执业医师30人，主管护师2人，执业护士16人，技术力量雄厚，能开展内、外、儿、妇、中医、中医理疗、急诊急救、住院分娩、疾病控制和预防等医疗技术服务。配有全自动生化仪，X光，B超，心电图，电子镜等设备；开放床位72张，院内环境安静优雅，病房干净整洁，宽敞明亮，24小时全天候接诊。

① | ②
③

① 门诊大厅

② 中医馆

③ 优雅的医院环境

衡阳县职业中等专业学校

衡阳县职业中等专业学校是县政府主办的全日制公办学校，是国家级重点、中央财政支持职业教育区域性综合实训基地、湖南省示范性中等职业学校、省文明单位、省外派劳务培训基地、市园林式单位、市价格诚信示范单位。

衡阳县职业中等专业学校坐落在县城北部的蒸水之滨，环境优雅，交通便利。学校占地8.9万平方米，建筑面积10.1万平方米。办学设备设施齐全，建有现代化的多功能教学楼和实训大楼，拥有60多个多媒体教室和电子电工、EDA、计算机中心、数控中心、财会模拟、中央空调、制冷调试维修、PLC可编程控制等40多个工位（仿真）实验室。学校现有在校学生3500余人；教职员工239人，其中具有中、高级职称的187人，双师型教师89人，专业带头人19人，省、市、县优秀教师68人，衡阳市中职首批教学名师1人，衡阳市骨干教师4人；建有名师工作室1个，在研省、市课题5个。

衡阳县职业中等专业学校校长易积修是全国优秀教师、湖南省特级教师，秉承“以德治校、质量立校、名师强校”的理念，以“知行相融，德技双馨”为校训，教育教学实行“专业与产业、课堂与车间、课程与岗位”三对接，着力培养具有良好职业道德、娴熟职业技能的高素质劳动者和技能型人才，倾力打造“管理与育人并举、规模与质量并行、项目与效益并重”的区域中职教育旗舰校。

衡阳县职业中等专业学校坚持两腿走路，保障学生“就业有优势，升学有希望，致富有技术”。通过30多年的摸索和探究，学校积累了丰富的高考教学经验，创造了一个个“低分进校高分升学”的佳话；连续10年的对口高考升学录取率在95%以上，本科录取人数稳居全市第一、全省前列。学校高度重视校企合作和毕业生推荐就业工作，与富士康集团、TCL集团、美的集团等20余家上市企业和苏州工业园、衡阳白沙工业园等园区签订实训、顶岗实习和就业合同，建立了15个校企合作实训工厂和基地，形成了辐射全国尤其是沿海发达地区的多方位就业网络；毕业生首次就业后，学校跟踪服务三年，为其提供多次择业机会。

衡阳县第三中学

衡阳县第三中学始建于1958年，地处县城西渡镇米子路82号，南临蒸阳大道和省道315线，北靠高速S80和衡西快线。地理位置优越，交通便捷。

学校总占地面积366亩，建筑面积116500平方米，绿化面积95亩，是一所现代化教学设施设备完备、环境优雅美丽的园林式学校。

学校有专任教师336人，均有大学本科以上学历。其中研究生学历15人,省级骨干教师15人，县级以上学科带头人24人，副高职称117人。近年来，多名青年教师被评为省市优秀教师、骨干教师、金牌教师、劳动模范。学校共86个教学班，在校学生6000多人，教职工579人，是衡阳市规模最大的全日制公办高中。

学校在一位求真务实、开拓创新的专家型校长周振华同志的带领下，领导班子勤勉务实、团结奋进、科学决策、励精图治；广大教师爱生如子、爱岗敬业、乐于奉献、勤学善教；全体员工满面春风、激情向上、热情服务。学校以“每个学生都值得欣赏，每个学生都会有出息”为教育理念；以“育人是根本，质量是生命，创新是动力，教师是关键”为办学思想；以“合格+特长、个性+创新”为办学特色；以“德育为先、安全第一、质量至上”，全面开展素质教育为教育目标；坚持“文化立校、教研兴校、质量强校”管理策略。

学校实行精细化管理。狠抓教育教学常规，推进德育主题化、层次化、活动化；推进有效课堂建设，积极推进课堂教学与现代教育技术的深度融合。全面关注学生健康人格的形成和核心素质的培养，以文化教育为基础，培养学生学科素养为目标，全面开展特长教育、创新教育，为充分发挥学生个性特点，搭建学生才艺展示平台，组建各种学生社团，开展多种形式文体活动。学校开办了音乐、书法、舞蹈美术、体育、科技等特长班，真正培养学生弱进强出，低进高出，特进优出。

学校近十年来，每年高考一、二本上线总人数都在1000人以上，占全市总数1/9；先后有18名同学考入清华、北大，涌现出五名市县高考状元；有360多名学生考上中央美院、中国美院、清华美院，北京体院等专业院校；在全国中学生奥赛中先后有108人次获得全国二等奖和省一等奖，127人次获得省二等奖；2018年学校一本上线312人，二本以上上线1172人。学校先后被评为“衡阳市示范性高中”“省级雷锋式学校”“省双文明建设先进单位”“省三星级文明单位”“省安全文明校园”“市十三.五教育教研先进单位”“市思想政治工作先进单位”。七年被评为“衡阳市普通高中教学质量先进单位”，连续十三年被评为“衡阳县教育质量先进单位”；学校还被衡阳师范学院、湘潭大学、湖南师大授予教育实习及优质生源基地。近几年，学校师生在各科奥赛、各项竞赛、各项评比中取得了令人瞩目的成绩。办学质量已进入全省第一方阵。

励志演讲会

县运动会节目

美术班

教学楼

科教楼

幽雅的学校环境

衡阳县第四中学

团结务实的领导班子

文艺汇演

校运动会

衡阳县第四中学创办于1957年，是一所公立（农村）普通高级中学。四中坐落在地灵人杰的 库宗桥镇，省道S315和老衡邵公路切校而过，衡邵高速相毗邻并设有出口，区位优越，交通极为便利。

学校现有35个教学班，学生2665人，教职工197人。学校办学思想比较先进，设施基本完备，管理科学，业绩突出，先后被市省爱卫会评为“文明卫生单位”，被县市教育行政主管部门评为“高中教育教学质量先进单位”和“师德师风建设先进单位”，是全县唯一的一所高考农村考点学校。

四中校园占地80余亩，建筑面积4万多平方米。校园环境幽静雅致。碑刻、警句牌、文化长廊，装点于内，散发着浓厚的文化气息。校园绿化近40%，四季芳草如茵，花团锦族，绿树成荫，是一所名副其实的园林式学校。

师资队伍整齐稳定，力量雄厚，拥有高级教师54名，中级教师72名，还有多名省优秀教师、省级骨干教师和一批市县教师标兵和学科带头人。

在以陈英明为班长的学校班子带领下，衡阳县四中坚持“培养·服务”的原则，把“不忘初心，立德树人，建设美丽、幸福、人民满意的四中”作为办学宗旨，求真务实，锐意进取，走出了坚实的特色、实效办学之路。2017年学校学业水平考试一次性合格率、高考二本上线人数及上线率，在全市同类学校中名列前茅，再次获得上级颁发“高中教育教学质量先进单位”奖牌；学校还先后被评为县教育局党委“先进党支部”、衡阳县“优秀基层党组织”、衡阳县“小手拉大手”活动“先进单位”、衡阳市“十三五”教育科研“先进单位”和湖南省教育学会“理事单位”。

衡阳县第六中学

校长　易善忠

县委副书记、县长孙鹏伟到该校视察工作

衡阳县第六中学创办于1921年,其前身为“湖南省私立新民中学”，1958年改为现名。1983年跻身市重点中学之列，1988年载入教育部编印的《中国著名中学》，2002年经衡阳市教育局重新评估验收，再次成为市重点中学，2003年通过市级示范性学校评估验收，被评定为市级示范性普通高级中学。2014年经评估验收被评为衡阳市示范性高中督导评估优秀单位。

学校坐落于衡阳市蒸湘区呆鹰岭镇134号，占地面积99余亩，建筑面积6万余平方米，现有59个高中教学班，学生3700余人,教职工283人，其中专任教师261人，硕士研究生4人，具有本科学历231人，中学高级教师63人，具有中级职称120人，县级学科带头人5名，市级骨干教师4名、先后10人次荣获“全国优秀班主任”“全国教育系统劳模”“全国三八红旗手”等荣誉称号。学校建设规划科学，教学区、办公区、生活区、运动区布局合理。办学条件不断优化,所有教室均装备了多媒体，教室、办公室和学生宿舍均安装了空调，学生宿舍还安装了热水供应系统；各种设备设施日臻完善，拥有能满足素质教育需要的理、化、生实验室、语音室、计算机室、课件制作室、音乐室、美术室，建有100兆网速的校园网络系统、电子监控系统、智能广播系统和电子售饭系统等现代化设施。

学校先后获得了“衡阳市普通高中教学质量先进单位”“衡阳市教育科研项目管理先进单位”“衡阳市现代教育技术实验学校”“湖南省文明卫生单位”“湖南省园林式单位”“湖南省中学生篮球赛女子组第五名”“中南大学优秀生源基地”“全国基础教育科研实验基地”“小研究生国际合作项目实验基地”“国家基础教育课程改革项目实验学校”“全国绿化模范单位”等殊荣。近三年来，师生参加各级各类比赛成绩显著。学生学科竞赛获国家级奖22人次、省级奖35人次，教师业务竞赛有3人获国家级奖、17人次获省级奖。教研教改蔚然成风，学校独立完成湖南省教育科学“十一五”课题《新时期农村高中学生思想政治工作内容、方式、途径改革创新研究》并获国家级奖，独立完成湖南省教育科学“十二五”课题《生命化教育在农村中学的开展》的研究，填补了全市该学科教研项目的空白，开展全国教育科学“十三五”教育部规划课题《导学·自学·互学模式研究》的研究工作。

衡阳县金溪中学

金溪中学创办于1964年，其前身为金溪农业中学、金溪高中、金溪区中、金溪镇中学。1999年、2008年德声中学、上峰中学分别并入该校，2003年更名为金溪中学。校园占地11322平方米，建筑面积7625平方米。

学校拥有高标准的电脑室、语音室、实验室、多媒体室，规范化的图书室、阅览室，图书藏量3万余册，有高标准的学生食堂、学生公寓和教师办公楼，校园布局合理，建筑美观实用，环境优美整洁。

学校现有初中三个年级12个教学班，在校学生626人，教职工50人，专任教师44人，中学高级教师10人，中学一级教师26人，中学二级教师8人，师资力量雄厚，有20余名省、市、县优秀教师。

学校秉承“依法办学，从严治教，以人为本，科学管理”办学理念，成绩斐然，分别获县“治安文明模范学校”“先进党支部”“先进团支部”“园林式单位”、市“示范性初级中学”、省“教仪达标单位”等殊荣。在校毕业的欧阳毅、邱友良、阳宏伟、贺元吉等同学留学欧美、澳洲，取得了研究生、博士学位，在各自的工作领域取得了重大成就，为国家、社会做出了突出贡献。

教学楼

学生公寓

衡阳县金溪镇中心小学

金溪镇中心小学位于衡阳“竹木之乡”的金溪镇金溪村樟树组。是一所公办边远山区小学，始建于1968年，办学悠久、文化积淀浓郁，在几十年的办学历程中培育了一批又一批的优秀学子，为当地经济的腾飞插入翅膀。

金溪镇中心小现有教学班级12个，在校学生498人。专任教师24人，副高5人，其中一级教师8人，二级教师11人，大学本科以上学历18人，学历合格率100%。教师年龄结构合理，老中青黄金搭档，学校领导班子求真务实、开拓进取、教职工团队和谐、锐意进取。学校办学行为规范，全面落实学生减负政策，确保每个学生健康愉快成长。2011年我校被县教育局授予“衡阳县中（小）学行为规范示范性学校”；2002年被评为“衡阳市示范性中心小学”；2009年被评为省级合格学校。该校教师近三年来参加各类比赛，在市级教学比武中获奖2人，县级教学比武中获奖6人，教学论文评选获国家级奖2人，省级奖5人，市级奖9人，县级奖16人。

近年来，我校学生参加县“三独”比赛获二等奖10人。参加县“中小学生艺术节”展演获团体二等奖3次，在全县小学生排球比赛中多次荣获二、三等奖。各类征文比赛县、市获奖20余人，参加市组织的“校园书信大赛”获奖10多人。

教学楼

综合楼

多媒体教室

法　　治

政法委及综治

【推进依法治县】 深入开展“七五普法”宣传，全县举办法制讲座700余场次，发放法律资料50余万份，接受法律咨询1.2万人，建成国家级法治示范村1个，省级法治示范村2个、省级依法办事示范窗口单位6个；市级法治示范村2个；市级诚信守法企业1个；法治文化公园1个。大力推进依法行政工作，会同人大、政协等相关监督单位到各乡镇和各行政执法部门视察依法治理工作，及时纠正和处理违法的人和事，较好地保证严格执法和公正司法。着力抓好热点问题治理，紧紧围绕影响群众安全感的突出治安问题，开展“打击侵财性犯罪”“打黑除恶和禁毒”“治安集中整治”等专项行动。全县刑事发案数同比下降11.8%，街面抢劫和抢夺现象基本绝迹，362人在册社区服刑人员无一脱管、漏管，社区服刑人员重新犯罪率低于全省平均水平。4月，全省政府购买社区矫正社会服务现场推进会在衡阳县召开，并作典型经验介绍。

【创新社会治理】 一是大力推进综治中心建设。全县西渡、曲兰、洪市、渣江、樟木、樟树、金兰、岘山8个乡镇和部分社区已建成高标准综治中心。中心设便民服务大厅、纠纷调解室和监控研判室，安装综治视联系统和信息平台，接入公共安全社会视频，做到既与中央、省、市、县、乡、村互联互通，又能对辖区治安状况进行实时监控，极大提升综治维稳工作信息化、数字化、智能化水平。二是加快推进“雪亮工程”建设。全县有22个乡镇和46个单位签好建设合同，年内新装和并网高清治安探头1200余个，实现城乡主要路口、重点单位和重点部位全覆盖，极大压低违法犯罪空间。三是着力推进“网格化”管理。全县划分基础网格6200个、配置专兼职网格员6343人、采集“一标三实”数据1200万余条，社会服务管理触角向社会末梢延伸。四是严厉惩治违法犯罪活动。全县公安机关破获各类刑事案件927起，打击处理违法嫌疑人800余人。县人民检察院对重特大案件提前介入、快捕快诉，批准逮捕217件、302人，提起公诉344件、493人。县人民法院组建27个专业化审判团队，全年审结刑事案件299件、民商事案件2157件、行政结案104件，执行积案112件。

【维护社会稳定】 按照“一天一通报、一天一分析、一天一小结、一天一调度”的机制，从严从实抓好党的十九大安保维稳工作。深入开展“化解矛盾促和谐、忠诚履职保平安”主题活动，对305起矛盾隐患落实稳控专班。探索建立“党建+信访”模式，充分发挥无职党员在基层信访维稳工作中的作用，实现党建与信访的深度融合。全县信访总量同比下降38%，没有发生政治安全事件、暴力恐怖事件和个人极端事件、规模群体性事件、重大到省进京上访事件、公共安全事件，确保全国“两会”“一带一路”高峰论坛、建军90周年、党的十九大等多个重要节点清泰平安，信访维稳工作被评为全市先进。

【政法基层基础建设】 县人民法院员额制度改革、少年和家事审判、网上立案、网上司法拍卖、执行指挥中心建设等工作得到上级高度肯定。县人民检察院在看守所、环保局等部门设立检察室，并整合控告申诉、案件受理、律师接待、业务咨询等部门职能建设检察服务大厅。其驻看守所检察室被评为全国一级检察室，检察服务大厅建设被评为湖南省检察服务大厅示范院。县公安局积极探索“四合一”农村警务新模式，破解了农村警务资源分散的难题，得到省委常委、政法委书记黄关春同志高度肯定。

【防范和处理邪教问题】 一是抓好警示教育。成立衡阳县反邪教协会，并通过衡阳反邪微信、衡阳县公安微信平台、街面商户LED显示屏、手机报等多种载体，积极开展反邪警示教育。二是深化无邪创建。樟树乡、西渡镇保安社区、演陂镇演陂桥村被评为全省无邪教创建示范单位，西渡镇米子社区、槐花村、台源镇台源寺社区被评为全国无邪教创建示范单位。三是落实管控措施。对辖区邪教人员进行横向到边、纵向到底的摸底排查，按照“属地管理”“谁主管、谁负责”的原则，逐人明确管控责任单位和责任人员。2017年，全县实现“零进京、零聚集、零插播”的工作目标，防范和处理邪教工作荣获全市先进。

【政法队伍建设】 深入开展“两学一做”学习教育，对乡镇政法委员和政法干警分类组织培训，并扎实开展执法检查和案件评查，先后评查剖析案件200余件，纠正瑕疵案件5起，查处政法干警违法违纪案件3起。政法综治队伍思想政治、业务能力、纪律作风进一步增强，2017年，县公安局荣获全省“四项建设”队伍正规化示范单位等8项省市荣誉，西渡中心（城东）派出所、关市派出所、岘山派出所被评为全国一级派出所，县刑侦大队被评为全国“两学一做”优秀基层党组织，县拘留所被评为全国一级拘留所。县人民检察院被评为全省检察文化建设示范院。县人民法院案件、司法质效考评位居全市第三，未成年人综合审判庭被评为全省先进集体。县司法局公共法律服务和社区矫正工作荣获全省先进。全县政法系统90余名干警受到全国、省、市表彰。其中，县公安局黄均被评为“2017CCTV中国（湖南）法治十佳人物”，县法院彭国超荣获全国维护妇女儿童权益先进个人，县司法局黄向上被司法部授予全国模范人民调解员荣誉称号。

（凌生祝）

公　安

【概况】 衡阳县公安局为衡阳县人民政府工作部门，是县人民政府主管全县公安工作的领导和指挥机关。下设机构有：指挥中心、政工室、法制大队、督查大队、警务保障室、国内安全保卫大队、刑事侦查大队、治安管理大队、人口管理大队、经济犯罪侦察大队、禁毒大队、情报中心、巡特警大队、网络安全大队、交通警察大队、看守所、拘留所、城东派出所、城西派出所、高新园派出所、泰清派出所及23个乡镇派出所。全局共有514人（其中民警486人，干部2人，职工26人），不含消防、武警和森林公安分局干警。是年，县公安局刑侦大队党支部荣获全国“两学一做”优秀基层党组织；拘留所被评为全国一级拘留所；西渡中心（城东）派出所、关市派出所、岘山派出所被评为全国一级派出所；看守所荣获集体二等功；县公安局荣获全市公安机关“卫士之光”百日竞赛先进单位；全市公安机关“盗抢骗”专项行动先进单位；全县综治考核先进单位称号。

【重大保卫】 畅通信息渠道。县公安局国保大队及时与局属各单位加强沟通联系，交换信息资源，做到涉稳信息及时掌握，涉稳因素及时分析研究，进一步健全完善情报信息报送制度，切实加强情报信息搜集及报送工作，严禁对重大问题和重要情报信息迟报、漏报、隐瞒不报，确保情报信息渠道畅通。创新推出三级情报网络体系建设，此举得到了市公安局国保支队的肯定。据统计，全年共报送情报信息200条，其中有效信息130条，被市局采用83条。

稳控重点对象。在全面排查、化解矛盾的基础上，坚持打主动仗，积极协助党委、政府，筑牢信访稳控防线，将重点人员稳控在可控制范围之内，确保不发生一起赴省进京越级上访事件。此外，还对“法轮功”等邪教组织人员坚持露头就打，对民运分子落实严密侦控措施，确保将其稳控在视线范围内。

扎实做好十九大安保工作。6月12日上午，衡阳县“喜迎十九大·忠诚保平安”誓师大会在夏明翰会议中心隆重举行，会议要求全县公安民警要将习近平总书记对公安工作提出的“对党忠诚、服务人民、执法公正、纪律严明”的十六字要求，铸于灵魂，融于血脉，化于行动，以更加坚定的信念，高昂的斗志，过硬的作风，辉煌的业绩，向党的十九大献礼。80名公安民警、武警、消防官兵代表着装整齐列队入场，4名民警手托党旗站在队列前方，全体参会人员面对党旗庄严宣誓，以决战姿态、必胜的信心迎接党的十九大胜利召开。

【集中打击违法犯罪】 通过开展“卫士之光”百日竞赛、“迎接十九大、忠诚保平安”百日攻坚大会战、“三打击一整治”专项行动、惩治严重暴力犯罪、惩治网络贩枪、追逃等专项行动，严厉惩治各类刑事犯罪活动，有力维护全县治安大局稳定。1月全县共立刑事案件1473起，破案608起，刑拘各类刑事犯罪人员632人，逮捕266人。3起现行命案全部破获。

加强大要案件侦破攻坚 对杀人、抢劫、强奸等大要恶性案件，始终保持严打高压态势，迅速集结优势警力，人员、装备、手段同步上案，实现一体化作战模式，力求快速侦破。全年立命案3起、破3起，破案率为100%，破获八类恶性案件31起，其中故意杀人4起，抢劫14起，故意伤害2起，强奸7起，放火1起，形成了强有力的震慑效应。

提升侵财案件侦破质效 刑侦大队进一步转变工作理念，常态化惩治盗窃、抢夺、诈骗和掩饰隐瞒犯罪所得等多发性侵财犯罪，进一步提升破案率，最大限度地维护和保障人民群众的切身利益。全县立侵财案件1177，比上年下降33.8%；破5类侵财案件399，比上年下降37.9%，其中盗窃案件356起，抢劫14起，抢夺3起，诈骗20起，敲诈勒索案件5起；刑拘侵财犯罪嫌疑人222人，比2016年同期上升1.8%，移诉226名；破获系列侵财案件20起，破获侵财犯罪团伙15个。

开展严厉惩治涉枪涉爆犯罪专项行动 以打源头、打平台、摧网络、缴枪支为目标，通过惩治涉枪涉爆犯罪，破获9起涉枪案件，查处25个犯罪分子，收缴枪支27把、子弹310颗，最大限度消除社会隐患，堵塞管理漏洞，完善防控措施，遏制涉枪涉爆犯罪发展蔓延之势。

精心组织“卫士之光”百日竞赛专项行动 县公安机关开展“卫士之光”百日竞赛专项行动，并将会战战果纳入对各办案单位的“四项建设”工作考核。刑侦大队充分发挥牵头部门和主力军作用，精心组织，多措并举，统筹协调，适时牵头召开推进会，分析查找工作中的薄弱环节，跟进督导，不断推动会战向纵深发展，专项行动取得明显的阶段效果。2016年11月1日至2017年3月31日，全局破获五类刑事案件467起，刑拘犯罪嫌疑人119名，移诉123人，在全市进入第一方阵。

【打击毒品犯罪】 以全力遏制毒品来源、遏制毒品危害、遏制新吸毒人员滋生为主线，以全县“实际新增吸毒人员越来越少、实际脱离毒品人员越来越多”为目标，深入推进禁毒人民战争。

一是强化禁毒工作责任 县委、县政府把禁毒工作纳入日常工作，紧紧围绕“全力遏制毒情快速蔓延，努力减少毒品社会危害”的目标要求，研究制定下发《衡阳县禁毒工作要点》等规范性文件，进一步明确新目标、新思路、新举措。在全县禁毒工作会议上，县委、县政府与各禁毒委成员单位签订2017年《禁毒工作责任状》，并制定《2017年衡阳县禁毒委成员单位禁毒工作考核细则》，对各成员单位履行禁毒职责情况实行年度讲评制度，对履行禁毒工作职责不到位的成员单位的责任人须向县禁毒委员会说明情况，当年不得评先受奖。

二是禁毒工作成效显著 根据省、市统一部署，开展“禁毒风暴”、“4·14”专项整治行动、“衡阳县平安二号涉毒专项行动”和“喜迎十九大、忠诚保平安”惩治毒品违法犯罪专项行动。全局破获毒品案件56起，抓获毒品犯罪嫌疑人82人，缴获毒品29.8公斤，查获吸毒人员571人，强制隔离戒毒172人。并成功破获公安部督办的“2017—368”目标案件和湖南省公安厅督办的

"2017－410"目标案件。三是多措并举强推外流贩毒整治。针对全县外流吸贩毒人员有所上升的问题，根据《衡阳县2015年整治外流贩毒工作方案》中提出"大排查、大摸底、大协作、大破案、大清查、大防控"6项具体工作措施，通过加强禁毒宣传、发动群众举报和建立区域协作等方式，不断打压外流贩毒活动空间，全力遏制外流贩毒活动。并与广东佛山市公安局和东莞市公安局建立协作机制，协作抓获衡阳县籍外流贩毒人员10人。

三是加强禁毒宣传工作　认真组织开展"禁毒之声—唱响校园"活动。5月27日，县禁毒办携手县教育局在蒸阳中学多媒体教室开展"禁毒之声·唱享健康"禁毒歌曲传唱活动，对全县各中小学、职业学校推选的50余名音乐教师进行禁毒歌曲传唱培训。活动结束后，参加培训的音乐教师作为校园禁毒宣传员，深入全县各中小学校组织师生开展传唱禁毒公益歌曲活动，营造校园禁毒教育浓厚氛围，让青少年学生主动了解毒品危害，自觉远离毒品侵扰。

积极参与省、市"禁毒之声"主题活动。县禁毒办精心组织，推选出县教师进修学校禁毒舞蹈节目《我等你》，在6月10日市衡州小学举行的全省禁毒之声主题活动启动仪式上演出，得到省市领导的高度肯定。

成功举办衡阳县青少年"禁毒有我·阳光前行"禁毒文艺会演活动。6月2日，"全县青少年禁毒文艺汇演节目评选活动"在县实验学校举行，全县25个乡镇，13所县属中学、精心编排39个优秀禁毒文艺节目参加评选。6月23日，由县禁毒委员会主办，县委宣传部、县禁毒办、县公安局、县教育局等禁毒委成员单位共同协办的衡阳县青少年"禁毒有我·阳光前行"禁毒文艺会演活动在夏明翰会议中心隆重举行。

【惩治经济犯罪】　全年受理各类经济案件41起，立案14起，破案11起，抓获各类犯罪嫌疑人38人，刑拘30人，取保候审39人，逮捕9人，移送起诉14案、27人，经法院一审判决有罪经济案件10案、经济嫌疑人40人，涉案金额2亿元，挽回经济2000万元。对历年的在逃人员进行清理，共11人，已抓获5人。

全力侦办大要案件　立案侦办14起经济案件，破案9起。3月22日，县公安局经侦大队经过6个月的努力，破获"10·22"葆婴公司组织、领导传销案，抓获涉案嫌疑人15人，挽回经济损失800万元。

扎实开展专项行动　着力开展打假专项行动。经侦大队立案侦查各类销售假冒伪劣产品案5起，破案3起，涉案金额1000万元。从实情出发，有针对性开展专项行动。为更好地保护人民的合法财产，惩治犯罪，县公安局经侦大队与地下六合彩发案地的金兰、渣江、库宗派出所联合行动，对地下六合彩发现一起捣毁一起，绝不让地下六合彩毒瘤扩大。上半年，经侦大队立地下六合彩非法经营案4起，破案4起，涉案金额60万元，挽回经济损失60万元，移送起诉4起、5人。

加强经侦宣传工作　开展"5·15"惩治和防范经济犯罪宣传日活动，充分运用各类新闻媒体，向社会宣传惩治和防范经济犯罪的重要意义。提升公安经侦的形象和影响力。5月24日，县公安局经侦大队积极参加衡阳县举行金融安全区创建暨防范和处置非法集资工作宣传月活动的启动仪式，引导全县人民树立理性投资观念，提高金融风险防范意识，远离非法集资，打造诚信蒸阳。

【扫黄禁赌】　加大黄赌问题整治力度，有效净化社会风气。年初，全县掀起"扫黄禁赌"行动风暴，对涉黄涉赌场所一律停业整顿，并加大"黄赌"案件的查处惩治力度。1月22日上午，县公安局治安大队联合巡特警大队在西渡镇清木村一居民楼内捣毁一聚众赌博窝点，收缴赌资2000元，抓获涉赌违法犯罪嫌疑人13人，行政拘留13人。县公安局还组织治安大队、井头、关市派出所民警在县城西渡铂利金大酒店502房间和湘意宾馆211房间，查获2起卖淫嫖娼案件。全县共查处涉赌行政案件18起，行政处罚50人，行政拘留65人；查处涉黄行政案件5起，单处罚款50人，行政拘留65人。立涉赌刑事案件3起，刑事拘留15人，逮捕10人，移送起诉30人。查破涉黄刑事案件1起，刑拘2人，逮捕1人。上半年，全省民调衡阳县卖淫嫖娼现象和聚众赌博问题群众评价均排名全省前列，取得较好成绩。

为维护全县社会治安秩序，迎接党的十九大召开，衡阳县公安局从9月21日起至11月20日在全县深入开展为期2个月的扫黄禁赌专项整治行动。

【治安行政管理】 *维护社会治安稳定* 一是强化了各类矛盾纠纷的排查化解。全年治安部门共排查和化解各类矛盾纠纷2000起，查处行政案件617起，行政处罚346人。通过对收集的治安涉稳信息的分析研判，成功预防群体性事件6起。二是加强重点要害部位的保卫。根据反恐工作形势和十九大安保工作要求，治安部门组织民警每月对全县的党政机关、水、电、油、气等重点单位进行安全检查，发现隐患及时整改。三是扎实抓好重点人员管控。全县治安部门建立对重点人员动态管控的工作机制，在全国“两会”“六四”敏感期及十九大安保期间等重点时期，加强对非正常上访重点人员的排查管控，做到预测在先，防范在先，管控到位，没有发生影响恶劣的非法进京上访案事件。四是圆满完成各类大型活动安保工作。高度重视安全保卫工作，制订保卫工作方案，先后完成全县经济工作会议、库宗油菜花节主题文化活动、黄关春书记来衡调研等安保工作。五是稳妥处置各类突发群体性事件。全县治安部门、派出所充分发挥维稳处突的主力军作用，在党委政府领导下，在职能部门的协作配合下，共出动警力2000人次，积极稳妥处置各类突发群体性事件30起，有力维护了社会治安稳定。

强化社会治安管理 一是加强旅馆业治安管理。全县治安部门将旅馆业管理作为行业管理的重中之重，加强监管力度，坚持暗访检查和网上巡查常态化，对违反“四实”登记规定的旅馆业一律按照《湖南省旅馆业治安管理办法》和《治安管理处罚法》的规定，依法处理。加强旅馆业从业人员的法律、业务培训，全县培训从业人员400人，增强从业人员的法律意识和旅业系统的前台操作水平。一年来，全县通过旅业系统抓捕在逃犯罪嫌疑人7人，发挥旅业管理在治安防控体系中的重要作用。二是加强银行业金融单位治安管理。全面部署开展银行金融机构安全大检查，尤其针对邮政、信用联社的偏远营业场所开展检查，重点对去年安全评估工作中发现的问题进行整改，确保达到安全防范标准。

开展专项整治行动 一是加大枪爆问题整治力度，夯实安全生产基础。全年，县公安局查破涉爆涉枪案件17起，抓获涉爆涉枪违法犯罪嫌疑人员23人，刑拘4人，逮捕2人，取保7人，移送起诉15人，单处罚款8人，行政拘留4人，收缴各类枪支73支、各类子弹500发，管制器具33把，各类炸药36公斤。二是惩治食品药品犯罪，保障饮食用药安全。重点围绕全县食品药品、环境污染等领域存在的制假售假违法问题，开展持续不断的惩治整治活动，对涉及食品药品领域的违法犯罪案件，由县公安局从各单位抽调精干力量成立专案组侦办。全年，开展食品药品联合执法检查15次，深入开展食品药品环境犯罪断链行动，侦破食品药品环境类刑事案件15起，其中公安部督办案件1起，刑事拘留22人，逮捕8人，取保候审28人，移送起诉27人；查处环境类行政案件10起，行政拘留13人。三是加大企业周边环境整治力度，为经济建设保驾护航。制订《衡阳县整治重点项目和企业园区周边治安环境工作方案》，按照“领导包点、单位联点、属地负责”原则，建立对口联系制度。对投资总额十亿元以上、建设周期在三年以上且周边治安问题突出的重点项目，抽调民警和辅警，成立警务室，维护日常治安秩序。全年，全县及时化解各类矛盾纠纷20起；及时处置各类阻工事件13起；破获涉及重点项目建设的刑事案件14起，刑事拘留29人，已移送起诉22人；查处涉企行政案件13起，行政拘留15人，确保全县重点项目建设的顺利进行。四是加强医疗机构周边治安秩序整治，推进平安医院建设。推进医院治安综合治理和“平安医院”建设。全县共出动警力430人次，特别是十九大安保期间，全县治安部门对所有医疗机构开展安全检查122家次，整改隐患95起，增配医院保安13人，协助化解矛盾纠纷13起。五是加强学校周边治安秩序整治，保障师生安全。进一步加大校园周边巡逻守护力

度,加强涉校矛盾纠纷的排查化解,加强周边交通秩序整治,确保学校周边秩序良好。加强校园安全检查,出动警力800人次,车辆120台次,排查中小学校565所次,发现并整改安全隐患424起,整治治安乱点7处。

【交通安全与交通事故处理】 全县共发生交通事故2029(其中一般事故161起,简易事故1868起)起、死亡76人、受伤178人、财产损失30.91万元。行政拘留249人,刑事拘留79人,查处涉牌涉证3239起,超速63594起,现场纠正违规36547起,查处酒驾555起(其中醉驾35起),查处毒驾109起,查处超员442起,超载295起。

加强交通安全宣传　一是深入开展"五进"活动。交警大队民警定期深入乡镇农村、各客运企业、中小学校、社区居委会,开展形势多样的宣传活动。同时针对全县道路事故的特点,加强对客运驾驶人、公路沿线村民、中小学生等重点群体的宣传教育,通过"交通安全村""交通安全学校"的创建活动,让广大交通参与者不断提高交通安全意识,增强交通安全知识,树立交通安全法制观念,形成人人自觉遵守交通安全法规的良好风尚。二是加强对全县重点区域的宣传力度。一年来,县公安局交警大队专门制作一些因酒驾、疲驾、超速超载、骑摩托车不戴头盔、农用车非法载人等交通违法行为引发交通事故的红色宣传单送到公路沿线的各加油站,要求加油站工作人员将宣传单散发给过往的机动车驾驶员,借以提醒驾驶员朋友生命的宝贵。三是抓好服务窗口宣传工作。县公安局交警大队充分利用自有阵地,在车管所办证大厅、违法处理室、事故大厅里持续播放关于预防重特大交通事故的宣传教育片、警示专题片,营造浓厚的宣传氛围;在服务窗口张贴"珍爱生命,平安出行"等标语,并由服务人员向所来人散发道路交通安全宣传册;强制要求来办理业务的驾驶人先到交警大队宣传教育室进行交通安全教育学习,并进行考试,考试合格后方能办理相关业务;在违法处理窗口,交通民警在驾驶员前来处理违章时,通过开展面对面、一对一的谈话和交流、提醒,向驾驶员进行交通安全教育。

精心组织党的十九大交通安保工作　一是着力打响交通宣传攻势战。交警大队在县城的东大门、演陂六塘等国、省道主要路段建立交通安全宣传电子广告屏、广告牌,整合"三联"(联防、联管、联治)工作和三类协管员(交通、城管、治安协管员)300人,强化安全宣传社会化保障体系,有效运用电视、广告牌、宣传资料、手机短信、QQ、微信等宣传媒介宣传交通安全新闻事件,并在城区增设宣传专栏27个,上门送发宣传资料3万份,发送交通安全宣传手机短信5万条,营造浓厚的宣传氛围。二是着力打响路面防控战。交警大队在县城区主要街道、学校门口设置10个固定值勤点,每周一至周五开展道路交通高峰值勤。在农村地区,由各交警中队在逢墟、重大活动等交通重要时段,定时定点值勤,对涉牌涉证、"三无"摩托车载客、酒后驾驶、"三超一疲劳"、农用车载客等违法行为开展专项整治,查处交通纠纷交通违法2万起,教育处罚1万人次。三是着力打响隐患歼灭战。交警大队联合公路、交通、安监等部门,排查危险路段29处,事故黑点16处,清理各类路障15处;对存在安全隐患的2家运输企业与1家危化品运输企业下达隐患整改通知书。

增设交通安全设施　本着"高起点、高标准"的原则,积极部署开展全县交通安全配套设施的采购和安装工作。10月,交警大队投资60万元,对县工业园区的所有道路交通设施进行规范、完善,共施划交通标线136万平方米,对滨江路、蒸阳大道等路段新增抓拍违章停车球机20个。

【公安规范执法】 深化刑事案件"三统一"工作机制　全面实行统一入口、统一审核、统一出口刑事案件三统一工作机制。全县公安机关共接报警8119起,其中转刑事案件1223起,转行政案件2097起,转其他处理4799起。采取刑事强制措施582人(其中刑拘456人、直保116人、直监10人),报捕314人,批准逮捕233人,批捕率74.2%,移送起诉534人,移诉率91.8%,移诉率在全市名列前茅。

加强规范执法监管中心建设　大力推进公安机关规范执法监管中心建设,以省厅五大执法办案系统为基础,从受立案开始到案件办结,实行全程监督。执法监管中心组建执法办案、执法管理、执法监督、执法保障4个功能区,按照中心运行机制和工作模式开展工作,实体运行。4个功能区按照各自职能职责,与执法监管中心合署办公。局属相关警种、部门涉及执法监督、管理、服务的相关职能一并科学整合至4个功能区。执法监管中心拟通过网上平台,进行工作任务的推送、交接、反馈。遇有特殊情形时,相关警种、部门派员进驻中心,联勤值守。

狠抓执法监督和质量考评　县公安局法制大队注重日常考评与随机考评相结合的方法,全年审核刑事案件1291起,立案1258起,不予立案33起,破案548起。行政案件受案2060起,结案1096起。

8月,省公安厅开展2017年全省公安机关第一次执法质量网上考评,从全县公安机关所办案件中随机抽取案件20起,经复议后,衡阳县公安局不合格案件3起,合格率达到85%,高于全省平均值(75.1%)十个百分点。

加强执法办案场所规范化管理　县公安局执法场所系统登记抓获嫌疑人2085人,未在执法场所登记9人,关联率99.6%。9月底,对3个执法办案区进行专项突击检查,对发现的15起隐患予以责令整改。对执法办案场所值班辅警进行考核管理,发现辅警违规18人次,均责令整改并扣分。严格审核同步录音录像。光碟由专人制作,专人巡查。全局制作同步录音录像光碟728份,符合标准的696份,合格率95.6%。

【户籍管理】　截至12月31日,全县有户籍人口1244203人,总户数373695户。2017年度出生人口13208人,死亡人口19367人。

狠抓"一标三实"管理　截至10月31日,全局采集"一标三实"信息127889条,其中实有房屋16038条,实有单位2256条,实有人口82090条,走访维护数据27505条。

深化户籍制度改革　一是着力推行居住证制度。只要满足连续居住、连续就业、连续就学满6个月的都办理居住证。二是推行居民身份证三项制度。一年来,县公安局已办理外省异地身份证49人次,挂失2456人次,招领28人次。三是推进农村人口市民化,全年新增城镇人口12万余人,城镇人口由去年的11.36%增加到21%。四是加强无户人员的清理工作。完成无户人员清理7630人,占全市无户人员清理总数的1/3。

提高群众满意度　全县办理二代居民身份证85476个,比上年同期新增8009个,增长率为10.3%。办理各类出入境证件34067个。一是落实便民利民服务。全年为行动不便人群移动办证3人次,为高考学生加急办证8人次,身份证异地服务处办理省内外异地身份证200人证,同时受理了出国境异地证件。二是有效缩短出国境证件办理时效。根据省厅利民便民措施要求,出国境证件的初次受理和证件换发由原来的10个工作日缩短为7个工作日,出国境证件签注由原来的7个工作日缩短为5个工作日。三是规范两库报备工作。在做好窗口办证工作的同时,加强出入境"两库"报备登记工作,严格出境审核关,做到松驰有度,实现对出境人群的有效管控。

【保障监所安全】　县看守所管理以建设十项重点工作为目标,坚持建好班子,管好队伍,严格履责,不断创新,被评为市安全监管先进单位,并申报集体二等功。

做好十九大监所维稳安保工作　按照十九大安保维稳工作要求,县看守所开展监所安全大排查大整治活动,进一步深入查找存在的突出问题和薄弱环节。联合开展防脱逃、暴狱应急演练,并制订详细的演练方案和后勤保障方案,通过演练加强多警种的配合协作和应急处突能力。

深化监所勤务改革　建立综合收押、巡视监控、管理教育3个岗位,每个岗位明确职责,把警力向巡视和管教岗位倾斜。建立和完善收押入所、监室调整、深挖犯罪、耳目物建、教育谈话、风险评估、值班值日、提审提押、出所就医、接待送物、家属会见等多项管理制度,出台33项符合实际、操作可行、奖惩得当的民警绩效考核细则,严格奖惩。为强化民警队伍建设,选树优秀典范,推出每月"收押之星""巡控之星""管教之星"评选

活动，将管教岗的末位淘汰和岗位轮换纳入常态。

规范监所安全管理　县看守所与县武警中队制作了查勤、验证、通行一系列规范操作流程。结合老所的特点，增设机械上锁、人脸识别、指纹打卡、磁卡刷卡多套门禁管理系统，使安全监管环环紧扣，步步为营；定期联合县武警中队、驻所检察官、驻所医生，开展在押人员逃脱、集体暴狱、自伤自残、医疗救治联合演习，增强武警、民警、检察官、医务人员集体处突能力。

开展惩治牢头狱霸专项行动。以"文明监室"评比为载体，加强在押人员的管理，减少监室违规行为。民警对在押人员实行面对面管理，值日员由管教民警与所领导共同确定，实行相对固定与流动值日相结合，防止在押人员坐大成势；每天开展巡监活动，及时发现问题、纠正问题、解决问题，对反映欺辱他人、侵占他人利益的在押人员，重点打击，从严管理。

县拘留所严格按照《拘留所条例》和《拘留所条例实施办法》，规范各种执法行为，严格依法办事，共收拘900人，未出现执法过错行为。是年，顺利通过全国一级拘留所的验收，连续九年被评为"全国一级拘留所"，并荣立"集体三等功"一次。

【"三所合一"建设】　"三所合一"建设，是落实公安部、省、市、对政法基础设施建设的重要部署。县公安局秉着整合资源、布局合理、功能齐全、节约实用的原则，在原址建设"三所合一"项目，分成看守所、拘留所、戒毒所、执法办案中心、涉案财务管理中心、武警中队6个区域，计划建设投入近一个亿，建筑面积2.2万平方米，建成后，看守所关押量将达400人、拘留所收拘量达120人、强制戒毒所规模达300人，集收押、收拘、强戒、执法办案、涉案财物管理、体检、就医于一体，全面实现公安部对监所要求的勤务模式科学化、执法行为规范化、管理方式精细化、监管手段信息化、设施保障标准化的要求。

【城市电子防控系统建设】　为适应城市管理新需求，满足人民群众新期待，县政府投资1300万元，在原建设基础上，新建设监控点200个，推进天网工程平台及雪亮工程平台建设和升级。

成立专班，加强领导　县政府成立项目视频监控建设领导小组，明确由县人民政府县长孙鹏伟任组长，县政府副县长、县公安局局长罗小伟任副组长专抓视频监控建设工作。

积极协调，科学规划、确保进度　在工程实施中，广泛征求各机关单位、派出所意见，定位全县重点场所、部位、人流密集场所、治安卡口、交通监控点位置，并与县网络有线公司的技术人员就视频监控建设中的监控点位置。在工程建设中，住建、市政、环保、电力等部门对工程施工给予全力支持配合；各乡镇切实做好群众工作，及时解决矛盾纠纷，为施工营造良好的环境。

整章建制，发挥实效　为充分发挥"天网"工程在防范、控制、惩治违法犯罪中的作用，县公安局在一边开展视频监控建设、一边应用的基础上，建立完善指挥调度、警情研判、警情处置等工作机制，建立健全监控人员的职责、监控工作流程、图像资料调取及安全管理、检查考核奖惩等各项管理制度，有效发挥"天网"系统事前防范、事中处置、事后取证的作用。县局还建设视频查询服务器，大大提高分析视频破案的效率。

【社区警务建设】　深化农村警务模式改革　构建集巡特警中队、交警中队、刑侦中队于一所的新型农村警务机构，一所多警，一警多能，改善农村警力不足，提高警务实战能力，维护社会稳定。湖南省委常委、政法委书记黄关春到曲兰派出所考察时，充分肯定该所在农村警务模式的创新成果，并将曲兰派出所的"三队一所"建设模式作为试点在全省推广。

依托社区，强化管理，夯实各项基础工作　选择条件相对成熟的1至2个社区，通过人、财、物的投入，打造成管理规范、治安良好的示范性社区，然后进行推广。通过对现有居民小区物业公司的指导，促进居民小区有效有序管理。继续推进网格警务管理，科学合理划分网格，发展聘用治安积极分子为楼栋长和网格管理员。

突出重点，加强高新园区管控工作　紧贴高

新技术产业园区的发展实际,创造性地开展园区企业管理服务、项目建设环境优化、重点问题专项整治等工作,全力优化园区项目建设环境和治安环境,确保园区和谐稳定。积极主动做好矛盾纠纷排查化解工作,配合西渡镇调处核心片区项目建设各类矛盾纠纷163起,成功化解台资企业兴昂鞋厂撤资搬厂职工劳资纠纷,衡利丰陶瓷减产、减员劳务纠纷,唯品会项目征拆系列纠纷,成功处置安邦农资收粮与周边居民的环保争议,确保园区大局稳定。对于强揽工程、强迫交易、寻衅滋事类的阻工闹事,做到露头就打、依法严惩。

加强社会治安联防　以社区民警为主,社区综治人员、居民小组配合,对社区主要路段、重点部位、易发案区域进行全天候、多层次的巡逻防控,有效预防和控制"两抢"、盗窃和寻衅滋事等案件的发生。

【央视聚焦刑侦大队"两学一做"】　县公安局刑侦大队有民警27人,其中党员21人,入党积极分子3人,是一支富有战斗力的警队。"两学一做"学习教育开展以来,大队紧紧抓住"学是基础、做是关键"这条主线,通过多种形式的针对性学习,形成健全的学习机制,并立足公安职业特性,严格按照尖兵标准,努力打造一支敢打硬仗、能打胜仗的刑侦队伍,为维护全县稳定、严厉惩治刑事犯罪、保障人民安居乐业作出重要贡献,有力发挥刑侦的尖刀作用。是年,中央电视台在新闻联播报道县刑侦大队"两学一做"的典型事迹,大队党支部荣获全国"两学一做"优秀基础党组织。

【公安队伍建设】　严格按照省厅党委关于全省公安队伍建设"十项重点任务"和市局"警心工程十件实事"的文件精神,统筹抓好工作落实,

抓政治建警　始终将民警思想政治教育摆在队伍建设首要位置,筑牢民警宗旨意识,生动展现"人民公安为人民"的良好风貌。强化政治理论学习。组织学习中共十八届六中全会文件,积极开展"迎接十九大,忠诚保平安"主题教育实践活动。把"两学一做"纳入常态化教育。专题学习习近平总书记在会见全国公安系统英雄模范立功集体表彰大会时的重要讲话精神,深入贯彻落实"对党忠诚、服务人民、执法公正、纪律严明"建警治警总方略。强化战时思想制度。党的十九大安保工作开展以来,县局紧紧围绕落实思想政治工作服从、服务于十九大安保要求,进一步深化、细化队伍教育管理措施和方法,将战时思想政治工作贯穿于十九大安保工作的全过程。凝聚警心,激励斗志,为实现安保目标提供坚强有力的思想政治和组织保障。

抓党建工作　全面加强全县公安机关基层党支部的思想建设、组织建设和作风建设,以党建带动公安队伍建设,大力夯实基层党建基础。出台《关于进一步加强党建工作的意见》,开创党建工作新局面。为纪念中国共产党成立96周年,总结、推进全县公安机关的党建工作,召开"七一"表彰会,全局6名成绩突出党务工作者、12名共产党员受到通报表扬,3名新党员面对党旗进行宣誓,全体党员重温入党誓词。

抓公安宣传　组建高规格的新闻舆情中心,充分发挥团队优势,随警作战,采写大量的稿件,得到省委常委、省委政法委书记、原省公安厅厅长黄关春,衡阳市副市长、市公安局局长胡志文等领导的高度肯定,公安部还对县公安局新闻舆情中心所取得的经验进行专题报道。

率先开通微信、微博、网易号"两微四端"平台,第一时间发布警务动态,回应社会关切,讲好警察故事,创新具有衡阳县特色的"互联网+警务"模式,开播"衡阳县警视"专题栏目。1至2月,衡阳县公安局三次登陆央视荧屏,全面展示衡阳县公安形象,收到良好的社会效果。在中央、省、市主流媒体上稿不断,全年在中央级媒体发稿51篇,省级媒体发稿47篇,市级媒体发稿89篇,新媒体发稿300篇。完善网上网下联动机制和快速反应处置机制,提升网络舆情应对处置能力。

抓素质强警　紧贴实战抓培训。组织开展现场勘查、应急处突、情报研判等培训班21期,培训民警300人次。突出办好巡特警大队和刑事技术室两个随岗训练点,全年,举办随岗训练11期,培训民警300人次。紧贴实战抓创新。采取案例讲评、现场教学、观摩庭审等形式创新训练方式。落

实“民警训练日”制度，保证每月4个半天训练时间。每月开展案例讲评，评选破案标兵。新招录民警集中到刑侦、禁毒等实战部门跟班实践一年，期满后到派出所工作。落实轮训轮值。安排各警种培训36期，27名民警参加省厅市局组织的培训。62名民警进行专业警种轮训，组织39名晋衔民警参加市警官培训中心的警衔晋升培训。加强协辅警队伍管理。严格按照省厅、市局协辅警管理系统完善协辅警信息采集和录入工作，出台协辅警管理制度，严格按照制度进行考核，根据考核情况发放绩效工资，激发协辅警工作热情。

抓从优待警　认真贯彻《党政领导干部选拔任用工作条例》，坚持德才兼备原则，3名所队领导提拔为副局长，24名新提拔的同志走上领导岗位，33名同志通过岗位交流到新的部门任职。做实从优待警文章。出台《从优待警十件实事》，落实立功授奖、入警宣誓等6项警察职业仪式制度。完善民警子女考取高校奖励、家庭重大事项慰问等制度。是年，资助困难民警25人次，发放慰问金30.2万元。着力打造特色警营文化。继续推行警营健步走活动，促进民警积极参与体育锻炼。积极开展形式多样的文体竞赛活动，组建合唱团，排演《长城谣之保卫黄河》参加全市“警心灿烂耀雁城”歌咏比赛并荣获优秀奖。8月，参加衡阳县“欢乐潇湘·幸福蒸阳”大众群众文艺会演，排演的大合唱《保卫黄河》气势宏伟，展现衡阳县公安的良好形象，荣获银奖。　（陈树生　欧阳汉初）

公安消防

【概况】　县公安消防大队（应急救援大队），主要负责辖区内机关、团体、企事业单位的防火监督、建筑工程消防审核验收、开业前消防安全检查、消防安全教育培训、火灾事故调查、消防产品监督管理和技术指导以及对所属中队的管理等业务；县消防中队主要担负着辖区内的灭火、抢险救援、社会救助等任务。是年，衡阳县大队在总队、支队党委、县委和县政府的正确领导下，坚持以中共十九大和习近平总书记系列重要讲话精神为指引，以实现“两个稳定”为目标，以落实责任为基础，以面向实战为导向，夯实消防工作基础，不断提升公共消防安全水平，实现了全县消防安全形势的总体稳定。截至12月31日，大队接警出动211次，出动消防车辆380辆，出动警力2493人次，抢救被困人员79人，疏散被困人员1215人，抢救财产价值1169.9万元。全年检查单位2614家（次），发现并整改火灾隐患5642处，督促整改5608处，罚款67.1万元，责令“三停”单位24家，查封单位68家，拘留6人。

【基础设施和装备建设】　现有官兵和政府专职消防队员40名，执勤消防车6台。分别为奔驰压缩空气泡沫消防车，东风153水罐消防车，斯太尔王水罐消防车，五十铃水罐泡沫消防车，多功能云梯消防车，抢险救援车。

现有基本防护装备975件，特种防护装备297套，其中有消防员隔热防护服、避火防护服、化学防护服、防蜂服、电绝缘装具；有毒气体探测仪、可燃气体检测仪、红外热像仪、液压破拆工具组、机动链锯、无齿锯、机动消防泵、移动式消防炮等。

衡阳县公安消防大队现有完整的装备管理制度，严格落实出入库器材程序，配有完美的装备管理系统，全方位为大队装备管理做好服务。

【政府专职消防队伍建设】　大队坚持“因地制宜，合理规划，分步实施”原则，强化工作措施，推进政府专职消防队伍建设。政府专职消防队作为现役消防部队一支重要补充力量，大队从严要求，从严管理，强化专业理论知识，着眼于灭火救援需要和灾害事故处置，不断加强理论知识与实践经验有机结合，组织大家认真学习和遵守各项规章制度，狠抓自身点滴养成。

大队根据支队制定下发《衡阳市公安消防支队政府专职消防队员管理规定》，规范政府专职消防队员的日常管理，并定期对政府专职消防队员进行全面考核。专职队员实行“三班两运转”“二战一备”的专职消防员执勤模式、严格落实“4+2+1”体能训练法，并突出着装、水带铺设、阵地转移、登高、救人等重点技能训练，全面提升政府专职消防队员的队列训练、体能训练和业务技能水平。在政府专职消防员职业鉴定考核中合格率达到百分之百，同时在支队组织的专职队体技能考核中，成绩名列前茅。

【排查重大火灾隐患】 推动消防安全责任落实，狠抓重大火灾隐患单位排查整治。大队积极与各政府部门、行业主管部门进行协调，加大联合执法的力度。先后开展电气火灾综合治理、公众聚集场所消防安全专项整治、夏季消防安全检查、社区消防安全专项整治、大型室内市场消防安全专项整治、易燃易爆单位消防安全治理、高层建筑消防安全综合治理、电线电缆产品消防安全专项整治、重大火灾隐患集中整治9个专项行动，形成严厉惩治、查处消防违法行为的高压态势，消除了大批火灾隐患。

【服务社会经济发展】 大队着力在行政审批等环节，完善服务机制，落实消防办事程序，强化服务意识、提高服务效率，减少审批环节，避免办事人员办理消防手续走重复路。充分发挥群众和社会各方面的监督作用，接受社会监督，实行办事全程“阳光操作”。扎实开展消防宣传“七进”工作。先后深入辖区企业、学校、社区、农村、网站举办讲座19次，向社区、农村发放《居民火灾知识宣传单》16万份。扎实开展消防安全宣传主题活动。借助安全生产月、防灾减灾日、“119”宣传月等时段组织消防志愿者开展大型消防宣传活动5场次，参与人员3000余人，发放各类宣传资料近4万份。充分利用社会资源，提高宣传覆盖面，开创了社会化消防宣传工作的新局面。举办各类消防知识培训。开展了单位消防安全责任人、管理人、专兼职消防安全管理人员、微型消防站和消防控制室值班操作人员等消防安全从业人员的培训。大队邀请具有高度社会责任感和广泛影响力的20名公众人物参与“全民消防我代言”海报拍摄，大力营造全民参与消防的氛围。开展“消防教育进军训”“全民消防我代言”“创建消防安全平安社区”“社区消防宣传大使”活动，通过“开学第一课”、参观科普教育基地；开展消防站对外开放50余次，举行“我是小小消防员”绘画、征文比赛，达到“教育一个学生、带动一个家庭、影响整个社会”的效果；组织宣传大使、消防代言人深入商场、宾馆、学校、市场等公众聚集场所进行宣传，发放宣传资料，并在全县主干道、消防重点单位悬挂标语200条，张贴消防宣传海报3000余张，讲解消防常识，使消防宣传做到无盲点、多层次、多角度、全覆盖。

【军事训练与管理】 大队实施政治建警战略。深入学习贯彻中共十九大精神，扎实开展“坚定信念，筑牢警魂”主题教育活动，组织开展纪律作风大检查，执法领域违法违纪等问题整治活动，动真碰硬，有效解决“四风”上的一些突出问题。同时，大队坚持“依法治警、从严治警”方针，牢固树立安全发展理念，开展“七无一创”活动，构建安全责任体系，规范安全管理秩序，加强文化体系建设，加大督导曝光力度，全力确保部队高度安全稳定。此外，在支队组织的各项活动中，大队取得优异的成绩，并涌现出一批先进个人。全年大队1人荣立三等功，5人次被支队嘉奖。大队参谋谷浩源在党的十九大消防安全保卫工作中表现突出，荣获支队三等功一次。大队在全市消防部队队列会操比赛中获得三等奖、支队比武两车三枪操获第二名。在全市消防部队执勤岗位练兵比武竞赛中，衡阳县中队下士刘元丰获得战士组3000米第一名。大队立足本身，结合实战化练兵工作要求，合理地制定练兵工作计划，强化措施，细化责任，扎实开展体能和业务技能训练。同时，中队深入消防安全重点单位开展经常性的消防演练70次，加强对辖区情况的熟悉，修订和完善灭火救援预案60份，定期对城区市政消火栓进行摸底排查，确保部队随时拉得出、冲得上、打得赢。大队贯彻“练为战”的训练理念，要求全体官兵在训练中精神振作、姿态饱满、情绪高昂，深化打造现代化消防铁军，先后开展“冬季大练兵”“百日大练兵”和普通中队达标创建等一系列练兵活动，部队实战能力有效增强。出色完成“一带一路”国际高峰论坛、十九大安全保卫等重大安保任务，赢得了各级党委政府和人民群众的广泛赞誉。（杨　瑶）

检　察

县人民检察院认真落实中共十九大精神，紧紧围绕县委工作大局，忠实履行法律监督职能，各项工作取得新成效。全院被湖南省检察院推介参加高检院“全国检察文化建设示范院”评选、检察服务大厅建设被省检察院评为“示范院”，驻县看守所检察室被评为“全国一级规范化检察室”，全院被县委、县政府评为“全县社会治安综合治理先进单位”“党风廉政建设优秀单位”。

【惩治刑事犯罪】 坚持严打方针不动摇，依法履行批捕、起诉职责，重点惩治故意杀人、故意伤害、贩毒等严重暴力刑事犯罪以及“两抢一盗”等多发性犯罪和危害人民群众生命健康的食品药品领域里的犯罪，对重特大案件坚持提前介入、快捕快诉，坚决遏制各类刑事犯罪势头。年内，批准逮捕197件、263人，向人民法院提起公诉314件、454人。将宽严相济刑事司法政策贯穿于执法办案全过程，依法对情节轻微、主观恶性不大的轻微刑事案件做出不批准逮捕55人、不起诉57人。推进刑事和解、检调对接机制建设，对民事申诉案件和轻微刑事案件，积极促成当事人达成和解，加强释法说理工作，促进案结事了人和。对涉嫌犯罪的未成年人，坚持教育为主、惩罚为辅的原则，采取适合其身心特点的办案方式，建立专人办理、分案起诉和亲情会见等制度。积极参与社会治安综合治理，拓展联系和服务群众的平台。针对辖区治安的具体情况，主动配合公安机关开展惩治“两抢一盗”“缉枪缉爆”“打黑除恶”等一系列专项整治行动，形成强大的打击犯罪合力。通过官方网站上信访平台、检察长邮箱等广泛听取群众意见，并以“检察长接待日”活动以及举报宣传周活动作为与群众扩展联系的平台。不断完善控告申诉、涉检信访工作制度，开展定期巡访、联合接访等活动，共受理群众来信来访17件次，刑事申诉案件3件，为2名生活确有困难的刑事案件被害人提供司法救助，有效化解社会矛盾；结合普法活动，采取多种形式认真做好“举报宣传周”、“6·26”禁毒宣传日的宣传工作，均取得良好的法制宣传效果。在拓展服务群众平台方面，整合控告申诉、案件受理、律师接待、业务咨询等部门职能，建设检察服务大厅，检察服务大厅的建设和高效运行，得到广大群众和社会各界的好评，被省院评为全省检察服务大厅建设示范院。

【服务中心工作】 始终把服务中心、服务大局作为履职重点。从快从严惩治聚众斗殴、寻衅滋事、敲诈勒索、强买强卖、强迫交易等破坏项目建设犯罪，优化经济发展环境；严厉惩治制假售假、假冒商标、非法经营等破坏社会主义市场经济秩序犯罪，维护公平竞争的市场环境，批捕此类犯罪13件、19人，起诉27件、75人。在查办涉企职务犯罪案件时进行经济影响评估，尽量将司法办案对企业可能产生的负面影响降至最低，从而更加精准有力地呵护企业、提振发展信心。加强与企业联系，为企业提供法律咨询和法律帮助，联合县司法局在角山米业等3家非公有制企业设立检察联络站、流动维权岗，为企业依法独立自主经营营造宽松法治环境，保障和促进非公经济健康发展。主动强化对生态环境的司法保护，以惩治破坏生态环境的刑事犯罪、加强督促履职为主要发力点，批准逮捕破坏环境资源犯罪2件、2人，起诉7件、19人。设立驻县环保局检察室，进一步加强与环境保护部门的协调配合和监督制约，对县环保局办理的50余件行政处罚案件是否存在以罚代刑进行审查。充分发挥民行检察职能，办理依法督促行政机关履行职责案件10件，对新雁矿业、尚卿矿业等企业因废水直排、固体废弃物堆放不规范造成的环境污染。始终保持对社会保障、食品药品领域的高度关注，依法批准逮捕食品药品领域犯罪2件、2人，起诉6件、11人。切实维护民生民得，对4起拒不支付劳动报酬案进行审查并发出检察建议，建议移送公安机关查处，批准逮捕1人，起诉1人，为83名农民工讨回工薪100余万元。

【惩防职务犯罪】 在检察机关反贪、反渎、预防三部门职能即将转隶国家监察机关的大背景下，按照上级检察机关的“力度不减、节奏不变、尺度不松”的指示精神，认真贯彻县委关于开展反腐败斗争的总体部署，把查办职务犯罪摆在突出位置，加强与执法执纪部门配合，提高发现犯罪、侦破案件能力。立案查处职务犯罪案件12件、14人，为国家挽回直接经济损失1500余万元。坚持“守土有责，守土尽责”，积极查处辖区内职务犯罪案件；如查办的县交通运输与旅游局出纳刘某挪用780万元公款案，取得了立案快、侦查快、追逃快的良好局面。同时，从构建预防职务犯罪社会化大格局出发，积极做好预防职务犯罪各项警示教育工作。一年来，先后对县易地扶贫搬迁工程项目开展预防调查，所发出的检察建议得到上级领导的肯定；积极开展“送法上门”活动，多渠道开展法制宣传，由院党组成员示范带头，组织中层骨干到全县各机关单位、中学，开展预防职务犯罪和预防未成年人违法犯罪警示教育讲座11场次。一年来接受社会各界的预防咨询4次，开展行贿犯罪档案查询386次。对院职务犯罪警示教育基地进行升级改造，接待市、县机关单位及社会各界群众参观“预防职务犯罪警示教育基地”，接受警示教育500余人次。

【强化法律监督】 一是强化刑事诉讼监督。对公安机关应当立案而没有立案的，监督立案1件，不应当立案而立案的，监督撤案18件。纠正侦查机关违法行为25件，追捕漏犯14人，追诉16人。二是强化刑事执行检察监督。受理控告申诉案件33件，纠正法院判处附加财产刑而未执行案件62件，开展羁押必要性审查11件。同时注重强化刑罚监督执行的自身建设和监督，争创的“国家一级驻所检察室规范化建设”目标得到实现。三是强化民事行政诉讼监督。坚持依法监督、居中监督等原则，积极推进执行监督，开展督促履职工作，加大息诉和解工作力度。年内，审查各类民行监督案件30件，破坏环境类督促履职案件10件，向行政机关提出检察建议18份，相关行政机关均已履行职责。

【加强自身建设】 建立“两学一做”学习教育常态化、制度化，以党建促队伍，不断加强和改进检察干警纪律作风建设，强化内部纪检监察部门执纪问责力度，严格落实党风廉政责任制党组主体责任和纪检监督责任，加强队伍日常监督管理，严格执行各项规章制度。建立健全监督管理机制，通过谈话提醒、作风讲评、跟踪监督、回访考察等举措，构建全面从严治检新态势。以提高检察队伍专业化、职业化水平为目标，建立多元化的培训机制，通过开展实战化岗位练兵、知识竞赛、侦查实训、庭审评议、办案能手评选等技能竞赛活动，培养一批业务人才，检察队伍整体素质明显提高。积极推进检务公开，全面落实执法过程、执法依据、执法结果全公开的要求，确保检察权在阳光下运行。按照上级检察机关的统一安排部署，检察司法体制改革中的检察人员分类管理、司法责任的推行、人财物省辖直管等已顺利完成；积极配合、全力支持国家监察体制改革试点工作，目前，反贪、反渎、预防三部门的人员、机构、编制、职能已转隶至县监察委员会，共有21名政法专项编制转隶至监察委，做到人员按时转隶到位、工作无缝衔接到位。

（黄　靓）

法　院

【刑事审判】 坚持宽严相济的刑事政策，全力维护社会和谐稳定。保持严惩暴力犯罪、“两抢一盗”犯罪、涉恶涉毒犯罪的高压态势，切实增强人民群众的安全感。共审结抢劫、放火、贩毒等严重刑事犯罪31件、60人，判处5年以上有期徒刑15人，重刑率25%，有力震慑犯罪分子。如李某某等26名被告人，大多为80后、90后，先后在夏明翰广场、洪山桥、清江路口等公共场所聚众斗殴、寻衅滋事，扰乱公共秩序，社会影响恶劣，均被从严从快判处实刑。妥善审理开设赌场等网络犯罪及组织、领导传销活动等新型疑难复杂案件，加大财产刑处罚力度，彻底摧毁犯罪团伙经济基础。如邱某某等10人及裴某某等8人组织、领导传销活动两案，该院成立专案组，精心审理、规范量刑，依法追缴、没收各被告人的非法所得及赃款赃物共计价值1500万元。

【民(商)事审判】　充分发挥司法化解社会矛盾的功能,努力实现案结、事了、人和。共审结各类民商事案件2261件。如原告宁某某诉被告廖某某等人财产损害赔偿纠纷,案涉当地宁、廖两大家族,群体性事件一触即发。该院积极主动协调镇、村干部共同组织调解,从而有效控制了局面,避免矛盾升级、事态恶化。积极推进家事审判方式和工作机制改革,建立家事纠纷联调机制,率先成立家事审判庭,设立未成年人心理健康室,大力弘扬中华民族传统美德,倡导、维护公序良俗。该做法获市中院工作报告肯定。妥善化解企业转型升级、金融借款、安全生产等民商事纠纷。受理强制清算、企业破产案件5件,依法加强了僵尸企业清理。审结衡州农商银行小额贷款纠纷案件171件,诉讼标的9000余万元。

【行政审判】　充分发挥行政审判职能,监督行政机关依法行政,保护行政管理相对人合法权益,构建和谐的“官、民”关系。受理行政诉讼和审查非诉行政执行案件共104件,审结104件,结案率100%。对涉及社会保障、土地征用、拆迁改造等群体性行政争议,积极依法引导行政机关协调处理。如涉怀邵衡铁路司法强拆案,从正式立案到妥善完成拆迁,三个月时间不到,创造新速度,为重点项目建设营造良好的环境。

【执行工作】　组建八个执行团队,强化执行信息化、规范化和专业化建设,全力推进网络查控、网络拍卖,确保最及时、最大限度兑现当事人胜诉权益。通过网络司法拍卖成交14宗。推动建立执行联动机制,用活执行强制措施,让失信之人寸步难行。共发布失信被执行人名单623人次,张贴布告15000张,司法拘留32人次,通过公安临控31人次。执结常规案件1099件(含旧存),清结执行积案112件,结案标的达3.9亿余元。大力开展衡州农商银行清收催欠工作,收回贷款1.12亿元。

【司法警察工作】　忠于职守不懈怠　该院司法警察大队全年值庭278个案件,提押犯罪嫌疑人或被告人632人次、执行逮捕113人,市中院调警10次(异地开庭和执行死刑),出警1820人次,有力保障邱某某等18名被告人组织领导传销活动案、李某某等26名被告人寻衅滋事、聚众斗殴案等案件庭审活动的正常开展。

安全保卫不放松　健全制度,严格奖惩,落实安全监管责任制,做到安检不漏检一人一物。全年查获收缴管制刀具、限制物品等280件,成功处置突发事件10起,维护了法院的安全稳定和各项工作正常有序开展。

学习训练不停步　固定每月第一个工作日下午进行基本理论学习,夯实司法警察理论基础。每周五下午进行业务技能训练,确保训练内容、时间、人数、效果“四落实”。组织为期两周的封闭式训练学习两次,通过了中院司法警察支队的考核,并获得褒奖。

【法官队伍建设】　全力抓好党建工作,坚定理想信念　抓实抓牢党建工作,时刻把思想政治建设放在首位,扎实开展“两学一做”专题教育,深入学习贯彻中共十九大精神,牢固树立“政治意识、大局意识、核心意识、看齐意识”,切实践行“忠诚、为民、公正、廉洁”的司法核心价值观。持续开展“坚定理想信念”读书活动,院长推荐书目30本,鼓励广大干警多读书、勤读书,全院撰写学习心得120余篇24万字。

着力增强司法能力,提升队伍素质　坚持德才兼备、以德为先的选人用人导向,是年共交流、提拔、调整干部40余人。组织干警参加各类业务培训80余人次,结合审判实践开展理论调研,形成专项理论调研文章20余篇,不断提高处理新型复杂疑难案件的能力与水平。加强履职保障,成立法官考评委员会和法官权益保障委员会。落实领导干部干预、过问案件全程留痕制,为法官依法公正行使审判权撑腰打气。鼓励争优创先,涌现出一批先进集体和先进个人。未成年人综合审判庭获评全省法院系统先进集体,庭长彭国超获评“全国维护妇女儿童权益先进个人”。

大力实施文化兴院，凝聚干事能量　践行“文化兴院”理念，用文化弘扬正气、凝聚人心、塑造形象。积极开展精准扶贫等活动，先后投入50余万元、派出干警80余人次开展“青年志愿者”、慰问困难户、驻村帮扶等活动。　（陈建华　王　娟）

司法行政

【社区矫正和安置帮教工作】　一是高规格打造县社区矫正中心。该中心于2016年年底正式启用，总面积740平方米，配备工作人员10名，驻中心检察官1名，执法民警1名，同时，依托司法所在全县设立25个社区矫正工作站。制定、出台县社区矫正中心各项工作制度、工作流程，确保社区矫正中心规范运行。二是创新社会管理，推进政府购买社区矫正社会服务。衡阳县作为全省创新社会管理试点县，积极推行政府购买社区矫正社会服务，得到县委县政府的高度重视，全年安排150万元专项经费用于政府购买社区矫正社会服务工作。通过公开招投标的形式，衡阳市甘霖社会工作服务中心中标衡阳县政府购买社区矫正社会服务项目。通过推行政府购买社区矫正社会服务工作，引入专业的社会力量参与社区矫正，有力地缓解社区矫正工作人员的压力，提升矫正效果。2017年4月，全省政府购买社区矫正社会服务工作现场会在县召开，其工作经验得到与会领导的高度肯定。6月，省委常委、省政法委书记、省公安厅长黄关春在调研县司法行政工作的时候，赞扬衡阳县的司法行政工作所取得的成绩，特别是社区矫正工作为全省一流。《湖南日报》市州版头条先后两次对衡阳县社区矫正工作进行专题报道。三是安置帮教工作有序开展。实现对刑释解教人员“不脱帮、不漏帮”的工作目标。

【人民调解工作】　全县并村完成后，按照“八有”“六统一”的要求，及时对所有调委会进行调整和完善，实现网络全覆盖，并分级分片对调解员进行业务技能培训，从而规范人民调解工作，提高人民调解工作的效率和公信度。按照“谁主管、谁设立、谁保障”的原则，设立4个行业性调解组织。全年指导全县各级调委会排查调处矛盾纠纷3500件，调处成功率保持在98%左右，没有发生一起因不及时调解而造成越级上访或群体性事件。

【法律援助工作】　一是高标准搭建公共法律服务实体平台。县公共法律服务中心于2016年12月建成并投入使用，依托县法律援助中心开展工作。该中心整合法律援助、公证、普法宣传、律师服务、法律咨询等部门力量，服务社会，反响良好。在乡镇，依托司法所建立25个公共法律服务站，编织一张覆盖全县的公共法律服务网络。二是全方位构建公共法律服务网络平台。以“如法网”为核心的公共法律服务网络平台于2016年年底全面上线，整合全省最优质的法律服务资源和司法行政管理资源，能够最大限度地为公众提供相应的法律服务，具体由县法律援助中心承担其日常运行，同时，在全县491个村（居委会、社区）也建立如法网“法润三湘”法律志愿者服务点，有效拓展法律服务渠道。

【法律服务工作】　一是优化法律服务环境。不断加强政府部门法律顾问制度建设，积极为党和政府中心工作提供法律咨询、意见、建议和论证。加强对律师事务所和律师的管理，提高律师办案质量和社会公信度。加强对司法鉴定执业活动的监管，提高司法鉴定质量和服务能力。不断加强法律服务工作者教育管理，加强职业道德建设，培养职业良知。二是公证工作。全县公证体制改革工作于2017年9月全部完成。改制后的公证机构成为自主开展公证业务，独立承担民事责任，依法纳税，实行绩效工资的事业法人。在新体制下运行的公证处，人心稳定，各项公证业务照常开展。

【司法队伍建设】　一是提升干部队伍思想业务素质。扎实开展党的群众路线教育活动、“两学一做”学习教育活动，开展学习党的十九大精神系列活动，开展各种理论学习和业务学习。二是推进机关党的建设。强化组织建设，新建退休老干支部。创建“强基础促规范，提服务创一流”党建品牌,开展机关文化建设,提升党组织的凝聚力。三是强化司法行政保障工作。加大司法行政工作扶持保障争项跑资力度,建成以社区矫正中心和公共法律服务中心为主体的司法业务用房,并于1月投入使用。做好公务员招录工作,为司法行政队伍输送新鲜血液。25个乡镇司法所全部升格为副科级。

军　事

县人民武装部

【党管武装】 是年，县人武部被衡阳警备区评为全面建设先进单位、安全管理先进单位、军事训练先进单位。县乡两级党委始终大力弘扬党管武装优良传统，严格落实党管武装各项制度，注重加强民兵预备役重大活动的领导和探索解决各类矛盾问题，认真履行管武装、建武装、用武装根本职能，兴武强县氛围越来越浓。特别是在党委第一书记曾秀的带领下，一班人坚持统筹发展，抓经济不忘武装，谋发展不忘国防，为两级人武部办实事解难题，国防意识进一步得到增强，支持国防和军队改革力度不断加大。是年人武部工作经费提高到280万元、国动委办公经费每年24万元、村级民兵营工作经费每年2000元，有力地保障了武装工作需要。同时，县委、政府主要领导多次到人武部进行现场办公，专题研究整组、征兵和役前训练等工作，有效推动了各项工作落实。

【班子建设】 县人武部党委坚持把思想政治建设摆在首位，紧紧围绕坚决维护核心、坚定看齐追随根本要求，扎实开展维护核心主题教育和推进"两学一做"学习教育常态化、制度化，组织干部职工深入学习习近平主席关于国防和军队建设系列重要论述，深刻领会改革强军战略思想，着力打牢听党指挥、能打胜仗、作风优良思想基础。坚持理论联系实际，坚持学用一致，注重从中共十九大精神中领悟思想观点、领会思维方法，把党的十九大的战略部署转化为工作思路、工作举措和具体行动，转化为推进政治建军、改革强军、科技兴军、依法治军的实际能力。与做好当前工作结合起来，进一步理清思路、明确任务，凝心聚力、狠抓落实，确保全面建设争一流、安全稳定"零事故"、精准扶贫创先进。

【军事训练】 牢牢把握新职能新定位，把"能打仗、打胜仗"作为唯一指向，扎实推进军事斗争动员准备。

着眼使命任务、立足实战、深入调研、结合形势任务，按指挥机构编成、兵力部署、任务区分、各级职责和保障措施进行了细化、量化，及时修订完善抢险救灾，反恐维稳等4大类、22小类战备方案计划。围绕适应新的体制要求，及时组织值班业务培训，规范作战值班和情况报告；落实应急值班力量60人，结合春节、清明、"十一"等战备防护期，多次组织战备拉动演练，随时做好抢险救灾和应急处突出动准备。

每月组织民兵应急连开展2至3天的例行训练，全年按计划、分批次组织4期民兵军事训练，实训民兵375人，合格率100%。训练科目以反恐维稳、森林防火、抗洪抢险、后勤保障、防空工程抢修、公路护路等贴近使命任务的内容为主，进一步提高全县民兵遂行非战争军事行动的能力。组织8名专武干部参加警备区专武干部集训，获得第一名的好成绩。严格落实民兵训练误工补贴规定，确保民兵训练经费专款专用，坚决杜绝民兵训练经费挪作他用。

每季度组织开展一期首长机关集训。主要以军事、社会要素和国防法规研究、电子标图、想定作业、战术计算、四会教学、国防动员知识、信息化知识和体能训练为主要内容。二季度，组织现役干部进行研究作业，部长、政委、副部长参加警备区组织的研究作业考核。常态化落实出早操制度，不断打牢干部、职工体能基础。

上半年组织 4 名专武干部分两期参加省军区组的专武干部集训，取得较好的成绩。针对新任职武装部部长较多的情况，7 月和 12 月，人武部组织全县 25 名武装部长进行了集中封闭式集训，集训以民兵整组、基层建设、征兵工作等业务训练为主，穿插队列训练、器材操作、参观见学等，通过集训，全面提高基层武装部长的业务素质。

【双拥共建】 坚持把武装建设作为社会治理体系和治理能力现代化建设的重要组成部分，不断深化武装工作与经济发展、社会稳定关系的认知把握，认真贯彻落实县委县政府“生态立县、产业兴县、文化强县”三大战略，组织民兵预备役人员积极投身参与经济社会建设。

坚持在急难险重任务中打头阵，充分发挥民兵应急分队优势，全年出动民兵 800 余人次，完成抗洪抢险、应急维稳、扑灭山火等任务，有力地保护人民生命和财产安全。7 月 3 日，洪峰在县过境，县人武部积极响应县防指要求，出动民兵 120 余人，遂行樟木乡的抗洪抢险任务，帮助转移群众和财产，对沿江的薄弱地带进行抢修和加固。连续奋战 24 小时，为洪峰顺利过境发挥重要作用。

紧紧围绕中央“精准扶贫”战略部署，扎实抓好民兵骨干扶贫工作，下发《民兵参与脱贫攻坚手册》，组织动员全县民兵骨干参与脱贫攻坚；积极开展“一进二访”“一帮一”助学助民活动，人武部党委委员与贫困户“结穷亲”，带头进村联户，带头解难助困。

召开全县双带双促表彰暨建军 90 周年座谈会，县委、县人大、县政府、县政协、县人武部主要领导都到会并发表了重要讲话。“八一”前，全县 6 名退伍军人被衡阳市评为“双带双促”先进典型。各乡镇也表彰了一批优秀退伍军人，在全县起到了以点带面的的良好局面，为维护涉军群体稳定发挥了重要作用。

高度关注“涉军”群体稳定工作，与县政法委、县信访局建立联席机制，把做好“涉军”群体稳控工作作为一项严肃的政治任务来完成；对于有政策规定的，协调地方政府按照“一个不漏、一分不欠、一天不拖、一抓到底”的要求，落实政策待遇；进一步加强沟通联络，主动上门做工作，与退伍老兵交朋友，让他们主动把人武部当“娘家”，有问题直接向县人武部反映，向县委、县政府提出他们的合理诉求，力所能及地为他们解决实际困难。在乡镇建立联络员、在村组建立民兵骨干信息员，有效加强重点人员的跟踪管控。全年共协调处理涉军维权事件 8 起，化解涉军信访事件 1 起，接待各类军人军属涉军权益法律咨询 30 余人次。

【民兵整组】 坚持把整组工作与防卫作战力量编成、战备方案修订有机结合，形成以重要目标防卫、保交护路为基础的整组备案新格局，确保“编为战、编为用”的有效落实。以夯实基层武装机构和民兵组织基础为重点，进一步优化民兵队伍结构，使全县民兵预备役队伍快速动员和整体遂行任务的能力得到明显提高。在 2016 年基层达标建设的基础上，进一步对未达标基层武装部进行达标建设，下发各类资料模板，规范资料管理；出台《衡阳县专武干部管理规定》，加强专武干部队伍建设，做好考核选拔、教育引导、训练培养和管理工作，强化责任意识、组织观念。按照总部明确的应急、支援和储备队伍的分类要求，进一步对全县民兵队伍进行整合，调整落实民兵分队编制，优化民兵队伍结构，规范应急分队的人员编组和器材配备。整组期间，人武部分成 2 个工作组，由部领导亲自带队，深入到各乡镇进行面对面指导和检查督促，研究破解组织调整工作的重点难点问题。

【国防教育】 充分利用省市国防教育平台、县电视台和“手机报”等网络手段开展国防教育，结合开展民兵整组、民兵训练、征兵宣传、民兵骨干扶贫等任务时机，深入进行根本职能、形势战备和红色传统教育，不断增强民兵预备役人员履行国防义务的自觉性和战斗意识。坚持着眼战时、立足平时，扎实做好组织整顿、训练演练和涉军维稳中的政治工作，组织民兵预备役人员进行政治审查和思想考核，确保队伍纯洁可靠。县人武部按照习主席“军队要努力走在前列”要求，把学习宣传贯彻十九大精神作为首要政治任务，精心筹划组织，严格措施要求，切实把军心凝聚在中国特色社会主义伟大旗帜下，凝聚到习近平新时代中国特色社会主义思想上，凝聚到习近平强军思想上。将十九大精神列入政治理论学习重要内容，列入民兵军事训练重要内容，及时悬挂学贯标语，绘印宣传墙报，张贴学习体会，迅速掀起学习热潮，把学习贯彻十九大精神提高到新水平，推动全县人武系统学习教育不断引向深入。购买十九大报告、《党章》原文及辅导读物，编印十九大报告应知应会口袋书下发到民兵预备役人员手中，引导大家对照学习、深入思考，确保学懂弄通做实。多载体宣传，营造浓厚氛围。在全县民兵中开展“学习贯彻十九大精神暨学习宣讲系列讲话活动”，利用专武干部、民兵营长等微信群，推送下发应知应会知识开展每周一学，组织民兵骨干及扶贫队深入村组户，在群众家里、田间地头进行广泛宣传，推动十九大精神进农村、进家庭，使十九大精神家喻户晓、深入人心。做法被省军区要讯刊用。利用省市国防教育平台、衡阳县手机报等新媒体，及时转发十九大相关稿件，及时报道广大民兵预备役人员对十九大精神的热烈反响，展示人武系统学习贯彻十九大精神的动态。

【征兵工作】 县人武部针对全县“兵员潜力雄厚、参军氛围趋暖、大学生征集压力大、量化考评任务重”的特点，坚持建强组织机构，严格按照省市要求，突出“政府主导、军地协作”的运行机制，严格落实县乡两级领导机构设置，切实加强组织领导。深入宣传发动，坚决贯彻各级征兵工作会议精神，科学研判形势，及时筹划部署，结合全民国防教育，常态化抓好征兵宣传，做到一季征兵、四季准备。严格兵役登记。按照征兵“五率”（报名率、上站率、合格率、择优率、退兵率）考评标准，认真开展兵役登记，依托公安户籍管理系统，对国防动员潜力进行深度摸底，掌握18至35岁男性公民底数。协调县政府出台了征兵体检、政治考核“零责任退兵”奖惩、本地大学生入伍的激励措施和《应征公民拒绝和逃避服兵役惩罚办法》等措施办法。县政府投入20余万，采购了征兵体检信息系统建设所需的全部设施设备，高标准建设了征兵体检信息管理系统。严格落实国、省、市廉洁征兵“五条禁令”“十不准”等刚性要求，坚决落实“三公开”“四公布”规定，认真执行征兵体检、政治考核标准，规范体检、政治考核工作程序，从人大代表、政协委员、退伍军人、应征青年家长、离退休老干部和热心群众中遴选县本级廉洁征兵监督员5人，乡镇廉洁征兵监督员75名，并向全社会公开监督渠道，接受全社会监督，使征兵工作始终置于强有力的监督之下。

【从严治军】 强化安全无小事、安全无特区、安全无商量的意识，深入开展“百日安全活动”，狠抓科学管理和专项治理，下力掌控风险点、守住要害处、管好重点人，切实打牢安全稳定基础。抓好安全教育。坚持“四个结合”抓教育，即安全教育与思想政治工作相结合，法规教育与正反典型教育相结合，经常性教育与学习上级指示精神相结合，普遍教育与个别教育相结合，在人武部醒目处悬挂安全文化标语，真正使安全观念入心入脑，成为干部职工的言行底线。抓好自查整改。根据《国防动员部安全工作考评细则》，逐条逐项进行安全工作自查自改，投入经费10万元用于安全基础设施建设，高标准完成营区水电线路改造、保密室改造、营区监控升级及营院报警设备安装，打牢安全发展基础。抓好制度落实。坚持每月召开一次安全形势分析会，严格落实人武部主官负总责、分管人员负主责、直接人员负全责规定，形成人人想安全、事事讲安全、时时守安全的良好氛围。

人民防空

【人防指挥通信警报建设】 2017年投入资金50余万元，在住建局新增安装一台警报器，在人防指挥中心新增一台固定电台，并对所有警报器完成升级，保证防空警报器都处于中央警报控制中心的正常指挥与控制之中，防空警报的覆盖率鸣响率达到100%。编制好人防专项规划，投入资金

29.3万元启动编制人防专项规划工作，将人防规划同步于城市规划，融合于生态立县城市发展，将衡阳县人防的重要项目纳入城镇基础设施重点项目统筹实施，保证人防工程有序建设，合理布局，与城市建设同步。

【人防工程建设与管理】 普查好早期人防工程。年内投入资金5万元左右，对县城内4处早期人防工程聘请有资质的专业普查人员进行全面彻底清理普查，现已形成一套整齐、清楚、规范的早期人防工程图、登记表和明细表。

【人防知识教育与宣传】 积极开展人民防空“进机关 、进学校、进社区、进企业、进媒体”活动，结合“5·12”防灾减灾日、“11·1”防空警报试鸣演练，向在校学生和广大市民发放人防宣传笔记本3万册、光盘400张；在公园、广场、中心路口精心组织集中宣传，用标语、板报、LED大屏幕宣传人防法规、政策和人防基本知识，展示人防建设的成果；在县电视台黄金时段播放《居安思危，备战人防》宣传片；在西渡镇壕塘社区建立一个标准化人防宣传室，解答人防知识咨询，让广大居民群众在家门口了解人防知识，营造全社会关心人防的良好氛围。年内在集兵、石市、杉桥3个乡镇完成疏散地域建设。（黄艳华）

综合经济管理

发展和改革

【全县国民经济和社会发展计划执行情况】 经济增长稳中有升。全县实现地区生产总值355亿元，增长8.5%；城乡居民人均可支配收入为30674元、14785元，分别增长8.3%、9.5%；完成固定资产投资298.58亿元，增长15.1%；实现社会消费品零售总额103.53亿元、增长10.5%；规模以上工业增加值增长8.5%；银行业金融机构存、贷款余额达357亿元、113亿元，分别增长13.1%、11.5%；共争取上级项目资金72亿元（含融资），较上年同期增加近20亿元，增长33.8%，在全市位列第一。完成一般公共预算收入14.17亿元，剔除营改增以及压减非税因素，同口径增长7.02%。118个县重点项目计划开复工项目98个，已开复工86个，开复工率87.7%。36个省市重点工程项目已全部开复工，完成投资63.3亿元，占市分任务55亿元的115%。三次产业不断推进。现代农业稳步发展。全县完成粮食作物播种面积160万亩，粮食总产62.66万吨。在保证水稻种植面积的基础上，增加了旱杂粮和经济作物种植面积。农业产业布局和结构进一步优化。建成一批高标准的农产品生产基地，以西渡、台源、渣江、三湖等14个乡镇为重点的高档优质稻基地50万亩；以岘山、演陂等21个乡镇为重点的优质油料基地100万亩（含油菜、油茶）；以台源、洪市、曲兰等7个乡镇为重点的乌莲基地1万亩；以金溪、井头等10个乡镇为重点的优质竹木基地100万亩；以库宗桥、金兰等5个乡镇为重点的烟叶基地1.5万亩；以西甜瓜、三红柚、官溪蜜柚、精品蔬菜等为重点的优质蔬果基地20万亩；以金银花、槐米等为主的中药材基地5万亩。全县建设标准化养殖示范区78个，其中畜禽标准化养殖示范场获农业部授牌4个，省级授牌8个；生猪养殖基地年出栏生猪180万头以上，家禽养殖基地年出笼家禽2245万羽。

工业加快转型升级。全年新增规模工业企业12家，总数达到130家。规模工业增加值增长8.7%，规模工业增加值占全县规模工业增长值比重70.83%。新增国家高新技术企业2家，完成高新技术总产值103.4亿元，同比增长16.3%。高新技术增加值28.2亿元，同比增长16.8%，高新技术产业增加值占GDP比重为11.3%。全县专利申请361件，其中发明专利申请29件，专利授权221件。

第三产业提速发展。第三产业已经成为全县经济发展的新动力，特别是旅游和电子商务方面提速发展。旅游设施日趋完善。王船山、夏明翰故居5公里通景道路全线通车；伊山寺通景公路提质改造完成；岣嵝峰国家森林公园、织女湖通景公路正在进行路基施工；九峰山森林公园通景公路完成前期工作；万源湖通景公路完成设计预算批复。旅游品牌更加丰富。金兰镇、洪市镇获得“湖南省美丽乡镇”称号；王船山故里旅游区申报创建国家AAA级旅游景区、威德世界钟表文化博物馆申报“湖南省工业旅游示范点”、红灿园生态农庄等五家单位申报创建湖南省星级乡村旅游区。成功举办“衡阳县十佳乡村旅游示范区（点）”评选、第六届油菜花节、船山文化夏令营、渣江民俗农耕节、界牌火灯节等活动。电子商务快速发展。高标准建设的全省一流的衡阳县电商产业园年初投入营运，已入驻园区 21 家企业，网上交易额突破 9400 多万元。

城乡发展成效显著。交通网络改造升级。怀邵衡铁路（衡阳县段）开始全线铺轨施工。西界公路提质改造项目，正在进行路基清表和控制性工程施工。大安至娄衡高速互通连接线基本建成。完成农村公路提质改造 157 公里、危桥改造 23 座，金石公路、演方公路、渣盐公路等项目全面启动，完成公路安全生命防护工程 65 公里。投入 50 万元对 3 个汛期受灾严重的渡口进行了重建。清江大桥项目动工建设。

城市空间得到扩展。向阳北路提质改造项目完成工程总量 80%。县城北外环公路（船山西路至蒸西大道段）建设、县城东外环线建设正在进行前期工作。蒸西大道至新妇幼保健院南面道路完成路基工程的 80%。帝龙广场至党校公路，完成总工程量 80%。

城市品味得到提升。启动新正街、向阳南路和中心北路人行道路改造，扩宽铺油，增设人行道，设立休闲区，提升主干道品味。扎实推进“百园行动”和城市“绿荫行动”，对一中前广场、财富游园、蒸西大道通道、高速出口、船山技校等进行绿化。完成马厂和青风银穗两片区改造，面积 4.3 万平方米，新增绿地面积达 7 万余平方米。新建了城西、城东两座垃圾中转站，基本保障县城生活垃圾转运的需要。

村容村貌得到改观。通过常态化、长效化的农村环境综合整治，农村卫生和生态环境得到有效改观。保持河道、水库等水域水质优良率 90% 以上。51 个农村综合服务平台中需要新建或改扩建的 40 个平台全部启动建设。

绿色生态得到改善。总投资 6 亿元的乡镇污水处理厂建设，已经与航天凯天公司签订特许经营合同。洪市镇污水处理厂建成投运，金兰、渣江等 7 个乡镇污水处理厂“三通一平”等前期工作全部完成。搬迁、拆除禁养区内养殖场 154 家，拆除非法沙场 38 家，拆除非法砖瓦场 10 家、停产整治 30 余家，拆除非法混凝土生产企业 8 家、停产整治 15 家。对南岳国家级自然保护区开展专项整治，关停违规采矿企业 4 家、矿点 5 个，完成矿山复绿 350 亩。全县森林覆盖率提高到 48.4%。

改革开放持续深化。供给侧改革有序推进。紧紧围绕“三去一降一补”（去产能、去库存、去杠杆、降成本、补短板）五大任务，扎实推进供给侧结构性改革。出台奖扶政策推进房地产去库存，通过 2017 年金秋房地产展示交易会，发放政府购房补贴 527.27 万元，通过棚户区改造货币补偿等方式，有效推动了房产市场去库存。淘汰落后工艺和设备，化解煤炭、钢铁等过剩产能，逐步淘汰水泥企业落后产能。引导井头石材工业园内 20 多家石材加工企业正在进行环保整治和兼并重组。加快园区平台基本设施建设，帮助 9 家企业成功向供电公司直接购电，降低企业生产要素成本。

重点改革深入推进。商事制度改革持续深化，企业“五证合一”升级为“多证合一”。投融资体制改革稳步推进，县经开投、县城乡投去行政化迈出实质性步伐。推进西渡高新区和界牌陶瓷工业园体制改革，强化园区管理职能，简化办事流程，优化政务服务和运行效率。健全公立医院补偿制度，推进分级诊疗制度建设和药品采购“两票制”。推进纪检监察体制改革，县纪委派驻监督实现全覆盖，全面启动巡察工作，推进巡视巡察一体化。乡镇教育管理体制改革顺利推进，撤销乡镇中心学校，设立 25 个乡镇（园区）学区和教育督导责任区。

社会民生积极改善。住房条件更加改善。完成棚户区改造 1100 余户，农村危旧房改造 978 户，建设公租房 7039 套，发放住房租赁补贴 38 万元。同时通过推进公租房和廉租房并轨运行，强化公租房管理，确保了公租房分配公平公正，住户安居乐业。就业创业更加充分。新增城镇就业 7950 人，失业人员再就业 3317 人，新增农村劳动力转移就业 7300 人，新增创业担保贷款 3080 万元，新增创业主体 3018 户，带动城乡就业 5208 人。社会保险更加广泛。各项社会保险累计参保 196 万人次，征缴基金共计 13.32 亿元，发放社会保障卡 90 万张。城乡低保标准分别提高到 420 元/月、260 元/月。特困分散供养和集中供养标准分别提高到 4056 元/年、6552 元/年。整合新型农村合作医疗与城镇居民医疗保险,城乡居民享受同等医疗保险待遇,全县参保96.9万人,参保率达95%。教育投入不断增加。投入资金2.1亿元用于204个学校项目建设。医疗服务更加便捷。县级医院服务能力持续增强,医院床位增加1000张,考聘卫生专业技术人员317人,县中医医院、县妇保院新院建设进入内部精装修施工阶段。脱贫攻坚更加有力。2017年,实现3767户、13101人脱贫。

【重点项目建设】 118个县重点项目计划开复工项目98个,已开复工86个,开复工率87.7%。其中:33个竣工项目已动工29个,开复工率87.8%,65个开工项目已开工57个,开复工率87.6%,20个预备项目16个已完成相关前期工作。36个省市重点工程项目已全部开复工,完成投资63.3亿元,占市分任务55亿元的115%。5000万元以上非房地产投资项目入库项目81个,完成联网直报投资108.1亿元。一批市县重点工程项目建设进程较快,形象进度较好。西渡高新区核心片基础设施一期、贝恩叮当猫婴童产业园建设、喜传天下家居、美雅特门窗、盛世威德科技钟表生产线、天天见梳篦二期、同禧包装纸生产线、衡阳县中医院整体搬迁、衡阳县妇幼保健院整体搬迁、盛泰陶瓷、康和源体育用品等22个项目已竣工或投产。

【争项争资】 争取上级资金4.9亿元,完成全年目标任务的249.94%,比2016年同期增加3.3亿元,同比增长215.8%,在全市发改系统位居第一。对全县38家县直机关单位的争项争资情况进行收集和统计工作,向上级争取项目280个,争取资金72亿元(含融资),较上年同期增加近20亿元,增长33.8%,位居全市第一。

【农网改造】 争取155个村的农网升级改造和3个变电站(全市5个)的建设,资金1.6亿元,省级批复的改造任务、投资额和完成进度均居全市第一。74个村农网改造完成,洪市变电站已经投运,岘山、库宗、界牌3个变电站正在施工。

【光伏电站建设】 全年实施51个省级贫困村村级光伏扶贫电站建设,第一批完成22个村的光伏电站建设和并网发电,建设进度最快、建设质量最高。投资1亿元建设10.6兆瓦的户用集中式渔光互补光伏扶贫电站,已完成公开招投标、项目选址等前期工作。

【易地扶贫搬迁】 计划实施5180人,实际实施易地扶贫搬迁1653户、5404人。集中安置点36个,安置1587户、5213人;分散安置66户,191人,全部达到入住条件;36个集中安置点中30户以下的集中安置点主体工程全部竣工;30户以上集中安置点全部交付给湖南建工集团建设,除曲兰、井头安置点外主体全部完成,岣嵝、石市、西渡、关市等安置点完成外墙装修工程。是年衡阳县异地扶贫搬迁工作进入全省考核验收前10名。

【项目策划包装】 努力做好项目策划工作,通过与相关部门单位多次沟通衔接,新策划项目55个,完成市委市政府下达目标任务的100%,在全市排第二位。完成深度开发项目41个,在全市排第一位。项目策划包装紧紧围绕国家政策导向,结合县情与特色,涉及产业项目、基础设施项目、社会民生项目和生态环保项目等多个板块,为全县后期的项目建设打好了良好基础。

【行政审批】 进一步规范和优化行政审批流程,提高审批效率,方便企业和群众办事。实行“一个口子进、一个口子出”的“一站式”服务,全局所有的行政审批事项全部可以在政务中心窗口办结。

【价费管理】 全县取消收费文件11个,其中服务性收费项目取消5个,行政事业性收费项目取消6个。围绕价费热点问题,开展对重点领域和行业价费执行情况检查,查处价格违法案件37件,价格违法所得541.5万元,实施经济制裁566.5万元。

（王建光）

审　计

【预算执行审计】　抓住组织执行预算的财政部门，以及参与预算执行的地税部门及卫计局等单位的财务收支审计，从总体上掌握和反映预算收支、预算执行的整体情况。在本级财政预算执行审计中，反映年初预算未全部细化到预算单位、年度预算调整未报经县人大批复、预算支出进度不够均衡等。部门预算执行审计反映预算不准确、基本支出挤占项目经费等情况。政府存量资金审计调查中反映了财政存量资金的存量不适度，大量的财政资金顶着项目沉淀在财政部门和各预算执行部门，增加政府负债等问题。在认真分析原因的基础上，提出召开盘活财政存量资金专题会议、出台盘活财政存量资金实施方案以及分类施策、重点突破3个建议，得到县委、政府的高度重视，政府多次召开专题会议进行研究部署，有效盘活存量资金。

【经济责任审计】　按照“揭露问题、规范管理、促进改革、提高绩效”的思路，根据县委组织部的委托，对县财政局局长王强等39个单位的领导干部进行经责审计。审计报告客观评价领导干部的经济责任，真实反映存在的问题，提出切合实际的审计建议，为县委、县政府科学决策和加强领导班子建设及党风廉政建设发挥重要作用。

【专项资金审计】　根据上级审计部门安排，参与实施保障性住房资金、国土资金、环保资金及扶贫资金审计等四个项目。审计中重点关注“资金流向”“项目管理”和“资金绩效”。通过对各类专项资金绩效分析和评价，促进资金合理配置，提高资金使用效益，助推党的惠民政策落到实处。通过审计，从项目、资金及管理等方面找出存在的一些问题，帮助政府和项目实施单位进一步加强整改。

【政府投资审计】　按照年初政府投资项目计划，集中力量，围绕政府投资重点建设项目加强投资审计，重点检查工程建设项目立项审批手续、招投标程序，施工单位资质以及工程竣工验收等情况。年内共完成政府投资审计项目77个，送审工程结算价款总额5.03亿元，在财评已核减的基础上，再次审计核减工程款2201.3万元，核减率4%。依规定对177个财评审核项目进行备案，备案金额9574.7万元。

【审计自身建设】　一是优化机构设置。审计局原有一些股室的工作任务逐步减少甚至被取消，股室的设立形同虚设，业务人员每年临时编组，项目更是抽签决定。局党组经反复研究，将原有的职能股室更名为行政事业审计一至五股，将全县的被审计单位对应到股室，做到对口审计，有利于加强管理和监督。

二是强化内部管理。制定并下发《衡阳县审计局2017年度目标管理考核方案》，对各股室的日常工作及业务工作进行全面的量化考核，在全体干部职工中树立争先创优的氛围。同时对规章制度进行补充、修改和完善，构建起一套程序严密、配套完备的制度管理体系，实行规范化管理。

三是提高审计质量。在全局提出“两年打基础、三年强基础”的口号，除加强人员培训外，建立和完善审计质量标准、控制系统、考核指标、优秀审计项目评选和审计执法过错责任追究办法等审计质量管理体系，将目标分解到审计组，强化审计组长岗位责任制。

四是注重人才培养。支持和鼓励干部职工参加各类业务培训和考试。规定每周五下午为集体业务学习时间，邀请上级审计部门专家，院校教授以及单位业务骨干进行授课，全年授课30余次，还选派10人次参加了署、省、市组织的各类业务培训班。加大对优秀人才的提拔、使用、奖励力度，根据工作实际调整股室设置，选出5名思想作风正、业务能力强、道德品质好的同志为股长。向县委推荐7名同志分别提拔到副局长等领导岗位。

五是创新技术手段。为全体业务人员更新配备办公电脑，硬性要求所有审计项目必须通过计算机实施。选送10个计算机审计应用实例在省、市评比中全部获奖,其中省优秀奖1个,市优秀奖2个。率先在全市全面实行公文和业务资料网上流转,充分运用技术手段提高工作效率,得到市审计局的高度评价,并被推荐参加全省交流汇报。积极运用大数据技术,加大业务数据与财务数据、单位数据与行业数据以及跨行业、跨领域数据的综合比对和关联分析力度,提高运用信息化技术查核问题、评价判断、宏观分析的能力。

六是"抓行风,树形象"。全部实行送审制度,切断与被审计单位的一切经济联系,使审计工作更加独立超脱,又减轻被审计单位的负担,受到各界的普遍好评。认真贯彻落实中央八项规定、省市有关要求,提振审计干部的精气神。严格执行审计"八不准"工作纪律,建立和完善一系列预防和制约的管理制度,年初工作安排时,便与股室负责人签订了廉政责任书,对每个项目也要求审计人员签订廉政承诺书。切实做到依法审计、文明审计、廉洁审计。

统　　计

【概况】 县统计局紧扣县委、县政府的中心工作,以中共十九大精神为指导,认真贯彻落实中央"五位一体"总体布局和"四个全面"战略布局,以深化统计管理体制改革和全面提升统计工作水平为主线,切实提高统计数据质量,加强全面建成小康社会统计监测,全面落实统计从严治党,助推全县经济社会和统计事业发展。是年在全市统计系统综合目标考核中获得全市先进单位,并进入全县"目标管理先进单位"。

【常规统计业务】 *统计报表* 一是扎实做好企业一套表工作。全县纳入一套表联网直报单位共249家,其中工业126家,建筑业13家,批零35家,住餐4家,服务45家,房地产26家。工业产品价格调查已向国家实行联网直报,规模以下工业即将纳入一套表联网直报系统。在巩固直报率的同时,加强对新进企业统计人员培训、指导工作,以保证所有"四上"企业均能按时按质全面完成报表任务。认真做好"四上"企业的申报工作,按照省统计局规定的申报条件,严格把关,并深入企业实地考察,对不符合条件的企业坚决做到不予申报,确保企业数据质量。截至年末共申报企业35家,剔除不合格企业14家。二是高质量完成统计年定报工作。为进一步提高统计数据质量,加强了对年定报工作的业务指导,对数据认真审核把关,增强基础数据的匹配性和支撑性;进一步完善主要统计数据质量评估机制,确保各项经济指标符合全县经济走势,真实客观地反映全县经济运行情况。是年,全县实现地区生产总值增长8.5%,财政总收入增长1.71%,规模工业增加值增长8.7%,固定资产投资增长15.1%,社会消费品零售总额增长10.5%,农村居民人均可支配收入增长9.5%,城镇居民可支配收入增长8.3%,全县主要经济指标较好地完成年初预期目标任务。

专项调查 县统计局在较好地完成各项统计报表和名录库维护等常规统计调查任务的基础上,圆满完成规模以下工业、限额以下商业、服务业、畜禽监测抽样调查、小微企业、个体经营户跟踪调查、粮食大县抽样调查、劳动力抽样调查、一体化住户调查、工业品价格调查等多项调查任务。高质量完成了城乡一体化住户调查样本轮换和1‰人口抽样调查工作。

统计服务 一是精心编印各种统计资料。完成《2016年衡阳县国民经济和社会发展公报》和《衡阳县统计年鉴2017》编撰工作。坚持办好每月一期的《衡阳县统计月报》,使之成为县党政领导和相关部门掌握全县经济形势,了解统计法律法规知识的重要渠道。二是及时提供"短平快"信息。每月通过网上挂号邮局向县领导及相关单位、乡镇负责人发送统计信息快讯,让领导在第一时间掌握全县经济发展动态;通过衡阳县统计信息网向社会公众定期发布统计数据。三是准确分析经济形势。局长作为县长调研组的主要成员,年内参加全县各类经济社会调研活动20余次。县统计局编撰分析报告28篇,一系列适应新常态、稳增长、调结构、促改革、惠民生的对策建议被县委、县政府采纳,为加快全县经济社会发展做出

积极贡献。

监测评估　全面小康统计监测工作取得实效。重点民生实事数据评估认定工作做到以事实为依据、以规则为准绳，客观、公正，程序规范，高质量完成了全县16个主要责任单位承办的11项14件实事项目评估认定工作，达到了评估认定要求。

统计执法　以贯彻执行新修改的《中华人民共和国统计法实施条例》为契机，深入开展统计普法宣传活动。围绕重点统计工作，有针对性地开展统计执法检查，全年完成45家单位执法检查。通过执法检查提高全社会依法统计的意识，不断增强依法统计的能力，保障各项统计工作顺利开展。

【统计建设】　基层队伍建设　贯彻落实省、市统计局关于加强统计工作规范化建设文件精神，继续加强统计从业人员培训和统计继续教育，提升基层统计队伍整体素质。进一步强化对基层统计工作的指导，推进乡镇统计基础规范化建设，加快统计信息化建设，健全基层统计工作网络。加强对乡镇基层基础工作督查指导，对发现的问题提出整改要求，并明确整改时限。

服务型机关建设　扎实开展“讲担当、转作风、抓落实”服务型机关创建工作，促进全局干部职工思想认识大提高、精神状态大提振、工作作风大改进、责任担当大进步、任务落实大推进。是年，县委对局领导班子进行了调整，两位副局长进行了交流，内部提拔3名同志到领导岗位，推荐1名同志到乡镇任职，1名同志公考到外单位任职。统计“四大工程”建设再上新台阶，投入30万元高标准建成的全县联网直报指挥中心，于2017年2月3日正式投入运行，局机关更新高配置的计算机及更换其他办公设备，办公条件得到较大的改善。深化学习型机关建设，每周一定期召集机关干部学统计业务、统计法规等，强化业务知识更新。

宏观经济数据库建设　县统计局为全县宏观经济数据库的主体责任单位，负责对宏观经济数据库子库建立的指标设置、情况剖析、数据报送等业务工作进行全程跟踪指导服务。西渡高新区、县发改局、县经科信局、县商粮局等15个相关行业主管部门为数据库的子库建管责任单位，具体负责建立15个子库。形成由领导小组牵头，县统计局负责，相关行业主管部门协同配合的工作机制。通过各部门的共同努力，全县宏观经济数据库建成，内容得到全面充实，为服务全县经济社会建设提供翔实的数据支撑。

【全国第三次农业普查】　精心组织　为全面推进全国第三次农业普查工作，县政府成立了县长任组长的第三次全国农业普查领导小组，统计局长任普查办主任，负责普查日常工作的组织和协调。同时，全县召开了各乡镇的“三农”动员大会，学习和认识第三次全国农业普查的重要意义，明确乡镇一级政府在农普工作中的工作职责、目标和考核要求。为确保农普具体工作切实有效推进，县农普办组织业务骨干对全县一线农普调查员、统计员进行培训，培训采取分课题定点授课、小组讨论等多种形式，切实解决基层工作人员的疑难问题。农普工作在各乡镇落实推进过程中，县农普办又组织业务骨干分5组对全县25个乡镇的农普工作开展情况进行督查和指导，对整个工作进程进行有效控制。在各乡镇上报数据阶段，农普办指定专人严把质量关，从“从上到下”和“从下到上”两条线加大审核力度，核实比对部门数据及乡镇上报数据。

提升效率　全县的农业普查工作借助一些高新技术成果和电子产品来解决一些实际问题，极大地提高工作效率。一是针对参加农普的基层普查员普遍缺乏数据采集上报终端的现实困难，农普办专门申请经费购置了一批PDA智能数据采集终端，做到人手一机，让基层普查员采集、上报数据的工作变得更加便利、灵活、及时，避免不必要的沟通和人力耗费；二是运用卫星遥感测量和无人机飞行测量技术，对100个样方和20个抽中普查区的粮食、棉花等大宗农作物播种面积进行精准测量，全方位掌握全县主要农作物种植空间分布及现代农业生产设施状况，准确取得全县主要农作物种植面积数据。

成效显著　全县3189名普查员、普查指导员、PDA操作员参加本次普查工作，共登记25.13万农户、491个村级单位、25个乡级单位、4853个规模农业经营户、1236个农业经营单位，全面摸清全县“三农”的基本情况，同时也发现“三农”新发展新变化，为推进全县农业现代化进程和供给侧结构性改革，提供了强有力的数据支撑保障。

（刘西儒　刘小鲲）

安全生产监管

【概况】 衡阳县安全生产监督管理局（以下简称县安监局）内设办公室、矿山安全监督管理股（简称矿山股）、烟花爆竹与危险化学品安全监督管理股（简称烟危股）、工商贸综合行业监督管理股（简称工贸股）、法制宣传教育股（简称法宣股）、人事财务股（简称人财股）6个职能股室和安全技术培训中心、安全生产行政执法大队等两个二级机构。

是年，县安监局坚持科学发展、安全发展理念，贯彻“安全第一、预防为主、综合治理”方针，加大安全宣传和教育培训力度，紧紧围绕“落实企业安全生产主体责任年”活动这条主线，深入开展安全生产大检查，精心组织安全隐患大排查、大整治，持续深化“打非治违”专项行动，全县安全生产持续稳定。1—12月，发生各类生产安全事故8起，死亡9人，事故起数和死亡人数均低于2016年，未发生较大及以上生产安全事故。年度考核，衡阳县被评为全省安全生产工作良好单位、全市安全生产工作良好单位。

【建立安全生产责任制度】 是年3月，县安委会下发《关于调整衡阳县安全生产委员会组成人员的通知》，通知重新明确衡阳县安全生产委员会组成人员及职责，同时把县移民局、县国有资产管理中心、县烟草局等单位纳入县安委会成员单位。

2017年4月，县安委办制定下发《关于建立安全生产区域巡查制度的通知》，通知明确县安委办成立四个巡查组，每个巡查组由县安监局一名班子成员带队，负责对所联系的乡镇、园区安全生产工作进行巡查。

2017年6月，县人民政府办公室下发《关于开展安全生产常态化暗访督查的通知》，明确成立县安全生产暗访督查组，按照一名县级领导、一套专门班子、一台专用车辆、一笔专项经费的要求，由县政府副县级干部赵伟民任组长，县安委办副主任、安监局副局长王益忠任副组长，成员从县委县政府督查室、县安委会成员单位和有关行业领域专家中抽调，负责常年对全县安全生产工作进行暗访督查，以进一步推动乡镇“属地管理”和党委政府领导责任、部门监管责任、企业主体责任的落实。

2017年7月，县安委办制定下发《衡阳县贯彻落实重大事故隐患治理“一单四制”制度工作方案》，各负有安全监管职责的部门每个季度形成并公布一次本行业重大事故隐患清单，建立清单交办台账，逐一明确隐患治理责任单位、交办单位和完成时限。

【安全隐患排查与整治】 全县在矿山、烟花爆竹、危险化学品、道路水上交通、建筑施工、人员密集场所消防等重点行业领域开展常态性执法检查，出动执法人员检查生产经营单位2680余家次，查处各类安全隐患3670余条，督促整改到位3630余条。7—12月，县安委会统一部署、全面开展安全生产大检查和大整治，全县共排查各类重大隐患17项，完成整改12项；依法惩治严重违法违规行为224起，关闭取缔企业35家，停产整顿企业45家，暂扣吊销许可证照142个，行政处罚64.5万元，移送公安机关追究刑事责任1人，曝光违法企业14家、违法责任人19人。

针对县亿升烟花爆竹制造有限公司于2015年10月关闭退出后仍遗留大量半成品、化工原材料、亮珠等高危药物存在重大安全隐患问题，县财政拿出53万元，进行妥善处置，消除重大安全隐患。县财政还投入65万元，对全县4家烟花爆竹关退企业的工房实施全部拆除，防止关闭退出落后企业死灰复燃，从源头上彻底消除几起安全隐患。利用市拨安全隐患专项治理资金75万元，重点整治消除集兵镇永乐村、杉桥镇关王村、台源镇水利管理站、关市镇老石堰桥、岘山镇木口村等几处桥梁、道路安全隐患。

【“打非治违”集中整治】 2017 年，全县各乡镇、县直有关单位按照县安委的统一部署，深入开展“打非治违”专项行动。县国土部门对全县所有采（洗）砂场开展 8 次集中执法行动，46 家非法采（洗）砂场机械设备全部拆除，部分砂场土地已进行复垦复绿；对全县 18 家无证或采矿许可证被注销的非法砖厂采取拆除机械、砖窑和工棚等强制措施并进行断电停工停产；对全县 16 家非法制瓦厂机械、工棚和场地进行强制拆除。县交通部门组织开展治理货车非法改装改型专项行动，共检查车辆 270 台次，查处非法改装改型货车 18 台、超限超载车辆 5 台、撒漏车辆 3 台，处理违法车辆 16 台，拆除非法加高的栏板 9 副，罚款 14300 元。县教育部门牵头组织交警、交通等部门对全县校车营运开展 2 次专项整治，处理非法校车 1 台，违法违规校车 5 台。

根据省、市统一部署安排，从 6 月开始，全面启动烟花爆竹经营规划整治，重点整治烟花爆竹零售点“两关闭”“三严禁”和烟花爆竹批发企业“六严禁”，对全县 142 家不符合安全规定的经营网点依法吊销其烟花爆竹经营（零售）许可证，对 87 家不符合安全规定且已过期的经营网点依法注销其烟花爆竹经营（零售）许可证，并对全县乡镇烟花爆竹零售店进行重新审核布点，完成选址 450 余家，颁发烟花爆竹经营（零售）许可证 445 家。

【安全生产宣传与教育培训】 常年在县电视台开辟“安监在线”专栏，进行安全生产法律法规及常识宣传。投入 42 万元，在县重点矿区、主要道路旁新增 6 块高标准的大型安全生产户外宣传牌，打造安全文化长廊。借助县移动公司短信平台，在重要节假日和特殊时段向全县领导干部、企业负责人发送安全生产信息。不断加大教育培训力度，县财政拨付专项经费 40 万元，依托县安培中心举办各类培训班 27 期、2700 余人参加安全教育培训并通过考核。安全生产月期间，牵头组织县直相关单位在夏明翰广场举行“安全生产宣传咨询日”活动，发放宣传资料 8000 余份，接受群众咨询 5000 余人次。投入 57 万元，印制了 10 万余册《公民安全常识宣传读本》和《公民安全知识手册》，免费发放给全县民众。投入 63 万元，用于企业、个体经营户和居民签订安全生产承诺书。

（刘平安）

国土资源

【保障发展】 年内上报省厅审批 37 个项目用地，面积 269.8 公顷，争取用地指标 5357 亩；实施城乡增减挂钩项目 8 个，建设规模为 26.8762 公顷、复垦新增耕农用地 18.1867 公顷；完成新增储备土地面积 3579.5 亩（33 宗），依法收回了县集兵农机厂、县东方养殖场、穗源鞋业、商粮局等单位 26 宗土地，面积 1110.4 亩；完成界西公路沿线 5 个乡镇 35 个村 195 个组的拆迁工作任务，征收土地面积 1975 亩，拆迁房屋 277 栋，建筑面积 7.8 万平方米，搬迁坟墓 1045 家；完成怀邵衡铁路临时用地复垦土地 1000 余亩，补征土地 300 余亩。

全年发布挂牌拍卖出让信息 256 条（其中网挂 59 宗），出让总面积 2637.6 亩，成交价款 88628.5565 万元，二级市场国有建设用地使用权转让 622 户，转让面积 168.43 亩。

【耕地保护】 永久基本农田划定工作已通过省厅验收，全县耕地保有量面积 67500 公顷，基本农田面积 59390 公顷。全年经省市审批占用耕地项目 33 宗，占用耕地面积 125.8072 公顷，收取耕地开垦费 2045.7080 万元；会同有关部门对 2017 年易地扶贫搬迁联合选址，42 个集中安置点没有占用基本农田，全部符合土地利用总体规划。完成 2016 年土地开发项目 26 个，建设规模 218.75 公顷，投资额 2104 万元，新增耕地 192.48 公顷。实施 2017 年市级大安乡贵华村等 4 个土地综合整治项目，项目规模 466.28 公顷，投资额 1000 万元；实施 2017 年土地开发项目 29 个（民间资本），建设规模 355 公顷，投资额 3536 万元，新增耕地 296 公顷；实施 2017 年水田开发项目 10 个，建设规模

89.7 公顷,投资额 1947 万元,可新增水田 74.5 公顷;实施 2017 年省级井头镇云水、太平村等 3 个土地综合整治项目 623.15 公顷,投资额 1696.98 万元。

【矿业管理】 全年收缴采矿权价款 5462.12 万元,为 35 家矿山企业办理了采矿许可证有效期顺延手续,为静云锰矿探矿权转采矿权划定矿区范围,为大牌岭银兴矿业有限公司钠长石矿、长风矿业有限公司苏冲高岭土钠长石矿、界牌瓷业大排岭瓷泥矿延续变更登记出具了初审意见,为新雁铁矿、东山矿业、长风矿业苏冲矿公告矿区范围。

编制《衡阳县矿产资源总体规划(2016—2020 年)》,规划采矿权指标 100 个,其中省级发证 10 个,市级发证 15 个,县级发证 75 个,规划设置采矿权 91 个。年初,组织召开采矿权人开采信息公示系统培训会,全县市、县级发证采矿权人和矿政管理工作人员 100 余人参加培训,64 家采矿企业在规定时间登录国土资源部全国矿业权人勘查开采信息公示系统填报、公示。

开展"绿盾 2017"自然保护区清理整治专项行动。关停南岳衡山国家级自然保护区内的 4 家矿山企业,并完成复绿工作,共覆土 241 亩、4.5 万立方米,种植苗木面积 350 亩,栽植刺柏 5.83 万株,爬山虎 0.5 万株,种草 2 万平方米,投入资金 534.5 万元;依法依规取缔关闭全县所有非法机砖厂,对采矿许可证过期的 9 家页岩砖厂,完善采矿、用地、环保手续,落实消烟脱硫除尘措施,对未取得环评批复、未配套建设环保设施的,一律不予办理采矿登记手续。对井头花岗岩矿区过期矿山暂停办理手续;建立矿业权审批联席会议制度,推行联合审批、联合巡查、联合整治、联合执法,严把全县矿业权的准入关、环保关,严守生态环境保护红线,实行严格的环境准入制度,对自然保护区和生态红线内所有与生态环境保护无关的新建项目,一律不予审批,原有项目逐步退出,自然保护区内的生态环境得到逐步改善。

【执法监察】 配合乡镇人民政府对板市乡和友村屯启益 2 户、岘山镇水口村阳汗泰违法占用耕地的建筑物依法进行强制拆除,面积 520 平方米;对县城红线范围内违法占地和违规建设开展依法强制拆除行动 23 次,拆除面积 36652 余平方米;对 2016 年地籍变更调查部下发的全县土地卫片图斑在规定时间内上报数据,建立 19 个卫片卷宗,立案查处 7 宗违法用地和违法采矿。

根据环保督察要求,关闭拆除全县 38 家非法、采洗砂场;对 17 家非法砖厂、14 家非法瓦厂采取拆除机械、砖窑和工棚等强制拆除措施;对井头石材矿区 15 家石材开采场和 20 家加工场地进行专项整治,立案查处各类违法案件 22 件,拆除非法建筑物、构筑物、临时工棚和非法生产设备 80 余宗,面积 82000 平方米,收缴罚款 160 余万元。

【基础管理】 受理信访事项 99 件,其中群众来访 19 批次 28 人次、来电 26 件,上级领导批办件 23 件,省信访系统平台上访件 13 件,市"12345"政府服务热线交办件 16 件,县党政门户网站上访件 2 件,处理化解率 100%;全年接收下传省级地质灾害预报预警信息 2 次、市级地质灾害预报预警信息 3 次,县级地质灾害预报预警 41 次,组织巡查 120 余次,排查险情 200 多处,紧急转移群众 360 人。争取政府贷款资金 3000 万元,对全县 42 个急需治理的隐患点实施应急抢险项目。

发布全县 2016 年度土地变更调查主要数据成果,完成全县 25 个乡镇、443 个村、10019 个村民小组、23941 宗地共 28000 余份资料的盖章签字和扫描归档工作,顺利通过省发证办对农村集体土地所有权确权登记发证成果的行政验收,全县农村集体土地确权登记发证面积为 243135.21 公顷。全年受理审查国有建设用地转让 766 宗,涉及到 1695 户,受理发放不动产登记证书 5864 本,证明 6172 本,登簿 27306 起,取得了阶段性成效。

全局所有网上收发文全部实现网上办公,完成各类流程 54 个、案卷总数 1816 件,全年公开信息和数据 3460 条。

【队伍建设】 组织开展"干部上讲台"业务培训 26 期。开辟"整风整纪"活动专栏,重点将国土资源系统的工作职责、办事流程、执法程序、监督办法等向社会公开、承诺，做到公开透明，虚心接受群众的监督；扎实开展雁过拔毛”式腐败问题和“纠‘四风’、治陋习”两项专项整治工作，对党员干部队伍中存在的违规公款吃喝、违规发放津补贴或奖金福利、违规操办婚丧喜庆事宜、违规收送礼品礼金、涉赌涉毒、违反其他工作纪律六个方面突出问题和发生在群众身边、损害群众利益、群众反映强烈的不正之风和腐败问题进行全面整治。

食品药品工商质量监督管理

【服务市场主体发展】 坚持简政放权、放管结合、优化服务协同推进，放宽市场准入，加强事中事后监管，推行商事登记制度改革。启动“三证合一”企业营业执照、“五证合一”企业营业执照、“两证合一”个体营业执照发放工作。自10月1日起以“湖南省工商行政管理局市场主体信息化综合管理系统”和“国家企业信用信息公示系统（部门协同监管平台—湖南）”为支撑，全面实行“一套材料、一表登记、一窗受理、信息互认、多证合一”的工作模式，直接核发加载统一社会信用代码的“多证合一”营业执照。认真落实“四个一”制度，即一窗受理（企业申办营业执照时，只需到政务中心注册窗口提交申报材料，可同步办理30证内的任何涉企事项，将以前需跑20多个部门才能办理的事项一次办结）、一键登记（核发营业执照时，将申请人相关信息通过服务平台一键传送到相关部门，即可完成登记工作）、一网公示（企业证照信息全部在电子政务网服务平台公布，社会公众通过“一照通二维码”，即可查询到相关信息）、一照通行（办理“多证合一”的企业从事经营活动时，证照信息在全市内全部予以认可，一照通行）。2017年，全县新登记注册市场主体3620户，其中个体工商户3088户，比上年同期增加20.5%；企业532家（含法人企业352家、农民专业合作社129家、分公司23家、个人独资企业28家），比上年同期增加5 %，企业占比为15%；年末全县市场主体累计22439户，其中企业3428户，个体工商户19011户。累计录入网络经营主体信息数据1278户，新增网络经济户口180户，完成网络经营主体网上执照电子认证标识贴标亮照936户。为企业办理动产抵押登记18件，共计融资1.2亿元，推荐评定市级“守合同重信用”企业7家。

【商标广告管理】 先后开展虚假违法广告专项整治和国省县道两旁违法广告专项整治，共（清）除违法违规广告牌5617块（处），下达责令改正通知124份。组织召开“4·26”知识产权日宣传暨品牌创建宣传培训活动，对县内土特产和规模企业进行商标知识培训，提升品牌创建意识和质量管理能力。新培育发展注册商标368件，注册商标总量2252件。截至年底，全县有中国“驰名商标”3件、“湖南省著名商标”17件、衡阳市知名商标1件、地理标志商标1件。

【预防和打击传销】 在全县范围开展创建“无传销县”行动，形成由各级党委政府领导，县综治委打传办统一指挥，专门机构指导督办，各监管所属地监管，与公安部门协作、动员协调社区组织共同参与的打传工作格局。开展进校园、进社区预防传销专题宣传，实行所管片、人管段，对重点区域、重点场所、重点部位进行地毯式排查摸底，出动500多人次、60车次，检查300处场所，对“老妈乐”“益百岁”老年生活馆进行突出检查，对虚假宣传进行行业整治，印发惩治传销宣传材料14000份，发短信30000余条，发联系卡3000多份，组织传销咨询50多次，会同公安等部门检查20余次，协助查处传销案1件，冻结涉案金额800万元，并移送县公安机关处理。

【消费维权工作】 精心组织“3·15”公益宣传活动，建立“一会两站”54个（其中分会27个、消费者投诉站和“12315”联络站27个）、“五进”消费服务站38个（其中企业6个、市场11个、超市15个、景区3个、市场3个）。年受理咨询、申诉举报267起，调处率、分流办结率和满意率均达100%，处理网络服务纠纷60余起，为消费者挽回直接经济损失150万元。规范网站信息及纠正轻微网络违规经营行为30起、接受网络消费咨询500多起。

【实施名牌战略】 落实重点企业主体责任。对县内13家重点工业产品及生产许可证企业、5家食品相关产品企业发放《生产企业产品质量安全责任告知书》,并逐一签订《生产企业产品质量安全责任承诺书》,督促企业强化质量管理,推动企业主体责任落实。加大名牌产品培育力度。进一步强化对县内重点企业和地方特色产品(台源湘莲、长乐薯粉、金溪竹筒酒、溪江杨梅酒、洪市芝麻糖等)生产单位的培育帮扶,对获得省市名牌产品生产企业进行表彰奖励和宣传。推荐湖南金鲲米业科技有限公司、湖南荣尔电气股份有限公司、湖南角山米业有限责任公司3家企业生产的产品申报2017年"湖南名牌产品"。严抓生产许可监管,加大产品抽检力度。县内重点工业产品及生产许可证企业、食品相关产品企业100%建档、企业巡查率达100%,巡查中下达责令改正通知书7份。根据省市抽检工作安排制定监督抽检计划,全面完成产品抽查任务,平均合格率92.5%,在建材产品专项整治中抽检普通砖、涂料52批次,合格率98%。紧紧围绕重点行业、重点企业、重点区域开展了专项整治和质量提升活动,通过问题发现和治理,促进食品相关产品、电线电缆、建材、农资、危化品及包装物、电子商务领域等10个重点类别产品质量提升。强化生产违法案件查处,结案2例无证生产案件、1例冒用名牌标志案、4例生产销售不合格产品案。

【食品药品安全知识培训】 一方面强化干部职工法律法规和业务技能培训,分别组织开展快速检测、食品药品安全监管、小餐饮经营许可等一系列培训,先后举办村卫生室监管和集体聚餐风险防控专题培训2次、食品快速检测培训4期,累计培训1500余人次,有效提升了执法人员的监管执法和快速检测水平。另一方面全面开展食品药品生产经营主体负责人和从业人员法律法规培训,分别组织开展食品药品生产经营主体负责人及从业人员食品药品安全知识培训、食品药品生产经营单位安全管理人员培训,累计培训达8000人次。先后3次举办全县药械化经营单位负责人药械化安全知识专题培训,并会同县卫计局联合举办3期药械化不良反应监测培训。各监管所相继开展村卫生室药品使用知识培训,培训从业人员达1200人次。同时,还开展乡村厨师食品安全知识专题培训,累计培训乡村厨师1245人次,并督促其进行健康体检。6月"三大考"前夕,举办学校食堂从业人员和管理人员安全知识培训和考试;11月,会同县教育局举办全县学校食品安全管理人员培训,累计参训达850人次。10月,组织召开冷库冷冻食品经营专题培训,全县84家冷库冷冻食品经营业主参加培训。

【标准化和条代码工作】 积极宣传省市标准发展扶持政策,县政府办印发《关于全面推进标准化工作的实施意见》,县政务中心全面推行政务公开标准化试点。年内帮助制定、备案4个企业标准,在公共服务平台公示102条标准信息,为4家企业产品新注册了商品条码,督促8家企业续展条码。积极引导湖南安邦新农业科技股份有限公司参与制定《南方水稻全程机械化高效生产技术规程》省级地方标准,并获批立项。

【计量检定及认证】 有序推进计量检定。2017年4月,国、省、市全面取消强检计量器具收费,县局质计中心不折不扣执行年初计量器具检定计划,共检定计量器具10000余台件,对全县13家私营加油站在用的53台加油机83条加油枪进行周期检定,对中石油、中石化公司的27个加油站的98台加油机178条加油枪进行周期检定,检定衡器515台次(大衡68台次),检定电能表1200余块,压力表5700余块,定量包装商品45批次,对检定不合格的进行校验,确保在用合格率100%,强检计量器具周检率达到100%,并在有效使用范围内。10月,组织开展医用计量器具专项检定,检查医药经营主体130多家,计量器具600余台件。4月和11月两次对县内81台出租车计价器进行初检、周期检定和校准,共检测计价器213台次。强化计量基础管理。对企业使用强检计量器具逐家摸底,登记建立112家企业计量档案并录入检定系统,进一步完善各合法加油站的动态档案(一图三表一报告)。严格督促加油站落实备案、维修、换机、铅封管理制度，为5家更换了新机加油站备案，对新增加的25台加油机53条加油枪按省局统一编码防作弊计量监管铅封完毕。强化计量监管执法。加强对生产企业出厂检验计量器具和检验检测机构计量器具的监管，检查生产企业32家、检验检测机构4家，下达《责令整改通知书》。按“双随机”方案与省计量院共同完成省级定量包装监督抽样检测任务，抽取5家企业13个样品。7月，组织开展贵重金属、珠宝等产品的计量专项检测，检查经营主体46家，抽检样品200余批次。加油站专项计量巡查55站次，下达整改意见12条。认证监管有效提升。充分发挥认证认可业务监管平台作用，及时有效地对县内5个质量管理体系认证企业、7个资质认定检验检测机构进行监管，加大日常巡检力度，督促检验检测机构进一步规范管理，提升服务能效；对县内机动车检测机构进行明查暗访20余次，下达《责令改正通知书》3份，督促企业负责人和岗位责任人提升质量安全意识、规范检测行为。

【特种设备安全监察】 按照“四到一有”要求对全县特种设备状态实行分级建档管理，全县至2017年年底有特种设备使用单位211家，各类特种设备1026台（在用设备910台，各类气瓶3万余只，压力管道26公里；承压类锅炉28台，在用26台；压力容器160台，在用104台；电梯595台，在用566台；起重机械163台，在用135台；厂（场）内机动车辆75台，在用75台；大型游乐设施5台，在用4台）；特种设备生产、经营性企业8家（电梯生产企业1家、锅炉生产企业2家、气体充装站3家、游乐场2家）。广泛宣传特种设备法律法规和安全知识，组织了6次座谈会，约谈特种设备单位负责人、安装单位工作人员、维保单位工作人员40余人次，在“3·15”安全生产月集中宣传活动发放安全小册子3000余份。10月16日，在金欣花苑小区举办以“安全乘梯、幸福随行”为主题的电梯安全知识宣传暨应急演练活动，现场通过趣味答题形式开展电梯安全知识宣传，指导科学维护与使用电梯，同时模拟电梯突发事故的应急救援，切实提高广大群众和电梯安全管理人员应对突发事故的处置和救援能力。切实落实“安全生产主体责任年”要求，按照特种设备摸排情况分别与特种设备生产单位、在用特种设备使用单位等签订《安全责任承诺书》，并对照安全档案敦促特种设备使用单位按时定检。10月27日，专题召开全县特种设备使用单位落实安全主体责任推进会，组织学习《特种设备使用管理规则》及安全生产“一单四制”等相关知识，再次强化特种设备使用单位落实安全主体责任。扎实组织重要节点、重点设备、重点区域特种设备安全监察活动，开展“两会、两节”安全大检查、“五一”安全大检查、淘汰特种设备整治、高考期间安全大检查、电梯专项检查、危化品特种设备整治等专项行动，主管副县长和局长多次带队检查，全年出动执法人员432人次，开展集中执法行动22次，检查特种设备使用单位310余家，下达《特种设备安全监察指令书》12份，排查整改安全隐患12处，封停淘汰特种设备2台。同时，开展电梯维保单位专项整治，严厉查处挂靠和非法维保等违法活动，并对全县12家维保单位建立档案。对全县瓶装液化石油气经销店开展了专项整治，对无照无证经营及储存条件不符合要求的经销店均下达限期整改意见书。7月，对全县气管道开展专项检查，并约谈西纳天然气公司负责人；9月，请市特检院对在用部分未经安检管道进行安全检测。年内开展电梯、起重机械、压力容器等特种设备安全专项监察行动132次，检查特种设备使用单位210余家，配合省特检院衡阳分院检验电梯566台、锅炉27台、起重机械106台、厂（场）内机动车辆75台、压力容器104台件、压力管道25千米、督促送检液化气钢瓶8000个。

【食品生产、经营及餐饮服务环节监管】 食品安全工作机制日益健全。调整、充实县食安委组成人员，重新明确县食安委成员单位和乡镇食品安全工作主要职责，食安委成员单位由17个增加至20个，县公安局专门成立食药环中队，县食药工质局公开招考三名技术人员，并安排5名军转人员充实基层，监管力量、技术力量得到进一步增强。食品安全工作形势明显好转。源头检验检测进一步加强。抽检食用油、大米、乳制品、豆制品、肉类等25大类食品203批次、蔬菜水果5099批次、生活饮用水260批次、保健食品4批次、涉林食品273批次、畜禽水产品3617批次,对不合格食品进行下架并立案查处。专项整治力度进一步加大。加强食用农产品、农村食品安全专项整治。扎实开展学校及周边食品安全“护苗行动”和保障中老年人权益的“护老行动”。餐饮环节专项整治、肉类制品专项整治、食品市场“四打击四规范”、全县冷库冷冻食品专项整治、涉林食品专项整治、H7N9防控专项行动、水产品禁用药物专项整治、农业投入品专项整治等专项整治推进力度大,效果好。“省级示范食品安全学校”和“省级畜禽水产品质量安全示范县”获评成功。监管执法力度进一步强化。食安委成员单位开展联合执法行动近60次,查办食品违法案件156起(其中食药工质局97起),下达整改通知376份,捣毁制售假劣食品窝点5个,取缔不合格食品经营12户,刑拘食品违法犯罪7人,移送起诉6人。食品安全工作氛围更加浓厚。成功举办全国食品安全宣传周衡阳市启动仪式,组织开展“3·15”、畜禽水产品等集中宣传活动。设立展板130块、横幅37条、现场咨询台66个,发放宣传资料7万余份,利用流动影视车开展乡镇巡回宣传80余次,县电视台和“村村响”广播播出《食品安全风险防控警示》400余次。组织开展“食品快检下乡镇进市场入校园活动”,在县城及25个乡镇农(集)贸市场、超市和部分学校抽检猪肉、蔬菜等食品2320批次,快检考点食堂食品150批次。修订《衡阳县农村集体聚餐管理办法》、出台《衡阳县乡村厨师管理办法》,培训乡村厨师1245人次,处理、回复食品安全投诉76起。食品经营许可确保严格落实。加强督促检查,签订食品安全责任书,实行亮证经营、公示上墙、票据专簿,截至2017年年底,全县有社会餐饮服务单位1211家(其中学校食堂420家、机关食堂28家、大中型餐饮单位175家、小型餐饮588家)。食品生产加工环节获证食品生产企业33家、食品加工小作坊103家。食品流通环节经营企业56家、个体食品经营户4014户。食品安全示范创建推进有力。持续推进“明厨亮灶”示范街、食品示范一条街、食品安全示范性学校创建,开展餐饮服务食品安全量化分级管理,实现风险等级评定、量化分级管理与日常监管有机结合,促进餐饮服务提档升级,餐饮服务单位食品安全量化分级优秀率和良好率不断上升,比率超95%。建立食品安全信用档案,做到“一企一档”“一店一档”。建立餐饮服务食品安全公示制度,在每家店堂醒目位置公示主体资格、餐饮食品安全监督检查评价结果等信息。督促餐饮服务单位诚信经营、守法经营,引导消费者寻找笑脸就餐。县实验学校成功获评“省食品示范学校”。餐饮安全保障措施有为高效。有针对性地对重点区域、重点环节、重点品种和重点领域进行全方位监督检查,突出抓好各类食品安全专项整治和重大活动食品安全保障工作。圆满完成包括县委经济工作会议,“人大”“政协”两会,“油菜花”节,“船山文化夏令营”“高考”“学考”“中考”三考等在内的重大活动期间餐饮服务食品安全保障工作,保障供餐280餐次、10万人次,行政约谈食品药品经营业主263人次,现场指导农村集体聚餐1000余次,排除各类食品安全隐患18处,实现重大活动食品安全保障工作零事故。食品安全专题询问成果较好。县政府和县食安委各成员单位对2017年县人大组织的食品药品监管专题询问高度重视,主动配合,从整改突出问题入手,有计划、有步骤逐项加以整改。校园及周边食品安全、冷库冷冻食品安全、“三小行业”食品安全监管得到进一步加强,在专题询问满意度测评中满意率达到91%。

【药品安全监管】 依法严格药品经营许可,年内全县新开办药品零售企业15家,其中连锁经营2家,单体店13家。实施药品经营企业全覆盖监管,强化药品流通“飞行”检查,严厉惩治非法渠道购进药品、销售假劣药品等违法行为,查办药品经营违法违规案件50余起,下达责令改正通知书100余份。元月下旬至2月中旬扎实开展春节期间药品专项整治,及时发现和消除药品安全隐患。5月下旬开始组织药品质量安全集中整治暨药品流通领域突出问题专项整治,检查药品经营企业50家、诊所和村卫生室180家,下达责令整改通知书 15 份，查处从无证渠道购进药品案 2 起。

【医疗器械监管】 进一步规范医疗器械经营和使用行为，建立和完善医疗器械经营企业和使用单位监督检查档案，对重点产品、重点企业实行重点监管，检查医疗器械经营企业 95 家、使用单位 30 家，受理行政审批事项 10 件（其中三类医疗器械经营许可 1 家，二类医疗器械经营备案 9 家）。在全市医疗器械法规知识竞赛，县参赛队员荣获 2017 年衡阳市医疗器械法规知识竞赛三等奖。

【队伍建设】 继续强化组织建设。进一步加强本局和非公经济党组织建设，选举产生新的县局机关党委；组建、成立衡阳县个体私营企业经济组织综合委员会，设立 17 个非公经济组织党支部，进一步健全、完善党组统一领导、机关党委直接指导、党支部书记亲自负责、分管责任人具体落实的党建工作机制，并向非公经济组织党支部派驻党建工作指导员，将非公经济组织党建工作纳入主管范围。不断完善相关制度。先后修订、完善《党建工作目标管理责任制》等 30 余项规章制度，“两学一做”常态化、制度化学习教育与干部职工内部培训同步开展，2017 年班子成员和干部职工之间互相交心谈心达 400 人次，家访 150 户次。举办活动激发合力。先后组织开展庆“三八”户外踏青 · 美在身边随手拍和庆“五一”迎“五四”金华登山健身赛等一系列健康有益的文体活动，组队参与县总工会举办的羽毛球赛，队伍凝聚力和向心力进一步提升。高度重视争先创优。“七一”表彰先进党支部 7 个、优秀党务工作者 3 名、优秀共产党员 43 名，发展预备党员 2 名，推荐 4 名非党积极分子参加县委党校培训，同时有 40 余名干部职工获评市、县年度工作先进个人。2017 年度县食品安全监管工作获省先进，县食品药品监管工作荣获全省系统先进、全市第一名，社会治安综合治理、计划生育综合治理、提案办理、党风廉政建设等工作分别获得全县先进。食品快检下乡镇进市场入校园活动入选“2017 · 全国食品药品科普排行榜——最佳传播活动”。

民政·人力资源和社会保障

民政事业

【城乡社会救助体系建设】 认真贯彻落实《国务院办公厅关于加强困难群众基本生活保障有关工作的通知》和国务院第162次常务会议精神，加强制度衔接和工作衔接，建立困难群众基本生活保障工作协调机制。成立以县长为组长、常务副县长为副组长，县政府办、县民政局、县财政局、县发改局、县人社局、县卫计局、县住建局、县教育局、县扶贫办、县残联等单位主要负责人为成员的困难群众基本生活保障工作领导小组，明确了领导小组和成员单位职责。同时，着力完善城乡低保审核审批、资金使用、档案管理等制度，与物价上涨挂钩联动，基本实现应保尽保、公平公正，较好保障困难群众基本生活。

【城镇低保】 截至12月底，全县保障城镇低保对象1564户、2403人，发放城镇低保救助金900.23万元。城镇低保保障标准提高到420元/月/人，人均月补助水平达到300元。5—10月，开展拉网式年度核查，乡镇按100%、县民政部门按30%以上的比例对全县城镇低保对象进行入户调查，对符合条件的对象及时纳入，对家庭经济状况好转的对象进行全面清退，做到动态管理下的应保尽保、应退尽退，真正实现按户施保，精准救助。

【农村低保】 按照省、市统一部署，全面开展农村低保对象清查复核工作，对不按标准施保、“拆户保”、“违规保”等问题进行重点核查。通过复核整改，截至12月底，全县保障农村低保对象10012户、20777人。同时，加强农村低保制度与扶贫开发政策有效衔接，实现农村低保和扶贫标准“两线合一”，将符合低保条件的家庭和符合低保条件的建档立卡贫困对象及时纳入农村低保范围。农村低保标准提高到260元/月/人，人均月补助水平达到170元。1—12月，累计发放农村低保资金4238.69万元。

【社会保障兜底扶贫对象认定】 截至12月底，精准认定农村低保全额兜底脱贫对象1681户、3208人，占该县建档立卡的扶贫总人口5.3%。积极推进全县扶贫攻坚农村低保兜底工作，出台《衡阳县农村低保和社会保障兜底脱贫对象认定清理整顿工作实施方案》的通知，全面开展农村低保对象认定复核工作。对现有农村低保对象查漏补缺，将不符合条件、违规享受农村低保的一律清退，将进入扶贫建档立卡名册符合低保条件的特别困难家庭，纳入兜底保障脱贫对象。农村兜底脱贫对象月保障标准达到260元，所有兜底脱贫对象全额享受农村低保标准，其他农村低保对象实行补差发放，真正实现了应退尽退、应保尽保、应扶尽扶。

【农村特困人员供养】 截至12月底，全县现有农村特困供养对象7724人，其中分散供养7102人，集中供养622人。1—12月，发放特困供养资金3525.86万元。提高供养标准，分散供养标准提高到4056元/人·年，集中供养标准提高到6552元/人·年。全面开展特困人员生活自理能力评估工作，并根据评估结果，确定特困人员享受的照料护理标准档次。全额资助特困供养对象参加农村合作医疗;继续推行特困供养对象医疗救助政策,特困人员在县、乡两级定点医疗机构住院,实行医院全额垫付和“一站式”结算服务;继续推行特困人员死亡后免费火化政策。

【城镇孤残供养】 衡阳县城镇福利院是衡阳地区唯一一家省级示范福利机构。2013 年,县福利院投入 200 万元对育英楼进行整体装修改造,添置医疗器具、药品、图书、健身等器材,新增设儿童乐园、教育中心等功能室。列入中央预算内养老服务体系建设项目和市政府重点工程建设项目的县老年养护楼项目总投资 1630 万元,规划用地 18.9 亩,建筑面积 8040 平方米,新增休养床位 180 张。目前,该项目的主体和装修工程、院内的绿化和亮化工程已全部完成,即将投入使用。

【农村敬老院建设】 加强敬老院建设,新建曲兰镇敬老院,该项目规划建筑面积 1648 平方米,新增敬老院养老服务床位 100 张,年底完成建设任务并入住。加强生活不能自理特困人员集中供养和护理床位建设,新增敬老院护理床位 130 张。加强敬老院安全管理,认真落实省、市、县对社会福利机构消防安全的要求,开展全县敬老院安全隐患大排查活动,对排查过程中发现的问题及时整改和纠正,全县敬老院无一例安全责任事故。

【城乡医疗救助】 认真落实省、市及县政府办《关于进一步调整医疗救助政策的通知》和《关于开展重特大疾病住院医疗救助的通知》文件精神,进一步规范门诊救助,完善住院救助,对符合条件的对象在县、乡和县外定点医疗机构住院按政策比例给予救助。进一步加强医疗救助与基本医疗保险、大病保险、补充医疗保险和农合医疗新政策的衔接,为城乡低保兜底脱贫对象购买商业保险,全额资助特困供养对象、农村低保对象参保参合,民政救助对象就医费用报销比例提高 10%,大病保险起付线降低 50%,大病保险报销比例提高 5%。1—12 月,累计救助 79771 人次,发放医疗救助资金 1561.2 万元。

【流浪乞讨人员救助】 衡阳县救助管理站不断完善救助机制,提升救助服务质量。根据湘民发〔2017〕29 号文件的通知,加强与公安部门建立沟通机制,细化职责分开,已为 17 个长期滞留人员落实户口登记工作,并办理了城乡医疗保险。全年救助各类流浪乞讨人员 2925 人次。

【救灾救济工作】 救灾工作。2017 年全县多次遭受洪涝、风雹、山体滑坡、台风等自然灾害,尤其在主汛期,极端性强降雨连发突发,暴雨过程多,持续时间长,因灾损失大,给灾区人民群众生命财产安全和社会经济发展造成严重影响。县委、县政府紧急部署安排,及时启动自然灾害救助应急响应,全面动员抗灾救灾工作。据统计:全县累计 15.419 万人次受灾,死亡 2 人,紧急转移安置 3203 人;农作物受灾面积 12041 公顷,绝收面积 2111 公顷;因灾倒房 169 户、418 间,损坏房屋 1619 间,其中严重损坏房屋 115 间;直接经济损失 14146 万元。是年,全县下拨救灾资金 1200 万元,救灾棉衣 500 件,棉被、毛毯 2000 床,救灾大米 50 吨,帮助灾民建房 199 栋,救助灾民 5.26 万人次。

灾后重建。是年,全县帮助因灾倒房户建房 199 栋,资助标准:重建每户 10000 ~ 30000 元,修缮每户 2000 ~ 6000 元,共发放救助资金 362.57 余万元。

冬春灾民生活救助。是年全县发放冬春救济资金 500 万元,棉衣 500 件、棉被、毛毯 2000 床,救灾大米 50 吨,累计救助 4.08 万人次。

【民间组织管理】 截至 12 月底,全县有民间组织 222 个,其中社会团体 66 个,民办非企业单位 156 个。加强行业协会商会与行政机关脱钩改革工作。全县第二批需要脱钩的行业协会商会 11 个,按照县脱钩联合工作组织的要求,在业务主管单位和相关职能部门的努力下,11 个协会现已全部一次性脱钩到位。积极推进了社会组织“两个全覆盖”。归口社会组织综合党委管理的社会组织共 56 个,2017 年新建独立支部 5 个、联合支部 7 个,党组织覆盖率已达到 100%。制定出台关于加强新社会组织党建工作的意见,对新社会组织中党组织设置、隶属关系、工作分工、党员教育管理等进行规范指导，进一步明确了社会组织党组织工作职责、工作任务以及各项规章制度。以党日活动、“共建新衡阳”等主题活动积极带动开展多种有意义的活动，比如积善志愿者协会开展的各种慈善活动，微公益志愿者协会开展的各种随手公益活动，武术协会开展的国学传播活动。在社会组织综合党委的指导下，党组织建一个，活一个。为加大对社会组织培育扶持力度，争取上级福彩公益金的支持，县局争取省民政厅福彩公益金35万元，用于社会组织孵化基地。该基地采取“政府资金支持、社会力量兴办、专业团队管理、政府公众监督、社会民众受益”的运营模式，委托第三方运营机构衡阳市善德社会工作服务中心从事专业运营，第一批入驻的社会组织5家。对入驻的社会组织每个支持扶持经费2万元，现已全部出壳。进一步加大对社会组织的培育和扶持力度，优化社会组织发展环境，充分发挥社会组织在承接政府购买服务工作中的积极作用，为初创期和转型期的社会组织提供各项支持帮助的载体和公共服务平台。

【福利彩票发行】 全年销售福利彩票3474万元，其中电脑型福利彩票3242万元，即开型福利彩票232万元，连续三年福利彩票销售超3000万元。加强渠道建设，增加福彩销售网点数量，满足彩民购彩需求，是年8月完成2家示范店建设，对投注站开发社会网点进行激励。加强管理服务，制定奖励方案和营销方案对站点进行激励，做好站点日常巡检、技术保障、培训服务，引导站点业主开展自主营销活动。加大宣传力度，做好站点落地宣传、大奖宣传、公益宣传及自媒体宣传，引导站点业主建立彩民微信群和QQ群，推广福彩公益形象和传递福彩开奖信息，做好彩民宣传服务工作。新增13个站点，淘汰调整6个站点。年末，全县福彩投注站63个。

【慈善事业】 是年，衡阳县慈善办接收善款376万元，物资价值215万元，其中定向捐款142万元，全年发放善款316万元，救助各类困难群众6100余人，其中大中小学生370名，大病医疗患者150余人，困难家庭100余人。1—3月，开展全县“慈善一日捐”，接收善款234万元，创历史新高。7月28日“抗洪救灾、情系家乡献爱心”活动，接收湖南恒生制药股份有限公司捐赠价值215万元的药品，广东省湘籍企业家商会爱心捐款20.77万元，“珠江合创”爱心捐款3万元。8月，开展集中“助学月”活动，发放善款17万元，助学170人；衡阳县第四届“节约一张纸、共圆求学梦”活动，发放善款22万元，助学104人；衡阳县第一届“荣尔助学”活动，发放善款6.55万元，助学43人；“爱心改变命运”助学2人；“香江给力”助学9人。10月，开展“九九重阳、阳光敬老”活动分别向樟树乡、洪市镇敬老院发放慰问金各1万元。11月，成立西渡镇春风社区慈善超市。12月13日，全市首家村级慈善工作站在该县孟山村挂牌成立。

【婚姻登记】 是年婚姻登记处办理结婚登记6726对，补发结婚证3570对；办理离婚登记2095对，补发离婚证94对；出具涉外婚姻登记记录证明14份，政府网站发布婚姻信息12条，处理来信来函28份、查阅档案450份，计生“实时通”信息录入8821条，婚姻登记合格率为100%。

【老龄工作】 县老年人服务中心认真履行职责，开拓进取，各项工作取得新成绩。一是城乡养老服务设施不断完善。新增8个省级城乡养老服务示范点，新增养老床位41张，争取省级福彩公益金41万元，并纳入省农村社区居家养老服务示范县建设范畴。二是基本养老服务补贴工作全面铺开。全县基本养老服务补贴覆盖率达到100%。惠及特殊困难老年人4885人。三是老年人意外伤害保险工作顺利推进。老年人意外伤害保险开辟了老年人新的救助渠道，增强了老年人抵御风险的能力。五类特困人员全部由财政出资参保，并积极推进全社会老年人参保。四是高龄生活补助工作扎实开展。加强百岁老人和90—99周岁高龄老人核查和补录，并严格审批程序。是年全县共有百岁老人32人，发放长寿金7.6万元；90—99周岁以上高龄老人2579人，发放生活补贴

206万元。五是“敬老月”活动有声有色。10月，全县举行一系列“敬老月”活动，在夏明翰广场重点宣传老年人权益保障法律法规、老年人优待证办理流程、惠老补贴发放流程，为老年人提供基本健康检查服务，并由县金秋俱乐部承办一场隆重的文艺演出活动。六是老年人优待政策基本落实。全县免费办理老年优待证8400本，持证免费乘车4万人次，全社会尊老意识进一步提高。

【殡葬管理】 县委、县政府将殡葬改革工作纳入了目标管理考核，并列为全县32项重点工作之一。各乡镇和县直有关单位向县人民政府递交目标管理责任状。对全县殡仪服务设施进一步完善，能够满足丧属基本需求，年入馆办理丧事318起。对深化殡葬改革工作进行新一轮的全方位的宣传发动，殡葬改革有关政策渐入民心。扩大了惠民殡葬范围，全年为97例困难群众免除基本丧葬费用，发放惠民补贴资金13.48万元。进一步加大殡改执法力度，全年联合执法7起，殡改执法大队纠正违规治丧行为14起，收缴灵堂2副，气球16个，音响2组，县城内搭棚治丧乱象彻底改变，无一例搭棚治丧现象。继续加强对公墓的监管力度，安福陵园全年销售墓穴147个。在全县划定禁葬区，由民政、公安、林业、国土牵头对全县内非法墓地进行清理、整顿、关闭。根据省市要求，将县城主城区划定为火葬区，按照先城区后农村，先国家机关干部，后城镇居民的办法，积极稳妥推行火葬政策，全年全县火化遗体1345具，机关事业单位死亡人员火化率提升较快。在全县范围内大力提倡科学、文明的丧葬方式，破除陈规陋俗。治丧扰民、违规土葬、火化后骨灰装棺土葬、建活人墓、豪华墓等大操大办的现象得到改善。县城内搭台唱戏、放鞭炮礼花、组织大型车队送葬现象基本杜绝。节地安葬、鲜花祭扫等现代绿色祭扫形式得到推行，初步形成文明节俭生态的丧葬新风俗。

【双拥优抚工作】 全县有优抚对象13000多人，其中重点优抚对象9639余人，发放各类优抚金4800多万元，义务兵家庭优抚金714.8万元，解决重点优抚对象医疗费用450余万元、临时救助120余万元。举行第四次“烈士公祭日”活动，全体县级领导及公、检、法、司代表，学生代表及烈士家属代表参加。就地修缮散葬烈士墓两座。为优抚对象援助建房9户，援助金额12万元。春节、八一期间组织对驻县部队、复退军人、重点优抚对象的走访慰问，送出慰问金200万元。发放烈属纪念品33份。

【退役士兵安置】 新接收符合政府安排工作条件退役士兵25人，圆满完成2016年退役士兵安置任务，接收自主就业退役士兵432人，发放2016年自主就业退役士兵一次性补助金303.87万元；开展2016年退役士兵职业技能培训，全县287人参加培训。

【地名管理】 地名普查。衡阳县第二次全国地名普查项目于2017年6月22日通过市普查领导小组验收，并取得98分的好成绩。7月中旬，通过省普查领导小组验收。认真做好地名录、图、词、志的编纂工作。

勘界。7月至9月，衡阳市、邵阳市、衡阳县、衡南县、衡山县、蒸湘区、南岳区、邵东县堪界办分别对“衡南线”和“衡阳衡山线”等5条行政区域界线的13个界桩进行检查、拍照、描红等。8月初，与综治办对县区域内界线进行检查，确认全县界线清楚，界桩无移动、无损坏，没有一起因界线及其标志物认定纠纷。

命名。对县城新修的道路、延长线共计13条进行命名，同时更名2条。对4座新修桥梁进行命名，同时更名2座。对县城新建的2个公园进行命名。 （刘湘敏）

人力资源

【人才队伍建设】 公务员考录。录用乡镇公务员17人（含“四项目”人员3人）、司法助理员6人、公安基层民警2人。

事业单位招聘。公开招聘教师282人（其中采取免笔试直接面试考核的方式,为几所县属高中和职业中专引进高学历高职称教师12人)、卫技专业人员311人、其他事业单位74人,其中县建筑设计院2人、县城建投资管理中心2人、县电子政务管理办2人、县人社局所属事业单位11人、县财政局所属事业单位11人、县农业局所属事业单位6人、界牌陶瓷工业园管理委员会4人、县人民政府法律顾问室1人、县生产力促进中心1人、县固定资产投资审计中心2人、县水利工程施工管理站1人、县商务和粮食综合执法大队3人、县公务车辆和公务用车管理服务中心1人,县食品药品检验检测中心3人、县交通运输旅游局所属事业单位7人、县畜牧水产局所属事业单位2人、县城建行政执法局所属事业单位7人、县卫计局所属事业单位3人、县机构编制信息中心1人。招募“三支一扶”4人,录用安置“三支一扶”服务期满1人。

专业技术人才队伍建设。评聘高级职称291人,中级职称208人,初级职称316人。教育系列中级职称评审权限下放到县一级。推荐县农业局林忠秀参加享受湖南省政府特殊津贴专家选拔并获通过。

【人事制度改革】 推进公务员职务职级并行制度。全县公务员及参照公务员管理单位由科员晋升到副科职级258人,副科晋升到正科职级62人,正科晋升到副处职级76人,副处晋升到正处职级2人。

【军转安置】 接收安置转业军官1人。组织自主择业军转干部联谊会2次。落实企业军转干部福利待遇,是年12月止,全县企业军转干部149人,其中在职2人,退休147人,“八一”每人慰问金1100元,春节每人慰问金800元,每年每人医保铺底门诊费840元,住院医疗费增报40%,10月组织全体人员体检。

【人事公共管理服务】 加强岗位履职考核。2016年度全县机关事业单位工作人员年度考核19197人,共评出优秀3018人(记嘉奖2593人、记三等功或记功425人),评定为不称职(不合格)46人,评定为基本称职(基本合格)11人,评为不定等次26人,不予考核6人。

开展人事管理清理整治“回头看”。对全县机关事业单位人事管理问题清理整治和建章立制情况进行督查处理,促使84人返岗上班,符合停薪留职条件履行停薪留职手续165人,符合病休条件办理病休手续83人,辞职辞退18人,清退临聘人员70人。

盘活人力资源。打破机关事业单位人事调配僵局,挑选县市场服务中心试点,调剂29名富余人员到人员紧缺的ppp项目办公室、城建投资公司、旅游服务中心等单位。

提升人事档案管理水平。县人力资源服务中心将托管的5745份高校毕业生档案信息录入全省高校毕业生人事档案信息管理系统,方便高校毕业生及时了解档案托管地及流向。

加强基层人社平台建设。县人力资源和社会保障局从所属二级单位下派和从其他乡镇站所选调57人充实到乡镇人社站,乡镇人社站工作人员达到93人,局内设衡阳县乡镇人社站管理中心,加强对乡镇人社站的统筹管理,实行力量下沉,推动服务提升。

【工资福利】 机关事业单位19365名在职人员调增津补贴,人均月增资300元;17846人晋级晋档,人均月增资90元;4959名在职专业技术人员和3192名退休专业技术人员办理了岗位分级工资审批手续;3849名工作人员办理公车补贴审批手续;审批公务员单位和参照公务员管理单位职级并行工资待遇1181人;乡镇机关及坐落于乡镇的事业单位13230名在职人员享受乡镇工作补贴;519名机关事业单位工作人员退休,298名机关事业单位工作人员(在职24人)及离退休人员死亡,其中本地火化152起,外地火化4起。

就业和社会保障

【劳动就业】 推进创新创业。审批发放创业担保贷款3080万元,贴息330万元,扶持企业186个、创业人员308人。新增创业主体3018户,带动城乡就业5208人。积极开展国家第二批结合新型城镇化开展支持农民工等人员返乡创业试点,认定衡阳县电商产业园为"衡阳县电子商务创新创业孵化基地",投入扶持补助资金40万元,入驻电商企业22个,争取明辉金槐高产丰效栽培示范园项目和电商园孵化公共服务平台项目被省发改委批准立项,争取项目建设补助资金85万元。加强创业培训,办班8期,培训的SYB－57人中,创业成功率100%,发放创业培训补贴8.8万元。推荐评选创业典型,红飞农业发展有限公司和城关帝龙鞋面加工厂老板李新春分别被认定为2016年度湖南省创新创业带动就业优质初创企业和自主创业就业先进个人,丰源农贸科技发展有限公司等4家企业和渣江伟林涂料厂等10家个体户分别被认定为2017年度衡阳市创新创业带动就业优质初创企业和成效显著个体工商户,樟树乡政府被评选为衡阳县创新创业带动就业示范乡镇,井头镇东山村等4个社区(村)评选为创新创业带动就业示范社区(村),农茂生态农业科技有限公司等4家企业和城西思源水厂等3家个体户分别评选为创新创业带动就业优质初创企业和成效显著个体工商户,大学毕业生王期时创办的长乐院子农产品销售店获自主创新创业奖励补助,俊丰农业有限公司法人代表刘明正等10名创业人员被评选为"衡阳县返乡创业明星"。衡阳县代表全市参评"湖南省创新创业带动就业示范县"。

推进就业扶贫。县人民政府办公室出台实施《衡阳县劳务协作脱贫工作方案》,县人社局制定印发《衡阳县人力资源和社会保障局行业扶贫工作方案》,县人社局、县财政局、县扶贫办制定印发《衡阳县贫困劳动力外出务工交通费补贴方案》、《衡阳县乡镇贫困村劳务经纪人管理方案》和《衡阳县扶贫爱心企业奖励方案》等政策措施,对农村建档立卡贫困劳动力转移就业、参加技能培训和自主创业给予补助资金和服务支持。成立由县委常委、常务副县长任组长的县劳务协作工作领导小组,由人社局长任领导小组办公室主任,抽调精干力量组建综合协调、职业培训、创业服务和转移就业五个工作组,形成县级领导负总责、人社部门专门抓、工作专班抓落实的工作机制。大力收集县内外企业用工岗位信息,通过县电视台、党政门户网站、手机报、微信等媒介进行实时发布,每月制作两次招工信息单,张贴到乡政便民服务中心、贫困村和人流较多地段。在85个贫困村各聘请1名"劳务协作经纪人"(由村干部或在贫困村具有一定威望人员担任),负责做好岗位信息发布、职业介绍和贫困劳动力就业状况跟踪服务等工作。举办"春风行动""劳务协作脱贫""送岗下乡""10·17"就业扶贫行动日等主题招聘活动14场。与广州市开发区人社局和深圳市罗湖区就业服务中心建立劳务协作关系,实行岗位信息共享、招聘活动联办。截至12月底,衡阳县在部、省劳务协作平台建档立卡贫困劳动力13108人,实现转移就业8599人。

促进城乡就业。积极落实就业政策,开展就业服务,促进新增城镇就业7950人,其中:利德有陶瓷公司新增就业岗位860人、得阳鞋业公司新增就业岗位1257人、恒生制药公司新增就业岗位162人、富森工贸公司新增就业岗位135人等。全县新增农村劳动力转移就业7300人。继续通过政府购买公益性岗位方式援助困难人员就业,共计1085人,其中零就业家庭人员49人、六类部分军退人员270人、残疾人员26人、治安巡逻260人、环卫480人。

加强技能培训。累计接收95名贫困生到湘南船山技校免费接受技工教育。组织高级农技师、畜牧师,在渣江、大安、樟木等乡镇举办油菜直播、病虫害防治技术、牲畜养殖和水果栽培等实用技能培训班7期,每期培训4天,理论指导3天,现场指导和实习1天,培训贫困人口400人。联合商粮、农机等部门,开展计算机、家政保姆、农机操作手和电子商务等职业技能培训200人。

发展技工教育。湘南船山技工学校启动国家公共实训基地项目建设。截至2017年12月底,湘南船山技工学校有教职工123人,开设数控加工、电气自动化设备安装与维修、工业机器人应用与维护、电子商务、会计、计算机应用与维修、汽车维修7个专业,2017年秋季招生612人,在校学生

1506人,毕业生专业对口就业率100%。

【社会保障】 企业职工养老保险。参保单位137家,在职参保38916人,离退休20845人,征缴基金27684万元,上级补助资金17139万元,发放养老金44727万元,基金累计结余11941万元。纳入基本养老金调待20310人,人均月增资127.4元,人均养老金2063元/月;结算发放丧葬补助金和抚恤金1940.82万元;完成改制企业养老保险费挂帐17家,争取基本养老保险费挂账9648万元。截至12月底,全县确认被征地农民社会保障对象14683人,已参保4057人,启动被征地农民“养老贷”,参保50人,累计征收被征地农民社会保障资金达到36312万元,累计支付被征地农民参保财政补贴10055万元,累计结余被征地农民社会保障资金26257万元。

机关事业单位养老保险。参保单位490个,参保职工29239人(其中在职参保19634人,退休9605人),征收养老保险基金2.9亿元,支付离退休养老金3.7亿元。根据省人社厅、省财政厅《关于2017年调整退休人员基本养老金的通知》规定,对全县2016年12月31日前已按规定办理退休手续并按月领取基本养老金的退休人员调整养老金,调整标准为退休人员每人每月增加养老金50元,按本人2016年12月的基本养老金为基数每月增加3%,对2016年12月31日前年满70周岁以上(含70周岁)至80周岁以下的退休人员每人每月再增加基本养老金20元,年满80周岁以上(含80周岁)的退休人员每人每月再增加基本养老金30元。全县符合调待条件的退休人员共8913人。对机关事业单位养老保险原试点期间(1996年12月至2014年9月30日)收缴的养老保险个人部分进行全面清理,全县在职参保职工20939人,原试点期间个人缴费总额8000万元;退休人员8927人,原试点期间个人缴费总额4500万元。

城乡居民养老保险。登记参保72.86万人,实际参保缴费40.44万人,征缴基金5070.73万元,享受养老待遇18.93万人,争取上级补贴资金1.91亿元,发放养老金1.93亿元,基金累计结余3.73亿元。从2017年1月1日起,基础养老金由每人每月80元调至85元。代发代课教师生活困难补助2038人,代发资金276.42万元;代发乡村医生生活困难补助1564人,代发资金274.28万元;代发独生子女费75人,代发资金5.39万元;代发电影放映员生活困难补助117人,代发资金20.59万元。衡阳县人民政府办公室印发《关于做好建档立卡贫困户基本养老保险扶贫工作的通知》及《关于做好建档立卡贫困人口参加城乡居民基本养老保险补贴工作的通知》,积极推进社会保障兜底扶贫,由政府为5529名重度残疾人(一、二级)代缴养老保险费55.29万元;为184名计生特别扶助对象代缴养老保险费1.84万元;为1169名社会保障兜底脱贫对象代缴养老保险费11.69万元;对其他建档立卡贫困人口参保,按最低缴费标准(每人每年100元)的50%给予缴费补贴,实行先缴后补,补贴26484人,发放补贴资金132.42万元。

城镇职工医疗保险。参保单位480个,参保47174人,征缴基金11833万元,医疗费用支出11484万元。按照全市统一安排,4月启动社会保障卡加载医保功能,原医保卡到年底全面停用,医保帐户的余额自动转入社会保障卡。9月,实现全国医保联网异地就医直接联网结算,需在异地定居的参保人员和出统筹地区治疗的参保人员,本人或委托人持相关的有效证明,到县医保中心填报《异地就医结算备案表》,进行异地就医登记,由医保中心录入异地就医“大医保”结算网后,参保患者在异地发生的住院医疗费用即可实现异地就医住院费用网上直接结算,解决了异地就医“跑腿、垫支”问题。

城镇职工生育保险。参保32224人,参保单位480个,征缴生育保险基金535万元,支付生育保险费582万元。

城乡居民医疗保险。新型农村合作医疗与城镇居民医疗保险制度整合实施,居民参保缴费标准为150元/人,以户为单位参保。基本药品目录由原1776种增加到2566种;诊疗项目范围目录由原4197种增加到7741种;省级医疗机构及外地定点医疗机构住院补偿比例提高5%;市内市级定点医疗机构住院起付线分别降低600元、400元、200元不等，住院补偿比例提高25%、20%、15%不等；县内乡镇卫生院住院起付线、补偿比例进行结构性调整；县市级定点精神病专科医疗机构住院补偿标准，按定额支付方式结算；无责任方意外伤害患者住院补偿比例提高15%；特殊门诊病种增加12种，补偿比例提高25%；家庭账户较以前每人增加30元；继续实施大病保险追补，并将16种特殊药品及部分政策性自负费用纳入大病保险追补范围。全县参保973735人，基金总收入58312.07万元（其中参保居民缴费14606.20万元，中央及各级地方财政配套43130.39万元，利息收入575.48万元），补偿兑付医疗待遇275319人次，补偿金额55742.1万元（含大病保险支出3875万元），其中：住院补偿139957人次，补偿金额45748.45万元（含定额住院分娩补偿6686人次，补偿金额964.57万元）；意外伤害8768人，补偿金额4418.04万元；贫困户追补115.86万元；异地就医直接结算1人，补偿3.61万元。特殊门诊补偿20469人次，补偿金额3345.62万元；家庭门诊账户补偿114893人次，补偿金额2773.03万元。加大对困难群体参加医疗保险的扶助力度，全县特困人员（含五保户、城市“三无”人员及孤儿）和兜底脱贫对象11301人，个人参保缴费由民政部门全额补助到位，补助169.52万元；全县低保户20939人，个人参保缴费由财政部门给予50%的补助，补助157.04万元；对建档立卡贫困人口中的非低保对象参保个人缴费给予50%的补贴，补贴34164人，补贴金额256.23万元，由财政从扶贫资金中统筹解决。提高贫困人口医疗保险待遇，贫困人口住院医疗费用补偿（含意外伤害）较一般居民比例提高10%，补偿7528人次，补偿金额2317.40万元；大病保险起付线较一般居民降低50%，补偿比例较一般居民提高5%，补偿125人次，追补金额113.66万元。

失业保险。参保单位153家，参保人数55000人，征缴基金598.67万元，为312人发放失业保险金和缴纳医疗保险费合计164.2万元，为21个参保单位支付稳岗补贴111.6万元，基金累计结余4615.27万元。参保企业在职职工依法参加失业保险累计缴纳失业保险费36个月（含36个月）以上的，自2017年1月1日起取得初级（五级）、中级（四级）、高级（三级）职业资格证书或职业技能等级证书的可以申领技能提升补贴。

工伤保险。参保单位612家，参保人数60118人，征缴基金2767万元，支付580例工伤，877人工伤保险待遇2735万元，基金累计结余487万元。

【劳动保障维权】 加强争议调解。建立农民工工资争议调处“绿色通道”制度，处理劳动人事争议案件153起，按时结案率和调解成功率分别为95%和70%，涉及案件金额900万元。

强化监察执法。检查1023家用人单位遵守劳动保障法规情况，涉及劳动者3.7万人，责令用人单位补签劳动合同8000份；督促134家用人单位进行社保登记并缴纳社会保险费276万元；接待现场咨询投诉102起、12333投诉热线咨询562起，为620名劳动者追回工资及经济补偿876.4万元；移送公安机关涉嫌拒不支付劳动报酬案件4起，移送县法院依法审判强制执行1起，向社会公布重大违反劳动保障法律法规案件2起。

保障农民工工资支付。12月份，衡阳县农民工劳动报酬保证金由住建部门移交到人社部门统一收取及管理。成立了以常务副县长为总召集人，人社、交通、水利、住建、财政、司法、公安等相关部门领导为成员的衡阳县治欠保支工作联席会议领导小组，进一步完善保障农民工工资支付联防联动机制。

【劳动工资】 根据衡阳市人力资源和社会保障局《关于衡阳市2017年调整最低工资标准的通知》文件规定，衡阳县最低工资标准调整为1130元/月，非全日制劳动关系的最低小时工资标准为11.6元/小时，从2017年7月1日起执行。审批衡阳市得阳鞋业公司、衡阳县宝泉鞋业公司等8家企业部分工作岗位执行特殊工时制度。（刘灵敏）

城乡建设管理·环保

城乡规划

【规划审议】 2017年，县城乡规划委员会召开4次专题会议，审议通过衡阳县城乡规划委员会工作规则(审议稿)、衡阳县旧城区控制性详细规划、渣江镇玉麟文化园修建性详细规划；阳光100住宅小区、翰林学府、西渡镇英陂村欧家台组组留地、福源·东方一品城、米子棚户区改造拆迁安置小区、花元大厦、唯品会衡阳电子信息产业园建设项目一期工程、衡阳县公安局三所合一(看守所、拘留所、戒毒所)、长旭·江山壹号、马赛公馆、家兴华府、富森·天鹅新城项目。

【县城近期建设控制性详规编制】 完成衡阳县县城旧城区、衡西公路两厢控制性详细规划。

【专项规划】 启动人防、燃气专项规划编制。

【新农村建设规划】 完成38个村庄规划编制：演陂镇陇头村、金兰镇城坪村、曲兰镇湘西—船山—清水片区(包含3个村)、三湖镇甘泉村、岘山镇班竹村、长安乡观花村、板市乡松林村、溪江乡河田村、溪江乡朝日村、台源镇东成村、集兵镇红星村、界牌镇将军村、樟木乡高城村、岣嵝乡环洞村、岘山镇阳光村、岘山镇星光村、杉桥镇白石园村、渣江镇黄冈村、关市镇保新村、长安乡庙山村、渣江镇双兴村、关市镇众星村、三湖镇永安村、井头镇上源村、界牌镇造基村、西渡镇福星村、洪市镇清塘村、樟木乡九渡村、石市镇金屏村、石市镇石狮村、岘山镇弹弦村、栏垅乡白水村、库宗桥镇虎形村、金溪镇上峰村、金兰镇猴山村、大安乡双隆村。

【村民建房规划审批】 出台《关于加强船山西路(衡阳县段)沿线规划建设管理的意见》；发放乡村建设规划许可证57份。

【禁违拆违】 全年依法拆除各类违法建筑408处，拆除面积82518.5平方米；停工116处，面积188301.7平方米；限期拆除228处，面积19374.1平方米。实现违法建设零增长的目标。(*颜青云*)

城乡建设

【县城建设】 2017年，住建工作贯彻落实县委、县政府提出的“生态立县、产业兴县、文化强县”发展战略，按照“融城、拓城、秀城”的城建工作思路，以“补短板、促转型、强动力、惠民生”为目标，突出城乡“双修双改”，着力打造新西渡，让城市更美丽，让市民更舒适。

东进融城　以蒸水风光带、船山西路为两轴，依托两里塘、英睦塘、清水垅3个自然水体，引进大型城市综合体，加快与衡阳市区的融城步伐。船山西路建成通车，蒸水南北风光带正在推进，珠江合创城市综合体、奥园广场商业综合体达成合作意向。

西提秀城　分步推进西面旧城区主次干道和背街小巷提质改造、小游园建设及片区综合整治。清风公园和半山公园建设、中洲公园和中心北路提质改造、蒸西大道和向阳南路绿化提质、财富游园、县一中广场建设、新正街人行道提质改造全部完成；向阳北路提质改造、西渡老街项目、马厂3个片区综合整治、"三区"（西渡高新区、县城老城区和饮用水源保护区）绿化等项目顺利推进。

南北拓城　北以西渡高铁站和西渡高新区为核心，南向英南新区延伸，拓展城市空间。怀邵衡铁路衡阳县段铺轨完成，高铁站和站前广场及连接线工程正在建设中。清江大桥工程，于8月8日开工建设。英南新区县中医医院（新院）全面建成。市民中心、金融保险中心、义务制教育学校、五星级宾馆等项目，正在全面规划。

2017年，县城自来水新增用户522户，自来水普及率90%以上；县城天然气居民用户新增5337户，非居民用户新增58户，天然气普及率85%以上；县城污水处理全年累计约1168万吨，处理率96.7%；全县城镇化率43.52%。

【农村基础设施建设】　樟木乡投入20万元，新架设路灯100盏，新增垃圾池20个，新布设垃圾桶100个，拆除破旧房屋3栋；完成塘坝清淤扩挖60处，小水库除险加固5座，自来水安全饮水工程入户率60%；新增1万伏高压线路杆11根，变压器3个；硬化10个村（社区）的组道，总里程14.3公里，改造危桥1座；新建村部1个，小游园2处。

岣嵝乡投入60万元，完成集镇总体规划编制图和4个行政村的编制规划图。

板市乡硬化7口骨干塘和3.4公里组道，水渠清淤3000米；公租房配套设施及污水处理工程完工。

曲兰镇完成征地130亩，拆迁房屋29栋；公租房建设和老街提质改造完成立项报批和前期工作。

西渡镇赤水至岘山更楼公路路基加宽1.5米，硬化路面5公里；新桥至振兴至衡南公路路基加宽1.5米，硬化路面2.3公里；三联社区至梅花村公路路基加宽1.5米，硬化路面2.5公里；秋塘村至黄林村公路路基加宽1.5米，硬化路面3公里；完成英秋公路维修5000平方米；西杉公路危桥改造动工。

樟树乡投入200万元，绿化村组道路24.36公里；加宽樟树村五福组道路3公里；投入100万元，兴建一个大型休闲娱乐文化广场；投入18万元，修建一座标准化公厕。

金兰镇硬化17口骨干塘，水渠清淤3.5公里；硬化组道13.5公里。

渣江镇完成渣盐公路提质改造项目的规划、测量、财政评审等前期工作；投入400万元，完成文德广场周围道路综合提质改造，完善基础设施；规划面积2.6平方公里，拟建成集玉麟故居、春社文化和土菜文化为主要元素的玉麟古镇。

金溪镇完成登兴村4.5公里和兰泉村5.1公里的村道扩宽改造硬化工程；完成金溪街道与正冲的道路对结，架设河上大桥，"十字"架式的道路全部硬化和绿化，安装30盏路灯亮化金溪新区；在柿竹至金溪段安装路灯120盏、横江至兰泉段安装路灯140盏；完成登兴村、兰泉村、小寨村、聚福村的农网改造。

关市镇投入1000万元，新建大型休闲娱乐文化广场；硬化12个组组道，提级改造2公里的石麓村道，修筑河堤马岭村沙坡、易家地段620米；修筑田间渠关市、马岭、金马、汇水、高平、众星、永康、保新等村4000米；投入100万元，亮化保新、兰山、高明等8条村道和集镇。

库宗桥镇完成库荷路扩宽和硬化；新建华胜旅游公路；绿化S315线、X056线、库荷公路、库坊公路、库源公路、玩清公路、古羊公路通道42公里；完成库宗村、虎形村、梅开村、金华村、栾木村、建坪村、华山村的村庄绿化，每个村建设2个1000平方米以上的绿化小广场。

栏垅乡投入190万元，完成栏垅街道提质改造，对街道路面进行硬化、油化、亮化。其中，街道硬化6000平方米。

长安乡投入80万元，修建牌坊、牌廊、亭子；投入20万元，新增垃圾桶100个和垃圾中转场1个；清理污水管网2千米；升级改扩建村级公路10千米；新安装路灯150盏；新栽树木350棵。

演陂镇投入200万元，建设方工村蔡家组美丽乡村示范点；投入80万元，设立保洁公司，确保每村每月垃圾至少集中清运2次以上。

【乡镇污水处理工程】 一期计划建设洪市、金兰、库宗桥、井头、台源、渣江、界牌、集兵等8个乡镇污水处理厂。洪市镇于2016年建成并投入运营，金兰镇于2017年12月23号正式动工，其余6个乡镇完成征地、地勘、施工图设计和立项、可研、环评、三通一评等前期工作。

【乡镇天然气输送工程】 该工程是衡阳县重要的民生工程，总投资2.4亿元。2017年3月24日，衡阳县人民政府与中油金鸿衡阳西纳天然气有限公司签订《衡阳县乡镇管道天然气特许经营协议》。4月18日，启动樟树乡、洪市镇和金兰镇管道天然气建设。至年底，樟树乡基本具备通气条件，洪市镇主干、庭院管网完成6公里，金兰镇完成项目规划设计和工程材料购置。 （杨大平）

重点工程简介

【县自来水第二水厂一期工程】 衡阳县第二深度处理水厂，建设规模6万吨/日，工程投资概算8412万元（不含配套管道工程和绿化工程）。2015年6月25日动工建设，2017年元月通水试运行，2017年11月通过综合竣工验收。各项设备运行良好，生产水质达到国家《生活饮用水卫生标准》（GB5749—2006）。该项目的建成投产，确保县城居民的饮水安全，也为县城的扩容发展提供供水保障。

供水管网建设总投资5000万元，项目计划新建主供水管网23公里。其中，人和路3.6公里，向阳北路1.92公里，海英大道5.83公里，洪山北路2.6公里，洪山南路2.62公里，顺济路3.5公里，蒸西大道3.61公里。2017年，主管网敷设20.07公里，完成投资4180万元。

【帝龙时代广场至党校公路改造】 该项目于2016年6月12日经县发改局批准立项，总投资664万元，主要改造公路路基、路面及道路附属工程。2017年，项目完成13根锚固桩建设，完成200米路基建设及管网改造，完成投资约300万元。

【蒸西大道至西渡中学道路建设】 该项目位于新建县妇幼保健院南面，路长440米，路宽24米，总投资2200万元。2017年，完成路基土方工程和雨、污水管网工程。

【向阳北路提质改造】 该工程起于新正街，止于S315线，全长1467米。其中，向阳北路长1207米，连接S315线道路长260米。设计标准为城市次干路，设计时速为30Km/h，路基宽19~30米，沥青混凝土路面，双向四车道。总投资8000万元，其中建安经费4000万元。2017年，完成工程量80%。计划在2018年5月31日前工程竣工。

【清江大桥建设】 桥长436米，宽24米，总投资6710万元，于2017年8月8日正式动工建设。2017年，完成17根桩基及场地建设。

【马厂小西和青风银穗两片区改造】 总投资2600万元，改造区域面积43000平方米，规划用地面积7.5公顷，涉及居民2000余户。完成房屋整体改造17栋和水电等基础配套设施改造，新增绿地面积4670平方米，改造道路15条、总长3800米。 （杨大平）

房产管理

【保障性安居工程】

棚户区改造 2017年，棚户区改造任务共计1111户。实行货币补偿安置，棚改对象全部签订征收补偿协议，完成率100%。

农村危房改造 2016年第二批任务数637户的补助资金，2017年上半年通过“惠农一卡通”发放到农户。2017年，上级下达危改指标任务844户，实际完成978户。其中，四类重点对象873户（建档立卡贫困户525户，农村分散供养特困人员（五保户）78户，低保户257户，贫困残疾人13户），其他贫困户105户。石市镇东田村采取集中安置，改造旧村部给6户分散供养人员居住。危改补助资金，12月底通过“惠农一卡通”发放到农户。

【商品房建设与销售】 2017年,全县在建房地产开发项目29个(其中乡镇项目10个),总面积146万平方米(其中乡镇项目26.7万平方米),总投资额22.3亿元(其中乡镇项目4.5亿元),商品房总套数9641套。竣工项目9个,竣工总面积41万平方米,竣工套数2419套。

办理商品房预售52宗,预售面积65.49万平方米,预售套数5492套。其中,住宅4328套,面积56.43万平方米;非住宅1164宗,面积9.05万平方米。办理商品房合同登记备案4182件,销售面积53.8万平方米,销售总额17.81亿元。

全年办理商品房交易1256套,面积16.9万平方米。其中,存量房272套,面积4.49万平方米。住宅共1110套,面积15.16万平方米。其中,存量房188套,面积3.37万平方米。非住宅146宗,面积1.75万平方米。其中,存量房84宗,面积1.13万平方米。

【房产管理】 年末,全县注册房地产开发企业36家,年内新增房地产开发企业8家。其中,三级资质19家,四级资质3家,暂定资质14家。完成"四上企业"3家。衡阳县率先在全市实行房地产预售资金监管,有效预防"烂尾楼"和"半拉子"工程;健全房地产开发企业准入机制,有效促进商品房从低品质向高品质转变。

开展房屋征收项目5个,征收房屋面积18546.04平方米、138户。依法依规发布征收公告5个、征收决定5个,完成向阳北路、壕塘、蒸阳、明翰等项目的征收任务,拆除房屋59栋、17855平方米。

完成商品房测绘24处,测绘面积73.24万平方米。其中,预测绘18处,测绘面积53.59万平方米;竣工测绘6处,测绘面积19.65万平方米。完成英陂公租房、向阳北路改造、明翰社区改造、蒸阳及壕塘社区棚户区改造、经开区拆迁户房屋面积鉴定"等政府项目的房产测绘工作,测绘面积6.8081万平方米。

【物业管理】 全县有物业公司22家。其中,三级资质17家,资质备案5家。外地物业公司5家。管理小区45个。2017年,提请县政府出台《衡阳县人民政府关于规范衡阳县城镇物业管理工作的实施意见》。全县开展新建项目物业管理用房面积确认、前期物业招投标、物业承接查验等工作。全年组织所有物业公司进行3次业务培训。

(杨大平)

建筑管理

【建筑设计】 2017年,完成设计项目280个,总设计面积180万平方米,完成设计的建筑产值25.2亿元。主要有:衡阳县易地扶贫安置房、村部建设、旺成.玫瑰园、台源中学、船山技校、杉桥卫生院、西渡站区台源安置社区、西渡站区西渡安置社区、米子棚户区改造拆迁安置房、马厂改造、诗妮芳服饰厂区、湖南万盈生物制品有限公司厂区等项目设计。

【建筑安全监管】 2017年,全县纳入安全监管的项目169个(含市政和2016年结转的项目),总建筑面积196.86万平方米,竣工验收项目13个,竣工待验项目45个,装饰装修项目21个,停工项目2个。登记、使用起重设备76台。其中,塔吊39台,施工电梯23台,物料提升机14台。组织对8个危险性较大的分部分项工程专项方案进行专家论证;下发安全隐患整改通知书783份,移交行政执法项目21个。县城项目安全受监率100%,乡镇建筑项目实现应管尽管。开展安全生产大检查、高处防坠落、建筑工地消防安全、汛期高温天气施工安全、冬季低温雨雪天气施工安全、重大事故隐患"一单四制"、企业生产主体责任年等专项活动,遏制建筑施工事故多发局面,维持全县建筑施工安全生产平稳运行。

【工程质量监管】 2017年,县城规划区域内在建项目169个,建筑施工项目质量受监率100%,竣工验收合格率100%,全年未发生质量安全事故。在市质监部门上、下半年考核中,衡阳县名列各县市第一。全县开展工程质量常见问题专项治理项目88个,建筑面积105.58万平方米。创质量安全标准化示范工地项目5个。其中,评为市级示范工地1个,申报省级示范工地3个。竣工验收的住宅工程均落实“一户一验”,分户验收率100%。接待工程质量投诉12起,处理12起,处理率、满意率均达100%。

在建工程建筑施工图审查面积176万平方米,竣工面积18万平方米。实施节能建筑面积82万平方米,建筑设计阶段强制标准执行率100%,墙体节能率96%,屋面保温节能率100%,高层门窗节能率100%。

【建筑市场管理】 2017年,全县建筑业总产值37.2亿元,同比增长15.4%,建筑施工总面积230万平方米,建筑项目总数169处。主要涵盖房地产开发、公租房、易地扶贫安置、工业厂房、市政设施等。其中,房建项目144处,市政项目25处。年内竣工项目51处。参与建设的施工企业44家,其中有湖南建工集团、江苏南通二建、中铁集团等知名特级企业;参与建设的监理企业17家、设计单位19家、勘察单位12家、施工图审查单位4家、起重机械安装检测单位6家;参与建设的项目管理、工程技术、现场作业等施工人员2.5万人。

为确保全县建筑市场健康有序,主要从三个方面入手强化管控。

核查摸底 从项目规模、参建责任、企业资质资格等进行全面登记核查,建立详细台账。对所有参建的建筑企业实行市场准入登记制度。

行政执法 对不执行基本建设程序、资质资格不符合要求、关键岗位人员违规押证、农民工工资支付保障体系不健全等违规情况及时下达行政执法文书。年内下达建筑市场违法违规行为整改通知17份。

行业服务 以保障农民工合法权益为重点,定期对农民工工资支付情况进行现场调查。年内面对面调查农民工1800人。对拖欠农民工工资的10起投诉案例,采取有效措施,督促欠薪支付到位。参建单位手续办理、资质资格申报等,给予咨询和指导;施工企业业绩信息补录,实行专人专办,保障补录及时完成。 (杨大平)

城市管理

【概况】 2017年,县城市管理行政执法局围绕县委“生态立县、产业兴县、文化强县”三大战略,落实文明创建“三保一创”工作目标,加快推进县城提质改造,补齐城市短板,着力解决城市发展面临的突出问题,重点抓好县城的“序化、净化、美化、绿化、亮化”,不断优化人居环境,打造清新清爽、精致精美的新县城。

【新建与改造项目】

新正街改造 2017年8月10日开工,10月15日竣工。人行道整体铺装,增设停车位,道路交通优化美化,更换交通指示牌、标志、标线,优化公交车停靠站点,综合管线整理及亮化提质等。项目总投资2670万元。

县一中校前广场建设 2017年4月18日开工,8月底竣工。项目用地面积7544.17平方米,其中道路面积1131.03平方米、广场面积5321.53平方米,设有17个停车位。总投资232万元。

财富小游园建设 2017年4月18日开工,10月底竣工。项目总面积9400平方米,其中硬质铺装面积1960平方米、绿化面积6350平方米,停车位28个。总投资318.1万元。以“慢生活,宜居休闲”为设计理念,设娱乐、健身、观赏、休憩四大功能区,旨在打造一个简洁、大方、怡人、育人、自然的游园环境。

向阳南路改造 2017年4月18日开工,2017年8月5日竣工。重新砌筑花坛302米,安装麻石路缘石122.65米,铺设火烧板327.68平方米,修筑福建青石凳58.85立方米,添置盲道板491.6平方米,种植绿化800平方米。工程造价186.19万元。

三岔口小游园建设 该游园与县一中校前广场同时建设。项目定位为交通景观性街头绿地,是县一中校前休闲广场景观的延伸,用地面积1730.7平方米,投资42万元。

岭园路建设　2017年10月14日开工,12月31日竣工。道路全长340米,车行道宽14米,人行道宽5米。铺设沥青混凝土路面4518平方米,火烧板2506.1平方米,埋设涵管680米,栽种香樟210棵,安装垃圾箱6个、10米高LED路灯20盏。工程总造价530万元。

垃圾中转站建设　2017年3月1日开工,12月31日竣工。建设城东、城西两座垃圾中转站,日转运垃圾能力为150吨。城东垃圾中转站占地面积3148平方米,建筑面积720平方米,建设内容为压缩车间、压缩设备、公厕及转运车辆;城西垃圾中转站占地面积1647.6平方米,其余与城东一致。项目总投资760万元。

水源地苗圃建设　2017年4月18日开工,建设水源保护地苗圃绿化面积29980平方米,工程总造价352.8万元。

蒸西大道绿化提质改造　2017年4月18日开工,提质改造蒸西大道两侧绿化面积16570平方米,工程造价282.6万元。

蒸西大道第二标段路灯安装　2017年12月2日开工,2017年12月29日竣工。安装悬臂LED灯84杆,三火LED中杆灯2杆,工程造价180万元。

【市容管理】　县城管大队加强市容管理,巩固“四城同创”成果。

治理流动摊担　采用疏堵结合。设立农副产品自产自销便民直销点3处,规范擦鞋摆放点7处。整治马路市场。劝离新疆籍少数民族占道经营摊点13处。

整治交通秩序　切除人行道斜坡226个,总长1000余米。设置人行道隔离石球207个,阻止机动车辆进入人行道。严厉查处建筑单位侵占人行道行为。

规范户外广告　县城户外广告整治全面完成,等待政府公开拍卖。

强化渣土监管　渣土运输事前核准。严防带泥上路和沿途撒漏,杜绝扬尘污染。

美化城市环境　集中解决人行道空调滴水问题。统一安装向阳南路、新正街路牌和公交站牌49块。规范制作政策宣传、公益广告牌,设立交通路口四角便民伞。改造城区门头招牌300余平方米,拆除破损门头招牌横幅及各类灯箱1225处。

【城管执法与城市环境保护】　全年查处违章案例1486例,处理渣土撒漏99处,制止整改宣传促销活动98起。

根据《城市管理执法办法》及中央环保督查要求,自2017年5月起,县城市管理行政执法局接管县城环境保护生活噪音、建筑施工噪音、餐饮油烟污染等行政处罚权,启动县城餐饮油烟及影响居民生活噪音整治工作。截至年底,县城餐饮行业油烟净化设施,安装率55.1%;船山路夜宵一条街46家餐饮行业净化器,安装率100%。全年共接到市“12345”政府服务热线、红网百胜呼声、市民电话等投诉以及县委、县政府、四城同创办等督办函422件,整改率98%,满意率100%。

【县城禁止燃放烟花爆竹】　对“禁爆”保持常态化监管和巡查。采取处罚、制止、没收等多种方式,处理违“禁”。深入社区、居民小区强化宣传,做到有“声”必查、有“燃”必罚,对“乔迁”、“丧葬”禁爆治理实行通宵执勤。全年开展通宵禁爆50余次,查处烟花爆竹燃放237处(丧葬燃放48处),出动执法人员500余人次,城区烟花爆竹燃放率大幅下降。

【环卫管理】　强化县城环境卫生管理,保持全国文明县城、国家卫生县城环境卫生水平。

保洁高标准　将全城保洁路段划分为三级,一、二级路段每天保洁18小时,三级路段以及高新区、城市快车道等每天保洁16小时,特殊路段保洁到次日凌晨,晚班安排专人保洁。

清洗见本色　每天街道洒水3~8次,采用喷雾取代冲洗,既节约资源,又提升效果。环卫设施做到天天清擦,保持本色。

河道常打捞　采取机械打捞、人工作业、聘请专业打捞队等措施,确保城区段河道水清岸洁。全年打捞生活垃圾1200吨,打捞水浮莲17000吨。

管理常态化　采取分片包干负责制,强化市

容管理、渣土管理及督查考核。全年查处破坏环境卫生行为248起,审批渣土运输20起。

垃圾无害化 用小勾臂斗逐步替换敞开斗,解决垃圾裸露收集问题,减轻垃圾收集对周边环境的污染。全年清运垃圾14941车,垃圾无害化处理率100%。

【环卫设施】 2017年,采购4辆垃圾转运车、1辆护栏清洗车、3台小型冲洗车、3台电动扫地车、6台电动保洁车、1000只边挂桶、600只分类收集果皮箱,制作50只密闭垃圾收集斗、10只地坑斗、40只小勾臂斗。新建城西、城东两座垃圾中转站,日转运能力达到150吨。利达垃圾场,完成雨污分流、沼气导排以及渗滤液处理提质改造等工程,垃圾处理能力和处理标准全部达到设计要求。对县城所有的公厕、垃圾斗、垃圾房、保洁斗车等设施进行翻新,确保环卫设施安全高效运行。

【城建执法】 2017年,在县城管理区域巡查900余次,查处各类违法违章建筑67起次,下达停工通知书23起,阻止违法建设28起,共计165户,参加巡查区域和政府牵头拆违76起,全年拆除违法违章建筑面积56400平方米。接待群众来访26起、80余人次。做到来访必接,接访必办。信访案件办结率100%。

【园林绿化】 截至年底,县城绿地总面积664.56公顷,绿化覆盖率42%,人均公共绿地面积9.03平方米。

投入60万元,交通岛换种月季高根花卉6万余株,补种2000平方米灌木小苗、500株行道树,铺种4000平方米草皮。投入90万元,在春节、“五一”、国庆期间进行3次鲜花置换。全年对绿化带除杂草8次,灌木修剪10次,绿化带内垃圾清理4次,行道树修枝整形2次,公共绿地松土施肥2次,树杆涂白1次,病虫害专项治理3次,全城病虫害防治1次。

县城各小区院落均采取破硬建绿、见缝插绿、花台植绿等形式增加绿量,打造清新清爽、精致精美的宜居环境。园林所协助搞好相关绿化项目建设:中洲公园绿化改造6995平方米,工程总造价97.4万元;叮当猫厂前绿化8313.3平方米,工程总造价500万元;海英大道高速出口临街改造绿化1127平方米,工程总造价60万元;船山技校改造绿化6647.3平方米,工程总造价37.4万元;水源地风景林建设40000平方米,投入460万元。

美丽乡村建设。金溪镇上峰村绿化面积3226平方米,总造价28万元;库宗桥镇华山村绿化面积40000平方米,总造价30万元;板市乡小游园绿化面积8298.87平方米,造价13万元;清潭地下支部环境整改,总造价156万元;曾熙故居景观改造,总造价176.3万元。

【市政管理】 2017年,投入城市维护费450万元。维修破损路面16000平方米,人行道道板砖12000平方米,人行道火烧板8000平方米,人行道隔离墩300个,树围800套,路缘石、花坛边石5000米,滨江防洪堤葫芦500个,处治道路裂缝140000米;改造花苑楼对擎天柱广告牌下人行道50平方米;改造武警中队侧旁小巷路面5000平方米。疏通浚水孔3000个、下水道400米;清理雨水井、沉沙井700个,清理镇二校及党校明沟40余次;维修及更换溜水板180块,沟盖板1000块,污水井盖板70套,沉沙井200套,雨水井300套;安装防鼠网3000个,窨井防坠网50个;维修县城污水主管网君泰宾馆、湘水人家门口、建材市场3处塌陷点。维修县城城区、S315线及背街小巷路灯3600盏,射灯120盏,高杆灯20盏;检修县城路灯开关箱及线路70处,拆除被撞路灯15杆,校正路灯杆200杆;清洗县城三火庭院灯及园林灯具三次;补装、维修、校正灯笼及中国结500个;安排专人检修中洲公园周边亮化工程,更换LED护拦管2800根,多次维修县城30余栋楼宇、向阳桥、憩园古建筑群、夏明翰广场等公共场所亮化工程。城区市政设施完好率95%以上。 (刘奇勋)

城乡投资

【概况】 2017年,在县委、县政府正确领导下,城乡投(交通投)公司积极发挥政府融资平台作用,认真履行投融资、土地收储经营和项目建设三大职能,紧紧围绕“生态立县、产业兴县、文化强县”三大战略,认真组织、扎实工作,为推动县域经济持续健康快速发展做出积极贡献。公司全年累计取得融资授信 33.6 亿元,到位资金 30.97 亿元;完成各类投资 28 亿元;实现资产收益 1.225 亿元。

【融资工作】 2017 年,争取各类金融机构融资授信 33.6 亿元,占年度计划的 102%,创历史新高。其中,银行贷款 21.6 亿元(农发行 3.5 亿元、国开行 4.6 亿元、农业银行 3 亿元、华融湘江银行 3.4 亿元、中信信托 4 亿元、农商行 0.4 亿元、沪农商村镇银行 0.1 亿元、村部建设专项建设基金 0.2 亿元、扶贫专项基金 2.4 亿元),企业债 12 亿元。到位资金 30.97 亿元。

【项目建设】 2017 年,公司实施大小项目 125 个(含易地扶贫搬迁集中安置点 36 个、农村综合服务平台新建村 28 个、改扩建村 12 个),累计完成投资 28 亿元,占年度计划 108%。在全县 2017 年年终重点项目考核中,公司负责的开工项目西界公路、向阳北路、清江大桥项目分别获得第一、四、六名;竣工项目新正街获得第二名;预备项目吉利衡阳汽车产业文化城项目获得第一名;西界公路项目被推荐为全市“先进建设单位”“先进施工单位”“先进监理单位”。

项目建设完成情况:

一、船山西路配套设施及拆迁安置房基础工程竣工并交付使用,累计完成投资 4500 万元。

二、蒸水南北风光带建设,累计完成投资 2.1 亿元(含前期工作、征地拆迁等,下同),占工程总量 70%。

三、西界公路完成路基清表 42.723 公里、土石方工程 92 万方、桥涵 23 道、桥梁桩基 22 条,累计完成投资 3.1 亿元,占总投资 48%。

四、清江大桥建设,完成投资近 3000 万元,约占总投资 32%。

五、新建路(帝龙时代广场至党校公路)改造,总投资 1500 万元,完成工程量 70%。

六、向阳北路提质改造,完成投资 6000 万元,占总投资的 85%,预计 2018 年春节前可竣工通车。

七、新正街人行道改造工程完成,累计投资 2700 万元。

八、渣江玉麟文化纪念园启动施工招标和征地拆迁,完成投资 1000 万元。

九、大安至娄衡高速洪市互通连接线基本建成,累计完成投资 800 万元。

十、学前路完成投资 600 万元,占总投资 80%。

十一、九峰山森林公园道路、西杉公路、廉政文化园、演方公路、渣九线金溪镇段大修、曾熙故居、下穿怀邵衡铁路工程等项目均开工建设。

十二、县一中校前广场及三岔口小游园工程、蒸西大道两厢绿化及人行道改造、财富小游园、向阳南路提质改造、县城饮用水源地湿地公园工程、马厂巷和银穗巷改造等项目,总投资 1500 万元,全部竣工。

十三、易地扶贫搬迁。全县 2017 年易地扶贫搬迁项目涉及 25 个乡镇、1653 户、5404 人。其中,集中安置点 36 个、1587 户、5213 人;分散安置点 66 户、191 人。年内完成主体工程和配套附属工程,基本达到入住条件。资金到位 2.36 亿元,群众自筹按“人均 3000 元,户平不超过 10000 元”的政策标准全部到位。资金支付,按工程进度足额拨付到位。

十四、农村综合服务平台建设。公司承接的市专项转贷资金 1571 万元全部到位。51 个农村综合服务平台中需要新建或改扩建的 40 个平台全部启动建设,年内完成 38 个农村综合服务平台建设,累计投资 2000 万元。

十五、完成蒸南大道、台源荷塘小镇、琼瑶旧居、曲兰国学园、渣盐线大修、大云山公路、西杉公路等项目规划和施工设计等前期工作。

【资产经营】

土地储备　在船山西路樟树永禄村、樟树村、连政村储备土地 780 亩,S315 线豆陂村储备土地

249 亩,英南村储备土地 400 亩。

资产储备 投资 1.285 亿元,拍得玻璃厂改制企业土地 87 亩、电容器厂门面 7 个、电器厂门面 1 个。

资产经营 累计收益 1.255 亿元。其中,英陂综合市场整体拍卖,收益 2550 万元;房地产开发(英南新苑)全面推向市场,销售 300 套,收益 1 亿元。

【招商引资】 2017 年,公司累计完成招商引资额 26.8 亿元,到位资金 2.24 亿元。其中,珠江合创城市综合体项目于 2017 年 3 月签订框架协议,总投资 10 亿元,计划开发用地 2319 亩,一期用地 850 亩,完成征地 606 亩,供地 336 亩,到位资金 1.5亿元;吉利手拉手文化园项目于 2017 年 10 签订框架协议,总投资 16 亿元,用地面积 800 亩,一期计划供地 400 亩;衡阳县光伏扶贫二期项目建设总投资 8000 万元,到位资金 7400 万元。

【投融资体制改革】 2017 年 7 月 21 日,县政府常务会议专题研究,明确平台公司领导班子实行岗位分设,配董事长、总经理、监事会主度(均为正科级)和副总经理(均为副科级),岗位职数等具体事项由县委组织部和县编办提出意见,报县委常委会议决定。

【衡阳县惠民光伏扶贫开发有限公司】 2017 年 11 月 23 日,根据县政府〔2017〕58 号政府专题会议纪要精神,由衡阳县扶贫开发投资公司组建的“衡阳县惠民光伏扶贫开发有限公司”成立。公司注册资本 1000 万元,主要负责衡阳县光伏扶贫项目二期的前期工作、资金筹措、收益分配和后期管理。光伏扶贫项目第二期完成政府采购,投资 8000 万元。 (谭凯方)

环境保护

【环保宣传】 2017 年,环境保护宣传工作以“绿水青山就是金山银山”为主题,以“6·5”环境日等重大节日为契机,动用四台 LED 屏宣传车,在县城城区及饮用水源保护区进行环境保护的巡回宣传;联合县电视台对节日活动进行跟踪报道,开辟新的环保法律法规解读专栏以及环保公益广告,在县电视台和县城人口集中的广场户外电视上轮回播放;在夏明翰广场发放宣传册、单共计 3000 余份。通过环保宣传,全面提高公众环境意识。

【环境监测】 衡阳县环境监测站属全额拨款的国家三级监测站,承担辖区内水、大气噪声环境质量监测和重点排污单位污染源监测。2017 年,财政投入 121 万元,添置空气自动监测站备用设备一套,确保全年不间断进行空气自动采样监测。

【环境质量】 2017 年,县城饮用水源水质稳定达到Ⅱ类水质标准,地表水达标率 100%。新化村断面水质稳定达到Ⅲ类水以上。农村生活集中式饮用水源水质达标率 100%。县城生活污水处理率 86.7%;空气优良率 89.3%,优良天数达到 327 天;PM10 浓度为 60 微克/立方米,PM2.5 为 43 微克/立方米。

【节能减排】 衡阳县严格执行上级下达的节能减排目标。2017 年,全县二氧化硫排放总量控制在 2004.29 吨以下,氮氧化物排放总量控制在 4113.45吨以下,完成市对县污染减排工作任务。

【环境管理与污染防治】

建设项目环境审批 2017 年,完成建设项目环评审批(备案)179 个,县级审批报告书(表)75 个,登记表备案 104 个。召开各类建设项目环保验收会共计 41 个。从 2017 年 10 月 1 日起,取消环保“三同时”竣工验收的行政许可,将竣工验收的主体由环保部门调整为建设单位。

饮用水源保护 完成县城集中式饮用水源保护区划定;完成县城饮用水源保护区西渡大桥两侧导流槽建设、应急处理池建设和相应的设备安装工程及县城饮用水源保护区隔离网防护建设和标识标牌完善等规范化建设工程;完成乡镇 1000 人以上集中式饮用水源保护区划定方案编制,待专家审核、修改。

率先全市开展机动车遥感检测执法 县财政2017年投入220万元,用于采购移动遥感检测车及设备,并划拨专项工作经费26万元用于联合执法。从县环保、交警、交通、住建、城管执法、农机等单位抽调人员组成专班,根据《衡阳县机动车排气污染防治联合执法工作方案》,开展路检和联合执法。对抽检超标的车辆依法实施强制治理和强制检测,对尾气排放超标车不予年检,对限期治理不达标的车辆不准上路行驶,对违规驶入黄标车禁行区的车辆予以处罚。

开展土壤修复治理 完成原潮江乡土法炼砒含重金属综合治理工程、洪市钒矿区遗留重金属废渣治理项目。并向上级部门争取涉重金属专项资金1250万元,用于启动原合成药厂污染场地修复工程项目(一期),完成县级预验收。

【环保利剑行动和中央环保督察反馈问题整改】 在中央第六环保督察组进驻湖南省期间,衡阳县共接到中央环保督察组交办的信访件49件,全部整改到位并完成销号。中央环保督察反馈问题涉及衡阳县的有7个,其中共性问题6个,个案问题1个,全部整改到位并销号。环保利剑行动和中央环保督察期间,出动600余人(次),检查企业近200家(次)。立案查处35起,行政处罚18家,收缴罚款34.8万元;妥善处理污染投诉80起,现场监察指导80家企业立行立改,对107个存在问题企业下达相关法律文书,拆除非法养殖场68家,督促近百家养殖场规范污染防治设施;拆除非法沙场38家,捣毁其主要生产设备20套;拆除非法砖瓦场10家,责令30家砖瓦厂停产整治、建成脱硫除尘设施;责令37家石材加工开采企业停产整治,并规范建设水、土、气防控设施;拆除非法混凝土生产企业8家,责令停产整治15家。对恶意偷排漏排的角陂塘养殖场等8起环境违法行为当事人,移送公安部门查处。其中,刑事拘留2起,行政拘留6起。

【农村环境综合整治】 总投资1200万元,建成分散四池污水处理设施743套及集中式污水处理系统23套。投资2800万元的洪市镇污水处理厂建成运行。渣江、台源、界牌、井头、集兵、金兰6个乡镇污水处理厂完成规划、选址等前期工作。

【湘江流域(蒸水)保护与治理】 对牛形山水库内的非法采砂船,依法移送公安机关查处,杜绝非法采砂污染水质。开展入河排污口核查登记,建立台账。县城生活排污口90%以上纳入管网建设。各乡镇集中污水处理工程启动建设。取缔并拆解在湘江经营的水上餐饮墩船一艘。9月,依法依规强行拆除历史遗留的“老大难”饮用水源地上游的冬泳基地、冬泳码头。3月以来,出动执法人员530人(次),出动车辆184趟(次),对全县21处河道非法采砂点进行常态化巡查。取缔河库采砂场7处,对2处盗采河库砂卵资源的砂场进行行政处罚,对4处情节严重的移送公安机关立案侦查。

【环境执法】 2017年,县环境监察大队持续推进违规建设项目清理和环保利剑行动。对全县辖区内企业进行抽查。其中,重点监管企业17家,随机抽查13家;一般监管企业168家,随机抽查130家。对违法排污3家企业和环保手续不齐全的5家企业,进行处罚。全年,出动1400人(次),检查企业近700家(次)。立案查处65起,行政处罚48家,收缴罚款102万元,征缴排污费729万元。

(彭钰钦)

工业·科技

工　业

【国企改制】 全县9家直属工业未改制企业，在职职工共2981人，退休职工1377人。有7家完成资产处置拍卖，按政策解决职工身份置换2474人，进入退养序列1377人，单位承担部分的养老保险缴费均由省财政挂帐。在改制过程中，未出现越级、群体上访事件。

【产业结构与结构调整】 全县形成陶瓷、医药、机械制造、铁矿、轻工制鞋和农林产品加工等六大主导产业。产业门类较为齐全，新兴产业与传统产业相搭配，多点支撑的产业格局使全县工业经济具备较强的经济环境抗压能力。全县规模工业企业130个。其中，国家级高新技术企业8家，高新技术产品企业57家。高新技术产品增加值占全县GDP比重14.7%。

推进供给侧结构性改革，落实“三去一降一补”任务。停产铁矿企业2家，关闭煤矿企业1家，关停整改污染严重企业17家。吊销华大水泥厂生产许可证；重组井头石材工业园20多家石材加工企业，打造产业集群。

【工业固定资产投资】 2017年，工业固定资产投资91.6亿元，同比增长22%，占全社会固定资产投资总额22.1%。全县21个工业项目列为市重点工业项目。其中，喜传天下家居、天天见梳篦二期等开工项目8个，竣工项目9个。

【工业经济“植优补短”】 贯彻市委、市政府关于工业经济“植优补短”工作系列会议部署，从项目、园区、要素保障、优化服务等方面发力，推进工业经济“植优补短”各项工作的全面开展。

成立由县长挂帅、相关部门负责人组成的专门小组，对工业经济“植优补短”进行宏观规划、综合协调、督促考核，抓各项工作落实。

出台《关于加快全县工业经济发展的实施意见》，建立1000万元的工业发展专项资金和100万元的奖励资金；从2016年起，把各级党政领导干部“谋工业、抓工业”的绩效纳入考核领导干部个人和班子建设重要内容，作为干部提拔任用重要依据每年进行考核。出台《衡阳县小微企业助保金贷款管理办法（试行）》《衡阳县小微企业“助保贷”业务风险补偿办法（试行）》，满足小微企业融资需求。

加大财政投入，提升园区基础设施水平和综合承载功能。加速“一区两园”基础设施建设。建成界牌陶瓷产业园、井头石材工业园等特色产业园区。理顺园区管理体制，加大简政放权力度，充实和强化园区职能。推行“围墙法则”：围墙内的事，政府不干预；围墙外的事，企业不操心。良好的环境，助推大企业、大项目落户发展。园区内有重点工业施工项目23个，计划总投资30.6亿元。

对接《中国制造2025》和“制造强省”行动计划，加快实施创新驱动战略。新培育国家高新技术企业4家、有效高新技术企业总数8家，培育规上企业12家、总数130家，建成院士工作站1个、企业技术中心1个、部级星创天地1个。实施市级科技创新项目11项，签订产学研合同3个，技术合同登记20项，总成交额5100余万元。

着力优化发展环境，减轻企业负担。取消行政事业性收费29项，年减轻企业负担近6000万元。

落实奖补优惠政策。帮助企业争取各级各类扶持资金328.1万元，6家企业获得资源综合利用产品即征即退增值税484.8万元，5家企业落实出口货物免（抵）退税3023.5万元（其中免抵税额1809万元，退税1214.5万元），4家企业研发费用加计扣除金额323.20万元，减免216户小型微利企业所得税394万元。

【经济信息服务】 坚持以信息化引领工业，以工业化促进信息化，推进"互联网+"的服务模式，支持建设"互联网+信息技术共享平台"，免费为企业提供信息化服务。落实《湖南省2017年扶助小微企业专项行动实施方案》，主办中小微企业"转型升级2017"专题培训会。全县139家企业300人次参加培训。为企业搭建社会化服务机构与供需对接的桥梁，送政策、送服务、送技术，帮助企业克服生产经营困难，提高创新创业能力和经营管理水平。 （刘光长 彭 涛）

优势产业

【概况】 全县基本形成瓷泥开采及加工、铁矿采选、生物医药、机械制造、轻工制鞋、农林产品加工六大比较优势产业。六大比较优势产业中的规模工业企业，2017年实现产值179.40亿元，占规模工业企业总产值69.38%。

【医药产业】 医药产业企业3家，恒生制药、爱民制药和新天药材公司。恒生制药公司拥有冻干粉针剂、小容量注射剂、酊水剂、糖浆剂、搽剂5个剂型近60个品种规格的产品批文，并拥有领先世界技术水平的中药冻干产品和中药一类新产品。2017年，医药企业完成产值4.73亿元，其中恒生制药有限公司实现产值3.43亿元，上缴税金3139.29万元，纳税名列全县工业企业第二位。

【铁矿产业】 全县3家铁矿规模工业企业集中在关市镇，分别是三安、尚卿、新雁矿业公司。其中，三安停产，新雁由尚卿收购。2017年，尚卿矿业实现产值1.51亿元。

【陶瓷产业】 全县拥有陶瓷规模工业企业27家。其中，瓷泥开采企业18家，瓷泥加工企业9家；建筑陶瓷企业2家，日用陶瓷企业1家。2017年，陶瓷产业实现产值47.45亿元，纳税6600万元，占全县工业税收的28%。

【机械制造业】 全县12家规模机械制造企业，2017年实现产值36.30亿元。湖南衡泰机械科技有限公司属国家级高新技术企业，生产数控机床等精密机械，填补衡阳县高科技装备制造业的空白。

【农林产品加工业】 依托全县丰富的农林产品资源和产业基础，以天天见梳篦有限公司为龙头，三林梳厂、超月木业、筹舒牌竹木、泰阁门业、喜传天下等农林产品加工规模工业企业不断发展壮大，2017年实现产值8.94亿元。

【轻工制鞋产业】 轻工制鞋产业有得阳鞋业、宝泉鞋业、盛世必达服饰、腾飞内衣等规模工业企业。2017年实现规模工业产值10.49亿元。

（刘光长 彭 涛）

优势企业

全县优势企业27家，2017年共完成产值785659万元，上缴税金16469.45万元。其中：

得阳鞋业完成产值58391万元，上缴税金3234.19万元；

恒生制药完成产值34388万元，上缴税金3139.29万元；

衡利丰陶瓷完成产值17725万元，上缴税金2077.48万元；

新德力交通新材料完成产值10279万元，上缴税金1052.18万元；

腾飞内衣完成产值9832万元，上缴税金1028.37万元；

利德有陶瓷完成产值15973万元，上缴税金1023.07万元；

阳光陶瓷完成产值8334万元，上缴税金496.23万元；

宝泉鞋业完成产值8190万元，上缴税金482.11万元；

尚卿矿业完成产值15134万元，上缴税金427.46万元；

长鑫建材完成产值73863万元，上缴税金387.09万元；

雅典娜石英石完成产值16055万元，上缴税金340.37万元；

长风矿业完成产值31019万元，上缴税金317.91万元；

盛必达服饰完成产值7219万元，上缴税金291.36万元；

界牌泥业完成产值7219万元，上缴税金291.36万元；

韶峰水泥完成产值27546万元，上缴税金219.90万元；

山泰化工完成产值67710万元，上缴税金201.23万元；

明新陶瓷完成产值49744万元，上缴税金200.55万元；

华星水泥完成产值3031万元，上缴税金176.94万元；

界牌瓷泥业完成产值49744万元，上缴税金137.51万元；

文杰矿业完成产值51155万元，上缴税金135.97万元；

鸿泰新型建材完成产值11648万元，上缴税金127.66万元；

金辉新材料完成产值36642万元，上缴税金122.74万元；

衡泰机械完成产值6045万元，上缴税金118.83万元；

双雁运输完成产值87486万元，上缴税金112.94万元；

云天锅炉完成产值2367万元，上缴税金108.65万元；

御鑫建材完成产值3235万元，上缴税金109.35万元；

角山米业完成产值75685万元，上缴税金108.71万元。

（刘光长 彭 涛）

重点企业选介

【湖南盛世威德科技有限公司】 湖南盛世威得科技有限公司，位于衡阳西渡高新区，计划总投资1.5亿元，建设钟表文化工业旅游园。园区占地34.1亩，规划建筑21453.98平方米。设有钟表研发生产制造项目及钟表文化工业旅游项目。公司计划在未来2年内打造出一条完整的钟表生产产业链。自主品牌WEIDB威得，具有国际市场影响力的运动多功能潜水手表品牌，在全球80多个国家及地区注册成功，拥有1000多个实体销售体验店，并在各大跨境电商平台开设品牌旗舰店。钟表文化工业旅游项目分世界钟表文化博物馆、WEIDE品牌手表生产工艺观览、钟表历史文化长廊、钟表主题园林厂区等四大主题参观区。其中，世界钟表文化博物馆是中国首家世界钟表文化博物馆。该馆装修接近尾声。

【木工机械产业园】 由上海华铮机械设备有限公司，联合15—20家木工机械专业生产企业，计划共同投资5亿元，在西渡高新区征地300亩，建设湖南衡阳数控木工机械工业园。项目第一期工程计划投资2亿元人民币，规划用地面积114.3亩，位于西渡高新区核心片区，人和路以南、玉华路以西地段，规划总建筑面积45307.7平方米。拟建办公楼、宿舍楼、仓库各1栋及3栋钢结构车间，建设数控木工机械生产线30条。厂房主体基本建成，将于2018年6月投产。项目建成投产，可实现年产值2亿元以上，实现税收500万元以上，可安排劳动力就业500人以上。

【叮当猫产业园】 由湖南叮当猫云商科技有限公司、湖南贝恩生物科技有限公司、昆山腾飞科技股份有限公司联合投资建设。项目总投资2亿元，建设用地71亩，规划建筑面积6万平方米，包括会议展示中心、商务办公楼、宿舍楼、员工餐厅、成品车间、原材料车间、生产厂房。生产销售纸尿裤、奶粉等主要婴童用品及高级无缝内衣、运动型智能内衣。该园分为南北两区。北区为湖南贝恩叮当猫婴童用品有限公司。生产婴儿纸尿裤等婴童用品，计划安装5条生产线，有3条生产线建成投产。全面投产后，年营业额超过3亿元，纳税超过500万元。南区为湖南腾飞叮当猫服饰有限公司。计划引进数控铣床、无缝包边机、气动罩杯定型机等加工设备，安装40条流水线。年生产量1.5万件，提供2500人就业岗位，销售额2.5亿元，实现税收超过2000万元。该项目系生产智能型、3D打印等高科技内衣"智"造商，将于2018年元月份正式投产。 （刘光长 彭 涛）

科学技术

【科技计划与实施】 全县实施各级各类科技计划项目42项。按类别分：工业科技计划5项，农业科技计划18项，社会发展科技计划6项，科技成果推广计划11项，产学研结合专项2项。按级别分：国家级项目1项，省级项目3项，市级项目8项，县级项目30项。争取国家、省、市项目资金255万元。通过项目单位的实施，共完成产值59.81亿元，利税19.22亿元。2017年，湖南安邦新农业科技股份有限公司"安邦农业创星天地"，分别列入国家科技部、省科技厅的星创天地专项；衡阳县礼梓种养专业合作社"特色中药材湘莲规范化种植技术推广"，列入省技术创新引导计划；衡阳县农茂生态农业科技有限公司依托湖南省农科院副研究员王双伍研发《薄皮甜瓜简约化栽培技术集成与示范》，列入省科技特派员创新创业专项。该4个项目，分别获得国家、省科技经费30万元、25万元、20万元、10万元的扶持。

【科学成果管理与科技成果转化】 2017年，全县共实施科技成果转化项目11项，科技成果转化新增经济效益32.8亿元；全县共完成县本级科技计划项目验收56项，技术合同登记20项，完成技术合同交易金额5100万元。

【扶持高新技术产业发展】 2017年，衡阳市雅典娜石英石有限公司、衡阳山泰化工有限公司、湖南角山米业有限责任公司和湖南俊虹置业股份有限公司被认定为高新技术企业，全县高新技术企业8家；申报14家企业成为高新技术产品企业，全县高新技术产品企业58家。全年完成高新技术产业产值168亿元，同比增长29.23%；高新技术增加值46.49亿元，同比增长31.7%；高新技术产业增加值占GDP比重13.1%。

【科技示范基地建设】 把科技示范作为工作的重点和主线，突出服务"三农"，在引进、推广新品种、新技术上培植新亮点；以"园、点、户"为基础，围绕"一乡一品""一会一色"，探索农业增效、农民增收的新路径。针对本地实际，制定科技示范项目计划，破解制约经济发展的瓶颈。实施的科技项目，涵盖种植业、特种养殖业、中药材全产业链等各个领域。栏垅乡桐桥村娃娃鱼示范基地，原生态健康养殖娃娃鱼，订单配货直接进入超市，产品供不应求，远销省内外。西渡镇咸水村金槐种植深加工示范基地，建成金槐种植示范面积200亩，年出圃金槐苗200万株，建成金槐深加工示范园，年创产值1000万元，并带动药材种植、物流、技术开发、商贸等相关产业的发展。该项目被列为衡阳县林业支柱产业，纳入全县"十三五"规划。

【知识产权工作】 全年完成专利申请564件，实现授权专利307件，其中发明专利申请158件，有效发明专利24件。全年查处假冒专利案件30件，均在规定时限内结案，结案率100%。

知识产权宣传 利用"科技活动周"到大安乡开展宣传活动，展出展板30块、发放宣传手册200册，纸质资料1000份，接受咨询100人次。

专利服务与资助 帮助企业申报市、县专利

资助项目6项，资助专利150件，发放专利资助资金42.35万元。密切与代理机构的联系，促成北京风雅颂专利代理公司与企业充分对接。

专利技术开发和转化，产学研合作创新　4月，与南华大学机械工程学院取得联系，两次邀请专家到衡阳双雁运输机械有限公司实地考察，并就技术合作进行洽谈，决定在皮带运输机、制砂机、洗沙机新技术研发上联合攻关，于4月28日签订合作协议。专利质押融资实现突破。雅典娜石英石有限公司办理专利质押融资额620万元。

执法检查　“4·26”知识产权宣传周期间和9月中旬，两次组织执法人员对县城及部分乡镇开展专利行政执法检查活动，检查经营户10余家，涉及商品200余件，立案30件，全部结案。

信息共享培训　4月中旬，派专人参加市“双打”办举办的“两法衔接”信息共享平台执法案件录入培训班，为信息共享平台建设打下基础。

【抗震设防】　贯彻落实《中华人民共和国防震减灾法》《湖南省实施〈中华人民共和国防震减灾法〉办法》等防震减灾法律法规和中央、省、市系列部署，加强组织领导，加大资金投入，推进“一法一办法”落实，建立健全地震监测预报、地震灾害预防、地震紧急救援三大工作体系，全面推进衡阳县防震减灾“十三五”规划的落实。

2017年5月，组织23个应急成员单位在夏明翰广场开展“全国防灾减灾日”专题知识宣传活动。展出图板20余块，发放《地震灾害应急避险》《中小学生避险常识》等宣传资料2000余份，接待咨询800余人次。还利用科技活动周、科普宣传日、科技下乡等活动进行宣传，提高广大群众的防灾避险安全意识。

活动期间，联合县教育局和县应急办在中、小学校开展防震减灾知识进校园和应急演练。衡阳县演陂中学被湖南省地震局授予“湖南省防震减灾科普示范学校”称号。

承建国家重力基准网站点工程。10月26日，国家地震局第一监测中心3位专家，到衡阳县开展国家重力基准网站点工程建设选址。经实地考察筛选，选定雷祖岭附近洪市镇的洪市中学为承建区域。建立现代化重力基准，为大地测量学、地球物理学、空间探测技术等领域提供地球重力场数据，并研究局部地球重力场的精细结构，为获得区域高分辨率大地水准面以及相关领域的科学研究及实际应用提供重要的测绘服务等。

【科技扶贫】　按照中央、省、市、县扶贫工作会议的总体要求和工作部署，实施创新驱动发展战略，建立完善科技服务体系，实施科技扶贫项目和建设科技扶贫示范点。

成立科技扶贫工作领导小组　制订科技扶贫工作规划和具体实施方案。

培育特色支柱产业　全县有丰富的金槐资源。县委、县政府高度重视金槐产业，将其列入“十三五”规划，制定出台一系列扶持金槐产业的惠农政策。全县发展贫困户金槐种植面积7000亩，创造200个就业岗位，间接增加3000个返乡农民工的就业机会。2016年，明辉金槐种植专业合作社申报省科技计划项目，获得立项支持，带动53户农户（其中12户贫困户）参与金槐种植。

培育科技型扶贫示范企业　依托角山米业、安邦新农业科技、天天见梳篦等农业龙头企业，建立标准化农业科技示范园2个，辐射带动1.4万户农户参与特色产业发展。角山米业，借鉴外地产业扶贫先进经验，采取“分贷统还”模式，实施15万吨绿色生态稻谷仓储项目，推进全县金融、产业扶贫工作，取得明显成效。全县25个乡镇108个村2093户贫困户参与角山米业的优质稻米产业生产和开发，安排贫困户劳力就业岗位111个，支付劳务工资150余万元。

建设科技支撑平台　创建国家级农业示范园。试种推广6个新品种和多项节能节水栽培技术，仅“性诱剂虫害预防”和“增密减肥种植技术”两项，每年就可为农民增收100万元。入园农产品加工物流企业15个，注册商标76个，自创品牌18个，认证无公害农产品9个、绿色农产品18个、有机农产品1个，国家地理标志产品2个。

科技专家联村帮扶　整合农机、农技、林业、畜牧等科技人才资源，落实专职科技推广员，进一步优化科技服务体系。全县选派科技特派员18

人,三区科技人才61人,驻村帮扶51个贫困村。加强实用技能培训,培训贫困人口14256人。培育壮大劳务经纪人队伍,加强对贫困家庭剩余劳动力的引导,采取组织季节性劳务创收、引导长期转移就业等方式,实现增收脱贫。

(刘光长　彭　涛)

供　电

【概况】　国网衡阳县供电公司(以下简称公司),有正式职工114人,在职党员42人,离退休党员22人。2017年3月,经衡阳市委组织部批准,公司本部党员组织关系归口湖南省电力公司衡阳供电公司。公司下设运检部、营销部、综合办、发建部、农电公司、安质部、调控中心、财务资产部、党建工作部、雁能衡阳县分公司共10个部门。运检部下设检修试验班、变电运维班、输配电运检班;营销部下设营业班、市场班、计量班;调控中心下设调控班。衡阳县农电服务有限责任公司有农电职工512人,党员214人。2017年3月,经衡阳县直属工委批准,成立衡阳县农电服务有限责任公司(简称农电公司)党总支,组织关系归口县直工委。设有西渡、演陂桥、渣江、长乐、金溪、界牌、集兵、金兰、台源、洪市10个供电营业所。

2017年,在省、市公司的正确领导下,在衡阳县委、县政府的关心与支持下,衡阳县供电公司围绕"创标杆、争'双A'"年度工作目标,突出重点,注重实效,较好地完成各项指标任务,为加快建设"三个衡电"打下坚实的基础。

【安全生产】　有序开展线路综合治理。通过配网集中砍青、加装线路避雷器、推行配网集中检修等手段,大幅降低配电线路跳闸率,总跳闸次数较2016年下降32%。持续开展配网线路砍青。公司根据高损线路的分布特点,投入资金请人砍青,实行通道式砍伐,跟进现场砍青进度,确保运维质量。全年没有发生电网、人员、设备、交通、消防等考核事故。全面完成市公司下达的安全管理、生产管理、调控管理等专业管理工作目标及各重点时段保电任务。截至12月31日,公司安全运行4190天。

【营销服务】　2017年,公司累计完成售电量8.8亿千瓦时,完成合并口径售电均价689.74元/兆瓦时,回收电费6.07亿元,回收率100%。完成综合线损率8.02%,较目标8.92%低0.9个百分点,少损电量860万千瓦时;完成台区线损率8.04%,较目标8.68%低0.64个百分点,少损电量260万千瓦时。全年实现提升台区线损合格率、提升营销专业管理水平和提升营销服务反违章工作水平。

【电网建设】　*主网建设*　洪市110千伏输变电工程竣工投产,界牌110千伏和库宗、岘山35千伏输变电工程开工,智水、长安35千伏输变电工程立项。

农网建设　全年总投资额7447.04万元,按时完成计划阶段性投资和电网基建施工任务。

集抄改造　完成公司2017年用电信息采集系统建设项目批次工程施工。其中集抄改造项目3个批次,涉及7个供电所686个台区、88171户集抄改造。

光伏扶贫　完成22个贫困村和30个光伏扶贫项目建设任务。

【农电管理】　*业扩管理*　现场查勘、预算、材料购置等,严格按照业扩管理流程进行规范管控,防范风险。

财务管控　依据上级要求,对业务承揽费的发放严格管控,确保农电业务承揽费的开支依法依规。

"全能型"供电所建设　全面推行业务协同运行、人员一专多能、服务一次到位的"全能型"乡镇供电所建设,设置实际岗位,提升工作质效。

绩效考核　按照年初绩效分配方案,相关部门提供考核依据,对每一个员工进行绩效考核。全年违反营销、生产相关规定给予通报处理132名员工,对部分员工的落后思想起到一定的警示作用。

创建星级供电所　长乐供电所，各项经营管理指标优异，荣获国网公司“五星级供电所”称号。

【党的建设】　抓落实，学习贯彻党的十九大精神　为加强党的十九大精神学习，让全体党员、员工把思想统一到党的十九大精神上来，公司认真落实“五个一”，认真开展“两学一做”活动。

抓重点，履行党建工作职责　坚持将党建工作与公司中心工作同安排、同部署、同考核。重点围绕基础党务工作，开展15个基层党组织党建工作专项检查，掌握基层党组织党建工作推进情况，做到及时发现问题、督促整改、补齐短板。

抓队伍，推进党员干部培养　打造“党员示范岗”，践行做“合格”党员承诺，开展“红雁”党员服务队活动，发挥党员先锋模范作用。普通党员、干部彭观容、陈远宋等，素质过硬、无私奉献；长乐供电所创建为国网公司“五星级供电所”；计量班创建为省公司先进班组。

抓作风，着力推进党风廉政建设　专项督查组，深入基层明察暗访，对部门负责人、关键岗位人员以及外包施工队负责人进行廉政约谈30余次，帮助党员干部牢筑廉洁“红线”。层层落实，责任到岗，进一步规范临时用电、业扩报装、物资采购、合同管理和外包施工队管理行为。

电力作为经济社会发展的重要基础产业，在加快衡阳县兴工强县、全面建成小康社会中起到重要的“先行官”作用，供电部门的工作也得到县委、县政府的高度肯定和全县人民的好评。

（肖　炜）

产业园区

衡阳西渡高新技术产业园区

【概况】 衡阳西渡高新技术产业园区(以下简称园区)围绕“生态立县、产业兴县、文化强县”发展战略,贯彻落实中央、湖南省委、衡阳市委、衡阳县委经济工作会议精神,学习贯彻中共十九大精神,园区开发建设各项工作呈现稳中向好,逆势上扬的良好局面。2017 年,园区共完成技工贸总收入 180.66 亿元。其中,规模工业产值 170.54 亿元,规模工业增加值 47.76 亿元,高新技术产值 116.62亿元。实现税收 2 亿元,完成固定资产投资 64 亿元。

【招商引资】 2017 年,签约引进万盈化妆品、宝泉鞋业、诗妮芳制衣、珍丰淀粉加工、荣尔智能电力科技园、优融美内衣、金槐精深加工、腾飞叮当猫服饰科技园共 8 个项目,合同引资额 10 亿元。

【项目建设】 有在建项目23 个,其中重点项目17 个。截至 2017 年年底,厂房主体建成,部分车间安装设备,完成试产或进行试产的有盛世威得手表、旭耀床垫、叮当猫贝恩婴童用品、同禧包装共 4 个项目;按照工期安排施工,厂房或办公楼等均有形象进度的有叮当猫云商科技、穗源鞋业、美雅特智能门窗、喜传天下家具、明旭家居、智华科技、维泰市政总部、丝妮芳制衣、木工数控机械、康和源体育用品共 10 个项目;启动建设但进度较慢的有致胜电机、美佳妮纸类用品、三雁电气、富森农产品加工及电商项目、华高成套设备、衡泰机械二、三期共 6 个项目;进行前期规划设计的有誉城盛机械二期、唯品会、宝泉鞋业共 3 个项目。

【核心片基础建设】 道路工程基本完成 规划建设的 11 条道路(清江北路延伸、玉华路、合顺路、洪山路、培园路、开福路、春园路、顺济路、人和路、联胜路东延、岭园路),总里程 21.1 千米,全部完成油化、绿化和亮化。

标准厂房、公租房全面建成 标准厂房首期 2.2 万平方米主体完成,进行内装修施工;11 幢公租房 6.6 万平米全部竣工,室内装修完成 80% 工程量。

推进集中安置小区建设 规划 16 个安置区。建成入住的 11 个,在建的 2 个,进行前期规划设计的 3 个。

【服务企业】 2017 年年初,园区出台《关于落实“企业服务年”和安全生产“企业主体责任年”活动精神的通知》,明确对所有投产企业和在建项目实行“一名领导、一套班子、一抓到底”的跟踪服务模式。5 月份,园区工委、管委领导率队对区内投产企业逐一走访,收集企业需要帮助解决困难 32 个,办结 18 个,正在办理中 14 个。充分发挥县级领导联络员的作用,协助办理衡阳县企业服务领导小组交办的涉及园区内企业各类问题共 15 个,办结 10 个,正在办理中 5 个。

【征地拆迁】 上半年,完成人和路东段、实验学校、特种大功率逆变电源等 14 个项目用地 973.39 亩,省市审批缴纳报批费用 9373 万元;利用低丘缓坡荒滩指标报批利强休闲鞋生产、保健理疗电器等11个项目用地2510亩。完成原四大家预留地、燃气改装、一次性卫生用品等项目征地120余亩，完成怀邵衡铁路站场及连接线征地330亩。办理唯品会、制衣项目、同禧包装等8个项目用地894亩，收取土地出让金8000多万元。唯品会、阳古片、元顶预留地等项目建设，完成房屋拆迁及祖坟搬迁。

【融资平台建设】 衡阳西渡经济开发区投资开发有限公司成立于2005年。2014年7月，公司注册资金由原来的1000万元增加到10000万元，公司正式运作。至2017年年底，公司资产由原来的零增加到总资产66.71亿元，总负债38.29亿元；共融资到位32.3亿元，偿还贷款1.78亿元，确保园区建设资金需要。公司正式运作以后，充分履行融资、支出职能和资产经营管理、项目建设、手续办理等职能职责。

【党建工作】 “两学一做”深入推进，“三会一课”、“五个日子”扎实开展，“学党章党规，学系列讲话，做合格党员”融入经常，重在平常，形成常态。成立园区企业党委，扎实推进“两个覆盖”，新建立基层党组织6个，新吸收11名预备党员，6名党员按期转正。持续发力脱贫攻坚。按照脱贫工作整改要求，配齐配强村第一党支部书记，副科级以上干部与扶贫对象结对帮扶，共投入帮扶资金26万余元。 （谢湘俊）

界牌陶瓷工业园

【概况】 衡阳县界牌陶瓷工业园，位于衡阳县城东北方，界牌镇城区西南方，毗邻岳临高速公路。园区总体规划控制面积24.6平方公里，核心区面积8.3平方公里，首期开发面积4平方公里。园区首期项目，被省政府列入省重点建设项目、2018年全省百个重大产业项目、百个重点建设项目之一。

【园区规划与发展前景】 衡阳县界牌陶瓷工业园规划定位为湘南承接陶瓷产业转移的示范基地；全国陶瓷泥标准化研发先导区；湖南省发展循环经济产业示范园区。

近期目标 利用本地资源优势，引进多家核心企业，研发、生产各种标准精泥，建成衡阳瓷泥标准化研发中心，带动全县陶瓷产业转型升级。陶瓷产业、配套产业和专业市场对GDP增长的贡献率达到15%；直接和间接就业人口达到5万人。

中远期目标 到2025年，瓷泥标准化总量实现中部地区陶瓷产业龙头地位，瓷泥标准化产品30个以上，年产标准化精泥300万吨以上。开发高铝瓷泥、氧化锆瓷泥、硅微粉泥、石英微粉泥等特种精泥配方，建成高品质日用瓷、美术瓷、特种陶瓷、航空航天及粉末涂料材料生产基地。标准化精泥产值200亿元以上，特种陶瓷及材料产值200亿元以上，核心园区总产值500亿元以上。建成1—2个国家级陶瓷技术创新平台，瓷泥研发、精深加工产业发展起到引领作用；核心园区带动配套产业和专业市场对GDP增长的贡献率达到20%以上，带动就业达到8万人；陶瓷产值总量、利润、研发投入比例、总部经济含量等指标达到较高的水平，把衡阳县打造成中部“陶瓷之都”。

【融资引资】 *融资* 界牌瓷都投资有限公司和财政等，共融资301200万元。其中：农发行11400万元；远东国际集团融资租赁8500万元；县工商银行项目融资授信19000万元；陕国投融资授信30000万元；园区核心区基础设施建设及配套工程整体开发PPP项目，中国水电八局为社会资本方，总投资232200万元；2017年度争取省财政厅中小企业服务平台专项资金50万元；园区核心区PPP项目前期工作经费50万元。

招商引资 新引进企业3家。衡阳伟恒陶瓷原料有限公司，是界牌东山矿业有限公司新成立的一家以瓷泥深加工及销售业务为主的企业。坐落园区石碧村姚老屋组，占地面积100亩，投资1.5亿元。主要建设瓷泥水洗、水磨2条生产线。一期工程全部完成，生产线试产。

衡阳盛泰陶瓷原料有限公司，坐落园区石碧村姚老屋组，占地面积30亩，投资5000万元。主营瓷泥精、深加工及陶瓷制品胚泥。一期工程建成投产。

阳光陶瓷仿古园林建材项目，位于园区国庆村，占地200亩，总投资3.9亿元。利用废弃瓷泥、废渣生产高档园林仿古陶瓷建材。于2017年12月开工建设。

【项目建设】 园区一期项目建设为“一心、四轴、六组团”。“一心”为综合服务中心，位于园区创业大道和新园路的交汇处；“四轴”指沿创业大道贯穿园区东西的主要发展轴，沿乐园大道、富园大道、旺园大道贯穿园区南北的次要发展轴；“六组团”即一个综合服务组团和五个产业组团。五个产业组团分别是瓷泥加工组团、瓷泥集散组团、日用陶瓷生产组团、特种工业陶瓷生产组团、建筑陶瓷生产组团。

按照“一心、四轴、六组团”的结构规划，分步实施。园区基础设施建设及园区配套工程整体开发PPP项目估算总投资23.22亿元，前期经费纳入省发改委预算内资金安排，项目占地面积8.3平方公里。完成PPP项目的识别阶段、准备阶段及采购阶段。主要建设内容是以7个子项目打包成一个大项目：创业大道建设工程；富园大道、旺园大道、乐园大道建设工程；声馨大道建设工程；污水处理厂建设工程；自来水厂及配套管网建设工程；孵化中心建设工程；标准厂房建设工程。7个子项目的可研、规划、国土、环评、立项等前期手续办完。园区PPP项目财政承受能力报告、物有所值评估报告通过专家评审，县财政局对报告进行批复，县人大常委会决议将PPP项目政府可行性缺口补助列入财政预算，县政府批复项目实施方案。同时，该项目申报进入省财政厅和国家财政部PPP项目库。通过公开招标，中国电建水利水电第八局有限公司为社会资本方。2017年11月25日，县人民政府组织县财政局、县审计局、县法制办、县发改局等单位与中国水利水电第八局有限公司就PPP合同进行谈判并达成一致。12月29日，界牌陶瓷工业园举行盛大PPP项目签约暨开工仪式。市委书记周农宣布界牌陶瓷工业园PPP项目正式开工。

园区2017年启动的基础设施建设项目主要有：

创业大道建设 新建路线长度5.23公里，设计时速60公里，路幅宽度36米，需征地580亩，拆迁房屋21栋。项目完成可研报告、勘探、设计、预算、环评、财评、放边线、挖边沟、国土测量、现场实物点验、征地、拆迁等。通过PPP模式，与中国水电八局合作，进行施工便道和路基土石方工程建设。

居民安置小区项目 白象村上述塘组征地13亩，唐福村仁头塘组征地26亩，国庆村沈家湾组征地31亩。项目完成可研报告、环评、勘探、征地、设计、财评、招投标等，启动工程建设。

110千伏变电站建设 项目坐落象山村黄泥坳组，征地40亩，拆迁房屋4栋，总投资2663万元。界牌陶瓷工业园投入资金800万元，完成电力专业规划、可研报告、勘探、设计、国土测量、定桩放线、征地拆迁、青苗补偿、坟墓搬迁、施工便道、基站土方工程建设等前期工作。电力部门负责变电站工程建设。

【托管行政村】 为了理顺园区行政管理体制、加快园区项目建设和工业生产发展，衡阳县委、县政府将园区规划红线范围内的7个行政村、16150人、37.64平方公里，人、财、物、事成建制委托园区管委会管理。

托管行政村是：渣江镇唐福村、众拱村（含原香冲村、谭溪村）；石市镇太清村、南阳村（含原高湾村）；界牌镇白象村、象山村、国庆新村（含原石碧村）共7个村。托管工作，从2017年6月开始，至是年8月结束。县委、县政府成立“衡阳县界牌陶瓷工业园行政村委托管理工作领导小组”，领导小组下设办公室和三个工作小组。渣江、石市、界牌镇负责“行政村委托管理”具体操作，宣传政策、组织培训、调查摸底及集体资产清产核资。6月19日，县委、县政府下发《衡阳县界牌陶瓷工业园区规划红线范围内“行政村托管移交”工作方案》。乡镇向托管的村组群众发放征求意见表2716份，同意2626票，占96.69%，群众知晓率达100%。相关乡镇就园区范围内行政村委托园区管理向县政府出具申请报告，园区就移交工作同相关部门、单位一一进行衔接。8月23日，县政府以蒸政函〔2017〕139号文件批复：园区管委会从2017年9月1日起，代表县人民政府管理园区规划红线范围内7个行政村。

【优化产业环境】 政策支持 县委、县政府完善园区招商引资办法，对园区企业使用的瓷泥矿产资源税收实行先征后返；对园区企业实现的税收县级留成部分全部返还给园区，用于企业的技术改造和园区基础设施建设的投入。

用地保障 园区主动衔接国土、规划等部门，申报用地指标和耕地占补平衡指标，加大征拆力度，为项目落地提供用地保障。

电力保障 2016年，争取省电网公司立项批复建设衡阳县界牌110千伏输变电工程。该项目的兴建，能有效保障园区生产和生活用电的需要。

建基提速 通过PPP模式与中国电建水利水电第八局有限公司进行合作，成立衡阳县界牌瓷都投资开发有限公司（SPV公司），按照公司化运作方式对园区PPP项目进行全面实施，加快基础设施及配套工程建设。

政务优化 建设高标准的孵化中心，让企业“进一家门办所有事”，为企业提供保姆式服务。

（魏顺利）

交通旅游·邮政通信

交　　通

【概况】 截至2017年底,衡阳县公路通车总里程3727公里,基本形成“七纵”(娄衡高速、岳临高速、南岳高速、国道G107、G234原S210、省道S222、S219)、“五横”(怀邵衡铁路、衡邵高速、省道S336原S315、省道S333、船山西路)的交通网络。干线公路通车里程130公里,通车里程比2012年增长93%。农村公路实现行政村100%通畅。

【交通基础设施建设】 干线公路　启动西界公路提质改造项目路基施工和控制性工程施工。娄衡高速檀山咀互通与海英大道连接线、S222线、S219线、西渡火车站清江路连接线纳入湖南省“十三五”中期调整规划方案。完成G107大修2公里。

农村公路　完成2017年农村路网改造计划23个项目的前期工作,农村公路建设改造157公里,完成投资7500万元。启动金兰至岩石公路金石段改建工程、渣江至金溪段提质改造,完成大安至娄衡高速互通连接线项目、怀邵衡铁路沿线下穿工程建设。

旅游公路　完成岣嵝峰旅游公路、伊山寺通景公路、琼瑶旧居旅游公路提质改造,九峰山森林公园通景公路启动建设。

站场建设　完成农村客运招呼站建设30个。

水上交通　投入50万元,对3个汛期受灾严重的渡口进行重建。

质量监管　8月3日,县政府出台《衡阳县交通工程建设质量与安全监督实施细则》。12月19至22日,县政府组织对全县已完工和在建的公路、水运、站场建设工程项目的质量与安全,进行一次全面综合督查。2017年,全县交通项目工程质量合格率100%,优良率80%以上。

【道路运输】 春运工作　2017年春运期间,衡阳县道路、水运共运送旅客56.3万人次。其中,道路客运51.12万人次,水运客运5.2万人。未发生较大安全责任事故。

行业管理　全年完成客运量823万人次、货运量2206万吨。更新农村客运车辆56台,年审客车285台、教学车辆175台、货运车辆2559台,新增货运物流企业1家,新开通公交线路1条(6路纯电动公交车)。7月,启动县城公交调价试运行工作。5路14台公交车全部更新为新能源车。开展维修行业烤漆房治理,共排查36家,拆除11家的不达标烤漆房,督促17家办理环评手续。新增厢式运输车106台,淘汰老旧、黄标营运货车12台。查处非法从事客运行为115起,非法从事货运行为528起,纠正和处理一般违法违章行为286起。

截至2017年年底,衡阳县具备条件的建制村100%通客运班车。

【水上交通运输管理】 衡阳县水路总里程约120公里,涉水14个乡镇,渡口16处,客运码头3处,共有客渡船36艘。其中,渡船17艘,客船19艘。

(陈　军)

重点交通项目选介

【怀邵衡铁路建设】 怀邵衡铁路东起衡阳市，西至怀化，为兰厦铁路和昆台高速铁路重要组成部分，是中西部地区通往东南沿海地区、台湾地区和珠三角最便捷的出海大通道，也是一条中国重要的国土开发线和旅游观光线，使衡阳成为欧亚大通道与东盟大通道交汇点。

怀邵衡铁路为国家客货两用高速铁路主干线。从渝怀铁路（兰厦铁路）接出，接入衡阳市衡茶赣铁路（兰厦铁路组成部分）颜家垄站。怀邵衡铁路正线全长318公里，投资总额324.3亿元，建设工期4年。怀邵衡铁路西起焦柳线怀化南编组站，东至衡茶吉铁路颜家垄站，并引入京广高铁衡阳东站和在建的沪昆高铁怀化南站。串联怀化、邵阳、衡阳三市，沟通着洛湛线、湘桂高铁、京广港高铁以及京九线四条铁路大动脉。

怀邵衡铁路衡阳县段全长52.6公里，总投资50亿元，计划于2018年全线建成通车。途经金兰、库宗桥、演陂、栏垅、台源、西渡、杉桥、板市、集兵（原潮江）9个乡镇，48个行政村，198个组。在西渡设客货运站，库宗设越行站，承建方分别为中交第二公路工程局有限公司和中铁三局集团有限公司。衡阳县境内两个标段，主要工程基本完成，铁轨铺设完成，正在进行“四电”系统建设，预计2018年下半年可建成通车。

【蒸水灵瑞寺（清江）大桥建设】 衡阳县蒸水灵瑞寺（清江）大桥是衡阳县2017年重点建设项目，由深圳市桥博设计研究院有限公司设计。北起蒸阳大道，南跨滨江路、蒸水和英南新区规划的滨河路，终点与英南新区规划的新城路连接。道路总长970.582米，道路等级为城市次干道，大桥全长436米。引桥采用预应力混凝土箱梁，主桥采用中承式钢管混凝土系杆拱桥。跨径为208米，主桥宽25米，引桥宽16.5米。主桥和引桥均为双向4车道，纵向双吊杆、吊杆间距8米。基础为钻孔灌注桩，主梁采用新型PC板—波—桁组合桥面结构体系。大桥与南北两岸的滨江路采用立交（净空高度为4米），且设有梯道供行人上下大桥。该桥梁采用一孔跨河，技术先进，造型美观。

通过公开招标，施工单位为长沙金诚建筑有限公司，监理单位为湖南长沙金阳工程监理有限公司。2017年8月8日动工建设。工程建安总投资约6710万元，计划总工期为18个月。该项目是衡阳县县城扩城、秀城的重要举措，将优化衡阳县县城的交通布局，成为标志性城市景观工程。

【S228、S339衡阳县界牌至西渡公路建设】 S228、S339衡阳县界牌至西渡公路列入湖南省“十三五”国省干线公路建设规划。线路起于衡阳县界牌镇与衡山县马迹镇交界的老路X034上（对应X034桩号K18+804），途经界牌、石市、渣江、台源、西渡5个乡镇，终点在西渡镇三垅村接衡西快线（船山西路），全长47.607公里。全线采用二级公路技术标准，设计时速60Km/h，双向两车道，路基宽12米，路面宽10.5米，沥青混凝土路面，桥函设计汽车荷载等级为公路－I级。总投资估算金额约6亿元，建安总造价约4.3亿元。项目建设业主单位为衡阳县交通建设投资有限公司。

截至2017年12月31日，路基清表全部完成，完成土石方工程91.9万方（含换填土石方），完成圆管涵23道共515米，完成小桥基础3个共786方，桥梁桩基22条共长330米。完成投资额约5100万元。

【大安至娄衡高速洪市互通连接线建设】 大安至娄衡高速洪市互通连接线，北起娄衡高速洪市出口收费站（曲兰镇泉源村），南至大安乡政府驻地火安堂，全长3.9公里。采用四级公路技术标准，路基宽7米，路面宽6米，混凝土路面。年内建成通车，完成投资额890万元。

【怀邵衡铁路沿线下穿工程】 怀邵衡铁路衡阳县段下穿道路工程，共8处。其中，库宗桥镇1处，栏垅乡1处，台源镇3处，西渡镇1处，杉桥镇2处。全部完成施工，完成投资额81万元。

（陈　军）

公　　路

【公路养护】 *日常养护* 全年共清理水沟186公里,修剪路肩杂草760公里,安装涵洞6处,疏通涵洞86处,修复涵洞1处,清洗(扫)路面46000公里,新砌水沟950米,修补水沟170米,完成沥青路面挖补13632.45平方米,水泥路面沥青砂修补2564平方米,清灌缝38.5公里,S210线水泥路面板底灌乳化沥青28吨。

应急保畅 投入2000万元,用于公路水毁灾后重建。完成村组公路水毁项目74个,其它县、乡公路水毁项目19个;完成G107线、S210线、X047线、X048线、X045线石砌挡土墙17处,共计2300立方米,浆砌排水沟950米;农村公路山体塌方清运6327立方米,修建护坡266立方米。

"四好农村路"创建活动 2017年6月,县政府出台《衡阳县"四好农村路"建设活动实施方案》,明确农村公路建设目标任务、资金筹措及考核奖惩。按照"有路必养、养必到位"的工作思路,在台源镇、岘山镇积极开展农村公路"文明示范乡镇"和"文明示范路"创建活动。全县共创建文明示范路100公里。其中,县道40公里,乡道30公里,村道30公里。

完善安全设施 投入200万元,购买安全筒360个、施工安全背心400件、安全水马560个;制作各类安全标志牌110块,设置固定式安全标语18幅;更新安装急弯陡坡等标示牌400块、示警桩216根、减速带28处;修复更换钢护栏608块,修复G107线、S210线、S315线钢护栏共计788米;加固处治部分容易导致水毁塌方路段。

桥涵养护 落实"三个一"制度,组织桥梁养护工程师定期对管养桥梁进行安全检查,全面掌握桥涵技术状况。桥梁养护人员及时清疏桥梁泄水孔,清理锥坡杂草。完成S315线燕水桥、氮肥厂桥、印花桥等7座桥梁支座更换。

全年国省道优良率93.1%,县道优良率86%,乡道好路率80%,村道好路率80%。

【公路建设】 全年项目投资总额1.79亿元,完成投资额约1.5亿元。各项公路建设项目合格率100%,优良率在90%以上。完成G107大修2.1公里,危桥改造23座,安全生命防护工程152公里,农村公路建设改造(含旅游公路、断头路、边界路、贫困村农村公路提质改造)157公里,战备公路金石段改建工程5.7公里,库宗华山内环公路提质改造工程5.6公里,琼瑶旧居旅游老路维修和交安设施改造2.787公里,库宗木田—永兴—渣坪公路改建工程7.2公里,曲兰镇清水村清水大道改造工程2.3公里,溪江乡友谊村道路改建工程1.5公里,溪江排翅村至双峰金鸡村公路改造1公里,三湖联洋村村道提质改造工程3.5公里,大修工程渣九线(金溪镇段)6公里、演方公路4公里,县乡道换板工程45000平方米。

【路政管理】 县交通运输和旅游局授权公路局开展路产路权执法,负责公路巡查及公路附属设施赔补。年内共制止违章建筑5处,移交交通综合执法大队2起,查处破坏路产、路权案件6起,责令当事人清理公路堆积物21处,报局养护大队清理公路堆积物3处。路政立案率100%,结案率100%。

【车辆超限超载专项治理】 遵循"依法治超、科技治超、源头治超、全面治超"的工作思路,全县道路货运车辆超限超载治理步入规范化、常态化管理。4月,由于机构改革治超人员分流,公路局重组治超执法队伍。年内更新三个治超站点的货物计重设备,建立公路局远程视频监控中心。投入230万元,建成一套不停车检测系统,另一套系统正在建设之中。全年共检测车辆181693台次,查处超限超载车辆1112台次,强制恢复改装车辆46台次,实现超限超载率控制在0.3%以内的工作目标。

(祝艳丽　王　勇　胡建华)

旅　　游

【概况】 围绕"一寺二湖三山四名人"的发展思路,推进全域旅游基地建设,构建"一核多点"的旅游发展格局。全年累计接待旅游总人数443.22万人次，同比增长28.3%，旅游产业综合收入29.33亿元，同比增长39.4%。在全市旅游扶贫考核中，衡阳县被评为第一。在全市旅游业考核中，衡阳县被评为优秀单位。“衡阳县旅游”官方微博荣获“2017年度湖南政务V影响力——十大旅游局微博”。红灿园创建为湖南省五星级乡村旅游区(点)。怡源生态家庭农庄和“甘溪度假”创建为“湖南省四星级乡村旅游示范点”。东木园生态农庄创建为“湖南省三星级乡村旅游示范点”。金兰镇、洪市镇获得“湖南省美丽乡镇”称号。金溪镇上峰村被评为“2017年度湖南省美丽乡村建设示范村”。库宗桥镇被评为“2017年衡阳市十佳春游景点”。世界钟表文化博物馆创建为“湖南省工业旅游示范点”。

【旅游资源普查】 2017年，旅游资源普查，登记旅游资源2202个、主要景点800多个、主要群体资源10个、重要群体资源89个、单体资源1506个；旅游住宿单位232家、客房7008间、床位13182张，从业人员2077个；投资200万元以上的旅游项目80个。

【旅游项目建设】 *渣江玉麟文化古镇项目* 该项目列入2017年度湖南省重点建设项目，规划用地12680亩，其中建设用地1860亩，总投资15亿元。2017年，完成投资3.31亿元。启动玉麟文化园、黄门寨丹霞地质公园、琼瑶旧居、曾熙故居、小对河风光带治理等项目建设，推进万源湖综合治理及旅游休闲度假区开发。

曲兰船山文化小镇 该项目总投资10亿元，规划面积15平方公里，其中船山文化园规划面积2.2平方公里。启动规划编制、地形测量、审批立项、征地拆迁，完成湘西草堂提质改造、旅游公路建设、湘莲观光园美化等。

夏明翰故居 启动陈列布展、游步道改造、景区道路建设等。

岣嵝峰国家森林公园 该项目总投资10亿元，分三期建设。编制岣嵝峰国家森林公园规划，修建通景公路8.05公里，安装旅游标识标牌、旅游导览图，修建旅游生态停车场和旅游厕所。

九峰山森林公园景区开发项目 启动规划编制、通景公路建设、道路标牌设置。通景道路工程全长5.2公里，进行路基施工，完成投资100万元。

【旅游活动】 2月26日，以“船山故里有才华”为主题的“2017中国·衡阳第六届油菜花节”暨“湖湘名人生态文化旅游节”在衡阳县库宗桥镇华山村广场开幕。本次节会从2月26日开始至4月10日结束，涉及到渣江、西渡、曲兰、洪市等11个乡镇。期间，相继举办界牌火灯节、渣江春社、“有才华”手游终极大赛、文艺创作大赛等活动。

3月，启动“衡阳县十佳乡村旅游示范区(点)”评选活动。经自主申报、组织推荐、实地走访、网络投票、专家评审等环节，最终大云山庄、圆梦山庄、志宏农场、红灿园、夫之生态农庄、怡源生态家庭农场、山水道农场、甘溪度假村、光明山庄和三香园被评选为“衡阳县十佳乡村旅游示范区(点)”。

5月19日，“旅游让生活更幸福”“5·19”中国旅游日衡阳县分会场主题活动，在夏明翰广场举行。次日，“2017中国·衡阳第六届油菜花节”暨“金融家摄影活动”，在衡阳县石市镇启动。

7月22日，衡阳县渣江镇马头山首届电商+黑提采摘旅游文化节，在渣江镇马山村举行。29日，以“体味享受葡萄文化、展现发展变化成果、打造休闲旅游胜地”为主题的“衡阳县井头镇首届葡萄采摘节活动”，在井头镇志宏生态农场开幕。

8月13日，“荷你相约、爱在台源”摄影大赛，在荷花簇拥的台源镇台九村开赛。17日，“衡阳县2017年厕所革命公益宣传活动”，在岣嵝峰国家森林公园启动。

9月19日上午，以“锦绣潇湘·神秘湘西”为主题的“2017湖南(第八届)旅游产业博览会”开幕式在吉首市举行，衡阳县组织旅游景区和旅游商品企业参展。

【招商推介】 3月，中建交通、中建钢构、东方园林等旅游投资商到衡阳县进行考察洽谈。重点推介渣江玉麟文化古镇和曲兰船山文化小镇。

5月3日，深圳华侨城联合专家团来界牌陶瓷工业基地以及万源湖考察衡阳全域旅游。

10月13日，美的地产邹华总经理一行到界牌、石市镇考察旅游资源及项目。14日下午，市旅游经济专项小组陪同东方园林文旅集团副总裁侯建东一行5人赴衡阳县考察南岳衡山旅游经济圈建设，并展开合作洽谈。

11月1日，孙鹏伟率队赴北京东方园林考察洽谈界牌陶瓷工业小镇PPP项目。21日，广东衡阳商会会长陈国强一行应衡阳县委、县政府邀请来衡阳县进行投资考察。双方就相关项目进行洽谈，初步确定投资意向。29日，衡阳县人民政府与北京东方园林环境股份有限公司签订衡阳县全域旅游投资建设运营项目战略合作框架协议。合作项目总投资额约9.3亿元人民币，项目合作期为15年，主要包含全域旅游投资建设、运营、城市品牌营销等内容。（陈　军　张在勇）

邮　政

邮政集团公司湖南省衡阳县分公司（以下简称公司），除传统的信函、邮政汇兑、包裹、报刊发行、特快专递、集邮、邮政储蓄等业务外，新增现代电子商务线上线下为一体的综合便民服务平台、电子汇兑、商业信函和代办业务等。代办业务主要包括代理保险、国债、代发工资、养老金、代收电信资费、公用事业费（煤气、水、电）等数十种业务。公司有正式员工164人，劳务用工97人，退休工人80人，共计341人。内设机构为一室两部五个专业中心，下辖22个综合营业网点（含金融邮政通信）和3个邮政营业网点。

2017年，改建2200平方米现代化电商物流仓库；有银行自助设备CRS/ATM机74台，计算机及终端设备153台；各金融网点全部安装监控、110联网报警系统、防弹玻璃、联动尾随门、人脸识别仪等安全配套设施；拥有综合及邮运车辆8台。全县城乡投递邮路总计193条，投递总里程6376公里。干线汽车邮路2条，总长388公里。在全县建有综合便民服务站499个，三农服务“绿色走廊”5条。

截至2017年年末，公司邮储余额总规模达到52.83亿元。年报刊流转额突破千万元，投递邮件总量415万件，配送农资产品500万元。衡阳县被中国邮政集团公司评为“全国农资配送示范县”；公司被衡阳市精神文明建设指导委员会评为三星级文明单位。（宁　李）

电　信

【概况】 中国电信股份有限公司衡阳县分公司根据省公司要求进行县级架构优化后，设有3个部，1个分部、4个班组及17个四级经营单元。在岗合同制员工81人，劳务外包员工30人。2017年，业务收入完成年认购计划的101.46%（认购值超产94万元）。获省公司表彰的“天翼先锋双领先”和“战略经营单元”两项荣誉。连续11年获“衡阳市保护消费者合法权益先进单位”称号。获衡阳市“六五普法依法治理”先进单位称号。

【网络建设】 重点开展“光网乡村”和4G网络建设，加快农村光网建设步伐。全县有重要机房68个，重要机房和其它机房及基站机房共计271个。3G移动基站129个，4G移动基站98个，800M基站203个。电杆9.45万根，合计杆路长度4868公里。光缆交接箱149个，光缆总长度15677公里，光纤端口13.17万个。

全县所有新行政村开通光纤网络，完成90%以上的光纤覆盖，约63个老村（村级区划调整前的村）将计划在2018年完成光纤进村。完成4G信号全覆盖。全县宽带市场占比65%，移动市场占比24%。

【业务经营】 宽带用户4.9万户，固定电话用户3.9万户，ITV互联网电视3.7万户，移动电话用户7.82万户。（黄新春）

移 动

中国移动通信集团湖南有限公司衡阳县分公司，致力于全县移动通信网的规划、建设、运行管理和经营服务。自办营业厅2个，指定专营店和直销店438个，网点遍布城乡。

为实现辖内4G信号和有线宽带的全面覆盖，2017年设施建设累计投资1.75亿元。

完成城域网骨干光缆建设107.6公里，投资2000万元。全县城域网骨干光缆敷设达到931公里。

完成3期4G－LTE基站和1期蜂窝物联网基站工程建设共251个。其中，4.2期基站75个，投资4200万元；4.3期基站71个，投资4260万元；5.1期基站56个，投资2800万元；蜂窝物联网基站49个，投资1000万元。全县共有4G基站723个，443个行政村中有437个行政村完全覆盖4G信号，4G信号覆盖率98.66%。

完成宽带建设215个行政村，投资3225万元。25个乡镇政府驻地和301个行政村覆盖光纤宽带。

截至2017年年底，全县移动客户达到45万户。全年运营收入2.1亿元，同比增幅7.60%；上缴各类税费310万元，为地方财政做出贡献。

根据国家降费工作安排，从2017年9月1日起，全面取消手机客户国内长途通话漫游费。

公司秉持“客户为根、服务为本”理念，推进“10分满意”活动，邀请客户对移动业务服务进行体验，在线参与服务评价，不断完善以客户为导向的服务管理体系。在推出优惠的4G套餐的基础上，陆续推出无限流量卡、智慧家庭、和包支付等一系列移动业务，以满足客户多样化需求。

（刘 彦）

联 通

中国联通衡阳县分公司，围绕上级分公司下达的全年任务指标，结合县委、县政府的工作部署，加大联通信号覆盖、优化网络质量建设，集中力量，扎实工作。全年无重大网络故障和安全生产事故发生。

2017年，完成收入5200万元。投资1700万元，建设基站69个；投资1800万元，敷设光缆300公里，建设宽带端口8000个，建设光网村80个。全年共完成投资3500万元。（陈素萍）

农业·农村

综　　述

【概况】　2017年，农业局贯彻落实上级关于“三农”工作的决策部署，突出抓好农业供给侧结构性改革，开拓创新，奋发作为，全县农业和农村经济社会发展保持良好势头。衡阳县再次被评为“全国油料生产大县”“全省粮食生产标兵县”；被定为“省级现代农业产业集聚区”。全年粮食播种面积160.79万亩，总产62.67万吨。夏收油菜75.45万亩，总产8.1万吨。棉花种植8.49万亩。建成高档优质稻生产基地50万亩、蔬果生产基地20万亩、湘莲生产基地1万亩。农业特色产业形成规模。新增年产值2000万元以上的农产品加工企业7家，新增投资500万元以上的规模农业企业19家。省、市级农业产业化龙头企业分别为6家、42家。注册农副产品商标197件，获证“三品”农产品39个，“三品”农产品年产量33.2万吨。三产融合发展，美丽乡村建设扎实推进。金兰镇、洪市镇获评“湖南省美丽乡镇”。曲兰镇湘西村被评为“全国生态文化村”。金溪镇上峰村通过省委、省政府美丽乡村建设考核验收授牌。全县省级示范村7个，是全省最多的县市区之一。

【农业行政执法】　全年，出动执法车160台(次)，出动执法人员600人(次)，检查农资生产单位1家、农资经营单位290家及12个农产品生产、销售、批发的基地、超市、加工企业等。普查主要农作物种子210个品种。其中，水稻种子152个，油菜种子26个，棉花种子7个，玉米种子5个，辣椒西瓜等种子27个。查处违规种子31个品种，封存扣押和处理违规种子1228公斤；普查农药品种217个，查处违规农药产品53个(其中百草枯水剂1032瓶，违规鼠药327包)，封存和处理违规农药3418瓶(包)共计2440公斤；普查肥料产品49个，查处违规肥料产品3个，封存和处理违规肥料120吨。全年立案5个，结案5个。为广大农民挽回经济损失298万元。

【农技推广】　是年，推广测土配方施肥技术面积192.1万亩，配方肥施用3.2745万吨，施用面积109.1万亩，增产3.02万吨，节本增收15336.27万元；落实秸秆还田技术应用面积75万亩，节本增收1500万元。

【新型职业农民培育】　至2017年年末，全县有1800名有知识、有技术、会经营、善管理的种养业农民申请认定新型职业农民。依照“政府主导、农民自愿、严格标准、动态管理”的原则，认定新型职业农民1150人，培育新型职业农民4120人。

【农产品质量安全监管】　在全县所有稻米、蔬菜生产加工企业和农民合作组织中，筛选确定湖南华农农业有限公司等6家单位作为诚信试点建设的示范单位。各试点示范单位推行标准化生产、诚信承诺、建立诚信档案、自律检测、农产品质量管理等追溯体系与诚信自律机制。

全县乡镇农产品质量安全监管站规范化建设已经完成。乡镇农产品质量监管站，设站长1名，专职监管员2名。村配监督员1名，组设协管员若干名。有15个乡镇监管站配备检测室。从源头上,保障农产品质量安全。

全年,蔬菜例行检测(速测)49次,监督抽查4次,共抽检蔬菜样品4947批,合格率99.06%。畜禽水产品检测,主要检测猪肉瘦肉精含量是否超标。从县城超市抽样12次,检测样品58批,所检样品全部合格。

全县新增加无公害农产品13个,有机农产品续展2个,"三品一标"获证"三品"农产品37个。其中,有机食品2个,绿色食品16个,无公害食品19个。"三品"产品年产量32.98万吨。

【农业产业化】 全县有农业产业化省、市龙头企业48家。其中,省级龙头企业6家(湖南角山米业责任有限公司、衡阳市天天见梳篦实业有限公司、湖南金鲲米业科技发展有限公司、湖南信旺农牧发展有限公司、湖南安邦新农业科技股份有限公司、湖南三香农林开发有限公司),市级龙头企业42家。三星级以上休闲农庄12家。其中,国家级1家(湖南衡阳东方旅游实业有限公司)。2017年,全县农产品加工总产值91.31亿元,比上年增加23.29%,实现税收3.56亿元。全县农产品加工企业44家。2017年,新增2000万元规模以上企业7家。 (王双喜)

脱贫攻坚

【概况】 全县共有行政村443个,其中省定贫困村51个,建档立卡贫困户15947户、52177人。2017年,脱贫3767户、13101人,28个村退出贫困村。县委、县政府把脱贫攻坚作为头等大事、第一民生工程和重大政治任务来抓,该项工作扎实有效推进。

【组织保障】 成立高规格领导小组 全县脱贫攻坚领导小组,由县委书记任组长、县长任常务副组长,实行统一领导。领导小组下设由县委、县政府分管领导任组长的11个专项扶贫工作小组。

配强县、乡(镇)扶贫办 县扶贫办,升格为正科级政府直属事业单位,定编15人。从全县新招考的人员中抽调15人到扶贫办帮助工作。各乡镇扶贫办定编3—5名(在原有编制中调剂)。

调整充实驻村帮扶工作队 2015年,全县铺开驻村帮扶和结对帮扶工作。2017年,整合优势资源,调整组建51个贫困村驻村工作队、161个建档立卡贫困人口100人以上的非贫困村驻村工作队,挑选8874名县、乡(镇)党员干部作为全县建档立卡贫困人口结对帮扶责任人,实现驻村帮扶和结对帮扶全覆盖,并压实结对帮扶责任人"六个一"(拉好一次家常、宣讲一次政策、填好一本手册、完善一项对策、实现一个小心愿、参加一次劳动)工作任务。

【精准施策】 发展产业帮扶 发展特色农业。坚持政府主导、企业主体、贫困户参与的原则,按照"四跟四走"方式,培育新型农业经营主体,发展农业合作社,实行订单农业。全县打造50万亩高产优质稻、万亩金槐、万亩湘莲以及3个万亩蔬菜基地,发展三红柚、西甜瓜、中药材等特色产业。

发展光伏产业。实行分散与集中相结合,在51个省定贫困村建设光伏电站。第一批实施的28个村级电站基本建成,总容量1.68兆瓦。推进1761户贫困户集中建设光伏电站,总容量10.6兆瓦。全部建成后,能让7325名贫困对象受益。

银企联手帮扶 省级龙头企业角山米业,引导2093户贫困户采取"分贷统还、入股分红"的方式,争取入股资金8117万元,每户每年增收3000~5000元。上市公司新五丰,大力发展生猪养殖业,实现"贫困户零风险、政府零后患、银行零不良、产业得发展"的良好效果。2017年,全县完成"小额信贷"3473户、14847万元,完成年度目标任务160.15%。

就业创业帮扶 举办"贫困劳动力转移就业"大型现场招聘会和"乡镇赶集日"专项招聘会,解决贫困劳动力就业2600人;组织培训贫困劳动力4场次、216人。一批贫困户就地转为乡镇保洁员、护林员,每年增收8000元以上。推进电商服务站建设,实现乡镇全覆盖。电商服务,带动贫困户3800户、13500人,实现创业增收脱贫。

易地搬迁帮扶 创新"三不选"(即有地质灾

害隐患的不选、占用基本农田的不选、影响环境和破坏生态的不选）和“五结合”（与农贸市场建设相结合、与村部建设相结合、与小城镇建设相结合、与旅游资源开发相结合、与产业扶持相结合）的规划选址方式，快速推进易地搬迁。将易地搬迁后扶贫资金投入到光伏产业，让贫困户持续增收，确保贫困户搬得出、稳得住、能致富。2017 年，全县安排易地搬迁 1653 户、5404 人，36 个集中安置点大部分达到搬迁条件。

财政社保帮扶　2017 年，衡阳县财政专项扶贫资金（不含易地搬迁资金）共 5911.42 万元，为每个乡镇安排扶贫经费共计 136.5 万元。其中，县本级财政专项资金 2893.92 万元，比上年增长 257.27%，达到贫困人口人均 400 元以上。帮助贫困户完成危房改造 502 户；兜底保障贫困户 1651 户、3298 人；落实贫困人口住院医疗补偿 6320 人、补偿金 1952.6 万元；为兜底贫困户补助电费 23.66 万元；财政投入 282.17 万元，推进“扶贫特惠保”，为所有贫困人口购买意外伤害保险、大病保险补充保障，防止因病致贫、因病返贫。

培养教育帮扶　以湘南船山技工学校为平台，实行“定点培养、定向输送”模式，推进贫困学生与珠江合创签订古建筑专业人才培养协议、与联得装备等广东沿海大型企业签订模具专业人才培养协议。落实贫困学生“两免一补”政策，减轻贫困家庭经济负担，防止因学致贫和因贫辍学。共为 7472 个建档立卡贫困户学生发放教育扶贫资金 497.03 万元。完成改造 19 所贫困村学校，其余 2 所正在建设之中。

社会力量帮扶　动员社会各方面力量参与扶贫开发，形成“人人皆愿为、人人皆可为、人人皆能为”的社会扶贫风尚，构建政府、市场、社会协同推进的大扶贫格局。发挥“两代一委员”扶贫帮困作用。每个乡镇建立 1～2 个“两代表一委员”扶贫基地，对贫困户进行结对帮扶。推动“中国社会扶贫网”上线，发展扶贫志愿服务队，搭建帮扶需求与社会资源对接的桥梁。截至 2017 年年底，完成贫困户注册 11725 人、爱心人士注册 11592 人、发布贫困需求 7270 条，成功对接 3749 条。成立湖南省残疾人福利基金会衡阳县代表处。组织“尚善蒸阳，助残扶弱”大型活动，筹集善款 1200 万元。鼓励企业承担社会责任，优先从贫困人员中招聘员工，解决有劳动能力的贫困人员的就业问题。发挥统一战线作用，开展“泛海助学行动”、“大爱暖衡州”助学活动，筹集资金 150 万元。

【工作管理】　领导亲为，环环紧扣　2017 年，衡阳县认真落实省、市脱贫攻坚会议精神，按照“五查五看”要求，先后召开 20 次县委常委会、县政府常务会议，10 次脱贫攻坚再推进大会和业务培训会议，对全县集中整改作全面部署和调度。县委书记、县长带头落实“三走访三签字”，走访全部省定贫困村，帮助解决实际困难。所有县级领导均走访联系村的贫困户。

精准识别帮扶对象　对建档立卡贫困户开展“回头看”，全县共剔除“四类对象”及识别不准的贫困户 2672 户、9313 人，系统内标识稳定脱贫不再享受扶贫政策的 3020 户、10677 人，新增贫困对象 1459 户、5887 人。各乡镇、村按年度、内容、类别，整理扶贫资料，确保资料齐全、规范，并及时进行信息录入和数据更新，实行动态管理。

集中整改突出问题　出台《衡阳县脱贫攻坚突出问题集中整改方案》。配套出台问题整改子方案 127 个、具体措施近 800 条。主动查找问题，及时通报，建立问题台账清单，实行整改销号制。

严格监管扶贫资金　出台扶贫资金管理使用办法，推进“互联网 + 监督”平台建设，公示扶贫资金拨付使用情况。

常态督查巡查　全县组建 5 个常态督查巡查组，先后 4 次对全县 51 个省定贫困村和部分非贫困村脱贫攻坚工作进行地毯式、解剖式、暗访式督查巡查。听取群众意见，进行群众满意度评价；抽查党员干部对贫困户是否开展 100% 的结对帮扶；督促帮扶责任人实施帮扶，确保贫困群众有明显的获得感。

实行问责考核　出台《衡阳县脱贫攻坚工作问责办法》，建立和实行约谈等处理机制，将年内督查巡查情况和年终绩效考核情况结合起来，倒逼责任落实，务求工作实效。

2017 年 8 月 14 至 15 日，全市脱贫攻坚工作现场推进会在衡阳县召开。市委书记、市人大常委主任周农，市委副书记、市长郑建新，市政协主席廖炎秋等市级领导出席会议，各县市区党政主要负责人、分管扶贫工作的负责人、扶贫办主任，45个市直相关单位主要负责人、全市36个贫困人口相对集中的乡镇（街道）主要负责人、衡阳县各乡镇党委书记共150余人参加会议。市委、市政府主要领导对衡阳县脱贫攻坚工作给予高度评价。 （毛奇峰 张平健）

美丽乡村建设

【基础设施改善】 2017年，继续按照“政府主导、群众主体、社会参与、部门配合”和“规划以民意为主、筹资以群众为主、管理以村民为主”以及“城乡一体、镇村共建”美丽乡村建设模式，推进美丽乡村建设。全县硬化村组道路435千米；硬化、修复渠道5800千米，硬化维修骨干塘684口，完成“五改”配套5126户。

【生活水平提高】 全县广播电视入户率99%，手机入户率96%。2017年，全县农村居民人均可支配收入13242元，比上年增长13%。其中，示范村农民人均纯收入15710元，高出全县平均水平2468元。

【人居环境优化】 在新农村建设过程中，全县不断探索和推广“四种” 模式，分类推进村庄整治。即“自力更生、艰苦奋斗、日积月累”的洪市镇杨泉村模式；“政府引导、支部牵头、企业家资助”的岘山镇金钟村模式；“适度规模、集中居住、村庄变小区”的西渡镇梅花村模式；“因地制宜、优化环境、基础先行”的台源镇长青村模式。通过推广，全县村庄整治形成“突出一点，美化一线，带动一片”的格局。农村居民“优化人居环境，提升生活质量”的理念已经形成。

【乡风民俗改变】 农村红白喜事互相攀比、大搞排场等陋习逐步破除。新农村建设村均订立《乡规民约》，实行移风易俗。全县农民对新农村建设受益满意率100%。

衡阳县的新农村建设，得到省、市领导的充分肯定和高度评价。全市新农村建设现场会，多次在衡阳县召开。自2010年以来，衡阳县先后3次被评为“全省新农村建设先进县”。 （王双喜）

农村环境综合整治

【宣传发动】 利用会议、电视、广播等多种形式，进行宣传发动。全县在公路沿线、集镇、村组主要路口设置宣传栏947个、永久性广告牌1200块，悬挂横幅2300条，张贴宣传标语12.3万余张。倡导人们积极投身到农村环境和卫生综合整治活动中来，营造讲卫生、爱整洁的社会氛围。

【明确责任】 以行政单位划分责任区。村组实行“组为主体、户为单位、门前三包”的工作机制。全县形成“人人参与、家家行动”的良好局面。

【检查考核】 县委、县政府将农村环境综合整治工作列入乡镇工作目标管理考核项目之一。定期开展检查、考核。县财政采取以奖代补的方式，发放整治补助经费。乡镇对村（社区）实行奖罚。村（社区）开展“清洁”“最清洁”户评选活动，张榜公布评选结果，并上门贴上标牌。

【保洁行动】 开展乡村道绿化、小城镇美化亮化等活动。打捞清除河道、池塘漂浮物2.1万吨，拆除私搭乱占棚架3564个、广告牌2927块。清除暴露积存垃圾和非法张贴小广告，马路市场有序搬迁，水库化肥养鱼得到遏制，规模养殖场污染物无害化处理逐步推进。农村正在一天天变美、变干净。2017年年底，在全市农村环境和卫生综合整治考核中，衡阳县排名第一。 （王双喜）

经济作物生产

【棉花生产】 棉花是衡阳县的传统产业,常年种植面积10万亩。衡阳县是湖南省12个棉花生产优势区域县之一,也是湘南最大的高档棉生产基地县。2017年,全省棉花生产下滑。棉区劳动力短缺,植棉劳动强度大,机械化程度低,植棉比较效益不高,棉农积极性低落。2017年,全县棉花总面积8.49万亩,皮棉总产值0.76亿元,比2016年分别减少0.7万亩、0.15亿元。籽棉平均销售价5.8元/公斤,创近十年来新低。

2017年,衡阳县继续被纳入全省三大综合区域试验站之一。该站主要从事棉花全程机械化生产关键持续技术和共性技术的研究、集成、试验和示范,解决生产技术难题,为湘南区棉花产业复兴提供技术储备。

【园林水果生产】 常年园林水果面积10万亩左右。2017年,全县园林小水果总产量0.91万吨。主栽品种以柑桔、桃李、红枣、葡萄、杨梅等。特色水果异军突起。永乐村1500亩"三红蜜柚"基地、罗洪、樟树200亩草莓基地、栏垅100亩火龙果基地、樟木仁爱村300亩油桃休闲观光基地、长青村200亩金丝枣基地、群英村2000亩琯溪蜜柚基地、新文村1000亩"精榜杨梅"基地及咸水天天见果业1000亩美国红堤葡萄乇时鲜水果基地。

【茶叶生产】 茶叶产业历史攸久,唐宋时期衡阳"南岳"茶就走出国门。新中国成立之后,衡阳县茶叶面积一度达到2.5万亩,拥有规模茶场100个。80年代实行土地承包责任制后,乡村组集体茶场分解到户,疏于管理,逐渐荒芜。2017年,曲兰镇当地老板易国华成立"衡阳县船山月形茶叶有限公司",注册"月形茶"商标,以原茶场为基地,生产有机绿茶和红茶。省茶叶研究所原所长包小村现场调研,品尝茶农自制绿茶,给予高度评价。渣江、界牌、岣嵝等乡镇新型农民,通过与浙江茶商合作开发模式,引进新茶树品种,种植面积500亩。华晨林业开发有限公司在岣嵝乡种植"青钱柳",制作保健养生茶;渣江镇双兴村谢国华引进"黄金茶"多个名贵品种,计划未来三年发展茶场面积2000亩。

【台源乌莲生产】 台源乌莲,是衡阳县传统"一、二、三"融合产业,产品远销省内外。2017年,县委、县政府将台源乌莲生产引领"红色旅游"和观光休闲产业,共发展乌莲面积1.25万亩,创产值1500万元。

（王双喜）

烟叶生产

【概况】 2017年,根据市政府烟叶生产计划安排,全县压缩种烟面积2580亩,实际种烟1605亩,洪市、渣江、库宗桥、金兰4个乡镇311户烟农户均种烟规模40.4亩。全县产烟叶4.33万担,超出计划0.19万担,完成合同计划3.24万担烟叶收购任务,实现烟叶"两税"收入1640万元。其中,烟叶税920万元,增值税720万元。

【服务烟农】 烟草、财政部门筹集资金88万元为烟田全面投保。经过现场勘查定损,全县烟叶保险理赔资金110万元,使遭遇水灾、病灾折合全损近2100亩烟田,降低损失,化解风险。

生产阶段,烟草部门出资聘请烟叶培植员10名,对烟农实行全方位技术指导。烟叶烘烤期间,全县组织60余人的专业烘烤队伍,日夜值守烤房群,解决烘烤技术和组织管理两个层面的问题。烟叶分级预选阶段,组织200人的专业队伍,以户为单位做好分级预检工作,将烟叶收购初检环节前移到农户家中。

【烟叶收购】 2017年,为适应首次分部位(第一次收购为下、中部烟叶,第二次收购为上部烟叶)收购改革,各乡镇挑选经验丰富的烟叶分级人员,上门帮助烟农分部位送售烟叶。县乡烟办、烟草局集中干部力量和技术力量值守烟站,督促烟农按预约、轮售的方式交售烟叶。烟叶收购,从8月

26日开始至11月5日结束,历时70天,收购秩序井然。

【基础设施建设】 是年,向省、市争取烟草补贴资金2870万元,实施四大工程。投资1830万元,在渣江镇的瓦铺、文德村,洪市镇的杨池、新泉、高碧、咸欣村共实施6300亩烟田土地整理项目,年内竣工;投资470万元,实施烟水、烟路工程;投资420万元,建设2处烤房群(为70座湘密1号烤房,洪市镇新泉村50座,库宗桥镇华山村20座),均于5月份投入使用;投资150万元,烟用机械落地各基层烟叶种植专业合作社。烟叶基础设施不断完善。 (王文娟)

畜 牧 业

【概况】 2017年,衡阳县畜禽养殖业突出绿色发展主题,围绕畜禽产品质量安全和规模养殖场污染防治两大重点,突出品牌创建,加快养殖业转型升级和现代化进程,各项工作继续保持省市先进地位。规模养殖占全县养殖量的75%以上。全年出栏生猪179.57万头,年末存栏生猪100.89万头;存笼家禽1275万羽,出笼家禽2245万羽;存栏牛6.99万头。养殖业总产值52.6亿元,占农业总产值55.89%。

【重大动物疫病防控】 *以预防为主,做好畜禽疫病防控和强制免疫* 春节前后,县畜牧水产局(以下简称县局)全体行动,不分日夜,取消春节休假,进行动物H7N9流感防控,确保全县防疫平安;开展春秋两季防疫,强制免疫密度100%,免疫标识佩戴率100%,免疫档案建档率100%。对全县春秋两季防疫工作进行考核验收,检测合格率均在75%以上。

开展兽医社会化服务试点 是年秋防,在西渡镇开展兽医社会化服务试点,成立"衡阳县金牧畜牧兽医服务公司",聘请5位防疫员实施免疫注射工作,效果较好。

开展以"布病"为重点的疫情普查和监控 在全县各规模场抽取生猪血样3708份,其中2户的21个样本呈阳性。对样本呈阳性的按规定程序予以处置。发放布病防控宣传资料650份,签订布病防控责任状245份。

【家畜饲养】 规模化、标准化、生态化、设施化养殖快速发展。全县上规模畜禽养殖场287家。其中,年出栏生猪500头以上的规模场232家,出栏万头生猪以上的规模场16家,在建的万头猪场3家,农业部生猪标准化养殖示范场8家,省生猪标准化养殖示范场8家。原种猪扩繁场5家,寺门前猪资源场1家,部省级种公猪站4家,湘黄鸡资源场1家。养殖龙头企业15家,其中省农业产业化龙头企业2家。栏舍环境自动控制、自动送料、粪污自动清理的现代化猪场建成7个,在建6个。2个场实行母猪智能化饲喂,21个场实现远程视频实时监控。

【畜牧业污染源防控与治理】 畜禽养殖粪污治理一直保持高压态势。县政府将粪污治理列入乡镇政府目标管理考核范围,中央环保督察组通过衡阳县养殖业环保督察。全县中小畜禽规模养殖场均向环保局递交环境影响评价登记表,取得环境影响评价报告书的12家,排污许可证的7家。

禁养区养殖场关停搬迁 2017年,关停搬迁樟木、西渡、大安、金溪、溪江、洪市、金兰、关市等8个乡镇76家畜禽规模养殖场,栏舍面积48000平方米。禁养区内的154家畜禽养殖场全部关停或搬迁,提前4个月完成关停搬迁目标。

粪污治理设施建设 全县231家畜禽规模养殖场完成粪污处理设施建设,占养殖场总数的80.4%;畜禽粪污综合利用的养殖场226家,占养殖场总数的79%。建设安全防护设施,悬挂安全警示牌和粪污处理示意图。10月,有25个场通过达标验收,超额完成县委、县政府年初下达的15个场的任务。中小型养猪场(年出栏500头以下),配置粪污贮存池等设施。

全面推行畜禽粪污资源化 全面推行生态养殖。94.4%的猪场采用干清粪与少冲水工艺,干粪通过种植消纳;所有猪场均做到猪舍雨污分离。

116个规模猪场实行猪—沼—林(果)或猪—沼—菜—鱼模式,配套种植苗木、蔬菜、水果。56个场应用生态湿地技术处理养殖粪污。

有机肥厂项目建设　有机肥厂是2017年市畜牧水产局对衡阳县的考核项目。该项目由湖南信旺农牧发展有限公司牵头,联合湖南沛科生态科技有限公司,建设年处理20万吨猪粪的有机肥厂。项目建设于11月启动。

【食品安全监管与行业执法】　无害化处理　县局与规模养猪场户签订病死猪无害化处理责任状。存栏300头以上的规模场都建有化尸池,所有病死猪均进行无害化处理。凡没有进行病死猪无害化处理的一律不得享受能繁母猪保险和肉猪保险理赔。8月30日,年处理能力1万吨的畜禽无害化处理中心正式动工建设。主体建筑于12月完成。

开展"瘦肉精"检测　开展集中排查。5月和11月,对全县养殖小区(场)、养殖大户以及散养户按存栏生猪(70公斤以上/头)5%进行尿样检测,共检测生猪尿样8000个,没有发现"瘦肉精"阳性案例。同步检疫检测。对327880头生猪抽检尿样33617个,未发现使用"瘦肉精"行为。

无公害畜禽水产品认证　有7家企业申报无公害畜禽水产品产地认定和产品认证,完成5个畜禽水产品的无公害认证。县局与岘山镇政府合力打造长永甲鱼品牌,指导县种畜场打造寺门前土猪品牌。

整治养殖投入品市场　对117个规模养殖场的兽药房和自配料进行监管,发现违法用药6起,分别予以立案查处。在37家合法兽药经营店和1家兽药生产企业,共抽取饲料样品30个、兽药样品10个,全部检测合格。全年查办动物卫生监督执法案件8件,罚款3万元。

【牲畜定点屠宰与肉品经营管理】　坚持分类管理、打疏结合,突出整顿屠宰场(点)和惩治私屠滥宰两个重点,取得明显成效。开展屠宰场(点)的资格审查。关闭三湖、井头、演陂、栏垅、长安5个屠宰点;整改金兰、洪市、界牌、渣江、关市、樟树等屠宰点。集兵屠宰点于9月开始试营业,宏泰机械化屠宰场10月通过市级验收。县局与公安、食品监督等部门开展联合执法,端掉西渡盘龙村私宰窝点,惩治英陂市场"白板肉",确保人民群众"舌尖上的安全"。

建立产品溯源制度,设立销售台帐,严格按照操作规程运作,向消费者承诺依法生产、诚信经营,绝不屠宰和销售注水肉及病害猪肉,确保肉品质量。不得随意哄抬肉品价格,确保肉品价格平稳。严把屠宰企业从业人员准入关,屠宰企业从业人员必须是遵纪守法人员。全县所有屠宰企业从业人员(含各乡镇配送点人员)都要填写《从业人员登记备案表》,报县屠宰办、公安部门备案。坚决禁止屠宰企业违法违规行为。　(易　容)

水　产　业

【概况】　衡阳县积极参加渔业健康养殖示范县创建活动。至2017年年底,全县共发展鱼畜禽生态综合养殖7536亩、湘云鲫健康养殖5000亩、中华鳖健康养殖1863亩、稻田养鱼3813亩、池塘套养鳜鱼36386亩、池塘养殖美国牛蛙96亩,建成省级休闲渔业基地1个,渔(农)家乐32家,旅游垂钓基地21处。特色养殖、健康养殖成为全县渔业经济增长方式转变的重要途径。全县共引进中华鳖、鳜鱼、钳鱼、泥鳅、黄鳝、湘云鲫、鲟鱼、彭泽鲫、黄颡鱼、美国蛙、龙虾等名特优养殖新品种8300万尾(只),推广面积6万亩,比2016年增长4.5%。名特优水产品产量19300吨,占全县养殖总产量的28.3%。

【引进原种亲本】　衡阳县东方庄园渔场、衡阳瀚海渔业有限公司、衡阳县春秋特种水产养殖专业合作社(台源鳜鱼基地)3个水产苗种场从湖南省鱼类原种场共引进原种亲本6000公斤。其中,草鱼200公斤,青鱼1000公斤,鳙鱼2000公斤,鲢鱼1000公斤。所购亲本80%在2018年投产,可年产海花5亿尾,苗种10000公斤,创纯利润50万元,收回全部投资。全部投产后,年获利在70万元以上。

【实施江河人工放流】 2017年,县局投入资金48万元,分别于3月9日和6月14日,在蒸水西渡拦河坝放流青鱼、草鱼、鲢鱼、鳙鱼四大家鱼苗共560万尾。曾秀书记、孙鹏伟县长率其他县级领导参加人工放流活动。

【蒸水西渡段实行季节性休渔】 从3月1日至6月30日,蒸水英陂河坝至台源河坝段实施全面禁鱼。县政府发布禁渔通告,在重要河段和人群密集区域树立不锈钢渔政宣传牌20块。组建禁渔巡查工作队,坚持每天执法巡逻。共出动执法车、船116车(船)次,335人次,受理群众举报电话122个,收缴背包电鱼机8台、“地笼子”2000余米、小木筏3艘,捣毁非法捕捞工具40余件,现场放生散籽鱼32尾、幼鱼20公斤,立案4起,处罚和教育违法人员29人。较好地维护江河捕捞秩序,有效保护江河渔业资源。

【落实渔业安全生产】 制定渔业安全生产措施,层层签订安全生产责任状。印制《渔民安全生产知识》300份,发放到全体渔民、重点场户。举办安全生产培训班3期,提高渔民安全生产技能。检查渔船安全性能,对渔民安全生产进行督查。

(易 容)

林 业

【封山育林】 衡阳县十六届人民代表大会常务委员会第三十八次会议通过《衡阳县人大常委会关于实施封山育林的决定》,从2016年1月1日起,在全省率先全面实行封山育林10年。出台《衡阳县封山育林实施方案》,印发《衡阳县人民政府关于封山育林的通告》10万份。将封山育林区域除国家级和省级生态公益林外的其他林地纳入县级生态公益林管理,由县财政每年安排资金450万元,按10元/亩·年的标准予以补偿。

【林木育苗】 2017年,全县育苗415.9亩,可产各类合格苗480.1万株。其中,主要造林树种共育苗88.1亩,可产合格苗22.9万株;绿化苗307.8亩,可产苗63.9万株。县苗圃充分把握油茶产业发展机遇,加强油茶采穗圃和油茶育苗基地建设。2017年,产油茶穗条3000公斤、二年生油茶合格苗40.5万株,一年生油茶稼接51.6万株,保存率84%。预计2018年可产43.5万株油茶合格苗。

【森林防护】 森林防护包括防火、防盗、病虫害防治、野生动植物保护等。

森林防火 森林防火工作突出以防为主,创新工作方式。森林防火形势较好。县财政每年安排森林防火专项经费300万元,各乡镇按不少于2元/亩的标准全额保障到位。春节、清明节期间,利用“村村通”广播持续宣传森林防火。湖南经视报道,衡阳县森林防火,小喇叭“大效应”。采取“乡镇建设、政府奖补”的方式,全县建成集中祭祀点1000处。此举得到省市领导的高度肯定,湖南卫视、衡阳电视台都进行重点报道。

病虫害防治 县人民政府与各个乡镇签订林业有害生物监测预防和防控责任状。贯彻“以生物防治为主,以化学防治为辅”的方针,坚持“打早、打少、打了”的原则,采取大面积封山育林、抚育和营造混交林等营林措施,有效遏制林业有害生物发生上升势头。两年,发生各类林业有害生物13.65万亩,防治面积13.51万亩,防治率98%,无公害防治率100%。对金兰、关市和井头等地,马尾松虫害严重、面积大的,采用直升飞机作业,防治面积8万余亩。

野生动植物保护 加强对湿地公园、自然保护区、野生动物重要栖息地、集贸市场进行巡护、监管。全面清理整顿,严厉打击破坏野生动物资源的违法行为。全年查处非法猎捕野生动物案件3起,处罚4人,放生救助国家三有野生动物9个种类、942只。

【“集中祭祀点”建设】 衡阳县把集中祭祀点建设列入2017年全县29项主要工作之一,由县人民政府主要领导牵头实施。集中祭祀点建设,实行统一规划、设计,“方便群众、布局合理、密度适中”。根据森林资源分布情况,选择进山口的防火安全区域，林业用地面积在3000亩（含）以上的村，每村建设2个以上集中祭祀点，其它村每村建设1个或2个集中祭祀点。一期采取“乡镇建设、政府奖补”的方式，全县建成1000个集中祭祀点。二期将积极引导社会各界自主筹建，逐年推进。集中祭祀点建筑，青墙灰瓦，简洁庄重，内置焚烧炉，实用安全。集中祭祀，不仅有效防止祭祀引发山火，而且倡导尊重逝者、文明祭祀的良好习俗。

【林业产业】 全县引进林业开发种植大户和企业42家。有国家级林业产业化龙头企业1家，省级林业产业化龙头企业6家，市级涉林农业产业化龙头企业9家，林产企业品牌4个，中国驰名商标1个，通过湖南股交所审核挂牌上市企业1家。建立农民林业专业合作社52个。其中，“衡州蜜柚种植专业合作社”被评为“国家级农民合作社示范社”，衡阳县蒸隆油茶种植专业合作社被评为“国家级农民林业专业合作社示范社”，衡阳县紫岩星枣业种植专业合作社、衡阳县凯凯油茶种植专业合作社被评为“湖南省农民林业专业合作社示范社”。着力发展“产业基地、林产加工、森林旅游”三大绿色产业。2017年，实现林业生产总值36.2亿元。

【林政管理】 全面禁止林木采伐，严格竹木加工经营许可，严守森林、林地和湿地红线。扎实开展严厉打击非法占用林地等涉林违法犯罪专项行动，坚决遏制非法占用林地和湿地、肆意破坏森林和野生动物资源的违法犯罪现象。组建专班，对全县2000年以来非法占用林地，进行全面摸底排查，关停非法占用林地开矿开厂企业23家。办理各类林业行政案件30起，刑事案件9起，刑拘5人，取保8人，移送起诉7起。

【山体修复和“矿产复绿”行动】 在尚未列入石漠化专项治理重点县的情况下，结合荒山造林，实施轻度石漠化治理2.1万亩。投入资金158万元，在蒸水台源镇龙福村段开展退耕还林还湿试点336亩，有效处理村镇生活污水及农业面源污染。对界牌镇南岳衡山国家自然保护区内的矿山实施矿山复绿350亩，投入资金534.5万元。

（王成林）

水　利

【概况】 衡阳县位于衡邵干旱走廊腹地，年季降水时空分布不均。全县中型水库6座，正常蓄水1.36亿立方米；小型水库216座，正常蓄水0.90亿立方米；山平塘10.1万口，正常蓄水1.98亿立方米。中小型水库干支渠总长度2300千米。其中，干渠总长度895千米，支渠总长度1405千米。中小型河坝电站8处，小堰坝1663处，小水电装机总量1.72万千瓦。长度5千米、集雨面积10平方千米以上河流81条。各类水利工程蓄引提水量5.59亿立方米。

衡阳县水利局，正科级行政事业单位，坐落于衡阳县西渡镇向阳北路5号。局机关干部职工129人。其中，在职77人，离退休52人。设有办公室、人事科技教育股、财务股、规划计划股、电力排灌股、水政水资源股、安全饮水办公室、水利建设管理股等8个股室，辖斜陂堰水库、牛形山水库、柿竹水库、城坪冲水库、山峙门水库、石狮堰水库、西渡水闸、台源水闸、英陂水闸、界牌电站、县防汛抗旱指挥部办公室、县河湖与水资源管理中心、县水土保持局、水政监察大队14个副科级和水利施工管理站、水利勘测设计室、县城防洪堤管理所、白石园水库管理所、里仁排灌站5个股级事业单位。整个系统有干部职工1120人。其中，在职837人，离退休283人。主要承担研究拟定全县水利事业发展计划，制定相关办法监督落实；统一管理全县水资源，搞好水资源费征收；打击和处理水事违法事件，调解水事纠纷；协调、指导、监督、实施全县水利建设，防汛抗旱，水土保持工作等多项职能。

2017年，按照水利部、省、市“十三五”时期水利发展和全面建成小康社会的总体思路，落实“三四五六”方针（县委“生态立县、产业兴县、文化强县”三大战略，“保护水资源、防治水污染、改善水环境、修复水生态”四大任务，“创新、协调、绿色、开放、共享”五大理念,“以人为本、节水优先、尊重自然、统筹兼顾、深化改革、依法治水”六大原则),完善水利基础设施,落实兴水惠民决策,全面推进县乡村三级“河长制”,深化水利改革创新,推进抗旱减灾和水资源合理配置,加快推进水治理体系和治理能力现代化,构建与全面建设小康社会相适应的水安全保障体系。是年,衡阳县共争取国家项目资金1.4亿元,水利总投资1.5亿元,完成各类水利工程1.5万处。

【西渡水闸除险加固】 项目总投资4753.9万元。其中,中央投资2852万元,地方配套1901.9万元。建设单位为湖南益众水利建设有限公司,建设工期27个月。建设的主要内容:闸墩加高、闸基加固、启闭设备更换、帷幕灌浆、堰体充填灌浆、上游堰面砼防渗、新建下游消力池、护坦及海漫、泵站改建加固、景观设计等工程项目。主体工程于2017年9月2日动工。工程完工后,将确保大坝安全和县城的防洪安全,保护水生态环境,保障县城居民的饮用水源安全,成为县城一道亮丽的风景线,提升县城品位。

【农村饮水安全工程】 按照“村村通自来水、户户饮放心水”的要求,实施管网延伸、配套完善等工程。2017年年末,农村居民饮水安全比率100%,农村自来水普及率81%。年内完成“十三五”工程实施方案编制。实施农村饮水安全巩固提升工程项目。投资790万元,解决省级贫困村13132人饮用自来水问题。累计解决建档立卡贫困人口安全饮水人数31332人,占建档立卡贫困人口总数65.6%。

【小型农田水利工程】 衡阳县2017年中央财政农田水利建设项目涉及井头镇、关市镇2个镇21个村。建设内容为渠道改造28.91公里,新建或改建渠系建筑物185处,山塘改造40口,堰坝改造4座,灌排机埠改造3处,新增高效节水灌溉面积2000亩。项目实施后,可新增和恢复灌溉面积0.22万亩,改善灌溉面积0.56万亩,项目区灌溉水利用系数由0.55提高至0.56,节约用水50.4万立方米,年增经济作物产值48万元。

【水土保持】 2017年,对全县乱采乱挖的生产行为进行全面清理。先后取缔3个非法山砂开采点,关停13个小砖厂,明确43个规模砖厂取土范围,对全县115家采矿企业开展监督检查,配合国土部门按政策办理23家采矿企业采矿顺延手续。高标准定位,严要求施工,对井头江径流场进行改扩建。加强规费征收。县里下达规费征收任务53万元。其中,窗口收费44万元,面上收费9万元。年底,面上收费15.8万元,超额完成任务。

【防汛抗旱】 是年,全县降雨量1223.4毫米,与去年持平,接近历年平均降雨量。全县出现9次集中性强降雨,县委、县政府先后启动防汛Ⅳ级响应3次、Ⅲ级响应1次、Ⅱ级响应1次。6月23日至7月3日,湘江干流及主要支流发生超长时间强降雨和近十年来最大洪峰,造成25个乡镇不同程度受灾。全县上下全力抗洪,未垮一库一堤,没有出现人员伤亡事故。抗旱工作,坚持工程措施和非工程措施并举,科学调蓄,和谐抗旱,做到“保障农村生活用水、保障农业灌溉用水、保障粮食生产安全”。

【水资源管理】 控制水资源管理“三条红线”,落实水资源管理绩效考核指标。2017年,全县用水总量控制在5.7亿立方米,万元工业增加值用水量76立方米,农田灌溉水有效利用系数0.48,水功能区水质达标100%。全年GDP总值354.93亿元,单位GDP用水量实际值61.01立方米/万元;工业企业增加值117.01亿元,工业企业用水总量6993.52万立方米,万元工业增加值实际用水量61立方米;蒸水流域主要水功能区水质达标率100%。各水功能区水质都达到省水利厅要求的水质标准。蒸水洪市水功能区水质达到Ⅱ类水标准,蒸水衡阳县城饮用水源区水质达到Ⅲ类水标准。

【河道采砂专项治理】 2017年3月以来,出动执法人员450人次,出动车辆110趟次,对全县21处河道非法采砂点进行常态化巡查。取缔河库非法采砂场7处,行政处罚2处,对4处情节严重的移送公安机关查处。

【中小型水库生态养殖】 6座中型水库,废除承包合同,实行"人放天养"的生态养殖模式;成立保洁队伍,打捞库区内的飘浮物。县环保局抽查各水库,水质均达到Ⅲ类或Ⅱ类标准。

【中小河治理】 2017年,实施演陂赤水保护圈治理工程项目。主要建设内容:堤防加固、岸坡护砌、河道清淤、拓宽等。工程总投资620.77万元。其中,中央投资360万元,省级补助60万元。

【"四水"治理项目】 *湘江樟木堤防加固项目* 项目划分为樟木寺、白露港及白沙亭3个防洪保护圈。建设主要内容:堤防加固、堤防加高、堤顶加宽、改造自排涵闸和排渍站。总投资5200万元。其中,中央资金808万元,省级资金130万元。

蒸水渣江镇岸坡整治工程项目 总投资2649万元。其中,中央投资1310万元,省级补助210万元。新建蒸水左岸堤防5.525公里,防洪墙加高0.515公里;蒸水右岸岸坡整治2.3公里;维修、加固5座自排涵闸。

蒸水大安金兰段防洪堤项目 大安乡南岸段岸坡整治2.284公里,其中新建防洪堤0.25公里,防洪墙加高段长1.4公里,岸坡整治0.634公里,涵洞改造2处;金兰镇东岸段岸坡整治2.9公里,涵洞改造2处。总投资1560万元。其中,中央投资702万元,省级资金115万元。

【河(库)长制工作】 根据省、市有关要求,3月10日,衡阳县成立县"河长制"工作委员会办公室(简称县河长办)。该办制订、出台《关于全面推行"河长制"的工作方案》《河长制六项制度》及《衡阳县2017年实施"河长制"工作要点》。全县25个乡镇相应成立"河(库)长制"办公室。全县81条河流,落实县级河长7人,乡镇河长25人,村级河段长400人。县、乡、村三级"河(库)长制"体系全面建立。 (任 昊)

农机管理

【概况】 2017年,县农机局以实现农业增效、农民增收为目标,认真贯彻执行中央、省、市、县农机发展的方针政策,按照"立足大农业、发展大农机、服务新农村"的整体工作思路,在落实国家惠农政策、农机"三减量"行动、农机新机具推广、农机新技术培训、农机安全监管、农机队伍建设等工作中求实创新、优化服务。至年底,全县农机总动力77.6万千瓦、142046台(套),比上年末增长3641台(套)。其中,插秧机568台、收割机2244台、大中型拖拉机1491台、烘干机60台、无人植保机23台,分别增加61台、84台、166台、17台、21台。全县水稻生产耕、种、收机械化水平分别为95.2%、31.9%、87.1%,综合机械化水平73.75%,机械植保、机械烘干等环节逐步推广应用效果良好。衡阳县农机化工作的做法和经验得到各级领导的肯定与重视,2017年衡阳县农机局荣获全省农机化工作绩效考核先进单位,并获得全省水稻育插秧机械化技术推广先进单位、全省购置补贴工作先进单位、全省科教工作先进单位、全省农机综合信息工作先进单位等荣誉称号。

【农机技术推广】 衡阳县农机推广工作,紧盯"两个目标""三减量行动",水稻、油菜生产全程机械化水平和农机新机具应用水平稳步提升。

推广水稻机械插秧 由县政府下发《衡阳县2017年水稻机插秧推广方案》,明确示范推广目标任务。在县委农村工作会议上,乡镇党委、政府向县人民政府递交《衡阳县2017年水稻育插秧机械化技术推广工作目标管理责任状》。以农机大户、种粮大户和农机专业合作组织为依托,分别在全县25个乡镇建立机插秧示范片和示范点,示范面积35000亩。2017年,推广插秧机61台,落实机插秧面积46.1万亩,机插率31.9%,水稻耕种收综合机械化率73.75%。

推广油菜生产机械化 成立专业技术指导队

伍，进村入户，详细讲解机械设备操作调试要领，种子、肥料搭配技术等。2017年，在西渡、台源、岘山、演陂创办示范点4个，落实示范面积2000亩。全县油菜机械化种植面积68万亩，机械化作业率60.9%。

推广粮食机械烘干　为加快水稻生产全程机械化步伐，破解晒谷难的问题，全县全年新增烘干机组17台套。其中，日烘干能力30吨的5台，日烘干能力15吨的1台，日烘干能力12吨的11台。日烘干能力增加近300吨/天，较上年增长33%。

开展农机“三减量行动”　飞防减药行动。在西渡镇青木村和梅花村，依托龙抬头农机合作社和梅花农机合作社，建立无人植保机飞防技术推广与作业示范区，示范面积400亩。成立两个无人机植保联盟作业服务队，实施跨区作业，全年共推广无人植保机21台，作业面积3万亩，可节约农药开支120万元。

精施减肥行动　积极推广水稻精量施肥技术，全年共举办2次水稻机插秧与同步精量施肥机作业示范观摩演示会，发动农机合作社购机作业。全省首台机插秧同步精量深施肥机在衡阳县利民农机合作社率先应用。全县共应用水稻精量施肥机3台，为大面积推广精施减肥积累经验。

转化减污行动　洪市镇洪丰烟叶种植合作社购置的生物质制肥机组成功投运两年。年初县局组织专题观摩研讨会，为后续推广打下良好基础。推广水稻机械化秸秆还田技术，引导农机合作社、种粮大户实施机械化秸秆还田作业。水稻机械化秸秆还田技术在农机合作社普及应用，减少秸秆焚烧，减轻环境污染。

【农机教育培训】　新型职业农民培训　举办新型职业农民农机操作培训班一期，培训学员50人。按照驾驶操作培训教学大纲要求，加强教学管理，坚持“实际、实效、实用”原则，把住教学培训质量关。

精准扶贫对象培训　为贯彻落实县委、县政府《关于扎实推进精准扶贫工作的意见》精神，县农机局将农机培训与精准扶贫相结合，组织全县建档立卡贫困户中有农机技能培训需求的人员50人，举办为期7天的“精准扶贫”农机驾驶员培训班。考试办证后，推荐部分学员到需要用工的农机合作社工作。

【农机安全生产】　衡阳县农机安全生产工作以预防和减少农机事故为目标，全面落实安全生产责任，不断提升安全监管能力和行政执法水平。

宣传教育　从春耕生产开始，县农机监理大队在全县范围内利用手机短信，出动宣传车，发放宣传资料等形式，开展农机安全生产宣传教育。全年出动宣传车130台次，发放宣传材料10000余份。

源头监管　严把注册登记、考试发证关，坚决杜绝未列入目录的变型拖拉机上户；严格执行拖拉机、收割机检验标准，不合格的不发放年检标志并要求限期修复补检；对通过年检的上道路行驶拖拉机免费安装反光标识。

互助保险　持续推进道路运输型拖拉机交强险、农机安全互助保险。全年，开具互助保险单826份，收缴保费金额30万元。

平安创建　扎实推进“平安农机”示范乡镇、示范村、示范合作社的创建。年内创建示范乡镇1个、示范村5个，所有现代合作社都创建为“平安农机”合作社。

专项清查　贯彻落实省农机局〔2017〕18号文件精神，召开专题会议，制定实施方案，农机监理员包乡镇，与乡镇农机站工作人员进村入户，全面开展报废、灭失和长期脱检拖拉机专项清查，共清理排查拖拉机1724台。其中，达到报废的205台，灭失的138台，脱检的1381台。发放整改告知书1390份。

专项整治　县农机监理大队与县交警大队、安监局等职能部门开展联合执法行动，对套牌、假牌、超载、拼装、改装、非法载人、逾期不年检、报废车营运等违法行为进行专项整治，共行政处罚13台，当场整改36台，发放责令整改书268份，有效维护全县农机安全生产秩序。

【农机购置补贴】　为确保国家农机购置补贴政策的落实，县农机局规范操作，强化资金监管。

组织业务培训　对全县购置补贴操作人员和机具核查人员进行专业培训，学习农机购置补贴新政策及操作规程。

开展警示教育　组织各乡镇农机站及各农机补贴经销商开展以“强化责任意识，细致规范履职”为主题的廉政警示教育。

实行规范操作　实行“谁办理，谁负责；谁核查，谁负责；谁审批，谁负责”的层层责任追究机制，全面推行审批员、主核查员负责制和“见人、见机、见票、查参数”的核查机制，确保农机购置补贴公平、公正、公开，杜绝“雁过拔毛”“搭车收费”“虚报套补”等违法违规行为。

专项资金监管　局监察室联合县审计、财政局，不定时对各项目专项资金进行检查，监督专项资金的分配和使用，确保惠农资金落到实处。省财政厅、省农机局安排2017年衡阳县农机购置补贴资金1100万元。2016年农民已购机未补贴的189台机具，补贴资金83.22万元；2017年共申请报废更新补贴资金25.3万元，报废全喂入收割机25台，半喂收割机8台。全县新增补贴农机具930台套，共落实农机购置补贴869.9万元，受益农户695户，拉动社会投入2584万元，提高全县主要农作物综合机械化率0.5个百分点。

【农机公益服务】　县农机局围绕“为民服务、助民增产、促民增收”的工作宗旨，扎实开展各项社会公益服务。

农机“三下乡”活动　向农户讲解农机新技术、新机具等农机新知识，宣传农机新的惠农政策。发放农机资料2000余份，解答群众咨询500余人次。

扶持农机经营主体　根据省农委、省财政《关于支持现代农机合作社发展的实施意见》文件精神，高标准建设现代农机合作社，积极开展政策宣传、扶持指导工作。2017年，新增注册农机合作社13家，创建省级现代农机合作社3家，省级示范农机合作社2家，市级示范农机合作社3家。全县共有登记注册农机合作组织76家。

农机志愿服务　衡阳县农机局组织专业技术人员成立农机志愿服务队。在春耕生产、“双抢”、抗旱等农业生产关键时刻，志愿服务队进村入户开展农机具维修保养，传授农机操作技术。志愿服务队在“文明创建”活动中，进行交通文明劝导和社区卫生大扫除等。（席加军）

农业综合开发

【农业基础设施建设】　完成2016年度土地治理项目　2016年度实施大安乡劳桥高标准农田建设项目第二批2个土地治理项目，至2017年4月30日，全部完成项目建设。项目区涉及大安乡的贵华、木山、水寺、龙桥、三阳等9个村和洪市镇的杨池等3个村。财政总投资2332万元。建成高标准农田1.58万亩，新建拦河坝3座，修建电灌站1座、渠系建筑物1座、小型蓄排水工程60座，衬砌渠道19.99公里，新修田间道路14.04公里（其中硬化干道1.54公里，新建支路12.5公里），技术培训2000人次。项目的建成，可改善灌溉面积1.49万亩，改善除涝面积0.49万亩，新增节水面积0.4万亩，年节约水量29万方。项目区年可新增粮食152万公斤，棉花2.1万公斤，油料7万公斤，新增产值474.7万元，农民纯收入增加总额243.7万元。

该项目于2017年6月通过市级验收，综合评分为全市第一。衡阳县被评为2016年度衡阳市农业综合开发项目建设先进县。

2017年度土地治理项目建设　2017年，实施长安乡、栏垅乡高标准农田建设项目，建设高标准农田1.19万亩，财政总投资1800万元。项目分12个标段，进行招投标。2017年10月下旬启动建设，至2017年12月31日，完成主体工程。修建骨干山塘31座，衬砌渠道14条、长16.26公里，新修田间道路12条、长7.46公里。

【产业化经营项目建设】　完成2016年度产业化经营项目　省、市批复衡阳县2016年度产业化经营项目9个。至2017年4月30日止，除衡阳县西厢米业有限公司“衡阳市衡阳县6000吨粮食储藏保鲜库新建项目”，因项目实施单位自筹资金无法落实,向上级业务主管部门报告请求项目终止外,其他8个项目全部建成。建成项目分别为:湖南喜耕田农业科技发展有限公司"衡阳市衡阳县1200头养生肉牛养殖基地扩建项目";衡阳仕杰农业发展有限公司"衡阳市衡阳县4000吨粮食储藏保鲜库新建项目";衡阳县富农优质稻种植专业合作社"衡阳市衡阳县5000吨优质稻储藏保鲜库新建项目";衡阳县树德堂种养专业合作社"衡阳市衡阳县2万羽枣园生态鸡养殖基地新建项目";衡阳县山冲蛋鸭养殖专业合作社"衡阳市衡阳县7万羽蛋鸭养殖基地扩建项目";衡阳县云山养牛专业合作社"衡阳市衡阳县100头生态放养肉牛养殖基地新建项目";衡阳县山地生态鸡养殖专业合作社"衡阳市衡阳县20万羽生态鸡养殖基地扩建项目";衡阳县集兵镇金利农场"衡阳市衡阳县1万羽湘黄种鸡养殖基地新建项目"。共完成财政投资476万元。

产业化项目的建成,可年新增肉品116万公斤、蛋类22万公斤,新增产值2128.6万元,新增增加值752.64万元,新增利税362.45万元;直接受益农户977户,年收入增加总额327.22万元,新增劳动力就业65人。

2017年度产业化经营项目建设 2017年,衡阳县新建产业化经营项目5个。湖南信旺农牧发展有限公司"衡阳县600头原种母猪养殖基地新建项目",总投资228.85万元。衡阳县樟树乡建洪养猪农场"衡阳县4500头生猪养殖基地扩建项目",总投资64.6万元。衡阳县西渡镇富乐农场"衡阳县6000吨优质稻烘干新建项目",总投资59.99万元。衡阳县华盛达农林科技有限公司"衡阳县5万羽绿壳蛋鸡养殖基地扩建项目",总投资143.5万元。衡阳县西渡镇成喜种养农场"衡阳县1万羽蛋鸭种养基地新建项目",总投资44.09万元。

(李 凯)

农村能源

【概况】 2017年,按照稳中求进的思路,扎实工作,圆满完成项目建设、党建、四城同创、脱贫攻坚等各项目标任务。全县争取农村能源建设资金650万元,新建户用沼气池155户,维修沼气池960口;发展养殖小区和联户沼气工程2处300立方米集中供气40户;新建三湖镇新田村润宇养猪专业合作社、西渡镇梅花村尚绿生态农业有限公司大型沼气工程2处容积1800立方米;安装太阳能热水器310台;推广太阳能路灯125盏,LED节能路灯350盏。在考核评比中,县能源办党建工作被列为全县一类,被评为全县"综治民调先进单位",全县"目标管理考核优秀单位",全市"农村能源建设先进单位",全省"农村能源建设先进县"。

【沼气池建设】 *户用沼气池建设* 2017年,新建户用沼气池155户,维修沼气池960户。主要分布在樟木、集兵、西渡、台源等乡镇。

养殖小区和联户沼气工程 在西渡、岘山新建养殖小区和联户沼气池2处,总容积300立方米,共为周边40户农户解决用气难题。

大型沼气池建设 2016、2017年,建设三湖镇新田村润宇养猪专业合作社、西渡镇梅花村尚绿生态农业有限公司2处1800立方米大型沼气工程。到2017年12月底止,三湖镇新田村润宇养猪专业合作社1000立方米搪瓷拼装大型沼气池全部竣工,西渡镇梅花村尚绿生态农业有限公司800立方米沼气池完成主体工程建设。两处大型沼气池投入使用后,日产沼气200立方米以上,可解决养殖场常年存栏生猪5000头以上的日排放粪尿及冲洗废水的处理。

【新能源开发】 *太阳能热水器* 2017年,以美丽乡村建设为重点,在台源镇爱民等15个村安装太阳能热水器310台,深受群众欢迎。

太阳能路灯 在西渡镇盘龙村、渣江镇众拱村、台源镇 三联村等16个村共安装太阳能路灯125盏,安装LED节能路灯350盏。

【后续服务】 按照"三联两解一提升"的标准,对2个乡村农村能源服务站进行提质改造。按照经营、产业、服务"三位一体"的网点模式,探索乡村服务网点新的发展途径。5至7月,9至11月,由班子成员带队将全办分成5个组,对全县所有的户用沼气池、大中型沼气工程、太阳能路灯、太阳能热水器进行二次全面走访排查。通过张贴安全标识,发放技术资料,帮助排除安全隐患,组织技术队伍维修使用故障,确保用户满意。（阳　华）

移民安置

【概况】 衡阳县移民开发局2017年年末,有干部职工17人。该局是县人民政府主管全县移民安置和生产开发的正科级事业单位。代表县人民政府执行党和政府有关移民工作的方针、政策和法规;编制组织实施移民安置的规划和生产开发;管理用好移民资金;维护库区和社会稳定。

2017年,向上争取各类移民资金8605.44万元。其中,项目资金4117万元,直补资金1444.44万元,避险安置资金3044万元。较好地完成移民安置工作的各项年度任务。

【基础设施建设】 建设渠道21条、22公里,修筑堤坝8条、8公里,硬化水塘165座,改善灌溉面积40570亩,受益移民10895人;完成农村交通项目202个,其中村道硬化185处、205公里,受益村民22.9万人,受益移民19129人;完成安全饮水项目7个,受益移民700人;完成农村社会事业项目16个。

【农业开发项目】 投入资金403万元,实施生产开发项目42个。其中:粮食种植项目7个,面积2000亩;蔬菜种植项目1个,面积1000亩;食用菌种植项目3个,面积300亩;油茶种植项目3个,面积3000亩;茶叶种植项目1个,面积300亩;水果种植项目4个,面积1000亩;其它种植项目12个;畜牧渔业项目11个。

【避险解困安置】 是年,全县避险解困任务1522人,签订安置协议1522人,确定集中安置点2个,投入资金3044万元。

【技能技术培训】 2017年,投入培训资金60万元,开班24期,共培训1678人次。其中,技能培训64人,实用技术培训1614人。（屈文静）

农村经营服务

【概况】 衡阳县农村经营服务中心,贯彻落实党的农村政策,围绕现代农业建设,创新生产经营体制,增强发展活力,打造农经工作新亮点,连续三年荣获省、市综合目标管理先进单位。2017年,衡阳县获得省级家庭农场示范县。

【农村财务管理】 *落实制度* 建立完善“双印鉴”管理、收据管理、费用管理、民主理财等各项内部制度,收支行为进一步规范,核算管理质量不断提升,村级财务风险得到有效控制。

财务审计 对全县491个村(社区)开展财务清查和负责人任期经济责任审计,清查审计资金总额34873.25万元,审计村(社区)干部2536人。

财务公开 在财务清查的基础上,及时公布村级财务,并填制村级财务年度收支情况告知书送发到所有农户。

财务检查 组织全县村级财务大检查。由农经、财政和审计部门对30%的重点村,乡镇对70%的面上村,进行检查。

【农村集体资产管理】 *制订发展规划* 全县村级集体经济发展目标:到2020年,初步建立村级集体经济收入稳定增长机制,村级组织服务能力显著提高。根据全县分类指导全面建成小康社会的原则,对不同地区确定差异性的发展目标。到2020年,全县村(社区)年经营性收入达到6万元以上。第一阶段,到2017年年底,全县85%的村达标;第二阶段,到2020年年底,全面实现发展目标,并培育一批村级集体经济强村。

考核与奖励 把村级集体经济发展情况列入各乡镇各部门年度工作目标考核,并作为乡镇党委书记抓基层党建工作责任述职的重要内容。定期抽查并公示各乡镇村级集体经济发展情况,接

受社会和群众监督。西渡镇陡岭村、洪市镇杨泉村等18个发展壮大村级集体经济进步村,县农经中心按上级规定条件和程序予以申报,申请上级奖励项目资金。

集体产权制度改革　为探索农村集体所有制的有效实现形式,推动农村生产要素配置效益最大化和效率最优化,维护农民集体资产权益,促进集体经济发展壮大,根据中央、省、市部署,衡阳县积极推进农村集体产权制度改革。2017年,各乡镇开展农村集体资产清产核资。对农村集体所有的各类资产(资源性资产、经营性资产、非经营性资产)进行全面清查核实、登记造册,建立"三资"管理台账,重点清查核实未承包到户的资源性资产和集体统一经营的经营性资产以及现金、债权债务等。查实存量、价值和使用情况,做到账证、账实、账表三相符。在经营性资产较多的西渡镇英陂社区和资源性资产较多的西渡镇豆陂村开展农村集体产权制度改革试点。截至2017年年底,全县491个村(社区)中有425个村(社区)开展清产核资,338个村(社区)完成清产核资;试点单位基本完成调查摸底、宣传发动以及经营性资产清产核资和集体经济组织成员身份界定等。

【农村土地承包确权颁证】　衡阳县农村承包地确权登记颁证工作一直走在全省全国前列。全县5个作业标段,全面完成全县承包土地外业调查确权、内业确权成果数据汇交、成果数据坐标转换、数据成果质量标段自查和县级自查,并通过农业部质检软件检查合格。8月28日,向省确权办进行初次成果数据汇交;10月22日,进行第二次数据省级汇交;11月底,进行第三次数据汇交。数据质量基本符合农业部质检技术要求,成为继道县之后全省第2个完成农业部质检的县。12月6日,衡阳县举行农村土地承包经营权颁证首发式暨确权工作转段推进会。颁发一个组28个证,函证工作完成80.5%。

【农村土地流转】　至2017年11月底,全县累计土地流转57.01万亩,占耕地总面积87.7万亩的65%,高出全市26个百分点,高出全省28个百分点,高出全国35个百分点。是年,新签土地流转合同7.2万亩,占耕地总面积8.2%,占土地流转总面积12.63%。30亩以上规模经营8460户,土地流转47.1万亩,占全县耕地总面积53.71%,占土地流转总面积82.62%,位居全市第一。

【新型主体培育和示范创建】　2017年,发展农民专业合作社150家,全县累计640家;发展家庭农场130家,累计919家。利用省、市、县政策扶持资金,创建国家、省级和县级示范合作社、示范农场。2017年,创省级示范社1家、市级4家、县级14家,省级示范家庭农场1家、县级示范家族农场40家。对新型主体分项目管理、重点管理、备案管理三类管理。通过分类管理,引导和促进合作社做大做强。2017年,衡阳县成功申报省级家庭农场示范县。中央财政支持项目3个,市级支持项目4个,上级补贴资金420万元。

【农民负担监督管理】　完善制度　进一步完善和健全涉农收费公示制、农民负担监管卡制、涉农涉负责任追究制、惠农资金备案制、惠农资金"一卡通"制、农村义务教育全免学杂费制、信访接待制、检查督查通报制、村级报刊限额制等制度。农民负担监管工作纳入全县重点工作考核内容。在全县农村工作会议上,25个乡镇和19个涉农涉负部门党政负责人与县政府县长签订《2017年度农民负担监管工作责任状》。明确监管职责,强化管理措施。

宣传政策　创办"蒸阳农村·阳光三农网",设立投诉举报平台。在县电视台、手机报和衡阳县宣传微信公众号开辟减负惠农政策宣传版块。

督查监管　2017年3月28日至30日,对全县教育、工商、户籍等部门收费情况进行督查。查处工商所对家庭农场注册登记违规收费10起,涉及金额9700元,责令工商局进行整改清退,对责任人严肃处理;对中小学收费存在"被自愿"现象,违规征订教辅资料的问题,责令县教育局落实整改清退,并追究相关人员的责任。10月28至10月30日,对全县涉农领域"雁过拔毛"式腐败问题,秋季教育收费、工商注册登记办证和农民负担监督卡发放等进行督查。农村医疗卫生和计生奖扶等项目在年内纳入“一卡通”发放。

专项整治　县农经中心开展对2016年强农惠农项目资金的清查工作。项目资金存在漏计收入7起，资金36.5万元；虚报套取8起，金额9.85万元。给予党纪政纪处理13人。

责任追究　惠农减负政策落实实行责任追究制。涉农涉负案件“谁主管，谁负责”，实行“问责制”，重大案件“一票否决制”。落实中央惠农减负政策，坚决纠正损害农民利益的突出问题，严肃查办涉农领域“雁过拔毛”式腐败问题的案件。坚决执行市委、市政府的决定，对惠农减负政策未落实的乡镇和部门实行重点监控。2017年，全县追究相关责任人16人。（肖文艳）

气　象

【概况】　衡阳县气象局属衡阳市气象局和衡阳县政府双重领导的社会公益性事业单位。在职职工13人（含人影编4人），其中党员7名（含退休党员1名）、本科9名、大专2名、工程师5名。单位内设机构有综合管理办公室、防灾减灾科、气象台。县政府设立的衡阳县防雷减灾办公室挂靠县气象局，县政府设立的衡阳县突发事件预警信息发布中心（加挂衡阳县人工影响天气办公室牌子）和衡阳市防雷中心衡阳县防雷所由县气象局代管。

主要工作任务：负责每天的新型自动气象站、区域站、土壤水分站采集和传输数据；发布短中长期天气预报，开展公众气象服务、气象科研及各种专业专项气象服务；承担防雷社会管理、气象行政执法、人工影响天气、突发事件预警信息发布及上级气象主管部门和县委、县政府交办的其他工作等。

【全年气候】　2017年，平均气温18.9℃，较历年偏高1.0℃。年极端最高气温39.1℃，出现在7月（3天）；年极端最低气温-0.6℃，出现在2月12日。1、2、4、8、9、12月气温明显偏高，6月气温偏低。无霜期294天。全年降水1052.1毫米，较历年平均值偏少216.1毫米。全年≥0.1毫米的降水日数有136天，≥50.0毫米的降水日数有2天。一日最大降水量为82.7毫米，出现在3月22日。以月降水分布看，1、2、4、5、7、8、9、10、12月降水明显偏少，3、6月降水明显偏多。年内出现暴雨洪涝灾害。全年日照1390.9小时，较历年偏少100.3小时。

全年出现的重大气候事件有：大风、暴雨洪涝、寒潮、高温热害、连阴雨。大风出现两次，没有造成灾害。暴雨出现四次，出现不同程度的灾害。其中，6月的两次暴雨受灾最为严重，月总降水量比同期偏多三成以上至四成，达到中度洪涝。6月5日08时至6日08时，全县出现大雨以上站点有32个。其中，界牌60毫米，牛形山水库53.5毫米，盐田52.1毫米，城坪冲51毫米，台源50.9毫米，共5站达到暴雨。全县受灾人口2253人，需转移25人，农作物受灾面积367公顷，绝收面积51公顷，倒塌房屋3间，直接经济损失294万元。6月25日至30日，全县受高空槽和中低层切变共同影响，出现持续强降雨，各站点累积降雨量均超100毫米。6月24日20时至30日15时，累积降雨量超过150毫米站点共10个。最大降雨点出现在演陂（190.1毫米），发生山体滑坡导致严重灾害的樟木乡累积降雨量118.4毫米。全县受灾人口22272人，因灾死亡2人，转移安置402人，需求助122人，倒塌房屋58间，损坏房屋118间，农作物受灾面积1773公顷，绝收面积254公顷，直接经济损失2087万元。

全年出现一次强寒潮天气过程，四次强冷空气天气过程，四次高温热害天气过程，1次连续阴雨天气。

全年冬少严寒，夏少酷暑。降水基本能满足农作物的生长需要，无明显干旱。但个别暴雨造成局部灾害，对基础设施等造成损失。本年度未出现5月低温，气象条件基本利于作物生长。总体来说，气候属于正常年景。

【基本业务】　全年共完成测报基数11701分，总错情率为0.0%。气象探测环境保护良好，未发生缺测、缺报、迟测、早测现象。新型自动气象站、土壤水分站、区域自动站数据采集和传输均正常。

气象装备不断完善。3 月 21 日,完成地面观测场中降水天气现象仪器、综合硬件集成控制器的安装,实现天气现象半自动化观测。对业务软件 ISOS 和 MOI 进行系统升级。观测场探测环境保护良好,测站周围无违规建筑物影响大气探测。气象信息网络宽带租用的电信 10M 外网升级达到 50M 带宽。

区域气象自动站升级。12 月,山峙门水库、牛形山水库、柿竹水库 3 个原四要素区域气象自动站升级改造为高标准六要素骨干区域气象自动站。

【公益服务】 公共气象服务水平有所提升。更新在县电视天气预报节目中增加播放空气污染气象条件、森林火险气象等级、地质灾害预警等内容。3 月,与县广播电台合作,将电视天气预报内容通过“村村响”广播系统对外每天播出 2 次。县文体广新局在全县 491 个村部署“村村响”广播,5 月与该系统实现无缝对接,在湖南省市县气象服务一体化平台,实现预警信息用文字转语音的形式在“村村响”应急广播中进行及时播放。

每次重要天气过程,都通过移动云 MAS 平台及时向全县各级防汛相关单位负责人发出气象预警短信。

【防雷社会管理】 根椐《国务院关于优化建设工程防雷许可的决定》《湖南省人民政府关于整合优化建设工程防雷许可的实施意见》文件精神,从 2017 年 3 月 15 日起,将原气象部门承担的房屋建筑工程和市政基础设施工程防雷装置设计审核、竣工验收许可移交给衡阳县住房和城乡建设局负责。油库、气库、弹药库、化学品仓库、烟花爆竹、石化等易燃易爆建设工程和场所,雷电易发区内的矿区、旅游景点或者投入使用的建(构)筑物、设施等需要单独安装雷电防护装置的场所,以及雷电风险高且没有防雷标准规范、需要进行特殊论证的大型项目,仍由气象部门负责防雷装置设计审核和竣工验收许可。

【人工增雨】 人影装备逐步实现现代化。全县人影作业炮点 7 个。其中,斜坡堰水库为标准化人工影响天气作业基地,有 37 高炮二门(单、双管各一门),牵引式火箭发射装置二门。6 月 14 日,衡阳市委书记周农在衡阳县委、县政府主要领导和市气象局局长的陪同下视察衡阳县斜陂堰人工影响天气标准化作业基地,对衡阳县人影工作表示充分肯定和高度好评。2017 年,开展“春节”和“清明”期间森林防火人工增雨作业。

【行政执法】 对全县范围内的石油化工、烟花爆竹企业、易燃易爆等场所的防雷隐患排查和执法检查共 44 次,检查生产经营单位 83 家,存在防雷问题隐患 7 家,限期整改合格的 6 家,下达执法文书 1 份。

【气象为农服务】 开展 2017 年气象为农服务两个体系建设,对各乡镇进行考核。及时发布农业气象灾害预警、农业气象情报、关键时季农业气象服务材料等。各乡镇均建设有气象信息服务站,有兼职的气象协理员(村级气象信息员)。不定期下基层开展气象为农服务科普宣传活动和气象信息员防灾减灾知识培训;继续完善台源永乐三红柚气象服务基地、西渡梅花村优质稻种植基地及西渡镇通古村蔬菜基地的设备更新。

(阳文亮 甘武阳)

财政·税务

财　政

【概况】 2017年，衡阳县完成一般公共预算收入141734万元，比2016年同期（以下简称同比）增加2388万元，增长1.7%。其中：地方公共财政收入92863万元，同比减少1114万元，下降1.19%；上划中央收入38440万元，同比增加2323万元，增长6.43%；上划省级收入10432万元，同比增加1180万元，增长12.75%。地方公共财政收入中，税收收入54851万元，同比增加2579万元，增长4.93%；非税收入38012万元，同比减少3693万元，下降8.86%。2017年，一般公共预算支出完成490570万元，同比增加36219万元，增长7.97%。

衡阳县2017年财政预算收支平衡。

【财源建设】 *支持招商引资* 招商引资作为推动县域经济发展的重要抓手，县财政局将招商引资工作摆在突出位置，纳入重要议事日程。根据本单位的职能职责，做好招商引资服务工作，为招商引资提供充足的资金保障。认真落实各项奖励措施，激励各部门各单位积极招商引资，形成“人人谋划招商、人人主动招商、人人服务招商”的良好氛围；重点支持西渡高新区核心片及界牌陶瓷循环经济工业园建设，引入一批市场份额大、科技含量高、带动效应强、可持续发展的大项目，培育后续财源。

服务企业发展 严格落实各项税收减免政策。清理、规范各项行政审批事项的减、免、降，发挥好税费政策的调节作用。通过税收杠杆，增强对企业的扶持力度，确保扶持发展的普惠性、精准性。对相关产业和企业给予重点支持，进一步拓展开放型经济发展空间。同时，优化企业服务环境，支持企业转型升级和结构调整，让企业能引得进、留得住，真正做大做强，成为支柱产业，保证财源充足有力。

发挥政府基金的引导作用 根据实际，灵活规范地设立基金，积极有效地用好基金，实现产业发展水平的不断提升。在推动现有各项基金规范运作的同时，继续加大科技资金注入力度。设计专门科技研发奖项，鼓励企业自主创新，增强企业后续发展动力。大力支持发展电商产业园，推动农村电子商务事业发展，让电子商务助力农村经济发展。

【收入征管】 *落实“营改增”税制改革* 进一步完善税费征管一体化平台和税务“金三”系统，健全信息化的征管网络，实现涉税信息互联互享，规范征管行为，提高征管效率。

实行征收部门工作联席会议制度 即国、地税工作合作的“六个联合”：联合办税、联合定税、联合税法宣传、联合注销、联合稽查、联合清理，加大对税费的清收力度，做大做实财政收入蛋糕。

依法依率计征 推行公平税负，切实杜绝擅自减免缓和收“人情税”等行为。

非税收入征管 努力打造政务公开平台，规范办事程序，统一执收标准，保障财政收入及时足额入库。

征管绩效管理 科学合理设计考核指标，逐步建立税源基础管理、税种质量管理、收入监控管

理等征管质量考核指标体系，夯实征管基础，确保财政收入平稳增长。

【民生保障】 大力压缩一般性、非生产性支出，“三公”经费持续下降，财政支出进一步向基层、民生和重点倾斜。教育、社会保障与就业、医疗卫生等民生支出达到359675万元，占财政支出的比重为73.32%。

机关事业单位养老保险全面实施，同步提高退休人员养老金 机关事业单位退休人员连续第二年调增，人均月增资163元；企业退休人员基本养老金实现十三连调，人均月增资127元；城乡居民养老保险基础养老金由每人每月80元提高到85元；城乡低保指导标准分别达到420元/月、260元/月。

落实各项就业创业政策，促进城乡就业创业 全年新增城镇就业7950人，失业人员再就业3317人（其中就业困难对象再就业981人），新增农村劳动力转移就业7300人，零就业家庭动态就业援助100%。

支持发展教育事业 建立城乡统一的义务教育经费保障机制。免除城乡义务教育学生学杂费，补助家庭经济困难寄宿生生活费。建立健全从学前教育到高等教育全覆盖、立体式的学生资助体系。2017年，财政投入16000万元，推进全县“全面改薄”项目建设，改善学生学习生活条件，化解城区学校大班额。至年底，完成75个项目，9个项目尚在建设中。

整合财政资金进行扶贫攻坚 2017年度，衡阳县财政专项扶贫资金（不含易地扶贫搬迁资金）共5911.42万元，为每个乡镇安排扶贫经费共计136.5万元。其中，县本级财政预算安排扶贫专项资金2893.92万元，比2016年本级预算安排扶贫专项资金810万元增加2083.92万元，增长257.27%，达到贫困人口人均扶贫资金400元以上。

推进安居工程建设 财政投入2600万元，对马厂和青风两片区房屋及基础设施进行改造，惠及2000余户居民。投入1100万元，对1100余户棚改对象进行货币安置。

衡阳县2017年一般公共预算支出表

表1 单位：万元

项　　目		项　　目	
一般公共服务支出	42104	交通运输支出	21832
国防支出	451	资源勘探电力信息等支出	2514
公共安全支出	22729	商业服务业等支出	2903
教育支出	108723	金融支出	10
科学技术支出	2273	国土资源气象等支出	14102
文化体育与传媒支出	5387	住房保障支出	7687
社会保障和就业支出	67252	粮油物资储备支出	1053
医疗卫生与计划生育支出	79601	总预备费	
节能环保支出	5566	国债还本付息支出	7284
城乡社区事务	15846	其他支出	67
农林水支出	83186	一般预算支出合计	490570

（衡阳县财政局）

【财政监管】 健全预算约束机制，加强预算管理 按照要求，细化预算支出项目，明确支出类型和支付方式，推进财政预决算、部门预决算和“三公”经费公开，进一步提高预算透明度。

推进国库集中支付改革，规范财政收支 结合全县实际情况，制订《衡阳县乡镇财政国库集中支付制度改革实施方案》，成立专门领导小组，稳步推行对全县25个乡镇实行国库集中支付制度改革和公务卡结算制度改革，最终实现覆盖全县所有预算单位以国库单一账户体系为基础的国库集中支付制度。进一步规范政府收支行为，更好发挥财政宏观调控作用。

采取“互联网+监督”方式，资金运行公开透明 2017年，县财政局按照上级的统一部署，将全县所有专项资金，通过“互联网+监督”的方式进行全方位公开，接受上级和群众的监督。截至2017年12月底，财政部门在网络平台公开170项民生资金，资金总额164936.86万元。

健全监督体系 开展会计监督检查。统一构建县、乡镇、村级的财政资金监督体系，统一整合由人大、审计、监察、司法、群众参与的监管体系。2017年，共选取3个代表单位开展会计监督监察。对单位是否存在挪用财政专项资金、扩大范围列支、违纪发放津补贴、政府采购违纪等，进行重点关注；对存在问题的单位按照相关法律法规进行处理处罚，并提出整改意见。

【机关建设】 思想道德建设 贯彻学习党的十九大会议精神和习近平新时代中国特色社会主义思想，牢固树立政治意识、核心意识、看齐意识、大局意识，提高全局干部职工的政治站位。推进“两学一做”学习教育活动制度化、常态化，切实开展“反‘四风’、治陋习”、惩治“雁过拔毛”式腐败系列活动，坚定全局干部职工理想信念，树立正确的人生观、价值观、权利观。

业务知识培训 坚持理论学习与业务学习相结合，集中学习与自学相结合，狠抓财政、财务、财会专业知识以及有关财政政策、纪律、法规、文件的学习，不断提高干部队伍素质、工作能力和业务水平。全年参加学习培训918人次。通过系列教育培训，建设一支“想干事、能干事、干成事”的高效优质财政队伍。

（熊昭辉 何 辉）

地方税务

【概况】 衡阳县地方税务局组建于1994年7月。2017年末，有干部职工119人。其中，在职干部94人，退休干部25人。党员82人，占总人数的69%；大专以上学历的90人，占在职干部人数的96%。下辖5个税务分局，局机关内设10个科室（中心、局）。全县地税纳税户6566户，年纳税50万元以上的重点税源大户112户。

【税收征管】 2017年，完成地方各税收入53621万元，同比增收4907万元，增长10.07%。全年地税收入占全县税收总量的49.97%。地税收入，为全县财政收入增长作出积极的贡献。

【服务创新】 继续开展便民春风行动，以纳税人需求为导向，不断升级服务。实行“一人一窗”办税模式，整合前台业务，实现“一窗通办”。积极推广网厅二期和实名制办税，办税进入“刷脸时代”。通过国地税联合办税，优化办税流程，推出“最多跑一次”服务，办税效率大幅提升。

【队伍建设】 坚持“人才强税、业务兴局”的思路，全面推进“营改增”、征管转型改革，确保高质量发展。深入开展“四优四赛”和法治税务工作，提升工作执行力。大力强化党建引领和绩效考核，激发队伍活力。2017年，该局被评为“全省地税系统基层党支部标准化建设示范点单位”“衡阳市廉政文化单位”“衡阳市地税系统绩效考核先进单位”“衡阳县爱心助残明星单位”等多个称号。

（刘 全）

国家税务

【税收征管】 县国税局负责征收的主要税种为增

值税、消费税、车辆购置税、企业所得税等。2017年,共入库各类税收(不含车辆购置税,下同)57153万元,其中市县两级收入53625万元。建立健全一级带一级、层层抓落实的工作推进机制,压实改革主体责任,落实“营改增”和国税、地税征管体制改革,被评为全省全面推开营改增试点工作先进区县单位。

【依法治税】 坚持依法组织收入原则,严格征收纪律,做到应收尽收,坚决防止收“过头税”和越权减免税收,全面促进经济税收高质量发展。2017年,累计落实国家结构性减免税收优惠政策5760万元;开展风险评估,强化税务稽查,入库税款2450万元;开展企业所得税汇算清缴,入库税款2130万元。

【服务创新】 统筹加强国税、地税合作,提升国税、地税合作深度和广度,进一步夯实税收征管基础。推进“放管服”改革,全面推行“一窗一人办税”、实名制办税、二维码便捷开票新模式;推进“便民办税春风行动”、电子税务局建设;推进网上办税为主、自助和其他社会办税为辅,实体办税服务厅兜底的多种办税方式,全面提升纳税服务质效。

(傅孝平)

金　融

人民银行

【概况】　中国人民银行衡阳县支行(以下简称县支行),坚持“稳中求进”主基调,通过加强信贷政策指导,推动地方金融创新,开展金融统计调研,强化征信业务管理,优化金融生态环境,推进农村金融服务基础设施建设和信用体系建设,实施金融精准扶贫,防范金融风险等工作,实现对外履职。2017年,衡阳县共有金融机构9家。其中,政策性银行1家,国有商业银行机构4家,股份制银行机构2家,地方法人银行机构2家。金融机构营业网点共113个。其中,政策性银行网点1个,国有商业银行网点19个,地方法人金融机构网点67个,股份制银行网点112个。年末,各项存款余额357.49亿元,比年初增加41.49亿元,增长13.13%。其中,居民储蓄277.89亿元,比年初增加24.15亿元。各项贷款余额113.3亿元,比年初增加11.64亿元,增长11.46%。其中,短期贷款余额28.77亿元,中长期贷款余额84.52亿元。

【金融信贷服务】　2017年,县支行根据辖内实际情况,制订《2017年衡阳县货币信贷工作指导意见》,坚持以提高发展质量和效益为中心,以推进供给侧结构性改革为主线,确保信贷总量合理适度增长,引导金融机构均衡信贷投放的进度和节奏,确保信贷增长与衡阳县经济发展转型的需求相适应、相衔接。

在用好增量资金的同时,注重盘活存量资金,积极争取不良贷款核销、转让政策,加快资金盘活周转速度。重点加强对法人金融机构信贷规模调控管理和贷款投放规模预测监测管理,引导其合理安排信贷投放。

定期召开行长联席会和各类专项工作会议,畅通信息传导沟通机制,涉农、小微企业信贷政策导向效果评估,探讨经济金融发展策略。

优化信贷投向,支持经济转型发展。引导各金融机构加大对实体经济、项目建设、园区经济、小微企业等的信贷投入,助推经济转型升级;加大对“三农”经济的信贷支持,重点是对特色产业和新型农业经营主体的信贷支持;加大对辖内薄弱环节的信贷支持,特别是对旅游业的信贷支持。对房地产、高能耗、高污染等“三高一限”行业的信贷投入,提出明确的限制要求。

上半年,对考核达标的1家地方法人金融机构落实降低法定存款准备金1个百分点的奖励政策,对1家考核不达标的地方法人金融机构负责人进行约谈。

【金融精准扶贫】　2017年,金融精准扶贫工作的重点是完善金融扶贫服务站的功能,强化产业对接,引导和加大担保、贴息、扶贫小额信贷等各类贷款的投放对接力度。

创新推出“分贷统还”金融服务产品,搭建政银企民合作平台　3月,政府主导,人民银行协助,衡州农商行、省级农业龙头企业角山米业和51个贫困村贫困农户共同参与签订四方合同,推出“分贷统还”贷款新模式。全年共发放扶贫小额贷款14847万元,覆盖建档立卡贫困户3473户、13786人。

创建支农再贷款示范点　全年,衡州农商行增加发放5000万元支农再贷款。5月17日,在衡阳县关市镇衡阳鑫粤生态农业有限公司蔬菜种植基地建立首个“支农再贷款示范点”。衡州农商行采取“示范点+合作社+基地+贫困户”方式,向鑫粤公司发放 200 万元支农贷款，直接带动 136 户贫困户脱贫，惠及贫困人口 600 余人。

开展金融扶贫服务站建设工作督查　按照上级文件精神，县支行成立专项督查工作领导小组。6 月和 10 月，先后对辖内 51 个金融扶贫服务站按“八有”建站要求开展督查，邀请村支委负责人进行座谈，了解贫困村金融服务需求情况，征求“三站融合”工作意见和建议。

组织“金融精准扶贫宣传推进月”活动　8 月 11 日，县支行组织辖内各金融机构到石市镇水口村开展集中宣传活动。发放宣传手册、宣传单，现场咨询宣讲国家金融扶贫有关政策和金融扶贫产品，促进金融机构与群众的有效沟通。

【农村信用体系建设】　强化征信管理　加强用户管理，确保信用报告查询合规。开展个人信用报告异常查询非现场监测，及时组织对村镇银行的异常查询情况核查。做好机构信用代码证信息更新、维护工作。开展征信宣传，促进社会公众信用意识不断提高。

推进农村信用体系建设　开发推广应用农户信用信息管理系统。该系统由衡阳衡州农村商业银行负责开发，具有农户信用信息采集、评级、授信、贷款管理等多项功能。从 5 月 18 日起，系统全面测试运行。到 12 月，采集农户信用信息 15000 余户，系统自动对农户评级授信 10000 余户。发放贷款 1.6 亿元。

【金融管理】　为了建立良好的金融生态环境，有效地防范金融风险，县支行加强对域内金融活动的监测管理。组织 2017 年度县域金融生态评估和专项评估。创建金融安全区。制定创建工作方案，推进信用乡（社区）、户建设。

开展惩治非法集资专项宣传。5 月 24 日，由县政府主导，县人民银行、县金融办、县公安局、县电视台等 15 个单位联合，开展打击非法集资、创建金融安全区专题宣传活动。

协助县政府开展贷款清欠工作，惩治恶意逃废银行债务行为，维护金融债权。至 12 月底，全县收回不良贷款本息 2.23 亿元。　（阳建成）

工商银行

【概况】　中国工商银行股份有限公司衡阳县支行，有在岗干部职工 39 人。下辖办公室、公司业务部、个金业务部三个部门，营业部、文明支行两个营业网点。

2017 年，全行员工坚持年初制定的工作目标，在依法合规经营、防范风险的前提下，创新思路，大力组织存款，加强信贷营销，做大中间业务收入，实现各项业务稳步发展。截至 2017 年 12 月 31 日，各项存款余额 12.37 亿元，贷款余额 4.7 亿元，中间业务收入 1172 万元，拨备前利润 3035 万元。被工行湖南省分行确定为一类县域支行。全省县支行经营绩效与业务发展分类考评，在一类行中排名第十；全市一级支行经营绩效与业务发展考评，排名第三。

【开拓存款市场】　坚持存款立行思想，积极开拓存款市场。在行内采取定目标、定奖罚、开展劳动竞赛等办法，在行外主动联系优质客户，开展优质服务等活动，取得明显的效果，为存款的稳定增长打下良好的基础。

【加大信贷营销】　调整信贷结构。2017 年，向县内企业及个人经济累计发放贷款 4 亿元，重点支持县妇幼保健院等医疗卫生单位。

【发展中间业务、新型业务】　在巩固原有代理中间业务的基础上，以对公理财和养老金理财两大业务为重点，加强与同业之间的业务合作，拓展新的中间业务收入来源。2017 年，实现中间业务收入 1172 万元，盈利能力持续提升。新型业务发展迅速，网上银行、手机银行、第三方存管、代理业务等全部普及，客户足不出户就能享受工行的优质服务。　（衡阳县工行办公室）

建设银行

中国建设银行股份有限公司衡阳西渡支行，有在岗正式员工34人，下辖办公室、业务部两个管理部门和营业部、蒸阳支行、红山路支行三个营业网点。

截至2017年年末，西渡支行全口径存款余额297001万元，日平余额292503万元；各项贷款余额48866万元，其中个贷余额19545万元。全年实现中间业务收入1306万元，完成市行计划的57%，同比增长32%；公司类贷款零不良。2017年，累计上缴税费279万元，实现净利润5564万元。

连续数年，被评为年度考核优胜单位、省行先进基层党支部、会计一级单位、"文明单位"、"双基"工作先进单位、优质文明服务先进单位、女子文明示范岗、党建先进集体。（罗怡文）

农业银行

【概况】 中国农业银行衡阳县支行（以下简称县支行）有在职员工149人，营业网点13个。其中，县城营业网点4个，乡镇营业网点9个；离行式惠农服务站1个，离行式ATM金融自助区2个。至2017年12月末，各项存款余额75.1亿元，各项贷款余额18.74亿元。经营规模居四大国有银行首位，居全部金融机构第二位。2017年度，贷款累放6.2亿元，在县域金融机构中位列前茅。县支行曾被农业银行总行、湖南省分行、湖南省银行业协会、衡阳市人民政府、衡阳县人民政府授予"中国农业银行先锋号""青年文明号""学雷锋银行""创蒸阳雷锋示范岗""百佳优秀单位""三星级文明单位""支持地方经济发展先进单位""文明单位"等称号。

【支持"产业转型"和小微企业发展】 至2017年年末，新增小微企业贷款5800万元，支持角山米业、天天见梳篦实业等一批农业产业化龙头企业以及湖南金辉新材料等一批制造类小微企业的发展与转型。

【推进"普惠金融"建设】 推进"农合"卡发行。截至2017年12月末，发行"农合"卡45.5万张。每年均能平稳兑付农合资金近5.5亿元，受益农村居民达到一百多万人，且无一差错。"农合"卡发行，解决农村居民医疗报销与兑付的难题。

推进"惠农通"建设。2017年12月末，累计布放助农取款机（点）1252台，基本覆盖全县各行政村。全年累计交易65.1万笔，交易金额6.48亿元。其中，助农取款25.64万笔，取款金额1.75亿元。"惠农通"建设，解决农村居民取款难、转账难的问题。

【"助农创富"，服务三农】 2017年，全行三农个贷余额1.56亿元。近二年，累计投放3.25亿元。其中，农户小额贷款0.56亿元，农村生产经营贷款0.45亿元，个人助业贷款0.22亿元，烟农贷0.13亿元，农民粮担贷0.12亿元。支持县内5460户农户创业发展。为支持农户进城创业，加大住房消费信贷投放，推出专属特色产品"农民安家贷"。全行有"安家贷"和住房按揭贷款余额计7.6亿元，较上年净增1.87亿元，按揭户数8856户。

（综合管理部）

农业发展银行

中国农业发展银行衡阳县支行是衡阳县境内唯一一家国家政策性银行，内设机构3个，即办公室、信贷业务部、会计结算部，有干部职工16人。在县委、县政府和上级行党委的正确领导下，全行一班人积极履行政策性银行的政治担当，全力服务县域经济振兴战略，为新农村建设融资提供经济支撑。同时，着力打造思想积极进取，办事高效廉洁，业务稳健发展，两个文明双丰收的优秀团队。

截至2017年年末，有开户企业32个，贷款企业6个，贷款总量13亿元。

2017年，累计发放各类流动资金贷款4750万元。其中,产业化龙头企业林业短期流动资金贷款余额1700万元,农村流通体系建设短期贷款余额2000万元,省级储备粮贷款1050万元。累计投放政府融资平台项目贷款6.4亿元。其中,县城排水基础设施建设项目中长期贷款1.4亿元,蒸水北岸防洪工程项目中长期贷款2亿元,棚户区改造项目中长期贷款2亿元,救灾应急中期贷款1亿元。（陈小毛）

邮储银行

【概况】 中国邮政储蓄银行衡阳县支行于2008年4月11日挂牌。设有25个网点,自助机具52台。其中,县城网点5个,农村网点20个。依托覆盖城乡的网络优势,坚持服务“三农”、服务中小企业、服务社区的定位,走“普惠金融”的发展道路,成为服务县域经济社会发展的主力军。

【主要业务】 以本外币储蓄和公司存款为主的负债业务;以国内外结算、现金管理、银行卡、代理保险、代理国债、代销基金、理财产品为主的中间业务;以银团贷款、公司贷款、质押贷款、小额贷款、个人商务贷款、小企业贷款、综合消费贷款、一手房贷款、二手房贷款等为主的资产业务。

在服务方式上,由单一的柜台服务,向包括营业网点、自助终端、手机银行、网上银行、电视银行等多种方式转变。

【服务三农】 主动融入地方经济发展,积极争取省市分行授信额度的支持,确保信贷有效投放。

在服务“三农”过程中,不断延伸信贷服务方式。围绕县域经济特点,集中信贷资源,支持地方形成具有当地经济特色的支柱产业。对井头石材的产品要素调整、瓷泥行业深度开发、服装和副食行业产业等,进行调研。

2017年,为方便城镇居民办理金融业务,更新ATM设备;为改善农村支付环境,在网点布放助农POSS机具。针对外出务工人员,发行“乡情卡”,优惠异地存款业务手续费。（综合管理部）

衡州农商银行

【概况】 衡州农商银行(以下简称农商行)由原衡阳县农村信用合作联社改制而成。营业网点63个,其中1个营业部、30个支行、32个分理处,职工574人。农商行是县域从业人数最多,营业网点最多,覆盖面最广,规模最大的县域金融机构。截至2017年末,各项存款余额139亿元,贷款余额48亿元,存、贷款规模居全县9家金融机构首位。

【服务创新】 农商行恪守服务“三农”的宗旨,坚持“做小、做散、做微”的市场定位,先后推出“福祥便民卡”和“集团授信”“商户流水贷”等主打信贷产品,各乡镇支行均根据当地的特色支柱产业开发信贷产品。库宗支行开发“家居贷”、台源支行开发“湘莲贷”等。

【金融扶贫】 建立小微快贷中心,进行农户评级授信,开展金融产业扶贫。全县建档立卡贫困户评级面100%,授信面93.93%,扶贫小额贷款余额1.42亿元,建设金融扶贫服务站33家。

【结算业务现代化】 构建网络结算平台,开通网上银行、手机银行、电话银行、ETC等现代化的支付结算业务。布放存款一体机、助农终端、自助银行、POS机等自助设备,改善农村金融服务环境,满足城乡居民的金融服务需求。（陈　新）

中国银行

中国银行股份有限公司衡阳市蒸泰支行,致力于服务衡阳县经济社会发展,各项业务均取得良好绩效。

截至2017年12月31日,存款日均余额19670万元,存款时点余额22424万元;储蓄存款日均余额16695万元,储蓄存款时点余额16923万元。贷款余额28109万元。其中,个人贷10784万元,公司贷 17325 万元。业务净收入 969 万元,完成年度任务 86.08%,全辖排名第 5 位;净利润 385 万元,全辖排名第 3 位;人均利润 35 万元,全辖排名第 3 位;中间业务完成 137 万元,完成年度任务 68.04%,全辖排名第 17 位。

2017 年,在市分行绩效考核中排名第十一;被评为"2017 年度中国银行业文明规范服务星级网点";在衡阳县委、县政府全县金融系统绩效考评中排名第三,四大行排名第一。（王筑屏）

沪农商村镇银行

衡阳县沪农商村镇银行股份有限公司(中文简称:衡阳县沪农商村镇银行)是经中国银行业监督管理委员会批准,由上海农村商业银行股份有限公司发起设立的地方性农村金融机构。该行于 2012 年 7 月 27 日正式开业。全行设有综合管理部、财务会计部、风险管理部、市场部 4 个部门,总行营业部、蒸阳支行、洪市支行、渣江支行 4 个营业网点,共有员工 52 名。

截至 2017 年年底,各项存款余额 17.76 亿元,各项贷款余额 4.03 亿元,总资产规模 19.00 亿元。五年来,累计实现净利润 6315.88 万元,上缴各类税费 2683.98 万元,拥有 3.5 万余户存款客户,累放贷款近 23 亿元,支持近千户小微企业和个人的融资需求。自 2016 年以来,该行先后荣获由省政府金融办、省银监局等单位联合评选的"百佳优秀单位",以及上海农商银行湖南村镇银行管理部颁发的"伯乐奖""优秀单位奖"。自 2013 年以来,该行在湖南省 12 家沪农商村镇银行的综合排名中一直处于前茅,连续三年被评为"先进村行"称号。

该行秉承"以客户为中心,以市场为导向"的经营理念,立足"服务本土、服务三农、服务中小微企业"的市场定位,提供多元化、综合性的金融服务。支持新农村建设,开发本土化特色产品。陆续开发"设备抵押贷款""惠众贷""随薪贷""家庭贷"等贷款新品种,解决"三农"和中小微企业押品不足、融资难等现实问题。该行坚持践行阳光信贷、限时办结、费用减免等信贷服务承诺,逐步树立良好的市场口碑。（综合管理部）

财产保险

中国人民财产保险股份有限公司衡阳支公司(以下简称公司),下设渣江、洪市、金兰 3 个"三农"服务部,筹建集兵、井头两个"三农"服务部,服务网络覆盖全县。有正式员工 34 人,营业办公面积 1400 平方米,专业查勘车 5 台,查勘电瓶车 11 台,配备无人航拍飞机、GPS 查勘专用器。2017 年,配备直升飞机用于紧急救援。

2017 年,完成保费收入 9419 万元。其中,车险收入 3687 万元,同比增长 8.97%;非车险收入 1874 万元,同比增长16.47%;农险收入 3858 万元,同比增长32.94%。

校园方责任险实现全县大面积统保,完成保费收入 124.8 万元,同比增长 19.84%。2017 年,新增扶贫特惠保、居民管道燃气责任险、大灾保险等。扶贫特惠保保费收入 150 万元,大灾保险保费收入 628.88 万元。（龙　玮）

人寿保险

中国人寿保险股份有限公司衡阳支公司(县级公司),坐落于衡阳县西渡镇向阳桥头,下辖西渡、井头、演陂、大安、长安、金兰、库宗、渣江、洪市、栏垅、石市 11 个乡镇营销服务部。公司累计为全县 80 万人次提供各类人身保险、人寿保险、人身意外伤害保险和健康保险,为全县 120 万人口提供意外伤害及大病补偿服务。2017 年,业务规模达到 1.92 亿元,同比增长 12%;理赔支出 1.53亿元,同比增长 22%;满期给付 1.33 亿元,同比增长 30%;创税 250.23 万元,同比增长 18%。新农合续签 4400 万元,大病追补 3400 万元,保持政策性业务全省第一大单。公司多次被衡阳县政府评为财税金融工作目标管理先进单位,连年被该系统评为省、市先进单位,为衡阳县的经济发展和社会保障体系建设发挥积极作用。（吕艳红）

商　贸

综　述

【招商引资】 2017年,全县实际利用外资1.3亿美元,同比增长18.2%;实际到位内资29亿元,同比增长11.2%;新开工重大招商项目18个。其中,投资亿元以上项目4个:投资16亿元的吉利国际汽车城,投5亿元的木工数控机床,投资2亿元的腾飞叮当猫服饰,投资2亿元的明旭家居;投资1千万~1亿元项目14个,有投资6000万元的诗妮芳制衣、投资5000万元的永东电器、投资5000万元的华高成套设备、投资6000万元的同禧包装等。

衡阳县2017年招商引资上亿元项目基本情况

表1

项目名称	计划投资(万元)	到位资金(万元)	主要产品	地点
吉利国际汽车	160000	10000	汽车、摩托车、电动车等销售及物流服务	高新区
木工数控机床	50000	10200	木工机械	高新区
腾飞叮当猫服饰	20000	11300	服装设计与生产	高新区
明旭家居	20000	15000	家具	高新区

(衡阳县商务和粮食局)

各大招商活动,签约项目27个,合同引资超100亿元。其中,在"港洽周"签约1个项目,在衡州经济发展论坛签约5个项目,县里自行三次组织集中签约21个项目。世界500强企业吉利汽车控股集团投资16亿元,建设衡阳国际汽车文化城;上市公司湖南新五丰股份有限公司投资2亿元,建设生态养殖扶贫合作项目;雅士林集团投资60亿元,建设教育特色小镇项目。

【国内贸易】 全县社会消费品零售总额103.53亿元,同比增长10.5%。

【对外贸易】 积极推进唯品会、万盈化妆品等外贸企业建设。全县外贸进出口9964.32万美元,同比增长8.5%。

【电子商务发展】 高标准建设的全省一流的衡阳县电商产业园年初投入营运,入驻园区企业21家,网上交易额9400万元。该地100余种农特产品入驻特色馆,参与本土电商平台邻汇生活首批线上推广,从开馆到是年底点击量400万次,实现销售额300万元。与阿里巴巴农村淘宝、京东、邮乐购、邻汇生活等电商开展深度合作,推进电子商务进农村。阿里巴巴农村淘宝在49个村设立村淘服务站,京东设立农村合作点17个,邮乐购设立76个电商服务站,邻汇生活建立5个电商服务站,全年网上交易额1.2亿元。在全县12个贫困村,建立电商扶贫站点和10个电商示范网点,帮助贫困户脱贫致富。

【衡阳吉利国际汽车文化城项目】 世界500强企业吉利集团投资16亿元，在船山西路(衡西公路)衡阳县樟树乡与衡阳市交界处地段北侧兴建衡阳吉利国际汽车文化城项目。由汽车、摩托车、电动车、物流、销售及服务为支柱，打造一个“汽车文化城”。主要有名车展示馆、新能源汽车超市、汽车4S店、二手车交易市场、商用货车市场、汽车配件市场、摩托车电动车市场、运输物流中心、检测中心及车管所、驾考中心、会展中心、车旅之家(包括专家楼、职工配套宿舍、幼儿园、超市、培训中心等)、加油加气充电站、广告位推广、金融保险等多元素商务配套体系。通过广告宣传、文化引导、商品中转、门店展示、售后服务、技能培训等各种配套服务，打造湖南省最大的汽车交易、摩托车及电动车营销市场、物流市场、服务市场，形成具有重要影响力的专业化产业集散地。 （易逢春）

粮　食

【概况】 推进灵瑞寺国库混合所有制改革，组建国有控股公司。由于政策调整，民营企业不能启动最低保护价收购，为确保全县粮食正常收购、调运等，县政府决定组建灵瑞寺粮库国有控股公司。执行粮食收购政策，努力增加收购网点。合理调剂库存，抓好中央、省、市、县级储备粮轮换。处置樟树粮仓、曲兰粮仓等五处国有资产。创建粮食品牌。角山米业、金鲲米业粮食收储、生产相互促进，形成自己的品牌。角山米业进入全国粮食企业50强。

【角山米业50万吨稻谷深加工产业化项目】 公司位于湖南衡阳西渡高新技术开发区，占地面积525亩，有员工130余人，拥有低温充氮保鲜高标准稻谷仓储能力50.5万吨、全国领先的年产50万吨智能PLC控制稻谷加工线。公司自主研发的业务信息化系统、业务追溯系统、基地追溯系统，具有完全的自主知识产权，在全国处于领先地位。角山米业是湖南省规模最大的稻谷仓储和加工基地，产品通过ISO 9001：2008质量体系认证、ISO：22000食品安全体系认证、中国绿色食品认证、C标志重量免检，拥有35项科技创新、9项实用型专利，申报发明专利16项，先后荣获中国驰名商标、全国百佳农产品品牌、全国百佳粮油企业、全国放心粮油加工示范企业等荣誉。

（易逢春）

供　销

【概况】 衡阳县供销合作社联合社(以下简称县供销社)1950年10月成立。供销系统坚持服务“三农”，在搞活农村市场流通、促进全县经济发展中发挥了积极作用。全系统有11个基层社，县社直属企业5家，连锁经营网点1000多个，在职人员3000多人。县供销社机关坐落在西渡镇新正街53号，工作人员24人，离退休人员38人。

【供销企业改制】 2017年，县供销社实施企业改制，主要做了以下工作。

重新清理人员　全县供销系统企业职工身份已核实多次，但由于人员异动频繁，个别企业人员不准，是年重新进行核实。截至2013年12月31日，全社企业总人数3182人。其中，退休1223人，在职1959人(提前退养511人，安置对象1448人)。

调整土地规划　近年来，有关乡镇政府将供销社使用的36宗土地规划为教育文化、卫生、公共绿化、道路占用等公共用地。为将企业改制顺利推进，经请示县人民政府批准，纳入公共用地的28宗土地重新调整为供销企业商住用地。通过公开处置这些土地，弥补企业改制成本缺口。

解除超长承包(租赁)合同　供销企业29处门店、场所签订的经营承包(租赁)合同期限过长，影响企业资产的公开处置。县政府决定，成立供销社企业经济合同清理工作组。经过两个月的工作，在无任何补偿的情况下，解除超长经济合同23份。

企业改制综合审计与资产评估　为澄清企业资产底子，由县改制领导小组指定社会中介机构，对供销社的改制企业进行综合审计与资产评估，有效防止企业改制资产流失。

资产拍卖　从2017年9月29日开始至年底止，共举行4场资产拍卖会，将金兰、集兵、金溪、界牌、樟树5个基层供销社资产进行公共拍卖。共拍卖资产45处，拍卖收入6224万元。

【综合改革】　根据中发〔2015〕11号、湘发〔2016〕3号、衡发〔2016〕22号文件精神，结合衡阳县供销社的具体情况，县政府出台《关于做好供销合作社综合改革工作的意见》以下简称《意见》，成立衡阳县深化供销合作社综合改革领导小组。

根据《意见》，综合改革领导小组办公室制订《衡阳县深化供销合作社综合改革实施方案》，明确目标、任务、方法和步骤，确定工作时间表和路线图。

通过全县供销社的综合改革，逐步实现以县城为中心、乡镇为骨干、村组为终端的“三位一体”、统一开放、功能健全、服务“三农”的新型供销合作社基层组织体系和农村现代流通网络体系，全面实施2个“个十百千”工程。

【服务“三农”】　在实施供销社综合改革的进程中，坚持为农服务根本宗旨，坚持创新农业生产服务方式，面向农业现代化、面向农民生产生活，推动供销合作社由流通服务向全程农业化服务延伸、向全方位城乡社区服务拓展，加快形成综合性、规模化、可持续的为农服务体系。

县供销社参股的安邦公司以科技为支撑，以市场为导向，以服务为手段，探索出一条让公司、合作社、农户三方共赢的“安邦新农业服务模式”。通过连锁经营、集中流转、套餐服务、结盟经营等方式，推动农业向规模化、集约化、机械化转变，促进现代农业发展和农民增收。

开展土地托管项目，发展多种形式的适度规模经营。至2017年年底，县供销社以衡阳安合农业服务有限公司为主体，以“一体三翼”模式为农户托管土地面积9541亩。　（李小军　杨巧荣）

烟草专卖

衡阳县烟草专卖局（分公司），下设办公室、专卖监督管理股、市场服务分部、烟叶生产经营分部（烟基办、烟站）、财务室、综合室、内管派驻组7个股室（分部）。

围绕“卷烟上水平”战略任务，强化专卖管理，深化营销服务，推行科技兴烟，加强作风建设，各项工作健康协调发展。2017年，销售卷烟3.1524万箱，单箱销售均价2.7423万元（含税）；实现“两烟”销售收入8.3275亿元，同比下降0.61%；实现利润0.8328亿元，税金1.3543亿元。查获涉案卷烟1706.576万支，破获国家局标准网络案件2起。连续15年被省、市人民政府评为重合同、守信用单位，先后17次被县委、县政府评为目标管理工作先进单位。2012、2013年度被湖南省国税局、地税局联合授予A级纳税信用单位称号；被中共衡阳市委授予“理论教育先进单位”“衡阳市重点纳税大户”等称号。自2008年以来，先后获得“先进基层党组织”“社会主义新农村建设工作先进后盾单位”“依法行政先进单位”“人口与计划生育先进单位”“安全保卫工作先进单位”“优秀烟草专卖局”“省级文明交通示范先进单位”“统计法制宣传教育先进单位”“衡阳市保护消费者合法权益先进单位”“卷烟打假工作先进集体”“十佳明星企业”等30多个称号。　（张　幸）

市场建设与管理

【概况】　2017年年底，衡阳县县城有8个农贸市场，有建材、木材、水果批发3个专业市场；乡镇有40个综合市场。衡阳县市场服务中心（以下简称服务中心）于2004年成立，2006年由副科级升格为正科级事业单位，加挂“衡阳县市场建设管理局”牌子。

2017年，服务中心落实“十三五”农贸市场发展规划，扎实推进市场建设和管理。在县“四城同创”考核中，各责任路段均排名靠前；在全市综合环境卫生检查中，得到市爱卫会领导的肯定和好评；四个城区市场均达到商务部“国家标准化市场”的标准。

【县城商业城提质改造项目暨文化市场建设】 5月，服务中心组建商业城提质改造项目暨县文化市场前期调查工作专班，摸查商业城和县城文化产业基本情况，绘制商业城平面图，起草商业城基础设施改造方案和预算。整个项目，需要投入1180万元。为更好地推进项目建设，服务中心请求县委、县政府增加县城乡投、县文体广新局为项目业主单位。

【乡镇农贸综合市场建设】 服务中心指导库宗、演陂、集兵等乡镇的市场建设，做好摊位规划设计、行业分区、功能布局；协助库宗、集兵新市场搬迁及日常整治；对台源市场配套设施建设及交易大厅通风采光设备提出专业性意见；推动岘山市场建设开工及三湖市场建设规划。

【市场管理】 *禽流感防控* 1月，禽流感疫情爆发。服务中心积极应对疫情，对城区8个市场实行“一日一清洗”“一周一消毒”“一月一休市”“存放、宰杀、售卖三隔离”等防控措施，并安排基层市场管理所配合乡镇做好禽流感防控工作，确保全县市场无一例禽流感发生。

农药残留检测 5月，投入资金采购4套农药残留检测设备，建设3个标准化农残检测室。对城乡各集贸市场定期开展抽样检测，检测结果在市场LED显示屏及时公布，接受社会监督。自农残检测以来，农贸市场蔬菜农药残留和疑似注水猪肉等现象得到极大改善。

基层管理 2017年，服务中心积极与乡镇协调，争取演陂、集兵等基层所办公用房，改善办公条件，完善办公设施。各基层所对辖区内市场安全运行、摊担规范、卫生及车辆等进行常态化整治及监管。

改善市场设施 为确保市场基础设施及日常管理符合“国卫”标准，服务中心紧扣“国卫”“文明”县城标准，指导城西、天生龙、船山和丰源等城区市场基础设施全面提质改造。在经费不足的情况下，挤出10多万元，主动协助对城东市场路面和下水管网、洪罗庙综合市场交易大棚进行改造，对城西市场和丰源市场发放灭火器70个。要求各乡镇和市场业主配齐消防设施。

取缔马路市场 取缔全县25个乡镇马路市场、街道市场，重点整治乡镇集镇所在地乱搭乱建、占街经营以及主要交通要道的占道经营行为，规范市场管理，维护交易秩序，保障公路畅通。

【城西综合集贸市场提质改造开业】 1月，县城最大的集贸市场城西综合集贸市场经过一年时间的升级改造正式开业。项目投入资金3000万元，占地12388.8平方米，新建市场7000平方米，改造装饰面积4986.8平方米，市场道路油化面积5781.8平方米，拆除建筑面积1930平方米。改造后，一楼商铺234个，摊位158个；二楼商铺35个；公厕4个。新市场设施齐全，宽敞明亮，功能划区，销售分类，达到省级示范市场标准。（胡建华）

企业改制

衡阳县企业改制服务中心党组领导班子全面贯彻落实中共十八届五中、六中全会及十九大会议精神，带头执行民主集中制，重大事项集体讨论决定，坚持推行“两学一做”学习教育常态化，积极组织开展党建活动，加强干部职工思想教育，落实“三会一课”学习制度和党风廉政制度，增强党组领导班子凝聚力和驾驭复杂局面的能力。

原行管办管理的呆鹰岭肉食公司、县皮件厂和集兵农机厂3家企业改制工作，2017年进入资产处置阶段。根据县委、县政府的相关文件精神，对全县33家企业的养老保险的对接、职工安置、医保、资产处置等进行业务指导；对改制终结的物资、商业、粮食系统下辖的企业以及外贸、供销、农口等38家改制企业的党政负责人51人进行妥善安置，做好改制企业职工思想工作，化解矛盾，解决改制遗留问题，落实特困帮扶资金计45万元。全年未出现一例越级或群访事件，确保企业改制进度和全县大局稳定。（易定初）

教　　育

综　　述

【概况】 2017年，全县有各级各类学校428所。其中，普通高中6所，教师进修学校1所，职业高中3所(含民办职高1所、人社局主管1所)，十二年一贯制民办学校1所，特殊教育学校1所，初中61所(含民办1所)，九年一贯制学校11所(含民办2所)，小学281所(含民办1所)，教学点63个。有教师8048人(含服务期内未开编特岗教师)。其中，高中阶段教师1622人，义务教育阶段教师6426人。在校学生140705人。其中，普高生21856人，中职学生5675人，初中生39746人，小学生73428人。学前教育机构335所。其中，独立公办幼儿园20所，小学附设学前班191所，民办幼儿园124所。入园幼儿26723人，幼儿专任教师1318人。

【教育改革】 *改革管理体制，配强中层班子* 撤销25个乡镇中心学校，设立26个乡镇(园区)学区，加挂乡镇(园区)督导责任区的牌子。明确学区为县教育局二级独立法人事业单位身份，实施定编制、定职责、定经费“三定”方案。配齐配强学区主要负责人。新提拔学区主任18名，调整学区主任6名，2名原乡镇中心学校校长在本乡镇转任学区主任。配齐配强县属高中学校领导班子，交流调整或提拔校级干部26名。坚持“适人适岗”的原则，大范围调整局机关股室负责人。其中，调整9名，提拔13名。

改革城区初中、小学招生办法，化解“大班额”问题 自2017年秋季起，西渡镇各中小学严格执行县党政两办印发的《衡阳县2017年秋季城区义务教育阶段学校招生实施办法》，将县城中小学校新生班额控制在50人以内、初一班额控制在55人以内，县城学校“大班额”现象得到有效遏制。

明确公办幼儿园身份，核定公办幼儿园幼师编制 公办幼儿园为全额拨款事业单位，办理事业单位机构代码证等法定手续，核定全县公办幼儿园幼师编制414名。长期困扰公办幼儿园的身份和编制问题，得到切实解决。

【招生考试】 2017年高考，全县报名考生8500余人，单招提前录取1040人，实际参考考生7520人。其中，纯文科考生2125人，纯理科考生4781人，文科专业考生238人，理科专业考生118人，职专对口考生258人。全县共设5个考点，252个考室。县一中考点2010人，共67个考室；县三中考点1500人，共50个考室；县四中考点1236人，共42个考室；培训中心考点1466人，共49个考室；江山学校考点1308人，共44个考室。高二学考，全县参考考生共6898人，设5个考点，230个考室。其中，县一中考点2010人，共67个考室；县三中考点1500人，共50个考室；培训中心考点1350人，共45个考室；县四中考点1260人，共42个考室；江山学校考点778人，共26个考室。中考，在上述5个考点之外，增加二中、五中、六中和职专4个考点，共设9个考点。成立衡阳县招生考试委员会暨招生考试工作领导小组，分管教育副县长任组长，成员涵盖教育、公安、保密、财政、交通、卫生等县直职能部门。围绕省委、省政府“保平安、保质量、保公平”的总体要求，以考试安全为核心，坚持内外兼顾、标本兼治，不断完善机制、强化措施，规范操作。2017 年，全县高考、学考、中考工作，实现“零差错、零事故”目标。

【勤工俭学】 全县各级各类学校，结合本地本校实际，宜工则工、宜农则农、宜养则养、宜林则林，抓好“四小”工程建设。重点加强“小菜园”建设，部分学校学生食用蔬菜实现自给自足；部分学校创造条件，开办制水厂、饮水间、热水房、洗澡堂、理发店、面包房等服务项目。勤工俭学，着重在“服务”上做文章，方便师生，服务于教育教学。

【“平安校园”建设】 全县学校认真开展安全隐患排查，建立安全隐患排查整改台账，集中人力、物力进行安全隐患整治，做到“发现一处，整治一处”。2017 年，共整改安全隐患 1200 处，投入资金 10066 万元。其中，教育局统一安排整治的安全隐患 342 处，投入资金 9490 万元；各级各类学校排查整改的安全隐患 858 处，共投入资金 756 万元。学校、县交通运输旅游局、县交警大队为临近公路学校，安装交通警示牌 360 块，画斑马线 3466 平方米，设减速带 243 米。县文化局取缔学校周边网吧 8 家。县政法委牵头调解校园周边矛盾 36 起。

【校车安全管理】 衡阳县自 2014 年以来，全面实行规范化、集约化校车管理机制。截至 2017 年 12 月 31 日，全县 278 台校车办理校车标牌标识、安装监控并挂靠校车服务公司，517 名驾驶员经审查合格办理校车驾驶证。落实校车购车奖补和改装奖补 558.3 万元，落实校车安全营运奖补 300 余万元。

【行业扶贫】 对建档立卡贫困户学生，作为指令性计划刚性要求落实，确保 100% 享受资助政策。对坐落在 51 个省定贫困村 30 所学校的项目建设作为教育扶贫专项单列，安排资金 1220 万元，年底基本完成。县教育局安排专人专班，长驻洪市市田村和岘山更荣村、万山村开展扶贫工作。

（肖余生）

各类教育

【学前教育】 制定出台《衡阳县学前教育三年行动计划》。将学前教育纳入经济社会发展总体规划，并在保障幼儿园建设用地、政策优惠、师资配置、幼师待遇等方面提出明确要求，开创公办和民办幼儿园竞相发展的格局。农村公办中心幼儿园达到 13 所。全县学前一年教育普及率 100%，学前三年毛入园率 79.04%。评定市二级幼儿园 40 所、普惠性民办幼儿园 102 所。

【义务教育】 2017 年，是衡阳县教育工作督导年。4 月，74 所义务教育学校，通过省义务教育均衡发展督导评估；11 月，全县教育高分通过省级教育工作“两项”督导评估考核；12 月，10 所义务教育阶段学校，在义务教育发展基本均衡县国检中，得到国检专家的高度赞许。衡阳县因此被认定为“教育强县”。是年，上报义务教育阶段优秀课堂实录 450 节，29 节获国家级奖，170 节获省级奖。中考成绩，2017 年人平总分、及格率等多项指标位居全市 7 县市第一名。衡阳县被评为“衡阳市初中教育教学质量先进县”。

【普高教育】 2017 年，全县高考一本上线 612 名，二本及以上上线 2241 名，高考二本及以上上线人数稳居全市各县市区首位，被市教育局评为“高中教育教学质量先进单位”。

2017 年，全县普高学校全面取消择校生政策，严格按照市教育局下达的普高招生计划，制定普高最低控制分数线，根据考生分数和志愿，规范操作普高录取工作。县委、县政府高度支持此项改革，专门召开乡镇书记参加的高规格动员大会。通过层层召开会议和广泛宣传解读政策，高中招生改革得到人们的拥护。高中招生录取严格按照《招生方案》在阳光下操作。

【职业教育】 全县各职业学校与县高新区各企业主签订产业对接合同。县职业中专与县内、县外

42家企业签订合作协议，推行订单式培养模式，校企合作更加紧密。县职业中专还加入湖南农林、建筑、文化等多个教育集团，实现与高职院校优势互补、资源共享。职业教育由外延式向内涵式发展。县职专荣获“黄炎培职业教育奖创业规划大赛”省级一等奖2个、省级三等奖1个。衡阳县被评为“衡阳市职业教育发展先进县”。争取中央、省级项目6个，争取经费计4025万元。其中，新增设备设施项目2000万元；基础能力建设项目1000万元（新建高规格实训楼1栋，建筑面积8000平方米，新建理实一体化实训室30个）；机电专业、电子专业综合实训基地800万元（用于购进实训设备，两个专业实训设备在全省中职学校领先）；省示范性职教中心通过验收，争取专项资金105万元；省示范性中等职业学校通过验收，争取项目资金120万元。县财政投入，建设公租房120套，更换学生用床700张、课桌椅800套、教师办公桌140张，建设校园广场，教室全部安装多媒体设备和有线电视。

【民办教育】 大量民间资本进入教育领域。全县民办学校、幼儿园，拥有独立产权新建校舍累计投资1.1亿元，占地82.1亩，新建园（校）舍5.8万平方米。建立健全民办学校办学行为年检制度和年检结果公示制度，对优秀单位予以表彰奖励，对限期整改仍不合格的依法吊销办学许可。光华中学被评为省、市骨干民办学校，洪市幼儿园被评为省骨干幼儿园，曲兰幼儿园被评为市骨干幼儿园。

【素质教育】 全县各中小学校秉承“德育为先，能力为重，全面发展”的教育理念，全面实施素质教育。

德育教育　学校定期组织道德讲堂活动，广泛组织教师、家长、学生参加；努力办好家长学校，构建“学校、家庭、社会”三位一体的育人模式；以“船山文化进课堂”为突破口，加强学校传统国学经典教育，提升师生文明程度；组织中小学校开展“小手拉大手，文明齐步走”主题教育活动，提高学生综合素质。

体育、艺术教育　全县共有国家级足球特色校5个、市级足球特色校4个。金兰镇中心学校2017年被教育部认定为首批“全国学校体育工作示范校”。县一中申报为省级田径和排球传统校。2017年，在全市中学生田径运动会上，衡阳县代表队以225.5分的高分荣获县区组团体总分第一名。在2017年市级中小学生排球比赛中，分5队参赛，衡阳县3支队夺冠。在第五届艺术展演活动中，衡阳县选送的作品和节目，2个荣获省一等奖，17个荣获市一等奖，县教育局荣获“优秀组织奖”。

【教育教学研究】 稳步推进“自主、合作、探究”的初中课堂教学模式改革，加强初中学考研究。加快高三教学改革步伐，制定一套行之有效的高考迎考“四抓”（抓关键环节、抓中等面、抓薄弱学科、抓均衡推进）策略，科学筹划高二学考方略。广泛开展“一师一优课、一课一名师”活动。初中以9个教研联组为平台开展“同科异构”活动。强化教研上下联动，形成“县教研室—教研联组和乡镇中心教研组—学校教导处和教研组”的县、乡、校三级教研网络。以课题为纽带，引领校本教研，先后成功申报24个省、市级课题。其中，省规划课题3个，省教育学会课题5个，省教育科学研究院课题3个，市级课题13个。先后有14个课题荣获国家级和省市级奖励，县六中数学组、县一中物理组、县三中政治组、台源中学语文组4个学科教研组被评为市级优秀教研组。（肖余生）

学校设施建设

【合格学校建设】 全年规划学校项目建设330个，规划投入建设资金2.7亿元。年内要求竣工的项目基本完成，跨年项目全面启动。拟投入2700万元的台源中学改扩建项目，征地、拆迁、规划、设计等取得实质性进展；金兰镇贺市完小等乡镇中小学办学条件得到彻底改善；年内规划建设的22所标准化学校建设和2所标准化幼儿园建设通过省市验收。通过政府采购，补充图书装备和教学仪器设备2600万元。全县初中学校全面实现“班班通”，学校信息化工作进展加快。全县义务教育阶段学校“四改三化”，年内投入资金3987万元。其中，完成“五小”工程建设53处，投入资金763.9万元。2017年，全县投入资金4461.75万元，建成合格学校20所、合格幼儿园2所。其中，实事项目校10所，备案项目校10所。所有项目校，全部高分通过市实事办和市教育局的年终评估验收。

【城区学校建设】 杨柳学校，重新规划、统一布局，拆除原有旧房，新建教学楼、综合楼以及其他附属设施。该校正在拉通校门前连接建设北路和向阳北路的城市道路。蒸阳中学运动场建设，工程接近扫尾。滨江学校塑胶田径场、校园道路油化以及英陂中学塑胶田径场建设全部完成。弘扬中学二期工程建设基本完成。

【教育信息化】 全县完全小学和初级中学实现校园网络全覆盖，100%的师生开通自己的网络个人空间，所有学校实现互联网通校，形成覆盖城乡的数字化管理和教学环境，推动优质教育资源共建共享。开展“名师空间课堂”建设，有效促进信息技术与教育教学深度融合，扩大优质教育资源的覆盖面。

【公租房及周转房项目】 衡阳县教育系统公租房项目报批36个，总面积77433平方米，共计1897套，总投资10258.56万元。实际建设项目18个，共计928套，建设面积42178平方米，总投资5061.36万元，分布在18所学校内。2016年，建设108套。其中，县实验学校78套全部完工，台源中学30套截至2017年12月31日完成基础部分。衡阳县义务教育学校边远艰苦地区教师周转房项目共3个，90套，2016年开工建设，2017年全部建成，总投资438万元，建设面积3150平方米。

（肖余生）

教师队伍

【优化教师队伍结构】 全年考聘教师281名。其中，首次开通绿色通道免试引进12名高层次教育人才，首次招聘公办幼儿园编制内幼师20名，首次在教师招聘考试中为民办学校设置招聘岗位20个。

继续实施特岗教师计划和公费定向师范生培养计划。引进特岗教师89名，输送公费定向师范生56名。20名首届公费定向师范生毕业回县从教。

【师德师风建设】 通过正面引领和负面警示强化师德师风建设。评选161名优秀教师出席县、市、省三级教师表彰大会。在县电视台开辟专栏，宣传推介优秀教师50名。采取公开说课形式，评选市级骨干教师193名、市级学科带头人10名；遴选省级特级教师2名。坚持问题导向，组织师德师风专题讨论4次，开展专项督查2次，组织完小以上学校校长培训2次。建立健全师德师风承诺制和民主监督制，聘请师德师风监督员开展民主评议2次。处理处分涉及酒驾、醉驾、吸毒、诈骗、档案造假、违反考纪考风、违规征订发行教辅材料、违规收费等行为的干部、教师34人。

【整治教师人事管理乱象】 开展教师队伍人事清理专项整治回头看，对在编不在岗、随意借调等管理乱象进行全面清理和整治。

【落实教师待遇】 积极争取教师合法待遇。教师绩效工资、乡村工作补贴、特殊岗位补贴、上年度12月工资额度的年终奖、住房公积金等工资福利待遇全额纳入财政预算。

【教师培养培训】 启动新一轮信息技术培训。开展基层校长培训等多层次多角度的培训活动。通过国培、省培提高教师队伍整体素质，教师全员培训基本实现。2017年，培训教师7895人次。3名教师被省教育厅评为湖南省“未来教育家”培养对象,4名教师被市教育局评为“衡阳市学科带头人”,41名教师被评为市级骨干教师。2017年,对全县7800余名教师的基本信息和2015年度培训学风信息进行审核并登记入网,颁发打印学分登记证书。

2017年秋季,启动首次教师资格注册工作。全县7529名教师登记信息并递交证件和资料,6749人注册审批合格。

【教师人文关怀】 在全市率先成立“困难教职工维权帮扶站”,共救助特困教师827人,救助金额109.7万元。累计投入资金124.3万元,组织全县教职工参加职工医疗互助,为住院教师报销医药费143.3万元。

组织教职工排球比赛和田径运动会等文体活动,丰富教职工业余生活。（肖余生）

政府与社会助学

【执行国家资助政策】 落实家庭经济困难幼儿入园补助221.3万元;落实义务教育阶段贫困寄宿生生活补助2060万元。补助标准为小学1000元/生/年、初中1250元/生/年。落实普通高中助学金645.8万元。年平均标准2000元/生,分三档评定:一档3500元/年,占享受人数的10%;二档2500元/年,占享受人数的30%;三档1500元/年,占享受人数的60%。落实普通高中免学杂费政策92.56万元,惠及学生1116人。落实中等职业学校助学政策。公民办中职学校全日制在校生按2400元/生的标准享受免学费政策;中职学校一、二年级在校学生,涉农专业全部享受国家助学金,其他专业15%的学生享受国家助学金,标准为2000元/生。落实省级贫困大学新生入学资助项目资金8.9万元,资助标准为省内500元/人,省外1000元/人。所有资助资金从2017年秋季开始,统一实行“一卡通”打卡发放。落实生源地信用助学贷款323.53万元,惠及学生404人。

【社会捐资助学】 衡阳利德友陶瓷总公司董事长王代友,捐款600万元,将原银瓷完小整体搬迁至新址。广东省阳光雨露助学促进会2017年为衡阳县100名贫困学生捐赠1000元/生,以及书包、玩具、文具、课桌椅等,共计14万余元。乐依文半导体(东莞)有限公司通过“免费午餐”的方式向石市镇太子学校捐赠2年午餐费用,共计10万余元;给2名特困学生分别送去2000元慰问金及价值2000元慰问品。广州市狮子会残疾人员义工凌送军为三湖镇六一小学捐赠价值3万余元的高档课桌椅150套。县宏辉建筑有限公司总经理邹美兰发动兄弟为曲兰镇高汉中学捐课桌椅360套,为金星小学捐课桌椅160套,总价值15万元。井头镇清潭中学原三中86届老校友会,捐款78.9万元用于母校建设。关市镇邹红生为盘石完小捐款10万元。（肖余生）

文　　化

综　　述

【文化活动】 5月18日国际博物馆日、6月9日文化遗产日,在中洲公园举办文物法律法规及衡阳县文物资源展览。10月,夏明翰故居正式挂牌为全市第一个党性教育基地。

“欢聚16点知识竞赛”品牌活动,举办53场次,参与人数2974人次。在全省“青少年学党史国史主题教育”活动中,举办不同活动类型10个、71场次,参与人数9558人次,被省文化厅、省文化厅关工委评为先进集体奖,衡阳县图书馆作为4家发言单位代表之一在会上作典型发言。在全省少儿“书香蒸阳·红星闪闪耀童心”系列读书活动中,组织活动183场次,15773人次参与,衡阳县图书馆被省委宣传部、省文明办、省文化厅、省教育厅、省新闻出版广电局、共青团湖南省委、省妇女联合会、省关心下一代工作委员会评为组织奖。在全市少儿“书香蒸阳·红星闪闪耀童心”系列读书活动中,衡阳县图书馆被市文体广新局授予阅读活动奖。

2月26日,在“2017中国·衡阳第六届油菜花节”暨“湖湘名人生态文化旅游节”活动中,全程编排文艺节目及油菜花田旗袍秀活动并作好摄影摄像、通讯报道、安保秩序等工作。6月24日晚,承办的“欢乐潇湘·幸福蒸阳”“童心向党”庆祝建党96周年文艺会演在夏明翰文化宫隆重举行。8月4日晚,“欢乐潇湘·幸福蒸阳”暨“喜迎十九大·建设新衡阳”大型群众文艺会演在夏明翰文化宫隆重上演,文化馆荣获组织奖。9月30日,在“蒸水艺苑”展厅主办“喜迎十九大欢乐度佳节精品书画展”,王志伟的水彩画作品和廖俊华的书法作品荣膺十大家之列。10月5日,协助举办“舞动溪江情,唱响家乡曲”衡阳县第五届乡村音乐会。10月26日,协助举办的“文明蒸阳,星光璀璨”2017年衡阳县“中华经典诵读”主题活动,在夏明翰文化宫隆重举行。12月29日,在蒸水艺苑展厅举办“衡阳县文化馆迎元旦少儿书法作品展”。

开展“春节话团圆,留乡愁”文化志愿戏曲演出1场。举办庆祝衡阳县第十七届人大会议、政协十届二次会议胜利召开戏曲专场演出1场,“喜迎十九大,欢乐度佳节”社区广场巡演活动2场,第六届油菜花节开幕式庆典演出1场。

【新闻出版管理】 2017年,全县新闻出版印刷企业年检由12家减少到10家,出版物零售单位年度核验数量维持在9家不变。9月,分别参加全市内部资料出版管理业务培训班和全市印刷企业网上注册登记、备案业务培训班。软件正版化工作在全县积极开展。6月和12月,举办农家书屋管理员培训班。全县农家书屋出版物更新工作在12月初全部完成。王新春被评为2017年度全省新闻出版广电(版权)工作先进个人。

【文物管理与非物质遗产保护】 2017年,争取文物保护项目经费490万元。完成夏明翰故居本体维修和王船山故居消防工程建设及环境整治工程,争取王船山故居文物保护项目经费360万元。12月2日,文化部部长雒树刚、省长许达哲视察王船山故居，就文物保护工作作出重要指示。完成对彭玉麟墓的考古勘探及初步维修工作，完成岣嵝乡汉墓抢救性发掘工作。成立安防领导小组。对全县文物保护单位，每季度进行安全巡查。全年举行大小检查十余次，确保文物安全。

2月4日、5日，在台源镇台九村进行舞龙培训；2月11日，九市稻草龙参加南岳群龙朝圣非遗展演。3月4日，派出非遗专业人员和文化志愿者，搜集整理界牌火灯节图文资料。3月5日，派出专业人员，通过摄影摄像、通讯报道等方式，将渣江春社民俗活动进行传承，并申报省级非遗项目。4月6日，走进栏栊乡中心小学开展“非遗”进校园活动。非遗保护中心，从田野采录、摄影摄像到图文资料建档保护，努力打造溪江木偶属杖头木偶“非遗”项目。11月16日，在石市醒狮中学开展“石市手狮舞进校园”活动。

界牌传统火灯节，庆典演出3场。“五一”期间，“七大市”、县剧团参加“南岳镇万寿宫春茶祭典“非遗”传承戏曲展演2场。

【文化市场监管】 开展惩治侵犯知识产权和制售假冒伪劣文化商品专项行动，开展反动淫秽封建迷信音像制品和书报刊的清剿专项行动，开展网吧文明经营及星级评选活动。县“扫黄打非”工作领导小组办公室，协同县公安局网安大队查获一桩大案。该案于2017年9月21日立案侦查，10月18日，将涉案嫌疑人王某某抓获归案。对网吧、KTV等娱乐场所进行网格化管理，对全县的文化市场进行划片，开启“一人一区制”管理新格局。开展网吧、电游厅、歌舞厅等公共文化娱乐场所消防检查和广播电视安全播出监管。县执法大队，被评为2017年度“省级先进单位”。

【文化设施建设】 启动“市民之家”建设的前期工作。争取王船山故居维修资金133万元，基本完成王船山故居消防工程建设。完成船山纪念馆及游客接待中心、停车场规划选址的土地报批。争取省文物局对夏明翰生平事迹陈列馆提质改造及布展经费300万元，“主义真”广场建设竣工。玉麟文化园建设，规划投入2亿元。廉政文化园建设基本完成。启动渣江、三湖、金兰、樟木等乡镇图书馆分馆建设。

【文化产业】 由湖南盛世威得科技有限公司创建的衡阳县钟表文化园，占地2.3万平米，涵盖世界钟表文化博物馆、威得手表生产工艺观览、钟表历史文化长廊、钟表主题园林等四大主题景区，着力打造全省首个以钟表文化为主题的AAAA级旅游景点。还推出“南岳”系列时尚腕表，深度融入南岳寿文化，展示衡阳美景。时代金球有限责任公司全年营业总收入502.78万元，净利润70.18万元。惠民演艺传媒有限公司、蒸阳影业有限公司、业美纸类制品有限公司、天宇网吧连锁有限公司等一批优秀文化企业稳步发展。

【文化服务】 全年，公共文化机构免费开放。衡阳县图书馆所有服务项目、服务空间都免费开放，无间断日开馆。2017年，共接待到馆读者108894人次，外借80905册次；举办各种阅读推广活动84个，337场次，29221人次参与。3月31日，成立“学习雷锋、奉献社会、提升自己”志愿者服务队。该队走进栏栊乡中心小学课堂，分别上美术、书法、剪纸等各具特色、精彩纷呈的艺术课。6月14日下午，“欢乐潇湘·幸福蒸阳”“我们都来跳”社会主义核心价值观湖南省原创广场舞教练员培训班，在县文化馆圆满落幕。

全年送戏曲进万村演出110场次，受惠观众数约11万人次。周末百姓剧场演出30场，观众数约3.4万人次。开展送戏曲进校园活动。指导学生排演原创衡州花鼓戏红戏《衡阳雁去·夏明翰》，让中、小学生与戏曲零距离接触。配合政府形象工程，参加“欢乐潇湘·幸福蒸阳”演出8场，周末百姓剧场演出30场。

全年，送电影下乡10848场，超过任务数(10692场)156场。（范若镜）

体　育

【群众体育】 打造品牌赛事　4月，举办平民篮球联赛。4月下旬，举办迎“五一”全县乒乓球和老年乒乓球赛。5月14日，共有城乡14支队伍参加的全县广场舞联合会演。11月，举办衡阳县“华信杯”业余篮球赛。

参加市级群体比赛　3月，参加市文体系统第二届气排球比赛。9月，参加市首届柔力球大赛。

举行健身成果展示　8月8日，举行全国第九个“全民健身日”活动。共组织县内各单项体育协会、健身站点进行15个项目的全民健身成果展演，现场观众1500人。

指导相关单位开展健身活动　指导县住建局的岣嵝峰登山、县审计局大云山登峰、县电信局羽毛球赛、县卫计局系统气排球比赛。

承办衡阳县第六届油菜花节健身活动　2月26日，在油菜花节主会场举行山地自行车特技表演及骑行活动、街舞表演。承办金华山康体登峰活动，组织县内外徒步爱好者300余人参加金华山登峰活动。

【竞技体育】 选拔、输送运动员　选拔皮划艇运动员7名、田径10人、射击2人、拳击1人参加省市训练，备战省第十三届运动会。

成立县田径训练基地　在县实验中学设立基地，从全县中小学生中选拔苗子，到基地集训，为参加2018年省第十三届运动会和2019年市第十一届运动会作准备。

中学生田径运动会　在2017年的县中学生田径运动会上，达标75项次。

比赛成绩　3月30日至4月1日，参加市文体广新系统气排球赛，荣获二等奖。8月18日，衡阳县力奥跆拳道馆16名运动员参加由国家体育总局拳击跆拳道运动管理中心、中国跆拳道、深圳市南山区人民政府主办的“2016—2017年全国大众跆拳道系列赛总决赛”获得七金、二银、三铜共12块奖牌。9月25—26日，柔力球代表队参加衡阳市“玉兔杯”柔力球大赛，荣获金奖，获金杯1座、金牌16块(集体每人1块、竞技男单女单各1块)，银牌4块。刘珊在省青少年女子63公斤级拳击赛中，荣获冠军。

衡阳县2017年体育运动会和体育竞赛情况表

表1

日期	地　点	运动会名称	项　目	类　别	运动员人数
3月12日	库宗桥镇金华山	油菜花节	自行车特技表演及骑行活动、街舞	协会	50
3月26日	库宗桥镇金华山	油菜花节	登峰	协会	400
4月	岣嵝峰森林公园	住建系统登山赛	登山	职工	600
4月	井头镇大云山	审计局登山赛	登山	职工	150
4月15日	中洲公园	平民篮球赛	篮球	职工	200
4月29日	生源俱乐部	迎“五一”全县乒乓球赛和老年乒乓球赛	乒乓球	职工	200
5月14日	船山广场	全县广场舞联合汇演	广场舞	职工	600
6月	县羽毛球馆	卫计系统的气排球赛	气排球	职工	280
6月13日	镇五校	中小学生田径运动会	田径	学生	700
8月8日	镇五校	全民健身日健身成果展演	跆拳道、广场舞、柔力球等	协会	1000
9月	市体育馆	首届柔力球大赛	柔力球	协会	40
11月15日	中洲公园	全县“华信杯”业余篮球赛	篮球赛	职工	200

【体育设施建设】　争取省体育局下拨室外全民健身路径器材29条。对全县公共体育健身设施进行大巡查，自筹资金6万元对县城内中洲公园、船山广场、部分小游园所损坏的健身器材全部进行维护与维修、更换。实施农民体育健身工程38个村，建设全民健身路径82条，共配发篮球架38副，健身器材615件，室外乒乓球台60个，共投入资金200余万元。晨跑、晚练站点不断增加。坚持全民健身设施与住宅区的主体工程同时设计、同时施工、同时验收、同时投入使用。引导社会资本，投资500万元建设高标准高档次的威肯羽毛球馆。（范若镜）

广播电视

【概况】　衡阳县广播电视台为县委、县政府正科级事业单位，担负着全县新闻宣传、网络传输的重要任务。县广播电视台设办公室、人事股、计财股、内审股、总编室、工会、纪检监察室7个内设机构，设新闻中心、节目制作中心、广告文艺中心、农网管理中心、安全播控中心、节目监管中心、技术中心、新媒体中心、村村响广播中心、广播电台10个二级机构。湖南有线衡阳县网络公司属二级独立核算机构。全台有干部职工374人，有高级技术职称的专业人才3人、中级技术职称的专业人才19人，离退休人员121人。

衡阳县广播电视台连续九年荣获县直机关目标管理考核先进单位。2017年，荣获全省“村村响”工作先进单位。县有线电视网络公司连续五年被湖南省有线电视集团评为先进企业。

【新闻宣传】　2017年，县广播电视台贯彻执行习近平总书记48字宣传方针和县委、县政府“生态立县、产业兴县、文化强县”三大战略，坚持贴牢党政、贴紧基层、贴近群众做好新闻。完成本台供稿3390条，市台上稿235条（其中衡阳新闻联播160条），省台上稿88条（其中湖南卫视37条），中央台上稿10条，制作23个专题。电视专题《衡阳“愚公”开山路》，在衡阳新闻奖评选中获得三等奖；电视长消息《王迎接：昔日上访户变身“豆腐达人”》《王济正：困难群众比我更需要这些钱》《农民王智会：高笋滞销社会 各界施援手》、连续报道《扶贫工作队长周孝国（一、二、三）》，在衡阳广电奖评选中分别获得一、二、三等奖。新闻作品获奖，名列全市各县（市）区前茅。

围绕中心，开辟新闻专栏　先后开辟《产业兴县》《环保督查在行动》《文明创建在路上》《四城同创进行时》《船山故里·文化家园》《船山故里·文化强县》《美丽乡村建设》《脱贫攻坚进行时》等多个新闻宣传专栏，对各项中心工作进行深层次、全方位、多视角的宣传报道。为宣传党的十九大精神，推出《喜迎十九大》《献礼十九大·辉煌说五年》《阔步迈入新时代》《贯彻落实十九大·撸起袖子加油干》等专栏节目。

整合资源，实行“三频合一”　为了提升广电的竞争力，适应广电事业的发展，实行“三频合一”。“三频合一”不仅整合优秀的人才和新闻资源，也优化了节目编辑、制作与节目监管配置。

转型融合，打造“智慧融媒体”　为推动传统媒体和新兴媒体在内容、渠道、平台、经营、管理等方面的深度融合，成立新媒体中心，探索广播电视与互联网融合发展新模式，致力打造“智慧融媒体”。衡阳县电视台微信公众号，实行不间断播出新闻信息，“粉丝”量达到3.28万人，月阅读量达到17万次。“智慧衡州”衡阳县手机台，总访问量达到390万次。《紧急搜救大云山失联老人》现场直播，15万人围观；《禁毒有我，阳光前行》禁毒汇演、《欢乐潇湘·幸福蒸阳暨喜迎十九大·建设新衡阳》的文艺会演、《2017年衡阳市“中华经典诵读”》主题活动直播，均有10000人以上同步观看。“智慧衡州”衡阳县手机台成为颇具影响的新媒体。

【完成“村村响”和“户户通”工程】　到2017年9月底，衡阳县完成“村村响”工程建设任务，荣获全省“村村响”工作先进单位。建成覆盖全县农村广播“村村响”系统，建设1个数字音频工作站、7个地面数字电视中继站，搭建1个县级主播控平台、25个乡镇播控平台、415个村级插播平台，安装

2399个接收终端、4786只高音喇叭(音柱),全面实现“村村响”三级广播的格局。投入资金858.195万元。

2017年4月1日,开通应急广播平台。湖南经视以《护林员加大“喇叭”喊出了一方平安》为题,对衡阳县“村村响”发挥的作用进行重点报道。

是年,“户户通”工程扫尾全部完成。

【杆线维护、搬迁】 完成全县9个无线数字电视中继站和600公里的有线干线杆线的维护和检修。配合县“西界公路”改建指挥部,及时做好广电杆线的搬迁和协调工作。

【经营服务】 2017年,电视台经营创收1645.24万元。其中,广告文艺宣传创收460.31万元,农网创收1184.93万元。县网络公司年度经营收入3020万元。

是年,为了净化荧屏,停播医讯药品广告。面对经济大环境偏紧,广告市场疲软的形势,广告文艺中心创新广告经营模式,以活动带广告,线上线下,多屏互动,实现广告收入逆势上扬。

举办春、秋两季家居博览会,两届汽车文化节,“到乡村旅游去”暨衡阳县十佳示范旅游点评选,衡阳县优秀幼儿园风采展等系列大型活动,取得可观的经济效益和较好的社会效益。

“三网”融合中广电承受着巨大挑战,传统电视业务受到IPTV前所未有的冲击,有线电视用户数呈断崖式下降趋势。为应对挑战,及时跟进网络技术的创新,推出宽带乡村计划;在城区建立四个便民服务站,提升服务质量,巩固网络用户。

【衡阳县广播电台】 衡阳县之声好朋友FM105.4广播电台,于2012年10月16日重新恢复播出,信号覆盖全县范围及衡阳市区,为专业音乐频道,每天播放节目18个小时,在固定时段播送县内自办新闻节目《蒸水新闻》。

【衡阳县电视台】 2017年,衡阳县电视台坚持正确的舆论导向,围绕全县的中心任务和工作大局开展宣传报道。其中,时政综合频道开设的《蒸水新闻》栏目,经济生活频道开设的《新闻零距离》栏目,实行每周一至周五夜间首播,次日白天重播。《蒸水新闻》栏目时间为每期20分钟,《新闻零距离》栏目时间为每期15分钟。从10月18日开始,县电视台三频合一。自办一档新闻栏目《蒸水新闻》,实行周一至周五日播,每期栏目时间为20分钟。

【衡阳县电广网络有限公司】 湖南有线衡阳县网络有限公司,成立于2009年11月,注册资金1360万元。公司资产增值达六倍。下设综合部、计划财务部、网络建设部、市场营销部、技术部、运维部、安防部7个部门,有员工77人。主营业务涵盖电视传输、宽带上网、专网租赁、智慧城市、安防监控等。城区实现双向网络覆盖40358户,开通8476户,宽带用户8476户,光纤到户2806户。干线网长1460.41公里。

2017年,公司大力推进宽带乡村工程。宽带覆盖演陂等12个乡镇,建头端13个,接入点282个,接入2000户。全力推进智慧城市工程建设。完成天网三期工程验收,开展天网工程四期暨西渡核心开发区天网监控及智能交通项目建设,实施政法委雪亮工程暨社会监控点并网,争取智慧教育项目承建权,着手建设衡阳县校车监控平台系统。

(段　琼)

图书发行

2017年,湖南省新华书店有限责任公司衡阳县分公司,以追求社会效益为最高准则,坚持图书发行正确的政治方向,不断深化改革,搞好优质服务,努力为全县人民提供更多、更好的精神食粮。

【发挥新华书店的主渠道作用】 做好全县中小学课本的发行工作,保证全县中小学校的学生都能“课前到书、人手一册”。努力发行《胡锦涛文选》《朱镕基答记者问》《理论热点面对面》《读有所得》、十九大系列重点图书、《习近平谈治国理政》等多种政治读物,及时满足广大党员、干部、群众学习的需要。

【实行多元化经营管理】 以图书为主业，多种经营为辅。公司经营项目，包括教材教辅、一般图书、文化办公用品及电子产品等。县城向阳南路连锁门店，经营图书品种3万余种，为全县人民提供新鲜、丰富的图书资讯，为爱书一族和学生朋友提供阅读、学习的便利。

【开拓营销新平台】 推出"会员IC卡"，结合微信公众平台与会员互动，及时推广畅销图书，传递新书资讯，全力推动"全民阅读"；打造手机客户端"阅达书城"，全年会员注册5000余人，切实让顾客享受"线上享优惠，半日内送达"的便捷服务。

【热衷公益事业】 配合开展文化、科技、卫生"三下乡"暨"党的十八届六中全会精神进农家"活动，精选适合农村读者阅读、紧贴农村生产生活实际内容的书籍进行免费赠阅；在"传播国学·关爱儿童"的主题志愿服务活动中，贯彻落实县委提出的文化强县战略，进一步弘扬国学经典、传承文化薪火，推动国学进校园；每年开学季走访、慰问贫困学生，详细了解学生家庭的致贫原因，送去助学金等。

【店庆80周年活动】 2017年，新华书店店庆80周年，组织参与系列主题活动。中心门店开展"店庆80周年，感恩回馈读者"营销活动，通过乐享折扣、有买有送、爱心捐赠等方式惠利读者，回馈社会。

参加省新华书店组织开展的业务技能比赛。在比赛中，分别取得全市第二、全省综合第二的优异成绩。

（冯　斌）

卫生和计划生育

卫　生

【医疗体制改革】　一是县级公立医院综合改革扎实推进。年内4家县级公立医院医疗费用同比增长幅度9.31%，较上年大幅下降。二是分级诊疗格局逐步形成。3家县级医院分别与乡镇卫生院实行双向转诊，5家公立医院与南华大学第二附属医院成功签约，并建立钬激光碎石、泌尿外科专科联盟，以医联体、专科联盟、远程医疗协作为载体的分级诊疗制度初步建立。三是药品采购“两票制”有序实施。全县药占比34.41%，百元医疗收入中消耗卫生材料22.1元，较上年有所下降。建立“衡阳县村卫生室药品采购服务平台”，既方便村卫生室采购基药，又实现实时精准监管。

【健全卫生服务体系】　县中医医院、县妇保院新院建设项目主体工程全面竣工，县中医医院将于2018年1月正式搬迁运营，县妇保院新院计划2018年6月正式交付使用。县人民医院新院建设得到了县委、县人大、县政府、县政协主要领导的关心和重视，目前正在进行选址。县第二人民医院扩建项目已争取中央、省级资金4200万元，11月底开工建设；县第三人民医院扩建项目已完成选址、立项等工作，正在办理征地手续并申报2018年中央投资项目。井头中心卫生院新建项目于12月招标。

【医政管理】　一是制订下发《衡阳县推行分级诊疗落实双向转诊实施方案》《衡阳县落实首诊负责制实施方案》。二是严格医疗机构及人员准入。5月组织医政、法制、卫生计生综合执法局对西渡镇范围内的医疗机构进行全面督查，现场会审，合格43家，不合格3家，提出具体整改意见。批准设置中医馆1家，经过评审验收登记注册，于6月开放营业。根据国家卫计委于2017年4月1日颁布实施的新《医师注册管理办法》，简化注册程序，共注册执业医师111人，护士注册、变更注册、延续注册238人。三是做好2016年老年乡村医生生活困难补助申报工作。根据湖南省人民政府办公厅《关于做好老年乡村医生生活困难补助发放工作的通知》精神，全县申报老年乡村医生生活困难补助185人。四是院感管理工作常抓不懈，严格督查。5月，对全县院感工作进行专项督查，成立院感管理质量控制中心，下拨专项经费3万元。5月22—24日县人民医院、县妇幼保健院、湘中医院、县精神病医院、第二人民医院、洪市镇中心卫生院、金兰镇中心卫生院、演陂镇中心卫生院、西渡镇新正诊所、蒸阳诊所及演陂镇千工村卫生室、金兰镇金沙村卫生室迎接市卫计委组织的衡山县检查组进行的交叉检查，得到专家的好评。10月，组织衡阳县院感管理质量控制中心对全县二级医疗机构、民营医院、乡镇卫生院及分院医疗点等62家医疗机构进行院感专项督查，并进行现场讲评。五是加强医疗机构安全防范能力建设。4月27日县委县政府召开“打击医闹违法犯罪专题会”；全县医疗纠纷调解率98%，成功率100%，赔偿率居全市最低；全年调处医疗纠纷16起。

【公共卫生服务和重大疾病防控】　一是疾病预防与防控。共接到各类疫情56起，报告3起突发公共卫生事件，均得到及时有效处置，未出现甲类传染病和二代病例，及时处置率100%，规范处置率100%。二是卫生监督协查工作。开展日常卫生监督检查，做好各类卫生知识的宣传，及时完成从业人员的健康体检和换证工作，确保了餐饮、公共卫生场所的卫生安全。三是落实妇女儿童保健工作。全年产前筛查7313人，到10月止已经完成6728人，筛查率92%。“两癌”全年任务是10000例，9月底已完成10100例，8月代表全市接受省检，得到省市领导的好评；孕产妇死亡2例，16.21/10万，为不可避免死亡；5岁以下儿童死亡57人，死亡率4.62‰。四是落实居民健康建档，全县居民健康档案建档率达98.93%。

衡阳县卫计系统县乡各医疗卫生单位级别情况一览表

表1

序号	单　位	医疗机构级别	备　注
1	衡阳县人民医院	二级甲等综合医院	
2	衡阳县中医医院	二级甲等中医医院	
3	衡阳县疾病预防控制中心	县级乙等	
4	衡阳县妇幼保健院 （妇幼保健计划生育服务中心）	二级妇幼保健院	
5	衡阳县卫生计生综合监督执法局	综合执法机构	
6	衡阳县第二人民医院	二级综合医院	
7	衡阳县第三人民医院	二级综合医院	
8	集兵镇中心卫生院	一级医院	
9	西渡镇中心卫生院	一级医院	
10	井头镇中心卫生院	一级医院	
11	演陂镇中心卫生院	一级医院	
12	金兰镇中心卫生院	一级医院	
13	金溪镇中心卫生院	一级医院	
14	界牌镇中心卫生院	一级医院	
15	台源镇中心卫生院	一级医院	
16	岘山镇卫生院	未定级别	
17	栏垅乡卫生院	未定级别	
18	关市镇卫生院	未定级别	
19	库宗桥镇卫生院	未定级别	
20	大安乡卫生院	未定级别	
21	曲兰镇卫生院	未定级别	
22	溪江乡卫生院	未定级别	
23	石市镇卫生院	未定级别	
24	三湖镇卫生院	未定级别	
25	樟木乡卫生院	未定级别	
26	岣嵝乡卫生院	未定级别	
27	潮江卫生院	未定级别	

续表 1

序号	单　　位	医疗机构级别	备　注
28	杉桥镇卫生院	未定级别	
29	板市乡卫生院	未定级别	
30	樟树乡卫生院	未定级别	
31	长安乡卫生院	未定级别	

【打击非法行医专项整治】 全县全年查办“两非”典型案件 3 例，一般性案件 3 例，并得到省市的认可，超额完成省市分配的“两非”典型件查处任务。2017 年 6 月起，在全县开展惩治非法行医专项行动。一是严厉惩治无证行医。二是严厉查处医疗机构违法执业。三是开展非法注射美容等医疗美容专项整治工作。四是严厉惩治从事生活美容服务的单位或个人开展医疗美容服务的违法行为。五是严厉查处以养生馆、健康体检中心或疾病研究机构为幌子非法开展医疗活动的行为。六是严厉查处非法义诊活动。七是依法查处违反《医疗广告管理办法》规定发布医疗广告的医疗机构。八是严厉惩治“医托”行骗等扰乱医疗机构正常医疗秩序的行为。九要严厉查处非医学需要的胎儿性别鉴定和选择性别的人工终止妊娠行为。

【开展 30 个“世界无烟日”宣传活动】 5 月 31 日是第 30 个世界无烟日，来自县卫计局、县疾控中心等单位的工作人员和志愿者在夏明翰广场开展世界无烟日宣传活动。通过活动，使广大市民深刻了解到烟草的危害，营造了全社会支持控烟的良好氛围，为创造清新、舒适、健康、和谐的工作和生活环境打下了良好基础。

计 划 生 育

【计生基层基础工作】 一是加强基层组织建设。25 个乡镇抢抓合乡并村契机，共调整和健全乡级计生协会 25 个，村级计生协会 489 个，为巩固基层协会组织打下坚实的基础。二是加强宣传工作，为计划生育工作营造良好氛围。开展“两学一做”教育学习活动、“扶贫帮困”活动、组织走访慰问活动；各乡镇利用“5 · 29”协会活动日、世界艾滋病日、“7 · 11”世界人口日等重大节假日，开展了形式多样的活动；各医疗机构在县卫计局的组织下，开展了多场免费义诊活动；印制宣传用品，入户发放 100%。三是规范乡村两级阵地建设。为了及时向广大群众宣传好国家的卫生计生政策，不定期进村检查村级“三位一体”阵地，对在检查中发现村级“三位一体”阵地不达标、内容更新不及时的，及时通报乡镇卫计办，要求乡镇卫计办督促其整改到位，在查看村级“三位一体”阵地同时，对新上任的计生专干，就如何整理宣传资料、把握宣传重点等方面进行面对面指导。年底，所有乡镇村级“三位一体”阵地都得到更新。衡阳县被评为“全省卫生计生优化户外宣传示范单位”称号。

【计生工作机制创新】 一是实施“三化”效果好。按照“经常化、真实化、精准化”的工作思路，采取一系列有效措施，不断强化基层基础。每月对乡镇实行考核排队，引导乡镇工作经常化；全年共解剖 69 个村，督促乡镇报实报准数据；对后进乡镇、后进村进行精准指导，促工作平衡发展。二是全员人口信息数据质量不断提高。全员已录入 1267285 人，覆盖率 99.5% 以上；进行数据库逻辑错误改错工作，数据质量排全市前茅。三是科学制订目标管理考核评估方案。明确考核内容及计分办法，按照年度调查与平时调查相结合，平台数据与专项调查相结合，上级调查与本级调查相结合的方式，对乡镇、县直综治部门、村进行考核，做到公平、公开、公正，引导计划生育工作有序开展。

【计生优质服务】 一是深入推进孕前优生健康检查项目工作。对计划怀孕夫妇实行免费婚前检查和优生检测,检查覆盖率100%,得到省卫计委的高度评价。二是积极开展免费产前筛查,检查覆盖率已达70%以上,受到广大群众的好评。三是扎实开展出生缺陷干预,对第一胎是残疾以及农村年满35周岁持证生育第二胎的育龄夫妇,实行免费出生干预检查。

【计生行政执法】 加强社会抚养费征收工作,全县发现违法生育1852例,立案查处1727例,征收社会抚养费2951.3万元,报表质量保持全市第一,其中报送县人民法院强制执行非诉案件76例,征收金额139万元,规范征收秩序,净化征收环境。

【全面实施二孩政策】 2016年3月30日,湖南省人民代表大会常委委员会对《湖南省人口和计划生育条例》进行了修改,并自公布之日起施行,提倡一对夫妇生育二个子女,并对符合以下条件的可以申请再生育一个子女:(一)经设区的市、自治州或者省计划生育行政部门确定的病残儿医学鉴定组织鉴定,两个子女中一个有残疾或者第一胎系多胞胎均有残疾,不能成长为正常劳动力,医学上认为可以再生育的;(二)再婚(不含复婚,下同)夫妻再婚前生育的子女数量合计为两个的;(三)再婚夫妻再婚前一方无子女,另一方有一个子女,再婚后生育一个子女的。

对生育一孩和二孩的夫妻,由乡镇卫计办主动服务,施行登记制,对符合条件的再生育夫妻,施行网上审批,简化办证程序。

【独生子女奖励扶助及资金发放】 城镇独生子女父母奖励5115人,按政策每人每月80元或一次性奖励5000元的标准发放。机关事业单位由机关社保所每个月随退休费发放,企业单位的由人事部门每个月随退休费发放,纯城镇居民由卫计部门每年年底一次性发放。

农村奖励扶助10969人(2017年新增1556人,清理退出227人),对符合条件的对象每人每月按80元的标准发放,全年发放960元。每年年底由卫计部门向同级财政提出申请,通过财政直接支付方式拨付到指定代发银行机构,实行一人一存折打卡发放。

【计划生育协会】 一是组织建设取得突破。县编委正式将县计生协会列为群团组织,并核定编制3人,内设2个股级机构,人员已配备到位。二是群众自治不断加强。申报省级基层群众自治示范乡镇(西渡镇)1个、省市级基层群众自治示范村各2个,均验收通过合格。全县累计创建省级计划生育协会先进单位4个,省市级群众自治示范村(居)12个,进一步巩固了计生协会网络建设和阵地建设,基层群众自治覆盖面不断拓宽,工作水平逐渐提升。三是保险项目稳步发展。通过采取"窗口服务、部门参与、政府投入"三管齐下措施,全县完成各险种参保金额共计110余万元,为16256户计生家庭购买了保险,受惠群众达4.88万人。同时,对风险事故做到迅速处理,及时理赔,实现了计生系列保险工作利效双赢。据统计,2017年度共理赔257起,理赔金额46.5万元,单笔理赔最高1例达10万元,简单赔付率约41.9%,没有一起拒赔案件和客户投诉。四是关怀救助逐步规范。全年共下拨生育关怀资金32.6万余元,由乡镇直接打卡到关怀对象手中,解决407户计生特困家庭燃眉之急。"5·29"期间,县本级对55名计生特困家庭进行关怀救助,发放救助金4.84万元。五是志愿服务满足需求。1月23日,值春节来临,县卫计局、计生协会对外来部分流动人口计生家庭进行了走访慰问,询问他们务工、生活中的困难,宣传卫计政策,指导避孕节育知识;3月3日,组织人民医院、中医院、疾控中心志愿服务队,深入明翰社区,开展学雷锋志愿服务活动,免费为群众义诊、宣传卫计政策、提供疾病防治与健康保健知识咨询,为居民及流动人口送上健康大餐;3月7日,联合县卫计局、县妇联、县妇幼保健院等单位,在夏明翰广场举办"关注女性健康,科学防治两癌"大型公益活动;3月15日,组织50余名志愿者在船山广场助阵"3·15"国际消费者权益日活动,将义诊、宣传、咨询台搬到现场，免费为群众服务，为活动增添一道亮丽的风景；7 月 11 日，在“世界人口日”宣传现场，志愿者倡导全社会关注流动人口健康问题，加强健康科普，弘扬婚育新风，推进流动人口基本公共卫生计生服务均等化和健康素养水平提升，自觉遵守计划生育法律法规，做到有计划、按政策生育，负责任养育。六是主题活动有声有色。4 月 22 日，原计生协常务副会长刘展生带领卫计志愿者翻山越岭，对居住在大云山深处的雷秀廉、王柏生、雷江桂、龙柏平、雷建国等贫困计生家庭进行走访和送慰问金。5 月 24 日，计生协牵头组织卫计局、经科信局、科协、林业局、畜牧水产局、知识产权局、气象局、地震局等单位，深入大安乡，开展“真情服务”下乡活动，为育龄群众提供生产、生活、生育等服务，让群众了解新的生育政策、科普知识、生产技术，同时开展免费义诊、政策咨询和发放宣传品，让群众在关怀中受教育。七是开展参与公卫服务活动。4 月 22 日，50 名县卫计志愿服务队员在井头镇麓园村，开展送政策、送健康、送服务“三下乡”活动，现场为群众义诊、B 超检查、免费发放常用药品，并针对群众关心的健康生活、疾病防控、妇女儿童健康等问题进行科学解答。5 月 24 日，计生协组织中医院、人民医院、疾控中心志愿者分组深入各乡镇、村，积极参与公卫服务。为配合农村适龄妇女“两癌”免费检查项目工作的开展，西渡镇 6 月 13 动员镇、村两级计生协会员，积极参与妇女“乳腺癌”和“宫颈癌”免费检查工作，并将全镇 738 户贫困家庭优先纳入首批检查对象。

衡阳县 2017 年人口和计生工作统计表

表 2

项目 / 年份	户籍人口	已婚育龄妇女数	出生人口			死亡		自然增长率(‰)	性别比	初婚率(‰)
			出生人数	出生率(‰)	计划生育率(%)	死亡人数	死亡率(‰)			
2017	1244200	243723	13208	13.00	92.79	19367	7.76	5.24	107：82	5.94

衡阳县 2017“三查四术”完成情况表

表 3

项目 / 年份	落实“四术”人数	落实“三查”人数
2017	1718	82168

爱国卫生

【荣膺国家卫生县城】 2017 年 6 月，衡阳县被授予“国家卫生县城”荣誉称号，为进一步加强县城综合治理，理顺部门职能，巩固创卫成果，起草《衡阳县“国家卫生县城”工作实施方案》，对 15 个主要职能单位，西渡镇 8 个卫生村和 13 个社区的“巩卫”工作进行了划分，并做出了明确要求，涵盖国卫标准要求的 9 个大项，为巩固创卫成果提供了规范性要求。

【农村改厕】 县爱卫办全体工作人员利用 8 个双休日，进入渣江镇的松市村、双兴村，三湖镇的永安村、红渡村、风坳村，严格按标准进行改厕指导，完成改厕工作任务 480 户，并通过省、市验收。

【城乡环境卫生整治】 一是城区环境卫生明显改善。成立县城环境卫生督查小组，采取明查、暗访、抽查相结合的方式，每月初对县城所有单位、院落、社区、城中村、城乡结合部，开展全方位的环境督促检查行动，查出的问题进行督办，月底回头看，确保城区卫生干净、整洁。在春节前夕，对县城各单位、小区院落，进行了一次大检查，并将检查结果在电视台予以公示，确保城区卫生干净、整洁。二是乡镇环境卫生督查工作不断提高。抽调2名工作人员专门督查乡镇环境卫生，配合县“生态办”每月进行暗访，每季度进行明检，并进行考评、排位，促进了乡镇环境卫生上了新台阶。

【文明卫生单位创建】 根据省、市爱卫办要求，对原创成的37个文明卫生单位进行业务督导；成功创建了省级卫生村5个（渣江镇松市村、双兴村，三湖镇永安村、红渡村、风坳村）；成功创建市级文明卫生单位1个（三湖镇人民政府）；对原创成功的西渡镇8个省级卫生村进行督导考核，达到县爱卫会的工作目标。

【爱卫月活动】 4月7日，衡阳县卫计局、县爱卫办联合县疾控中心、聚丰及富宁2家病媒有害生物防治公司在县城夏明翰广场举行“巩固创卫成果，营造整洁蒸阳——积极开展世界卫生日暨全国第29个爱国卫生月”宣传活动。通过此次宣传活动，让广大市民感受到美丽整洁的家园需要大家共同维护，也鼓励了更多的群众参与到爱卫工作中，为巩固国家卫生县城，建设整洁卫生、健康和谐的大美蒸阳贡献自己的力量。 （徐 风）

蒸阳集锦

2017 年度集体荣誉

全国性荣誉

全国文明县城
国家卫生县城
“中华诗词之乡”衡阳县和金兰镇、曲兰镇
“全国生态文化村”曲兰镇湘西村
全国科普日活动优秀组织单位
全国示范农机合作社衡阳县西渡梅花农机合作社

全省性荣誉

全省粮食生产标兵县
全省新型城镇化先进县
全省教育强县
全省农村经营管理先进单位
全省防治重大动物疫病先进县
全省食品安全工作先进县
全省农村能源建设先进单位
全省老干部工作先进集体
省级园林县城
“省级现代农业产业集聚区”衡阳县
“湖南省经典文化村镇”曲兰镇
“湖南省美丽乡镇”金兰镇、洪市镇
全省家庭农场示范县
全省检察服务大厅建设示范院
“全省民主法治示范村(社区)”岘山镇永绿村、金溪镇石榴村
“湖南省青少年科技活动示范学校”关市镇盘石完全小学、西渡镇蒸阳中学
全省示范离退休干部党支部曲兰镇离退休干部党支部

全市性荣誉

全市目标管理绩效考核优秀单位衡阳县
市三星级文明单位县气象局、县审计局、衡州农商银行
市二星级文明单位县文广新局、县公安局交警大队
市一星级文明单位县委宣传部、县委巡察办
市级文明校园县实验学校

文学作品选辑

诗 词

谒洪市烈士墓

黄贤寿

覆船山上树婆娑，忠烈祠檐接柏柯。
衡宝飞兵书青史，英雄夺隘折吴戈。
心翻血浪思旧梦，耳听鹃鸣望垄禾。
手捧丹花酬毅魄，抚碑不忘大风歌。

踏莎行·金兰香花村

黄贤寿

翠竹相连，芳园在望，柳池碧水鳞波漾。清

风朗月镌庄门，素墙黛瓦幽深巷。　　老媪摸牌，稚子打仗，花猫无事闲游荡。炊烟不起菜蔬香，时装晒在横竿上。

渔家傲 读阿山先生长篇历史小说《王船山》

刘新奇

山麓松泉盈积雪，孤灯陋室寒风冽。磨剑十年心似铁。文峰越，奇葩一树临天阙。　　寥落姜斋居草野，清风明月标人格。南岳高峰精典赫。人共阅，千年历史增颜色。

七律·庆“十九大”召开

陈彦霖

广袤神州黎庶欢，倾情献计赖英贤。
倡廉反腐民生重，促统强军国域全。
百业兴隆歌阵阵，三军浩荡喜连连。
宏图绘就旌旗舞，政畅人和梦自圆。

七律·颂十九大

唐长春

瑞雪梅开大地香，京畿盛会正繁忙。
安排全局商长策，理论创新修党章。
大治洪荒如夏禹，为民执政有甘棠。
开来继往恢先业，举世争先学大唐。

七律·百里荷花赞

王益群

谁持彩练舞斜阳，百里新荷展艳装。
绿叶接天铺碧色，红花映日耀霞光。
游人陶醉忘归路，墨客欣然赋丽章。
小曲轻飘莲海上，半随云卷半临江。

七律·湘西草堂赏荷

邹振良

昨夜潇潇雨，芙蓉带露开。
花摇招客至，叶动送香来。
鸟醉空中舞，翁痴画里呆。
山乡多亮点，笔底涌情怀。

七律·渣江观荷赞彭玉麟

周茂生

晚清护国一能臣，惩恶安良抚庶民。
只效濂溪崇菡萏，淤泥不染玉冰身。

王船山故居雨中赏荷

唐蒲生

云漫湘西起野烟，红莲浴雨意尤坚。
芳心早许前朝主，不愿随流向清天。

村翁练拳

刘经纶

沿途处处觉时新，又见村翁正健身。
骞翥四肢鹏展翅，腾挪七尺柳摇春。
群山拱抱频施馥，老伴相陪常递巾。
鹤发童颜遒劲在，孙来一抱带须亲。

五律·乘机自沪返衡

彭国伟

挥手疏麻雨，穿梭散絮云。
鹰浮万里褥，日照满天金。
浩渺宽仙界，幽清净我心。
琼宫在何处，知否寓诗神？

一丛花·荷花吟

彭　雯

连天翠叶满湖塘，千亩着红妆。罗裙曼舞纤腰摆，吐娇蕊、初长莲房。羞与牡丹，分争国色，含露一身香。　　风清气爽韵绵长，甘愿隐山乡。凌波曳水冰心洁，碧伞翻、鱼鸟同翔。丽日晴和，俗尘涤尽，玉体沐霞光。

春日白石园雷祖峰揽胜

独孤醒狮

东君桃宴醉，一路泼丹青。
旷野金镶玉，层峦色若冥。
时闻催布谷，偶遇笑叮铃。
杏靥招人妒，山花满画屏。

临江仙·共续复兴梦

刘运斌

祝县文联第二次代表大会胜利召开

星光璀璨耀长空，
汇聚县域精英，
犹似沙场秋点兵，
艺苑百花艳，
文坛气象新。

国粹民俗相辉映，
难忘故里乡亲，
浓墨重彩寄深情，
共续复兴梦，
整装再出征。

书 法

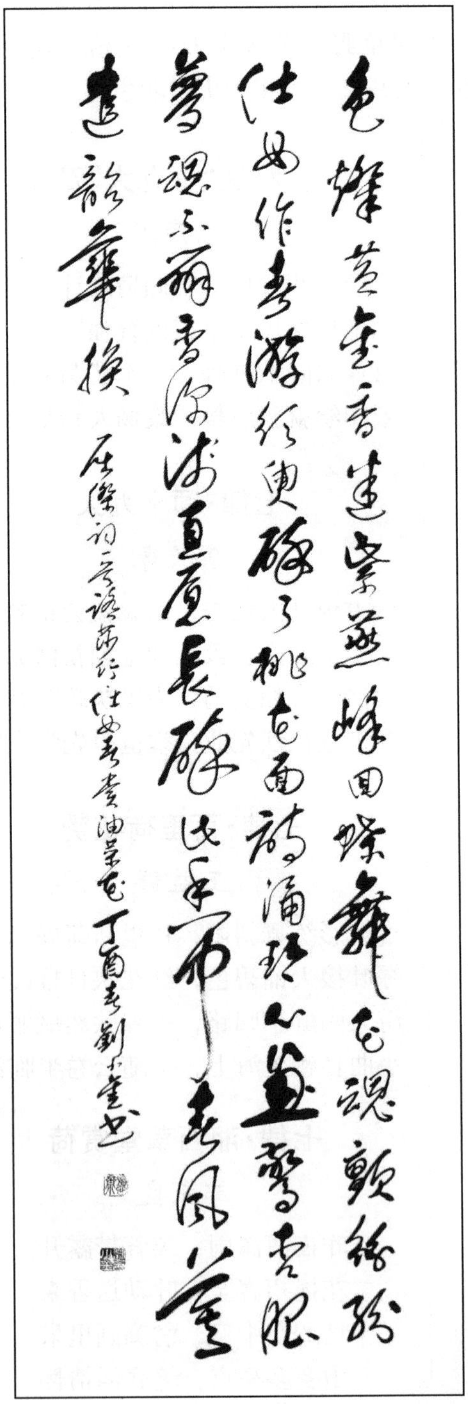

刘小金／草书

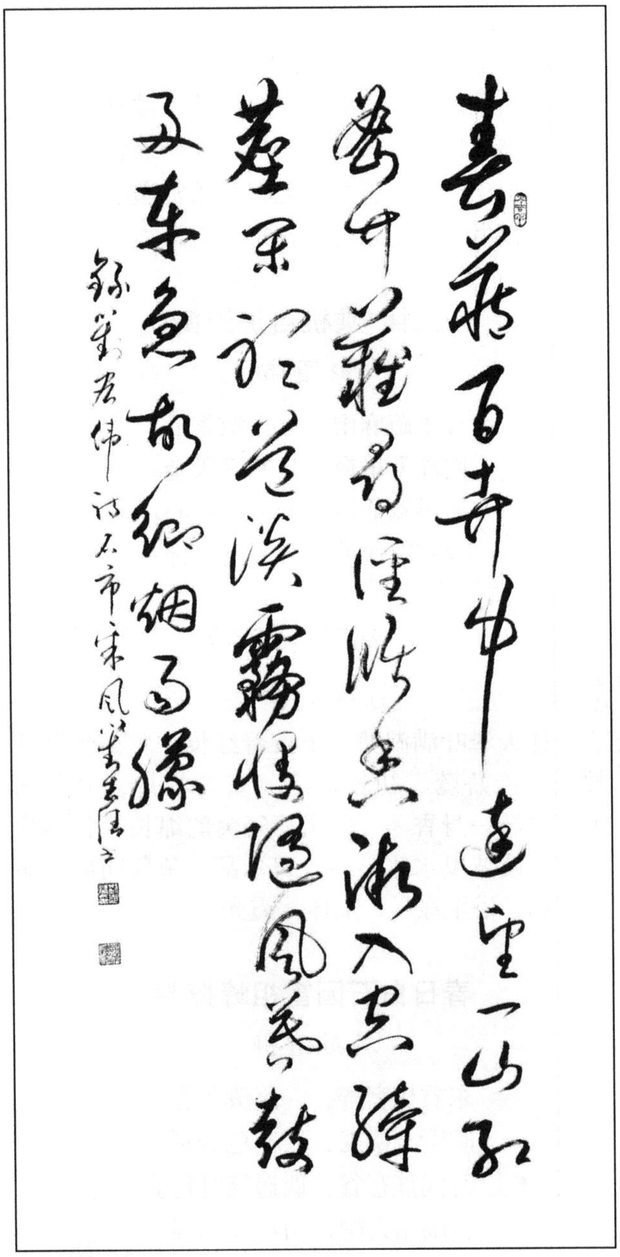

刘志清／草书

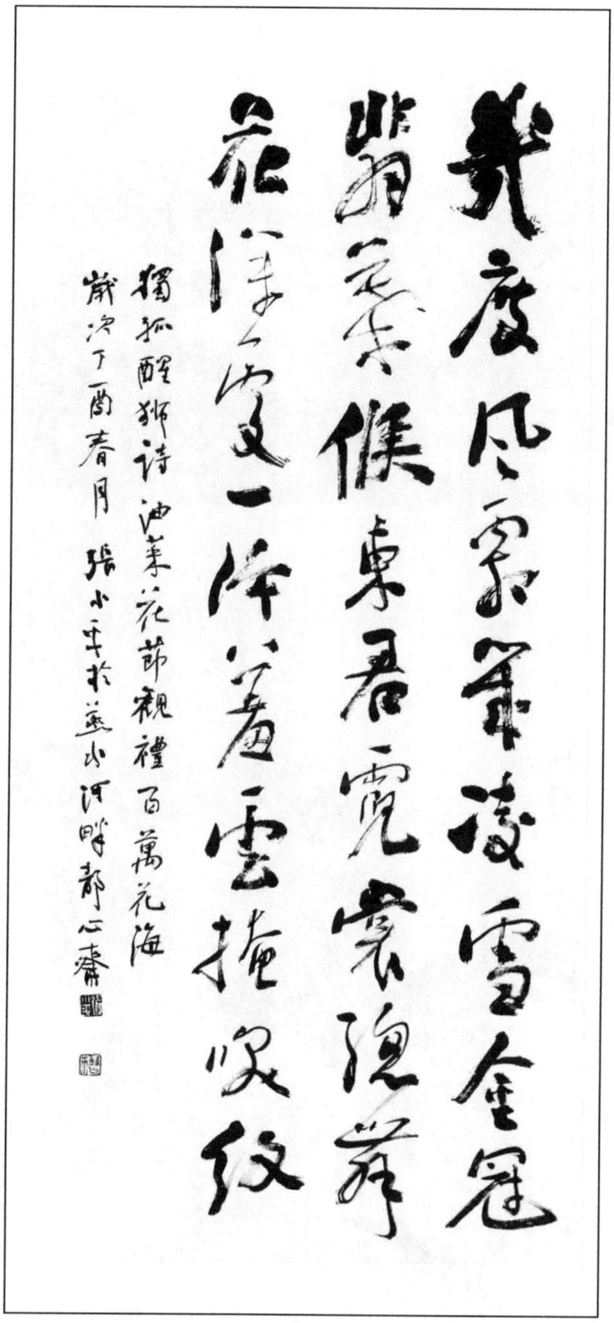

● 张小平／行草书

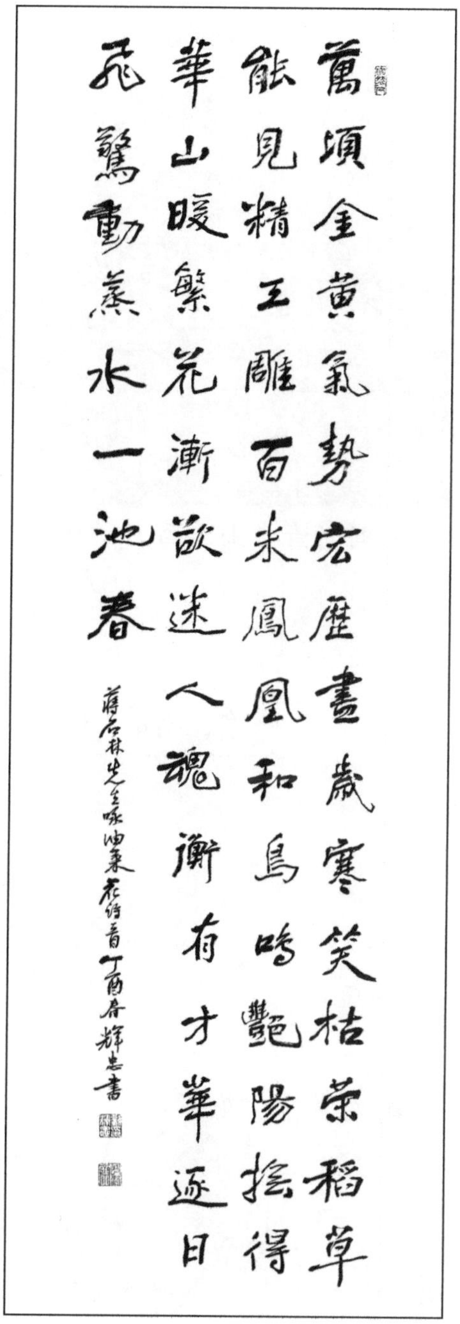

● 刘辉忠／行书

● 刘运意／行书

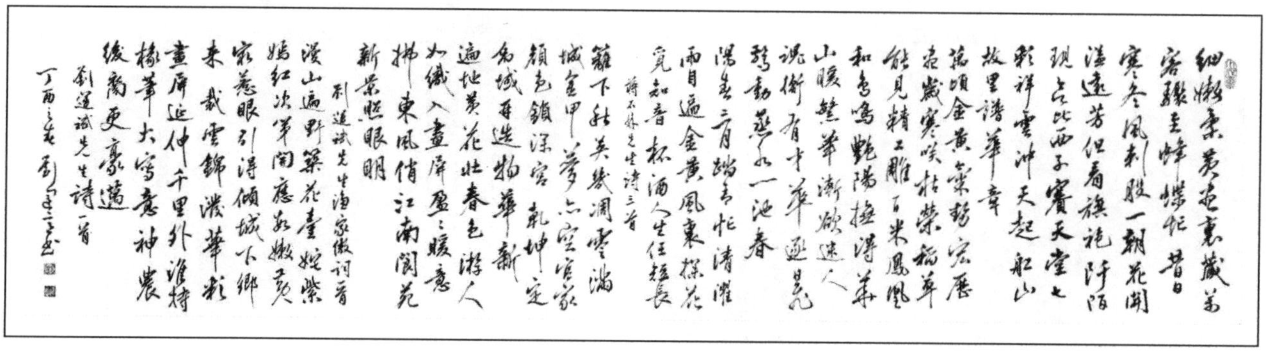

● 刘新奇 / 山水画

绘 画

● 何慎言 / 花鸟

● 龙常宁 / 花鸟

● 廖庆友／山水画

● 蒋大根／人物工笔

摄 影

● 李气章／春暖花开的季节

● 王泽坤／放 飞

● 全铁志／拍摄者

● 迪凌杰／醉美蒸阳

● 唐　灿 / 争抢幸福

● 唐兴国 / 丽人行

● 唐桂生 / 金色田野

● 蒋石林 / 清濯两目遍金黄

● 廖文斌 / 蒸水弯弯

乡 镇

樟木乡

【领导班子名录】

中共樟木乡委员会

书　　记　蒋永红(2017.3—)
书　　记　王春霖(—2017.2)
副 书 记　朱荣晖
纪委书记　屈晓松
委　　员　凌均高　杨全文
　　　　　刘伏初　李友凡

樟木乡人民政府

乡　　长　朱荣晖
副 乡 长　李友凡　聂玉文

樟木乡人大主席团

主　　席　郑文阳
副 主 席　柏灿璨

樟木乡政协联工委

负 责 人　凌均高

【政区概况】　名称来历、地理位置　樟木乡因境内“樟木寺”而得名,地处县境东部,南面以湘江为自然分界线,东临南岳区、衡山县店门镇,南临湘江大源渡库区,西接石鼓区松木乡,北靠集兵镇,距衡阳市14千米,距县城西渡38千米,为“三县两区”的交界之地。乡人民政府驻白鹭坳社区。

政区划分　樟木乡辖白鹭坳、樟木寺2个社区和里仁、仁爱、永升、高城、九渡、东林、迎水、塔兴等8个建制村。

人口面积　辖区内总人口29060人,男性14958人,占51.5%;女性14102人,占48.5%。人口出生率14.3‰,死亡率8.7‰,人口自然增长率5.6‰。辖区东西最大距离10.2千米,南北最大距离13.8千米,总面积100平方千米。其中陆地93.52平方千米,占93.46%;水域6.48平方千米,占6.54%。人口密度为每平方千米290.6人。

【经济发展】　农业　1.种植业。耕地面积28835亩,人均0.99亩,农业合作社4个,家庭农场11个。在稳定水稻种植面积,提高单位面积产量、增加粮食生产总量的同时,大力发展特色农业产业,形成了油茶、反季节蔬菜、小水果、畜禽养殖四类农业产业带,利用人文、资源、区位、交通、产业等优势,主动对接城市、服务城市,努力打造“市民休闲地、城市后花园”。全乡种植优质稻4.8万亩,总产量2.8万吨;以曹田、高城、双衡、七里、衡岳为主的蔬菜基地,种植面积8550亩,年产量2.1万吨;以永升、仁爱、新文等村为龙头的水果基地,主要品种有黄瓜、豆角、白菜,种植面积达12000亩,品质优良,畅销市场。引进湖南耀泓生态农业开发有限公司,现已流转土地1500亩,计划投资3000万元。

2.林业。全乡林地面积6041.8公顷,有森林面积2102.2公顷,森林覆盖率47.4%,公益林面积1206公顷,其中国家级993.2公顷,省级212.8公顷,退耕还林面积70.6公顷,油茶林475.7公顷,通道绿化30千米。

3.养殖业。大力发展生猪养殖,是全县瘦肉型猪生产基地之一;有能繁母猪2800头,年出栏生猪48000头,家禽出笼15000羽,鱼4.5吨,蜂蜜2500公斤。全乡有养猪300头以上大户12户,其中1000头以上2户,50头以上180户。强制动物疫病密度达100%,生猪挂标率达100%,建档率达100%。同时加大农业龙头企业的扶持，樟木西林黑香猪养殖基地年存栏香猪520余头，山鸡2100羽，黑山羊100余头；吉兴培元的观光鱼养殖场发展势头良好，年收入达20万元。

工业　结合区位优势和交通优势，不断优化创业环境，协助市委、市政府引进了垃圾焚烧发电项目落户该乡，第一期投资达4.297亿元，吸引合创伟业、桑德环境、浩天建材、吉兴砂场、南方铭生生态园、隆发新农村建设有限公司等企业驻扎。瓷泥加工、现代化种养殖、建筑材料已在全乡初具规模。现有民营企业86家，年产值14000万元，其中年产值过500万元的企业4家，年产值过100万元的17家。年内工业生产总值56212万元，比2016年增长6.2%以上，占地区生产总值37%。拥有工业企业218家，职工2286人；实现工业增加值17022万元，比上年增长17%。

重点项目建设　1.横江湿地公园。年内，横江湿地公园主入口区2.5千米道路已完成路面扩宽和硬化工程，300亩退耕还湿项目和排渍站项目工程开始施工。项目设计调整工作基本完成，确定了征地及流转土地的范围，同时启动施工及监理招投标工作。积极与石鼓区、松木经开区、衡阳县相关部门协调，启动项目二期征地拆迁工作，11个组已全部完成，31户拟拆迁户已签订16户拆迁协议。横江湿地公园完成征地287.99亩，其中一期49.83亩，二期172.16亩，安置地66亩；签订拆迁协议14栋，3219.71平方米。2.永清环保。坐落于塔兴村（衡阳市第二城市生活垃圾填埋场内）的永清环保股份有限公司是湖南省的一家上市公司，规划用地110亩，总投资56830万元。项目计划分二期建设，总处理垃圾1500吨/天。一期投资42970万元，设计处理垃圾1000吨/天。项目设计年运行8000小时，年发电量9770万千瓦时，年上网电量7740万千瓦时，每年可向衡阳县缴纳税收1000万余元。至年底，共发电10766.8万度，上网电量8843.5126万度，累计接收处理生活垃圾34.67万余吨，处理垃圾渗滤液4.6万多吨。3.湘江防洪堤建设。于10月25日召开湘江防洪堤建设动员会，项目于11月2日正式动工。防洪堤位于樟木乡高城村河边组至里仁村李家港组，全长6.5千米，宽100米，总投资3500余万元，预计在2018年4月1日全面竣工。

商业　全乡有登记在册的个体工商户295户，其中从事食品经营（含餐饮业、副食店）的40户，主要集中在白鹭坳老街与塔兴村107国道旁；现有城乡集贸市场1个，位于白鹭坳老街。

财政　乡财政总收入1030.79万元，其中一般公共预算财政拨款收入1005.79万元，政府性基金预算财政拨款收入25万元；全年总支出1030.79万元，其中一般公共服务支出439.72万元。

旅游业　定位为“宜居樟木、生态樟木、休闲樟木、旅游樟木”，立足于良好区位优势与交通优势，大力发展周末休闲游。樟木境内旅游资源丰富，有樟木古街、程公馆、东林寺、彭玉麟墓、马殷王墓、培元寺、杨泗庙、五统庙等历史古迹，有九渡杨梅基地、东林梅花山庄、樟木桃园、里仁多肉植物基地等周末休闲游热门地。

【社会发展】　文化艺术　有文化站1处，有村级文化活动中心19处，各类文化专业户28户，农家书屋19个，藏书2.9万余册。

教育　全乡有幼儿园3所，在园幼儿933人，专任教师47人；小学11所，在校学生1362人，专任教师100人；初中1所，在校学生525人，专任教师58人。

医疗卫生　有卫生院1个，门诊部2个，村卫生室20个；有床位40张，每万人拥有病床18张；固定资产总值380万元。专业卫生人员45名，其中执业医师10人，执业助理医师12人，注册护士1人，注册护师4人。参加新型农村合作医疗21908人，参合率100%。

广播电视　现有有线电视用户1200户，入户率20%，无线数字电视用户1800户，入户率30%，广播电视实现组组通。

社会保障　新农保、城镇居民医保筹资工作全面完成任务，养老保险参保人数10784人。医疗救助58人，共计92103元；重特大疾病救助27人，共计45603元；临时救助139户，共计144000元。年内自然灾害救助171户668人，发放救助款91000元。五保户、低保户、受灾户等困难群众救济率达100%。

计划生育　人口计生工作获得先进。为实现保类进位目标，对计生工作的“四术”落实、统计上报、社会抚养费征收、迎检准备等方面实行严格考核，人口和计生工作继续保持市、县先进行列。“两癌”筛查200例全部完成；社会抚养费征收达30余万元。

交通运输　水陆交通便利，107国道、武广高速铁路、南岳高速公路在境内通过；有县道1处，总长4千米；有乡道1条，总长11千米；村道24条，总长101千米；有湘江货运码头3处。

邮政电信　年末有邮政所1处，代办所2处。邮政业务总量628万元，其中纯收入134万元。报纸、杂志累计发行收入3.65万元，电信企业1家，服务网点2个，电话交换机总容量0.9万门。固定电话用户1236户，电话普及率14%；移动电话用户0.8万户，互联网用户0.11万户。

【精准扶贫】　一是精准识贫全面落实。全面摸清贫困家庭、贫困人口底子，对前期摸底的贫困户进行重新洗牌重新评定，核减110户、319人，新增贫困户20户、56人，精准识别后全乡有贫困户352户、1010人，全面落实了“精准扶贫”的政策要求。二是扶贫责任得到强化。按照扶真贫、真扶贫的要求，全体乡村干部、党员、“两代表一委员”响应党委、政府号召，纷纷走入基层，与扶贫户结对帮扶，帮扶人员结合实际、因户施策，帮助贫困户尽快脱贫，对6名贫困户学生实施雨露计划与失学辍学帮扶；为211户贫困户搞好小额扶贫贷款，贷款金额计1055万元；把12户贫困户纳入危房改造和修缮计划，已办好申报手续。据统计，全乡去年有82户、228人贫困户完成脱贫。三是易地扶贫搬迁进度加快。92户、234人(含2018年9户、20人)易地扶贫搬迁安置房建设全面启动，主体工程由省建工集团承建，现已完成贫困户搬迁入住工作，首批入住有78户、205人。

【新农村建设】　粪污治理方面。湘江沿岸养殖大户搬迁25户，迅速办理中央环保督察组转交樟木乡漆德军、朱大清猪场环境污染案件，重点做好养殖大户工作，督促其做好排污设施，实行雨污分流，有序推进粪污治理工作。环境卫生整治方面。着重抓好107国道、村主干道常态化保洁。集镇规范管理、保护水资源、粪污治理及国土治理等方面的环境卫生综合整治。常态化保洁方面。通过每月一考核、一讲评的方式，积极提倡村庄卫生保洁，推行组评比、户评比，将生态保护与环境整治从被动迎检转变为自主行动，从临时突击转变为常态保洁；国土治理方面。取缔非法洗沙场和制沙场2个，勒令手续不齐全的砖厂停业整顿。集镇管理方面。成立乡城管队，并对街道上实现电子摄像头全覆盖，白鹭坳街道实行划行归市，不断规范城镇管理。

【自身建设】　圆满完成村(社区)“两委”换届选举工作。全乡村(社区)党组织换届于6月27日完成，村民委员会换届于7月14日全面完成。

干部作风建设。着力构建“两学一做”常态长效机制。7月30日，该乡在市委党校举办“两学一做”常态化制度化暨新任村(社区)“两委”干部任前培训班，组织百余干部集中充电。号召全乡深入学习党规党章和习近平总书记系列重要讲话精神，引导党员干部践行“四讲四有”、展现先锋形象，引导基层党支部加强自身建设，健全落实“三会一课”基本制度，继续完善领导干部讲党课，推行党支部“主题党日”、党员活动日等做法，进一步规范党支部书记考评、党员管理等工作，构建好“两学一做”常态化机制。　(柏灿瑧　张　文)

集兵镇

【领导班子名录】

中共集兵镇委员会

书　　记　刘耀华

副 书 记　蔡旭辉(2017.3—)

　　　　　戴志衡

纪委书记　魏　君

委　　员　万里华　尹先阳　凌　卫

集兵镇人民政府

镇　　长　蔡旭辉(2017.3—)

副 镇 长　尹先阳(2017.3—)

　　　　　吴陆军

集兵镇人大主席团

主　　席　罗友运

副 主 席　凌　燕

集兵镇政协联工委

主　　任　麻安算

【概述】 位于北纬27°00′20″～27°06′42″,东经112°30′36″～112°37′22″。地处县境东部,东临樟木乡,南抵石鼓区松木乡、角山乡,西与杉桥镇交界,北与岣嵝乡、杉桥镇接壤。镇政府驻集峰路1号。距县政府驻地28.5千米。

集兵镇辖集兵滩社区居委会和集兵、太力、法官庙、松桂、白果、水映、同心、通天、麻町、红星、山峰、潮江、白马、大利、永乐15个行政村,325个村民小组。全镇有42588人,面积97平方千米,人口密度为每平方千米439人。

2017年财政总收入1192万元,其中一般预算收入138万元,人均财政收入280元。

【引进衡阳市绿荫生态农业有限公司】 衡阳市绿荫生态农业有限公司由镇党委、政府于2017年1月引进注册成立,坐落于集兵镇大利村,公司以名优特水果种植为主,以家禽、家畜养殖为辅,定位为种养一体化休闲采摘园,公司计划投资800万,流转土地500余亩。已流转土地300余亩,实现投资300余万。公司已种植果木面积250余亩,一年四季均有水果上市,主要种植品种为:蓝莓、青脆桃、沃柑、中秋酥脆枣等10余个品种。

【完成集兵商贸城二期工程建设】 集兵商贸城由衡阳县招银地产有限公司开发承建,该项目分为两期建成,一期工程为集兵综合农贸市场,已建成并投入使用。二期工程为商贸综合体开发,建筑总面积21000平方米,涵盖高档商务酒店、大型家电家具商场、高档住宅等,同时建有高标准地下停车场1个,能同时容纳100辆小车停放。

【大利村乡村建设】 大利村为实现乡村振兴战略,建设美丽乡村,于年内修建了大利村文化休闲广场。广场坐落于大利村燕子窝组,是年7月开工,11月竣工,历时5个月,总投资100万元,占地3500平方米。广场环境优美,栽有树木、花卉,配有石桌、石凳,安装路灯和健身器材,实现绿化、美化、亮化全到位,休闲、娱乐、健身一体化。广场的建成,丰富群众的文体生活,提升村民的生活质量。同时,消除县道西集线与角潮线交汇"T"形交汇处的交通安全隐患,方便村民乘坐公交车。年内对村道提质改造3.5千米,添置广场舞器材三套,小农水项目建设在村全面铺开,免除全村60岁以上老人新农合筹资款,免除550户有线电视收视费,实现路灯到组、水泥路到屋场、光纤到户。这些惠民举措为大利村建设美丽乡村、建成小康社会打下坚实的基础。

【衡阳县今吾诗联书画社】 衡阳县今吾诗联书画社于2016年9月成立,主要办公地点为集兵镇文化站。诗联书画社有会员50余人,汇集北乡三乡镇诗词楹联及书画界的主要精英。社长为成吉学,麻廷达为名誉社长。会员来自各个单位及行业,年龄最大的80多岁,最小的20来岁,在当地具有较高的社会影响与威望。诗社成员中,有国家级会员两人,分别是:麻廷达,中国书法家协会会员,国家一级美术师;唐天喜,中国楹联家协会会员,中国榜书协会会员。诗联书画社已成功举办多次诗词楹联及书画创作活动,如在集兵及樟木举行的送春联下乡活动,参加县美术家协会举办的纪念彭玉麟诞辰200周年书画展览活动,参加衡阳县衡南县及石鼓区三县区美术联展活动等等。

(集兵镇党政办)

岣嵝乡

【领导班子名录】

中共岣嵝乡委员会

书　　记　贺一琪(2017.3—)

副 书 记　欧阳罡(2017.3—)

　　　　　黄建军

委　　员　王雄峰(2017.3—)

　　　　　欧召武　钟向阳　唐利平

　　　　　丁隆娟　刘翔宇

岣嵝乡人民政府

乡　　长　欧阳罡(2017.3—)
副 乡 长　刘翔宇
　　　　　何春林(2017.3—)

岣嵝乡人大主席团

主　　席　王雄峰(2017.3—)
副 主 席　麻　玲

岣嵝乡政协联工委

主　　任　欧召武

【概况】 地理位置　位于北纬27°03′42″~27°11′38″,东经111°30′51″~112°39′52″。地处县境东北部,因境内岣嵝峰而得名。东邻樟木,南接集兵,西抵渣江、石市,北与界牌镇、衡山县接壤。境内以山区为主。总面积106平方千米,耕地面积2.38万亩。

政区划分　现辖凤山、杉云、神皇、福星、高峰、环洞、松柏、腊树、白石峰、觉先等10个村民委员会,下设243个村民小组。

人口面积　年末总人口2.42万人,农业人口2.28万人,非农业人口1400人,常住人口1.72万人。总人口中以汉族为主,其他民族共11人。辖区总面积106平方千米,辖区东西最大距离15.6千米,南北最大距13.7千米。人口密度为每平方千米216人。

【经济发展】 农业　耕地面积2.38万亩,人均1亩,以种植水稻、油菜、蔬菜为主。是年农业总产值2.61亿元。生产粮食1.65万吨,人均725.4千克。种植蔬菜0.25万亩,产量0.47万吨;种植油菜1.17万亩,产量1655吨。畜牧业以猪、牛、家禽为主。2017年生猪饲养量1.08万头,年末存栏0.45万头;家禽饲养量55.15万羽。

工业　以竹木加工、采矿业为主。是年工业生产总值4.35亿元。拥有工业企业6家,职工280人。其中规模以上企业有大丰瓷泥有限公司。

商业　年末,有商业网点58个,职工114人,社会商品零售总额7890万元;有集贸市场1个,年成交额5920万元。

财政金融　财政总收入700万元,其中一般预算收入636.6万元,比上年增长8%。完成营业税94万元,个人所得税3.5万元。年末,境内金融机构各类存款余额17000万元,比2016年增长3%;各项贷款余额7899万元,比上年增长6%。

旅游业　境内的岣嵝峰国家森林公园旅游景观建设已初具规划,是理想的休闲避暑之地。全乡以旅游产业发展为核心,突出江南特色,打造宜居宜游宜业的生态旅游型小集镇,规划到2020年集镇区面积达到0.7平方千米,人口0.55万人,到2030年,集镇区面积达到1.8平方千米,人口1.5万人。

【社会发展】 文化艺术　有文化站1个,村级文化活动中心10处,农家书屋10个,藏书1.2万册;有市县级文物保护单位5处(分别是神皇乡模范农协会旧址、禹王碑、戴今吾烈士故居、戴今吾烈士墓、萧觉先烈士墓)。

教育　有幼儿园1所,在园幼儿149人,教师10人;小学7所,在校学生1263人,专任教师62人;中学1所,在校学生482人,专任教师30人。

体育　有学校体育场10个,单位体育场1个,安装有健身器材5处,经常参加体育的人员占常住人口的18%。

广播电视　现有有线电视用户436户,数字电视用户820户,入户率30%。

医疗卫生　有卫生院1所、门诊部(所)1个,床位25张;固定资产总值570万元。有专业卫生人员27名,其中执业医师1人,执业助理医师3人,注册护士2人。完成诊疗12658人次。参加新型农村合作医疗18211人,参合率81%。

社会保障　有城镇最低社会保障户数3户,3人,月人均400元;医疗救助112人次,民政部门资助参合参保479人次;农村最低社会保障户数201户,人数442人,月支出7.8万元;国家抚恤、补助各类优抚对象148人,抚恤事业费支出18.85万元/每季。敬老院1家,床位35张,收养农村五保人员17人。参加新型农村养老保险9332人,参保率95.4%。发放低保金91.2万余元,临时救助金14万余元,自然灾害救助5.8万元,医疗救助金8万余元,五保金53万元,优抚金75.41万元,残疾人补贴25.8万元,完成危房改造40户,发放补贴61.7万元;全乡境内中小学生享受困难补贴350余人,补贴资金110万余元。

人口与计划生育　认真贯彻“二孩政策”，积极推行阳光计生。人口出生率12.12‰，计生率为92.6%，死亡率6.9‰，人口自然增长率5.8‰。

【基础设施】　交通运输　境内有县道李腊公路16.5千米，乡道1条7千米。全乡10个村实现了村村通，村道总长68.5千米。

邮政电信　年末，有邮政所1处，邮政业务总量14.5万元。有移动、联通信号发射塔13座，信号覆盖全境。电信服务网点1个，固定电话用户130户。移动电话用户7238户。年内电信总收入2336万元。

水利　境内有中型水库1座、小型水库4座，总蓄水量2216万立方米；山平塘819口，总蓄水量238万立方米；总干渠13千米。

村镇建设　完成全乡八个村村庄规划设计、旅游控制性详规及空间的布局。大力实施“生态立乡、产业兴乡、旅游强乡”三大战略，狠抓小城镇建设，乡政府公租房、乡国土所、易地搬迁安置房的建设已竣工并搬迁入住，乡幼儿园主体已竣工，城镇区内的府前路、成功路正在建设，嫘祖路、禹王大道也在规划建设当中。（刘志宏）

杉桥镇

【领导班子名录】

中共杉桥镇委员会

书　　记　蒋建平
副 书 记　王志宏（—2017.3）
　　　　　刘　剑（2017.3—）
　　　　　颜李勇
纪委书记　彭彩球
委　　员　万　瑾　张永生　彭彩球
　　　　　姚少红　罗　军　李光华

杉桥镇人民政府

镇　　长　王志宏（—2017.3）
　　　　　刘　剑（2017.3—）
副 镇 长　李光华　刘秋衡

杉桥镇人大主席团

主　　席　万　瑾
副 主 席　欧盛才

杉桥镇政协联工委

主　　任　张永生

【概况】　杉桥镇位于衡阳县东南部，东邻集兵镇，南毗板市乡，西临西渡镇，西北与渣江镇、台源镇相连，东北与集兵镇、岣嵝乡接界。全镇东北高山群立，西南地势低平，山岭平町相间，南北长约12千米，东西宽约8千米。政府驻地杉桥村。西距县城西渡14千米，南距衡阳市15千米，交通便利，西集公路、呆石公路（县道X045）、岳临高速、怀邵衡铁路穿境而过。全镇辖杉桥、集福、云山、伊山、东木、和睦、东日、白石园、松山、关王10个村委会和杉桥、黄泥塘二个社区，下设195个村民小组和4个居民小组。

2017年末，总人口23938人，总面积76.8平方千米，其中林地65763亩，油茶面积3000余亩，耕地面积1.83万亩。主要农作物有水稻、油菜、棉花、蔬菜、湘莲、瓜类水果等。全镇每年落实早、晚稻种植面积15800余亩，种植油菜13000亩。

境内自然资源丰厚，水利条件较好，斜陂堰水库总干渠流经境内，以白石园水库为源头的杉旭河穿境而过，有白石园村1500亩的角山硒米基地，也是传统的油菜和茶油主产区。林业资源丰富，盛产楠竹、杉木、国外松等。蕴藏有丰富的煤、钢、铁、重晶石等矿产资源。

【基础设施建设】　加快旅游景区基础设施提质改造建设，伊山大道4千米和白石园村6千米的村主干道由原来的3.5米扩宽至6米，并改造了沿线的主要交通桥6座。落实村组硬化公路23.8千米，初步形成了四通八达的旅游交通网。景区内路标、路牌、旅游公厕、停车场等指示标识完善。绿化、亮化也在分步建设中，已建成白石园村的十里樱花大道绿化亮化带，伊山寺的梅花园和梅花大道将与伊山寺扩建、伊山八景同步建设。建设了400平方米的雷祖峰观景台和登山游步道、2座观光杉木桥、1个桥头小游园、6个停车场，新安装路灯170盏。

完善改造镇政府机关院落附属设施，政府公租房10月初投入使用。易地扶贫搬迁集中安置点建设一期32户年底全部搬迁入住，二期26户的安置房主体建设已完工。关王村完成电网改造和村部建设，光伏扶贫项目正在建设中。

启动伊山休闲旅游重点项目建设和松山村高速服务区的土地流转；杉桥敬老院的重建工作、卫生院住院部和杉桥中心小学的学生宿舍楼等项目正在全面筹备中。

有自来水厂一座，沿杉旭河一线实现了自来水全面供给，现有自来水用户1700户。

【村委会换届】 4月上旬完成村级党组织换届，村党组织共有49人，其中女性9人，平均年龄49岁，新进班子16人。6月中旬完成村委会换届工作，两委班子交叉任职38人，村委会成员共48人，其中女性14人，平均年龄49岁；村委会成员中有党员41人，其中新进班子16人。

【扶贫攻坚】 现有建档立卡贫困户424户、1380人，15名贫困户学生获得雨露计划帮助，120名贫困人员实现转移就业，为27户贫困户提供小额扶贫贷款129万。角山米业项目贷款67户，金额258万元。22户贫困户纳入危房改造和修缮计划。年内完成339人脱贫，扶贫成效明显提高。

【佛禅文化】 佛禅文化底蕴深厚，全国百大名寺之一的伊山寺坐落于该镇伊山村，因东晋名将桓伊幼年读书老来隐逸之所而得名，创自晋太元年间慧持禅师，有宋徽宗亲敕的“景德禅寺”匾额，清康熙曾命阿盘驻寺主持，伊山寺为“六朝圣境”，是湘南最早的寺院，是南岳古佛教文化的发源地。景区有云锦峰、读书台、千僧塔、翠颖阁、青龙桥、逆流洞、双凤井、皇妃楼等伊山八景。境内寺庙众多，现保存完好的还有杉桥古街的藏神庵、雷祖庙、樟公庙、关公庙、云山庵等。历史上留名的还有集福寺、莲花庵。佛禅文化源远流长，历代文人政客慕名而来，留下了很多名人故典和历史遗迹，著名的有宋朝的向宣卿，曾留有向子忞故居和向子忞亭。有过阿盘及香烟和尚等出名的主持，曾铸有“万人钟”“千人锅”。还有著名的笛曲《梅花三弄》流传于世。

【乡村旅游】 白石园村的千亩油菜花被取景到央视《春天的中国》专题片。杉桥村的红灿园生态农庄、伊山村的伊山寺、白石园村的油菜花海为三个主要景区，初步形成“三点一线”的乡村旅游一日游环线。以千年佛禅小镇＋田园风光为特色，弘扬传承千年的佛禅文化，做好生态田园山水文章。白石园村千亩油菜花基地每年三四月吸引数千游客前来踏青赏花，千年古樟见证白石园的历史沧桑，一年一度的樟公庙会热闹非凡，传统戏剧滋养精神，溪路相伴“十里樱花”大道不失浪漫情怀，登雷祖峰观景台俯览湖光山色，美景一览无遗。

红灿园现代生态农庄，集农业示范、旅游观光、休闲度假、亲子乐园、养生娱乐、科普教育于一体，被评为2017年省级5星级旅游景区，成为周边市民休闲度假的最佳场所。县文体广新局、雁城书画院和市县摄影协会等民间组织多次来该镇进行文艺采风和创作活动。

【特色农牧业基地】 集福村400亩磨菇种植基地，第一期种植40亩的香菇、云耳、羊肚菌等，并建设配套的冷链仓库。伊山村添翼农牧业有限公司的50亩黑斑蛙养殖基地，东木村的东木园特色种养基地初具规模。以红灿园生态农庄为代表的多家水果种植基地，种植品种有桃李、橘子、葡萄、黑提、冬枣、无花果、桑葚、杨桃等。伊山村的丰山农庄、白石园村的农耕文化园正在建设中。红灿园的农家土菜和农特产展厅带动传统农产品品牌效应，乡村农家乐在旅游旺季生意红火，农特产品交易活跃，并慢慢形成“一组一品”的手工农产品加工销售基地，产品有糯米酒、中草药糍粑、米皮、荷折皮、红薯片等，并逐步建立“公司＋农户”“龙头＋基地”的产业发展模式，形成以旅游促产业，以产业兴旅游的格局。（杜鹃红）

板市乡

【领导班子名录】

中共板市乡委员会

书　　记　周建军（—2017.3）

　　　　　王志宏（2017.3—）

副 书 记　李卫群
纪委书记　肖龙兵
委　　员　肖龙兵　周移和
　　　　　付东辉(2017.3—)
　　　　　李　凯

板市乡人民政府

乡　　长　李卫群
副 乡 长　肖龙兵(—2017.4)
　　　　　蒋小平(2017.4—)
　　　　　周海辉

板市乡人大主席团

主　　席　刘　盛
副 主 席　蒋小平(—2017.4)
　　　　　肖龙兵(2017.4—)

板市乡政协联工委

主　　任　刘光明

【政区概况】 *名称来历*　因乡政府驻地原名“板桥”得名。

地理位置　板市乡位于县境东部,东临石鼓区角山乡,南抵樟树乡、蒸湘区呆鹰岭镇,西接西渡镇,北毗杉桥镇、集兵镇。素有“衡阳县东大门”之称,距衡阳市城区8千米,距县城17千米,是一个典型的衡阳市卫星乡镇。乡政府驻地板桥村上市组。

政区划分　辖板桥、民康、和友、松林、化成、同兴6个行政村、117个村民小组。

人口面积　2017年年末,总户数4544户,人口15536人,常住人口11094人。全乡总面积27.49平方千米,耕地993.57公顷,其中水田873.14公顷,旱土120.43公顷,林地543.08公顷。

【经济发展】 *农业*　按照以农为主、大力发展休闲特色规模农业的产业发展战略定位,在优化双季稻、油菜、棉花、蔬菜、野藕种植以及生猪、湘黄鸡养殖等产业项目的同时,积极引进生态农业种植休闲项目。种植业发展势头良好,优质稻种植稳定在1.3万亩以上,生态蔬菜、优质水果、野藕种植面积达1800余亩。全乡有生态养猪大户(粪污无害化处理)8户,年出栏生猪7000余头,养鸡大户50余户,年出笼肉鸡40万羽。动物免疫工作做到村不漏组,组不漏户,全部实现家禽高致病性禽流感、生猪蓝耳病、口蹄疫、猪瘟强制免疫四个100%。培育新型农业经营主体(专业种粮户、家庭农场和农业合作社)33户,现有腾飞、柏福两家农机合作社,农机合作社拥有各种大型农业机械40余台套。全乡现有农业机械1505台套,总动力30000千瓦,农业机械化率达75%。

大力发展休闲、旅游特色农业产业,板桥、同兴、和友等村大力推进产业结构调整,加大土地流转力度,形成龙虾、泥鳅养殖,葡萄、冬枣水果种植等生态种养圈。板桥村现有葡萄、无花果、蜜柚、草莓等50余亩种植基地。和友村现有子园生态、星光农业综合开发和惠农农业开发3家集畜牧养殖、冬枣种植、园林苗木、休闲农庄为一体的现代化农业公司。

完成荒山造林608亩,完成村道绿化13.6千米,农民房前屋后植树1.1万株,发展家庭小果园种植水果2.6万株。

工业　企业8家,年总产值达到9200万元,增长13%。为了增强市场竞争力,规模企业衡阳市鸿康纸塑容器包装有限公司于年内投入600万元对设备进行更新,并带领其它2家纸碗厂进行技改。康太网织厂、瑞祥电子加工厂年产值增长7.8%、7.4%,为板市全面实现小康作出突出贡献。

财政金融　实现国民生产总值3.6亿元,地方财政收入915万余元,居民人均纯收入7626元。年末居民储蓄存款余额达2.01亿元。

【社会事业】 文化艺术 现有文化站综合楼1栋。全乡6个村的农家书屋有图书1.5万册。全乡组建了3个广场舞蹈队、1个西乐队,在民康、和友、板桥、化成、同兴等5个村建有8个标准篮球场和乒乓球台,实现村村有文化活动室、图书阅览室和公共健身场所。是年在板桥村建设一个板桥公园,为村民健身、休闲提供了活动场所。积极开展文化、科技、电影三下乡活动,丰富农民朋友的精神文化生活。

教育　现有中学1所,小学3所,幼儿园2所,教师73人,在校学生1145人。

医疗卫生　现有乡卫生院1所,是集办公、住

院部于一体的综合楼，村卫生室8个，卫生院职工20人，床位15个，群众就医难得到了改善。全乡新型农村合作医疗参保人数12694人。

广播电视　全乡建设移动和联通无线电话发射塔6座，实现手机信号乡域无盲区；农村数字有线电视覆盖率达到100%。

社会保障　现有敬老院1所，床位56张。年内全乡纳入五保供养户82人，其中30人在乡敬老院集中供养，年分散供养标准提高到4056元/年，集中供养标准达到6000元/年。全乡低保户共205户、385人，月发放生活保障金6.7万多元，年发放低保资金81万元；90岁以上老年人24人，享受生活补贴2.4万元；享受农村医疗救助47人，补助资金达6.6万元；发放临时生活救助两批次，共计10.5万元。

新型农村养老保险参保人数6670人，参保率达102.4%。位居全县第二名。

是年全乡危房改造22户，政府补贴资金36.5万元。

【基础设施】　交通运输　呆盐公路横贯全乡，衡邵和潭衡西两条高速公路在板市乡和友村交汇，怀邵衡铁路于板市穿境而过，船山西路距板市集镇1.9千米，市152路公交车开通至板桥村。全乡形成“高速公路纵横、呆盐公路贯穿、乡村公路组网”的立体交通新格局。

全乡组道路路相通，2017年硬化组道15.2千米；村、组道路绿化15.2千米；完成化成村、同兴村及部分组道沿线亮化工程，共安装路灯76盏。

电力设施　供电用户3274户，公变台区34个，企业专变台区7个，变压器总容量5150千伏安，年供电量540万度。全乡现有10千伏线路2条，第一条由樟树到板市，即樟板线；第二条由杉桥到潮江，即杉潮线。板桥村完成第二轮农网升级改造工程。

【机关建设】　板市乡政府驻地板桥村上市组，全乡行政编制在职人员15人，事业编制在职人员21人。乡内设机构3个。加强机关干部能力建设，建立健全乡党委中心学习制度，全乡11个基层党支部，351名党员开展“两学一做”、十九大会议精神学习教育系列活动。强化干部考核管理。对全乡各项工作制定目标考核制度，修订完善制度11项，新建制度8项。坚持实行指纹打卡考勤，纠正乡镇干部“走读”之风。要求乡干部每周在乡住宿不得少于4晚，双休日、节假日值班人员必须做到全天候值守。

2017年4月，召开乡十五届人大二、三次会议，完成乡人大、政府两套领导班子的选举工作。7月，完成村两委换届选举工作。　（党政办）

樟树乡

【领导班子名录】

中共樟树乡委员会

书　　记　邹立新

副 书 记　陈　昊（—2017.4）

　　　　　龚响亮（2017.4—）

　　　　　邓东良

纪委书记　李江南

委　　员　彭爱国　宾文亮　唐秀林

樟树乡人民政府

乡　　长　陈　昊（—2017.4）

　　　　　龚响亮（2017.4—）

副 乡 长　王　军

　　　　　杨小辉（—2017.9）

　　　　　陈　琼（2017.9—）

樟树乡人大主席团

主　　席　彭爱国

副 主 席　唐秀林

樟树乡政协联工委

主　　任　龚响亮（—2017.4）

　　　　　宾文亮（2017.5—）

【概述】　地理位置　樟树乡因政府驻地“樟树坳”得名，位于北纬26°54′20″～26°58′22″，东经112°27′08″～112°30′25″。地处衡阳县东部，距衡阳市城区中心8千米，县城中心12千米。东与衡阳市蒸湘区呆鹰岭镇接界，南以衡南县三塘镇为邻，西连西渡镇，北接板市乡。乡政府驻樟树坳社区，岳临高速、省道S315线、船山西路穿境而过，规划中的市外环线、改道后的107国道均贯通樟树。市104路和县3路公交车在樟树实行无缝对接。交通便利，区位优势明显，素有衡阳县“东大门”之称。

政区划分　辖樟树、罗洪、永禄、连政、群益5个行政村，1个樟树坳社区，下设104个村民小组，9个居民小组。

人口面积　总面积28.34平方千米，耕地面积13097亩，其中水田11771亩，旱土1326亩；林地面积1.2万亩。年末辖区户数4917户，总人口14712人，非农业人口1453人。

【经济发展】　农业　境内种植以水稻为主，主要经济作物为蔬菜、香瓜、西瓜、草莓、油菜、棉花。全乡种植水稻面积11514.88亩，总产7000吨；油菜4691亩，产菜籽980吨；棉花765亩，产皮棉166吨；蔬菜1679亩，总产量970吨。绿色蔬菜种植基地迅速扩大，成为衡阳市有名的“菜篮子”。畜牧业以猪、牛、羊、家禽为主，有大型养猪场4个，饲养量3.8万头，年末存栏2万头。家禽饲养量13万羽。特色养殖业有龟鳖养殖基地、美国绿头泥蛙基地。

工业　境内交通便利，区位优势明显，经济发达。通过招商引资，先后有湘衡机械厂、荣尔电器、利德有陶瓷、衡利丰陶瓷、俊虹光伏产业园、长鑫建材、云尔输变电、安邦科技、雄风钢化玻璃厂、王牌广告、昌和蛋白等21家规模民营工业企业在境内建成投产。形成装备制造、建筑材料、光伏能源等三大产业集群。年末，全乡有规模工业企业、在建大型项目共23家，总产值10.2亿元，实现税收1.7亿元。

项目建设　引进珠江合创城市综合体建设和吉利国际汽车文化城两个重点项目。珠江合创城市综合体项目计划总投资5亿元，建成后将是一个集宾馆、商业用房、购物于一体的城市商业综合体。吉利衡阳汽车产业文化城项目计划总投资16亿元，建成后将是一个集品牌汽车销售、汽车旅馆、汽车博物馆、汽车电影院、大型展览中心等多媒体汽车文化产业及配套设施。年末，珠江合创城市综合体建设项目经过规划、选址，已征收土地607亩，拆除房屋38幢，目前已由珠江合创集团取得国有土地使用权。吉利衡阳汽车产业文化城项目通过国土预审、规划选址、环评、立项等前期工作，现已征收土地403亩，拆除房屋46幢，目前项目正在顺利推进之中。

商业　年末全乡工商登记各类经济主体408户，其中企业76户，个体户332户，新增各类经营主体80户，同比增长20%，新增就业人员300人，商业呈现良好发展态势。

财政金融　财政总收入699万元，财政总支出663万元。境内金融机构各类存款余额3.84亿元，比2016年增长18%；各项贷款余额1.76亿元，比2016年增长10%。

【社会事业】　扶贫工作　对贫困户实行全面精准识别，认真整改，确定贫困户127户、316人，全年脱贫75户、201人。确定易地搬迁24户、64人，年前全部入住。年内全乡危房改造18户，政府补贴资金23.5万元。

文化体育　有文体卫站1处，工作人员1名；村级文化活动中心5处，农家书屋6个，藏书24000册；各类文化专业户37户，从业人员123人。全乡中小学有运动场4个，总面积6500平方米。

教育　教育工作再传佳绩，初升高成绩位居全县前列。上半年完成樟树中心小学的危房改建，已投入使用。完善罗洪村、连政村两所小学的配套设施建设。年末，全乡有中学1所，在校学生345人，专任教师53人；小学3所，在校学生1200人，专任教师60人；幼儿园2所，在园幼儿600人，专任教师20人。

医疗卫生　有卫生院1所，村卫生室14个，有病床25张，医卫工作人员30名，村卫生员14名；参加新农合12027人，参合率达到88%；全年补偿兑付1638人次，补偿医疗费494.04万元。

邮政电信　发行各类报刊16300份。有程控电话658户，移动电话用户1974户，建有移动电话基座10座，信号覆盖率100%。

广播电视　全乡有线网络覆盖3个村9386米；有线、无线电视用户1655户，宽带网络60户；全乡有应急村村响喇叭25个，音柱4个，村应急话筒6个，乡应急总控播1个。

民政救助　现有敬老院1所，建筑面积1600平方米，床位56张。全乡纳入五保供养户80人（集中供养12人，分散供养68人），供养金33.6万元；医疗救助23人，医疗费54685元；低保补助150户280人，补助金额59.4万元；落实一、二级重度残疾人补助135人，补助金额16.2万元；免费为特困户发放轮椅15台，拐杖20副，坐便椅5只。

社会保障　新型农村养老保险参保人数5785人，征缴养老基金70.46万元，发放养老金2095人，发放资金219.37万元。年内新增农村劳动力就业110人，培训2人，提供创业货款50万元。

综治信访　加大对各类违法犯罪行为的打击处理力度，全年行政拘留14人，刑事拘留9人，强制戒毒3人，有力地惩治违法犯罪行为，为社会的长治久安打下坚实的基础。全乡原有的信访老户已基本化解，涉军群体基本平稳，社会大局和谐稳定。年度社会治安综合治理工作被评为"市优秀乡镇"。

计划生育　年末，全乡计划生育出生率为13.33‰，符合政策生育率94.89%，全年出生人口196人。计划生育特别扶助2人，奖励扶助20人，发放资金4.84万元。计生工作被评为"衡阳县优秀乡镇"。

人民生活　农民人均可支配收入20604元，农村家庭大多建有2～3层砖混结构小楼房，固定电话、移动电话、电脑、空调、汽车等进入寻常百姓家，居民生活质量全面提升。

【基础设施】　水利建设　新开骨干塘36口，清淤修建骨干水渠2200米。全乡有山平塘1560口，小（二）型水库3座，引水干渠2条长9.6千米，总蓄、引水量1060万立方米。

交通运输　全年对村组道路进行提质扩宽，水泥硬化40千米。年末，乡境内有省道1条长4.6千米；船山西路贯穿樟树，境内长度4.99千米；乡道2条，村道15条，总长72.2千米。市104路和县3路公交车在樟树对接，日发送乘客1.5万人次。

电力及天然气　实施农网改造工程，改造电杆、低压线路以及新增变压器，农户用电得到改善。率先在全县开通了天然气，全乡S315线旁400余户已全部使用天然气，享受新能源带来的便利与好处。

集镇建设管理　加快小城镇建设，打造集文化休闲、运动健身于一体的樟树乡小游园。小游园坐落在樟树箭塘，总投资80余万元，于12月竣工使用，游园总面积约5000平方米，其中绿化约3500平方米。游园中有约1500平方米由花岗石铺设的多功能健身场地、两个标准羽毛球场、休闲桌椅。注重生态保护，开展最严厉环保整治，关停和拆除非法企业12家；加强农村环境卫生整治，绿化村组道24.36千米；完成樟树新区37平方千米规划控制。始终保持拆违控建高压态势，全年出动宣传车100余次，制作永久性宣传标语50条，出动300余人次开展拆违活动53次，其中拆违章建筑34起，面积5450平方米，拆除违建棚架20余起，面积3960平方米，停工非法占地准备建房20余起，面积3600平方米。

【机关建设】　党风廉政建设　强化组织领导，廉政建设责任制全面落实。成立党风廉政建设责任制领导小组，由乡党委书记负总责；乡党委分别与各党支部签订《党风廉政建设目标管理责任书》。深入开展反腐倡廉教育，党员干部廉洁自律意识逐步增强。加强制度建设，切实转变工作作风，党群干群关系更加密切，深入开展以为民务实清廉为主要内容的党的群众路线教育实践活动，切实维护群众利益。乡党委紧紧围绕中央"八项规定"和反对"四风"的工作部署，建立信访登记簿，开通举报电话，设置信访信箱，严格执行信访案件受理、办理、回复等各个环节的工作要求。

干部作风建设　严格执行考勤制度，狠抓干部作风。制定乡干部考勤签到表，每天签到两次，并对每个月的考核结果进行公示，周末和节假日安排党政领导带班轮流值班制度，要求值班人员务必在岗在位。对乡便民服务中心实行严格的考核制度，对在岗情况进行不定期的检查，督促坐班人员严守工作纪律。　（陈　琼　何朝辉）

西渡镇

【领导班子名录】

中共西渡镇委员会

书　　记　胡胜利
副 书 记　温松柏
　　　　　陈　胜
　　　　　谢水林（挂职，2017.4—）
纪委书记　刘　洋
委　　员　刘志刚（2017.3—）
　　　　　汪礼明　聂照平
　　　　　周赛衡　刘建辉
　　　　　曾宪军（2017.4—）
　　　　　席小平（2017.4—）

西渡镇人民政府

镇　　长　温松柏
副 镇 长　周赛衡
　　　　　曾宪军（2017.4—）
　　　　　刘　玲

西渡镇人大主席团

主　　席　刘志刚（2017.3—）
副 主 席　邹之扬

西渡镇政协联工委

主　　任　汪礼明

【概述】　地理位置　位于北纬 27°52′30″～27°01′59″，东经 112°17′37″～112°28′13″。地处县境南部，东与樟树乡、杉桥镇接壤，南与衡南县为邻，西临演陂镇、岘山镇，西北与栏垅乡相连，北与台源镇为界。距衡阳市 18 千米，S315 线、衡邵高速穿境而过，怀邵衡铁路途径桐桥、陡岭、梅竹、清平 4 个村，在梅竹村设立客货两站，正在修建的车站连接线可连通县城洪山路。

政区划分　全镇辖槐花、江口、米子、保安、壕塘、滨江、春风、蒸阳、明翰、三联、江山、英陂、阳古 13 个社区，西渡、保安、福星、赤水、咸中亭、咸水、梅花、陡岭、桐桥、豆陂、英南、天星、青里、秋塘、新桥、振兴、黄林、盘龙、清平、小海、梅竹、清江 22 个村，下设 53 个居民小组、654 个村民小组。

人口面积　总面积 152.6 平方千米，耕地 7.6 万亩，山地 6.7 万亩，水面 4.2 万亩。2017 年末，总人口 20.1 万人，人口密度为每平方千米 1127 人。

【经济社会发展】　农业　境内平町与丘陵相间，盛产稻谷、棉花、油菜籽、生猪、鸡、鸭、鲜鱼和各种蔬菜。常年种植水稻 6 万～7 万亩，棉花 2.1 万亩。全年全镇粮食种植面积达到 13.7 万亩，总产 37 万吨。粮食作物以水稻为主，形成了 S315 线、S80 高速线、西界线、青里片、梅花陡岭片、咸水咸中亭片等"三线""三片"的万亩双季稻生产示范片。油菜播种面积达 48000 亩，形成赤水、槐花社区、福星、咸水等村连片的高产油菜示范片。畜牧业以猪、鸡、鸭等家禽、家畜为主，年出栏家禽 500 万羽，常年存栏生猪达 20 万头，出栏生猪 40 万头以上。全镇有保安、赤水、三联、天星、咸中亭等 5 个规模养殖小区。

工业　全镇落户项目 7 个。其中，投资 1.5 亿元的广西桂林奕名生态农业发展有限公司，投资 5000 万元的衡阳县西渡镇新生态农场和衡阳县众鑫油茶种植合作社，以及衡阳县悦宜机动车驾驶培训有限公司，衡阳县西渡镇蒸城环卫设施加工厂，衡阳县康强米粉有限公司，衡阳县海富燃气有限公司等企业。全年工业企业总产值 390857 万元，工业增加值 116088 万元。

商业　全镇商业企业 4536 个，从业 43340 人，总产值 550399 万元，增加值 154118 万元，利润总额 46785 万元，上缴税金 5598 万元。

财政金融　全年财政总收入 1931 万元，比上年增长 30%。其中地方财政收入 1356 万元；企业所得税 165 万元。人均财政收入 526 元，比上年增长 14%。年末境内金融机构各类存款余额5.23 亿元，比 2016 年增长 35%；各项贷款余额 30109 万元，比 2016 年增长 33%。

文化艺术　全镇有集娱乐与健身为一体的村级文化广场 10 个，为盘龙、黄林、梅花、陡岭、英陂等村（社区）安装了健身设施，送去广场舞设备和文化器材。开展喜迎十九大文艺演出达 6 场次。

对35个村(社区)农家书屋管理员进行集中培训。

教育事业　对县城老城区4所学校进行全面改扩建,新增教室100余间,增加学位近5000个。8月,根据《衡阳县2017年秋季城区义务教育学校招生实施办法》规定,实行"计划到校、划片招生、免试入学、定点登记、相对就近"等招生原则。下学期开学,实现文件中规定的小一班额50人、初一班额55人的控制目标,县城中小学校已消除66人的特大班额。制订"高矮定前后,左右顺时转,区间内滚动,半月一轮换"的座位编排规则。加大教育投入,投资近3000万元把杨柳学校建设成为"校舍一流,设施齐全、环境优美、布局合理"的精品学校。投资近700万元,新建蒸阳中学标准化田径场。投资360万元,兴建英陂中学、滨江学校田径场及塑胶跑道。总投资700万元,美化、亮化滨江学校、西渡中学、西渡镇中心小学、英陂中学。第33个教师节,镇政府拿出30万元专项经费,在夏明翰文化宫举行盛大庆祝活动,重奖教育教学标兵、优秀教育管理工作者、教育质量先进个人、优秀教师共168名。有幼儿园85所,小学25所,中学10所。九年义务教育覆盖率达100%。

医疗卫生　有村(社区)卫生室35个、医疗点45个。西渡中心卫生院在职职工184人,副高级职称1人,执业助理医师43人,执业医师58人,执业护士43名,中初级药学、检验专业人员20人。医院新添置DR机、彩超、脑彩超等医疗设施。新建中医馆,开展针灸、理疗等项目。35个村(社区)村(居)民参加城乡居民医保,参保率达100%。

广播电视　年末,全镇有广播电视用户5.54万户,入户率99%。

社会保障　全镇享受城镇低保1128人;享受农村低保1474人;享受五保461人。全年临时救济1940户农户,救济金额158.1万元;医疗救助816人,救助金额60.03万元;解决因自然灾害救助资金33.09万元。免费为特困户发放轮椅20台、拐杖48副,落实一、二级重度残疾人生活补助1086人,护理补助1166人。

【基础设施】　交通运输　全镇通村公路总里程268千米。年内全镇完成赤水至岘山更楼全长5千米公路加宽1.5米和路面硬化改造工作;完成新桥至振兴至衡南全长2.3千米公路加宽1.5米和硬化改造工作;完成三联社区至梅花村全长2.5千米梅花大道加宽1.5米和油化、亮化、绿化改造升级工作;完成英秋公路维修改造,破板补板7000平方米;完成豆陂大道加宽1.5米改造升级工作;完成西杉公路危桥改造工作。

邮政电信　有邮政所5处,电信服务网点2个,移动、联通服务网点各78个。手机用户16.8万户。

水利设施　年末,全镇有小Ⅰ型水库2座,总库容272万立方米;小Ⅱ型水库10座,总库容323万立方米;骨干塘251口,总容量653.7万立方米;山平塘5156口,总容量1184万立方米。固定泵站131座,总装机容量2800千瓦。生活供水机电井12264眼,人力井5880眼,农业灌溉机电井310眼。维修硬化清淤渠道30千米,完成山平塘清淤扩容加固、防渗35处;开展水环境治理,对全镇12处小(一)、(二)型水库和重点骨干塘禁止肥水养鱼,对县城饮用水一级保护区进行排污整治,取缔采砂场3个;推行河长制,流经境内的县级河流有蒸水河、武水河、演陂水河3条河流,镇级河流有赤水铺河、鸡窝山河、面湖泅河、甘家垅河、苏五村河、清花河、周祠河7条河流,全镇共有小一型水库1座,小二型8座,均设立河(库)长,制作永久性河(库)长公示牌32块,其中镇河长公示牌11块,村河长公示牌21块,覆盖全镇所有河流。制作西渡镇行政区划水系分布图,投入100万余元用于取缔、整治养殖场、关闭洗砂场。投入10余万元请专业河道保洁队打捞蒸水河一级保护水源地漂浮物。

【项目建设】　工业项目　完成征地1500余亩,搬迁坟墓2140冢,完成安置房建设面积近40万平方米,其中核心片区13个居民小组安置户安置房建设,已建成10个,建设面积35万平方米;唯品会一期建设完成征地面积661.48亩,完成123户65栋房屋拆迁协议;阳古社区项目集成区完成征地面积228亩,拆迁房屋22栋,面积15000平方米，安置地土地平整工作完成100%，安置工作正在有序开展。

基础设施项目　完成怀邵衡铁路项目68户安置工作，安置面积5600余平方米，完成458冢坟墓搬迁；完成火车站广场配套设施征地任务479.8亩，拆除115户、64栋房屋，面积16815.96平方米；向阳北路改造、界西公路项目顺利推进；解决英南村5个全征组的安置难题，5个组的安置房建设已建成。

民生项目　完成蒸水南岸风光带7个组征地任务800余亩；全面启动新建路项目、灵瑞寺公园、500千伏线路等项目；全面启动衡西公路李湾、三垅安置地建设工作；完成县一中前广场建设项目；完成学前北路、城西派出所征地；米子棚户区改造安置工作全面启动；完成马厂巷和银穗片棚户区改造工作，拆除违章建筑11起；完成元岭组四大家预留地征地105亩，拆迁工作基本扫尾。

【精准扶贫】　全镇有贫困户844户、2542人，年内有157户、552人贫困户完成脱贫。落实镇村干部、党员、“两代表一委员”与扶贫户结对帮扶责任。

产业扶贫　全镇培育了有机生态稻米、优质杂交油菜、有机果蔬等产业，持续发展金槐种植、冬枣种植，与包含省级龙头企业、种养合作社在内的31家新型经营主体建立稳定利益联结机制，贫困户总受益2725人次。该镇以“农光互补”项目作为精准扶贫的产业扶贫项目，投入资金140余万元在盘龙村和黄林村建立两个光伏发电站。盘龙村、黄林村成功退出省级贫困村序列。

教育扶贫　对343名贫困户在校义务教育学生进行“两免一补”帮扶，对42名贫困户学生实施雨露计划，对10名面临失学辍学学生捐款1万余元。

转移就业扶贫　帮助464名贫困人员进行转移就业。

金融扶贫　为160户贫困户提供小额扶贫贷款，贷款金额共计725万元。

危房改造扶贫　全镇完成76户危房改造并全部通过镇危房改造领导小组验收。

异地搬迁扶贫　全面完成60户异地扶贫搬迁户房屋征地、土地规划、户型设计、主体工程建设。

医疗救助扶贫　对所有贫困户新型农村合作医疗自筹部分减免50%，兜底对象减免100%；基本医疗保障救助706人次，报销金额358万余元，其中2人减免40余万元。

文化科技扶贫　完成村活动室设备配送，完成盘龙、黄林两村文体广场的建设和文化活动室的设置，开展农家书屋管理员培训班1期，举办“欢乐潇湘，幸福蒸阳”暨“喜迎十九大”大型群众文艺汇演1场。

【环保整治】　对全镇重污染企业、重点行业、重点地域开展环保整治，关停手续不齐全的砖厂5家、采砂场3家、混凝土搅拌站2家，取缔无环保设备养猪场10个，禁止农村稻田秸秆就地焚烧，开展蒸水流域环境污染专项整治。

【拆违控违】　发现违章建筑并及时制止56处，依法强拆31处，拆除违章建筑面积7000余平方米。对石鼓、阳古、咸中亭等村3个砖瓦厂彻底拆除，取缔2处非法采砂场。对英南村石林组和小海村大胡组非法猪场、衡西快线嘉禾山庄进行依法拆除。年内全镇审批农民建房手续856户，其中原址改建324户，新建532户。

【特色小镇】　衡阳清花湾田园综合体以生态蔬菜产业基地为基础，覆盖豆陂、新桥、振兴三个村，现已初步完成项目总体规划。建成后，可辐射周边9个村约25平方千米，带动乡村经济发展，成为周边居民旅游休闲的首选目的地。是年，通过村组自筹300余万元、镇财政奖补投入资金600万元，全面启动基础设施建设来撬动社会资金投入（桂林奕名生态农业预计首期投入7000万元）。年末已完成英秋公路、豆陂大道及沿线村主干道共31.6千米的全面拓宽提质改造，打通跨蒸水河绕衡南县上塘村连接大道，沿线新装路灯500余盏，新植树木2356株。完成了蒸水石鼓400米亲水平台、清花河古桥维修加固、“百年紫藤”谷建设等基础设施建设。启动英秋公路(新桥市场段)改道和市场改造工程,拆除临时棚架77处,街道破板补板800平方米,疏通和新建下水道800米,铺设大理石人行道2800平方米,制作门面招牌551.5米,铺设沥青路面13000平方米。

岘山镇

【领导班子名录】

中共岘山镇委员会

书　　记　周新生
副 书 记　邹　勇　夏新华
纪委书记　夏新华(—2017.4)
　　　　　刘成波(2017.4—)
委　　员　曾凡云　胡品林　夏新华
　　　　　刘成波　邓华鹏　黄坚莲
　　　　　易玉娥(2017.4—)

岘山镇人民政府

镇　　长　邹　勇
副 镇 长　邓华鹏
　　　　　易玉娥(—2017.4)
　　　　　陈旭日(2017.4—)

岘山镇人大主席团

主　　席　曾凡云
副 主 席　戴志华

岘山镇政协联工委

主　　任　胡品林

【政区概况】 岘山历史悠久。武水河流域曾发现过新石器时代的石斧、商代的瓦档、汉墓、汉窑。相传宋代咸淳二年(1266年),湖北岘山寺圣僧云游至此,观其依山傍水,避风向阳,风景秀丽,充满人间之灵气,故建寺沿袭岘山之名。据清同治县志记载"先有岘山寺,后有衡州府"。

岘山镇位于衡阳县西南部,镇政府驻地距县城9千米,东接西渡,南抵衡南,西至井头,北临演陂。全境西高东低,武水河穿境而过,总面积156.61平方千米,南北长17千米,东西宽27.5千米,辖28个行政村、2个居委会,658个村(居)民小组,总人口67381人,总户数19620户,耕地面积55110亩。

境内气候宜人,环境幽美,资源丰富。武水河穿境而过,沿河两岸物产丰富。源头的织女湖集雨面积达246平方千米,总库容3090万立方米,为全镇提供了丰富的水源。煤炭、矿质页岩等矿产资源丰富。

岘山毗邻县城,区位优越,是衡阳县最具发展前景的卫星镇。省道S210线、益娄衡高速公路穿境而过,形成了较为完善的交通网络。

【经济发展】 境内土地肥沃,渠系纵横,物产丰富,粮、棉、油、鸡、猪、鱼在县内久负盛名。

粮食生产　大力实施"压单扩双"战略,提倡双季稻种植,提高粮食产量。中稻种植面积49453.6亩,晚稻种植面积1213.72亩。

油菜生产　该镇为油菜种植大镇,多年被列为省市乃至部级(农业部)油菜种植示范区。党委、政府加大油菜种植工作力度,推广机械化作业,实现连丘连片,确保种植面积保持在5.1万亩以上。春天油菜花开时,到该镇赏花的游人络绎不绝,可谓"千车万友游花海"。

养殖、种植业　该镇坚持走"特色养殖"、"规模养殖"之路。长永村的甲鱼养殖闻名省内外,并远销东南亚等地。生猪养殖进一步发展,全镇养殖大户已达23户,年出栏量9万头以上,存栏量5万头以上。特色种养已具规模,一村一品、几村一品的格局逐步形成,如木口的养鱼、檀山的孵鸡、岘山的养鸡、长永的甲鱼、万山的礼品瓜等行业形成了品牌,在县内及周边地区都占有较大的市场份额。

工业　众精生物制药已建成7条生产线,全部投产可实现年销售收入8800万元,年创税295万元;山春农牧注册资金2000余万元,农林开发与药材种植进一步发展,流转土地2000亩;华盈鞋厂三期投资210万元,鞋面加工规模扩大。

商业　阿里巴巴农村淘宝檀山社区服务站投入运营,丰富了当地村民的生活方式,满足了村民对日常生活用品、农业生产资料的需求。

【社会事业】 文化　镇文化站及各村农家书屋全年免费对外开放。28个村、2个社区均设有农家书屋;建设了15个村级健身场所,10个村拥有体育设备,让更多群众享受到了公共文化服务。

教育　投资500万元对檀山中学、檀山小学、岘山中学、岘山小学等六所中、小学校进行改扩建,加强中小学义务教育标准化建设,初步实现幼儿园和中小学校的衔接配套,打造较好的教育环境。大力开展农民实用技能培训,增加农民适应市场经济和增收创收的能力。

医疗卫生　岘山中心卫生院、檀山分院、碧崖分院进行改扩建后,极大地改善了医疗卫生条件,建设多层次、广覆盖的农村医疗保险体系,全镇参保率达100%,年内全镇群众获医疗补偿金额达1843万元。

广播电视　全镇开通有线数字电视用户420户、无线数字电视4760户,其余农户大多采用收看卫星电视节目。

社会保障　全年享受农村低保待遇1332人,发放农村低保金2717520元,城镇低保金129492元;救灾救济金657300元;享受特困医疗临时救助103人;重点优抚对象定期抚恤、定期生活补助2337154元;孤儿生活补助180000元;高龄老人津贴129916元;享受五保待遇人数为518人,人均年补助3600元。

精准扶贫　通过结对帮扶扶贫、培育产业扶贫、劳务创收扶贫、政策兜底扶贫四项有力举措,完成计划脱贫人数712人,其中发展生产脱贫141户、557人,危房改造脱贫17户、61人,易地搬迁脱贫7户、22人,教育脱贫69户、296人,医疗救助脱贫162人,其他措施脱贫36人。

【基础设施】 启动以岘市社区、檀山社区、易市村为重点的小城镇建设。围绕关系群众生活生产的水、电、路、环卫、通信等基础设施积极协调,加大投入和建设力度。

水利建设　筹资16万元对45余处塌方地段进行了维修,并组织对105千米干渠,320千米毛、支渠进行清淤。金钟、岘山、光明3个村通过"一事一议"项目争取财政对每村投入8万元进行水利建设。稳步推进自来水工程,全镇沿河自来水管已投放使用。

亮化工程　镇筹资60万余元对金钟村、岘山村、易市村安装200余盏路灯。

环卫整治　对市场、塘角、屋场、河道等死角死面和垃圾较多地区进行集中清运,村和单位制订了文明卫生公约,并设立垃圾填埋场,每组设立垃圾焚烧池和沤制池,成立卫生督查组查看现场,逐村、逐单位进行考核大评比。配备两台专用垃圾运转车,为木口、檀山、岘市3个市场统一购置高标准垃圾桶。镇内4个市场,全部成立专门的清洁队伍,及时清扫、运转垃圾。是年在全县组织的农村环境卫生综合整治评比中位列全县第一。

对岘山市场进行全面开发与严格管理,成立了城管中队与环卫所,并集中力量拆除岘山市场内违规建筑,对农村传统赶集进行规划。实现卫生清扫承包制,按照由个体户、住户筹资,财政补助包干的思路,将岘山市场卫生清扫打包承包。

机关建设　投资500余万元建成镇公租房,建筑面积3875平方米,共85套,解决了全镇干部职工住宿难题,避免了干部职工上班读走学现象。争取40余万元资金油化政府院内空坪及公租房前空坪。投资100余万元,对政府入口的中兴大道进行了提质改造,路面由原来的5.5米拓宽至10米,油化面积达4500平方米,并在路旁重砌花坛,安装路灯。

（戴志华）

井头镇

【领导班子名录】

中共井头镇委员会

书　　记　彭文辉
副 书 记　龙　骁　朱响初
纪委书记　张端春
委　　员　刘　聂　邹友良　肖丽华
　　　　　龙　凯（—2017.8）
　　　　　欧召喜（—2017.4）
　　　　　贺戈兵（2017.5—）
　　　　　蔡军华（2017.9—）

吴永进（挂职，2017.8—）

井头镇人民政府

镇　　长　龙　骁（2017.3—）
副 镇 长　龙　凯（—2017.9）
　　　　　蔡军华（2017.10—）
　　　　　肖叶欣

井头镇人大主席团

主　　席　刘　聂
副 主 席　肖长顺

井头镇政协联工委

主　　任　邹友良

【政区概况】 名称来历　因镇政府驻地附近原名“井头江”而得名。

地理位置　位于北纬27°4′5″～27°52′30″，东经112°3′45″～112°11′19″。地处衡阳县西部，东连演陂镇，南与衡南县接壤，西邻关市镇，北接金兰镇。人民政府驻青龙桥村阳家岭，东距衡阳县城区27千米。

政区划分　辖井头、青龙桥、麻岭3个居委会，以及东山、龙潭、晓栖、上源、总管、皇城、响水堰、翠牌、雷峰、东坡、仙桥、静云、青山、清潭、遵云、太平、自培、云水、太福、福岭、白云、紫亭、孟山、群兴、麓园、仁智、仁德、石山、大云29个建制村。

人口面积　总人口6.9万，总面积154.46平方千米，其中耕地面积35456亩，森林面积13.6万亩，属典型的边远山区大镇。

【经济发展】 农业　大力发展生态农业，走规模化、产业化之路，推进乡村绿色发展。如青龙桥海大集团（吉胜生态农牧公司）加大环保设施投入，于年内投资600万完成污水处理厂建设，做到绿色发展无污染。重点发展结合休闲、餐饮为一体的种、养、游一条龙发展项目。仁德村志宏生态农业公司在原基础上，继续做大做强，新建面积10000平方米集餐饮、休闲、住宿于一体的生态休闲农庄一座，新建无花果基地80亩、火龙果基地60亩，果木总规模达800余亩。年产土鸡6000羽，蛋鸡3000羽，水产养殖80亩，生猪3000头，集种植、生态、休闲一体发展。规模化发展种养殖业，旱改水30余亩，新增土地流转1000余亩，新成立各类合作社7个，分别种植水果、药材、各类蔬菜，养殖黄牛、山羊、青蛙、肉鸡、蛋鸡等，其中紫亭养殖场养蛋鸡20000羽，年产蛋达600万枚。

林业　完成村道补植补造40千米，省道210线通道绿化10千米，补植补造12千米；新造林完成300余亩，荒山造林2300亩，楠竹垦复2000余亩，建立森林防火集中祭祀点66座。

工业　石材企业整改后稳步生产，为井头石材工业园建设做好前期准备。对全镇所有石材开采及加工企业进行大督查、大整改，确保每个企业逐步达到环保要求。目前井头石材工业园已完成规划，积极配合县做好前期的选址和调研等工作，努力推进石材工业园的筹建工作。

商业　镇内现有酒楼、宾馆15家，购物超市6家，银行营业点3个。大力发展电子商务，年内新开农村淘宝、京东等5家网上代理实体店。通过微信推广农副产品的“长乐院子”品牌创建人王期时，获县人社局2017年大学生创新创业先进典型。

财政金融　完成财政总收入1806.5万元，其中一般预算收入1380.4万元。财政一般公共服务支出554.77万元。

【社会事业】 文化艺术　现有村级文化活动中心32个，农家书屋32个，藏书28万册，民间艺术团队7个。年内对5个省级贫困村文化阵地设施进行完善，镇村文化服务场所免费开放，创新服务。建设好3个高标准村级文化综合服务中心，建好3个镇村文体广场，安装了五条健身路径器材，新建2个文体小游园。先后组织参加县级“欢乐潇湘、幸福蒸阳、喜迎十九大，建设新衡阳”群众文艺汇演，庆祝建军90周年少儿阅读赛；举办庆“六一”“欢度重阳”“喜迎元旦”等多场次文艺会演活动。镇文化站在全省第二届评估定级考核中再获一级文化站称号，获市级“乡音乡韵”特色文化乡镇称号。

教育　年末有民办幼儿园3所，在园幼儿407人，专任教师24人；小学22所，其中完全小学13

所,村小4所,教学点5所,在校学生2287人,教师173人,其中专任教师172人;初中4所,在校学生1094人,教师116人,其中专任教师110人。上级拨付合格校建设资金193万元,其中实事项目校建设资金161万元,备案项目校建设资金32万元。

医疗卫生　拥有中心卫生院1所,门诊部1个,村卫生室59个;有床位99张,每万人拥有病床14.6张;固定资产总值430万元。专业卫生人员61名,其中执业医师13人,执业助理医师13人,注册护士24人,药师和剂师4人。年内医疗机构(门诊部以上)完成医疗1.45万人次,住院3171人次。新农合参合人数52987人,参合率达82.6%。

广播电视　现有有线电视用户1200户,其中年内新增50户,农村无线数字电视259户。

社会保障　一是脱贫攻坚工作。年内1095人脱贫,三个省级贫困村通过省、市、县三级验收成功脱贫摘帽,已完成龙潭、总管两个安置点的项目建设和安置工作,现最大的异地扶贫搬迁安居工程已于年内启动,该工程坐落于井头社区,共5栋,每栋6层,共计160套,13000平方米,将于2018年元月主体竣工。二是社保工作。镇敬老院现有40名五保户入住。年末全镇低保户1322人,发放低保金317.3万元,五保资金24.2万元,优抚款314.9万元,为268人争取大病救助资金31.7万元。新农保参合人数25822人,参合率达92.3%;帮助全镇63户无房村民争取危房改造资金111.5万元。通过镇爱心助学平台,为63名特困学生发放爱心助学款46300元。

【基础设施】　交通运输　全镇在基本实现主次干道交织的"大交通"网络的基础上,继续提质改造,硬化村、组道40余千米,扩宽硬化道路17千米。

水利设施　完成田间渠小农水项目8000米,渠道清淤90千米,维修工程三处230米;完成山平塘整改10口和山平塘水毁工程6口;完成引水渠修复1160米;完成堰坝修复工程2座,新修堰坝1座;完成河堤维修项目4处达800米;完成"五小"水利项目两个,落实了福岭、云水两个村的"五小"工程项目。对37个小组进行自来水提质改造,完成白云、大云村安全饮水项目。

城镇开发　开发新城区,新修建长400米、宽24米锦康大道毛坯路,其规划为高级沥清大道,连接省道新老S210线,拉通新老城区,使城镇骨架拉开至5平方千米,加快城镇发展。大力实施美化、绿化、亮化工程,巡静公路通道绿化20千米,各村安装路灯线路达30千米;S210线补植补造林木1000余株。

电力设施　对3个村(社区)进行电网扩容升级改造,新增变压器6台,提高用电负荷,应对用电高峰。

环卫整治　加快生态保护和环境卫生治理力度,投资10万元购置了垃圾处理设备。全镇制作高标准永久性环境整治宣传牌200多块,32个村(社区)都把环境整治纳入了村规民约。

【机关建设】　新老党政班子成员顺利完成交接。满完成村支两委换届工作,全镇32个村(社区)完成村(社区)"两委"换届选举工作,选优、配强、精减了村(社区)"两委"班子。持续开展"两学一做"活动,不断加强基层党组织建设,是年党的建设工作被评为市一类乡镇。加快村级公共服务中心建设。五个省级贫困村(白云、麓园、大云、仁德、群兴)公共服务中心全部开工,目前主体工程基本完工。狠抓党风廉政建设,认真履行"一岗双责",坚持"一把手"负总责,分管领导各负其责的原则。全年立案查处4起违法案件,其中受到党内警告处分1人,留党察看2人,开除党籍1人。加强对各村(社区)"三务"公开和便民服务的监督,督促各村(社区)及时、规范公开"三务",保障群众知情权、参与权和监督权。建立健全了工作日打卡制、工作日宿镇制、工作督查制、会议签到制、干部考核制、公务接待制、内务管理制、财务管理制等制度,形成了较完备的制度体系,用制度管人、管事,实行奖优罚劣,以奖惩促进工作,干部作风明显好转。

关市镇

【领导班子名录】

中共关市镇委员会

书　　记　胡华忠(2017.3—)
副 书 记　刘春茂　刘四国
纪委书记　刘　艳
委　　员　刘四国　朱国庆
　　　　　庾建军　阳燕平
　　　　　尹安荣(2017.4—)

关市镇人民政府

镇　　长　刘春茂
副 镇 长　庾建军
　　　　　罗诗喜(2017.4—)

关市镇人大主席团

主　　席　谢亚军
副 主 席　刘友连

关市镇政协联工委

主　　任　朱国庆

【政区概况】　名称来历　因镇人民政府坐落于"关帝庙"得名。

地理位置　位于北纬26°52′41″26°58′32″,东经112°00′00″~112°07′48″。地处衡阳县西部,东、东北与井头镇接壤,南、西南与衡南县鸡笼镇、祁东县洪桥镇毗邻,西靠祁东县马杜桥乡,西北接邵东县灵官镇。属"一脚踏三阳"(衡阳、邵阳、祁阳)之地。人民政府驻关市村,距县政府驻地西渡39千米。

自然环境　境内为山地与盆地结合地形,东部边沿有小块平原,南、西、北三面群山环绕,中间为盆地,东南低西北高。境内最高山观音山,主峰海拔746.5米。境内土壤为花岗岩红壤土。境内为武水发源地,为蒸水一级分流,境内流程8千米。

政区划分　辖关帝庙、振兴2个社区和关市、马岭、源江、黄泥、兰山、石麓、上斛、众星、黄龙、唐市、三阳、贞福、双福、寄龙、马安、汇水、金马、高明、保新、福音、永康、梅岭22个村。下设5个居民小组、457个村民小组。

人口面积　年末全镇有53700人,人口密度为每平方千米557人。辖区东西最大直线距离9.85千米,南北最大距离11千米,总面积96.23平方千米。

【经济发展】　农业　全镇早稻种植面积2.1万亩,粮食总产量1.8万吨;中稻种植面积1850亩,总产809吨;晚稻种植面积22038亩,总产13256吨。油菜种植面积5314亩,总产536吨;西瓜3810亩,玉米1566亩,花生、大豆1640亩。关市薯粉条,年销售收入2000万元。正在着手组建薯粉条加工龙头企业,以推进深加工和精加工。

生猪饲养量2.7万头,年末存栏1.3万头;家禽年饲养量20.5万羽。新兴特种产业年末存栏鹿子150只,彩鸡5000羽。

境内有林地面积6.53万亩,其中生态公益林44821.5亩,竹林0.8万亩。林木覆盖率37%,活立木蓄积量18.4万立方米。荒山造林2000亩,新一轮退耕还林200亩。加强林政管理,做好森林防火工作。镇每年与村签订森林防火责任状,全年实现森林零火灾发生。

工业　2017年4月,成功引进红星金属制品厂,在关市镇关市粮站成立子公司,投资500万元。尚卿矿业年内投入资金1300万元开展技改项目,3月开工,9月全面恢复生产。

商业　年末,有商业网点450个(其中规模较大的超市4个),经营者500人,社会商品销售总额1.29亿元,比上年增加10%。城镇集贸市场2个,年成交额1.68亿元。

财政金融　实现财政总收入1010万元。其中一般预算收入808万元,境内金融机构各类存款余额16.8亿元,各项贷款余额2.88亿元。

【社会发展】　文化艺术　全镇有文化站1个,文化艺术团6个,村级文化活动中心22个,各类文化专业户17户,各类图书室25个,藏书6.8万册。文化行业从业人员89人。电影放映队2个,年放映电影516场次,观众10.8万人次。

教育　全镇有幼儿园3所，在园幼儿845人；学前班18所，入学学生305人；小学20所，在校学生2492人；初中3所，在校学生1598人。全镇教职工281人，专任教师276人，其中有特岗教师90人，招考教师27人。年内投入资金100万元，用于教学设施添置及维修改造。

医疗卫生　各级各类医疗卫生机构48个，其中镇卫生院和分院各1所，村卫生室22所。病床75张，每万人拥有医疗床位15张。专业卫生人员62人，其中执业医师18人，执业助理医师6人，注册护士24人，副主任医师2人，中级主治医师6人。医疗机构（门诊部以上）完成诊疗19.3万人次。全镇参合总人数40120人，参合率95%。普通住院补偿金额5460万元，大额门诊补偿金额110万元，普通门诊补偿金额147.8万元，意外伤害补偿金2391.78万元。

广播电视　有线电视用户755户，安装无线数字电视891户，户户通1416户，村村响131套。

社会保障　全镇享受农村最低生活保障427户、977人，支出191.3万元。7个贫困村，有贫困人员2436人。镇党委、政府选派53名干部、100名村干部，对全镇717户、2436人贫困户人口进行全面结对帮扶和无房贫困户实行集中安置搬迁。通过入户调查、广泛征求意见、张榜公示等方式，确定易地扶贫搬迁对象121户、445人。集中供养农村五保人员50人；90岁以上老人113人。全镇危房改造55户，共补助资金66万元。

【基础设施】　交通运输　省道210贯穿全镇。年内投入资金1600万余元进行基础设施改造。

邮政电信　有邮政支局1家，移动网点3家，联通网点2家，电信企业2家。电话交换机总容量2560门，固定电话用户0.11万户，移动电话（移动和联通用户）用户2.3万户。光缆线路总长13千米，主干电缆2800对千米。互联网用户3800户。全年电信业务收入382万元，快递4.8万件。

水利设施　有小（一）型水库1座，小（二）型水库2座，总库容量260万立方米；骨干塘51口，总容量78万立方米；山平塘3315口，总容量126万立方。全镇每亩水田基本水量148立方米。全镇投入资金1400万元对水利设施进行改造，修建池塘53口，对12个村进行小农水工程建设。

【市政建设】　兰山村大兴路全长346米、宽12米，投入392万元，路面全部油化，面积达3100平方米。道路两侧安装雨水管、污水管和弱电管网，种植10公分桂花树63株，安装路灯18盏，已全部实现“油化、绿化、亮化、序化”。

扶贫搬迁　第二期易地扶贫搬迁工程在兰山村征地22余亩，建筑设计面积为4500平方米，投入1000万元，安置22个村的贫困户57户、197人。

环境卫生　投入74万元用于环境卫生建设。镇内卫生实行每季度一次检查评比。集镇内有环卫工人16人，22个村有环卫工人58人。

【机关建设】　村两委换届　严格依照法定程序，精心组织，规范操作，进行村两委换届选举，产生新的“两委”班子成员100人，比上一届减少职数30%，班子成员平均年龄明显下降，其中35岁以下9人，36～45岁35人，46～60岁56人，平均年龄42岁。学历层次得到提升，大专以上12人。

“两学一做”学习教育　把“两学一做”学习教育常态化、制度化同各项工作结合在一起，落实到了每一个支部、每一位党员。党员干部带头移风易俗，破陈规陋习，传文明新风，不断凝聚起“推动移风易俗树立文明乡风”的社会正能量。

村级服务中心建设　结合地域较广，村屯分散，交通不便，群众到镇里办事较为困难的实际，年内新建福音、贞福、兰山3个村部，扩建石麓村部，建设村级服务中心，更好地为群众服务。

廉政建设　4月，启动“雁过拔毛”式腐败问题和“纠四风、治陋习”专项整治工作，开展各类项目资金大清理、农村集体“三资”和村级财务大清查、损害群众利益的不正之风和腐败问题线索“大起底”，重点查处和纠正发生在群众身边、损害群众利益、群众反映强烈的不正之风和腐败问题。是年，镇纪委查处4起违纪案件。

（贺　英　刘光友）

演陂镇

【领导班子名录】

中共演陂镇委员会

书　　记　龙红军(—2017.3)

　　　　　王春霖(2017.3—)

副 书 记　廖志鹏(—2017.3)

　　　　　戴湘衡(2017.3—)

　　　　　李朝晖

　　　　　旷　懿(挂职,2017.4—)

纪委书记　刘小阳

委　　员　邓光辉　曾进军

　　　　　王飞杰(2017.4—)

　　　　　段杭州(—2017.4)

　　　　　肖　飞(—2017.3)

　　　　　刘　辉

　　　　　邹桂华(2017.4—)

演陂镇人民政府

镇　　长　戴湘衡

副 镇 长　聂艺芳(—2017.9)

　　　　　刘　辉

　　　　　胡向宏(2017.9—)

演陂镇人大主席团

主　　席　邓光辉

副 主 席　邹桂华(—2017.4)

　　　　　刘华阳(2017.4—)

演陂镇政协联工委

主　　任　曾进军

【概述】 演陂镇地处县境西北部,镇人民政府驻演陂桥村演陂组,距县城13.5千米,现辖21个行政村2个社区居委会,413个村民小组,人口规模12589户,总人口4.39万人。镇内总面积87.2平方千米,其中耕地面积4.46万亩。

【经济发展】 农业　全镇完成种植面积5.2万亩,总产达到2.36万吨;油菜种植面积2.5万亩,并重点创建三个油菜高产示范片。水稻播种面积4.8万亩,实现总产2.17万吨,比上年增加0.23万吨,增长7.2%,建立2个万亩杂交优质稻高产示范片,高产创建工作成效显著。流转耕地面积2.1万亩,新增家庭农场3个,农民专业合作社1个。全年出栏生猪21890头,牛存栏580头,羊存栏1860头,禽类存栏168900羽,肉类总产量达169吨。

工业　全年工业实现总产值65346万元,较上年同期增长15%。楠木砖厂淘汰落后产能,成功转型为环保效能型企业,已完成固定资产投资1500万元,日产环保砖12万块,新建年产值达2000万元的环保砖生产线2条,可安置农民工就业70余人。

项目建设　康乐大道已完成征地、设计、财评、招标等基础工作;演方公路资金瓶颈已经疏通,现已启动改造;多多花园公园式示范性楼盘建设全面布局,着眼打造成全县首栋设施超前、功能多样、环境舒适的乡镇集镇示范性小区。衡邵怀铁路建设线上工程全部完工,全长3.18千米,80余亩临时用地垦复正在进行,境内10余座电机塔施工顺利。S315—210六塘连接线全线贯通。全镇4条村主干道实施拓宽改造升级,涉及5个村,里程达17余千米。千工、陇头等村全面实施电网增容改造,解决部分群众用电难的问题。

【生态环境】 全镇环境卫生实行规范化管理,按照月暗访、季考核、半年讲评、年终表彰的方式对各村进行考核。大力实施造林绿化工程,完成荒山造林3000余亩,村道绿化4千米;新增县内公益林面积7813.8亩,天然保护林4989.8亩;加强对乱砍滥伐、违规占林的监督检查,坚决执行封山育林政策。森林防火工作勤抓不懈,新增30块永久性森林防火宣传标识牌,投入4万元购置森林防火器材。全年处置非法用火5起。防汛保安、渠道清淤工作责任到位,库区水体生态保洁打捞及时,引用水源保护到位。安全用水全面覆盖,投资30万元的千工、陇头安全饮水工程投入使用。维修骨干塘27口,修建水渠8500米,检修河闸2处。

【脱贫攻坚】 精准识别贫困家庭、贫困人口底子，对摸底的贫困户进行重新洗牌评定，核减92户、365人，新增贫困户18户、56人，核减后全镇有贫困户557户、1763人，全面落实“精准扶贫”的政策要求。建档立卡贫困户脱贫124户、394人；陇头、千工两个省级贫困村顺利摘帽。危房改造34户，灾后重建13户，雨露计划扶持22人，金融扶贫92户，光伏扶贫64户、198人，民政兜底88人，易地搬迁63户、199人。积极探索产业扶贫路子，全镇产业扶持种养102户。香木公司进驻陇头村后，大力吸收贫困户劳力就业，在陇头、千工各建光伏发电厂1座。

易地扶贫搬迁经过近4个月的建设，主体工程年前顺利完工，新建64套安置房。

【社会事业】 全年出生人口542人，计划内499人，出生率为12.01‰，符合政策生育率达92.06%。全年完成社会抚养费征收70余万元，较上年度有大幅度提升。新增陇头、千工、将军3个标准化阵地建设示范点，为育龄妇女提供服务的平台进一步延伸。义务教育工作成绩斐然，小升初比例达100%，中小学学科会考成绩位居全县前三，“义教均衡发展”工作获得省、市好评。大川小学、演陂中学“最美乡村学校”和“园林式学校”创建顺利通过。全年开展文化下乡活动4次，举办文艺汇演2次，将军头、新塘、德胜、方工村建成了村级文化广场，千工、陇头村部搭建了农村戏台。民生保障覆盖到位，新型农村社会养老保险参保率达89.8%；对五保、低保户做到应保尽保、应退尽退，全镇新增农村低保户45户、112人，清退农村低保6户、10人，新增“五保”对象14人；完善留守儿童、低保户和713户残疾人健康服务档案。

【民主政治】 政法综治工作持续强化，全年排查调处矛盾纠纷120余起，镇综治办直接参与调处27起，成功调处25起，其中轻伤纠纷4起、死亡纠纷2起、涉及信访纠纷2起，无一例民转刑案件发生。

【安全生产】 落实班子成员带头检查安全生产和“管行业管安全”工作责任，坚持安全生产季例会制。对特殊行业整治不留死角，成功取缔亿昇、祥富、新泰三个烟花生产企业，科学处置烟花企业残留药物，拆除生产棚房300余个。全镇召开烟花销售点业主动员会，严格按照上级要求取缔一批无证销售网点，并对全镇21家销售点进行重新布点，统一颁发销售许可证。

【自身建设】 *干部管理* 扎实推进“两学一做”学习教育常态化制度，组织全体党员、村民代表开展学习十九大报告活动，机关党员干部积极开展效能竞赛，把学习+服务作为机关干部的必修课，不断提升干部队伍整体素质和服务水平。实行绩效考核，推行村级135治理模式和便民服务代办制度。落实领导干部“一岗双责”，常抓廉政学习教育不放松，筑牢党员干部拒腐防变底线。恪守纪律底线，弘扬法治精神，依法履行职责，自觉接受人大、政协及社会各界的监督，深入推进政务公开和政府信息公开。

“两委”换届选举 3月中旬，启动村（社区）“两委”换届选举工作，6月底全部完成。该次选举产生13个总支，1个支部（社区）。21个村、2个居委会选举产生21名村主任，2名社区主任。

栏垅乡

【领导班子名录】

中共栏垅乡委员会

书　　记　彭德军
副 书 记　刘国荣　李　明
纪委书记　李　君
委　　员　聂燕青　屈利华
　　　　　李庆华　聂浩钟
　　　　　刘文定（2017.4—）

栏垅乡人民政府

乡　　长　刘国荣
副 乡 长　李庆华
副 乡 长　陈美秀（2017.4—）

栏垅乡人大主席团

主　　席　聂燕青

副 主 席　李铭杰

栏垅乡政协联工委

主　　任　屈利华

【政区概况】　*名称来历*　栏垅乡因境内栏垅铺而得名。

地理位置　位于北纬27°01′28″～27°06′51″，东经120°15′54″～120°21′49″。地处县境中部，东南与台源镇、西渡镇相邻，西北与演陂镇、库宗桥镇、大安乡、洪市镇接壤，东北与长安乡毗邻。距县城中心13千米。

人口面积　辖区总面积52.1平方千米，其中山林3.3万亩，耕地面积2.5万亩。辖11个行政村、249个村民小组，7519户、总人口24780人。

【经济发展】　*农业*　种植早稻9千余亩、晚稻2.13万亩，粮食总产量达4100万斤；夏收油菜350万斤；种植优质杂交棉2950亩，产棉78.9万斤。全年生猪出栏6万多头，出售家禽2万余羽。白水村成功培育1256亩优质油茶林基地，夫子生态农庄流转山地1100亩，是县首个成功试种红心火龙果基地。全乡现有一年以上土地流转面积12200亩，新增家庭农场2家，机插秧面积5000余亩。吉源农机合作社在原有40余台现代化农机具基础上增加了大型拖拉机、旋耕机3台套，大型插秧机2台，收割机2台，成功升级为省级农机示范合作社。新修排灌渠12000米，灌溉渠23000米，清淤、硬化山平塘及骨干塘78口，新修机耕路3000米。

龙头企业　全乡有规模工业企业"凯洁米业"，该公司生产的"凯洁"牌大米被评为省著名商标；新引进的农业综合开发企业——衡阳恒立爱普乐斯农牧公司，项目总投资1亿元，投入4600万元的一期工程已建成，投入2600万元的二期工程全面竣工，该企业现已全面投产，实现年销售收入1.5亿元。

主要经济指标　全乡工农业总产值3.433亿元，其中农业总产值2.536亿元，同比增长8.1%；工业总产值1.186亿元，同比增长8.7%。财政总收入875万元。农民人均纯收入7268元，同比增长7.9%。

【社会事业】　*文化艺术*　乡机关新建文化活动室560平米，配有公共阅览室、资源共享信息室等。加大文化阵地建设，建有村级文化活动中心8个，拥有19个健身场地，篮球场、羽毛球场和健身设施一应俱全；每个村均设立图书室，藏书达46700册；成立民间器乐队、广场舞队等群众文艺团体。

教育　全乡有幼儿园3所，小学6所，初中2所。乡教育事业蓬勃发展，着力普及和巩固农村九年义务教育，中、小学升学率、入学率均达到100%，学前儿童年入园率达到100%。

医疗卫生　乡卫生院继续完善硬件设施，抓好人才队伍配备，规范诊疗服务，全面提升乡卫生院的医疗服务水准。全面落实农合医疗政策，城乡居民基本医疗保险人数达20745人。

广播电视　全乡广播电视综合覆盖率达100%，无线数字电视用户1685户。

社会保障　乡敬老院集中供养31个五保对象，散养五保对象185人；全乡落实城乡低保284户558人，发放低保资金113.1万元；享受优抚待遇208人。参加新型农村养老保险9512人，参保率达95.67%。切实开展精准扶贫工作，全乡脱贫69户、240人；易地扶贫搬迁35户集镇集中安置点建设完成，已分房到人。

【基础设施】　*小城镇建设*　与衡阳飞翔房地产开发有限公司达成合作，投入800余万元建好长928米、宽24米、双向六车道的"栏铺大道"。科学规划车站、栏垅综合市场、群众休闲广场建设，栏垅"新城"已具雏形。栏垅综合市场建设有序推进，产品成功发布上市。

交通运输　全年累计硬化扩宽村组道路85千米，全乡村道硬化率100%，组道硬化率90%。

邮政电信　境内有邮政所1处，邮政业务总量503万元，报纸、杂志累计发行1.36万份。电信服务网点3个，固定电话用户680户，移动电话用户4680户，互联网用户760户。

农田水利开发　县农开办投入900万元，在荷鸣等9个村实施高标准农田综合开发项目；县发改局投入1200万元，在贞一等8个村建设高产能田间工程；县水利局投入50万元，进行水毁工程建设。新修排灌渠12000米，灌溉渠23000米，清淤、硬化山平塘及骨干塘78口，新修机耕路3000米。

【机关建设】　*改善办公条件*　投入600万元，建设面积达1900平方米的乡便民服务中心，主体工程已峻工，现正在进行室内外装饰。同时，对乡政府大院进行重新规划、硬化、绿化，使群众办事环境更便利舒适。关庙、均龙、枫树、荷鸣等村建好了新村部（关庙、均龙按照“宁乡”模式），东井、寺松等村改建了村部，乡村组织综合服务平台建设有新起点，群众办事更便捷。

思想学习　5月以来，全乡16个党支部精心开展“两学一做”学习教育活动。各支部每月组织2~3天集中学习，共开展第一专题讨论21场次，县乡党政领导为基层党组织宣讲党课25场次。乡党委为确保参学率，建立流动党员微信群，让在外务工经商的党员通过网络学习。

作风建设　细化各项工作制度，严格实行考核考勤、值班、群众信访接待、机关内部管理等规章制度，树立党员干部良好形象，不断增强基层组织公信力。

（蔡隆斌）

库宗桥镇

【领导班子名录】

中共库宗桥镇委员会

书　　记　龙显蓉（2017.4—）
副 书 记　洪　桥（2017.4—）
　　　　　刘运林
纪委书记　刘成初（—2017.4）
　　　　　宋燕青（2017.4—）
委　　员　刘元春
　　　　　杨如良
　　　　　谢小剑
　　　　　吴漫红
　　　　　颜　艳

库宗桥镇人民政府

镇　　长　龙显蓉（—2017.4）
　　　　　洪　桥（2017.4—）
副 镇 长　吴漫红
　　　　　左春华（—2017.4）
　　　　　周铁华（2017.4—）

库宗桥镇人大主席团

主　　席　刘元春
副 主 席　宋燕青（—2017.4）
　　　　　李小华（2017.4—）

库宗桥镇政协联工委

主　　任　杨如良

【政区概况】　*名称来历*　明朝正德年间，有傅姓、宗姓两位富商捐资兴建一座石拱桥，以姓氏冠名“傅宗桥”。因方言“傅”“库”谐音，后演变成为“库宗桥”。

地理位置　位于北纬27°03′50″，东经112°11′09″。地处县境西部，距县城西渡21千米，东邻演陂镇，南畔井头镇，西连金兰镇，北与大安乡接壤。镇人民政府驻梅开村梅开堂。

政区划分　辖合兴1个社区，梅开、华山、小源、和源、联胜、城建、虎形、谷兴、库宗、和隆、官町、石口、兴田、建坪、嘉隆、牌楼、金华、栾木、古井、飞龙山20个建制村。

政区面积　辖区东西最大距离11千米，南北最大距离15千米，总面积99.73平方千米。

【经济概况】　2017年，全镇完成工农业总产值11.2亿元；财政收入1117.27万元，固定资产投资3.5亿元。

农业　种植水稻3.03万亩，种植大户22户，确保粮食生产任务的落实；巩固烟叶产业，种植烟叶3133亩；发展特色产业，加大对栾木葡萄、古井蔬菜、金华杨梅、牌楼冬枣、和源花卉苗木、栾木黑山羊养殖、官町特色养殖和恒田牧业的扶持力度；加大农业机械的推广应用，新购农机具23台件；冬种油菜13000亩，华山、联胜、城建和库宗万亩

油菜连片种植。

工业　招商引资签约项目3个，完成新项目固定资产投资2.5亿元。

商业　有商业网点138个，职工1196人。全年社会商品零售额4.35亿元，比上年增长23.6%；集贸市场2个，年成交额3.12亿元。2017年11月22日，库宗桥新农贸市场正式营业。

旅游　创办乡村生态休闲旅游。华山村油化环(油菜)花海自行车道和进村公路5.3千米，拆除废旧房屋36户、75间，连片种植油菜1200亩，新修华胜公路1.5千米，通道绿化提质5千米，建设农村文体广场7150平方米；修筑小源河清泉石上游拦水坝6处，修缮小河道3.6千米，清理田间渠6700米，整理田间游步道4条、6500米。

财政金融　完成财政收入1117.27万元和和源、金华、牌楼、小源4个村的金融创建。结合金融创建，收回衡州农商银行不良贷款320万元。

【社会事业】　文化艺术　有镇文化站一处，有村级农家书屋21处，各类图书室13个，藏书10万余册。2016年，成立库宗桥镇诗书画协会。

教育　有幼儿园2所，在园幼儿465人，专任教师17人；中小学校17所，其中小学12所，2个小学教学点，中学3所，在校学生5029人，专任教师271人。

医疗卫生　有镇卫生院1个，门诊部1个，村卫生室21个，床位78张，每万人拥有病床15张，固定资产总值1080万元。专业医护人员62人，执业医生37人。2017年，完成诊疗2.75万人次。城乡居民医疗保险，参保率95%。

计生综合改革　村级计生综合改革、村民自治开展面100%，已婚育龄妇女签约率95%，产筛完成率82.8%，农村计划生育奖励扶助申报年审100%，全年征收社会抚养费159万元。建立镇计生协会，村级协会21个，会员5326人。

广播电视　有线电视用户1145户，无线数字电视用户1.15万户，入户率90%。全镇实现“户户通”和“村村响”。

社会保障　全镇特困供养254人。其中，分散供养233人，集中供养21人。享受农村最低生活保障457户、838人，享受城镇最低生活保障12户、17人。优抚对象439人。享受90岁以上高龄补贴72人。残疾人762人，其中享受残疾人两项补贴445人。享受孤儿补贴11人，享受养老服务补贴96人。

建档立卡贫困户552户、1788人，脱贫132户、494人。和源、栾木和石口3个易地扶贫集中安置点安置贫困户49户、191人。

交通运输　衡邵高速、娄衡高速、省道S315、县道X056等4条公路干线及怀邵衡铁路穿境而过；乡道4条，总长34千米；村道21条，总长86千米。

邮政电信　邮政所1处，邮政业务总量75万元，报刊、杂志累计发行1.4万份。电信所1处，固定电话5300门，电话普及率40%。移动、联通发射基站12座。移动电话用户4.8万户，互联网用户0.51万户。2017年，电信业务收入389万元。

水利设施　境内有小(一)、(二)型水库7座，总蓄水量1156万立方米，山平塘2340口，总蓄水量4000立方米。水渠40千米。

【市政建设】　公共交通　20个村开通农村客运公交车，每天定时发班车45车次。

水电设施　自来水用户2658户，受保护的井水和泉水共1万户。镇区市场道路两侧设有排水沟10000米。在栾木、金华交界处新建35千伏变电站一座。全镇主要乡村道路新安装路灯115盏。

城镇改造　累计投入185万元，全面更新原有挂皮式垃圾桶350个，拆除私搭乱建厂棚及广告牌28处，实施房屋改貌11户。发放整治倡议书12000份，开展整治活动23次。加大投入对库宗市场沿河路和老街的改造。在和隆村七斗、大屋和罗家组征地0.3953公顷建污水处理厂一座。

村级公益设施建设　华山村新建7150平方米的乡村文体休闲广场一个，和源、飞龙山新建农民健身小广场各一个和小戏台各一座，城建、嘉隆、金华、库宗、建坪和飞龙山各新建村级公共活动中心一个，对具备条件的乡村主干道进行亮化。

（李少华）

金兰镇

【领导班子名录】

中共金兰镇委员会

书　　记　肖志龙
副 书 记　汪建新　刘和满
纪委书记　胡玉良
委　　员　刘正多　刘紫贵
　　　　　何年春（2017.4—）
　　　　　莫国华　周全桂

金兰镇人民政府

镇　　长　汪建新
副 镇 长　何年春（2017.4—）
　　　　　钟　正（—2017.9）

金兰镇人大主席团

主　　席　刘正多
副 主 席　旷文彬

金兰镇政协联工委

主　　任　刘紫贵

【政区概况】 名称来历　以境内“金兰寺”得名。古时传说，仙人牵金牛过桂花桥，桥边兰草丛生。后人在此筑寺，冠名“金兰寺”。

地理位置　位于北纬27°01′23″~27°13′00″，东经112°02′22″~112°10′22″。地处县境西部。东邻大安乡、库宗桥镇，南毗井头镇，西与邵阳市邵东县水东江镇交界，北接曲兰镇。镇人民政府驻乐山村，距县政府驻地35千米。

政区划分　辖金兰寺、向阳2个社区居民委员会和联龙、泉隆、乐田、金沙、金狮、松江、金家、金兰、华连、古城、山水、青竹、猴山、石坳、龙兴、官陂、泉溪、檀桥、芙蓉、江东、塘池、同古、元头、城坪、甘溪、十里、陈町新、贺市28个村民委员会，24个城镇居民小组、727个农村居民小组。

【经济概况】 农业　新增流转土地2000亩，新增种粮大户6户，建成檀桥片千亿斤粮食项目基地。联龙村发展连片湘莲种植1000亩，成立湘莲种植合作社。

林业　荒山造林16127亩；新建60座集中祭祀点，防止火源进山。

商业　金兰建材大市场，2017年1月动工，11月竣工。共有70个门面，商营面积5000平方米。

金融　境内金融机构各类存款余额13亿元。

【社会事业】 文化艺术　《金兰吟草》发行19期。有书画协会、诗词协会各1个。2017年，金兰镇被中华诗词学会授予“中华诗词之乡”荣誉称号。

易地扶贫搬迁及各类安置　10月第一期易地扶贫搬迁安置49户，全部入住。第二期工程总建筑面积13000平方米，分两个安置点，187户。其中，芙蓉安置点11户，泉隆安置点176户。完成怀邵衡铁路项目305户安置工作，安置面积45000平方米。落实移民后扶政策，移民避险解困安置19户、77人。

公路　衡邵高速、省道S315线、县道X056、X053线4条公路干线在境内交汇，衡邵高速设有互通。段檀公路复修工程竣工。投资1000万元，对岩石公路（战备公路）第一期5.8千米进行提质改造，路面加宽2米，路基基本完成。

【市政建设】 公共交通　金兰镇客运站，日发镇内（山水、石坳、檀桥、甘溪、城坪）客运汽车26班次，县城26班次，水东江镇5班次，客运量2200人次。新建大型停车场，总面积4000平方米。

治污　投资1200万元，与凯天环保签订PPP项目协议，在乐田村建造污水处理厂。2017年8月，完成征地、拆迁、“三通一平”，项目建设有序开展。

供电　在石坳村建设3.5万伏变电站，在甘溪、城坪新建光伏电站两个。

（李慕云）

曲兰镇

【领导班子名录】

中共曲兰镇委员会

书　　记　黄山森

副 书 记　王　伟

　　　　　陈彦安

委　　员　刘永寿

　　　　　王建立

　　　　　邹成佳

　　　　　罗仲毅

　　　　　肖功军

曲兰镇人民政府

镇　　长　王　伟

副 镇 长　罗　琼

　　　　　刘宏才

曲兰镇人大主席团

主　　席　刘永寿

副 主 席　陈远超

曲兰镇政协联工委

主　　任　王建立

【概况】　曲兰镇位于衡阳县西北部。镇政府驻地距县城40千米。辖22个行政村、2个社区。耕地面积45340亩。

【经济社会发展】　农业　湘西、召田、船山村流转1000亩土地种植湘莲,德孝公司二期工程1000亩正在筹备当中。船山村青蛙养殖基地占地120亩,投资600万元。全镇生猪养殖大户11户,年出栏2万头,存栏1.5万头。

项目建设　值船山先生诞辰400周年之际,县委、县政府提出打造"船山文化特色小镇"的战略目标。核心景区船山文化纪念园完成规划设计和征地拆迁。"四队一所"建设被树为全省典型。完成镇综治中心建设,连接"天网",为人民安居乐业保驾护航。兴建大型综合农贸市场,占地面积50亩,总造价约6000万元,完成前期筹备工作。界西、船山、高汉等村实施电网改造工程。渠道清淤13.7千米,维修水毁工程30余处。完成五座小二型水库危险水利工程的除险加固规划设计,修复檀西干渠和平土坝。征地10亩,投资194万元建设镇敬老院,可解决100名五保老人集中供养。

脱贫攻坚　按照上级部署,对建档立卡贫困户进行全方位清查,删除"四类对象"和其他不符合条件人员。制定2017年预脱贫人员名单,发展生产脱贫一批,搬迁脱贫一批,发展教育脱贫一批,医疗救助一批。在曲兰村新建202套易地扶贫搬迁安置房。

环保督查和农村环境卫生综合整治　对辖区内的养殖业开展一次地毯式摸底排查,督促7家不达标的养殖场整改到位,对未整改到位及无法整改的5家养殖场进行依法拆除。对镇内的无证砖厂和采石场、洗砂场、搅拌站实行关停和拆除。

人口计生　全镇年度人口出生524人,其中计划内出生占95.3%。完成免费孕前优生健康检测421例,完成产筛276例,完成"四术"235例。通过市计划生育年度考核。

安全生产排查整治　成立领导小组,开展为期6个月的"地毯式"安全生产大排查大整治活动,重点对烟花爆竹、危化、道路交通安全生产进行检查整顿。

党政工作　3月10日,启动村(社区)两委换届工作;6月30日,全面完成21个村(社区)两委换届工作。选举产生村(社区)两委班子成员117人。新当选的村(社区)两委班子成员中,新任支部书记9人,其中女支部书记2人,35岁以下9人,大专以上学历12人。3月,召开镇第十五届人大第二次会议,补选人大主席团主席和镇人民政府副镇长。6月25日,组织各级人大代表参加"为民服务日"活动;召开曲兰镇第十五届人大第三次会议。推进"两学一做"学习教育制度化、常态化,坚持学做结合,防止形式主义。　　(刘　维)

洪市镇

【领导班子名录】

中共洪市镇委员会

书　　记　龙红军(2017.3—)
副 书 记　陈向群
　　　　　刘燕君
　　　　　李　军(挂职,2017.4—)
纪委书记　张先华(2017.9—)
委　　员　曾　丹
　　　　　刘双全

洪市镇人民政府

镇　　长　陈向群
副 镇 长　刘　义(2017.9—)
　　　　　陈伟恒(2017.9—)

洪市镇人大主席团

主　　席　周　肃
副 主 席　赵国梁

洪市镇政协联工委

主　　任　凌小军

【政区概况】　名称来历　相传某年大雨成灾,蒸水洪落而现一佛像,当地人择址盖庙以祀之,得名“洪落庙”,后谐称“洪罗庙”。

地理位置　位于北纬 27° 20′ 39″,东经 112°25′61″。地处县境西北部。东与三湖镇接壤,东南与长安乡为邻,南连栏垅乡,西南接大安乡,西靠曲兰镇,北抵娄底市双峰县。镇人民政府驻泰山村,距县城 28 千米。

政区划分　辖洪罗庙 1 个社区和洪市、盘谷、杨泉、高炉、泰山、天柱、龙江、余田、大印、形山、市田、仁字、财源、印山、余雅、金龙桥、太平、明翰、新泉、高碧、清塘、咸欣、杨池 23 个建制村。

政区面积　辖区东西最大距离 8.5 千米,南北最大距离 22 千米,总面积 115 平方千米。

【经济概况】　农业　耕地面积 4.5 万亩,人均 0.79亩,以种植水稻为主。2017 年,农业总产值 5.56 亿元,农业增加值占地区生产总值的26.2%。粮食作物以水稻为主,其次是小麦、薯类、大豆、玉米。生产粮食 3.4 万吨,其中水稻 2.84 万吨。主要经济作物有油菜、烟叶、荸荠等。油菜种植面积 3.2 万亩,产量 7400 吨;烟叶面积 4000 亩,产量 10000 担;荸荠面积 160 亩,产量 320 吨。畜牧业以生猪、家禽为主。生猪饲养量 3.2 万头;家禽饲养量 12 万羽,上市家禽 10 万羽。渔业以草、鲤、鳙、鲢为主。水产养殖 0.98 万亩,水产品总量 2450 吨。造林 4100 亩,林木覆盖率 67%,木材蓄积量 550 万立方米。

工业　以建筑材料、机械加工、农副产品加工为主。2017 年,工业总产值 15.76 亿元,同比增长 6.6%。其中,年产值超过 500 万元的企业有 8 家。全镇有工业企业 460 家。

商业贸易　有商业网点 620 个,年社会商品零售额 1.86 亿元;城乡集贸市场 5 个,年成交额 5.3 亿元。

财政金融　财政总收入 2239 万元。其中,一般预算收入 980 万元,完成增值税 220 万元,个人所得税 78 万元。金融机构各类存款余额 4.02 亿元,各类贷款余额 1.5 亿元。

【社会事业】　文化艺术　镇文化站 1 处,村级文化活动中心 10 处,各类文化专业户 15 户,农家书屋 41 个,藏书 7.2 万册,文艺演出团体 6 个,民间说唱艺人 118 人。位于明翰村的夏明翰故居为国家级文物保护单位;位于余田村覆船岭衡宝战役烈士墓为市级爱国主义教育基地。

教育　幼儿园 5 所,在园幼儿 1200 人,专任教师 52 人;小学 18 所,在校学生 3900 人,专任教师 216 人;初中 4 所,在校学生 3013 人,专任教师 176 人。衡阳市市级示范性高中衡阳县五中坐落镇中心。

医疗卫生　卫生院 1 个,村卫生室 41 个;床位 213 张,卫生技术人员 186 人。卫技人员中,中级职称以上 47 人,初级职称 117 人。各村均配备合格乡村医生和妇幼保健员。个体药房 7 家,年销售额 180 万元。参加新型农村合作医疗 4.9 万人,参合率 96.5%。

广播电视　有线电视用户1700户。

社会保障　2017年年末，城镇最低生活保障户21户、33人，支出10万元，月人均300元；农村最低生活保障户422户、962人，支出194万元，月人均168元。敬老院设床位50个，供养农村五保人员12人，农村五保分散供养363人。城乡临时救助530人次，支出50万元。国家抚恤、农村医疗救助108人次，民政部门资助参加合作医疗1569人次，补助各类优抚对象512人，共支出125万元。参加新型农村养老保险2.34万人，参保率82.5%。

邮政电信　邮政支局业务总量200万元。电信支局固定电话用户6500户，各项业务收入280万元。全镇移动电话用户2.8万户，互联网用户1500户。

【市政建设】　园林绿化　2017年，完成通道绿化60千米，主干道绿化20千米，村道绿化40千米。新建洪市污水处理厂厂区小游园，绿化面积5000平方米。

道路建设　2017年，全面完成集镇道路油化亮化。

环卫　新建垃圾池、焚烧炉、沤制池400个，组建环卫队伍。街道环卫工人40人，城管队员8人。购买洒水车1辆，垃圾转运车2辆，垃圾斗70个，拖运垃圾斗车30个。2017年，镇政府与衡阳县正源环境卫生管理有限公司签订集镇环卫承包合同。

【项目建设】　2017年，衡阳县第三人民医院整体搬迁完成规划设计；天然气管网敷设完成；投资10万元，维修城区400盏路灯；投资500万元的城镇道路及标准化街道建设、投资2000万元的110千伏变电站和投资1500万元的盘谷加气站全部竣工；完成高碧片土地平整项目；太岩公路完成路基建设。

（万玉琢）

大安乡

【领导班子名录】

中共大安乡委员会

书　　记　张宇宙

副 书 记　罗　皓

　　　　　傅天意

纪委书记　杨　辉

委　　员　王星星　肖恒富

　　　　　李亚林

大安乡人民政府

乡　　长　罗　皓

副 乡 长　曾　程

　　　　　肖　勇（2017.4—）

大安乡人大主席团

主　　席　王星星

副 主 席　陶松华

大安乡政协联工委

主　　任　肖恒富

【政区概况】　名称来历　原名“火安”。在区乡体制调整时，因笔误将“火”写成“大”，上级政府遂批复为“大安”。自此沿用此名。

地理位置　位于北纬26°12′~27°24′，东经111°23′~113°16′。地处县境西北部，东邻栏垅乡、洪市镇，南界库宗桥镇，西毗金兰镇，北抵曲兰镇。乡人民政府驻大安村火安塘，距县城35千米。

政区划分　辖大安社区、河龙、双隆、延寿、邹岗、育塘、龙云、三义、马源、渡头滩、大兴、龙桥、黄塘、三阳、贵华、水寺等16个建制村（社区），382个村民小组。

政区面积　辖区总面积79.06平方千米，耕地面积3.66万亩。其中，水田3万亩，林地5.12万亩。

【经济发展】　农业　境内土地肥沃，水利便利，适宜农耕，主要农产品以稻谷为主。2017年，种植早中晚稻5.15万亩。主要经济作物有油菜、油茶、荸荠。林地覆盖率82%。畜牧业以猪、家禽为主。生猪年饲养量1.4万头,年末存栏0.8万头。家禽出笼24万羽,存笼19万羽。

工商业　以页岩制砖、塑料制品、建筑材料、竹木加工为主。拥有工业企业30家,有职工2596人。有商业网点266个,职工4020人。集贸市场1个,年成交额2.4亿元。

【社会事业】　文化艺术　乡文化站1处,村级文化活动中心16处,农家书屋31个,藏书8.6万册。乡文化站设有电子阅览室、图书室、电子多媒体室。

教育　幼儿园2所,在园幼儿340人,专任教师29人;小学12所,在校学生3710人,专任教师215人;初中2所,在校学生1386人,专任教师86人。

医疗卫生　乡卫生院,设门诊部2个,床位55张,固定资产总值810万元。专业卫生人员32人。其中:中级以上职称6人;执业助理医师20人;注册护士7人。开展业务讲座8次,培训人员240人次。基本药物制度普及到16个村卫生室。全乡城乡居民医疗保险参保率94%。

广播电视　2017年,对有线电视进行升级改造,实现有线电视数字化。有线电视用户240户,无线数字电视用户110户,“户户通”电视640户,“村村响”广播16处。

社会保障　2017年年末,城乡低保户419户、817人;五保户210人;临时救济348户,救济金额18.4万元;大病救助86人,救助金额14.2万元;危房改造41户;重度残疾人护理补贴336人;贫困人口建档立卡1444人;五保老人在乡敬老院集中供养20人。新型农村社会养老保险参保率94%。

【基础设施】　交通运输　S210线穿境而过,县道水大公路境内长7.5千米。乡道4条,总长60千米;村道33条,总长190千米。大安至曲兰泉源娄衡高速出口(洪市收费站)连接线,于2017年3月正式破土动工,12月建成通车。该线经大安乡河龙、三义、大安等3个村,接至县道Y088水大公路,全长3.9千米,完成投资890万元。

邮政电信　有邮政所1处,电信、移动和联通服务网点各1个。

水利设施　蒸水流经乡境,可供灌溉。有小型水库7座,总蓄水量958万立方米;山平塘3082口,总蓄水量1300万立方米;排灌站一处,雨情监测点13处。

【市政建设】　公共交通　开通龙云至衡阳、邹岗至西渡、大安至西渡专线农村客运班车,西渡至洪市、曲兰方向的客运班车均途经水大公路三阳路口停靠。

环卫设施　新添置垃圾转运车和洒水车各一辆,购买转运垃圾箱400个。全乡16个村购买“三桶”3.5万个,垃圾“焚烧炉”4000个,兴建“焚烧池”1000个,实现垃圾分类处理,每个屋场基本达到“三桶两池一焚烧”。

【机关建设】　完善配套设施　2017年4月,投资80万元,对乡机关大院内外进行绿化。大院周边占地2000平方米,铺上井形砖,种植桂花树、广玉兰、红叶石楠等树种300株,兴建停车位20个。投资15万元,对火安塘进行二期建设,栽种桃花树800株和各类花草,将塘的四周铺上道板砖。火安塘成为人们休闲散步的好地方。

干部管理　乡党委、政府出台乡、村干部管理制度,实行绩效考核,坚持指纹打卡考勤,采取“一办五中心”工作机制和政务大厅一站式办公工作制度。加强干部日常管理和培训,实行政务公开、阳光操作。坚持依法行政,坚持民主集中制,规范行政行为。抓效能作风建设,践行“三严三实”,做到警钟长鸣,防微杜渐。建立健全机关内部管理制度,用制度管人管事,努力打造一支会干事、能干事、干实事的干部队伍,不断提升政府的执行力和公信力。

(赖欣然)

三湖镇

【领导班子名录】

中共三湖镇委员会

书　　记　熊国样
副 书 记　蒋辉亮　廖晓军
纪委书记　杨文明
委　　员　刘志刚(—2017.3)
　　　　　周移和(2017.3—)
　　　　　陈积军　邓玉彩
　　　　　张　科　谭　杰

三湖镇人民政府

镇　　长　蒋辉亮
副 镇 长　邓玉彩　杨盛辉

三湖镇人大主席团

主　　席　刘志刚(—2017.3)
　　　　　周移和(2017.3—)
副 主 席　易先赞

三湖镇政协联工委

主　　任　陈积军

【概述】 *名称来历*　境内有上湖、中湖、长湖町,故称"三湖町"。镇因此名。

地理位置　三湖镇位于衡阳县西北部,东邻渣江镇,南毗长安乡,西连洪市镇,北接金溪镇。镇政府坐落在龟石渡新街组,距县城36千米。

政区划分　辖24个行政村、1个社区,451个居民小组,

政区面积　总面积116平方千米,耕地面积38980亩,山林面积92800亩。

【经济社会发展】 *农业*　三湖镇是农业大镇,是衡阳县"粮仓"。境内拥有农业龙头企业稻香农业公司、森成林果公司、峻峰农业公司、洋溪大米厂等农业公司和王水斌、王沙、王赞等一批现代职业农民。2017年,新增流转土地3000亩,新增种粮大户3户,与角山米业签订优质稻订单合同1.12万亩。推行"公司+合作社+基地+农户"生产,提高农业效益。发展湘莲、小龙虾、青蛙、蔬菜等特色农业产业,打造特色农业品牌。注册"三湖町"香米和本土特色农产品"老王芝麻糖"、"老买芝麻糖"走红电商。森成林果公司猕猴桃2017年挂果投产。

基础设施建设　完成三湖街道提质改造。推进三湖农贸综合市场开发征地拆迁、龟石至棉花皂公路扩宽等项目建设。县重点项目琼瑶旧居景区建设,完成旅游公路拓宽改造、桥梁改造、道路绿化、征地拆迁、招投标工作。完成联洋水果基地道路、枫坳安塘组道路改造,完成新丰至洪市曹关、大波村环形村道等路段路基改造。年底,全县乡镇重点工作巡回检查,荣获第二组第二名。

精准扶贫　对贫困户进行重新清查、重新评定,核减101户、426人,新增贫困户15户、49人。核减后,全镇有贫困户579户、1904人。2017年,甘泉村、新建村退出省级贫困村,全镇预脱贫153户、501人。推进三湖集镇、甘泉糠皂两个易地扶贫搬迁安置点建设。

【重要项目】 *衡阳县稻香农业开发有限公司*　其前身为衡阳县稻香优质稻种植专业合作社,成立于2006年12月。公司位于三湖镇福兴村马滩组,占地面积20亩,注册资金1000万元。下设农机合作社、优质稻合作社、农业综合服务中心、三久谷物烘干中心等机构,拥有高速插秧机、大型收割机、翻耕机、施肥机、烘干机等农业机械化设备30余台,固定资产总值1000万元,办公场地及烘干作业区面积1200平方米。公司逐步发展成为集生态养殖、绿色种植、休闲观光于一体的现代化农业示范基地,辐射带动周边福城、鼓峰、杨林、洋溪、龟石等村的发展,解决周边农村劳动力就业120余人。通过示范带动、推广新技术、入股分红、劳务用工等方式,结对帮扶贫困户41户、135人。

龟石渡集镇街道提质改造工程　三湖镇龟石渡集镇街道主要由红卫大道、红新路、长城路三条主要街道组成。其中红卫大道连接S228线三湖至洪市公路。该项目纳入为民办实事的重点工程。总投资800余万元。主要工程为:实行人车分离,公路两侧修建人行道;街道亮化、绿化,安装

路灯70余盏。铺设下水管道2000余米，实行雨污分离；管线入地。铺设弱电管线3000余米，主干道路面油化，全程1.3千米沥青路面，制作路牌、路标、标志线；将三湖粮站原门市部改建为文化小广场，并手绘"大禹文化、船山思想、玉麟风骨、明翰精神"为主题的文化墙。

联洋文化广场 联洋村为原甘泉乡政府驻地。全村22个村民小组，602户、2945人。2016年冬，村支两委开始在燕排组原窑厂荒地上新建文化广场，历时一年建成。广场占地面积2100平方米。广场周边为通透式镀锌栏杆及绿化；场内有篮球场、羽毛球场、乒乓球台及各种健身器材，设有棋牌娱乐室、茶室等休闲场所，广场舞灯具、音响设备；还建有"宴会厅"，为移风易俗操办喜事提供场地。联洋广场是一个集体育健身、文化娱乐、科普服务为一体的休闲文化广场，丰富周边群众近5000人的文化生活。 （周少初）

渣 江 镇

【领导班子名录】

中共渣江镇委员会

书　　记 庾仲伟（2017.1—）
副 书 记 陈　昊（2017.1—）
　　　　 刘务云（2017.1—）
纪委书记 万传斌
委　　员 凌四清（2017.1—）
　　　　 范伟生
　　　　 刘务云（2017.1—）
　　　　 凌　超
　　　　 彭中幼
　　　　 陈燕丽（2017.4—）

渣江镇人民政府

镇　　长 陈　昊
副 镇 长 刘宏伟
　　　　 凌　超

渣江镇人大主席团

主　　席 凌四清
副 主 席 王　灿

渣江镇政协联工委

主　　任 范伟生

【政区概况】 *名称来历* 因蒸水河床在境内泥渣淤积而得名。

地理位置 位于北纬27°05′42～27°16′28，东经112°21′54～112°31′00。地处衡阳县腹地，北抵溪江、金溪，东接石市、界牌，西邻三湖，南连长安、台源。是衡阳县东北角经济、文化、交通中心。镇人民政府驻北正街社区，距县城28千米。

政区划分 辖南正街、北正街2个社区，26个建制村。

政区面积 辖区东西最大距离18.9千米，南北最大距离12.5千米，总面积149平方千米。

【经济发展】 *农业* 早稻种植面积5万亩。抓好双季稻办点示范，遏制耕地抛荒和水稻"双改单"。在群星等13个村继续发展烟叶生产。落实种烟面积3126亩，投资25万元维修烤烟房146座，发展烟农110户，其中外地烟农6户。完成售烟9021担，总产值1200万元，增加镇级税收67万元。湘莲种植呈现"一线两片"（玉麟故居一线，玉麟至三马新村片和沐林至红旗村片）发展格局。全镇共种植3000亩。其中玉麟故居区域连片种植1000亩，采取"基地＋企业＋农户"发展模式，打造"百里荷花百里香"的特色湘莲产业带。连片种植油菜面积3万亩，打造水波村千亩油菜示范点。种植绿肥5000亩。养鸡、养猪、养羊等成为渣江镇农村养殖业新的发展趋势，规模养殖得到进一步发展。生猪存栏8.87万头，出栏5.98万头。羊存栏854只，出栏羊625只。家禽存笼61.24万羽，出笼36.72万羽。水产养殖10～60亩的大户12户。全年累计完成肉类总产652.4吨，禽蛋总产325.2吨。

林业 林地面积7.8万亩。2017年，圆梦怀民山庄、仕杰农业、三香农林、蒸隆农林、普盛农业、成美林业和湖南绿手指农林在渣江共流转林地21000亩，新造油茶4000亩、国外松1000亩、杉树1000亩、金槐1000亩、柑橘5000亩、茶叶600亩。

工商业　规模以下工业企业13家，完成总产值8524万元，销售产值8256万元。实现工业增加值2315万元。万元规模工业增加值能耗下降8.3%；工业企业主要污染物排放总量下降10.8%。全镇有小、微工业企业83家，引进合同外资2200万元。其中，普盛农业开发有限公司1000万元，圆梦怀民原生态农业有限公司1200万元。

财政　完成财政总收入2521.82万元。一般预算支出1769.91万元。

【社会事业】　文化艺术　渣江"赶二八"（农历二月初八），历史悠久，文化内涵丰富，是一场约定俗成的"农博会"，主要有农资、农具、竹木制品交易和传统戏剧表演等。2017年，渣江二八庙会成为衡阳县油菜花节的活动阵地。

教育　初中4所，在校学生1321人，专任教师134人；小学23所，在校学生2956人，专任教师156人；幼儿园及托儿所8个。衡阳县第二中学（高中）坐落在渣江集镇。

医疗卫生　衡阳县第二人民医院坐落于渣江镇。医院开设急诊科、妇产科、骨科、普外科、内科、儿科、五官科、皮肤科、中医科等临床科室和消毒供应中心、特检、检验、放射等辅助科室。2017年，完成诊疗30126人次，收治住院病人7168人次。

广播电视　2017年，实现集镇有线数字电视网络全覆盖。新增有线电视用户74户，无线电视用户246户。年底，有线电视用户1607户，无线电视用户2793户。

社会保障　2017年，核定农村低保687户、1496人，城镇低保95户、165人，农村五保户586人。发放优抚金66.5691万元；发放90岁以上老人118人生活补贴11.8万元；城乡医疗救助107人，救助金额21万元。发放一、二级残疾补贴743人，补贴资金90万元。对精准识别的贫困户实现帮扶全覆盖。危房改造补助60户、182人，雨露计划42户、43人，易地扶贫搬迁对象102户、345人。全年完成计生手术20例。发放计生奖励扶助929人，计124.75万元。

邮政　渣江邮政支局完成业务收入464.26万元。年末存款余额29860万元。

电信　渣江电信公司新发展用户2412户，宽带231户，IPTV用户6000户。

【项目建设】　渣盐公路改造　投入1500万元，改造渣盐公路。路段长8.826千米，路面宽6米，路基宽8米，按照三级道路标准进行改造。完成路基和桥涵工程建设。

文德广场建设　由原渣江镇老农贸市场改建，于2017年12月动工建设。项目占地2600平方米，投资400万元。年度，完成广场周围道路提质改造，完善配套基础设施。

松柏路及"街心花园"建设　"街心花园"位于渣江镇中心地带，占地面积976平方米；松柏路分为松柏南路和松柏北路，环花园总长度486.825米。由通畅公路工程公司按城市支路标准，车速30千米/小时设计。

新区开发　玉麟新区规划面积2.6平方千米，以玉麟故居、古镇文化、春社文化和土菜文化为主要元素，以观光游赏、文化展示、特色餐饮、民间工艺、休闲娱乐为主要业态的旅游新区。省级重点项目玉麟文化园，完成征地113.62亩，拆除房屋43户、45栋，迁移坟墓266冢；流转土地500亩，建设桃园2处。沐林新区（二期）道路建设，征收沐林村松柏堂组2.0158公顷耕地，其他农用地0.1075公顷。

环卫设施建设　镇财政投入110万元，配备高压洒水车1台，挂桶垃圾转运车2台。对各村添置"两池三桶"进行定额奖补。规范城镇环卫管理。成立7人的城管队伍和27人的专业环卫保洁队伍。

污水处理设施建设　渣江镇污水处理厂选址在渣江镇红旗村新屋组，完成征地8.47亩。

四水治理工程建设　投资1300万元，在渣江桃花堰至拦河坝约4千米河段，新建、加固堤防，完善防洪排涝体系，提高防洪标准。　（王　灿）

金溪镇

【领导班子名录】

中共金溪镇委员会

书　　记　王水清
副 书 记　王成生(—2017.3)
　　　　　蒋志成(2017.3—)
　　　　　傅东辉(—2017.3)
　　　　　王湘衡(2017.3—)
纪委书记　王湘衡(—2017.3)
　　　　　肖光辉(2017.3—)
委　　员　王　燕
　　　　　肖　勇
　　　　　肖光辉
　　　　　颜建华
　　　　　欧亚平
　　　　　李群清(2017.3—)
　　　　　阳辉华(—2017.3)

金溪镇人民政府

镇　　长　王成生(—2017.3)
　　　　　蒋志成(2017.3—)
副 镇 长　肖光辉(—2017.3)
　　　　　欧亚平
　　　　　常新华(2017.3—)

金溪镇人大主席团

主　　席　王　燕
副 主 席　李增志

金溪镇政协联工委

主　　任　肖　勇

【政区概况】　*名称来历*　地名“金鸡庙”或“金溪庙”。相传柿水源头产金沙,故名“金溪”;又传境内有金鸡,人们立庙祭祀,故名“金鸡庙”。

地理位置　地处县境西北边陲,与双峰县石牛、荷叶和本县溪江、三湖、洪市诸乡镇接壤。

政区划分　辖金溪、金门、桂海、杨柳、新中、小寨、上峰、柿竹、枫桥、磻青、聚福、横江、隆兴、登兴、斗山、石榴、兰泉 17 个村,斋公坨、正街 2 个社区,341 个村民小组。

人口面积　区域面积 114.2 平方千米。耕地面积 17686 亩,山地面积 11.2 万亩,其中竹林面积 6.32 万亩。户籍农业人口 3.54 万人,外出务工经商 2.1 万人。

【经济发展】　*农业*　有 1000 头养猪场 1 处,300 头养猪场 2 处,100~200 头养猪场 3 处,100 头养牛场 1 处,黑山羊养殖专业户 3 户。传统经济作物,有淮山、大豆、辣椒、红薯等。药材基地 3 个,羊肚菌基地 1 个。冬笋资源丰富。传统手工产品有红薯粉、荷折、芝麻糖。

工业　竹木加工企业 7 家。主要产品有竹筷、竹帘、竹椅、竹床。

商业　金溪街道有商铺 500 家,超市 1 家、宾馆 3 家、酒店、饭店 6 家。集镇农贸市场每逢农历“二、五、八”赶集。

财政金融　金融机构营业网点 3 处:衡州农商行金溪支行下设中心营业所、横江营业所,金溪邮政储蓄所。2017 年,财政收入 1075 万元。

【社会事业】　*文化艺术*　篮球队、羽毛球队、乒乓球队、自行车队、街舞队、诗词协会等,经常组织活动。

教育　隆兴学校投入 600 万元,完成标准化学校建设。全镇有中学 2 所、中心小学 1 所、完小 2 所,村级教学点 11 所,公办幼儿园 1 所、民办幼儿园 3 所。公职教师 145 名,代课教师 26 人,在校中小学生 2098 人。

医疗卫生　镇中心卫生院接诊病人 1 .2 万人次,收入 595 万元。全镇参合 600 万元,参合率 95%。17 个村都建有村卫生室和诊所,群众就医方便。

广播电视　镇街道居民都能使用数字电视,100% 农户都能看上电视。

社会保障　隆兴敬老院,常住五保老人 32 人。危房改造 75 户,享受农村低保 756 人、338 户。全镇新农保参保金额 166 万元,参保率 81%。

交通运输　主干道和 17 个村村道全部油化或硬化,断头路、联村公路基本硬化。组道硬化

90%。县道048线全面油化、亮化，金隆公路破板改造维修。集镇新修横街260米，新修柿水桥一座。金溪至衡阳客运班车每天8趟，至渣江有小型短途客运车30辆。

邮政电信　电信用户3300户，手机用户14150户，互联网用户850户。手机信号塔9座，信号覆盖率95%。

水利供电　硬化水渠1.5万米，实施桂海村小流域治理项目，加固河堤2千米，进行集镇河道改造、绿化，完成山平塘清淤硬化47口，加固维修金门兰冲小(二)型水库。4个村进行农网改造，4个村实施光伏发电项目。

旅游　境内有千年古刹廼凤庵、抗倭名将欧阳应诚纪念馆、现代休闲农庄金竹山庄和苏杭风格民居南郇雅居。

环卫　投入42万元，建垃圾池300个，设垃圾桶3000只，添置割草机3台、垃圾运输车1台、洒水车1台，新建垃圾场3处，焚烧炉1座。全镇环卫工和保洁员62人。各村有专人负责公共场所的保洁工作。（李增志）

溪江乡

【领导名录】

中共溪江乡委员会

书　　记　邓　琼(—2017.7)
第一副书记　范祚海(2017.9—)
副 书 记　胡华忠（—2017.1）
　　　　　彭玉才(2017.1—)
　　　　　魏振华
纪委书记　刘海波(—2017.9)
　　　　　刘青松(2017.9—)
委　　员　戴志伟
　　　　　刘　剑(—2017.1)
　　　　　肖　飞(2017.1—)
　　　　　张　燕
　　　　　赵为红
　　　　　刘喜回

溪江乡人民政府

乡　　长　胡华忠（—2017.1）
　　　　　彭玉才(2017.1—)
副 乡 长　赵为红
　　　　　刘青松(—2017.9)
　　　　　唐振声(2017.9—)

溪江乡人大主席团

主　　席　戴志伟
副 主 席　陶　伟

溪江乡政协联工委

主　　任　刘　剑(—2017.1)
　　　　　肖　飞(2017.1—)

【政区概况】　名称来历　因境内溪江得名。

地理位置　位于北纬27°16′25″~27°21′51″，东经112°18′04″~112°26′15″。地处衡阳县西北角，东邻石市镇，南接渣江镇，西连金溪镇，北抵双峰县荷叶镇、石牛乡。境内岳沙河全长15千米，贯穿全乡12个村(社区)。乡政府驻岳沙社区，距县政府驻地47千米。

政区划分　辖岳沙1个社区居委会和华峰、九峰山、金龙、松竹、排前、友谊、富强、溪江、河田、排翅、连防、石笋、富田、洪山、朝日、沙溪16个村委会，7个居民小组，304个村民小组。

政区面积　辖区东西最大距离10.3千米，南北最大距离18.6千米，总面积84.5平方千米。

【经济主业】　农业　耕地面积28328.5亩，其中水田24086.15亩，旱地4242.35亩，人均0.78亩。早稻种植1010亩，中稻23000亩，晚稻1143亩，生产粮食23478吨，人均597千克。经济作物以油菜、豆类和薯类为主。2017年，油菜种植面积5000亩，产量450吨；豆类种植面积200亩，产量30吨；薯类种植面积100亩，产量150吨。山地面积68000亩，以楠竹、松树、杉树等林木为主。畜牧业以生猪、家禽为主。出栏生猪8000头，年末存栏6000头，其中能繁殖母猪400头。家禽年饲养12.5万羽，役用牛140头。全乡有种养专业合作社6家，种植大户80户，养殖大户76户。全年农业生产总值1.41亿元。

工业　实现工业总产值0.9亿元，工业增加值0.2亿元。

商业　有商业网点290个,农村淘宝1个,有富田、溪江、排前、九峰四个集贸市场,年成交额0.67亿元。

财政金融　财政收入1200万元,境内金融机构存款余额4.5亿元,各项贷款余额5751万元。

【社会事业】　文化艺术　有文化站1个,有村级文化活动中心17个,各类文化专业户5户,女子龙灯队3支,业余街舞、广场舞队4个,各类图书室18个,藏书6.8万册。休闲文化广场4个,分别是华峰、金龙(在建)、友谊、石笋。新建九峰山村文化戏台1个。

教育　有幼儿园5所,在园幼儿240人,专任教师15人;小学16所,在校学生1680人,专任教师95人;初中3所,在校学生948人,专任教师84人。

医疗卫生　乡卫生院1所,设富田分院和九峰分院,村卫生室17个,有床位40张,每万人拥有病床10张,固定资产总值250万元。专业卫生人员18名。其中,执业医师3人,助理医师9人,护士6人。2017年,完成诊疗7063人次。

广播电视　全乡有电视1.6万台,户户通800个,村村响5个。

社会保障　城镇最低生活保障户12户、13人,支出48000元,月人均307元;农村最低生活保障户331户、691人,月支出127860元,月人均185元。国家抚恤补助各类优抚对象301人,年发放补助金额1282888元。全乡五保240人。2016年,投入200万元,在原富田敬老院旧址上新建敬老院一所。追加投入120万元,完善附属设施,并完成敬老院搬迁工作。新敬老院建筑面积1560平方米,可容纳80位老人入住。是年有19位老人入住。全年危房改造36户,支出87.6万元。民政资助参加合作医疗691人,支出73260元。全乡易地扶贫搬迁67户、228人,分富田、岳沙、排前、九峰四个安置点进行集中安置。参加城乡居民养老保险12000人,全年发放养老保险金650万元。

【基础设施】　交通运输　境内有县道1条,长24.5千米;有村道17条,总长68.7千米。溪江汽车客运站,日发客运汽车12班次,日均客运量850人次。

邮政电信　通信服务网点5个,电话用户780户,移动电话15150户,宽带用户660户。全年电信业务收入410万元。全乡建有移动、电信、联通信息塔14座,其中2017年新建6座。

水利设施　小(一)型水库3座,蓄水量650万立方米;小(二)型水库12座,蓄水量200万立方米;山平塘2596口,蓄水量600万立方米。修复友谊村古塘冲水库1处。覆盖7个村,投入1000万元的小农水项目批复立项。

安全饮水　投资54万元,新建九峰山村2处安全饮水塔。开通九峰山、排前、岳沙社区3处易地扶贫安置点的自来水。

电力　新建九峰山村60千伏光伏发电站1个。华峰、九峰山、友谊等村完成农网升级改造。

【金溪商会活动】　金溪商会成立于2010年12月。以乡音乡情为纽带,把在全国各地各行各业的金溪籍人士联系起来,以“同乡共济、团结互助、共谋发展”为宗旨,搭建关心家乡,帮扶乡亲的大平台。2010年以来,商会发展会员400余人,积累发展基金400余万元,先后为家乡教育助学、扶贫济困等公益事业捐助善款500多万元。10月5日下午,2000余名在外打拼的衡阳县金溪籍乡友齐聚家乡溪江中学,募捐爱心善款140余万元。县委副书记、县长孙鹏伟出席活动并讲话。慈利县委书记邱初开,县政协主席杨秋良,县人大副主任、总工会主席彭家果等领导参加活动。活动中,评选出金溪镇、溪江乡模范家庭、最美乡村教师、优秀学子,向11名贫困学生发放助学金,为金溪、溪江两地中心学校分别捐助20万元的教育经费,为溪江敬老院捐款30万元。

【旅游资源普查及旅游景区规划开发】　完成全乡旅游资源普查,有普查样品点40个。5月,聘请广州设计院对九峰山旅游资源进行整体规划。8月,启动华峰村石牛山石质生态公园开发。9月,投入

1000 万元的九峰山景区公路提质改造工程启动。年内拆迁工作全面完成，路基工程完成 70%，预计 2018 年底建成通车。10 月，投资 140 万元的白（白马）九（九峰街）公路 3 千米全部硬化。12 月，完成与双峰县九峰山森林公园毗邻的龙王殿景区的基础工作。

【农业普查】 完成溪江乡全国第三次农业普查工作。对 311 个普查小区、8790 户农户、102 户规模农业经营户，进行入户摸底、登记、复核、抽查、录入、纠错、上报等工作。

【乡机关建设】 乡政府便民服务中心新增气象显示屏，机关院内安装摄像头 16 个。机关、站所干部职工 100 人。其中，行政在编人员 23 人，事业在编人员 77 人。政府内设“五办一中心”，即党政综合办公室、农村经济服务中心、国土规划住建服务中心、民生保障服务中心、社会治理服务中心、文化服务中心。（刘扬志）

石市镇

【领导班子名录】

中共石市镇委员会

书　　记　王志宏
副 书 记　左全伟
　　　　　夏亚平
纪委书记　王　勇
委　　员　左全伟
　　　　　肖晓辉
　　　　　曾双喜
　　　　　傅胜利
　　　　　王　勇
　　　　　易成展
　　　　　王　军
　　　　　陈　玲（挂职，2017.7—）

石市镇人民政府

镇　　长　左全伟
副 镇 长　王　军（2017.5—）
　　　　　黄永刚（2017.7—）

石市镇人大主席团

主　　席　肖晓辉
副 主 席　屈亮宇

石市镇政协联工委

主　　任　曾双喜

【政区概况】 *名称来历*　镇政府东面 0.5 千米处在清康熙年间建造的石拱桥，俗称“石头桥”，镇因此得名。

地理位置　位居县境东北部。北抵双峰县荷叶镇、衡山县新桥镇，东接衡山县马迹镇和界牌镇，南部和西南部均与渣江镇为邻，西北部与溪江乡接壤。镇政府驻地石市村花树堂，距县城 33 千米。

政区划分　辖石狮、龙田、太清、南阳、明星、太平桥、宇石、黄门、梅树、石玉、白芍、兴隆、醒狮、东田、大里、泰祉、水口、中灵、珍珠、庆余、灵川、观音山、金屏 23 个行政村和石头桥社区，504 个村民小组。2017 年 9 月，南阳、太清 2 个行政村成建制由界牌陶瓷工业园托管。

人口面积　户籍总人口 58197 人，其中农业人口 47397 人。总面积 146.2 平方千米，其中耕地面积 3.81 万亩，林地面积 12.75 万亩。

【经济发展】 *农业*　全镇优质稻种植 19200 亩。结合精准扶贫工作，推进特色农业发展。水口等村共种植葛根 1020 亩。天丰农业合作社、振兴种养专业合作社、顺意农副产品合作社、龙桦种养专业合作社等 10 余家，注重开发石市特色农副产品，注册有“陶建华”系列产品、“木凤凰土鸡蛋”、“岣嵝峰土茶油”，拟注册有“石市糍粑”、“太平米面”等 10 多个产品。沿曾熙、谭上连故居、黄门寨生态公园、万源湖景区创建湘莲生产基地。实行奖补，加大扶持力度。培育种植大户 10 户，种植面积 1000 亩。

林业　调运苗木 40 多万株，营造各类林 4000 亩。新造金槐 2000 亩。通道补植苗木 3000 株，里程 30 千米。2017 年，投入 30 万元，在 24 个村建设 57 个集中祭祀点。倡导文明祭祀、集中祭祀，

有效管控野外火源。全年没有发生较大的森林火灾。

【社会事业】 文化艺术　石市镇是“中国民间文化艺术之乡”，是历史文化名人曾熙故里。竹木雕入选省级非物质文化遗产名录。被命名为丹山碧水——衡阳市曾熙故里旅游区。处于丹霞地貌区，旅游自然资源丰富，有宇石寨、黄门寨、万源湖、珍珠岩等景点。配合县委宣传文化部门举办2017年“船山故里有才华”系列活动暨省金融摄影家走进石市、“喜迎十九大，戏曲进石市”等活动。

教育　全镇有中、小学18所。其中，初中2所，九年制学校2所，完小、中心小学2所，村小12所。教育教学环境不断优化，基础设施不断完善。落实各项补助政策，推进农村义务教育阶段学校营养改善计划，实现“校校有食堂，人人吃午餐”。建立学校周边环境治理长效机制。深化教育改革，完善绩效考核和教师竞聘上岗激励机制，鼓励教师参加各种培训，提升教师业务素质和教学水平。2017年中考，石市、甲满、金屏中学名列全县80所中学前15位，醒狮中学名列第28位。

医疗卫生　抓好公共卫生工作，开展疾病普查、产前筛查、“两癌”筛查等。抓好家庭档案的信息录入和随防工作，实行家庭医师服务签约18057人，其中贫困户和计划生育特殊家庭签约率100%。为贫困户住院开通绿色通道，实行一站式服务，先诊疗后付费。全面实施二孩政策，加大行政执法征收力度，计划生育工作再次获得县先进单位。

广播电视　全镇有线电视用户800户。2017年，新增“户户通”用户1200户。

社会保障　新增城镇就业283人、农村就业1563人，农民工职业技能培训22人。城乡居民基本养老保险60周岁以上9554人，发放养老金975万元。15至59周岁城乡居民养老保险累计收缴227万余元。医疗保险累计收缴714万元，全镇报销医保金1578万余元。发放农村低保金202.4万元，城镇低保金20.6万元，五保供养金154.5万元，残疾人补助123万元，各项临时救助金40万元，各类优抚金213.4万元；发放受灾户粮食油品救助7.8吨；灾后重建4户，解决重建资金8万元；农村危房改造30户，发放补助资金54万元。

精准扶贫　按照因人施策、因地制宜的原则，开展“六个一”活动，对所有贫困户实施帮扶全覆盖。采取送技术、送资金、送政策，帮助贫困户解决住房、医疗、就学、就业、资金等方面的困难。通过全镇上下共同帮扶，贫困户自力更生、自强不息，2017年实现脱贫219户、717人。第一二批易地扶贫搬迁安置176户、532人。抓好产业扶贫和金融扶贫项目。角山米业分贷统还120户、537万元，释放红利53万元。小额信贷80户、300万元，支持贫困户发展生产。珍珠村种植黄桃300亩、三红柚200亩；东田村成立种养合作社，帮助贫困户养殖土猪、山羊、鲑鱼等；水口村种植葛根280亩；金屏村成立养牛合作社，通过能人带动致富；观音山村发展电商流通，土特产销售旺盛。四个省级贫困村100户、132人，享受光伏产业扶贫。

交通运输　界西公路改扩工程启动后，配合有关部门，完成石市段征地拆迁。

水利、供水　落实河(库)长制。醒狮自来水厂建成并投入使用。完成水口村、东田村的饮水安全工程和龙潭水库、东田水库干渠险段修复工程以及病险骨干塘大坝除险加固，整修山平塘15口。

电力　500千伏特高压输变电线路途经石市，在境内有39个基座。镇党委、政府组织专班，处理各类矛盾纠纷，完成青苗补偿测算和征地拆迁房屋(25栋)面积测量、商谈。

城镇建设　石市商业文化街项目7栋主体建筑全部完成，发展大道开工建设。

2017年，石市镇被评为县计划生育良好单位、县综治维稳先进单位、县安全生产先进单位、县三项重点工作流动现场会同类乡镇第三名、市级文明村镇、省级优秀调解委员会等称号。（易桂芳）

界牌镇

【领导班子名录】

中共界牌镇委员会

书　　记　祝中华（—2017.3）
　　　　　周建军（2017.3—）
副 书 记　周绍友
　　　　　欧华政
纪委书记　凌　剑
委　　员　汪　轲
　　　　　罗曲星
　　　　　凌　剑
　　　　　陈咏涛
　　　　　彭建军
　　　　　熊　燕

界牌镇人民政府

镇　　长　周绍友
副 镇 长　彭建军
　　　　　屈荣良

界牌镇人大主席团

主　　席　汪　轲
副 主 席　彭伟生

界牌镇政协联工委

主　　任　罗曲星

【政区概况】 *名称来历*　清乾隆年间官方在衡阳、衡山两县交界处立一界标木牌，故得名“界牌”。

地理位置　地处县城东北部。东与岣嵝峰国家森林公园接壤，南与岣嵝乡为邻，西临界牌陶瓷工业园、石市镇，北抵衡山县东湖镇。镇人民政府驻红星社区瓷城北路188号，西距县城西渡51千米，南距衡阳市城区48千米。

政区划分　辖红星、大兴、桂花台、望龙台4个社区，将军、造基、共升、银溪、界牌、蟠龙、两冬、上塔、界江9个村，委托界牌陶瓷工业园区管理国庆、象山、白象3个村，共307个村（居）民小组。

人口面积　总户数10827户，人口34427人。辖区东西最大距离17.8千米，南北最大距离12.5千米，总面积98.94平方千米。

【经济发展】 *农业*　耕地面积1.99万亩，人均0.66亩。以种植水稻、油菜、蔬菜为主。林地面积9.81万亩。主要种植油茶、黄茶、楠竹、金槐等。2017年，全镇新增农村新型经营主体15个。长健农业公司在上塔村投资300万元，种植有机黄茶500亩。共升养殖场和界牌养殖场与新五丰合资，共投资1500万元，新建高标准养殖基地，存栏生猪10000头。造基村养殖合作社与海大集团合资，新建年产生猪5000头养殖场。全镇农业总产值5.38亿元。

工业　以采矿、矿产品加工、瓷器生产为主。全镇（驻界牌陶瓷园区托管3个村的企业除外）拥有各类企业39家。其中，规模企业17家，非煤矿山开采企业6家，矿产品精深加工企业14家，日用瓷器生产企业2家。年税费收入5100万元。完成固定资产投资3.2亿元。其中，振弘陶瓷公司投资1300万元，新建仿古艺术陶瓷厂；振华建材投资240万元，新增加一条生产线；共升塑料厂投资320万元，新建厂房、基础设施建设和购买机械设备。中油金鸿公司拟建一个釉下五彩日用瓷器厂。

商业　登记法人单位245个，个体户1328个，其中个体工商户621个。农贸市场1个，年成交额4.1亿元。有2个快递代办点，1个农村淘宝店。

财政金融　财政总收入1105.88万元。境内3家金融机构，各项存款余额6.55亿元，各项贷款余额8487万元。

【社会事业】 *文化艺术*　有镇文化站1处，有村级文化活动中心16处。有农家书屋16个，藏书16余万册。有各类文化经营户13户。其中，网吧5家，歌舞厅2家。界牌诗书画社，创作的作品陈列在镇文化室。市级非物质文化遗产保护项目界牌火灯节，发源于明朝永乐年间。从2002年起，界牌镇党委、政府为弘扬优秀民间传统文化连续举办16届火灯节会。火灯队由领队、火炬、横匾或竖幡、牌灯、大鼓大锣、旗帜、和尚、寿佛塑像、洋鼓洋号、天地人和、腰鼓队、火笼、民乐共500多人组成。二月初七晚约七点，在山上的圣寿寺举行上香、司仪、鸣炮、奏乐、鸣钟击鼓等仪式后，开始整队兴灯，一路上浩浩荡荡，将天地人和所代表的界牌四个地段走个遍，寓示着风调雨顺、国泰民安的美好愿望。至午夜才歇，为寿佛二月初八生日暖寿。2017年界牌火灯节期间，接待游客5万人次，车流量达到5000辆次。已申报湖南省级非物质文化遗产保护名录项目。

教育　幼儿园6所，在园幼儿746人，专任教师68人。中学1所，小学7所，在职教职工173人，学生3195人。通过国家"义务教育发展基本均衡"督导检查和省"教育两项督导评估验收"。中考成绩在全县农村乡镇名列前茅。

医疗卫生　医疗卫生机构2个，门诊部7个，有床位125张，固定资产总值1300万元。专业卫生人员169名。其中，执业医师32人，注册护士22人，在册乡村医生18人。镇中心卫生院获得全国群众满意卫生院荣誉称号，是基层卫生院的一面旗帜。

广播电视　有线电视用户2292户。

社会保障　新农保参保8026人。城乡居民医保参保18283人（不含托管村）。城镇低保246人，农村低保577人，优抚242人，残疾人659人。敬老院集中供养对象42人（不含托管村）。2017年5月，经清理复核确定贫困户445户、1289人。是年，脱贫120户、474人。分别在界江江冲和大兴张家岭新建两个易地扶贫搬迁集中安置点，安置56户、190人。

交通运输　境内有西界线、国腊线等2条县级公路。南距潭衡西高速公路出入口15千米。乡道2条，总长30千米；村道49条，总长138.2千米。硬化127.5千米，油化4.2千米。省道S228、S339正在建设当中。界牌客运站，有发衡阳和西渡两条线路的班车，日均客运量400人次。

邮政电信　邮电所1处，代办点2处。电信企业2家，移动企业2家，联通企业1家，固定电话用户2700户，移动电话用户11800户，互联网用户3000户。全年电信业务收入210万元。有电信、移动、联通信号塔11座。

水利设施　境内有中型水库1座。小型水库6座。其中，2座主要用于灌溉，3座用于发电，1座用于城区饮用水。小型水库总蓄水量948万方。山平塘、骨干塘937口。镇自来水有蟠龙和樟树桥2个水厂，日供水能力1万吨，实际日供水6000吨，供水主管网19.2千米。

供电　供电所用户10415户，年供电量2000万千瓦时。界牌电站，用户800户。

环卫设施　城管环卫队有队员17人。有1台垃圾清运车、1台洒水车、1个垃圾场，垃圾桶500个。污水处理厂正在建设中。

【机关建设】　政府机关核定编制数86人，其中行政编33人。在职工作人员54人，领导班子职数11人。属单位有农业服务站、林业站、农经站、民营经济与信息化管理服务站、水利管理服务站、住房和村镇建设综合管理站、财政所、民政事务办公室、交通运输管理站、卫计服务办公室、安全生产监管站、环境保护站、社会治安综合治理办公室、文化综合服务站。（彭伟生）

台源镇

【领导班子名录】

中共台源镇委员会

副书记　廖俊魁（排第一，2017.3—）
　　　　欧海龙
　　　　胡兴良（—2017.2）
　　　　周恒辉（2017.3—）
委　员　胡兴良（2017.3—）
　　　　曾胜利
　　　　吕　伟
　　　　王　辉
　　　　蒋中华
　　　　傅宏亮

台源镇人民政府

镇　长　欧海龙
副镇长　傅宏亮
　　　　彭　楚

台源镇人大主席团

主　席　胡兴良
副主席　王彦宜

台源镇政协联工委

主　任　曾胜利

【政区概况】　名称来历　因镇政府驻地"台源寺"得名。

地理位置　东与杉桥镇接壤，南与西渡镇相邻，西与长安乡接界，北与渣江镇毗连。镇政府坐落于台源寺社区蒸源路，位于衡阳县城西北，距县城13千米。

政区划分　辖20个村1个社区。分别是：台源寺社区、紫霞村、前进村、东湖寺村、群向村、台九村、九市村、三鑫村、师民村、新福村、东阳村、东成村、磐江村、福溪村、高真村、三和村、花滩村、联兴村、花江村、江山村、长塘村。

政区面积　全镇总面积118.8平方千米，耕地面积69670亩。

【经济概况】　农业　2017年，新增流转土地3500亩，连片种植双季稻15400亩，推广应用稻田生态防治技术，建成8000亩绿色无公害优质稻示范基地，打造无公害万亩双季优质稻绿色高产高效示范片。抢救恢复乌莲种植。按照"一线二片"的总体规划，在磐江、联兴等11个村培育专业合作社和种植大户，种植乌莲5000亩。引进天地恒一药材公司，在高真等村种植九节茶中药材1100亩。引进金丝枣种植，在三鑫村打造280亩种植基地。群英衡州蜜柚基地，种植面积2200亩。全镇筹资280万元，春季造林7000亩。镇、村投入资金25万元，新建集中祭祀点46个，坟地除草800余亩，有效防止祭祀引发森林火灾。

项目建设　荷塘小镇暨乌莲产业园建设：以"莲"文化、"非遗"文化、农耕文化为主题，发展集文化体验、乡村休闲、特色商贸等功能的田园综合体，创建全国特色小镇。完成项目选址、征地协议签订、规划设计、商标注册等工作。

怀邵衡铁路完成台源镇辖区内4.72千米铁路的路基建设和铺轨；火车站场选址于东成村，正在建设中。界西路建设于2017年9月20日动工。台源镇综合市场建设，基本完成拆迁工作。蒸阳路完成改造，紫霞路二期、东正路将启动改造。镇污水处理厂选址台九村夏瓦屋组，占地7.8亩，于2017年10月完成征地、地勘、场地平整。镇一期公租房、二期公租房入住完毕，三期公租房完成立项和设计。台源小学新教学楼投入使用。

工业　金狮建材，古韵青瓦厂，德源、金雁湘莲加工厂等民营企业发展壮大，初具规模。

商业　商业小集镇有3个，先后建起4座超市和10多个专业、综合市场。新台源市场建设，列入省商务局为民办实事项目，完成规划设计、征地及招投标程序。

【社会发展】　文化艺术　台源历史悠久，原名紫霞市。自东汉设埠，距今1900余年。后因台源古寺而更名台源。东成村古墓群，曾先后出土新石器时代石斧、石凿，晋代铜马、铜人等文物；前进村祖堂组的廖黄氏女子贞节牌坊建于民国，保存完好；台九村肖大屋组的九市稻草龙为省级非物质文化遗产。文化综合大楼和县图书馆台源分馆，有各类图书200万册。民乐队、广场舞队16支，村村有"农家书屋"。

教育　年底，全镇有幼儿园31所，小学16所，中学3所，有教师347人，在校学生5400余人。台源中学中考升学率稳定在85%以上，连续十年居全县乡镇中学之冠。投资200万元，新建台源中心小学教学楼。衡阳县台源籍知名人士、广东省天龙油墨有限公司董事长冯毅先生出资1000万元，对台源中学进行提质扩建。

医疗卫生　全镇有医疗卫生机构（含门诊、村卫生室）48个，药品超市3家，职业医生40人，病床165张，年收治门诊病人4.5万例、住院病人7000例。

社会保障　发放农村低保191.4万元，城镇低保23.4万元，自然灾害救助138户、313人、11.6万元，五保供养444户、178.5万元，优抚金214.9万元，90岁以上老人养老金132人、10.9万元；孤儿抚育金13人、9.4万元，医疗救助214人次、24.5万元。完成新农合参合74.83万元，参合率84.36%；住院兑付外偿金额2525.2万元；新农保完成21688人、230万元。

【基础设施】　交通运输　镇内交通方便。有县道公路2条，高速公路2条，铁路1条。西界公路改扩建工程台源段14.7千米，征地598亩，涉及九市、三鑫、师民、紫霞、台源、东湖寺、群向、长塘8个村57个村民小组。

邮政电信　全镇电话普及率88%，宽带普及率21%，数字电视普及率21%，“户户通”857户，“村村响”覆盖21个村(社区)。

设施建设　依托农业开发、一事一议财政奖补等项目，投入资金1200万元，完成排灌渠硬化防渗1万米，骨干塘清淤防渗35口，维修、提质改造机耕道2000米。争取县交通部门支持，对台源与县城连接要道，九里渡永兴老桥进行硬化加固。

【市政建设】　公共交通　县城2路公交车通达台源集镇。

水电　镇自来水公司，年供水能力500万吨，供水主网线路全长25千米，覆盖台源集镇周边10个村。集镇路灯，从西界路紫霞村至台源卫生院段和蒸源路，共计137盏。

城管环卫　出台《台源镇城镇管理办法》，成立台源镇综合执法大队。负责辖区内市容市貌、公共秩序、环境卫生、园林绿化、农贸市场等城市管理执法工作。从2017年开始，镇财政每年投入96万元，实行城镇环卫保洁总承包。

【机关建设】　坚持以解决问题为导向、以执行制度为抓手、以弘扬正气为落脚点，做到“坚决不走过场，确保取得实效”，规定动作一个不落，创新方式步步推进，真正做到学习、工作和贯彻群众路线的知行合一。尤其对群众普遍关心的惠农政策落实不到位、农村环境卫生差、干部作风较松散等热点、难点问题，下大决心、花大力气加以解决，向群众交了较为满意的答卷。台源镇便民服务中心设立于街道中段，于2014年10月开给筹建，2016年11月正式投入运作。内设民政办、计生服务所、劳保所、农机服务补贴、财政惠农资金补贴、“一门受理协同办理服务”6个窗口，集中办理行政审批事项和公共服务事项。　（彭　楚）

长安乡

【领导班子名录】

中共长安乡委员会

书　　记　冯拓远(—2017.4)
　　　　　王溢珅(2017.4—)
副 书 记　颜　卫
　　　　　曾立伟
纪委书记　陈香娥
委　　员　李文具
　　　　　钟江发
　　　　　王志保
　　　　　冯卫军
　　　　　李伟平

长安乡人民政府

乡　　长　颜　卫
副 乡 长　冯卫军
　　　　　屈兰兰

长安乡人大主席团

主　　席　凌四清(—2017.4)
　　　　　李文具(2017.4—)
副 主 席　刘明黎

长安乡政协联工委

主　　任　钟江发

【概况】　地处衡阳县中部，东靠台源镇，北邻渣江镇、三湖镇，西连洪市镇，南接栏垅乡。乡政府驻长安村江山坳组，距县城西渡21千米。总面积39.2平方千米，东西最大距离9千米，南北最大距离7千米。辖龙家潭、长龙、长安、兴安、湾牌、庙山、大胜、观花8个行政村和1个长市社区，201个村民小组。

全境属山地、丘岗结合地带，丘陵平町相间。地处衡邵干旱走廊，无河流流穿境内，主要自然灾害是干旱。境内西北多小山，东南多紫色页岩丘陵，地面高程一般在海拔98～101米。耕地1.6921万亩。其中，水田面积1.6255万亩，旱土面积666亩。

【经济社会发展】 农业　水稻种植面积16334亩、油菜8000亩、棉花2200亩、香瓜3000亩，经济效益4200万元。生猪养殖规模户40户，常年存栏11000头，年出栏24000头；鸡、鱼规模养殖户30户，经济效益6000万元。山羊规模养殖户8户，年产700余头，经济效益300万元。生态农业初具规模，有新天药材种植基地、中秋酥脆枣基地、金槐产业基地等项目。

工业　全年工业总产值5730万元，增长11%。

文化　文化站1个，村级文化活动中心9个，共有藏书10万册。

教育　幼儿园1个，在园幼儿174人，幼儿保教人员8人；小学4所，在校学生767人，专任教师56人；初中1所，在校学生309人，专任教师26人。

医疗卫生　乡卫生院有床位40张，固定资产总值561万元，专业卫生人员19名。其中，执业医师4人，助理医师5人，护士6人。2017年，完成诊疗9195人次。

广播电视　无线数字电视用户1300户，“户户通”用户2033户。广播“村村响”安装56处。

社会保障　有贫困户205户、650人。最低生活保障127户、331人，月支出59580元，月人均180元。国家抚恤补助各类优抚对象141人，年发放补助金额51万元。敬老院1所，床位50张，集中特困供养人员27人，全年支付25万元；分散特困供养人员82人，全年支付27万元。全乡有150名五保户。90岁以上42名老人高龄补贴发放3.7万元。全年发放各类临时救济款5万元，救济物资折合人民币3万元。共有一、二级重度残疾人145人，全年发放两补资金14.5万元。组织30名三、四级残疾人参加实用性技能培训，为126名一、二级残疾人发放护理补贴和生活补贴。为两户因灾倒房户申请灾后重建4万元。大病救助及单病种救助121人，发放医疗救助资金19.14万元。为特困对象发放临时医疗救助资金23万元；参加城乡居民养老保险7878人，全年发放养老保险金350万元。参加合作医疗15873人，全年支出780万元。

交通运输　境内有县道1条，长14.5千米；有村道20条，总长48千米。长安汽车客运站日发客运汽车12班次，日均客运量900人次。

邮政电信　电信服务网点1个，电话用户680户，移动电话8600户，互联网用户3600户，全年电信业务收入280万元。建有移动、电信、联通信息塔6座。

水利设施　小(二)型水库6座，蓄水量89万立方米；山平塘2885口，蓄水量750万立方米。二期总长1.6万米的3支渠硬化改造工程完工，重点治理柿竹水库尾灌区3支渠和庙山村渠道，涉及龙凤、长市、悦来、长安4个村，清淤防渗山塘15口，项目总投资350万元，自筹106.7万元。

【机关建设】 乡政府新办公大楼坐落于长安村江山坳组，占地面积8亩，建筑面积2684平方米，投入资金280万元。财政所、民政办、人社站、司法所、农经站、林业站、卫计办集中在站所楼办公。政府为服务群众，设有群众工作接待站、便民服务中心和综治维稳中心。机关、站所干部职工64人，其中，行政在编人员22人，事业在编人员42人。政府内设党政综合办公室、农村经济服务中心、国土规划住建服务中心、民生保障服务中心、社会治理服务中心、文化服务中心。2017年年底，长安集镇提质改造，集镇及机关院内全部油化。

（彭　康）

美丽乡村建设示范村选介

西渡镇梅花村

西渡镇梅花村面积6.5平方公里，辖22个村民小组，598户，总人口2658人，村支两委成员6名，党员62名，有耕地3268亩，山地4000余亩。梅花村距离县城1.5公里，衡邵高速、西界公路穿境而过，蒸水河环绕全村，地理和区位优势明显。2015年底并村后，村支两委站在新的起点，团结带领全体村民，锐意进取，大力实施“四村战略”（项目兴村、产业强村、文化活村、环境美村），取得丰硕的成果。2017年，村集体经济收入达20万元，村民人均可支配收入达19800元。梅花村先后获得省卫生示范村、市卫生十佳村、市县五个文明建设示范村等殊荣。

项目兴村。积极争取上级项目资金，搞好基础设施建设，夯实发展基础。梅花大道全部油化、亮化、绿化，提质改造。修建沟、渠、圳6000余米。提质改造田间机耕道路4000米。新硬化村、组道路3500米，水泥路通到每个屋场。通道绿化8公里，植树2万余株，安装路灯380盏。对骨干塘清淤、加固、防渗，实施生态塘、湿地公园和农业面源污染综合防治项目，改善生态环境。

产业强村。全村现有双季高档优质稻产业基地2600余亩，基地配套设施齐全，新型农业经营主体加快发展。衡阳县富农优质稻种植专业合作社投资1500万元，购置各类农业生产机械，新建粮食烘干、仓储、农机维修、托管四位一体服务中心。村里有50亩以上的种粮大户5户。村级农业产业示范园—梅红水果种植专业合作社已初具规模，现已种植三红柚、黄桃、酥脆枣、脆冠梨、血橙、无花果、猕猴桃等特色水果产业基地500余亩；衡阳尚绿生态农业发展有限公司，无公害蔬菜产业基地，落户于该村。一、二、三产业融合发展。富农合作社投资300万元，兴建高档精米加工厂，年加工精米1000吨，“梅花缘”牌生态香米畅销市场。鼓励村民在自家门口就业、创业。以“农家私房菜”“家庭民宿”“垂钓”“采摘”等休闲农家乐为经济支柱，着力打造蒸水河畔湿地公园。以10个组的千亩“稻田公园”农业旅游观光为突破口，形成集观、赏、看、品等特色亮点休闲观光旅游产业。

文化活村。大力开展文化体育活动，举办羽毛球、广场舞等竞赛活动，结合市县两级文化下乡活动，丰富村民的精神文化生活。推进“优秀党员、组长”“好媳妇”评选活动，扶持和帮助贫困家庭、困难党员，进一步弘扬正能量，传承好家风。制定红白理事会章程、红白喜事简办制度，移风易俗。

环境美村、编制村庄规划，节约耕地，实行改水、改厕、改厨，新建福星、梅花、协合3个小组的文化休闲广场，打造宜居、宜业、宜游的舒适环境。全村80%以上为新建和新装修的漂亮住房、别墅。积极引导村民集中居住，改善居住环境，在梅花，月塘，坦塘等几个小组拆除空心房、废弃房、杂房、猪栏、旱厕等面积6580平方米，建成8个村民住宅小区，共计195套3万余平方米。投资300万元，建设高标准的党群服务中心大楼。

金兰镇金沙村

金兰镇金沙村共17个组、428户、1642人，面积7.5平方公里。近年来，新农村建设工作取得显著成效，是“全省先进基层党组织”“全市‘五个好’村支部”“全县新农村建设先进村”。

科学规划村庄美。县规划局对村级规划进行了可行性论证，做到了村庄建设与基本农田保护、生产发展与环境保护合理统筹，科学布局。

调整产业村民富。年种烟2200亩，产烟6500担以上，人均种烟增收800元以上。发展养猪大户3户，年出栏生猪2000头以上。成立养鸭专业合作组织，年出笼鸭10万羽以上。发展砂石场1个、毛纺厂1个、板材厂1个，总产值6000万元以上，解决劳动力就业300余人。

改善设施村貌新。全村道路硬化10.3公里，90%以上屋场通水泥路，完成渠道清淤硬化2万米、硬化山平塘21口，实现水通路畅；安装太阳路灯38盏，建设绿化花坛面积2800平方米；兴建一栋集办公室、会议室、阅览室、远程教室于一体的综合办公大楼。建设一个占地3000平方米的集休闲、运动、健身设施于一体的农民体育运动场。兴建无公害处理垃圾焚烧炉一座，全村改水改厕率达98%，成立专门的保洁队伍，建立卫生保洁工作长效机制。

创新管理村风正。充分发挥农村基层党支部的战斗堡垒作用，每年定期进行村务公开，村风民风纯朴，群众安居乐业。

库宗桥镇梅开村

库宗桥镇梅开村辖14个组、453户、1878人，耕地面积1118亩，其中水田1081亩。按照“一年打基础，两年强筋骨，三年大变样”建设思路，科学规划，扎实推进。

壮大主导产业。全村2017年除普遍种植双季稻外，创办“衡阳县勋升烟叶种植合作社”，发展烟叶400亩，还发展棉花100亩，荸荠100亩。发展养殖大户8户，年出栏生猪2000头以上，年出笼鸡鸭1.5万余羽，年养鱼6万余尾。

夯实基础设施。共完成村组道路硬化18千米，硬化水渠3200米、硬化骨干塘5口，启动烟水配套工程1480米，新增100千伏安变压器1台。新建村综合办公楼1栋，休闲体育广场1处，五保之家1个。

改善人居环境。“三清五改”349户，新增绿化面积2060平方米，硬化禾坪5600平方米，拆除空心房和土砖房26间，安装太阳能热水器120台，太阳能路灯18盏。

推进乡风文明。全村定期开展“文明户”评比活动，尊老爱幼蔚然成风。计划生育工作列入全市宣教工作参观点，抗震减灾知识普及工作得到省市民政部门的充分肯定，党员干部创先争优和远程教育活动，得到省市领导的高度评价。

库宗桥镇华山村

华山村位于库宗桥镇西南部，辖19个村民小组、568户、2380人，耕地面积1307亩。近年来，在上级领导的亲切关怀下，新农村建设取得了一定的成效。

产业发展加快。全村双季稻与金鲲米业签订了常年购销合同，发展烟叶400亩，荸荠200亩，发展养殖大户13户，年出栏生猪5000头以上，出笼家禽15万羽以上。

基础设施改善。全村共硬化村组道路11公里，硬化田间渠5.4千米，改建华山小学，新建1个300平方米集体育、娱乐、休闲于一体的农民健身广场。

村容村貌改观。全村“三清五改”520户，“穿衣戴帽”314户、36200平方米，硬化禾坪16200平方米，并配套修建了花坛。新建垃圾池56个，安装太阳能热水器120台，太阳能路灯10盏。

乡风文明凸现。全村制订公共卫生管护和卫生保洁制度，形成人人讲文明，户户爱清洁的良好风气，老百姓的幸福指数不断提高，呈现出一派生机盎然、整洁有序的祥和景象。

曲兰镇湘西村

曲兰镇湘西村位于衡阳县西北部,伟大思想家王船山故居“湘西草堂”和革命先烈朱少连故居坐落于此。全村共有28个村民小组、693户、3034人,党员82人,总面积4.85平方千米,其中耕地面积3800余亩。村干部6人,班子凝聚力、战斗力强。先后荣获省级“扶贫开发先进集体”、省级“旅游特色名村”、市级创先争优活动“先进基层党组织”、县级新农村建设示范村、县级文明创建村等多项殊荣。

大力发展村级经济。双季稻生产、油菜种植、“四季花海”基地、湘莲基地和特色养殖是村主导产业,居民人均可支配收入17655元。村集体拥有猪场、湘莲基地、九牛农机合作社、苗圃、林场等,收入突破16.8万元。

全面夯实基础设施。完成30户住宅示范小区的建设;建成1800平方米的合格完小,600平方米的村级活动场所和1900平方米的养殖示范小区;高标准建好农家书屋和村卫生室;硬化村组道路17公里,实现户户通公路,安装太阳能路灯66盏、新装用电路灯130盏;建成沼气池60余个、安装太阳能热水器200余台;水利基础设施完善,渠系畅通,完成南山河治理工程,新建人工湖1个、人行桥5座、拦水坝5个,加固河堤2.5千米,打造集休闲观光与排洪灌溉于一体的生态河渠;完成电网升级改造和光纤入户,引进300余套广播电视卫星接收设备;建成3个村民活动休闲场所,配套体育路径器材;积极实施农村安全饮水工程,建成曲兰片自来水供应站,自来水普及率100%。

不断优化人居环境。大力开展农村环境综合整治,修建人行步道3500平方米、硬化禾坪5200平方米;废弃空心房处置率90%,危房改造率100%,“三清五改”695户,占95%;建新花坛100余个,公路两侧、房前屋后绿化率100%,房子“穿衣戴帽”90%;家家户户添置“门前三桶”,聘请专职保洁员,做到常态保洁。

群众安居乐业,儿童入学率100%,新农参合率100%,五保、低保受保率100%,无刑事犯罪,无群众上访,无计划外生育。湘西村正借助“美丽乡村”建设、王船山诞辰400周年和全国乡村旅游扶贫重点村的良好机遇,在全面构建“湘西草堂”名人故里游、朱少连故居红色文化游、村淘电商旅游服务点的基础上,打造国家AAA景区。

金溪镇上峰村

上峰村位于金溪镇东南方,全村共619户,2486人,有山林面积784亩,农田1381亩,小型水库2座,河道在村中心贯穿而过,境内青山绿水,环境优美,属宜居的乡镇小村庄。2015年,市“美丽乡村建设”驻村工作队发现,因就学、就医、交通、休闲等条件限制,全村仅有360余户,1060人左右的村民在村内居住、生活,大部分村民举家外迁或外出务工,成了名副其实的“空心村”。为改变这一现象,市驻村工作队和村两委深入调查走访,寻找破解“农村空心村”现状之策,通过改善基础设施、提升村民幸福指数、开展“引贤回村”活动,两年来,共有150余户、600余人重返上峰居住、创业。

改善基础设施建设。生活方便是人居的第一要素,上峰村有山有水,自然环境优美,是解决留住居民的根本问题。2015—2016年,市驻村工作队和村两委一道,积极向各后盾单位和各职能部门争取,兴建可容纳六个年级、300余人的村小学,兴建村活动室一座,专门设置了村卫生室,解决9个组的组道硬化和村道拓宽,彻底解决了小孩就学、老人就医、群众出行的难题。

提升村民幸福指数。在改善物质条件的同时,驻村工作队和村两委不忘精神生活的改善,于2017年在村中心位置建设两个休闲、娱乐、健身为一体的村广场,广场绿树成荫,配置篮球场、健身器材。同时,村购置音响,并请专业的广场舞老师到村指导村民跳广场舞,为广大群众劳动之余提供休闲和健身去处,极大的凝聚了人气。

开展“引贤回村”活动。基础设施和幸福指数改善了,只能留住老人和小孩。如何让有志的外出务工人员回乡创业,市驻村工作队积极与有回乡创业意向的外出务工人员联系,成立上峰土鸡养殖专业合作社和农机专业合作社,并为合作社提供基础设施投入和支农贷款担保。目前,全村发展养鸡专业户9户,农机专业户7户,解决劳动就业140余人。

西渡镇陡岭村

西渡镇陡岭村地处县城北郊、蒸水河畔,距县城中心约4千米,衡邵高速穿境而过,有25个村民小组,536户,2290人,党员54人,耕地面积2650亩(其中水田2000亩),山地面积3410亩。村支两委5人,大学生村官1人。班子团结,战斗力强。

2013年以来,陡岭村先后获得"衡阳市优秀基层党支部""衡阳县优秀基层党支部""湖南省美丽乡村建设示范村"等荣誉称号。

村级经济快速发展。双季稻生产、金槐基地和特色养殖是村主导产业,2015年居民人均可支配收入18650元。村集体拥有1个预制厂、1个养殖场、1个金槐基地,2015年村集体收入突破20万元。

基础设施大为改观。新建村小学教学楼1栋、村部1栋、卫生室1个;硬化村组道路8.5千米,实现户户通公路;水利基础设施完善,渠系畅通;完成电网升级改造和光纤入户;安装太阳能路灯200盏,太阳能热水器85台;积极实施农村安全饮水工程,居民自来水普及率100%。

人居环境全面优化。大力开展农村环境综合整治,废弃空心房处置率100%,危房改造率100%,"三清五改"509户、占95%,新建花坛365个,公路两侧、房前屋后绿化率100%;家家户户添置"门前三桶",垃圾实行分类处理;聘请专职保洁员,做到常态保洁。

陡岭村群众安居乐业,儿童入学率100%,新农合参合率100%,五保、低保受保率100%,无刑事犯罪,无群众上访、无计划外生育。

洪市镇泰山村

泰山村,是洪市镇的镇边村,镇政府、衡阳县第五中学等单位坐落于此;全村有15个村民小组,540户、2214人;有水田1100亩,旱土530亩;村级集体经济有林场2个、超市1个(5000多平方米)。

从陈小林任村支书开始,泰山村发生了质的变化。全村道路(约5千米)全部硬化、绿化、亮化;村民的合作医疗(180元每人)全由村委会负责;以组为单位修建健身、娱乐为一体的文化广场4个;拓宽洪市中学的马路,解决此路段长期堵塞问题;成立专职的村卫生清扫小组,让力所能及的贫困人员实现就业并脱贫致富。

特别是拆除老村部,兴建了泰山超市,为村民带来了财富。该建筑于2017年2月竣工,5月投入使用,1~5层出租,每年租金达88万元。村民每人按3000元标准入股分红,并每3年按5%进行递增。按照现在的经营模式计算,村民如入股10000元,每年可得1600元的分红,6年多时间收回成本。